陕西出版资金资助项目

海外中国研究书系·日本学人唐代文史研究八人集

主编 李浩 〔日〕松原朗

著者简介
金子修一，历任高知大学文理学部助手、高知大学人文学部副教授、山梨大学教育学部教授、山梨大学人间科学部教授，现任国学院大学文学部教授。著有《古代中国与皇帝祭祀》《隋唐的国际秩序与东亚》等著作。

译者简介
徐璐，西北大学外国语学院日语专业副教授，曾赴日本京都橘大学和爱知大学访学。出版译著有：《长安——绚烂的唐都》《唐代长安镇墓石研究》。
张子如，西北大学外国语学院日语系副教授，同志社大学日本文学博士，陕西省翻译协会理事。

西北大学文学学科资助项目

中国古代皇帝祭祀研究

〔日〕金子修一 著

徐璐 张子如 译

西北大学出版社

著作权合同登记号：陕版出图字 25-2018-213

图书在版编目(CIP)数据

中国古代皇帝祭祀研究／（日）金子修一著；徐璐，张子如译. —西安：西北大学出版社，2018.10

（海外中国研究书系／李浩，松原朗主编. 日本学人唐代文史研究八人集）

ISBN 978-7-5604-4266-2

Ⅰ.①中… Ⅱ.①金… ②徐… ③张… Ⅲ.①皇帝—祭祀—研究—中国—古代 Ⅳ.①K892.98

中国版本图书馆 CIP 数据核字（2018）第 228302 号

本书由日本岩波书店、金子修一授权出版

中国古代皇帝祭祀研究

作　　者：	〔日〕金子修一 著　徐璐 张子如 译
出版发行：	西北大学出版社
地　　址：	西安市太白北路 229 号
邮　　编：	710069
电　　话：	029-88302590　88303593
经　　销：	全国新华书店
印　　刷：	陕西博文印务有限责任公司
开　　本：	787 毫米×1092 毫米　1／16
印　　张：	28.75
字　　数：	441 千字
版　　次：	2018 年 10 月第 1 版　2018 年 10 月第 1 次印刷
书　　号：	ISBN 978-7-5604-4266-2
定　　价：	120.00 元

如有印装质量问题，请与本社联系调换，电话 029-88302966。

《海外中国研究书系·日本学人唐代文史研究八人集》

---- **学术顾问** ----

〔日〕池田温　袁行霈　张岂之　王水照　莫砺锋　陈尚君　荣新江

---- **组织工作委员会** ----

主　任　〔日〕松原朗　吴振磊

委　员　李　浩　马　来　张　萍　杨遇青　刘　杰　赵　杭　张渭涛
　　　　　谷鹏飞

日方联络人　张渭涛

---- **编辑工作委员会** ----

主　任　段建军

委　员　〔日〕松原朗　〔日〕妹尾达彦　〔日〕埋田重夫　〔日〕冈田充博
　　　　　〔日〕石见清裕　〔日〕丸桥充拓　〔日〕古川末喜　〔日〕金子修一
　　　　　段建军　谷鹏飞　高兵兵　张渭涛　刘建强　何惠昂　马若楠

主　编　李　浩　〔日〕松原朗
副主编　高兵兵

总序一

记得四年前,老友松原朗教授将其新著《晚唐诗之摇篮——张籍·姚合·贾岛论》的书稿转我,嘱我推荐给西北大学出版社,希望唐诗故乡的中国学人能及时读到这部新著,并能给予全面的学术批评。我充分理解松原兄的诚挚愿望,彼时恰好我还在校内外的学术管理部门兼一点服务性的工作,也想给学校出版社多介绍一些好作品,于是"怂恿"松原兄把原来的计划稍微扩大,从翻译出版一位日本学者的一部作品,扩展到集中推出一批日本学者的最新研究成果。开始时,松原兄及其他日方学者并没有迅速回应,这其中既有对西北大学出版社和西北大学唐代文史研究团队的估量,也有对翻译力量、经费筹措等问题的担心。我很能理解朋友们的忧虑,毕竟,自我们与专修大学等日方学术机构和友朋合作以来,这是最大的一个项目。

出乎意料,等项目确定后,松原先生及其他相关作者表现出很高的学术热情和工作效率,他们自己和原书的日本出版方联系,主动放弃版权贸易中的版税,简化相关谈判手续,使得许多复杂的问题简单化。最后商定第一批推出的是以下八部著作:

《隋唐长安与东亚比较都城史》(妹尾达彦著,高兵兵、郭雪妮、黄海静译)

《中国古代皇帝祭祀研究》(金子修一著,徐璐、张子如译)

《唐代军事财政与礼制》(丸桥充拓著,张桦译)

《唐代的外交与墓志》(石见清裕著,王博译)

《杜甫农业诗研究——八世纪中国农事与生活之歌》(古川末喜著,董璐译)

《白居易研究——闲适的诗想》(埋田重夫著,王旭东译)

《晚唐诗之摇篮——张籍·姚合·贾岛论》(松原朗著,张渭涛译)

《唐代小说〈板桥三娘子〉考》(冈田充博著,独孤婵觉、吴月华译)

用中国学人的分类标准来看,前四部是属于史学类的,后四部是属于文学类的,第二部严格意义上说又不完全属于断代类的研究。故我们最初将丛书的名称模糊地称作"唐代文史研究八人集",也暗含对文史兼容实际的承认。最后确定为现在的名称,是因为在申报陕西省出版资金资助项目时使用了这个名称,故顺势以此命名。

依照松原先生的理解,他所选择并推荐给中国学界的是最能体现并代表当代日本学界富有日本特色的中国学研究成果,松原先生在与我几次邮件沟通中反复强调这一点,体现了他和他的日本同行的执着与认真,这一层意思松原兄在序中表达得更准确。当然,符合他这一标准的绝不止这八部著作,应该还有一大批,我熟悉的日本学界的许多朋友的著作也没有列入。按照初始计划,我们会与松原兄持续合作,推荐并翻译更多的日本中国学研究成果。

我们学界现在也开始倡导中国话语、中国风格和中国流派,看到日本同行已经捧出一系列能代表自己风格学派的成果,我们除了向他们表达学术敬意外,是否也应该省思自己的学术哲学和研究取向。毕竟,用自己的成果说话才是硬道理。

当下学术走出去的热情很高,而对境外学人相关研究成果的移译与介绍则稍显冷落。按照顾彬(Wolfgang Kubin,1945—)的解释,文学走出去相当于到别人家做客,主动权在他不在我;文学请进来,让友人宾至如归,则主动权在我不在他。我们能做的事,能做好的事,应尽量做充分、做扎实、做精深。方以学术史,法显求法译经,玄奘团队述译,严复不仅以译著《群己权界论》传世,更奠定"信、达、雅"的译事三原则。近代以来,中国重新走向开放,走向世界,实与大规模翻译、引进、介绍海外新思想、新理论、新学说密不可分。说"十月革命一声炮响,给我们送来了马克思主义",是一种谦逊的说法,其实是我们主动拥抱马克思主义,主动引进现代科学,翻译马克思主义原著和其他世界学术名著。这一文明交往的基本史实在当下不该被有意遗忘、无意误读。身处其间,以温故知新、继往开来为己任的当代学人,不知该说些什么?又该做些什么?

本丛书的翻译团队由两部分组成,一部分是由原书作者推荐的,另一部分是由出版社和高兵兵教授约请的。由于时间紧任务重,著者与译者分处境内外,天各一方,联系和对接未必都畅通,理解和翻译的错误在所难免,出版后恳请各方贤达不吝赐教,以便我们逐步完善。其中高兵兵教授此前曾组织翻译过两辑"日本长安学研究丛书",有组织能力,也有较丰富的翻译实践经验。张渭涛副教授既是译者,又身兼日方著者和中方出版者的信使,青鸟殷勤,旅途劳动,多次利用返乡的机会,做了大量的沟通工作。

按照葛兆光教授等学者的解释,长期以来,我们习惯于由朝贡体制型塑的认知模式,而忽略甚至漠视从周边看中华的视角,好在现在大家已经认识到通观与圆照方可认识事物,包括认识我们文化的重要性。这样,翻译并介绍周边受到汉文化深刻影响的国家和地区的汉学研究成果,就有了三重意义:一是有助于我们深入了解周边地区的汉文化观,二是从传播和接受的角度勾画原典文化散布播迁的轨迹,三是丰富了相关专题研究的学术史。

当前,"一带一路"合作倡议正如火如荼,其中最富启示性的思想,我以为是"文明互鉴"理论,即各种文化宜互学互鉴。学术成果的翻译介绍,就是在两种文化之间架设桥梁,充当使者。自古以来,我们的民族认为,架桥铺路于承担者是一种救赎的苦行,但于接受者则是一件无量的功德。对于中外文化的互译也应作如是观。

李 浩

2018 年 5 月 30 日

于西北大学长安校区寓所

总序二

日本的中国学,也就是对中国文化的研究,由来已久。即便是将中国学之意仅限定为"中国古典文献的接受、解释、说明之学",也已经有一千几百年的历史了。而且,日本处于中国历代王朝册封体制的外缘,始终与中国保持着一定的距离,因而能远离权威,相对自由。这使得日本的中国学,不论是在过去还是在近年,都被赋予了独特的性格。

在属于以往册封体制内的诸地域,是以忠实于中国文化、对其进行完全复制为价值标准的。而日本却不同,它对中国文化反而采取了选择性接受的方式,并积极对其加以改变。其中最典型的事例,就是日本的文字创制。平安时代(794—1192)初期,日本以汉字为基础创制了"平假名"和"片假名",它们都是纯粹表音的文字,日本人从此确立了不借助汉语和汉字就能直接用日语表达的方法。相较于世界各地昙花一现的种种化石文字,日本独有的这种假名文字,至今仍然具有旺盛的生命力。而且,《源氏物语》(约1008年成书)之所以能成为反映日本人审美价值观的决定性文学作品,就是因为它是使用平假名书写的。那么,如果从中国本位的角度看,无论是假名的创制,还是《源氏物语》的问世,都是对中国文化的一种脱离。也就是说,日本以脱离中国文化为反作用力,确立了自身文化的独特性。

日本虽然从广义上说是中国文化圈(汉字文化圈)的一员,却有独立的文化主张,而且日本人对此持肯定立场。这样的倾向并非始于明治维新后的近代,而是有着相当长的历史。近代以前的江户时代(1603—1867),虽然因江户幕府的政策,汉学(特别是朱子学)一度占据了学术主导地位,但在江户时代后期,由于国学(日本主义)和兰学(以荷兰语为媒介的西学)这两个强劲对手的崛起,汉学便失去了独尊之位。

但是,以上这些并不意味着日本人轻视中国文化。反而应该说,至少在20世纪初之前的漫长岁月里,日本人都一直在非常真挚地学习中国古典,不仅解读文字,也解读其中的精神。日本知识界真正远离中国古典,是在二战结束以后。

福泽谕吉(1835—1901,庆应义塾大学创始人)被认为是一位致力于西学、倡导"脱亚"、堪称日本现代化精神支柱的思想家,然而他在十几岁不到二十岁的这段时期,却是一直在白石照山的私塾里攻读汉文典籍的。他在《福翁自传》里写道:

> 岂止《论语》《孟子》,我研习了所有经书的经义。特别是(白石)先生喜欢的《诗经》和《书经》,常得先生讲授。此外诸如《蒙求》《世说》《左传》《战国策》《老子》《庄子》等,也经常听讲,后又自学《史记》、两《汉书》《晋书》《五代史》《元明史略》等史书。我最为得意的是《左传》,大多数书生仅读完十五卷中的三四卷便会放弃,而我则通读全书,且共计复读了十一遍,有趣之处都能背诵出来。

应该说,福泽谕吉并非摒弃中国文化而选择了西方文化,他是以从中国古典中学到的见识与洞察力作为药捻,而后才得以大成其思想的。在当时包括福泽谕吉在内的日本知识界人士看来,中国古典并非一大堆死知识,而是他们从中汲取人生所需智慧的活的"古典"。就这样,日本文化一边尝试无限接近中国文化,一边又试图从中国文化中脱离,形成了具有双向动力的内部结构。

由中国文化或中国统治权威中脱离的倾向,甚至在处于日本中国学核心位置的儒学中也有发生。江户时代,幕府将朱子学尊为官学,这也反映了朱子学在明清两代的权威性。不过,江户时代的两位代表性儒学家伊藤仁斋(1627—1705)和荻生徂徕(1666—1728)却例外,他们两人,前者提倡"古义",后者提倡"古文辞",都还原了儒学的本来面目,超越朱子学成为具有独创性的思想家。伊藤仁斋的《语孟字义》比戴震(1724—1777)《孟子字义疏证》的主张早了一个世纪。而荻生徂徕将道德思想从儒学中排除,认为圣人只是礼乐刑政等客观制度的设计者。荻生徂徕本来是出于对儒学的忠实,去探索儒学的真面目的,但结果几乎与儒学传统背道而驰。也就是说,荻生徂徕的儒学已经达到了非儒学的境地。荻生徂徕的这些主张,超越了儒学的界线,给当时整个思想领域都带来了巨大的冲击,致使江户后期的思想界,摆脱了朱子学的桎梏,并诱发了国学和兰学的兴起,呈现出百花齐放的态势。应该说,无须等待西方的冲击,近代日本就已经完成了它的内部准备。

上文说过,日本文化的内部,具有一边尝试无限接近中国文化,一边又试图从中国文化中脱离的双向动力。在这一点上,我们有必要认识到,看似舍弃中国文化而选择了西学的福泽谕吉,以及原本乃是中国文化忠实者后来却成了一位破天荒思想家的荻生徂徕,两位都是此种日本文化特征的体现者。

从宏观上看,日本属于中国文化圈,是不争的历史事实。因为从根本上说,日本受其地理条件所限,也不可能有机会与强大到足以与中国文化抗衡的其他先进文化发生接触。即便是印度的佛教,也是通过经中国文化过滤的汉译佛典,即作为中国文化的一部分而被接受的。但在这种状况下,日本没有被强大的中国文化同化,而得以贯彻其独自的文化体系,这几乎就是个奇迹。日本所处的特殊位置,与太阳引力作用下的地球不无相似之处。如果离太阳再近一些,就会像金星一样被灼热的太阳同化;而若是离太阳再远一些,就又会像火星那样成为一个冰冻的不毛之地。地球就是在趋向太阳的向心力与反方向的离心力的绝妙平衡之下,得以悬浮在太阳系中的一颗明珠。

如果以中国的视角重新审视的话,这样的日本文化反倒是显示中国文化普遍性及包容性的绝好例证,中国文化绝不是仅有忠实者顶礼膜拜、悉心呵护的单一僵死之物。日本的文化,从其具有脱离中国权威的反作用力这点来说,就算不是叛逆者,也无疑是个不忠者。但能够产出这样的不忠者,也是因为中国文化具备卓越的包容力与普遍性。也正是因为这一点,我们为了加深对中国文化的理解,将包括日本文化在内的多样性思考纳入视域,也会是一个有效的方法。

日本的中国学,绝非中国文化的忠实复制,也并不是像一个不了解中国文化的人初见新大陆般的、出于一片好奇心的结果。我们便是基于上述认识,想尽可能地提供一些新的见解和观点,所以策划了这套《日本学人唐代文史研究八人集》。书目选择的主要原则,并不是仅以学术水平为准绳的,而是优先考虑了具备日本独特视角的研究成果。广大读者如果对我们的主题设置、探讨方式等有一些微妙的不适应,我想说,那正是我们这套书的策划宗旨,希望大家理解这一点。此外,我还热切期待这套小小的丛书能为日中文化交流发挥出大大的作用。当然,也真诚期望得到各位专家、学者及广大读者的批评和指正。

松原朗

2018 年 4 月 8 日

前言

本书是继《古代中国与皇帝祭祀》（汲古书院，2001年）之后，笔者的第二部有关皇帝祭祀论著。由专业性考证论文汇编而成。各章内容具体如下：

序章 "皇帝统治与皇帝祭祀——以唐代的大祀、中祀、小祀为主"，出自《关于唐代的大祀、中祀、小祀》（《高知大学学术研究报告》第二五卷人文科学第二号，1976年）。

第一章 "魏晋南北朝的郊祀、宗庙祭祀制度"。

第二章 "唐代的郊祀、宗庙祭祀制度"。

第一、二章均出自《关于魏晋至隋唐的郊祀、宗庙祭祀制度》（《史学杂志》第八八编第一〇号，1979年）。

第三章 "唐代皇帝祭祀的亲祀与有司摄事"，出自同名论文（《东洋史研究》第四七卷第二号，1988年）。

第四章 "汉代郊祀、宗庙制度的形成及其运用"，根据《中国——郊祀、宗庙、明堂以及封禅》（井上光贞等编《东亚世界中的日本古代史讲座》第九卷所收，学生社，1982年。收录在上述拙著《古代中国与皇帝祭祀》）以及《东汉——关于南朝的皇帝郊庙亲祀》（唐史论丛编纂委员会所编的《春史卞麟锡教授花甲之年纪念唐史论丛》，韩国大邱市城津图书出版发行，1995年）；《东汉——南朝的郊庙亲祀再论》（春史卞麟锡教授荣退纪念论丛发行委员会所编的《春史卞麟锡教授荣退纪念论丛》，韩国釜山市昆吾院图书出版发行，2000年）这三篇论文中相关部分修改而成。

第五章 "魏晋南朝的郊祀、宗庙运用"，源自前文中《东汉——关于南朝的皇帝郊庙亲祀》以及《东汉——南朝的郊庙亲祀再论》。

第六章 "北朝的郊祀、宗庙运用"，出自《关于北魏时期的郊祀、宗庙》（《山梨大学教育学部研究报告》第四七号〔1996年度〕，1997年）《关于北齐、北周、隋时期的郊庙亲祀》(同上刊第四八号〔1997年度〕,1998年)。

第七章 "唐代郊祀、宗庙运用",出自《关于唐太宗—睿宗的郊庙亲祭——唐代皇帝的郊庙亲祭(1)》(唐代史研究汇编《中国的都市与农村》所收,汲古书院,1992年)、《关于玄宗朝的皇帝亲祭》(池田温编《中国礼法与日本律令制》所收,东方书店,同年)、《关于唐后半期郊庙亲祭——唐代皇帝的郊庙亲祭(3)》(《东洋史研究》第五五卷第二号,1996年)。

第八章 "中国古代的即位仪礼与郊祀、宗庙"。关于隋之前的,是根据下列两篇文章新撰写的文稿,即,《古代中国的王权》(网野善彦等编《岩波讲座、对天皇与王权的思考》第一卷所收,岩波书店,2002年)、《关于中国古代的即位仪礼场所》(《山梨大学教育人间科学部研究报告》第四九号〈1998年度〉,1999年。收录在上述拙著《古代中国与皇帝祭祀》)。唐代部分,出自《关于唐玄宗的谒庙礼》(《山梨大学教育学部研究报告》第四二号〈1991年度〉,1992年)《关于唐太极殿与大明宫——在即位仪礼中的作用》(同上刊第四四号〈1993年度〉,1994年)、《关于唐太宗、肃宗的即位——禅让即位的程序讨论》(同上刊第四六号〔1995年度〕,1996年)。

第八章附论 "关于唐朝帝室的谒庙——皇帝、皇太子、皇后",出自同名论文(《中国古代国家与民众》编辑委员会编《堀敏一先生古稀纪念中国古代国家与民众》所收,汲古书院,1995年)。

终章 "从郊祀、宗庙及即位仪礼看中国古代皇帝制度的特质(新稿)"。

如上,对于已发表文稿,均增补了之后所发现的新史料,并根据需要进行修改订正。笔者坚持尽可能多列举所发现的史料。所以,对于在《古代中国与皇帝祭祀》中已介绍过的史料,根据需要重新引用,相关文章反复修改,以免与该书重复。另外,应该算作笔者真正意义上关于皇帝祭祀的论文,即《对中国古代皇帝祭祀的考察》(《史学杂志》第八七编第二号,1978年)一文,因与笔者目前对该问题的见解存在较大差异,所以,只将目前认为有参考价值的部分收录到了相关章节。关于这一点,在书中进行了说明。

关于中国祭祀、仪礼的史料,一般读者可能不十分了解。所以,在引文之后均添加了日语古文读法(译者注:中文版删节),并尽量使用简单易懂的日语。另外,原文中的标点符号与日语古文读法句的标点符号,在很多地方不相同。语义难理解之处,一般在日语古文读法句下面加上"〈 〉"括号进行说明。但,如果全部附加说明,又会占去很多篇幅,所以,仅据行文需要进行说明。引用较长原文时缩进两个字;较短原文,在文中用括号引用,均使用古字体(译者注:中文版均采用规范简体汉字)。另外,如《周礼·地官·鼓人》:"以雷鼓鼓神祀",贾公彦疏:"天神称祀,地祇称祭,宗庙称享。"文中祭祀天地使用祀、祭,祭祀宗庙使用享。故本书中郊祀,使用祀的说法。而实际上,原文中对于祭、祀并没有严格地进行区分。

本书并未按其他研究类书籍那样设置专门章节以整理研究史。现在,中国国内研究国家祭祀、仪礼的研究成果也渐渐多了起来。但是,在笔者刚开始从事该项研究时,还处于毫无先行研究可参考的状态。比起近些年出现的一些研究成果,笔者的基本见解、观点相对较早。研究皇帝祭祀的初衷,在于从祭祀仪礼的角度探讨中国古代皇帝治国的特点。中国在20世纪初,帝制已经消亡,而日本现在仍然保留着天皇制,同样是皇帝祭祀,研究方法应该有很大差异。此内容可参见《中国古代皇帝制度诸问题》(初次发表1997年)的第一章。

另外,关于正史的引文,基本引用台湾艺文印书馆发行的二十五史(《汉书》为王先谦的《汉书补注》,《后汉书》同样为王先谦的《后汉书集解》,《三国志》是卢弼的《三国志集解》,《晋书》是吴士鉴、刘承干同注的《晋书斠注》)。仅本文存疑之处通过中华书局的标点本正史进行校正。《史记》参考了泷川资言的《史记会注考证》。《册府元龟》使用了台湾中华书局再版的明刊影印版。《白虎通》不同版本卷数不同,本书据清代陈立撰的《白虎通疏证》(底本为光绪元年淮南书局刊本的台湾广文书局影印本)。此外,避讳字的处理方法是在右侧用"( )"显示正字,并在日文古文式读法中使用了正字。

目录

总序一 ………………………………………………… 李 浩(1)
总序二 ………………………………………………… 松原朗(4)

前言 ……………………………………………………………… (1)

序章 皇帝统治与皇帝祭祀
——以唐代的大祀、中祀、小祀为主

一、序言 ………………………………………………………… (1)
二、唐代的大祀、中祀、小祀诸相 …………………………… (1)
   1. 开元礼中的大祀、中祀、小祀 ………………………… (1)
   2. 大祀、中祀、小祀与皇帝的自称 ……………………… (3)
三、关于祝版 …………………………………………………… (6)
   1. 祝版的御署 ……………………………………………… (6)
   2. 祝版与有司摄事 ………………………………………… (7)
   3. 大祀、中祀、小祀的变动 ……………………………… (10)
四、小结——本书的展开 ……………………………………… (13)

上编 郊祀、宗庙祭祀制度的成立及其发展

第一章 魏晋南北朝的郊祀、宗庙祭祀制度

一、宗庙祭祀制度的发展 ……………………………………… (21)
   1. 魏晋及南朝的宗庙祭祀 ………………………………… (21)
   2. 北朝及隋的宗庙祭祀 …………………………………… (24)
二、魏晋及南朝的郊祀制度 …………………………………… (27)

I

1. 关于郊祀的郑玄说与王肃说 …………………… (27)
　　　2. 魏晋的郊祀制度 ………………………………… (28)
　　　3. 南朝的郊祀制度 ………………………………… (30)
　　三、北朝及隋的郊祀制度 ………………………………… (34)
　　四、小结 …………………………………………………… (38)
　　附论　前方后圆坛的起源与西晋的郊祀改革 ………… (38)

第二章　唐代的郊祀、宗庙祭祀制度

　　一、唐代的宗庙祭祀 ……………………………………… (45)
　　二、贞观礼、显庆礼、开元礼 …………………………… (46)
　　三、唐代郊祀制度的展开 ………………………………… (49)
　　四、明堂与雩祀 …………………………………………… (54)
　　　1. 唐代以前的明堂 ………………………………… (54)
　　　2. 唐代以前的雩祀 ………………………………… (56)
　　五、小结 …………………………………………………… (58)

第三章　唐代皇帝祭祀的亲祀与有司摄事

　　一、导言 …………………………………………………… (65)
　　二、关于有司摄事的频度 ………………………………… (66)
　　三、皇帝亲祭与有司摄事的区别 ………………………… (71)
　　四、摄官与有司摄事形式化的诸问题 …………………… (79)
　　五、小结 …………………………………………………… (86)

下编　郊祀、宗庙祭祀制度的实行及其意义

第四章　汉代郊祀、宗庙祭祀制度的形成及实行

　　一、导言 …………………………………………………… (97)
　　二、西汉的郊祀、宗庙祭祀 ……………………………… (98)
　　　1. 西汉郊祀制度的特点 …………………………… (98)
　　　2. 西汉宗庙祭祀制度的特点 ……………………… (106)

3. 西汉郊祀、宗庙祭祀改革的特征 …………………… (112)
　二、东汉的郊祀、宗庙祭祀 ………………………………… (114)
　　　1. 东汉的郊祀制度 …………………………………… (114)
　　　2. 东汉的宗庙祭祀制度 ……………………………… (121)
　　　3. 东汉的郊祀、宗庙祭祀实行 ……………………… (128)
　四、小结 …………………………………………………… (137)

第五章　魏晋南朝的郊祀、宗庙祭祀制度的实行

　一、导言 …………………………………………………… (148)
　二、三国时期的郊庙祭祀 ………………………………… (148)
　　　1. 曹魏 ………………………………………………… (148)
　　　2. 蜀汉、吴 …………………………………………… (150)
　三、晋 ……………………………………………………… (152)
　　　1. 西晋 ………………………………………………… (152)
　　　2. 东晋 ………………………………………………… (157)
　四、刘宋 …………………………………………………… (164)
　五、南齐 …………………………………………………… (170)
　六、梁 ……………………………………………………… (174)
　七、陈 ……………………………………………………… (178)
　八、小结 …………………………………………………… (182)

第六章　北朝的郊祀、宗庙祭祀制度的实行

　一、北魏 …………………………………………………… (188)
　　　1. 导言 ………………………………………………… (188)
　　　2. 道武帝 ……………………………………………… (188)
　　　3. 明元帝至献文帝 …………………………………… (192)
　　　4. 孝文帝 ……………………………………………… (194)
　　　5. 宣武帝以后——东魏、西魏 ……………………… (196)
　二、北齐 …………………………………………………… (199)
　三、北周 …………………………………………………… (200)

Ⅲ

四、隋 ··· (206)

五、小结 ······································· (210)

第七章 唐代郊祀、宗庙祭祀制度的实行

一、唐前期 ····································· (217)

    1. 导言 ····································· (217)

    2. 高祖、太宗 ······························· (217)

    3. 高宗 ····································· (227)

    4. 武周朝 ··································· (229)

    5. 中宗 ····································· (234)

    6. 睿宗 ····································· (237)

二、玄宗朝 ····································· (243)

    1. 导言 ····································· (243)

    2. 开元年间的庙享 ··························· (243)

    3. 太清宫的出现 ····························· (251)

    4. 太清宫—太庙—南郊祭祀的确立 ············· (255)

    5. 小结 ····································· (260)

三、唐后期 ····································· (261)

    1. 导言 ····································· (261)

    2. 肃宗 ····································· (262)

    3. 代宗 ····································· (263)

    4. 德宗 ····································· (264)

    5. 宪宗 ····································· (273)

    6. 穆宗、敬宗、文宗 ························· (274)

    7. 武宗 ····································· (275)

    8. 宣宗 ····································· (277)

    9. 懿宗 ····································· (278)

    10. 僖宗 ···································· (279)

    11. 昭宗 ···································· (283)

    12. 哀帝(昭宣帝) ··························· (285)

四、小结 ………………………………………………… (289)

第八章　中国古代即位仪礼与郊祀、宗庙祭祀

　　一、问题所在 …………………………………………… (311)
　　二、汉代即位仪礼的特点 ……………………………… (315)
　　　　1. 文帝的即位与昌邑王贺的退位 ………………… (315)
　　　　2. 汉代的即位与谒庙 ……………………………… (320)
　　三、魏晋南北朝即位仪礼的变化 ……………………… (327)
　　　　1. 魏晋南朝即位仪礼的特征 ……………………… (327)
　　　　2. 北朝即位仪礼的特征 …………………………… (334)
　　四、唐代的即位仪礼 …………………………………… (343)
　　　　1. 玄宗即位时谒庙的解释 ………………………… (343)
　　　　2. "传位"时的即位仪礼 …………………………… (352)
　　　　3. "让位"时的即位仪礼 …………………………… (365)
　　五、小结 ………………………………………………… (379)
　　附论　关于唐朝帝室的谒庙—皇帝、皇太子、皇后 … (383)
　　　　1. 导言 ……………………………………………… (383)
　　　　2. 即位时的告庙 …………………………………… (383)
　　　　3. 皇太子、皇后与谒庙 …………………………… (387)
　　　　4. 册命与谒庙、庙见 ……………………………… (389)
　　　　5. 结语 ……………………………………………… (392)

终章　从郊祀、宗庙祭祀及即位仪礼看中国古代
　　　　皇帝制度的特点

　　一、前面各章内容的概括 ……………………………… (409)
　　二、中国古代皇帝祭祀的意义与作用——相关研究成
　　　　果与课题 …………………………………………… (419)

图表一览 …………………………………………………… (427)
后　记 ……………………………………………………… (429)
译后记 ……………………………………………………… (436)

v

序章

皇帝统治与皇帝祭祀
——以唐代的大祀、中祀、小祀为主

一、序　言

《礼记·祭统》云:"凡治人之道,莫急于礼;礼有五经,莫重于祭。"中国自古以来非常重视礼,在礼的实践中开始重视祭祀。对此,郑玄注解道:"礼有五经,谓吉礼、凶礼、宾礼、军礼、嘉礼也。莫重于祭,谓以吉礼为首也。"祭祀五经即五礼(吉礼、凶礼、宾礼、军礼、嘉礼)中吉礼较多。唐代国家祭祀典范——《大唐开元礼》是一部为后世所尊崇、保存完好、中国最古老的国家祭祀仪礼的礼典。查阅全部一百五十卷[1]便可得知,在有关吉礼的七十八卷中,卷首三十多卷(到卷三六)都是关于皇帝祭祀天地诸神或有司代行(有司摄事)。其次八卷(卷三七到卷四四,含有司摄事)是有关皇帝在御灵屋祭祀祖先的宗庙祭祀礼。之后一卷是皇帝祭拜先帝陵的拜五陵,二卷是立春之际皇帝躬耕田地的预祝活动——籍田礼。

如上,皇帝的祭祀活动中最重要的是祭天地,其次是祭祀宗庙,即祭祀皇帝祖先之庙。故本章首先依据《大唐开元礼》将唐代皇帝祭祀分为大祀、中祀、小祀,明确其中大祀是祭祀天地的郊祀和皇帝宗庙祭祀,以及大祀、中祀、小祀三者与皇帝之间的关系。然后,对本书的结构进行再说明。

二、唐代的大祀、中祀、小祀诸相

1. 开元礼中的大祀、中祀、小祀

开元二十年(732年)完成的《大唐开元礼》是唐代的最高礼典[2]。其卷一《序例》上有：

> 凡国有大祀、中祀、小祀。昊天上帝、五方上帝、皇地祇、神州、宗庙皆为大祀。日月星辰、社稷、先代帝王、岳、镇、海、渎、帝社、先蚕、孔宣父、齐太公、诸太子庙，并为中祀。司中、司命、风师、雨师、灵星、山林、川泽、五龙祠等，并为小祀。州县社稷、释奠及诸神祠，并同小祀。

从中便知当时的国家祭祀分为大祀、中祀、小祀三个不同等级。其中大祀所祭诸神中，昊天上帝是宇宙的主宰者，五方上帝是据五行思想衍生而来的统治天上五个方位（中央与东西南北）的天神。皇地祇是与昊天上帝相对的地神。神州地祇，在《旧唐书》卷二一《礼仪一》中，有如下记述：

> 太宗皇帝践祚之初，悉兴文教，乃诏中书令房玄龄、秘书监魏徵等礼官学士，修改旧礼。……玄龄等始与礼官述议……神州者，国之所托，余八州则义不相及。近代通祭九州，今除八州等八座，唯祭皇地祇及神州，以正祀典。

如上所述，所谓神州即中国九个区域（九州）之一[3]。作为国之所托之地，比其他八州更为重要，所以成为与皇地祇同级的大祀之神，可理解为地神之一。另据上文，因神州相对五方上帝，属地神，所以，便可知其曾为一柱神。如前所述，宗庙乃为祭祀祖先而建，此处指唐朝的祖先和已故唐朝历代皇帝。所以，大祀的对象即指天地之神和李唐祖先。开元礼中，代表祭祀天地的郊祀与宗庙中对祖先的祭祀（庙享），统归为大祀。

其次，中祀中"先代帝王"指传说中有德行的君主及唐王朝之前的名君，即指高辛氏（帝喾）、尧、舜、禹、殷汤王、周文王、周武王、汉高祖八位名君（《复旧唐祠令》第二七条）。"岳镇海渎"是五岳、四镇、四渎的略称，依次为岱山（泰山）、衡山、嵩山、华山、恒山；沂山、会稽山、吴山、医巫闾山；东海、南海、西海、北海；淮河、长江、黄河、济水（《复旧唐祠令》第二三条）。帝社又称先农，指最早教人们农耕的神农氏。关于先蚕、孔宣父（孔子）、齐太公（太公望吕尚），将在后文详述。此处略去有关小祀的内容[4]，不过，需要强调的一点是州县主礼的祭祀与小祀同级对待。据《大唐开元礼》，中祀以上的祭祀原则上是由皇帝亲祭，而小祀无一例外规定由有司主礼。这一点通过德宗贞元年间编撰、记录开元之后国家祭祀主要变化的礼制专著《大唐郊祀录》卷七《祀风师》的记载便可确证，即"案开元礼，凡帝社以上，合至尊亲祭"。州县祭祀的主事者是各州县的官吏，而且将州县的祭祀等同于小祀。因为，小祀同样也是由有司主礼的形式上的祭祀活动[5]。即，唐代中祀及以上的祭祀活动是由皇帝亲祀，其中与皇权密切相关的天地、祖先祭祀被视为大祀。而不需要皇帝亲祀，有司摄事，形式上的祭祀归于小祀。这明确显示出皇帝对于各等级的祭祀重视程度不同。

另外，汉代以来国家级的祭祀活动已有很多，据《周礼·春官·肆师》。将祭祀活动分为大祀、中祀、小祀，笔者认为，此分类法最初应始于隋代。《隋书》卷六《礼仪志一》所述如下：

> 昊天上帝、五方上帝、日、月、皇地祇、神州、社稷、宗庙等为大祀。星辰、五祀、四望等为中祀。司中、司命、风师、雨师及诸星、诸山川等为小祀。大祀养牲在涤九旬、中祀三旬、小祀一旬。

其中就涉及对大、中、小三祀的区分及各类祭祀仪式准备原时间的长短。如果这是有关大中小祭祀三分法最早的记录[6]，那么，结合上文引文原开头部分的"高祖（隋文帝）受命，欲新制度"，笔者认为可理解为统一了中国的隋文帝有意建立皇帝祭祀制度。

2. 大祀、中祀、小祀与皇帝的自称

上一节阐述了开元礼中大祀、中祀、小祀的三级划分以及各类祭祀与皇帝之间的关系。结合上一节内容，将考察以下几个问题。尾形勇氏曾分析了"臣某"的含义与作用，并据《通典》记载的开元礼，对皇帝的自称进行了整理。指出祭祀中皇帝的自称分为"皇帝（天子）臣某"、"皇帝（天子）某"、"皇帝（天子）"三个不同称谓[7]。"某"虽为皇帝之讳，但笔者并不认为这三种皇帝不同的自称与皇帝祭祀的大祀、中祀、小祀相对应。主要涉及以下三个问题。

表1是据《大唐开元礼》划分的大祀、中祀、小祀，与不同规格祭祀活动中皇帝所使用自称的对照表（此外，还有不属于大祀、中祀、小祀其中任何一类的不明祭祀）。其中，"天子某"和"天子"分别与中祀、小祀相对应；"皇帝臣某"和"皇帝某"分别与大祀、中祀相对应。但，"皇帝某"和"皇帝"却与中祀、小祀并不对应。据《大唐开元礼》规定，国子学中孔宣父（孔子）

及齐太公(吕尚)的释奠礼,实际都是由有司主礼的祭祀活动(卷五四、卷五五),并非由皇帝亲祭[8]。另外,先蚕即养蚕之神的祭祀,自汉之后由皇后主礼[9]。而帝社(神农氏)以上的大祀、中祀,如前文所述只是形式上的皇帝亲祀,中祀均使用"皇帝某"。相反,同为中祀,在皇帝并不亲祀的孔宣父以下祭祀却使用"皇帝"。之所以存在着"皇帝某"和"皇帝"的使用区别,原因很明确。即,皇帝不亲祀孔宣父以下祭祀,这一点便与帝社以上祭祀区分开来,其具有小祀的特征。

表1 《大唐开元礼》中大祀、中祀、小祀与皇帝自称的关系

祭祀规格	祭祀对象	皇帝自称	祭祀对象	皇帝、皇后自称
大祀	昊天上帝、五方上帝、皇地祇、神州地祇	天子臣某	太祖之后的诸帝神主	皇帝臣某
中祀	大明(日)、夜明(月)	天子臣某	先代帝王、帝社	皇帝某
	五星、太社、太稷、岳、镇、海、渎	天子某	先蚕	皇后某氏
			孔宣父、齐太公	皇帝
小祀	风师、雨师、灵星	天子	司寒、先牧、马社、马步	皇帝

关于这一点,高明士氏认为,皇太子在释奠礼祝文中自称"皇太子某",所以,皇帝也应该自称为"皇帝某"[10]。的确,《册府元龟》卷五九〇《掌礼部·奏议第十八》,宝应元年(762年)膳部郎中归崇敬议云[11]:

每年春秋二时,释奠文宣王,祝板御署讫,北面揖,臣以为其礼太重。谨按《大戴礼》,师尚父授周武王丹书,武王东面而立。今署祝板,代请准武王东面礼之,轻重庶得其中。

正如下文所述,皇帝在祝版(祝板)上御署的乃为本人之名讳,所以,推测皇帝在释奠礼时自称"皇帝某"。此推测看似成立,但归崇敬奏议,皇帝御署释奠祝文后,像臣下一样面北而揖,此礼过重。所以,很难断定自此之后释奠礼还会不会继续沿袭这一形式。在君臣关系中,皇太子对皇帝自称"臣某"[12],故释奠礼皇太子也自称"皇太子某",但并不能断定皇帝也自称"某",理由如下。首先,《大唐开元礼》卷五四、卷五五中,通过有司摄事祭祀孔宣父、齐太公时,祝文中清楚写明皇帝自称"皇帝谨遣"。且,如注(8)所示,在《开元礼》之前的释奠礼中,也可列举出皇帝自称为"皇帝"的例

子$^{(13)}$。而且,在考查《开元礼》中"皇帝某"和"皇帝"的区分使用标准时,毫无疑问可将释奠祝文皇帝的自称划归为"皇帝"类。另外,《开元礼》中,祭祀先代帝王与岳镇海渎的中祀,并未规定由皇帝亲祭,系有司摄事。并非这些祭祀不受重视,是因为祭祀的场所均设在地方$^{(14)}$。

其次,中祀的大明(日)、夜明(月)中使用"天子臣某",其理由可参见《旧唐书》卷二四《礼仪志四》会昌二年(842年)的太常卿王起、广文博士卢就等奏议:

> 今据《江都集礼》及《开元礼》,蜡祭之日,大明、夜明二座及朝日、夕月,皇帝致祝,皆率称臣。若以为非泰坛配祀之时,得主日报天之义,卑缘厌屈,尊用德伸,不以著在中祠,取类常祀,此则中祠用大祠之义也。

"若以为"以下部分甚为难解。日月,不似郊祀时将昊天上帝置于最高坛,而是置于下一坛。"泰坛配祀之时",大概指郊祀之时。蜡祀,即十二月腊日诸神并祭,主要祭祀大明、夜明二神,以及朝日祭拜太阳、夕月祭拜月亮的祭祀。开元礼中,皇帝不向代表昊天上帝和皇地祇的日月称臣。但是,据上文,报答以日月为主的上天之时,不采用惯常的中祀之礼,而以大祀之礼的"天子臣某"自称。这样,向日月称"天子臣某",是隋代《江都集礼》以来"中祀中使用大祀"的特殊用例。

以上研讨明确了,大祀、中祀、小祀与祝文中"皇帝(天子)臣某""皇帝(天子)某""皇帝(天子)"的自称基本相对应。尾形勇氏在注(7)《汉代的"臣某"形式》一文中指出,皇帝使用的不同自称,反映出祭祀对象间的差别,在唐代为大祀、中祀、小祀的区别。唐代大祀、中祀、小祀的划分,祝文的文辞在不同时期皆有所变化。但自称基本遵循上文所述原则。例如,注(14)中所述及的对风师(即风神)的祭祀,在《开元礼》中属于小祀,祝文为"嗣天子谨遣具位臣姓名,敢昭告于风师"。而在德宗朝时变为中祀,祝文变为"嗣天子某谨遣摄太尉某臣姓名,敢昭荐于风师"。王泾曰,"案开元礼是小祀,其祀版不进署。因升位后御署焉,有司差摄太尉行事"(《大唐郊祀录》卷七),风师升为中祀,皇帝自称变为"嗣天子某",说明皇帝已经开始在祝文上自署讳。下一节将详述有关祝版的皇帝自署。

三、关于祝版

1. 祝版的御署

上一节已明确,唐代皇帝进行的祭祀根据其重要性分为大祀、中祀、小祀,以及对应使用"皇帝(天子)某臣""皇帝(天子)某""皇帝(天子)"三种不同的方式自称。本节具体探究皇帝在实际不同场合如何使用不同的自称。

在上述祭祀中,祭祀仪式主要是宣读称扬祭祀神的颂词,此颂词称之为祝文。如上一节结尾所述,"皇帝(天子)臣某"等自称置于祝文开头。记述祝文的文书称为祝版。《新唐书》卷一二《礼乐志二》中:

> 凡大祀、中祀,署版必拜。皇帝亲祠,至大次,郊社令以祝版进署,受以出,奠于坫。

如上所述,规定中祀以上的祝版皇帝亲署。并且,《大唐郊祀录》卷七《祀风师》王泾案语:

> 案开元礼,凡帝社以上,合至尊亲祭。而使有司摄者,其祝版者皆祀前先请御署。讫,皇帝北面再拜,侍中奉出,分附所司。

规定帝社以上的中祀皆由皇帝亲祀并亲署。当有司代行祭祀时,预先需皇帝在祝版上御署。皇帝亲署祝版是一个非常重要的行为,意味着皇帝是该祭祀的主宰者。

有关御署的具体内容,可参考《旧唐书》卷二四《礼仪志四》:

> 大和二年(828年),监察御史舒元舆奏,七月十八日,祀九宫贵神。……窃见陛下亲署御名及称臣于九宫之神。臣伏以天子之尊,除祭天地、宗庙之外,无合称臣者。……则陛下当合称皇帝遣某官致祭于九宫之神,不宜称臣与名。……诏都省议,皆如元舆之议。乃降为中祠,祝版称皇帝,不署。

即,在祭祀遁甲术神九宫贵神时,文宗采用大祀礼,亲署御名且称臣。而监察御史舒元舆认为皇帝向天地宗庙以外之神称臣,以及"窃见陛下亲署御名",向九宫贵神"亲署御名"的礼法极为不妥。于是,九宫贵神从大祀降为中祀,祝版上便只称皇帝,"不署"。唐代帝社以上的中祀,皇帝自称"皇帝（天子）某";大祀皇帝自称"皇帝（天子）臣某"。改为祝版上只记"皇帝"不"署",意味着皇帝不再亲署"某"或者"臣某"。九宫贵神虽降为中祀,不过只降至与孔宣父、齐太公同等之位。从舒元舆斥"亲署御名"与称臣之礼法,可判断皇帝自署的"某",应判断为仅为自己名讳的部分吧。

对此,亦可从当时名讳的重要性予以佐证。《翰林学士院旧规》[16]（《知不足斋丛书》第一三集《翰苑群书》所收）的"祠祭祈赛例"中,"南郊,维年月日祠天子臣署敢昭告于昊天上帝之灵",此处清楚地显示南郊祀皇帝自署的某（名讳的部分）。同书中北郊称"祠天子臣署"、五方上帝称"祠天子臣署"、太庙称"孝子孝孙皇帝臣署"、太社、太稷称"天子署"。只是,对五岳称"皇帝署",即"皇帝某",不同于"开元礼"的"天子某"。据后文（四）的史料,便知德宗朝亦将五岳视为皇地祇的从神进行祭祀,皇帝自称"天子某",显示出自9世纪之后皇帝自称的变化。综上所述,所谓"御署",即皇帝在祝文开头自署"某"的行为。小祀时因只写"皇帝（天子）",所以,从一开始便没有皇帝亲署部分。大祀、中祀时皇帝自称"皇帝（天子）臣某""皇帝（天子）某",其中的"某",即通过皇帝自署本人的"名讳",表示皇帝为此祭祀的主祭祀。

2. 祝版与有司摄事

以下列举有关祝版的史料。《旧唐书》卷四四《职官三》太常寺太祝条曰:

> 凡国有大祭祀,凡郊庙之祝板,先进取署,乃送祠所。将事,则跪读祝文,以信于神,礼成而焚之。

太祝的作用就是取皇帝的亲署,祭祀结束之后便当场焚烧祝版。关于祝版,《册府元龟》卷五六四《掌礼部三·制礼二》,其中有一段珍贵的史料:

> 代宗广德二年（764年）正月,礼仪使杜鸿渐奏:郊庙大礼,其祝文自今已后,请依唐礼板上墨书。其玉简金字者,一切停废。如允臣所奏,望编为尝（常）式。制曰,宜行用竹简,从古礼也。

此处所谓唐礼即开元礼。虽未见开元礼中有关祝版的具体规定,但据上文杜鸿渐奏文便可得知是一块板上写的墨书。之后出现了在玉简上嵌金字的祝版。现在台湾故宫博物院仍保存有民国二十二年（1933年）在泰安嵩里山发现的、开元十三年(725年)十一月十一日辛卯的皇地祇祭祀(玄宗封禅)时的玉册。《旧唐书·玄宗纪上》等书中所记玉册祝版,实为楷书刻字、绿色颜料填写的白玉册书。但是,同时发现的北宋真宗大中祥符元年(1008年)十月二十五日壬子禅祭的皇地祇玉册,却是金泥楷书。所以,推测玄宗的皇地祇文字原本也是金泥,后来金脱落了。这是开元礼制定之前的情形,像封禅这样特殊的场合有时也使用玉册。开元礼制定之后使用玉简金字的祝版便多了起来。杜鸿渐上奏,建议恢复开元礼中在木板上墨书的规定,但代宗规定在郊庙大祀时循古礼使用竹简。

图1 北京天坛斋宫所展示的清代皇天上帝的神位与祝版(著者摄影)

可见,大祀的祝版,开元礼中规定在木板上墨书,祭祀结束之后焚烧。之后便逐渐开始使用玉简金字,代宗时又简化为竹简[17]。另外,《大唐开元礼》卷三《序例下》杂制曰:

> 凡天地郊祀及太庙祝版,欲至享祭日,所司准程预进版取署,令人送往。若临时卒急,并令附驿。其版仍令预支一年所用数。
>
> 若署版以后祀官有故,即削除题所,替行事人。

此文记述了皇帝因巡行等情况离开都城时,郊祀、宗庙等大祀的祝版应如何解决。因这些祭祀为例行的正祭,当祭日临近时所司需要预计好日程,令使臣前往送达皇帝亲署的祝版。"临时卒急",即可能因为皇帝在地方滞留时间延长,或许因为临时要举行大祀等原因,遇到这种状况则需通过驿递送达。而且,祝版备好之后,若更换了祭祀事务官(摄官),则无需改动祝版,只改与祭祀事务官相关的情况。"其版仍令预支一年所用数",指因"临时卒急"等状况,需常备一年祭祀所需祝版。地点为主司皇帝祝版亲署的太常寺。然而,此祭祀制度却隐含了皇帝祭祀中一个非常重要的问题。

如前文所述,皇帝在大祀、中祀中自署"讳名",即"皇帝(天子)臣某""皇帝(天子)某",这对皇帝而言是主宰祭祀不可或缺的重要行为。但,《大唐开元礼》卷四"皇帝冬至祀圜丘"、卷五"冬至祀圜丘有司摄事"中,均附代行皇帝亲祭的"有司摄事"仪注。"冬至祀圜丘有司摄事"末尾道:

> 凡有司摄事,祝版应御署者,进御署讫,皇帝再拜。司臣奉版,授郊社令,授遂奉以出。

当有司代行皇帝亲祭时,皇帝先自署,再举行北面再拜仪式[18],之后再由有司代行。另外,《大唐郊祀录》卷二凡例中奠献:

> 凡郊庙之礼,帝社以上皆皇帝亲行事,有故则使公卿摄祭,皆行三献之礼。……亲行祀事,皆以太尉为亚献,光禄卿为终献。
> 有事摄祭,则以太尉为初献,太常卿为亚献,光禄卿为终献。

皇帝亲祀时,以皇帝——太尉——光禄卿的顺序向祭神献酒,行三献之礼。由有司代行时,规定以太尉——太常卿——光禄卿的顺序行三献之礼[19]。皇帝亲祀的大祀、中祀,从有司代行、有司摄事的礼仪准备得如此细致周到这一点反过来推测,说明有司摄事极为平常而非特殊情况。

唐代,皇帝祭祀实际由有司摄事代行的记录的确不少。《册府元龟》卷十二《帝王部·告功》:"代宗宝应二年(763年)四月,命有司飨太庙,兼告献逆贼史朝义首",其中就记载着宗庙祭祀由有司代行,命有司摄事庙享,兼告知要献史朝义之首级。此外,据《册府元龟》卷三四《帝王部·崇祭祀三》记载,代宗朝大历五年、七年、八年、十一年、十三年冬至南郊的祭祀,均为有司摄事[20]。虽不确定其他皇帝不会出现同样情况,但对照《旧唐书》《资治通鉴》等史书,唐代皇帝亲祀的记录,与礼制所规定的郊祀庙享以下的祭祀相对照,次数少得多。从现存的史料来看,唐代郊祀以下的祭祀,有司摄事比皇帝祭祀更为常见,史书却大多把皇帝亲祭作为特例大书特书。关于这一点,将在本书的第三章进行再考察。唐之后的史料,《五代会要》卷四《缘祀裁制》曰:

> 长兴二年(931年)五月,尚书左丞崔居俭奏,大祠、中祠差官

行事,皇帝虽不与祭,其日亦不视朝。
五代后唐的大祀、中祀由有司摄事代行时,皇帝不视朝,即形式上不理朝政。唐代亦是如此。

3. 大祀、中祀、小祀的变动

以上,论述了唐代皇帝祭祀的基本构成、皇帝亲祭与有司摄事的区分、皇帝亲祭是否属特殊情况。这一节举例说明在前文未出现的有关祝文、祝版相关史料。根据史料的年代顺序列举如下:

(一)开元九年(721年)六月五日,太常奏曰:"伏准唐礼,祭五岳四渎,皆称嗣天子,祝版皆进署。窃以祀典,五岳视三公,四渎视诸侯,则不合称嗣天子及亲署其祝文。伏请称皇帝谨遣某官某,敬致祭于岳渎之神。"从之。(《唐会要》卷二三《缘祀裁制》)

(二)(贞元)二年(786年)四月壬午,太尝(常)寺奉(奏),祭风伯、雨师祝版,准开元礼,凡有司摄事祝版应御署者,进署讫,皆北面再拜。其风伯、雨师,本是小祀,并有司行事。天宝三载(744年),始升诸星为中祀,亦无皇帝亲祀风伯、雨师之命,有司自是尝(常)典,不同摄祭。其祝版准中祠例合进署,其再拜,案礼无文。诏曰:风雨等师,升为中祀,有烈祖成名,况在风雨,事切苍生。今虽无文,朕当屈己再拜,以申子育万姓之意。(《册府元龟》卷三四《帝王部·崇祭祀三》)

(三)(贞元)四年(788年)五月,初复御署祭岳镇海渎祝版。每岁祭岳渎祝版,咸御署而遣之。自上元元年权停中祀已下,繇是因循不署。及是太尝(常)卿董晋举奏之,帝方崇祀典,乃复旧制。(同书同卷)

(四)谨按旧仪,岳渎以祝版御署讫,北面再拜。证圣元年(695年)有司上言曰,伏以王者父天母地,兄日姊月,于礼应有再拜之仪。谨按五岳视诸侯之礼,其日月以上,请依旧仪,五岳以下,署而不拜。制可。至开元修理,五岳四渎,皇帝无亲祭礼仪。其祝文皆云,嗣天子某谨遣某官,敢昭告于某岳某渎之神。读讫,咸申再拜。祭五龙神,但云献官再拜。此则有司行事,皆有拜文。今臣与礼官等通详典制,整办所宜。……故礼云,五岳视三公,四渎视诸侯,其余山川视伯子男。议者以岳渎既比公侯,则礼如人臣矣,其于祭也,则人君不合有拜臣之仪。谨按《五经通义》云,星辰日月,五岳四渎,皆天地之别神,从官也。因郊而祭者缘天地之意,亦欲及之也。又《礼记》云,郑元(玄)注云,人臣人之臣也。则星辰岳渎,既是天地从官,恐人君不得如公侯之礼而臣下之也。何以言之,王者父天母地,兄日姊月,星辰视昆弟,岳渎视公侯,以此明之,星辰岳渎,是天地之臣也,秩视人臣也。陛下与天地为子,遣使申祭,恐不合令受天父地母从官之拜,宜有以答之。故开元礼祭岳渎祝文,皇帝称名,又云谨遣,于义有必拜之文。是国家著礼,以明神为敬,不以臣下为礼。以臣等所见,并请依证圣元年定制,有司行事,须申礼拜。(《全唐文》卷四七九裴堪《请祀岳渎亲申拜礼奏》)

上文(一)记述开元九年(721年)对五岳四渎改称"皇帝谨遣某官某,敬致祭于岳渎之神",其中唐礼即后文的显庆礼[21]。(四)开头记述了有关岳渎(一)的前后讨论,此处所谓旧礼与(一)的唐礼同为显庆礼。开元修礼即指《开元礼》的编纂,可见,从显庆礼到开元礼,岳渎祭祀发生了变化,其变化可归纳如下。显庆礼中皇帝对五岳四渎称嗣天子,且亲署祝版。即皇帝自称"嗣天子某",讳署名之后面北再拜。武后的证圣元年(695年),五岳以下的祭祀皇帝自署、不再拜。之后,开元九年皇帝不再对岳渎自称嗣天子、并亲署讳,仅称"皇帝谨遣某官某"等。但,开元二十年(732年)设立的开元礼,皇帝对五岳四渎不再亲祭,仅在祝文上称"嗣天子某谨遣某官,敢昭告于某岳(某渎)之神",又重新自称"嗣天子某",此后便由派遣的官员再拜。开元礼中添加为小祀的五龙坛,其祝文上去掉了皇帝、天子的自称,只有"献官再拜"。且对五岳四渎,皇帝即便自署、也不再拜,而是由派遣的官员再拜。另外,开元礼中对岳渎的祭祀并非定期举行的正祭,是干旱时在长安北郊或其他所在地举行的临时告祭。

(二)中的"太常寺奉"是误笔,应为"太常寺奏"[22]。即,贞元二年(786年)太常寺上奏曰,开元礼中祝版御署的中祀以上祭祀,进署之后北面再拜。但是,风伯(同风师)、雨师原为有司主礼的小祀,天宝三载(744年)升格为中祀之后,却并未按非皇帝亲祭、由有司常典、有司摄事的中祀一贯的礼仪来进行祭祀。因此奏中才问,即使祝版按照中祀的惯例由皇帝自署讳,可之后是否需进行再拜,对此该如何处理。对此德宗认为风雨乃有关民生的大事,规定屈己进署之后再拜。另,文中的"列祖成命",可能指遵玄宗之命将风师、雨师等升格为中祀之事吧。据(三),开元礼中每年的五岳四渎祝版,是经皇帝亲署之后派使者送达。但处于"安史之乱"中的上元元年(760年),中祀以下的皇帝祭祀停止之后,祭祀时便无皇帝的亲署。贞元四年(788年)太常卿董晋上奏指出了该问题,德宗基于尊崇祀典的角度,又恢复了皇帝亲署名讳的作法。前文已提及德宗朝时开元礼与《唐六典》的并行制(参照注2),从(二)(三)可见德宗欲重建皇帝祭祀之意。上一段讲到根据开元礼岳渎祭祀属临时的告祭,而此时已变为每年举行的祭祀。

关于(四),无法断定是依据《全唐文》卷四七九的原史料。据同书同卷的裴堪即裴耀卿之孙(贞观之初为万年尉、后调任太常博士、最终位居江西观察使)的经历判断,如果(四)是其在任太常博士时的上书,那么极有可能是在贞观元年。(二)(三)应为显示德宗意欲重建皇帝祭祀、与(一)(三)相关的岳渎祭祀史料。笔者对其中的理论非常感兴趣,虽然长但还是引用了百分之九十的原文。五岳视三公、四渎视诸侯,五岳四渎乃天地之别神,所以,在郊祀天地时,与星辰日月同于郊祀坛从祀[23]。既然星辰岳渎乃天地之从座,皇帝(人君)就不能按照公侯之礼相待。因为,星辰岳渎乃天地之臣,相当于人世间之人臣。皇帝乃天地之子,所以,遣使祭祀时不应接受天父地母的从官之拜,而应答拜。故,开元礼中祭祀岳渎的祝文上皇帝称名,"谨遣"按理相当于祭拜了。开元礼乃国家之著礼,以敬奉神明之礼待人臣,并非所谓礼之真意。按证圣元年(695年)的礼制,五岳四渎因为有司行事,故裴堪上奏道,有司应对岳渎行拜礼。因此,同为中祀,应分为名义上由皇帝亲祭、实际由官员代行的有司摄事,以及地方等最初即为有司代行的有司行事,包括是否行拜礼等应予以区分。至少,应注意不要把有司摄事理解为后者。

如上所述,开元礼之后,或者从显庆礼到开元礼之间,大祀、中祀、小祀的祭祀范围以及如何进行祭祀之礼均发生了较大变化。但可以肯定的是,迄今为止,还未发现与本文已明确的基本事实相左的事例,反而是这些事例在本文的见解基础上能够更好地理解。

序章　皇帝统治与皇帝祭祀——以唐代的大祀、中祀、小祀为主

四、小　结
——本书的展开

　　以上，论述了唐代皇帝祭祀分为大祀、中祀、小祀三种不同规格祭祀制度的问题。即，大祀是由关系皇帝权威的郊祀与宗庙诸神构成。大祀和中祀基本形式上为皇帝亲祀，小祀是在皇帝的管辖之下，由派遣的有司代行，实质上为有司摄事的祭祀。且大祀、中祀、小祀的三级划分，分别与祝文中"皇帝（天子）臣某""皇帝（天子）某""皇帝（天子）"的皇帝自称相对应。中祀以上的祭祀，皇帝要在祝版上自署"某"，即自己的讳，以保全作为祭祀主宰者的资格。特别是大祀、中祀由有司代行的有司摄事必须要皇帝亲署。有关有司摄事的仪注，在开元礼等中均有详细规定，据此推测实际上在唐代，皇帝亲祭才属于特殊情况。

　　若果真如此，那么，接下来的问题就是皇帝与这些祭祀，特别是郊祀、宗庙这些大祀的举办管理有怎样的关系？为了搞清楚这个问题，必须首先明确汉代以来的郊祀、宗庙制度。但是，郊祀、宗庙制度并非自西汉以来呈线性发展，而是在西汉末东汉初建立的制度基础之上发展而来。西汉中期之前的郊祀、宗庙制度与之后的制度有很大差异。对西汉郊祀、宗庙制度进行细致研究，于汉代史而言非常有意义，而研究自魏晋至唐代的郊庙祭祀发展却无太大意义。先前关于汉代郊祀、宗庙制度曾有过论述[24]，所以，本书对于西汉的皇帝祭祀仅简单涉及，主要论述自东汉以来的郊祀、宗庙祭祀。东汉虽然有长达二百年的历史，但有关东汉的郊祀、宗庙制度的史料却极为有限。所以，本书首先展开论述从魏晋至唐这一历史时期的郊祀、宗庙制度，然后讨论制度运行之时，再对汉代的郊庙制度进行说明。

　　正如上文指出，唐代皇帝祭祀中，推定皇帝的亲祭反倒属特例。而且，为了把握唐代之前郊祀、宗庙的情形，探究在皇权制下其意义所在，就不能仅仅研究制度的发展，还有必要研究制度实际的实施情况。本书第Ⅱ部即对此问题的探讨，在此之前的第Ⅰ部第三章尽可能明确史料丰富的唐代，皇帝亲祭与有司摄事间的本质差异。另外，在研究祭祀制度实际运行情况

13

时,还必须关注成为制度转折点的北魏以后的北朝政权。北朝为了显示在中国历代王朝中的正统性,引入郊祀、宗庙制度与东晋、南朝相对抗,这在某种程度上可以想见。但实际上,东晋、南朝也通过郊庙制度的改革与维护与其相抗衡。东晋、南朝制度具有独特性,不能够根据本章有关唐朝郊庙制度的部分情况来臆测东汉以后的郊庙制度。唐朝的郊庙制度,也必须以北朝郊庙制度的发展为前提。制度上很少变化的郊祀、宗庙祭祀,在实际运用过程中,时至唐代发生了很多变化。特别引人关注的是天地郊祀的发展与宗庙祭祀的倒退。郊庙制度的变化同时也反映在与其密切相关的即位仪礼。因而,在第Ⅱ部的第八章,研究了唐代之前即位仪礼的变迁。最后,从前文考察研究的结果,来探讨中国古代皇帝制度变化的意义。

　　本书的研究视角,基本与2001年付梓完成的《古代中国与皇帝祭祀》(汲古书院)一致。只是,那本书乃面向一般读者,而本书是在前者基础上写成的专业性论著。出版的顺序相反,从这个意义上讲,本书的讨论则是《古代中国与皇帝祭祀》成立的前提基础。那本著作出版之后,又写了题为《古代中国的王权》[25]的论文,所以,包括该义在内,本书中其他一些旧稿,均根据需要按现在的观点进行了修改。若能将本书理解为在旧稿基础上加以修改,反映了作者目前达到的新观点,将不胜欣喜[26]。

注释:

　　(1)关于《大唐开元礼》,参照古典研究会出版《大唐开元礼附大唐郊祀录》(汲古书院,1981年第二版)中池田温的解说。汲古书院版的《大唐开元礼》,是以光绪十二年(1886年)洪氏公善堂校刊本为底本,于1972年以影印版发行的第一版。之后,台湾商务印书馆影印了《四库全书》珍本八集、文渊阁本四库全书中的《大唐开元礼》。汲古书院版的第二版追加了池田氏对照四库全书版的"第二版附记"。商务印书馆的影印版与汲古书院第一版并无不同,因上述原因,还是应该参照汲古书院第二版印刷。

　　(2)只是,开元礼在完成之后并未立即实行。开元礼在臣僚的礼论中引用,始于德宗建中年间(780—783年)左右。参照内藤干吉《关于〈唐六典〉的实际运用》(同《中国法制史考证》所收,有斐阁,1963年,首次刊出为1936年)。内藤氏在文中指出开元礼与《唐六典》均为建中年间开始实施的,与唐代皇帝祭祀的变迁相对比,构成一个非常有趣的现象。

　　(3)九州的名称在《尔雅·释地》《周礼·夏官·职方氏》等经书中均有列举,但其中未见称"神州"的州名。但《隋书》卷六《礼仪志一》介绍隋方丘制度有如下记载:"夏至之时,祭皇地祇于其上,以太祖配、神州、迎州、冀州、戎州、拾州、柱州、营州、咸州、阳州……并皆从祭。"

这里出现了包括神州在内的九州名称。这些名称与《河图括地象》中的九州基本对应(据《纬书的基础性研究》第209页的表),笔者认为这是根据纬书的说法。有关纬书的九州说,参看安居香山与中村璋八共著的《纬书的基础性研究》(汉魏文化研究会,1966年)第一篇第六章、第七章。另外,神州地祇乃源自纬书中的神,这一观点在间嶋润一《郑玄的祀地思想与大九州说》(中村璋八编《纬学研究论丛·安居香山博士追悼》平河出版社,1993年)一文中有论述。正如间嶋氏文中所述,除皇地祇之外,提出郊祀神州地祇之礼者是郑玄(注疏参照《周礼·春官·大司乐》"乃奏大蔟,歌应钟,舞咸池,以祭地祇"),但实际开始祭祀神州已是北齐、北周之后。

(4)小祀中与皇帝权威相关受到关注的是五龙祠(五龙坛)。关于五龙坛的建立,《大唐郊祀录》卷七"祭五龙坛"条的编者王泾案语曰:

> 臣泾案,古礼无此祠。明皇(玄宗)置之兴庆宫,即今之勤政殿之南,是。其地本隆庆坊,玄宗潜龙之日,宅于此焉。后渐变为池,及玄宗正位,以宅为宫,池水愈大,弥漫数里。至开元十六年(728年)置堂,又兼置坛,仲春月则令有司祭之。……其年二月,上亲行事,感紫云郁起,曲如盖。自后每年常祭,至上元元年(760年)闰四月十九日,权停中祀,因此废祭。至贞元七年(791年)春,诏令复祭之也。

"玄宗潜龙之日,宅于此焉,后渐变为池",指玄宗作临淄郡王时的住处(之后的兴庆宫)涌水成池之事。关于此事,托马斯·提洛指出(池田温译《唐史中帝王符瑞之例及其背景》,《东方学》第四八辑,1974年),玄宗当皇帝之后,为了使其帝位继承正统化,利用此事件以为符瑞。因此,可以认为开元十六年在池畔建五龙坛祭祀,也是积极利用符瑞的一种行为。倘若如此,那么五龙坛应该是皇帝为使自己的皇位继承正统化,新设立的祭祀。这在研究国家与祭祀关系上是一个非常有趣的例子。另外,《册府元龟》卷三四《帝王部·崇祭祀三》贞元六年(790年)条:

> 六月己酉,复祭五龙坛。初开元中,每岁以二月祭之,有司行事,著于新礼(开元礼)。自上元中罢中、小祀,其祭遂废。及是宰臣请复之,帝始以是日亲祭焉。

另外德宗复祭五龙坛的时间没采用王泾所说的贞元七年,笔者认为是贞元六年。

(5)参照后注(14)

(6)据高明士氏的观点,皇帝祭祀分为三个规格乃始于隋的《开皇令》(开皇二年,即582年公布)。参照《论武德到贞观礼的成立——唐朝立国政策的研究之一》(中国唐代学会主编《第二届国际唐代学术会议论文集》下册所收,台北,文津出版社,1993

年)及《隋代的制礼作乐——隋代立国政策研究之二》(黄约瑟、刘健明合编《隋唐史论集》所收,香港大学亚洲研究中心,1993年)。另,《后汉书·百官志三》少府条,有文"祠祀令一人,六百石。本注曰,典中诸小祠祀",但目前笔者对"典中诸小祠祀"的意思还不甚明了。

(7)尾形勇《汉代的"臣某"形式——关于古代帝国的君臣关系》(《史学杂志》第七六编第八号,1967年。同《中国古代的"家"与国家》第二章修改收录,岩波书店,1979年)。关于汉代以后皇帝与天子的区别及其作用差异,参照了西嶋定生《皇帝统治的建立》(同《中国古代国家与东亚世界》东京大学出版会,1983年,及西嶋定生《东亚史论集》第一卷,岩波书店,2002年收录,1970年第一版)。关于开元礼,"天子"号均与天地之神或天地自然相关。而"皇帝"号在过去的人物大多被使用。只是,司寒是北方之神玄冥,马步是给马带来灾害之神。另,像魏明帝那样祭社时也曾称过"皇帝"(《通典》卷四五《礼五·社稷》),诸祭祀中对皇帝与天子的区别使用也具有不确定性。

(8)《唐会要》卷三五《释奠》曰:

(贞观)二十一年,中书侍郎许敬宗等奏:……况凡在小神,犹皆遣使行礼,释奠既准中祀,据理必须禀明。今后国学释奠,令国子祭酒为初献,祝词称皇帝谨遣,仍令司业为亚献,国子博士为终献。其诸州,刺史为初献……

与本文所述开元礼同样。

(9)关于先蚕仪礼,参照以下新城理惠氏的一系列考论。《先蚕仪礼与中国的蚕神信仰》(《比较民俗研究》第四号,1991年)、《先蚕仪礼与唐代的皇后》(《史论》第四六号,1993年)、《唐代先蚕仪礼的复原——以〈大唐开元礼〉先蚕条译注为中心》(《史峰》第七号,1994年)、《绢与皇后》(纲野善彦等编《岩波讲座·天皇与王权考3·生产与流通》所收,岩波书店,2002年)。

(10)高明士《中国传统政治与教育》下篇第二章第三节《从礼律看治统庙制与道统庙制的消长》(台北,文津出版社,2003年,2000年第一版)。

(11)《唐会要》卷三五《释奠》中也有该文,但有些许出入。该书与贞元十五年(799)条相关联,据《旧唐书》卷一四九《归崇敬传》,他成为膳部郎中是在代宗朝初年,应遵照《册府元龟》系年。

(12)参照注(7)尾形勇的《汉代的"臣某"形式》。关于以君臣之礼(臣下与君主南北相对),以宾主之礼(主人与宾客东西相对)的问题,参照刚安勇的《中国古代史料所出现的席次与皇帝面西问题》(《史学杂志》第九二编第九号,1983年)。

(13)清代王昶撰《金石萃编》卷五五《赠泰师孔宣公碑》碑阴上,开头著录了下列文字:

维乾封元年岁次景(丙)寅,二月戊戌朔二日己亥,皇帝遣司稼正卿扶馀隆,以少牢之奠致祭先圣孔宣王之灵。

这是乾封元年(666年)正月高宗泰山封禅之后,在曲阜的孔子庙举行的释奠,仍使用"皇帝遣"的形式,高宗并没有自称"皇帝某"。遣官扶馀隆是公元663年唐灭亡百济之时的百济太子。曲阜的释奠是高宗在讨伐百济、泰山封禅这样非常重要的大事之后举行的祭礼,应予以关注。

(14) 岳镇海渎所在地已显示。先代帝王的祭所在《复旧祠令》第二七条每位帝王姓名处已标注。小祀与州县以下的祭祀在这点上有所区别。小祀形式上为有司行事,例如,"维某年岁次,月,朔,日,子嗣天子谨遣具位臣姓名,敢昭告于风师"(《大唐开元礼》卷二八《祀风师》条),实行的是皇帝(天子)派遣臣下的形式。州县以下祭祀的执行者终究也只是当地的官员。

(15) 关于九宫贵神,参照《大唐郊祀录》卷六"祀九宫贵神"条。

(16) 土肥义和认为:《翰林学士院旧规》的编纂时间,应是在纂者杨钜跟从昭宗迁至洛阳的天复四年(904年),或之后很近的时期。参照同《敦煌发现唐、回鹘间交易关系汉文文书断简考》(栗园益男先生古稀纪念论集编辑委员会编《中国古代的法与社会》所收,汲古书院,1988年)第407—408页。

(17) 从注(4)引用的《大唐郊祀录》《册府元龟》或者后文(三)中,可断定自"安史之乱"至肃宗上元元年(760年)以来,中祀、小祀的祭礼已停止。光德二年乃"安史之乱"平定的第二年,所以,杜鸿渐、代宗的话可理解为因财政紧缩而考虑实施祭祀的简化。

(18)《日本文德天皇实录》(国史大系本)卷八齐衡三年十一月条曰:

壬戌,大被于新成殿前,诸阵警戒,帝进出庭中。大纳言正三位藤原朝臣良相跪授郊天祝板,左京大夫从四位下菅原朝臣是善捧笔砚。帝自署其讳。讫,执珪,北面拜天。乃遣大纳言正三位藤原朝臣良相……,向河内国交野郡柏原野,设筵习礼,祠官尽会。甲子,有事圜丘。夜漏上水一刻,大纳言藤原良相等归来献胙。

这是日本文德天皇所举行的一次郊祀,派遣大纳言藤原良相等,以有司摄事的形式举行。此时的文德天皇也是亲署讳之后北面拜天。可将此视为模仿唐礼的一个实例。另外,延历六年(787年)十一月恒武天皇的郊祀,也是派大纳言藤原继绳,以有司摄事的形式举行的一次郊祀(《续日本纪》)。

(19) 关于唐朝皇帝祭祀用的酒,参照江川式部《唐朝祭祀的五齐三酒》(《明治大学大学院文学研究论集[文学、史学、地理学]》第十四号,2001年)以及同《唐朝祭祀的玄酒与明水——〈大唐开元礼〉的记载及其背景》(《骏台史学》第一一三号,2001年)。

(20) 大历十三年(778年)仅冬至的郊祀记录,在《旧唐书》代宗纪中可见。此外,命有司通告宗庙之例随处可见,但均为进献俘虏、天气异常等个别原因的记录,并非有关禘祫、四时祭等定期祭祀的记录。正如第三章所述,这些临时的祭祀称为告祭,规定了祭日定期进行的祭祀称为正祭。

(21)关于显庆礼与开元礼的区别,参照第二章《唐代的郊祀、宗庙制度》第二节。

(22)多次引用的《大唐郊祀录》卷七"祀风师"条中,当告知开元礼中小祀的风师此后变为中祀之后,王泾案语记:

> 其风师、雨师自升在中祀,但亲祀无再拜。及德宗在位,虔修祀事,贞元二年(786年)四月二十三日问礼官,其版署记名,合再拜否。太常博士陆淳奏曰……

之后本文所引用的(二)"太常寺奉"以下文略去。

(23)郊祀中星辰的从座在《大唐开元礼》卷四"皇帝冬至祀圜丘"、岳镇海渎的从座在卷二九"皇帝夏至祭方丘"各项内容中均有涉及。

(24)拙稿《汉代的郊祀、宗庙、明堂及封禅》(拙著《古代中国与皇帝祭祀》所收,汲古书院,2001年,1982年第一版)。

(25)拙稿《古代中国的王权》(刚野善彦等编《岩波讲座·天皇与王权考Ⅰ·人类社会中的天皇与王权》所收,岩波书店,2002年)。

(26)最后,在完成本书过程中接触到的论文,在下一章之后的论述中无直接引用的机会,在此先予以介绍。关于前汉的国家祭祀,目黑杏子在《汉代国家祭祀制度研究的现状与课题——从皇帝权力与宇宙论的观点》(《中国史学》第一五卷,2005年)一文总结了截至近期的研究史。关于魏晋南朝的释奠,有松浦千春的论文,即《魏晋南朝的帝位继承与释奠仪礼》(《东北大学东洋史论集》第九辑,2003年)以及《关于释奠仪礼的备忘录其一——释奠仪礼的形成》(《一关工业高等专业学校研究纪要》第三六号,2001年),《关于释奠仪礼的备忘录其二——魏、西晋的释奠》(同上杂志第三七号,2002年)。另外,松浦氏在论文《关于汉代即位仪礼的备忘录——西嶋定生论的验证》(同上杂志第三九号,2004年)中,对于西嶋定生对汉代即位仪礼分为天子即位——皇帝即位两个阶段的观点是否恰当,进行了详细论述。

上编

郊祀、宗庙祭祀制度的成立及其发展

第一章

魏晋南北朝的郊祀、宗庙祭祀制度

一、宗庙祭祀制度的发展

1. 魏晋及南朝的宗庙祭祀

首先,将依照第四章提及的东汉制度对宗庙制度进行说明,这是构成本章及以下章节的基础。

宗庙祭祀里包含小祭的四时祭(时祭)和大祭的禘祭及祫祭。所谓四时祭,是指在一年中的四孟月(一月、四月、七月、十月)及腊日举行的五次小规模祭祀。禘祭、祫祭统称为殷祭或禘祭的大祭。禘祭每五年于四月、祫祭每三年于十月举行。宗庙祭祀因身份不同,祖先祭祀人数亦有所限制。所谓"天子七庙",意指仅皇帝方可设七庙供奉祖先,太祖庙位居正中,其左右各为三昭三穆,祭祀太祖以下七代祖先。四时祭和禘祭的仪式内容,据不同年代、不同学说有所不同。据实例概括而言,四时祭(时祭)即各个皇帝的牌位(称为神主或木主)分别祭祀。而禘祭是将太祖的神主置于最里面,前面是其后各代皇帝的神主按世代顺序对面排列进行合祭。因而,相对于小祭的时祭,禘祭被称为殷祭。上述宗庙制度形成于东汉初期,历代基本沿袭至唐代。关于宗庙制度,将通过列举史实显示,在各朝代均存在过时祭和禘祭,并根据需要给予解说。另外,宗庙并非每位皇帝均需新建,而是在同一座宗庙中安放历代皇帝神主,这样的太庙制度到东汉时才出现。

关于曹魏宗庙,《宋书》卷十四《礼一》明帝青龙五年(237 年)三月,采用三统说的地统,以建丑月为正月,将同年同月改为景初元年夏四月,诏书曰:

> 春夏秋冬孟仲季月,虽与正岁不同,至于郊祀迎气,礿祀烝尝

……诸若此者,皆正岁斗建为节[(1)]。

文中提及的"礿祀烝尝",与《白虎通》所记载春季的时祭称之为祠,夏季的时祭称之为礿,秋季的时祭称之为尝,冬季的时祭称之为烝(《白虎通疏证》卷十二《宗庙》)顺序不同,但毫无疑问"礿祀烝尝"的确是指四时祭。另外,《三国志·魏书》卷四、《三少帝纪》齐王正始六年(245 年)条中提到"冬十一月,祫祭太祖庙",虽与东汉时十月举行的祫祭时间有所不同,但却显示齐王芳的太祖庙祫祭是亲祭。由此看来,曹魏时四时祭、禘祭等宗庙各祭祀的确存在。蜀汉、吴时的宗庙亦可得到证实,但关于祭祀,除蜀汉章武元年(221 年)四月立国之时建宗庙祫祭高皇帝(汉高祖)以下的皇帝之外(《三国志》卷三十二《蜀书二·先主传》),史料中无从知晓其具体制度和实际情况。

关于晋的宗庙制度,《宋书》卷十六《礼三》东晋安帝义熙二[(三)]年六月[(2)]白衣领尚书左仆射孔安国上书:

> 元兴三年(404 年)夏,应殷祠。……御史中丞范泰议:今虽既祫之后,得以烝尝而无殷荐之比。太元二十一年(396 年)十月应殷,烈宗以其年九月崩,至隆安三年(399 年),国家大吉,乃修殷事。

文中可见"殷祠""烝尝"等词,由此可知晋时确有四时祭和殷祭。关于后者,在同书同卷其上书中言及:

> 臣寻永和十年(354 年)至今五十余载,用三十月辄殷,皆见于注记,是依礼五年再殷。

该祭祀制度为每三十个月举行一次殷祭,六十个月也就是五年举行两次殷祭。同卷同书后文可见领著作郎徐广更为具体的提议:

> 寻先事,海西公太和六年(371 年)十月殷祠,孝武皇帝宁康二年(374 年)十月殷祠。若以常去前三十月,则应四月也。于时盖当有故而迁在冬,但未详其事。

太和六年十月举行殷祭之后,经过三十个月再次举行,时间应为宁康二年(374 年)四月,但实际却是在十月举行。之所以如此,这其中定有原因。如上所述,东汉以来禘祭每五年在初夏四月举行,而祫祭每三年在初冬十月举行。参照孔安国的上书和徐广的提议,晋代若在某年十月举行了殷祭，那么下次应在三十个月后，即三年后的四月举行。再经过三十个月，即从开始的年份算起五年后的十月举行。这恰好与禘祫巧妙构成五年再殷，显然，晋代一直在实行此祭祀制度。

关于刘宋宗庙祭祀制度，《宋书》卷十七《礼四》、文帝元嘉六年（429年）九月，太常博士徐道娱上议道：

> 祠部下十月三日殷祠、十二日烝祀。谨按禘祫之礼，三年一，五年再，《公羊》所谓五年再殷祭也。在四时之间，周礼所谓凡四时之间祀也。……然则大祭四祀，其月各异。

也就是说，按照祠部的决定殷祭和烝祭（时祭）在同年的十月份重合。徐道娱却主张殷祭和时祭应分别在不同的月份举行，但他的提议未被采纳。综上，可理解为宋代也是在一、四、七、十月四孟月举行时祭。另外，同书卷十六《礼三》：

> 宋殷祭，皆即吉乃行。大明七年（463年）二月辛亥，有司奏，四月应殷祠，若事中未得为，得用孟秋与不。

上文为因故无法在四月举行殷祭时，商议能否在七月举行。对照前文徐道娱的提议，可知刘宋时殷祭也是在四月和十月举行，禘祭采用了与晋相同的每三十个月举行一次的制度。至隋唐时，禘祫和时祭在四月或十月重合时，时祭便暂停举行。徐道娱提议："今隔旬频享，恐于礼为烦。"于是把两者放在同一旬举行。

南齐王在建元元年（479年）七月建立南齐时，详细地规定了郊庙以外其他典礼仪式。当时的左仆射王俭提议（《南齐书》卷九《礼》上）：

> 今大齐受命，建寅创历，郊庙用牲，一依晋宋。谓宜以今年十月殷祀宗庙，自此以后，五年再殷。

据此可知，与晋、宋同样，南齐也遵循三十个月举行一次殷祭、五年再殷的制度，四月和十月举行殷祭。关于四时祭，《南齐书》卷九《礼上》武帝永明九年（491年）的正月诏中甚至可见，太庙举行的四时祭，有给宣帝（太祖萧道成之父）以下的皇帝供奉其生前喜好之物的指示。

关于梁的宗庙祭祀，《隋书》卷七《礼仪二》记载：

> 春祀，夏礿，秋尝，冬烝并腊，一岁凡五，谓之时祭。三年一禘，五年一祫，谓之殷祭。禘以夏，祫以冬，皆以功臣配。

梁武帝即位的天监元年(502年)四月举行了时祭。参照上文,笔者认为四时祭同以往一样在四孟月举行。关于殷祭的月份虽无明文记载,但根据上文中禘在夏、祫在冬以及参照南齐和陈的祭祀事例,梁被认为沿袭了晋宋以来的宗庙祭祀制度[3]。关于陈时的宗庙祭祀,同书同卷中记载:

> 陈制立七庙,一岁五祠,谓春夏秋冬腊也。……五岁再殷,殷大祫而合祭也。

另外,《陈书》本纪中关于皇帝亲祭的宗庙祭祀多有记录,虽无法区分是时祭或殷祭,但大多在正月、四月、七月、十月举行。因而,陈也遵循以往的惯例,在四孟月和腊月举行四时祭,每隔三十个月在四月和十月举行殷祭。

如上所述,宋以后南朝的四时祭、禘祫制度并未全然明了,也并非否定以往的制度。魏晋南北朝的禘祫,在晋以后一直实行着三十个月一殷、五年再殷的制度,若某年四月举行了禘祭,那么将在两年后的十月举行祫祭,三年后的四月举行禘祭。如后文所述,东晋时郊祭制度被彻底革新。魏与西晋时由于片断式的禘祫记录,所以,很难断言上述五年再殷制度在魏晋始于何时,推测始于东晋的可能性较大。另外,可能四时祭无论在哪个朝代,均依照东汉的制度,在四孟月和腊月举行。

2. 北朝及隋的宗庙祭祀

构成本章基本内容的旧稿[4],因闻魏收所著《魏书》修辞过多,所以,对于北魏孝文帝汉化政策之前郊祭、宗庙祭祀的真实情况,完全未列入考察范围内。但之后1980年在内蒙古自治区呼伦贝尔盟鄂伦春自治旗的嘎仙洞,发现了太武帝的《告天书》,开头为太平真君四年(443年)的"天子臣焘"(焘是太武帝拓跋焘的讳名)。由此确认了《魏书·礼仪志》中的记述在一定程度上还是值得信赖的[5]。但即使参照《魏书》,还是发现孝文帝之前的郊祀、宗庙祭祀与魏晋、南朝的郊庙祭祀存在着种种差别。所以,本章依然按照旧稿,仅限于对北魏孝文帝以后的郊祀、宗庙祭祀制度的讨论,孝文帝之前的部分将会在下编第六章讨论。

北魏的太庙建于道武帝天兴二年(399年)十月(《魏书》卷二《太祖记》),而上述宗庙祭祀开始实施乃在太和十三年(489年),孝文帝亲自制订了如下禘祫制度(《魏书》卷一〇八之一《礼四之一》):

> 王(王肃)以禘祫为一祭,王义为长。郑(郑玄)以圜丘为禘,

与宗庙大祭同名,义亦为当。今互取郑王二义,禘祫并为一名从
王,禘是祭圜丘大祭之名,上下同用从郑。若以数则黩,五年一
禘,改祫从禘。五年一禘,则四时尽禘,以称今情。禘则依礼文,
先禘而后时祭,便即实行,著之于令,永为世法。

换言之,据王肃说禘祭和祫祭乃同一祭祀,而据郑玄说禘祭乃圜丘大祭之名。这样导致禘祭次数过多,便将祫祭和禘祭合并,五年举行一次禘祭。而且,在举行宗庙禘祭时,要先举行禘祭再举行时祭。虽很难把握"五年一禘则四时尽禘"的准确含义,但如若以上引用内容准确无误,便可明确太和十三年(489年)北魏的宗庙祭祀有禘祭和四时祭,且五年举行一次禘祭。只是有关时祭,同书同卷中记载有:

（太和）十六年（492年）正月戊午,诏曰:夫四时享祀,人子常
道,然祭荐之礼,贵贱不同。故有邑之君,祭以首时,无田之士,荐
以仲月。况七庙之重而用中节者哉。自顷烝尝之礼,颇违旧仪,
今将仰遵远式,以此孟月,狄祫于太庙。

文中的"中节",是指前文提及的"仲月"。此诏记述,由于当时的四时祭（烝尝之礼）与儒教古典礼制相违背,所以时祭（狄祫）于孟月举行,之前北魏的时祭均在仲月举行。太和十七年（493年）八月孝文帝南伐,成为迁都洛阳的前奏,四孟月举行的时祭是在前一年就已决定。但无法明确腊日是否举行时祭,此问题将在第六章第一节进行讨论（参照第六章注10）。

孝文帝之后的宣武帝、孝明帝时,对禘祫制度做出了更为详细的规定。同书卷一〇八之二《礼四之二》宣武帝景明二年（501年）六月条中秘书丞孙惠蔚进言:

然则三年丧毕,祫祭太祖,明年春祀,遍禘群庙,此礼之正也,
古之道也……陛下永惟孝思,因心即礼,取郑舍王,禫终此晦。来
月中旬,礼应大祫,六室神祏,升食太祖,明年春享,咸禘群庙。自
兹以后,五年为常。

众所周知,亲人亡故三年之丧实则为二十五个月,之后是否再加两个月的除丧服祭祀,在这一点上郑玄说和王肃说出现了分歧。所谓的"禫"是指为缓解悲伤、节哀顺便的过渡性礼仪,东汉的郑玄认为不算在服丧期之内,应置于守孝期三年（二十五个月）之后。而三国魏的王肃,其各种礼

说均与郑玄相对立,并因此为众人所知。他认为禫应包含在三年服丧期之内,在二十五个月期间举行除服祭[6]。孙惠蔚的进言与郑玄说一致,太和二十三年(499年)四月孝文帝驾崩,此后的第二十七个月也就是景明二年六月除服祭结束,第二个月七月中旬进行了祫祭,从第二年的正月开始每五年举行一次禘祭。但是,之后是否还举行祫祭,因没有相关史料,无从得知。

其次,孝明帝熙平二年(517年)十二月丁未,任城王元澄等建言道(同书同卷):

> 谨案……丧毕禘祫,似有退理。详考古礼,未有以祭事废元会者。《礼》云:吉事先近日,脱不吉,容改筮三旬。寻摄太史令赵翼等列称,正月二十六日祭亦吉。请移禘祀在中旬十四日,时祭移二十六日,犹曰春禘,又非退义。

这是为了避免第二年即神龟元年(518年)的朝会和禘祭在同一天,故请求将禘祭移至十四日,将时祭移至二十六日。从上文"丧毕禘祫"可推测出,神龟元年的正月恰巧是延昌四年(515年)正月宣武帝去世后第三年的正月,即二十七个月的禫祭结束之后的第二年正月。亦可了解到,此时是按照与宣武帝时相同的制度举行了禘祭,这均依据了郑玄说。《礼记·王制》"天子犆礿祫禘祫尝祫烝"的郑注曰:

> 鲁礼:三年丧毕而祫于太祖,明年春禘于群庙。自尔之后,五年而再殷祭,一祫一禘。

此文所述的庙享方式,即丧期结束后举行祫祭,次年春季举行禘祭。如后文所述北魏的郊祀、宗庙祭祀均依照了郑玄说,而南朝时却未采用郑玄说,两者形成了鲜明对比。

据上所述,北魏的殷祭始于太和十三年(489年),以每五年举行一次禘祭的形式开始。而四孟月举行时祭,应该始于太和十六年(492年)。一般认为,接下来的宣武帝、孝明帝时,据郑玄说在二十七个月先帝丧期期满之后第二年的正月举行禘祭,之后每五年正月举行一次禘祭,此祭祀方式已成为惯例固定了下来。但有一点不明确,即先帝丧期满后的庙享,据孙惠蔚建言应为祫祭,可除此之外不知其他时间北魏是否还举行祫祭。

北周、北齐、隋的宗庙制度,《隋书》卷七《礼仪志二》中明确记载了各种形式的禘祭、四时祭。北齐为:"春祠夏礿秋尝冬烝,皆以孟月并腊,凡五祭。禘祫如梁之制,每祭室一太牢。"(7)北周为:"其时祭各于其庙,禘祫则于太祖庙。"隋的四时祭记载:"各以孟月,飨以太牢,四时荐新于太庙。"关于禘祫记述如下:

> 三年一祫以孟冬,迁主未迁主,合食于太祖之庙。五年一禘以孟夏。其迁主,各食于所迁之庙,未迁之主,各于其庙。禘祫之月,则停时飨。

其中的记述还包含禘祭和祫祭仪式上的差异。当四月、十月禘祫和时祭在时间上相重合时,则实行暂停时祭的新机制,区别于宋、北魏两者均举行的方式。由此可见隋代宗庙祭祀制度相当完善。因此,北周、北齐、隋代在制度上均设有禘祫和时祭。因为北齐有在腊月举行时祭的记载,故推测北周及隋也应包含腊日举行的时祭。但是,各个朝代的禘、祫祭祀是如何组合的却全然不明了。实际上,北齐、北周的皇帝祭祀各有特殊之处,隋代的皇帝亲祭则明显减少。对于各朝代皇帝亲祭的特点,将在第六章进行详细讨论。

如上所述,北朝一直遵循北魏孝文帝以来建立在礼学基础之上的宗庙制度。普遍认为此时的四时祭与南朝并无太大区别,但关于禘祫制度,除了明确北魏时采用了郑玄说之外,其他并不十分清楚。仅根据实例,大概了解到与南朝的五年再殷制度不相同。

二、魏晋及南朝的郊祀制度

1. 关于郊祀的郑玄说与王肃说

在论述郊祀制度之前,首先简要概述有关郊祭代表性的学说——郑玄说与王肃说。西汉末期以来的郊祀制度,是在国都南郊的圜丘祭天,在国都北郊的方丘祭地。郑玄说的特点就是将南郊与圜丘、北郊与方丘分别看作不同的祭场。《礼记·祭法》:"祭法有虞氏禘黄帝而郊喾、祖颛顼而宗尧。"郑注曰:

> 禘祫祖宗,谓祭祀而配食也。此禘谓祭昊天于圜丘也。祭上

帝于南郊曰郊,祭五帝五(神)于明堂曰祖宗,祖宗通言尔。

孔颖达的正义中,对其进行了详细说明,具体如下:

> "有虞氏禘黄帝"者,谓虞氏冬至祭昊天上帝于圜丘,大禘之时,以黄帝配祭。"而郊喾"者,谓夏正建寅之月,祭感生之帝于南郊,以喾配也。

仅就上文关于制度的内容来看,应该是冬至在圜丘祭祀昊天上帝,正月(夏正建寅之月)在南郊祭祀感生帝。从中可见郑玄说,是将圜丘和南郊分别视为不同的祭天场所。同样方丘和北郊也被视为不同的祭地场所,视方丘为夏至时祭祀昆仑地祇的祭场,北郊为祭祀神州地祇的祭场[(8)]。但关于北郊祭祀的时间,却未见郑玄的看法和见解。

关于王肃说,《南齐书》卷九《礼志上》武帝永明元年(483年)条中引用尚书令王俭之启:

> 王肃曰:周以冬祭天于圜丘,于正月又祭天以祈谷。祭法称燔柴太坛,则圜丘也。《春秋传》云,启蛰而郊,则祈谷也。

另外,上述祭法的正义中,孙颖达将工肃说总结为:"肃又以郊与圜丘是一,郊即圜丘"。可见王肃是将圜丘和南郊视为同一祭场,将方丘和北郊视为同一祭场。但正如王俭所述,冬至祭天,正月祈谷,在这一点上郑玄说和王肃说一致。东晋和南朝时,每两年仅在正月上辛(每月最初的辛日)于南郊举行祭祀,此时便认为南郊即圜丘,在这一点上与王肃说接近。但冬至不举行祭天,这一点又不同于王肃说。另外,郑玄说中,圜丘和南郊、方丘和北郊所祭之神也各不相同,关于这个问题将在论述北朝郊祀制度时再行讨论。

2. 魏晋的郊祀制度

魏文帝于黄初元年(220年)十月登坛受禅,之后的第二年正月郊祀天地,此时使用了东汉的郊祀坛[(9)]。制定曹魏自己的郊祀制度,是在接下来的明帝时期。《宋书》卷十六《礼三》中记载:

> 景初元年十月乙卯,始营洛阳南委粟山为圜丘。诏曰……曹氏世系出自有虞氏,今祀圜丘,以始祖帝舜配,号圜丘曰皇皇帝天。方丘所祭曰皇皇后地,以舜妃伊氏配。天郊所祭曰皇天之神,以太祖武皇帝配。地郊所祭曰皇地之祇,以武宣皇后配。宗

祀皇考高祖文皇帝于明堂,以配上帝。十二月壬子冬至,始祀皇
皇帝天于圜丘,以始祖有虞帝舜配。

景初元年(237年)设定了圜丘、方丘与天郊、地郊,冬至举行圜丘的祭祀。正如本章开头所述,同年四月(青龙五年三月)改用景初历制,所以,时间上提前了一个月,冬至移至十二月。显然,上述郊祀改革依循了郑玄说。将郑玄说中于圜丘祭祀昊天上帝,改为祭祀皇皇帝天。祭神的名称不相同,圜丘以帝舜配,方丘以舜妃伊氏配。

在《通典》卷四十二《礼二·郊天上》中,引用了上文明帝诏中"曹氏世系"以下部分,其后半部记述:

号圜丘曰皇皇帝(皇皇帝天),天郊所祭曰皇天之神,以太祖
武帝(武皇帝)配,祀(祝)称嗣皇帝。(括号内为《三国会要》卷十
一《礼上》魏郊的补订)。

此处的"祀(祝)称嗣皇帝"是祝文中明帝的自称,但在《宋书》明帝诏中却未见有此自称。如果这不是面对其上一辈太祖武帝(曹操)时皇帝的自称,而是面向圜丘天郊时的自称,那么就可以推测出明帝郊祀改革的重点正在此处。正如前一章所详述,一般皇帝面向天地自称"天子臣某",面对宗庙自称为"皇帝臣某"。然而,明帝在圜丘和天郊的祭祀中自称"嗣皇帝",表明他并不希望将自己与"皇皇帝天"联系在一起,而是与拟定为祖帝的舜联系起来。《宋书》明帝诏中,上文省略的部分曰:

盖帝王受命,莫不恭承天地,以彰神明,尊祀世统,以昭功德,
故先代之典即著,则禘郊祖宗之制备也。

诏中主张在"恭承天地"的同时也强调"尊祀世统"。众所周知,曹操是宦官曹腾的养子之子,即孙子,曹腾在拥立东汉恒帝中立下功劳。在建立替代东汉的王朝政权时,其出身始终是其弱点。上述明帝的郊祀改革中,极力粉饰其弱点,强调曹氏乃帝舜的后裔。这是一个依据儒家典籍制定郊祀,并被现实政治目的所利用的一个很好的事例。[10]

之后关于曹魏郊祀的史料极为贫乏,且关于蜀汉、吴的记录也无值得关注之处。所以,将在第五章就曹魏、蜀、吴的郊祀制度稍作概述。

西晋武帝受禅的次年,即太始二年(266年)全面改革了曹魏的祭祀制度。《宋书》卷十六《礼三》中记载(以下晋宋的郊祀制度也依据了同书

同卷）：

> 是年十一月，有司又议奏：古者丘郊不异，宜并圜丘方泽于南北郊，更修治坛兆。其二至之祀，和于二郊。帝又从之，一如宣帝（司马懿）所用王肃议也。

此即说曹魏时圜丘、方丘与南北郊分开设立，而西晋时却将圜丘与南郊合并设南郊坛，将方泽（方丘）与北郊合并设北郊坛，并规定冬至的祭祀在南郊举行，夏至的祭祀在北郊举行。"其二至之祀，和于二郊"或许可解释为，将夏至和冬至的祭祀废止后，与南北郊祭日合并（正月上辛等）。实际上，从接下来的东晋至南朝时期，冬至和夏至的郊祀即被废止。但是，泰始二年冬至的郊祀是在南郊举行，本次改革发生在十一月。综合这两点来判断，应该是为了配合冬至皇帝亲祭的日程。如前文所述，此处可理解为只设立了南郊和北郊，是根据王肃说进行的改革。如"是月庚寅冬至，帝亲祠圜丘于南郊。自是后圜丘方泽不别立至今矣"所述，不特别设立圜丘、方丘，仅设南北郊，这一祭祀制度此后从晋至南朝一直延续了下来。

如上所述，晋代郊祀制度的特点在于，改革曹魏时分别设立圜丘、方丘与南郊、北郊的制度，重新改回到同东汉一样只建南北郊。在西晋逐步瓦解，向东晋过渡之时，康帝建元元年（343年）正月条太常顾和的表记：

> 及中兴草创，百度从简，合北郊于一丘。宪章未备，权用斯礼，盖时宜也。至咸和中，议别立北郊，同用正月。……于是从和议，是月辛未南郊，辛巳北郊，皆帝亲奉。

咸和年间（326—334年）以前仅在国都建康建南郊坛，到成帝咸和年间建起了北郊坛。根据顾和奏议，康帝建元元年规定正月上辛于南郊祭天，在接下来的辛日（十日后，称为次辛）于北郊祭地。另外，东晋时确立隔年正月举行郊祀的"二年一郊"制度，直到其后的南朝，此期间已不再举行冬至、夏至的郊祀。关于这一点，在讨论宋代的郊祀制度时再行阐述。

3. 南朝的郊祀制度

关于刘宋郊祀的日期，孝武帝大明二年（458年）正月丙午朔日，引用有司奏章的曹郎朱膺之议云：

> 江左以来，皆用正月。当以传云，三王之郊，各以其正。晋不改正朔，行夏之时，故因以首岁不以冬日，皆用上辛，近代成典也。

所谓的"行夏之时",是指根据夏正将建寅之月作为正月之意。也就是说,他认为晋时根据夏正在正月举行郊祀,且采用了上辛之日,据说这已成为近代祭祀的典礼仪式。另外,其"晋不改正朔"以下内容,与开头的"江左以来,皆用正月"相呼应,这皆为关于东晋的论述。据朱膺之所言,可知东晋以来南郊的祭祀不在冬至,而仅在正月上辛举行。且南郊的祭祀不是每年都举行。明帝泰始六年(470年)正月乙亥诏:

> 自晋以来,间年一郊,明堂同日。质文详略,疏数有分,自今可间二年一郊,间岁一明堂,外可详议。

诏曰晋以后每两年举行一次郊祀,并于同日祭祀明堂,此处的晋应理解为东晋。这是因为如第五章所述,西晋早在第二代皇帝惠帝元康年间(291—299年)祭祀制度便开始松动,之后只是在特殊情况下才举行郊祭。而东晋时元帝之后的明帝、成帝、康帝等各代皇帝均举行了郊祀。且据朱膺之议,因东晋时废止了冬至的郊祀,仅在正月上辛举行南郊的祭祀,所以两年一郊的制度也应视为东晋时所定。也就是说,东晋在重建皇帝祭祀的过程中,出现了两年一次在正月上辛举行祭祀的两年一郊制度。之前泰始六年的诏书中记述,按当时的制度,因祭祀同一天神的郊祀和明堂的祭祀重合于一天(正月上辛),所以,集议[11]中讨论三年举行一次郊祀,两年举行一次明堂的祭祀。可仅四年后的后废帝元徽二年(474年)就又恢复为原来的礼制,此时的修改无实质性意义。但不妨认为刘宋一朝实行了两年一郊的制度。关于北郊祭日,未发现有明文记载。

南齐时,在高帝受禅的建元元年(479年)七月,制定了郊祀、宗庙祭祀之外的其他祭祀制度。当时右仆射王俭议(《南齐书》卷九《礼上》):

> 来年正月上辛,有事南郊。宜以共日还祭明堂,又用次辛飨祀北郊而并无配。

当时采用了正月上辛祭祀南郊和明堂、十日后的次辛祭祀北郊的方式。永明二年(484年)的明堂祭日移于北郊之后的次辛(南郊祭祀后二十日)(同书同卷)。另外,根据《通典》卷四十二《礼二·郊天上》"建元四年(482年),武帝继位,明年正月祭南郊。自兹以后,间岁而祀",可明确南齐与刘宋同样实行了两年一郊的制度。

《隋书》卷六《礼仪志一》中很好地总结了梁、陈时的制度。关于梁有如

下记载:

> 梁南郊为圆坛,在国之南,高二丈七尺,上径十一丈,下径十八丈,其外在壝四门。常与北郊间岁正月上辛行事,用一特牛,祀天皇上帝之神于其上,以皇考太祖文帝配。……北郊为方坛于北郊[12],上方十丈,下方十二丈,高一丈,四面各有陛,其外为墙再重。与南郊间岁正月上辛,以一特牛祀后地之神于其上,以德后配。

据此可知,梁时采用两年一郊的制度,南北郊均在隔年正月上辛举行,并于天监三年(504 年)恢复了冬至的郊祀。同书同卷中记载:

> 帝曰:圜丘自是祭天,先农既是祈谷,但就阳之位,故在郊也。冬至之夜阳气起于甲子,既祭昊天,宜在冬至。祈谷时,可依古必须启蛰,在一郊坛,分为二祭。自是冬至谓之祀天,启蛰名为祈谷。

即正月上辛时举行祈谷的祭祀,冬至举行祀天的祭祀[13]。

关于陈代的制度,同书同卷中记载:

> 陈制亦以间岁正月上辛,用特牛一,祀天地于南北二郊。永定元年(557 年),武帝受禅,修南郊圆坛。高二丈二尺五寸,上广十丈,柴燎告天。明年正月上辛,有事南郊,以皇考德皇帝配。……北郊为坛,高一丈五尺,广八丈,以皇妣昭后配。

即隔年正月上辛举行南郊的祭祀。据此记述可理解为北郊的祭祀应于同一天举行,但实例中,则是于次辛举行。另外,梁时恢复的冬至郊祀,陈时也许未举行。

从魏晋到南朝的祭祀制度大致如上所述,将其大纲整理如下表 2 所示。魏时大致根据郑玄说分别设立圜丘和南郊、方丘和北郊,此祭祀制度主要是以舜为祖先进行祭祀。西晋武帝泰始二年(266 年)采用王肃说将圜丘合并于南郊,方丘合并于北郊。一般认为东晋时制定了两年一郊的制度,同时废弃了冬至的郊祀。之后的南朝,基本继承了东晋时确立的这些郊祀制度[14]。上文中只有梁、陈时南北郊的坛制,在《隋书·礼仪志一》中有具体记载。但是关于这些祭坛由多少阶(称为"成")构成,却没有特别记述。由"天数三、地数二"可以推测一般南郊坛为三成,但梁陈的南郊坛或许仅有上下两成[15]。

表2　魏晋及南朝的郊祀制度

	郊丘	祭日	郊祀间隔	配神	规定配神的时间	备考
魏	圆丘	冬至	?	帝舜	明帝时	齐王芳以后,不实施皇帝亲郊。
	方丘	?		舜妃伊氏	明帝时	
	天郊	?		太祖武帝	明帝时	
	地郊	?		武宣皇后	明帝时	
晋（东晋）	南郊	正月上辛	二年一郊	宣皇帝	武帝时	
	北郊	正月次辛		宣穆张皇后	东晋成帝时	
宋	南郊	正月上辛	二年一郊	武帝	少帝以后	明帝泰始六年时三年一郊,后废帝时恢复。
	北郊	?		武敬皇后	少帝以后	
南齐	南郊	正月上辛	二年一郊	高帝	武帝以后	起初与南郊同日祭祀明堂,后于后辛(次辛之后)祭祀明堂。
	北郊	正月次辛		高昭皇后	武帝以后	
梁	南郊	正月上辛、冬至(天监三年以后)	二年一郊	太祖文皇帝	武帝以后	于后辛祭祀明堂。
	北郊	正月上辛		德后（武帝之妃）	武帝以后	
陈	南郊	正月上辛	二年一郊	德皇帝	武帝时	于后辛祭祀明堂。依据《隋书》卷六中记载北郊祭祀和南郊为同一日。
	北郊	正月次辛		高祖武帝	文帝以后	
				昭后	武帝时	
				德皇帝	文帝时	
				昭后	后废帝以后	

* 此处的"配神"指祭祀天地时配祭的祖先。关于配神的制定在本文中不做特别论述,只在此处提及(表3同样如此)。

三、北朝及隋的郊祀制度

本章与论述宗庙祭祀时一样,将北魏孝文帝以后的郊祀作为考察对象。《魏书》卷七下《高祖纪下》中记载曰:

> (太和十二年)闰月(闰十月)甲子,帝观筑圜丘于南郊。……十有三年春正月辛亥,车驾有事于圜丘。于是初备大驾。……五月庚戌,车驾有事于方泽。

太和十二年(488年)于国都平城建圜丘,第二年首次举行圜丘和方泽(同方丘)的祭祀。这也是孝文帝汉化政策的一部分。从祭祀日期来看,正月上辛在圜丘举行祈谷祭,在方泽举行夏至祭祀。其次,太和十六年(492年)正月首次于南郊设先祖(此处指太祖道武帝)之位。太和十七年到太和十八年间从平城迁都至洛阳,再次于洛阳近郊举行郊祀。太和十八年三月废止了西郊祭天[16],西郊祭天是北方少数民族传统的仪礼。太和十九年十一月庚午,孝文帝远赴洛阳委粟山选定圜丘,甲申冬至于此地祭祀了昊天上帝。太和二十年五月于河阴建方泽(方丘),丁亥日举行了祭祀(《魏书》卷一〇八之一《礼四之一》及卷七下《高祖纪下》)。景明二年(501年)十一月壬寅宣武帝将圜丘改建于伊水之北,乙卯日举行了祭祀(同书卷一〇八之二《礼四之二》)。

自孝文帝至宣武帝陆续制定了圜丘、方丘的祭祀制度,并最终于北魏时依据郑玄说实行了郊祀制度。孝明帝熙平二年(517年)三月癸未条,有太常少卿元端进言,内容如下(同书卷一〇八之二《礼四之二》):

> 谨详:圣朝以太祖道皇帝配圜丘,道穆皇后刘氏配方泽,太宗明元皇帝配上帝,明密皇后杜氏配地祇,又以显祖献文皇帝配雩祀[17]。

这里区别于圜丘配祀道武帝,方丘配祀皇后刘氏,而将明元帝、皇后杜氏分别配于上帝和地祇。对应于圜丘、方丘的上帝和地祇,无疑是指南郊及北郊的祭神,此处明显采用了基于郑玄说的郊祀制度。随着时代的推移,同书卷八四《儒林传·李业兴传》天平四年(537年)条曰:

衍(梁武帝萧衍)散骑常侍朱异问业兴曰:"魏洛中委粟山是南郊邪?"业兴曰:"委粟是圜丘,非南郊。"异曰:"北间郊丘异所,是用郑义。我此中用王义。"业兴曰:"然。洛京郊丘之处专用郑解。"[18]

这是作为东魏孝静帝使者,出使梁的李业兴与梁的儒学家朱异之间相互问答的一部分内容。两人的对话也显示了北魏的郊祀制度乃依据郑玄之说。另外,从上文中未发现北魏除圜丘、方丘之外,是否建有南北郊的记录,从朱异关于委粟山是圜丘还是南郊的提问中,判断北魏洛阳城除圜丘、方丘之外未建南北郊。

依据郑玄之说的郊祀制度始于北魏,一直延续到后唐初期。接下来的北齐、北周、隋的郊祀制度均依据郑玄之说且颇为类似,其具体内容同梁陈一样,在《隋书》卷六《礼仪志一》中作了详尽的概括。这里提供三朝相关史料,用表中内容替代说明。

(1)北齐　后齐制圜丘方泽,并三年一祭,谓之禘祀。圜丘在国南郊,丘下广轮二百七十尺,上广轮四十六尺,高四十五尺。三成,成高十五尺。上中二级,四面各一陛,下级方维八陛。……方泽为坛,在国北郊,广轮四十尺,高四尺,面各一陛。……圜丘则以苍璧束帛,正月上辛,祀昊天上帝于其上,以高祖神武皇帝配。……方泽则以黄琮束帛,夏至之日,禘昆仑皇地祇于其上,以武明皇后配。……其后诸儒定礼,圜丘改以冬至云。其南北郊则岁一祀,皆以正月上辛。南郊为坛于国南,广轮三十六尺,高九尺,四面各一陛。……祀所感帝灵威仰于坛,以高祖神武皇帝配。……其北郊则为坛如南郊坛,为瘞坎如方泽坎。祀神州神于其上,以武明皇后配。

(2)北周　圜丘三成,成崇一丈二尺,深二丈,上径六尺。十有二阶,每等十有二节,在国阳七里之郊。……方丘在国阴六里之郊。丘一成,八方,下崇一丈,方六丈八尺,上崇五尺,方四丈,方一阶,尺一级。……南郊为方坛于国南五里。其崇一丈二尺,其广四丈。……神州之坛,崇一丈,方四丈,在北郊方丘之右。……其祭圜丘及南郊,并正月上辛。圜丘则以其先炎帝神农氏配昊天上帝于其上。……南郊以始祖献侯莫那配所感帝灵威仰于其上。北郊方丘,则以神农配后地之祇,神州则以献侯莫那配焉。

(3)隋　为圜丘于国之南,太阳门外,道东二里。其丘四成,各高八尺

表 3　北朝及隋朝的郊祀制度

	郊丘	祭神	配神	祭日	郊祀间隔	备考
北魏	圜丘	上帝	太祖道武帝	冬至（据实例）	?	孝明帝熙平二年（517年）以前
	方泽	上帝（南郊）	道穆皇后刘氏	夏至（据实例）		
	上帝（南郊）	太宗明元皇帝	正月上辛（据实例）			
	地祇（北郊）	地祇	明密皇后杜氏	?		
	圜丘		太祖道武帝		?	熙平二年之后
	方泽	上帝	道穆皇后刘氏			
	南郊	上帝	世祖太武帝			
	北郊	地祇	太武帝之妃?			
北齐	圜丘	昊天上帝	高祖神武皇帝	正月上辛,后冬至	三年一祭	
	方泽	昆仑皇地祇	武明皇后	夏至	三年一祭	
	南郊	所感帝灵威仰	高祖神武皇帝	正月上辛	一年一祭	
	北郊	神州神	武明皇后	正月上辛	一年一祭	
北周	圜丘	昊天上帝	炎帝神农氏	正月上辛	?	
	北郊方丘	后地之祇	神农	圜丘次日或第三天	?	根据实例
	南郊	所感帝灵威仰	始祖献侯莫那	正月上辛	?	无实例
	神州	神州（之坛）	始祖献侯莫那			
隋	圜丘	昊天上帝	太祖武元皇帝	冬至	两年一祭	武元皇帝为高祖之父
	方丘	皇地祇	太祖武元皇帝	夏至	两年一祭	
	南郊	所感帝赤熛怒	太祖武元皇帝	正月上辛	?	
	北郊	神州之神	太祖武元皇帝	孟冬	?	

一寸,下成广二十丈,再成广十五丈,又三成广十丈,四成广五丈。再岁冬至之日,祀昊天上帝于其上,以太祖武元皇帝配。……为方丘于宫城之北十四里。其丘再成,成高五丈,下成方十丈,上成方五丈。夏至之日,祭皇地祇于其上,以太祖配。……南郊为坛与国之南,太阳门外,道西一里,去宫十里。坛高七尺,广四丈。孟春上辛,祠所感帝赤熛怒于其上,以太祖武元皇帝配。……北郊孟冬祭神州之神,以太祖武元皇帝配。

另外,与以上史料及表3相关,就圜丘以下祭祀对象昊天上帝、皇地祇、感生帝(灵威仰、赤熛怒)、神州(神州地祇),在此进行补充说明。郑玄说中,将圜丘和南郊、方丘和北郊作了区分,同时将其祭祀对象的各神也做了区别。《周礼·春官·大司乐》:"凡乐圆钟为宫……冬日至,于地上之圜丘奏之。若乐六变则天神皆降,可得而礼矣。凡乐函钟为宫……夏日至,于泽中之方丘奏之。若乐八变则地示皆出,可得而礼矣。"上述引文郑注中提到"天神则主北辰,地祇则主昆仑"。据此可知,郑玄说认为冬至圜丘祭祀天神(北辰),夏至方丘祭祀地祇,北齐时方丘所祭之神确为昆仑地祇了。此外,关于南郊的祭神,《周礼·大司乐》"乃奏黄钟、歌大吕、舞云门、以祀天神"的郑注曰"天神谓五帝乃日月星辰也。王者又各以夏正月祀其所受命之帝于南郊,尊之也"。"夏正之月"即建寅,也就是阴历一月。据郑玄说,各朝一般于正月在南郊祭祀五帝之中该朝的"受命之帝"。所谓的"受命之帝"指五行说中的感生帝,即青帝灵威仰,赤帝赤熛怒,黄帝含枢纽,白帝白招拒,黑帝汁光纪(叶光纪、协光纪)。即于南郊祭祀与该朝"五行之德"相吻合的感生帝。北齐和北周乃木德之朝代,于南郊祭祀青帝灵威仰;隋乃火德之朝代,祭祀赤帝赤熛怒,这些神就是各王朝的感生帝。此外,正如《周礼·大司乐》"乃奏大蔟,歌应钟,舞咸池,以祭地示"的郑注所言,"地祇所祭于北郊,谓神州之神及社稷",郑玄说中北郊祭神乃神州(神州地祇)[19]。北齐、北周、隋的确于北郊祭祀此神州。

如上所述,北齐、北周、隋三朝中未出现圜丘方泽的祭祀制,祭神亦未出现天皇大帝,这基本完全采用了郑玄说。曹魏时,将圜丘、方泽与南北郊相分离,这一点与郑玄说相同。但南郊、北郊的祭神分别是皇天之神、皇地之祇。可见也不完全与郑玄说一致。可以说,到了北朝才开始实行依郑玄说而设立的郊祀。另外,关于这三朝的坛制,如上文引用,的确有具体数字。但需要进一步确认的是,北齐、北周圜丘坛为三成,隋为四成;隋时方丘坛为两成。

四、小　结

本章明确了魏晋南北朝的郊祀、宗庙制度。因重点在于阐明制度上的事实,故具体的内容在此不再赘述。关于宗庙,各朝代均继承了东汉初期创立的大祭禘祫和小祭四时祭。而禘祫,晋及南朝实行了五年再殷制度,即每隔三十个月,于四月及十月举行的禘祫;而北朝的北魏实行的则是依郑玄说而创立的禘祫。关于郊祀,晋及南朝将圜丘和南郊、方丘和北郊视为同一祭场,采用了接近王肃说的祭祀形态;而北朝实行基于郑玄说的郊祀。东晋及南朝,每两年仅正月举行郊祀,省去了冬至、夏至的郊祀,这一点与主张冬至、夏至郊祀的王肃说有所不同。这样,再建晋王朝的东晋完善了郊祀制度,实行两年一郊的制度。关于宗庙五年再殷制度,可证实实施了此制度的均为东晋之后的史料,所以由此推断,郊祀制度也许同样是到了东晋才得以完善。在皇帝祭祀史中东晋具有划时代意义,值得关注[20]。

隋统一南北朝,其郊祀制度整体沿袭了北朝的制度。但是,开皇九年(589年)平陈一统中国,文帝曾一度欲重新完善皇帝祭祀制度。此问题将在第六章讨论。至唐代,集以往之大成,郊祀制度有了很大的发展。在下一章将主要阐述唐代的郊祀、宗庙制度。

附论　前方后圆坟的起源与西晋的郊祀改革

山尾幸九氏将日本前方后圆坟的源头,追溯到西晋武帝泰始二年(266年)的郊祀改革。下文是对此观点的批判,笔者此篇拙稿发表于1979年,收录在书的注(19)中。之后,山尾氏认同了笔者的观点,并撤回自己的学术观点[21]。所以,在这个意义上,此文在今日已显得不重要。但是,笔者在拙论中曾提及,山尾氏主张在国际视野中理解前方后圆坟的出现,这一观点应值得关注。从研究史的角度来讲,此文仍具有一定价值。故而,将此文从本章内容中分离出来,附在章尾。下文与原文基本一致,为使附论中注释成独立部分,仅在体裁、个别语句上作了必要的修改和订正。

关于泰始二年的郊祀改革,《晋书》卷三《武帝纪》中记载:"十一月己卯,倭人来献方物。并圜丘方丘于南北郊,二至之祀和于二郊。"山尾幸九氏因研究日本古坟出现的背景,故注意到此纪事。他认为当时西晋的郊祀是在将圜丘和方丘合二为一的特殊祭坛上进行的。此时出使洛阳的倭国使节亲历了合并之后的郊祀礼,大和朝廷便从中习得了前方后圆的造坛形式。(《日本古代王权的成立过程(中)》,《立命馆文学》第二九七号,1970年,见69—72页)。笔者虽感山尾氏对于此问题的着眼点着实很妙、颇具匠心,但笔者不能赞同其认为泰始二年的郊祀是在圜丘之上附设方丘这样奇特的祭坛上举行。如果考虑到之后南朝的郊祀制度,那么上文若按山尾氏的解读,难免有牵强之处。以下据山尾氏的论文观点进行再探讨。

关于魏晋的郊祀,山尾氏的论述涉及多方面。上述"并圜丘方丘于南北郊",山尾氏解释为并非是将圜丘并于南郊、方丘并于北郊,而是将圜丘与方丘合并,此观点显然解释不通。山尾氏得出上述观点,依据的史料是本论开头引用的《晋书·武帝纪》记事,及下述的三类史料(增补了若干引用部分)。

(一)是年(泰始二年)十一月,有司又议奏:古者丘郊不异,宜并圜丘方丘于南北郊,更修立坛兆。其二至之祀,和于二郊。……是月庚寅冬至,帝亲祠圜丘于南郊。自是后圜丘方泽不别立。(《晋书》卷十九礼上)。

(二)大明二年(458年)正月丙午朔,有司奏:……博士王燮之议称……又泰始二年十一月己卯,始并圜丘方泽,二至之祀,合于二郊。三年十一月庚寅冬至祠天,郊于圜丘。是犹用圜丘之礼,非专祈谷之祭(《宋书》卷十六《礼三》)。

(三)(天监三年,504年)尚书左丞何佟之议……自晋泰始二年,并圜丘方泽,同于二郊。是知今之郊禋,礼兼祈报,不得限以一途也。(《隋书》卷六《礼仪一》)。

山尾氏认为,如果上述史料只是显示圜丘和南郊、方丘和北郊合并(笔者持此观点),那么,西晋的祭祀制度即为仅仅只是废除魏制而恢复汉代的郊祀制度,与(一)的"自是后圜丘方泽不别立"、(二)的"始并圜丘方泽"中加点标记之处不相吻合。而且,这些资料仅显示圜丘与方泽合并,并不意味着如天地合祭一样同时祭祀圜丘与方丘,而是指在南郊、北郊分别各建圜丘、方丘合二为一的祭坛。然而,据(一),自同年十一月修立坛兆,进行祭祀改革(山尾氏将此解释为圜丘和方丘的合并)之后,武帝于南郊开始祭祀圜丘。山尾氏对于这一点该作何解释呢？另外,"自是后圜丘方泽不别立"一文,山尾氏认为这是涉及汉代(东汉)郊祀制度的表述。笔者认为仅凭这一句是否能如此理解,值得商榷。《晋书》中这一记述,依据的是《宋书·礼仪志》(本章第二节中引用)。但《宋书》中的表述是"自是后,圜丘方泽不别立至今矣"。此处的"今"是指《宋书》著者沈约所生活的梁代。东晋之后,南郊、北郊乃分别设立。山尾氏也同样认可这一点,就此问题本文将在后面再行论述。笔者认为,此句应解释为"泰始二年废圜丘、方丘,仅设立南郊、北郊,并一直沿袭至梁代"。(二)中有"始并圜丘方泽"一句,此句在博士王燮之议的前后部分为"则郊祭之礼,未有不用辛日者也。晋氏或丙或己或庚,并有别议。武帝以十二月丙寅南郊受禅,斯则不得用辛也(此处为(二)的引用文)。故又不得用辛也"。此上奏中问,如果正月上辛的祭日遇上雨天是否将郊祀延迟至后辛(十日后)举行。上文就此疑问举晋朝在辛日之外举行郊祀的例子,阐明这些例子是受禅之礼或使用了冬至之礼(圜丘之礼),而并非是正月上辛的祭祀(祈谷之礼)。据王燮之议,其议仅限于晋朝,而将"始并圜丘方泽"视为自东汉以来历朝的礼制,笔者认为太过片面。另外,(三)中山尾氏在"同"字下打了着重号,似乎将其视为证明圜丘和方丘合并的史料,但将此史料理解为圜丘并于南郊,方丘并于北郊,亦无何不可。这样,完全可以,也应当将山尾氏所依据的史料视为记述圜丘合于南郊、方丘合与北郊的资料。《宋书》卷十四《礼一》相当于序文的部分记述：“晋武以丘郊不异,二至并南北之祀,互相即袭,以讫于今。”明确地记载了晋武帝时圜丘、方丘的祭祀并于南北郊,并一直沿袭至梁代。因此,泰始二年的郊祀改革,可理解为南郊、北郊分别合并吸收了圜丘和方丘,成为南朝各王朝所采用的郊祀制度之起源。仅就这一点而言,山尾氏的解释恐怕难以成立。即便古坟的出现受到中国的影响,但将其出现的时间限定在晋泰始二年,也未免太过牵强。

注释：

（1）关于正岁，《周礼·天官·小宰》"正岁帅治官之属"的郑注曰："正岁谓夏之正月，得四时之正，以出教令者审也。"之前一直采用从前汉武帝太初元年（前104年）至建寅之月谓之正月的夏正。本文引用的诏书是将新历的建丑之月作为正月，并指示郊祀以下的祭祀按以往的夏正举行。景初三年（239年）正月朔日明帝驾崩，之后的齐王芳正始元年（240年）又重新恢复夏正，视建寅之月为正月。

（2）《晋书》卷十《安帝纪》义熙二年十月条记载："乙亥，以左将军孔安国为尚书左仆射。"孔安国于义熙二年十月被任命为尚书左仆射。本文有"白衣领尚书左仆射"，孔安国这两起均应视为次年，即义熙三年（407年）之事。

（3）《梁书》卷二《武帝纪》中，天监十六年（517年）条："夏四月甲子，初去宗庙牲……冬十月，去宗庙荐修，始用蔬果。"庙享时供奉的牲畜及物品也有所改变。但仅凭此不能判明四月或十月的祭祀到底是时祭还是殷祭。此处采取了废除以动物为牺牲改为用蔬果供奉的措施，这与梁武帝的宗教信仰不无关系。可参照《隋书》卷七《礼仪志二》同年条。另外，《梁书》卷五十《文学传下·刘勰传》曰：

> 时七庙飨荐已用蔬果，而二郊农社犹有牺牲。勰乃表言，二郊宜与七庙同改。诏付尚书议，依勰所陈。

不久据刘勰上言，郊祀中牲畜祭祀也被废除。之后刘勰出家。

（4）拙稿《魏晋至隋唐的郊祀、宗庙制度》，《史学杂志》第八八编第一○号，1979年。

（5）参照米文平《鲜卑石室的发现与初步研究》，《文物》1981年第二期。

（6）藤川正数《魏晋时代丧服礼的研究》（敬文社，1960年）第一章"三年之丧"可供参照。

（7）所谓"禘祫如梁之制"，并非指采用了如南朝实施的五年再殷制度，而是指"每祭室一太牛"的牲畜供奉形式。只是，如注（3）所述，此时是指天监十六年（517年）之前的梁制。

（8）《周礼·春官·大司乐》："夏日至，于泽中之方丘奏之。若乐八变则地示皆出，可得而礼矣。"郑注云："地祇则主昆仑。"另外，《周礼·春官·大司乐》："乃奏大蔟，歌应钟，舞咸池，以祭地示。"郑注云："地祇所祭于北郊，谓神州之神及社稷。"

（9）《宋书》卷十六《礼三》记载：

> 魏文帝黄初二年正月，郊祀天地明堂。是时魏都洛京，而神祇兆域、明堂灵台，皆因汉旧事。

另外，同书同卷记：

> 明帝太和元年正月丁未,郊祀武皇帝以配天,宗祀文皇帝于明堂以配上帝。

此处明帝太和元年(227年)的郊祀,沿袭了文帝时的郊祀形式。

(10)将此时的郊祀制度改革从礼学角度来进行论述的有藤川正数的《魏蒋济的郊祀礼说》一文(《香川大学学艺学部研究报告》第一部第一〇号,1957年)。

(11)《宋书·礼仪志》,包含了与当时集议相关的多数史料,在拙稿《基于〈宋书·礼仪志〉的南朝上奏文研究》,以及(《古代中国与皇帝祭祀》第三部第九章,汲古书院,2001年,初版1980年)也指出了这一点。之后,很多学者开始以南北朝时期议的形式为线索,论及当时的皇帝制、官僚制。其中,完成度较高的有渡边信一郎的《天空的玉座——中国古代帝国的朝政及仪礼》(柏书房,1996年)和中村圭尔的《魏晋南北朝的公书文及文书行政研究》(平成十年—平成十二年度科学研究费补助金研究成果报告书,2001年)。关于北魏,有洼添庆文所著的《北魏的议》(同著《魏晋南北朝官僚制研究》所收,汲古书院,2003年,初版2002年)专论。

(12)《梁书》卷四十二《傅岐传》,关于天监之后的祭祀:"是时改创北郊坛、初起岐监知缮筑。事毕,除始新令。"该传中,虽不能明确断定年代,但梁代也许是在建国初改建了南齐的郊祀坛。

(13)本节第二部分1中所引用王俭启中的王肃说,明确了南郊的冬至乃祭祀天神的日子,正月上辛是祈祷当年丰收祈谷的祭日。而且,从东晋至南朝,逢冬至祭祀被废止时期,便如《南齐书》卷九《礼上》武帝永明元年(483年)的王俭的启所述:"中朝省二丘,以并二郊。即今之郊礼,义在报天,事兼祈谷。"正月上辛的郊祀兼报天之礼及祈谷之礼。

(14)栗原朋信氏在《从东亚史看"天皇"号的成立》(同《上代日本对外关系的研究》所收,吉川弘文馆,1978年,初版1976年)中,根据东亚的形势考察了日本国王的称号从"大王"变为"天皇"的原因(另可参照《"天皇"号成立的背景》,《历史与地理》1974年6月号),关于"天皇"号传入日本的过程,栗原氏的见解与本稿有相对立之处,就此论述如下:

> 据栗原说,郑玄说中天的最高之神"昊天上帝"="皇帝"="天皇大帝北极星耀魄宝"="天皇"。那么"皇帝"="天皇"。而王肃说中将"昊天上帝"="皇帝"与"天皇大帝北极星"="天皇"作了区分。"皇帝"被作为天上的最高神,而不能将"天皇"视为与"皇帝"同级别。其次,日本"天皇"号成立的6至7世纪,当时在中国各王朝(南齐至唐初),郑玄的祭天仪礼为公认仪礼。且梁、陈时郑玄说有可能传入百济,继体天皇七年(513年)之后,从百济来日的五经博士所信奉的学说自然是郑玄说。当时,百济与新罗、高句丽交战,不

得不明确且与日本保持密切关系。但是,不能直接将宗主国南朝所用的"皇帝"号赠与日本,所以在郑玄说中取别称"天皇"号相赠表示敬意,既保住了两个所属国的立场,又对各自国家有利。所以,一般认为"天皇"的称号是从南朝经由百济传入日本。

以上是栗原氏论文观点与本稿相关的部分,笔者无意否定其论文整体的逻辑结构。只是,栗原氏认为南齐至唐初郑玄的祭天仪礼被视为公认仪礼,这一点与事实不相符合。如后文所述,北朝及唐初实施的是依据郑玄说制定的郊祀制度,这是事实。但据笔者个人看法,南朝的郊祀制度更接近于前文的王肃说。栗原氏认为南朝公认郑玄说,其论据有以下两点。其一,《梁书》卷五十一《处士传·何胤传》中记载:

> 吾昔于齐朝欲陈两三条事,一者欲正郊丘。……圜丘国郊,旧典不同,南郊祀五帝灵威仰之类,圜丘祀天皇大帝北极大星,是也。往代合之郊丘,先儒之巨失。

栗原氏将此解释为,当时实施的是在圜丘祭祀天皇大帝的郑玄祭天礼仪。而实际上何胤在这里所要阐明的是,"据旧典,圜丘与国郊(指南郊)不同。……而往代(晋、宋、南齐)合并郊丘是先儒巨大的失误"。也就是说,他是从郑玄说的角度批判以往的郊祀制度,而并非如栗原氏所理解的那样。其二,《通典》卷四十三《礼三·郊天下》的原注中提到,"自梁陈以后,及于国朝,多相因袭"。可解释为梁代至唐初一直延续着相同的郊祀制度。但此句前接续"其从祀诸座,近古皆有之,不能悉载"一句,指大祭祀时祭祀之神多沿袭自梁陈至唐初的诸神,并未涉及郊祀的大纲。

综上所述,笔者认为不能将梁、陈的祭祀制度归结为依据了郑玄说,并因此得出南朝时郑玄说乃公认之仪礼的结论。但是,南朝时确有何胤这样的学者很推崇郑玄说。笔者也并不否认南朝时郑玄说的存在。

(15)石桥丑雄《天坛》(山本书店,1957年)110页—113页的"历朝坛制变迁表"中记载了从姬周至清朝历代郊祀坛的所在地以及形状等,梁、陈的南郊坛为二成。该书是在著者亲自所作实地调查的基础上,对清朝天坛遗址进行整理的珍贵报告资料,并刊有大量照片。书中对历代王朝的郊祀制度进行了简要考证。

(16)将在第六章对北魏的西郊祭天再做论述。

(17)正如第二章所述,雩祀即祈雨的祭祀,原本有别于明堂祭祀。但是,《魏书》卷七下《高祖纪下》太和十六年(492年)正月己未条记述:"宗祀显祖献文皇帝于明堂、以配上帝",献文帝配祀明堂而非雩祀。本文所引元端的上奏中,建议将七庙排除在外的毁庙之主明元帝,从上帝的配祀中清除,重新决定各神祇的配祀祖先。结果,太武帝和孝文帝分别替代明元帝,成为南郊与明堂的配祀(同书卷一○八之二)。其上奏本身并未涉及明堂。也许元端上奏中所谓的雩祀可能指明堂。

(18)关于此史料的真实存在,洼添庆文氏给出了指导,在此表示感谢。

(19)关于神州,请参照序章"皇帝统治与皇帝祭祀"注(3)。

(20)中村圭尔也指出,东晋是特别注重完善礼制的王朝。同《南朝国家论》(《岩波讲座·世界历史9·中华的分裂与再生》所收,岩波书店,1999年,参照222页至223页)。

(21)参照山尾幸久《日本古代王权形成史论》(岩波书店,1983年)Ⅱ篇二章《初期大和政权的历史性》149页注(142)。另外,山尾氏已停止发行《魏志·倭人传》(讲谈社现代新书,1972年)。这是他本人当初基于前方后圆坟出现这一观点所著的著作。后改为发行《(新版)魏志·倭人传》(同前,1986年),其写作经过、原委在《序言》中已做详述。

第二章

唐代的郊祀、宗庙祭祀制度

一、唐代的宗庙祭祀

关于唐代的宗庙祭祀,《旧唐书》卷二十五《礼仪志五》记载:

> 唐礼:四时各以孟月享太庙,每室用太牢,季冬蜡祭之后,以辰日腊享于太庙,用牲如时祭。三年一祫以孟冬。五年一禘以孟夏。

与以往历代同样,唐代也是在四孟月、腊日举行四时祭与祫禘。但是,举行祫禘的时间间隔却多次变化。《唐会要》卷十三《祫禘上》中记载[1]:

> 上元三年十月三日,有司将祫享于太庙。时议者以《礼纬》三年一祫,五年一禘。《公羊传》云五年一禘而再殷祭,两文互异,莫能决断。太学博士史元璨议曰……如上所云,则禘已后隔三年祫。祫已后隔二年禘。此则有合礼经,不违传义。自此禘祫之祭,依元璨议。

高宗上元三年(676年),禘祭之后间隔三年举行祫祭,之后间隔两年举行禘祭。禘祭、祫祭分别于四月和十月举行。此时的禘—祫—禘间隔依次为四十二个月、十八个月。另外从上述引文可确定,这一年的祫祭是由有司代为执行的有司摄事。

其次,《旧唐书》卷二十六《礼仪志六》记载:

> 开元六年秋,睿宗丧毕,祫享于太庙。自后又相承,三年一祫,五年一禘,各自计年,不相通数。至二十七年,凡经五禘、七祫。其年夏禘讫,冬又当祫。太常[2]议曰:……今请以开元二十七年己卯四月禘,至辛巳年十月祫,至甲申年四月又禘,至丙戌年十月又祫,至己丑年四月又禘,至辛卯年十月又祫。自此五年再殷,周而复始。

此后至开元六年(718年)和开元二十七年(739年)以后,举行禘祫的方式便发生了变化。睿宗于开元四年六月驾崩,若在二十七个月禫尽之后举行祫祭,就应该是在开元季秋九月,与文中"开元六年秋,睿宗丧毕,祫享于太庙"的记载一致。另开元二十七年第五次禘祭与第七次祫祭相重合。如果依此倒推禘祫的起始时间,便知首次祫祭必然在开元六年、禘祭在开元七年举行。关于禘祫举行的月份,从文中"其年夏禘讫,冬又当祫"来判断,禘祭是在四月,祫祭是在十月。禘祭举行的月份虽然有出入,但可以肯定是根据郑玄说(参照本书上编第一章第一节2),即"鲁礼,三年丧毕而祫于太祖,明年春禘于群庙"。也就是说,开元六年,前位皇帝二十七个月尽丧之后举行祫祭,次年开元七年四月举行禘祭。之后,以开元六年和七年为始点,每三年的十月举行祫祭,每五年的四月举行禘祭。但是,如此实施过程中,开元二十七年,禘祫在同一年发生了重叠,因此太常便上奏。奏议曰:"开元二十七年己卯四月"之后,从干支对应的年号来看,分别为开元二十九年(741年)十月、天宝五载(746年)十月、天宝十载(751年)十月举行祫祭;天宝三载(744年)四月、天宝八载(749年)四月举行禘祭。显然,与南朝一样采用的是三十个月一殷,五年再殷的方式[3]。

唐代的庙祭大致如上所述。总之,四时祭按照以往惯例在四孟月和腊日举行,但举行禘祫的方式作了三次修改。之后的两次显示从北魏的郑玄说转变成了南朝的方式。另外,如第七章第二节3所述,玄宗在天宝年间,将在太清宫对老子的祭祀变为宗庙祭祀。天宝八载(749年)闰六月丙寅,玄宗在太清宫亲祭之后,丙辰发布大赦赦文(《册府元龟》卷五十四《帝王部·尚老二》):

比来每缘禘祫,时享则停,事虽适于从宜,理或亏于必备。已后每缘禘祫,其常享以素馔三焚香,以代三献。

总之,此前禘祫与时祭重叠时,采取停止时祭的作法。而天宝八载之后,虽然简化了仪式,但仍然举行时祭。只是,此项措施一直持续到何时尚不清楚。

二、贞观礼、显庆礼、开元礼

正如前一节宗庙祭祀所明确的,历时近三百年之久的唐王朝,对郊庙制度进行了多次改革。尤其是郊祀,其礼制大纲曾三次重新编纂,最为重要的是贞观十一年(637年)的贞观礼、显庆三年(658年)的显庆礼、开元二十年(732年)的开元礼。这些礼制制定所依据的有郑玄说与王肃说。在讨论唐代郊祀制度变迁之前,首先有必要明确这些礼制最基本的相似点。《大唐开元礼》卷一对此有明确记述。以下据此内容试析贞观礼、显庆礼、开元礼的特点。

《大唐开元礼》卷一《序例上》中记载,正月祈谷祭祀,设昊天上帝于坛上、五方上帝于坛的第一等(四坛(四成)中第二坛),以及为何采取此措施的案语。此案语对于了解上述三礼的特点极为重要,大略引用如下:

> (一)右按大唐前礼(贞观礼)祀感生帝于南郊,大唐后礼(显庆礼)祀昊天上帝于圜丘,以祈谷实。……(二)《礼记》亦曰:上辛祈谷于上帝。则祈谷之文,传之历代。上帝之号,元属昊天。(三)而郑康成(郑玄)云:天之五帝,递王四时,王者之兴,必感其一。因其所感,别祭尊之。故夏正之月,祭其所生之帝于南郊,以其祖配之。故周祭灵威仰,以后稷配之,因以祈谷。(四)据所说祀感生帝之意,本非祈谷,先儒此说,事恐难凭。今祈谷之礼,请准礼脩(同修)之。(五)且感生帝之祀,行之自久。记曰:有其举之,莫敢废也。请于祈谷之坛,偏祭五方之帝。……(六)今请二礼并行六神咸祀。

即,(一)正月上辛祭祀,贞观礼是在南郊祭祀感生帝,显庆礼是在圜丘祭祀昊天上帝。如前文所述,前者是郑玄说,后者是王肃说。(二)中论证了正月上辛的祈谷祭祀,应祭祀昊天上帝而并非感生帝,这是显庆礼的礼制。(三)明确了郑玄所主张的感生帝说,即祈谷祭祀应祭祀所生之帝、感生帝。这是贞观礼的礼制。(四)论述了应否定郑玄说而遵循显庆礼。因为感生帝祭祀与祈谷祭祀意义不同,故应遵礼制(显庆礼)祭祀昊天上帝。(五)引用《礼记·曲礼下》,说明感生帝祭祀已持续了相当长一段时间,不能强行废除。(六)是说因此贞观礼和显庆礼并行,同时祭祀昊天上帝和五方上帝六神。这样,便规定了最初的规制。据上文可明确,贞观礼根据郑玄说在正月上辛祭祀感生帝,显庆礼否定了郑玄说,改为祭祀昊天上帝。开元礼在祭祀昊天上帝这一点上,依据了显庆礼;而将五方上帝置于坛的第一等来祭祀,这一方面又显示试图与贞观礼相统一。

此三礼的区别亦体现在孟夏的雩祭,季秋的明堂祭礼上。上文所述《大唐开元礼》卷一《序例上》的案语,就雩祀记述如下:

(一)右按大唐前礼,雩祀五方帝、五帝、五官于南郊。大唐后礼,雩祀昊天上帝于圜丘。(二)且雩祀上帝,盖为百谷祈甘雨。故《月令》云,命有司大雩帝,用盛乐以祈谷实。(三)郑康成云,雩于上帝也。(四)夫上帝者天之别号,元属昊天,祀于圜丘,尊天位也。(五)且雩祀五帝,行之自久。记曰,有其举之,莫敢废也。(六)请二礼并行,以成月令大雩帝之义也。

对于明堂,有以下记载[4]:

(一)右按大唐前礼,祀五方帝、五帝、五官于明堂。大唐后礼,祀昊天上帝于明堂。(二)准《孝经》曰:郊祀后稷以配天,宗祀文王于明堂,以配上帝。(三)先儒以为,天是感精之帝,即太微之五帝,此即皆是星辰之例矣。(四)谨按上帝之号,皆属昊天,郑康成所引,皆云五帝。《周礼》曰:王将旅上帝,张毡案设皇邸,祀五帝,张大次小次。由此言之,上帝之与五帝,自有差等,岂可混而为一乎。何独《孝经》云,上帝即为五帝矣。……(五)且祀五方帝于明堂,行之自久。记曰,有其举之,莫敢废也。(六)请二礼并行,以成月令大享帝之义。

其礼制均与上述祈谷礼法同样,(一)记述了贞观礼、显庆礼制度。(二)曰雩祀、明堂均应祭祀上帝(同显庆礼)。(三)是郑玄说关于该问题的看法(贞观礼的角度)。(四)否定了郑玄说关于上帝即昊天上帝而非五帝的观点[5]。(五)紧接着举例说明雩祀、明堂祭礼中祭祀五方帝,这一礼法已持续相当长时间。(六)最后结论建议贞观礼、显庆礼并行。

根据上述内容可以明确以下几点。首先,贞观礼中根据郑玄说,正月祈谷祭祀感生帝,雩祀和明堂祭祀五帝(五方之帝)。而显庆礼否定了郑玄说,谓上述所有祭祀对象均为昊天上帝。开元礼在否定郑玄说、祭祀上帝这一点上继承了显庆礼,但另一方面,以不敢贸然废止长期延续的礼法为由沿用贞观礼,采取了折中的作法[6]。开元礼中虽然强调"二礼并行",但如后文所述,雩祀、明堂祭礼中均将五方帝置于从座。另外,关于明堂的引文(四)其中有一句,"上帝之于五帝,自有差等,岂可混而为一乎"。可见,与显庆礼一样,开元礼坚持将上帝和五帝区别对待,这一点不容忽视。

另外,在《旧唐书》卷四十五《舆服志》中有如下记载:

> 开元十一年冬,玄宗将有事于南郊。中书令张说又奏称:"准令,皇帝祭昊天上帝,服大裘之冕,事出《周礼》,取其质也。永徽二年,高宗亲享南郊用之。明(显)庆年修礼,改用衮冕,事出《郊特牲》,取其文也。自则天已来用之。若遵循古制,则应用大裘,若便于时,则衮冕为美。"令所司造二冕呈进,上以大裘朴略,冕又无旒,既不可通用于寒暑,乃废不用之。自是元正朝会,依礼令用衮冕及通天冠,大祭祀依《郊特牲》亦用衮冕。自余诸服,虽在于令文,不复施用。

仁井田陞根据以上及其他文,恢复了自武德令至开元二十五年令的《唐衣服令》第一条(《唐令拾遗》)⁽⁷⁾。原文所述虽为玄宗开元十一年(723年)之事,但永徽二年(651年)的南郊亲祀,因高宗穿了大裘冕,故可确定"准令"中的"令"不仅限于开元七年令,同样适用于永徽二年闰九月发布的永徽令(同年高宗的南郊亲祀为十一月冬至)。此后,显庆三年(658年)的显庆礼中,南郊已经开始使用衮冕,武则天之后也同样如此。开元十一年张说问题提出后,据《礼记·郊特牲》记载,大祭祀时(当然包括郊祀)便规定使用衮冕。即,显庆礼之后,礼和令使用了与郊祀时不同的冕。但实际上并未依据令文规定,除衮冕之外的其他诸服均相同。自此后,或许可以认为采用郑玄说的贞观礼乃遵循《周礼》的实际礼制,而采用王肃说的显庆礼则是依照《郊特牲》的纸上礼制。

三、唐代郊祀制度的展开

前一节探讨了贞观礼、显庆礼、开元礼的主要区别。本节在此基础之上,具体阐述唐代的郊祀制度。

最初的郊祀制度是唐高祖通过武德令制定的。《旧唐书》卷二十一《礼仪志一》记载:

> 武德初定令,(一)每岁冬至祀昊天上帝于圜丘,以景帝(李

虎)配。其坛在京城明德门外道东二里。坛制四成,各高八尺一寸,下成广二十丈,再成广十五丈,三成广十丈,四成广五丈[(8)]。……(二)夏至祭皇地祇于方丘,亦以景帝配。其坛在宫城之北十四里。坛制再成,下成方十丈,上成五丈。……(三)孟春辛日祈谷,祀感帝于南郊,元帝(李昞)配。……(四)孟夏之月,雩祀昊天上帝于圜丘,景帝配。……(五)及季秋祀五方天上帝于明堂,元帝配。……(六)孟冬祭神州于北郊,景帝配。

(一)冬至在圜丘祭祀昊天上帝,(二)夏至在方丘祭祀皇地祇,(三)正月辛日(上辛)在南郊祭祀感生帝,十月时在北郊祭祀神州地祇。这样,唐初基本上与北朝、隋朝一样,采用了郑玄说,不同之处在于雩祀时也祭祀昊天上帝。原来各朝代一般是在雩祀(大祀)时祭祀太微五帝。所以,与北朝相比唐代又增加了对昊天上帝的祭祀。可见唐代对昊天上帝祭祀有逐渐扩大的倾向,这仅仅是这一趋势的开始。东晋以来长期实行的隔年祭祀转变为每年祭祀,也可理解为增加了对昊天上帝的祭祀。

贞观礼,如前节所述规定正月上辛在南郊祭祀感生帝(黄帝含枢纽),孟夏(四月)举行雩祀,季秋(九月)在明堂祭祀五方上帝(包含黄帝含枢纽的所有太微五帝)。与武德令区别之处在于,雩祀的祭神从昊天上帝变为五方上帝。另外,《旧唐书》卷二十一《礼仪志一》记述:"贞观初,诏奉高祖配圜丘及明堂、北郊之祀,元帝专配感帝,自馀悉依武德"。这是关于变更圜丘以下配祀先帝(配侑帝)的仪礼,并不涉及整个郊祀制度。

显庆礼,如前所述正月祈谷、孟夏雩祀、季秋明堂、冬至所有的祭天礼仪中均要祭祀昊天上帝。需要指出的是,此礼制是以彻底否定郑玄的六天说为前提,其理论依据亦为开元礼所沿用。并且,在显庆礼公布前一年的显庆二年(657年)[(9)]进行奏议,具体内容如下(《旧唐书》卷二十一《礼仪志一》):

二年七月,礼部尚书许敬宗与礼官等又奏议,据祠令及新礼,并用郑玄六天之议,圜丘祀昊天上帝,南郊祭太微感帝,明堂祭太微五帝。谨按郑玄此义,唯据纬书,所说六天,皆谓星象,而昊天上帝,不属穹苍。故注月令及周官,皆谓圜丘所祭昊天上帝为北辰曜魄宝。又说《孝经》郊祀后稷以配天,及明堂严父配天,皆为太微五帝。考其所说,舛谬特深。……《毛诗》传云,元气昊大则

称昊天,远视苍苍则称苍天。此则苍昊为体,不入星辰之例。且
　　天地各一,是曰两仪,天尚无二,焉得有六。是以王肃群儒,咸驳
　　此议。

上文的前半部分提及郑玄的六天说。他认为昊天上帝是北辰星曜魄宝,"郊祀后稷"和"明堂严父"中的天是太微五帝。之后断言此说为"舛谬特深",引用《毛诗·国风·黍离》之传,论证了天并非星辰。且通过"天尚无二,焉得有六"强调了天的唯一性,支持了王肃说。支持王肃说的依据即天的唯一性,这一点非常重要。如后文所述,昊天上帝和五方上帝在开元礼中有严格区分。唐代还多次进行了其他一些改革,以确保天的唯一性。这些事实以及上述对郑玄六天说的批判,表明从贞观礼到显庆礼的变化,并非因为两个礼学学说孰优孰劣,而是因王肃说关于天的唯一绝对性观点受到支持的缘故。许敬宗等人记述如下:

　　今请宪章姬(周公)、孔(孔子),考取王(王肃)、郑(郑玄),四
　　郊迎气,存太微五帝之祀;南郊明堂,废纬书六天之义。其方丘祭
　　地之外,别有神州,谓之北郊,分地为二,既无典据,理亦不通,亦
　　请合为一祀,以符古义。

仅立春等迎接各季节之气的迎气之时,仍存有太微五帝之祀。祭地时不再区分为方丘与北郊,废除了神州地祇。

因此,显庆礼为保持天的唯一性而进行了郊祀制度改革。但是,如《旧唐书》卷二十一《礼仪志一》记"乾封初,高宗东封回,又诏依旧祀感帝及神州",乾封元年(666年)正月的泰山封禅之后,郑玄说又一度重新抬头,且《新唐书》卷十一《礼乐志一》记述如下:

　　而义府(李义府)、敬宗(许敬宗)方得幸,多希旨傅会,事既施
　　行,议者皆以为非。上元三年,诏复用贞观礼。由是终高宗世,贞
　　观、显庆二礼兼行。

编纂显庆礼的许敬宗等人多为迎合天子旨意,于上元三年(676年)之后又复用贞观礼,此后二礼并用。不过,据《通典》卷四十三《礼三·郊天下》大唐记:

　　永昌元年九月敕,天无二称,帝是通名。承前诸儒,互生同异,
　　乃以五方之帝,亦谓为天。假有经传互文,终是名实未当,称号不

别,尊卑相浑。自今郊祀之礼,惟昊天上帝称天,自馀五帝皆称帝。

武则天永昌元年(689年),不再称五方上帝为"天"(《武德令》中称"五方天上帝")。此处"天无二称"和显庆二年(657年)的"天尚无二"使用的是同一理论依据,这一点应引起注意。此想法与如下许敬宗等人显庆二年奏议中的观点相吻合:

> 《周礼》云,兆五帝于四郊。又云,祀五帝则掌百官之誓戒。
> 唯称五帝,皆不言天,此太微之神,本非穹昊之祭。

而且,永昌元年的这个措施,可认为是在一定程度上批判了据郑玄说所制定的贞观礼。

玄宗开元二十年(732年)制定了开元礼。对于其郊祀制度,前文已涉及了其中一部分,在此引用《旧唐书》卷二十一《礼仪志一》,简要概括其内容:

> 祀天一岁有四,祀地有二。冬至祀昊天上帝于圜丘,高祖神尧皇帝配。……正月上辛祈谷,祀昊天上帝于圜丘,以高祖配。……孟夏雩祀昊天上帝于圜丘,以太宗配。……季秋大享于明堂,祀昊天上帝,以睿宗配。……夏至礼皇地祇于方丘,以高祖配。……立冬祭神州于北郊,以太宗配。

其中与显庆礼不同的是,孟冬(立冬)不是祭祀皇地祇,而是祭祀神州地祇。仅此一点,其他则无变化。

如前所述,开元礼被认为是继承、沿袭了贞观礼和显庆礼,但实际上郊祀基本遵从的是显庆礼,对于贞观礼只不过是通过从祀五帝(五方之帝)表明对其认可的态度。这一点,通过《大唐开元礼》卷一《序例上》,"冬至祀昊天上帝于圜丘,坛上以高祖神尧皇帝配",其中所附案语便可清楚。案语如下所述:

> 所谓昊天上帝者,盖元气广大则称昊天,据远视之苍苍然则称苍天。人之所尊,莫过于帝。托之于天,故称上帝。……即知天以苍昊为名,不及星辰之列。郑康成云,昊天上帝即钩陈中天皇大帝也。谨按,天皇大帝亦名曜魄宝,自是星中之尊者,岂是天乎。今于圜丘之上祀昊天上帝,又于坛第二等祀天皇大帝,则尊卑等列,确然殊矣。又五方上帝,自是五行之神,居天地五方者。

……今按郊坛之位,五方帝在坛之第一等。

上文加着重号的部分,与显庆二年(657年)许敬宗等人在批判郑玄说时的言辞如出一辙。即,开元礼使用与显庆礼同样的推理,批判了郑玄的六天说。将五方上帝置于坛的第一等,天皇大帝置于坛的第二等,与坛上的昊天上帝在视觉上进行了明显区分。从这一点亦可明确,开元礼的郊祀基本遵从了显庆礼。可以说遭受众多非议的显庆礼,其实在唐代郊祀制度中占有重要地位。

开元礼之后的郊祀制度没有特别明显的变化[10]。在此,将前文所讨论的各种令、礼的郊祀祭神归纳整理,如表4所示。

表4 唐代郊祀的祭神

		礼、令的名称			
		武德令	贞观礼	显庆礼	开元礼
祭祀的种类	冬至圜丘	昊天上帝	昊天上帝	昊天上帝	昊天上帝
	正月祈谷	感帝(南郊)	感帝(南郊)	昊天上帝(圜丘)	昊天上帝(圜丘)
	孟夏雩祀	昊天上帝	五方上帝	昊天上帝(圜丘)	昊天上帝(圜丘)
	季秋明堂	五方上帝	五方上帝	昊天上帝	昊天上帝
	夏至方丘	皇地祇	皇地祇	皇地祇	皇地祇
	孟冬地祭	神州(北郊)	神州(北郊)	皇地祇(方丘?)	神州(北郊)

如表中所示,显庆礼、开元礼将之前的感生帝(南郊)、五方上帝(雩祀、明堂)的祭神均改为昊天上帝。可见,将天的祭神均统一为昊天上帝,显示出对昊天上帝祭祀的扩大化。并且同时还应该结合显庆二年(657年)据"天尚无二"观点否定郑玄说,以及永昌元年(689年)据"天无二称"只对昊天上帝使用"天"字,五方上帝以下均去掉"天"字等做法,思考其中有何含义。这些争议中强调天的唯一性,但其认识与显庆礼、开元礼中昊天上帝祭祀的扩大化以及开元礼中在昊天上帝和五方上帝之间明显区分等级等做法,并非毫无关系。所以,可以认为唐初与之前朝代相比,昊天上帝的祭祀已扩大化,到了开元礼则进一步扩大,同时强化了上帝和五帝之间的区别。

根据笔者的研究[11],中国古代的即位礼仪中,汉代有"谒庙礼"。即,皇帝即位后拜谒宗庙,这是非常重要的礼仪。唐代基本看不到即位后的谒庙礼,取而代之的是即位后次年的郊祀(南郊)亲祀,这成为即位新帝重要的礼仪[12]。即在唐代,展示皇帝直接与天之联系的南郊祀,在确立其自身权威上占了很大比重。这与上述各种郊祀改革方向一致。总之,唐代郊祀改革强化和保持了昊天上帝的唯一绝对性。同时,皇帝亲祀即位后次年的郊祀,也是为了让周围人认可自己权威的唯一绝对性。除此之外,《通典》卷四十三《礼三·郊天下》唐德宗贞元元年(785年)诏曰:

> 五方配帝,上古哲王,道济蒸人,礼著明祀。论善计功,则朕德不类,统天御极,则朕位攸同。而于祝文称臣以祭,既无益于诚敬,徒有黩于等威。……自今以后,祀五方配帝祝文,并不须称臣,其余礼数如旧。

这是因为五方上帝的配帝(太昊氏、神农氏、轩辕氏、少昊氏、颛顼氏,参照注(5))是上古哲王,与现在的皇帝同样,均为天下的统治者。所以,祝文中皇帝便开始不称"臣"。对于此举,尾形勇理解为通过皇帝有限地称臣来强调"臣"的重要性,以重新确保不可超越的皇帝权威[13]。将昊天上帝置于最高位、皇帝以特权的形式亲祀,同样是为了确保皇帝权威的不可超越性。

如上所述,唐代通过强化皇权唯一性,对郊祀制度进行了改革。如表4所示,作为其中郊祀制度改革的一环,雩祀和明堂开始祭祀昊天上帝[14]。此前未曾涉及孟夏的雩祀和季秋的明堂,那是因为唐之前这些祭祀不祭昊天上帝。下一节将具体探讨雩祀和明堂经历了怎样的过程而开始祭祀昊天上帝。

四、明堂与雩祀

1. 唐代以前的明堂

明堂是天子处理政务的地方,但对于儒家和历代君王来说,它不仅是施政之地,还是象征君王理想统治之所。历代王朝,明堂的结构多次成为议题,也曾因为争论不休而导致明堂无法修建,最终祭礼无法进行。但是这表明,明堂在各个王朝均为象征德治的地方,从而成为人们高度关注的焦点。

汉代汉武帝时期曾修建过明堂,但却具有非常神秘的色彩[15]。依据儒

家礼说修建的明堂,创立于东汉初光武帝至明帝时期,其祭神为五帝[16]。至曹魏,《晋书》卷一九《礼上》记:

> 魏文帝即位,用汉明堂而未有配。明帝太和元年(227年)始宗祀文帝于明堂,齐王亦行其礼。

曹魏的国都与东汉一样,同为洛阳。上文提及曹魏使用东汉明堂,应该与东汉一样祭祀五帝[17]。晋代,《宋书》卷一六《礼三》泰始二年(266年)正月条记:

> 时群臣又议,五帝即天也,五气时异,故殊其号,虽名有五,其实一神。明堂、南郊,宜除五帝之坐,五郊改五精之号,皆同称昊天上帝,各设一坐而已。

如上所述,武帝初期,人们认为五帝就是昊天上帝。明堂、南郊、五郊所有仪礼中只设置昊天上帝之位,废五帝之位。但在同书同卷太康十年(289年)十月诏书中记:"往者众议除明堂五帝位,考之礼文,正经不通。……其复明堂及南郊五帝。"同为武帝时期,约二十年之后,明堂的祭神又恢复为五帝。另外,同书同卷记:"按元帝绍命中兴,依汉氏故事,宜享明堂宗祀之礼,江左不立明堂,故阙焉。"即东晋因不设立明堂,故无仪礼。反过来讲,西晋不仅有仪礼,也应建有明堂。

南朝时期,关于宋时的情况,《宋书》卷一六《礼三》孝武帝大明六年(462年)条:

> 六年正月南郊,还,世祖亲奉明堂,祀祭五时之帝,以文皇帝配。是用郑玄议也。

关于南齐时的情况,《南齐书》卷九《礼上》高帝建元元年(479年)七月,引用到有司奏议中的右仆射王俭议:

> 又案《礼》及《孝经·援神契》,并云:明堂有五室,天子每月于其室听朔布教,祭五帝之神,配以有功德之君。

从中可知,南齐建国时便规定在明堂祭祀五帝。关于梁时的情况,《隋书》卷六《礼仪志一》武帝天监十二年(513年)条:

> 于是毁宋太极殿,以其材,构明堂十二间,基准太庙,以中央六间安六座,悉南向。东夹第一青帝,第二赤帝,第三黄帝,第四白帝,第五黑帝。配帝总配享五帝。在阼阶,东上西向。

可见,六座中一座为配帝(皇帝的先祖)。关于陈的情况,同书同卷曰:

> 陈制明堂殿屋十二间,中央六间,依齐制安六座。四方帝各依其方,黄帝居坤维,而配享座依梁法。

以上,可看出南朝各代制度中,明堂均祭五帝。而且,从查阅梁陈的史料中便可明确,从魏晋至南朝,除东晋之外,实际上均建有明堂[18]。

北朝,北魏之外的北齐、北周[19],据《隋书》卷六《礼仪志一》记载:"后齐采《周礼·考工记》为五室,周采汉《三辅黄图》为九室,各存其志,而竟不立。"最终北齐、北周均未建成明堂。但是,北齐原本明堂设计为五室,表明曾考虑在明堂祭祀五帝。关于隋,同书同卷记载:"终隋代祀五方上帝,止于明堂,恒以季秋在雩坛上而祀。"可见,隋代未建成明堂[20],而是在雩坛上祭祀五方上帝。然而,据《隋书》内容推测,隋代在理念上还是考虑于明堂祭祀五帝。

如上所述,东汉以后各王朝,据可确定的分析判断,均供奉五方上帝。传统的祭祀,诸如显庆礼改为祭祀昊天上帝,这些史实也应引起关注。不过,雩祀却呈现出更为有趣的变化。另外,从汉魏到东晋南朝,除东晋之外的各个朝代均修建了明堂。然而,另一方面,从北朝到隋甚至唐,除武周时期之外,均未修建明堂。

2. 唐代以前的雩祀

关于雩祀,《礼记·月令》仲夏之月条曰:

> 命有司,为民祈祀山川百源,大雩帝,用盛乐。乃命百县,雩祀百辟卿士有益于民者,以祈谷实。

即,雩祀乃祈求丰收的祈雨祭。郑玄对此文注解为:"雩帝谓为坛南郊之旁,雩五精之帝,配以先帝也",即理解为祭祀五帝。但是,在汉代却未见如此遵从儒家礼说的雩祀。《汉书·郊祀志中》也没有相当于后世雩祀祭祀的相关记述,东汉的《后汉书·礼仪志》:

> 自立春至立夏尽立秋,郡国上雨泽。若少,(府)[21]郡县各扫除社稷。其旱也,公卿官长以次行雩礼求雨。

可见,雩祀是在郡县进行,所以汉代的雩祀并非皇帝亲祀的祭祀。

据《通典》卷四三《礼三·大雩》记载:"东晋穆帝永和年[22],有司议制雩坛于国南郊之旁,依郊坛近远。"这是有关因雩祀而修建祭坛的最早记录。"南郊之旁"即上文郑注，一般认为此时开始遵循儒家学说举行雩祀，但仅此仍无法确定祭祀的对象，以及由谁来亲祀。何佟之对此问题作如下辩解："晋永和中，中丞答，雩制在国之南为坛，祈上帝百辟。"从中可推测，永和中雩祀所祭之神，应为郑玄说中的"五精之帝"。另外，《晋书》卷六《元帝纪》太兴元年(318年)条记载："六月旱，帝亲雩。"可见在东晋，元帝已亲祀雩祀了[23]。显然，东晋雩祀所祭祀对象乃五帝，且皇帝亲祀，也就是说，与先前的皇帝相比，东晋的皇帝举行雩祀态度更为积极。上一章曾论述，从成帝到康帝，南北郊制度设为二年一郊的形式。穆帝是继康帝之后的下一任皇帝，所以可断定，东晋继南北郊之后又确立了雩祀。

宋代，文帝元嘉八年(431年)的确举行过雩祭，但详情不明。南齐《南齐书》卷九《礼上》记载曰：

> 建武二年旱，有司议雩祭依明堂。祠部郎何佟之议曰……设五帝之位，各依其方，如在明堂之仪。皇齐以世祖配五精于明堂，今亦宜配享于雩坛矣。

即建坛祭五帝，世祖武帝为配帝。这是已知有关雩祀皇帝配祀的最早记录。这样，依照郑玄说，雩祀开始正式实施。但是这是明帝建武二年(495年)临时进行的祭祀。关于梁陈的雩祀，《隋书》卷七《礼仪志二》记载曰：

> 春秋龙见而雩，梁制不为恒祀。……大雩礼，立圆坛于南郊之左。……祈五天帝及五人帝于其上，各依其方。以太祖配位于青帝之南，五官配食于下。……陈氏亦因梁制，祈而澍则报以少牢。武帝时以德皇帝配，文帝时以武帝配。废帝即位，以文帝配青帝。……天子不亲奉则太宰、太常、光禄行三献礼。

这基本上是以相同礼制祭祀五帝的临时祭祀[24]。陈实行的是"天子不亲奉则……"，意味着当时的雩祀形式上应该为皇帝亲祀。

北朝时，北魏孝文帝之后便没有关于雩祀的记录，北周也未见。北齐和隋，据《隋书》卷七《礼仪志二》记载曰：

> 后齐以孟夏龙见而雩，祭太微五精帝。于夏郊之东，为圆坛。……于其上祈谷实，以显宗文宣帝配。……隋雩坛，国南十三里，启夏门外道左。……孟夏之月，龙星见则雩五方上帝，配以五人帝于上，以太祖武元帝配享，五官从配于下。

可见祭祀的都是太微五帝。另外,如前所述,隋不是在明堂,而是季秋也在雩坛上祭祀五方上帝。即,北齐和隋的雩祀,是在四月份祭祀太微五帝[25]。而且,隋还定期于每年九月份在雩坛祭祀五方上帝。

综上所述,雩祀乃汉代地方郡县举行的祭祀。晋代(东晋)变为皇帝的亲祀,南朝固定为祭祀五精帝(五方上帝),但并非定期举行。从北齐到隋,规定四月为祭月,且变为每年举行的定期祭祀。这样,雩祀自东汉以来逐渐完善,并成为皇帝的祭祀,其重要性日渐凸显。笔者认为这一点非常有趣。原本雩祀是祈雨的祭祀,本质上应为临时祭祀。后来逐步完善成为皇帝的祭祀制度,这可以理解为皇帝对天愈来愈重视的一种表现吧。

五、小 结

在前一章基础之上,本章探讨了唐代的郊祀、宗庙制度。唐代的宗庙制度基本上继承了汉(东汉)魏南朝的制度。关于禘祫,据史料记载可确定的方式至少有三种。但最终固定为每三十个月举行一次禘祫,并与南朝同样每五年再殷。另一方面,唐代的郊祀制度,随着贞观礼(637年成立)、显庆礼(658年)、开元礼(732年)三礼的编纂而变化。其内容如表4所示,不同之处在于,贞观礼及之前的武德令乃依据郑玄说,而显庆礼则依据王肃说。开元礼可认为是对贞观礼和显庆礼的折中。其与显庆礼一样,明确区分昊天上帝与五方上帝;正月的祈谷、孟夏的雩祀、季秋的明堂,均祭祀祭坛之上的昊天上帝。即,开元礼在祭祀昊天上帝方面继承了显庆礼。但却不能单纯理解为开元礼便是折中了据郑玄说制定的贞观礼与依王肃说制定的显庆礼。尾形勇对此解释道[26],唐朝建立时期的武德令、贞观礼中,纬书系统的感生帝仍具有效用;但到了唐朝社会体制逐步健全、社会秩序逐步建立的显庆礼、开元礼阶段,则变为了正经(王肃说)的昊天上帝。换言之[27],隋唐交替时期,需要感生帝发挥一定的效用;但至唐朝统治确立之后,便开始重视昊天上帝祭祀,它强调天的唯一绝对性。以上,从宏观的角度对唐朝的郊祀制度变化进行了归纳。

唐代的昊天上帝祭祀中,还出现了季秋九月的明堂祭祀以及祈雨的大雩祭祀。明堂祭祀，从东汉至隋祭祀五帝（五方上帝），进入唐升格为祭祀昊天上帝。另外，明堂在魏晋南北朝时期，除了东晋以外实际都有建造；而到了北朝隋唐时期，仅停留在礼制上的规划。另一方面，雩祀在东汉是在郡县举行的祈雨祭祀，并非皇帝亲祀的祭祀。但是到了东晋，除祭祀五帝之外，皇帝还亲祀。可以说东晋时期，祭祀变为承担强化礼制作用的活动。南朝时雩祀也祭祀五帝，但祭月并不固定。北朝时仅北齐和隋有雩祀，均祭祀五帝，且固定在四月份（隋是九月）举行。隋代，可确定此定期大雩与临时祈雨，虽为皇帝亲祀，但是分别举行。这样，作为皇帝亲祀的五帝祭祀，雩祀（大雩）形成于隋朝之前，而在唐朝时期升格为祭祀昊天上帝。宗庙祭祀从东汉以来基本未发生变化，一直继承沿袭到唐代。与此相对，对天的祭祀却经历上述多次变化，不得不说这些变化的确引人注目。从东汉到隋完善强化了对天的祭祀，在此基础上唐代进一步充实了对昊天上帝的祭祀。今后，还必须考察研究这个变化所包含的意义。

而且，本章未提到，唐代昊天上帝的祭祀每年均举行。如前章所述，南朝时郊祀是每两年仅在正月举行一次。与南朝相比，唐代昊天上帝的祭祀，若包括明堂、雩祀，在显庆礼、开元礼中实际增至八倍。上一章中没能逐一显示北朝祭祀间隔，北齐的圜丘三年一祀，隋的圜丘两年一祀，北周或者北魏也是大致如此，北齐的郊祀与唐朝相比少了很多。但是，正如序章中明确指出的，在唐代的郊祀、宗庙祭祀中，皇帝亲祭和有司摄事有区别。而且日常祭祀有司摄事也毫不奇怪，这样的礼仪体系已然形成。因此，在讨论东汉之后郊庙祭祀的真实情况之前，必须讨论皇帝亲祀与有司摄事之间有无实质性差异，若有，其差异中包含怎样的意义？因此在下一章，对于史料丰富的唐朝，将深入探讨其郊庙祭祀中皇帝亲祭和有司摄事之间的差异。

注释：

(1)《旧唐书》卷二十六《礼仪志六》：

高宗上元三年十月，将袷享于太庙。时议者……莫能决断。大学博士史璨等议曰……此则有合礼经，不违传议。自此依璨等议为定。

本文引用的《唐会要》，多少是经简化过的形式。从中可明确上元的年号是高宗的上元，太常博士的名字为史璨。另外，关于禘袷的礼仪内容部分，引自纬书的《礼纬》，请参照第四章第三节。

（2）《新唐书》卷一百二十二《韦绦传》开头为："绦开元时历集贤修撰、光禄卿，迁太常。"该传末尾为：

> 后睿宗丧毕，祫于庙，至开元二十七年禘祭五，祫祭七。是岁绦奏，四月尝已禘，孟冬又祫，祀礼丛数，请以夏禘为大祭之源。自是相循，五年再祭矣。

所以，此时的太常卿是韦绦。

（3）开元时代的禘祫方式，在清朝凌曙的《公羊礼说》"禘祫从先君数"（《皇清经解》卷一三五五收录）中有指出。

（4）这些《大唐开元礼》的案语，均与《旧唐书》卷二十一《礼仪志一》起居舍人王仲丘的奏议基本相同，是根据他的意见形成。另请参照《新唐书》卷二〇〇《儒学传下·王仲丘传》。

（5）雩祀（三）："郑康成云，雩于上帝也。"对此郑玄解释为雩祀乃祭祀昊天上帝；对于《礼记·月令·仲夏》"命有司，为民祈祀山川百源，大雩帝，用盛乐"，郑玄注释："雩帝谓为坛南郊之旁，雩五精之帝，配以先帝也。"将五精之帝——五方上帝作为雩祀的祭神。另外，明堂的（四）省略之处为：

> 又天与上帝，元是一神。据《孝经》云：严父莫大于配天。其下文即云，宗祀文王于明堂，以配上帝。故明上帝即天矣。故郑氏注云：上帝者天之别名，神无二主，故异其处，避后稷也。

此处可理解为郑玄将上帝解释为昊天上帝。但是，（四）之前有"郑康成所引，皆云五帝"一句，此处再次引用郑说，也许是含有"郑氏注也认为，上帝是天的别名，神无二主"之意吧。笔者对此存有疑问。

另外，对于郑注"上帝者天之别名……避后稷也"一句，据笔者之管见，《孝经·圣治》章的注疏中并未引用，而《后汉书》（《续汉书》）《祭祀志中》永平二年（五九）条的刘昭注中有引用。另外，《大唐开元礼》的雩祀和明堂的（一）中所谓"五方帝、五帝、五官"，即五方帝（五方上帝、五精之帝）是传说中的人物，即配与五方帝青帝（东方）的太昊；配与赤帝（南方）的炎帝；配与黄帝（中央）的轩辕；配与白帝（西方）的少昊；配与黑帝（北方）的颛顼。但是，此文中对于郑玄说所使用的五帝，却是五方帝（五方之帝）的略称。应注意不能将两者混淆。另外，五官是指从祀的句芒氏、祝融氏、后土氏、蓐收氏、玄冥氏。

（6）这一点，在福永光司《昊天上帝与天皇大帝及元始天尊——儒教的最高神和道教的最高神》（收录于《道教思想史研究》，岩波书店，1987年，初版为1976年）一文中已指出。

（7）但是，开头的"大裘，冕无旒"，应依据仁井田陆著、池田温编的《唐令拾遗补》（东京大学出版会，1997年）更正为"大裘冕，无旒"。参照该书626页。

（8）此南郊坛现位于西安市唐明德门遗址东南约950米处，是北京明清的天坛之前王朝的郊祀坛的现存唯一遗址。四成即四段版筑的土坛,表面用石灰涂为白色。各段高度平均是 2 米左右,第一段直径为 53 米左右,第二段 40 米多,第三段 28 米多,第四段 20 米左右。参照图 2。

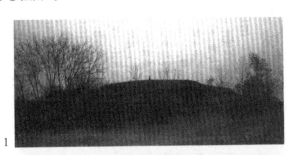

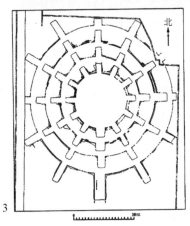

图 2　西安市南郊天坛
1. 1989 年坂上康俊先生拍摄;2、3.《考古》2000 年第 7 期

(9)此奏议的年代可以联系《通典》卷四十三《郊天下》为永徽二年(651年)、《册府元龟》卷五八五《掌礼部·奏议十三》为龙朔二年(662年)来进行判断。但是,本文根据仁井田陆氏《唐令拾遗》([东方文化学院东京研究所,1933年,东京大学出版会复刊,1964年]祠令第四条,该书163—165页)所述,据《旧唐书·礼仪志一》等,将奏议的年代定为显庆二年(657年)。此奏议的主要内容与显庆礼内容一致,从这一点来看如此解释最为妥当。

(10)《新唐书》卷十三《礼乐志三》曰:

> 至则天,始毁东都乾元殿,以其地立明堂。其制淫侈,无复可观,皆不足记。其后火焚之,既而又复立,开元五年,复以为乾元殿而不毁。初则天以木为瓦,夹纻漆之。二十五年,玄宗遣将作大匠康䜻(同辩)素毁之。䜻(同辩)素以为劳人,乃去其上层,易以真瓦。而迄唐之世,季秋大享,皆寓圜丘。

据上文可知,唐朝明堂在武则天时期建于洛阳,玄宗朝时改为乾元殿,整个唐代本应在季秋九月于明堂举行的昊天上帝祭祀也都在圜丘举行。这也关系着下一节的记述,即意味着昊天上帝的祭祀在唐代集中在圜丘举行。另外,上文评论武则天的明堂制度与礼制相违背。实际上武后的明堂不单是祭祀场所,并且具有政治性场所的意义。参照拙稿《则天武后的明堂的政治作用》(拙著《古代中国和皇帝祭祀》第三部第八章,汲古书院,2001年,初版为1986年)和本书第七章第一节4,以及综合再述的拙稿《略论则天武后在政治上对祭祀礼仪的利用》(收录于赵文润、李明玉主编的《武则天研究论文集》,山西古籍出版社,1998年)。

(11)参照本书第七章、第八章和拙稿《关于中国古代即位礼仪的场所》(前注所列拙著《古代中国与皇帝祭祀》第二部第六章,初版为1999年)及拙稿《古代中国的王权》(收录于刚野善彦等编的《岩波讲座·天皇与王权的思考》,岩波书店,2002年)。

(12)关于以上几点,在拙稿《中国古代皇帝祭祀的考察》(《史学杂志》第八十七编第二号,1978年)中已初步指出。但是,该文是在下一章所论述内容之前的论文,即把握皇帝亲祭和有司摄事的基本差异,明确唐代皇帝郊庙亲祭的次数。现在看来迂回论证的部分较多,因此适当将认为有意义的论证编入各章之外,不再收入本书。

(13)尾形勇《汉代的"臣某"形式》(《史学杂志》第七十六卷第八号,1967年)21页注(9)。

(14)注(6)福永光司《昊天上帝与天皇大帝及元始天尊》一文中解释道:感生帝的祭祀,有可能取代道教最高神——玄元皇帝的祭祀。如果雩祀、明堂的祭祀对象是昊天上帝,它们便会成为适用于国家的礼典,由收到天上帝王(昊天上帝)天命的地上帝王来实施举行。在显庆礼、开元礼的郊祀改革背景下,这样的假设才能够成立(《道教思想史研究》,第147页)。根据福永光司的观点,儒教的祭祀也应该重视道教的影响,认为唐代的雩祀、明堂改革强化了皇帝祭祀,这一点与本文中笔者观点一致。

(15)根据国家文物事业管理局主编的《中国名胜词典》(上海辞书出版社,1981年),山东省泰安县城东北7.5千米处有一个圆形高台,四周流水环绕。那里残留有很多汉代的碎瓦、陶片。这与古典文献记录多有一致,据说是西汉武帝的明堂旧址。

(16)参照藤川正数的《关于明堂制》(收录在《汉代的礼学研究》,风间书房,1968年,增订版1985年)以及拙稿《汉代的郊祀、宗庙、明堂及封禅》(前述拙著《古代中国与皇帝祭祀》第二部第三章,初版1982年)

(17)《晋书》卷四十四《郑袤传》曰:

> 高贵乡公议立明堂、辟雍,精选博士。袤举刘毅、刘寔、程咸、庾峻,后并至公辅大位。

齐王之后的高贵乡公(在位254—260年)时期,曾讨论过建立魏明堂。

(18)关于刘宋的明堂,《宋书》卷五十三《张永传》曰:"(大明)四年立明堂,永以本官兼将作大匠,事毕迁太子右卫率。"另外,同书卷十六《礼志三》中,在孝武帝大明五年(461年)四月关于庚子明堂的诏书之后,议"乃依颐议(西晋的侍中裴颐),但作大殿屋,雕画而已,无古三十六户、七十二牖之制"。据此可判断刘宋在孝武帝的大明四年(460年)或次年建造了明堂。关于南齐,据《南齐书》卷四《鬱林王纪》隆昌元年(494年)条,"二月辛卯,车驾祀明堂",记载除郊祀、宗庙之外,还单独祭祀明堂,从中可判断当时建有明堂。

(19)参照第一章注(17)。

(20)仅规划完成的隋朝明堂,有关其讨论,参照田中淡《隋朝建筑家的设计与考证》(收录在《中国建筑史研究》,弘文堂,1989年,初版为1978年)。

(21)原文可看出是与掌管帝室财政的少府相关。但王先谦在对《后汉书集解》的校对中,先介绍了视"府"字为衍字的侯康说。然后,解释"若少"应是一句话,"府"字并不是衍字,而是指主事都城雩祀的京师三府。中华书局标点本《后汉书》,根据侯康说将"府"字视为衍字。

(22)吴士鉴、刘承干所注《晋书斠注》,把此事与《晋书》卷八《穆帝纪》永和八年(352年)七月大雩的记事相对应。

(23)秦蕙田《五礼通考》卷二十二《吉礼二二·大雩》:"孟夏大雩,虽无水旱亦行之,礼之常也。若国大旱则无论夏秋皆得雩,至冬则无雩。"另外,如"汉无雩祀,而旱祭非"所述,古时并非例行祭祀,只有当干旱时才举行祈雨祭祀(参照该书卷二十二、二十三)。本章的讨论并不涉及这些雩祀的所有情况,只有秦蕙田所讲的孟夏"大雩"即定期举行的雩祀确立为皇帝祭祀的过程。

(24)《南史》卷一〇《陈本纪下》高宗(宣帝)太建十二年(580年)四月条:"己卯大

雩,壬午雨。"北齐之后虽然雩祀的祭月已固定,但此处从上下文来看,可能是针对干旱的祈雨,偶尔在四月举行的临时祭祀吧。

(25)《隋书》卷一《高祖纪上》开皇三年(583年)四月条:"甲申,旱,上亲祈雨于国城之西南。"另外,有"癸巳,上亲雩"。《资治通鉴》卷一七五同年(陈后主至德元年)同月条:"癸巳,隋主大雩。"后者被视为大雩。这是临时祈雨与例行的大雩在同一月份分别举行的例子。另外,根据本文各例,因雩坛建在南郊坛的左边,即从北往南看的左侧——东侧,故开皇三年的祭祀,临时祈雨地不在雩坛,而在其他地方举行。

(26)参照尾形勇《中国古代的帝位继承——其正当化过程与规律》(《史学杂志》第八十五编第三号,1976年)第66页上段。

(27)高明士也有过相同的观点。参照《论武德到贞观礼的成立——唐朝立国政策的研究之一》(收录在中国唐史学会主编《第二届国际唐代学术会议论文集》下册,台北文津出版社,1993年)第1185页。

第三章

唐代皇帝祭祀的亲祀与有司摄事

一、导　言

如前一章所述,唐代的昊天上帝祭祀与南北朝相比大幅增多。另一方面,如序章所述,原则上应由皇帝亲祭的例如昊天上帝祭祀,均备有有司摄事仪注。因此,对于唐代的皇帝祭祀,把握皇帝亲祭与有司摄事之间的差异,是本章需要阐明的主要内容。但是,考察历代正史中皇帝的祭祀时,必须注意以下问题:

《文献通考》卷九十九《宗庙考九》卷末曰:
>   按:古者宗庙之祭有正祭、有告祭,皆人主亲行其礼。正祭则时享禘袷是也。告祭则国有大事,告于宗庙是也。

宗庙祭祀分为四时祭(时享)或禘袷这样在固定日期举行的正祭,以及国家发生大事时祭宗庙、告祖先的告祭。当然,郊祀中也存在正祭和告祭之分[1]。第一、二章论述的自东汉至唐代的郊祀、宗庙祭祀均属正祭。主事上述祭祀是皇帝的权利,本应由皇帝亲祀。但经查证,历代皇帝亲祀的郊祀、宗庙祭祀次数,不多于应举行的正祭次数,这一点在唐代尤为明显。因此,目前可查证的有关皇帝祭祀的记录意义重大。通览各史书中有关皇帝祭祀的记载,试图从中发掘出积极意义。但考虑到没留下记录的一般祭祀也有可能是皇帝亲祭,所以在论述皇帝祭祀意义过程中总感到不踏实。如第八章所述,汉代每位皇帝继位时都要举行谒庙礼,但记录显示唐代只有玄宗继位时举行了谒庙礼。对此,到底应该认为唐代只有玄宗举行了谒庙礼,还是其他皇帝也举行谒庙礼,还是只不过玄宗当时因某种原因保留了记录而已？不同的看法,对玄宗谒庙礼的评价也会迥然不同。

如此,便必须明确皇帝亲祭与有司摄事之间存在怎样的差异,这种差异又有何意义。否则很难对皇帝亲祭给予恰当评价。在评价有记录的皇帝亲祭之前必须明确有司摄事,这是皇帝亲祭的一个补充。因此,本章将广泛讨论唐代郊祀、宗庙祭祀中皇帝祭祀与有司摄事的诸问题。其目的在于总体上明确皇帝祭祀与有司摄事之间的差异,重点并不在郊祀或宗庙上。在上一章结尾处提及的关于皇帝亲祀的郊祀、宗庙祭祀,阐明其作用及其变化的意义,是下一章之后第二部要研究的问题。

二、关于有司摄事的频度

如序章所述,与唐代皇帝有关的祭祀分为大祀、中祀、小祀,原则上中祀以上的祭祀要由皇帝亲祀。以郊祀、宗庙祭祀为主的大祀,皇帝面向祭祀神,在祝文中要自称"皇帝臣某"或"天子臣某";中祀中称"皇帝某"或"天子某";小祀中则称"皇帝"或"天子"。祝文要写入祝版,大祀、中祀,皇帝要在祝文的"皇帝(天子)臣某""皇帝(天子)某"的"某"处自署名讳,这样便能维持皇帝作为祭祀主事者的资格,即使是委托给有司摄事也会被公认为是皇帝祭祀。

唐代本应由皇帝主事的祭祀,为何规定要有有司摄事[2]?《新唐书》卷十一《礼乐志一》关于吉礼的下面一段文字(《玉海》卷一〇二《郊祀》"唐祀典、大祀、中祀、小祀、常祀"中也有同样的记载)能够清楚地解释其原因。

> 大祀,天、地、宗庙、五帝及追尊之帝、后。中祀,社稷、日、月、星辰、岳、镇、海、渎、帝社、先蚕、七祀、文宣、武成王及古帝王、赠太子。小祀,司中、司命、司人、司录、风伯、雨师、灵星、山林、川泽、司寒、马祖、先牧、马社、马步、州县之社稷、释奠。而天子亲祠者二十有四。三岁一祫,五岁一禘,当其岁则举。其余二十有二,一岁之间不能遍举,则有司摄事。其非常祀者,有时而行之。而皇后、皇太子岁行事者各一,其余皆有司[3]

即,一年之中本应由皇帝亲祭的二十二个祭祀,均由皇帝身体力行的亲祀不太现实。因此需由有司摄事代行。这二十二项祭祀,具体包括南北郊、宗庙大祭与一部分中祭。《大唐开元礼》中明确记载,举行这些祭祀之前,有数日散斋、致斋,皇帝要一一主事包含这些在内的祭祀活动事实上不可能。以上,对于本应由皇帝亲祭的祭祀却要由有司摄事代行,其原因已解释清楚,应无任何疑义。但到底是因上述原因皇帝亲祭和有司摄事便可轻易替代?还是因两者之间有本质的差异不能够轻易代替?对于这些疑问目前尚不明确。所以,本章首先探讨皇帝亲祭与有司摄事的实施情况。然后论述本文观点,即唐代有司摄事属常态,而皇帝亲祀则属特例。

一般考察皇帝亲祭与有司摄事的关系比较困难。主要是因为有关有司摄事的记录均不完整,且记录的均为一些特殊事例。但了解冬至郊祀的有司摄事实施情况,幸而有如下资料可供参考。《册府元龟》卷一〇七《朝会一》开元八年(720年)十一月条,记载如下:

> 中书门下奏曰:……其日(冬至)亦祀圜丘,皆令摄官行事,质明既毕,日出视朝,国家已来,更无改易。缘新格,将其日祠圜丘,遂改用小冬至日受朝[4]。若亲拜南郊,受朝须改,既令摄祭,礼不可移,付请改正。从之,因敕,自今冬至日受朝,永为常式。

据上文可知,以前冬至日要在南郊由摄官即有司摄事举行祭天仪式,且当日在朝廷要举行皇帝接受百官朝贺的仪式。但在新规制(开元之后的规制)改为冬至郊祀前一天的小冬至日受朝贺。中书门下就此奏议道,皇帝亲祀时,接受臣子朝贺的受贺日应改为其他日子;有司摄事时皇帝应在冬至当日接受朝贺,此提议被批准通过。也就是说,开元七年(719年)制定的开元新规,尽量避免此前冬至当日同时举行郊祀和皇帝受贺礼的做法,将皇帝受贺日改为前一天。但第二年又恢复了先前的做法,即有司摄事郊祀时,受贺礼仪仍在冬至当日举行。

之后的天宝三载(744年)十一月,颁布冬至次日接受朝贺的敕令[5](《唐会要》卷二十四《受朝贺》、《册府元龟》卷三十三《帝王部·崇祭祀二》)。此外,建中二年(781年)十一月,再次颁布冬至当日接受朝贺的诏书(《唐会要》卷二十四)。据此可理解为,这期间受贺礼并未与冬至郊祀在同一天举行。而天宝十载(751年)却是在冬至当日接受朝贺(《册府元龟》卷一〇七)。另外,《唐会要》卷二十四,关于皇帝受贺有如下记载:

> 至永泰元年(765年)十一月三日,诏以十三日甲子冬至,令有司祭南郊后,于含元殿受朝贺。

诏曰,有司摄事南郊祀之后,当日皇帝在含元殿接受朝贺。但据平冈武夫的《唐代年历》(京都大学人文科学研究所,1954年,同朋舍出版复刊,1977年),永泰元年十一月二日为己未冬至,永泰二年十一月十二日为甲子冬至,所以,上述诏书的颁布年限应改为永泰二年[6]。总之,天宝三载至建中二年期间,并非一直实行冬至当日不接受朝贺的做法。概括来讲,唐代大部分时期当冬至祭祀为有司摄事时,当日也一并举行皇帝受贺礼[7]。

另外,本书序章的基本内容,源自于笔者的一篇论文,其中引用了《册府元龟》卷三十四《帝王部·崇祭祀三》代宗大历七年(772年)条:"七年十一月辛卯,日长至,命有司祀昊天上帝于南郊,不视朝。"文中将"不视朝"解释为不理朝政,由有司摄事代行祭祀时皇帝亦不理朝政,这已成为惯例[8]。但通过上述考察,发现此解释有误。"不视朝"中的"朝"应为朝贺之意。《册府元龟》卷三十四中,此外还有大历五、八、十一、十三各年条,其中均有冬至有司摄事郊祀的记录。大历五年条除记录当年真实情况外,还补记了"不视朝"或"不受朝贺"(大历十一年条),以及大历七年条也有不受朝贺的记录。这些均为特别记载郊祀有司摄事的珍贵材料,但通过仔细斟酌先前的论述发现,这些资料不仅是有关有司摄事的记录,同时也成为因某种理由于次日取消朝贺的例证。而从天宝三载至建中元年间,又恰好是冬至次日举行受贺礼的时期。因此,上述《册府元龟》卷三十四,虽然有司摄事冬至举行了南郊祭祀,但因次日的朝贺被取消,所以,才作了特别记载吧。

如上所述,唐代一般规定,冬至有司摄事郊祀时,当日举行皇帝的受贺礼。可见,在唐代,如果冬至当日皇帝接受了朝贺,那么也就说明当日的祭祀是由有司摄事代行,这一点已很明确[9]。有关朝贺礼,《册府元龟》卷一〇七《帝王部·朝会一》、卷一〇八同二,这两卷中均有相关记载。其中冬至朝贺记录,是难得的有司摄事郊祀的史料。其中,代宗时期冬至举行朝贺的相关史料最为丰富,现列举如下:

> 广德二年、永泰元年、二年(大历元年)大历二年、三年、八年、九年[10]十一年、十三年。

其中，原文记述大历十三年冬至次日举行朝贺礼，前一日郊祀是由有司摄事代行。另外，上述《册府元龟》卷三十四记载，大历八年和十一年，郊祀当日未举行朝贺礼。代宗于冬至当日接受百官朝贺的大历八年闰十一月壬寅朔日，应为卷三十四中记载举行郊祀的十一月辛丑冬至的次日。同样，卷一〇七的大历十一年十一月丁巳，应为卷三十四中丙辰冬至次日（据前引平冈武夫的《唐代年历》）。因此，准确的应该是大历八年、十一年，有司摄事于冬至当日进行了郊祀，皇帝并未于此日（即冬至当日），而是次日接受了朝贺礼。也就是说，卷一〇七中将大历八年、十一年也记录为冬至当日接受朝贺，此乃记录错误，应与大历十三年日程完全相同。

总之，上述例子均为冬至当日皇帝接受朝贺，或冬至当日有司摄事郊祀、次日皇帝接受朝贺。玄宗天宝三载（744 年）至德宗建中二年（781 年），正好是皇帝冬至次日接受朝贺时期，但是也有冬至当日玄宗接受朝贺的情况。冬至当日皇帝之所以不接受朝贺，除了因皇帝要亲自郊祀之外，也有可能因当日的郊祀由有司摄事代行[11]。大历十年，因为距梁王（璿，九年十月乙亥薨去）葬期过近，因此冬至朝贺被迫中止（《册府元龟》卷一〇七），此时的郊祀应由有司摄事代行。另，同样，大历十二年"十一月，日长至，帝不受朝贺，以防秋将士曝在野故也"（同书卷一三五《帝王部·愍征役》），是因防秋将士处境艰难，因而停止了朝贺。所以，冬至当日皇帝未亲自郊祭的情况还可追加以上两处。此外，还可举出前文《册府元龟》卷三十四大历五年、七年，冬至当日由有司摄事郊祀的情况。

根据以上内容，代宗年间，冬至皇帝未亲祀的年份可列举如下：

广德二年、永泰元年、二年（大历元年）、大历二年、三年、五年、七年、八年、九年、十年、十一年、十二年、十三年。

以上共十三个年份。代宗自宝应元年（762 年）四月至大历十四年（779 年）五月，其在位十八年期间，所遇十七次冬至中，至少有十三次郊祀是由有司摄事代行。可确定是由代宗亲祀的郊庙祭祀，仅广德二年（764 年）二月的太清宫、太庙、南郊的一系列祭祀（参照第七章），没有一例是冬至郊祀。即，代宗在位期间的冬至郊祀，绝大多数均由有司摄事代行，或没有一例是由代宗亲祀。

除代宗之外，其他所有皇帝在位期间，也不是都有关于有司摄事的记载。对于玄宗之后诸位皇帝[12]在位期间,有司摄事的情况,使用同样方法从《册府元龟》卷一〇七、一〇八中查找冬至皇帝未亲自祭祀的年份,列举如下[13]:

玄宗　开元十六年、二十二年、天宝十载
　　　　　　　　　　　　　　　　*
肃宗[14]　乾元二年、元年(上元二年)
　　　　　　　　　　　　*
德宗　贞元十五年、十六年
　　　　　　＊＊　　＊＊
宪宗　永贞元年、元和元年、三年、十一年
　　　　＊＊＊　＊＊＊　＊＊　＊＊＊
穆宗　元和十五年、长庆元年、二年
　　　　＊＊＊　　＊＊＊　　＊＊
敬宗　长庆四年
　　　＊＊
文宗　大和元年、二年、七年、八年、开成二年
　　　＊＊＊　＊＊　＊＊　＊＊　＊＊＊

以上,相对于各位皇帝在位年限而言记录并不多,但间接观察到的有司摄事例倒不少。但是,文宗时期可确定的冬至亲祭例仅注(13)中提及的大和三年(829年)一例,被认为由有司摄事代行的有上述五例,至少史料可确认的有司摄事祭祀例占多数。

另一方面,正如前文所述,关于有司摄事的记录并不完整。目前可获取的大部分史料之中,并无相关记载。例如,下一节的马周上疏,记述自太宗继位以来六年期间,未举行宗庙祭祀,关于此期间由有司摄事代行的庙享,也没有任何相关史料。另外,文宗大和三年冬至亲郊时赦文(《唐大诏令集》卷七十一《大和三年南郊赦》)中有如下记载:

朕以冲昧获嗣丕业,兢惕寅畏,于今四年。屡兴伐叛之师,未暇燔柴之礼。今因南至,有事圜丘,荐诚敬于二仪,申感慕于九庙。

可知,文宗自宝历二年(826年)十二月继位以来,大约四年期间未亲自参加过郊祀。关于玄宗,《旧唐书》卷九十九《张九龄传》中记载:

伏以天者,百神之君,而王者之所由受命也。自古继统之主,必有郊配之义。盖以敬天命,以报所受。……伏惟陛下绍休圣绪,其命维新,御极已来,于今五载,既光太平之业,未行大报之礼,窃考经传,义或未通。

据上文可知,玄宗继位后五年期间未亲自参加过郊祀(可确定的第一次亲祀是开元十一年十一月戊寅的郊祀[15])。但是,玄宗继位之后数年间的有司摄事,也未留下相关记录。如果将这些因素均考虑在内,实际上有司摄事与皇帝亲祭的次数相差更大。

综上所述,序章中推测唐代定期举行的正祭,一般情况下由有司摄事进行,而皇帝亲祀则属特殊情况。此推测在有关冬至的郊祀中,一定程度可得到印证。下面将从其他方面,就皇帝亲祭与有司摄事之间的差异具体进行探讨,旨在将此结论延伸至宗庙祭祀[16]。

三、皇帝亲祭与有司摄事的区别

上一节根据《唐会要》卷二十四有关朝贺礼的相关记载,通过对代宗时期郊祀情况的分析,指出了唐代冬至郊祀通常由有司代为举行。其次,需要分析有司摄事和皇帝亲祭之间究竟存在怎样的差异,及此差异有何深层含义。然而,如前所述,关于有司摄事的资料极为有限,且不具体。另一方面,详细记述有关皇帝亲祭程序的史料也很欠缺。因此,很难对上述问题全面进行探讨。鉴于此,本节仅从规模、费用等有限方面对若干史料加以讨论。

首先,介绍《旧唐书》卷七十四《马周传》中有关贞观六年(632年)的马周上书:

> 伏惟陛下践祚以来,宗庙之享,未曾亲事。伏缘圣情,独以銮舆一出,劳费稍多,所以忍其孝思,以便百姓,遂使一代之史,不书皇帝入庙之事。

据此,可确认以下两点。其一,即太宗继位后的六年期间未举行过宗庙祭祀[17]。因皇帝乘坐銮舆出行花费巨大,所以,从经济的角度考虑,为了不增加民众负担,皇帝减少了宗庙亲祭的次数(引文中的"孝思")。其二,郊祀也是出于同样的考虑,故皇帝多年未亲祀。该书卷一百一十七《崔宁传(附崔黯传)》,是唐后半期关于上述第二点的史料。

(开成年间)入为监察御史,奏郊庙祭器不度,请敕有司。文宗谓宰臣曰："宗庙之事,朕合亲奉其礼。"但以千乘万骑,动费国用,每有司行事之日,被衣冠,坐以俟旦[18]。

即,宗庙祭祀本应由皇帝亲祀,但千乘万骑随从需耗费国库。所以,有司摄事之日,皇帝端正衣冠坐候天明(祭祀结束),以履行其作为皇帝祭祀的职责[19]。皇帝亲祭时千乘万骑乃礼节仪式需要,同时也允许众多官员随从。马周在此情况之下,上书"銮舆一出,劳费稍多"。

以上史料显示皇帝亲祀时众多官员随行。郊祀却没有上述类似的史料,但可参考《旧唐书·德宗纪下》贞元六年(790年)九月条中"己卯诏,十一月八日,有事于南郊、太庙。行从官员将士等,一切并令自备食物"。根据《德宗纪下》记载,这一年因为大旱,在举行祈雨仪式时天降甘霖,便决定去郊庙进行告谢。因此,才命随从官员将士自备食物。如果事实的确如此,那么,通常皇帝亲祭时随从官员的饮食应由官方供给,而且量也许不少。上一章节指出皇帝亲祭当日停止朝贺,设想一下如果列席朝贺的主要人员均随从皇帝去参加郊祀,那么因何取消朝贺便很容易理解。所以,可以确定皇帝亲祭时有众多官员将士参列。因此,有司摄事与皇帝亲祭的区别之处在于,皇帝亲祭无论郊祀还是宗庙祭祀,参列人员众多,费用庞大;而有司摄事参加人员有限,费用缩减。

《大唐开元礼》卷二《序列中》的"大驾卤簿"中,对大礼时皇帝的车驾、侍卫和仪仗队的构成作了详细记载。因未记录参加人数,所以很难准确进行统计。但一般至少超过千人。穆宗长庆元年(821年)正月以法驾规模举行郊祀(《旧唐书》卷十六《穆宗纪》)便是一个实例。据《大唐开元礼》,法驾的参加人数比大驾略少[20]。亲祭时会对官员加官进爵,对将士进行赏赐,有时还会赐臣民聚会饮酒等,实际上这些恩典也会增加皇帝亲祭的费用[21]。并且,皇帝亲祭也直接增加了民众的负担。元和六年(811年)宪宗下令停止本定于正月十六日举行的籍田亲耕,虽然这与郊庙亲祀无关,但前一年的十一月九日丙午制记载如下(《册府元龟》卷一一五《帝王部·籍田》):

以江淮水旱之余,河朔师旅之后,宜宽物力,以济元元。况当三农休息之时,(有)[22]百司供具之费,道途洒扫,暴露勤劳,惕然在怀,是用中止。虽前有成命,皆已施行,而重烦吾民,则无固必。

第三章　唐代皇帝祭祀的亲祀与有司摄事

>其来年正月十六日籍田礼宜停。

总之说是因为灾害、战火之后需休养，所以才停止了第二年正月十六日的籍田礼。从上下文来看，"道途洒扫，暴露勤劳"，其前提也是考虑到会增加民众的负担。暂且不论皇城的太庙，就连皇帝去长安城外的南郊坛（圜丘）时，清扫道路也会给百姓增添负担。上例记述了皇帝亲祭时特别经费增加、负担加重的情况[23]，虽然实例还不够多。

另外，祭祀时一般事先要发布诏书，宣布皇帝亲自祭祀，停止或延期亲祀，或解释说明皇帝因何原因长时间未亲自祭祀等情况。从中便可知晓皇帝在什么情况下要进行亲祭，多久之前便作出了此决定等。如上所述，较之有司摄事，皇帝亲祭时参加人数众多、耗费巨大。所以，包括制定礼节在内的筹备工作，自然需花费相当长的时日。同时，不应忽视事先宣布将举行皇帝亲祭的诏书，其中所显示出皇帝亲祭相对于有司摄事的特殊性。但是，目前手头可获取的诏书数量不多，且仅限于皇帝亲祭中相对重要的一些事例。本章将列举以下诸例[24]。

《册府元龟》卷三十三《帝王部·崇祭祀二》，玄宗天宝元年（742年）正月元日宣布丁未改换年号之后诏告：

>是月甲寅（八日），得灵符于尹喜台西，百官请崇徽号。壬申（二十六日）诏曰：……幽赞惟新之历，克彰永代之祥，宜遵祀典，式陈昭报。可以来月十五日祔玄元皇帝庙，十八日享太庙，二十日有事于南郊。……其北郊宜差公卿择日祭。

这一年正月改换年号之后诏告，玄元皇帝（老子）降临大明宫南门的丹凤门，灵符在尹喜的旧宅，玄宗于是决定将玄元皇帝庙置于大宁坊（《旧唐书·玄宗纪下》）。上述诏书说为纪念此事，在祭祀了新设的玄元皇帝庙之后，又决定举行太庙—南郊亲祀[25]。这虽是临时告祭，但从诏书颁布的一月二十六日壬申至玄元皇帝举行祔庙的二月十五日辛卯，中间有十九天的时间。其次，该书卷三十四《帝王部·崇祭祀三》肃宗元年（761年）建子月（上元二年十一月）颁布的诏书，废除了之前的年号、月份，使用建子、建丑等斗建（月建），宣布郊庙宗旨之后诏告："宜取今月二十八日朝献太清宫，二十九日享太庙、元献庙，来月一日祭圜丘及太一坛。"依据《资治通鉴考异》卷十六，诏书颁布日期为十一月（建子月）十八日乙亥，是十二月一日辛

73

亥皇帝亲祀的十二天之前。而该书中十一月十七日戊戌冬至,在圜丘(南郊)举行的祭祀应为有司摄事代行[26],也就是诏书颁布的次日。所以此次郊庙亲祀属临时告祭。《册府元龟》卷三〇《帝王部·奉先三》代宗广德二年(764年)条记载:"正月丙辰敕,以来月七日享太庙。二月甲戌,亲享太庙九室。"《唐代年历》认为二月甲戌,非七日乃六日;《资治通鉴》卷二百二十三、《新唐书》卷六《代宗纪》记载,二月甲戌于太庙举行了太庙亲享,期间相隔十八天。

以上三例,从决定或宣布亲祭到实施,期间相隔在一个月之内。而前文引述《旧唐书·德宗纪下》贞元六年九月十六日乙卯诏,宣布将于十一月八日(夕至)举行皇帝亲祭的郊祀,在两个月之前就已决定。另外,关于注(23)所引用贞元九年十一月的太庙亲祭,《唐会要》卷三十五《释奠》同年九月的太常奏曰,贡举人谒先师与亲享太庙同日,这是有问题的,应另择他日[27]。从中可知这种情况下,亲祭至少在两个月之前便已决定。此外,《册府元龟》卷六十五《帝王部·发号令四》有如下记载:

> 宣宗以会昌六年继位,十一月议有事于南郊。敕曰:圣人严配圜丘,将以孝理天下,而历代因之,务行大赦。冤滞者可从昭洗,险慝者宣示澄清。所有大礼前,据有罪已结者亦在,速令详议,无至惠奸。

这是会昌六年(846年)三月即位的宣宗在即位后,首次郊祀之前,敦促对囚犯进行处分的敕书。宣宗的亲郊是在第二年大中元年正月举行。据此可明确以下两点,其一,亲祭在两个月之前便已决定;其二,会昌六年冬至的郊祀由有司摄事代为祭祀。以上三例显示,郊祀等定期举行的正祭,皇帝亲祭一般在两个月之前就已决定。

中止已决定的亲祭实例,该书卷三〇《帝王部·奉先三》德宗兴元元年(784年)十二月二十七日甲午的诏书,对该情况作了如下记述:

> 赖先泽在人,上帝临我,克平大难,载复旧京。方欲展礼郊丘,请罪宗庙。……来年告谢郊庙,百寮请俟后期者可之。其元日御含元殿准式。

因于翌年的贞元元年(785年)十一月举行太庙和南郊亲祭,故原定于正月举行的亲祭延期。即此例说明,最迟于十二月便已决定第二年正月将要举行亲祭[28]。另外，前文提及的宪宗元和六年正月十六日籍田礼，在前一年的十一月九日决定中止。据《册府元龟》卷一一五可知，十月二十日丁亥将要举行的亲祭，也是在三个月之前已决定。最后，注(15)拙稿中所述贞观十七年与开元十一年的情形，前者从十月八日甲寅颁布亲郊诏书，到十一月乙卯实施亲郊，中间相隔二十五天时间；后者至少也在五月中便决定于八月十九日举行太庙亲祭（但因有雨，当天的亲祭变更为有司摄事），诏告时间可推至三个月之前。此外，定于十一月十六日冬至举行亲郊的诏书，是在九月二十日癸未颁布，此期间相隔长达五十五天之久。

根据上述结果，添加若干事例制作成表，如下面表5所示。有关宣宗会昌六年一栏，将在第七章论述武宗之后各朝代情况时加以探讨。根据此表可看出，从决定亲祭到实施祭祀的第一天，中间相隔时间不满二十天的有四例；二十五——二十六天的有两例；此外，五十天——两个月的有三例；超过三个多月以上的有七例（包含中止等情况）。而且值得注意的是，从诏书颁布到实施，中间相隔时间不满二十天的四例，均可理解为临时祭祀。关于玄宗天宝元年与肃宗元年的两例，文中已指出。有关玄宗先天元年（712年）的谒庙，将在第八章继续探讨。代宗广德二年的祭祀，是唐后半期诸位皇帝继位之后举行的太清宫——太庙——南郊这一系列亲祭的首例，之所以未在祈谷祭天日的正月上辛举行，而选在二月举行，此与雍王适（德宗）二月己巳朔日被册封为皇太子有关（参照第七章）。以上未列举的情况也并非均属正祭[29]，但与冬至相关的五例，其郊祀日期都准确无误。所以，例行的正祭如果由皇帝亲祀，大概在两个月之前就会宣布。这两个月可看作是皇帝亲祭的准备时间。以上所列诸例，均有必须要举行亲祭的特殊理由[30]。而且，根据宣宗会昌六年冬至郊祀推测，从宣布亲祭到实施祭祀，中间若有例行的郊庙祭祀，应该是由有司代为祭祀。

表5　唐代的郊庙亲祭与决定亲祭的间隔时间

皇帝	年次(公历)	A 诏敕发布的时间	B 亲祭的实施日	b-a	出典
太宗	贞观十七年(643年)	十月八日甲寅	十一月三日己卯,冬至南郊	二十五日	《册府元龟》卷三三
中宗	景龙三年(709年)	八月十三日丁酉议	十一月十三日乙丑,冬至南郊	三个月	《资治通鉴》卷二〇九,八月丁酉乃韦后亚献的决定日
玄宗	先天元年(712年)	十月一日丁酉	十月四日庚子,谒太庙	三日	《册府元龟》卷三〇、《唐大诏令集》卷七五
玄宗	开元十一年(723年)	四月二十二日丙辰或五月一日乙丑	八月十九日壬子,亲祔太庙	三个月以上	《册府元龟》,卷三〇,因当日下雨由有司摄事代行
玄宗		九月二十一日癸未	十一月十六日戊寅,冬至南郊	五十五日	《册府元龟》卷三三
玄宗	天宝元年(742年)	正月二十六日壬申	二月十五日辛卯,祔玄元皇帝庙	十九日	同上,临时祭祀
玄宗			十八日甲午,享太庙	二十二日	
玄宗			二十日丙申,有事南郊	二十四日	
玄宗	天宝五载(746年)	十二月十四日辛酉	天宝六载正月十一日丁亥,亲享太庙	二十六日	同上
玄宗			十二日戊子,亲祀南郊	二十七日	
玄宗	天宝十载(751年)	天宝九载十一月四日己丑	正月八日壬辰,朝献太清宫	二个月	《册府元龟》卷三〇、《资治通鉴》卷二一六、《旧唐书》卷九、《新唐书》卷五
玄宗			正月九日癸巳,朝享太庙		
玄宗			正月十日甲子,合祭天地于南郊		

续表5

皇帝	年次(公历)	A 诏敕发布的时间	B 亲祭的实施日	b-a	出典
肃宗	元年（761年）	十一月十八日己亥	十一月二十八日己酉,朝献太清宫	十日	《册府元龟》卷三四、《资治通鉴考异》卷一六、临时祭祀
			二十九日庚戌,朝享太庙,元献庙	十一日	
			十二月一日辛亥,祭圜丘、太一坛	十二日	
代宗	广德二年（764年）	正月十八日丙辰	二月五日癸酉,朝献太清宫	十七日	《册府元龟》卷三〇、《资治通鉴》卷二二三、《新唐书》卷六
			六日甲戌,朝享太庙	十八日	
			七日乙亥,有事南郊	十九日	
德宗	兴元元年（784年）	十二月二十七日甲午	贞元元年正月,告谢郊庙（预定）	一个月？	《册府元龟》卷三〇,a 乃 b 亲祭延期诏书
	贞元六年（790年）	九月十六日己卯	十一月八日庚午,冬至南郊	五十一日	《旧唐书·德宗纪下》
	贞元九年（793年）	九月	十一月八日癸未,朝献太清宫	二个月	《唐会要》卷三五、《新唐书》卷七
			九日甲申,朝享太庙		
			十日乙酉,冬至南郊		
宪宗	元和五年（810年）	十月二十日丁亥	元和六年正月十四日,朝献太清宫	不足三个月	《册府元龟》卷一一五,因十一月九日丙午制的原因而停止
			十五日,谒太庙		
			十六日,籍田东郊		
武宗	会昌四年（844年）	九月二十九日	会昌五年正月一日己酉,朝献太清宫	三个月	《文苑英华》卷四二九
			二日庚戌,朝享太庙		
			三日辛亥,有事南郊		

续表5

皇帝	年次（公历）	A 诏敕发布的时间	B 亲祭的实施日	b-a	出典
宣宗	会昌六年（846年）	九月二十二日	大中元年正月十五日壬子，朝献太清宫	不足四个月	《文苑英华》卷四三〇
			十六日癸丑，朝享太庙		
			十七日甲寅，有事南郊		
僖宗	乾符元年（874年）	九月四日	乾符二年正月五日己丑，朝献太清宫	四个月	《唐大诏令集》卷七二
			六日庚寅，朝享太庙		
			七日辛卯，有事南郊		
哀宗	天佑二年（905年）	五月	十月九日甲午南郊	五个月	《资治通鉴》卷二六五，延期后中止

总之，很难将唐代的皇帝亲祭与有司摄事清楚地划分开来。如上所述，亲祭是要经过较长时间准备，以特定目的进行的重要祭祀。有司摄事是定期举行的一般祭祀。这样便不难理解为什么有司摄事举行的次数多、频率高，而有史料记载的亲祭却极少见。上文中已论述了太宗、玄宗、文宗继位后数年内未进行亲祭（太宗时是宗庙的正祭）。根据本章考察结果以及上述诸事例可见，唐代鲜有皇帝亲祭，皇帝亲祀属特别祭祀。重新梳理一下郊祀和宗庙祭祀可知，两者对于皇帝而言是最为重要的两大祭祀，但在唐代通常是由有司摄事代行，出于某种特殊理由必须由皇帝亲祀时，须事前颁布诏书，然后充分准备再进行祭祀。而且，有司摄事与皇帝亲祭，在规模、费用、参加人数上相差很大，职责也不相同。于是，发生诸如有司摄事不受重视的情况自然在料想之中。从本节开头所引用文宗回答崔黯的上奏便可窥见一斑，其下文是"比闻，主者不虔，祭器劳敝，非事神蠲洁之义。卿宜严敕有司，道吾此意"[31]。下一章节将着重论述，与重视亲祭构成鲜明对比的，有司摄事的形式化问题。

四、摄官与有司摄事形式化的诸问题

前文从不同角度对皇帝亲祭进行了讨论,并明确了亲祭属特例。本节将换一个角度,对已明确为普通事例的有司摄事,围绕摄官的官职和形式化问题进行探讨。

据《大唐开元礼》记载,大祭的摄祭主要以太尉、司徒、司空三公为主来举行。但不太明确这三公相当于现实中什么官职。《大唐六典》卷一《太尉》有"武德初秦王(太宗)兼之。永徽中长孙无忌为之。其后亲王拜三公者皆不视事,祭祀则摄者行焉"。至少在高宗在位的永徽年间(650—655年)以后,现实中的三公与祭礼三公并不对应。根据诏书或上书奏文,列举位同三公的官职,如下页表6所示。其中,敬宗宝历元年一栏,乃据监察御史刘宽天的上书,是否被采用尚不明确。另外,元和四年一栏,依据《唐会要》卷六十《御史台上·监察御史》大和二年(828年)条以及《旧唐书》卷一百四十九《柳登传(附柳璟传)》中柳璟的上奏。后者有如下记载:

> 时郊庙告祭,差摄三公行事,多以杂品。璟时监察,奏曰……比来吏部因循,不守前后敕文,用人稍轻。请自今年冬季,勒吏部准开元、元和敕例差官。从之。

从上文中可知,文宗朝初期存在"用人稍轻"的情况。只是不了解大和年间具体的摄官官职。另外,柳璟上奏中引用了太庙五享,故可认为"郊庙告祭"不仅包括临时祭祀,也包括惯例中正祭的有司摄事。

从表6可知,摄官大多为宗庙祭祀官。五享(五飨)即四时祭,因在四孟月、腊日举行,故称为五享。这是正祭——告祭中的正祭。据上表可知,太庙五享的摄官大致可以分为左右丞相(仆射)、六部尚书等尚书省官员;太子少保、太子少傅、太子宾客、太子詹事等东宫府官僚;以及嗣王、郡王等宗室成员(关于国子祭酒稍后叙述)。《大唐六典》卷一,开头是三师三公,其后为尚书都省诸官员。而且,《尚书令》条记"掌总领百官,仪刑端揆"。所以,统领百官的尚书与三公之间在观念上较为接近,故尚书长官左右仆射、

表6　唐代大祀摄官表

年、月、日(公元)	祭祀名	摄官		出典
开元一五、二、一五(727年)	享宗庙	摄三公	左右丞相、尚书、嗣王、郡王(若人数不足通取)诸司三品以上长官	《唐会要》卷一七
开元二三、一、二十(735年)	大祭(宗庙大祠)	摄行事	左右丞相、尚书、御史大夫、特进、少保少傅、宾客、嗣王	《唐会要》卷一七、卷六〇、《册府元龟》卷三三、卷五九二
开元二五、七、八(737年)	太庙五飨	摄三公	中书门下、丞相、尚书、御史大夫、师傅、嗣王、郡王	《唐会要》卷一七、卷一八、《旧唐书》、卷一四九
开元二七、二、七(739年)	太庙五享	摄三公	在宗子及嗣王、郡王中挑选有德望者	《唐会要》卷一七、《册府元龟》卷三〇
元和四(809年)	太庙告祭	摄太尉 摄司徒、司空	宰相 仆射、尚书、师傅	《唐会要》卷六〇、《册府元龟》卷一四九
长庆一、七、九(821年)	孟秋享太庙(太庙时祭)	摄太尉	国子祭酒	《册府元龟》卷五二〇
宝历一、闰七(825年)	(太庙五享?)	摄太尉	尚书省三品以上及保傅宾詹等官，如人少即请取丞郎通摄	《册府元龟》卷五九一
开成四、一(839年)	南郊、太清宫其余大祠(以宗庙为主)	摄太尉司徒、司空	宰臣行事 六尚书、左右丞、列曹侍郎、诸三品以上清望官	《册府元龟》卷五九二
天祐二、八、一四(905年)	告祀天地宗庙	太尉、侍中中书令摄司空	宰臣摄行差官摄行	《旧唐书》卷二〇下《哀帝纪》

六尚书等官职也许可与三公相对应。出现御史大夫,可能因为御史大夫即大司空在汉代也是三公之一。出现嗣王、郡王,因为如果是帝室的宗庙,自然就应该出现。关于这一点,《册府元龟》卷三〇《帝王部·奉先三》开元二十七年二月己巳条记:

> 诏曰:宗庙致敬,必先于如在,神人所依,无取于非族,深惟至理,用切因心。其应缘太庙五享,于宗子及嗣郡王中拣择有德望者,令摄三公行事。其异姓官吏,不须令摄。

从中可看出,担任摄事职位的官员原则上要从皇帝的宗族中挑选合适的人选。但是,此原则在实践中难以实施,这一点从表中可窥见一二。太子三少中的太子少保、少傅均为正二品,在唐代其官位比任何事务官都高(左右丞相是从二品)。开元二十三年(735年)一栏中,之所以出现特进,也是因其为正二品文散官。此外太子宾客、詹事均为正三品,官位等同于六尚书。也许这便是这些东宫府官员位列三公的原因。以开元年间为例来分析,尚书省高官、御史大夫以及太子三少、太子宾客、特进等,之所以能够与宗室代表同等作为三公摄官出现,是因为自汉代以来,这些官与三公最具亲缘性,或拥有与之相当的官位。

"安史之乱"后,开始把仆射或六尚书作为奖赏,授予节度使等其他官员,尚书的实权开始转向左右丞相、侍郎,于是尚书官中丞郎开始受到尊崇[32]。开成四年一栏中,出现了左右丞、列曹侍郎这些尚书省职位低下的官职,替代了尚书仆射,这与上述实际情况相符合,但并不能因此认为摄官三公的级别有所下降。此外,宝历元年(825年)一栏虽没有明确记载祭祀对象,但与开元二十七年之前的太庙五享一栏,及开成四年主要指太庙的"其余大祠"一栏,摄官均相同。所以,可认为此栏中的祭祀对象也是太庙五享。如上所述,除最后的天佑二年一例之外,大部分均为太庙五享的摄官,但实际上太庙五享祭祀的摄官,多由级别更低的官员担任。表中所示诸例,大多是为端正此种不良之风所颁布的诏书或上书中要求达到的规格。可视为各个时期对于太庙五享在原则上所制定的理想标准。

其次,元和四年一栏中的太庙告祭,摄官为宰相。开成四年的南郊郊祀和太清宫祭祀,摄官也同样为宰相。实际上由有司摄事的郊祀,已明确了摄官身份之例,有开元二十五年(737年)十月庚申,由李林甫、牛仙客代行的南北郊祀(《册府元龟》卷二十四《帝王部·符瑞三》)。当时,李林甫是兵部尚书兼中书令,牛仙客是工部尚书、同中书门下三品官[33]。这一年由他们担任郊祀摄官,是因为此前一年张九龄被流放之后,他们成为宰相中最具权力之人,而并不是因为位居兵部尚书、工部尚书等尚书职位。这样,便与后面开成四年南郊、太清宫祭祀一栏以及天佑二年的摄太尉一栏,完全相对应[34]。天佑二年八月(乙未)的皇帝诏书,是在即将举行预定于十月九日哀帝南郊亲祭之时,给当时的正守太尉中书令、副元帅梁王朱全忠以及正守中书令、河南尹张全义两人颁布的有关摄官措施令(《旧唐书·哀帝纪》)。其中列举了天地宗庙告祀摄官,其后文如下:

> 今太尉副元帅任冠藩垣,每遇行礼之时,或不在京国,即事须差摄太尉行事。全义见居阙下,任正中枢,不可更差别官又摄中书令事。其太尉官,如梁王朝觐在京,便委行事,如却赴镇,即依前摄行。所合差中书令,便委全义,以本官行礼。

此诏书在哀帝亲祭之前下达,文中的"每遇行礼之时"一句表明,颁布的摄官措施,形式上是以涵盖所有重要祭祀为前提而制定的。所以,有司摄事时,若朱全忠在京城(当时的都城在洛阳)则由太尉担任摄官。如此,天地及宗庙告祭时,哀帝身边最有权势的朱全忠,即使担任摄官,他也是位于最右翼位置。这与李林甫担任摄官时情况一致。

史料虽然很有限,但据上述史料仍可见,唐代南郊及太庙告祭时,均由宰相担任摄官,这与太庙时祭的正祭(五享)摄官身份有所不同。前文出现的元和四年史料,并未明确这一问题。正如第七章所述,并不是所有的宗庙告祭均为临时重要祭祀。注(34)所引用唐同光二年(924年)的郊祀正祭与宗庙告祭,却明显显示摄官身份有差别。据此可推测,在宗庙祭祀与郊祀、宗庙正祭与重要告祭中,郊祀、告祭与皇帝亲祭的关系更为密切。此推测是否正确,将会在第二部分进行讨论。如果将此推测与郊祀及一部分宗庙告祭的重要性对应起来进行分析[35],可预测当为有司摄事代行时,摄官职位的高低便反映祭祀的重要程度。显然,天佑二年命朱全忠任太尉的诏书符合这一推理。之所以出现此情况以及注(33)李林甫等人摄祭时同时出现告天与告庙,是因为在郊祀之前要举行告庙的缘故。因此,可以认为,郊祀及一部分宗庙告祭的重要性是通过宰相任摄官来体现的。

与此相反，每年五次的宗庙正祭（五时祭），为了能够顺利举行，反而有必要把摄官固定下来。太庙五享的摄官除宗室之外，由尚书省及东宫府的官员来担任。对此也许可作以下推测，即，位于律令官制要位的尚书省，其地位在玄宗年间已经有所下降[36]，正如开元十一年（723年）改称为中书门的议事堂，把尚书仆射排除在外一样。另外，东宫府的官职，即使官品高，也被视为从实权职位中被排除在外的隐居闲官[37]。也就是说至少在开元以后，即使在观念上位于百官之首、统领百官的官员，若长期被排除在实权之外，大多会被委任为太庙正祭摄官。关于这一点，如前文所述，宰相在南郊郊祀及太庙祭祀等一部分告祭中作为摄官代行祭祀，说明此推断符合事实。与根据需要而临时举行的告祭相比，平时定期举行有一定意义的正祭，很难引起人们的关注，这也是实际情况。此外，本章对于宗庙正祭中相当于大祭的禘祫，未能明确其相关摄官的具体情况。因唐代停止了在四月、十月举行禘祭、祫祭等时祭，故禘祫的摄官也许被纳入到了太庙五享的摄官之中。

此外，表6长庆元年（821年）栏中，孟秋享七月即太庙五享中列出，七月时祭的太尉摄官为国子祭酒。此事记载于《册府元龟》卷五百二十下《宪官部·弹劾三下》：

> 路郡（群）为监察御史、监察史（使）。穆宗长庆元年（821年）七月奏：今月九日孟秋享太庙，摄太尉国子祭酒韩愈，唯（准）式合起今月六日于太庙致斋，今于国子监宿，有违格令。敕旨，宜罚一季俸料。

即国子祭酒韩愈作为摄官太尉，应于太庙致斋，却依旧宿于国子监，故被路群弹劾。

此处孟秋享太庙即太庙五享的摄官，与前文所述宗室及尚书、东宫府的官员本质上有所不同。据《大唐六典》卷二十一国子监条，国子祭酒乃从三品，掌儒学训导政令并负责孔子释奠祭祀，不承担除此之外的其他祭祀。韩愈此后转为兵部侍郎，次年长庆二年三月杀成德军节度使田弘正，并出面劝降发动叛乱的王廷凑（《资治通鉴》卷二百四十二），平安返回之后转任吏部侍郎。兵部侍郎官品为正四品下，吏部侍郎官品为正四品上，故韩愈是由国子监祭酒调任为官品较低的兵部侍郎，之后又升迁为吏部侍郎。也许因为当时国子监祭酒职位虽高,但像东宫府官职一样,被视为无实权的散官。国子监举行的释奠礼是由皇太子主事的祭祀,从这个角度来讲,国子监与皇太子之间联系应非常密切。前文所讲的摄官,反而大多是为了纠正祭祀现状,作为出台新政策的一个举措而被任命的。实际上像韩愈这样由国子监祭酒担任宗庙正祭的情况可能比较多。上文韩愈之例,可认为是宗庙祭祀中有关有司摄事的一个具体事例,作为史料值得关注。

以上,论述了人们容易失去对于正祭的关心。本章节开头所引大和二年(828年)柳璟的奏文,反映了文宗大和年间摄祭流程简化,派去宗庙祭祀的官员地位低下等现状。表6所列文宗开成四年(839年)监察御史[38]杜宣猷的上奏(《册府元龟》卷五百九十二《掌礼部·奏议二〇》),内容如下:

> 臣伏见,近日大祠,差王府官,摄太尉行事,人轻位散,不足交神,昧陛下恭洁之诚,阻百灵正直之福,事有不便,实资改更。

据此上奏,可知当时是差王府官员,太尉为摄官代行祭祀。可能本应由嗣王等宗室任摄官亲赴大祠(可能主要是庙享),却命王府官员代行。上一章结尾处,笔者还列举了一些反映有司摄事行事不周的史料。之所以发生此类情况,也许是因为有司摄事已成为一种惯例,祭祀已流于形式化的缘故。为防止此事态进一步蔓延而发布的诏书,从中反而可了解有司摄事已流于形式化这一真实情况。例如,《唐会要》卷二十三《缘祀·裁制》穆宗长庆二年(822年)十一月诏:

> 郊庙之仪,本于恭恪,罚轻生慢,须议稍加。自今以后,有临祭出斋者,宜罚一月俸,仍委监祭使,每具所罚官名衔闻奏。

从中可见,即使是郊祀这样的大祭,在祭礼举行之前的斋戒日,常会发生摄事官员进出斋戒场所的情况[39]。之前的事例批评多是针对宗庙正祭的有司摄事,上文诏书中有"郊庙之仪",因而,批评也包含郊祀在内。唐代的郊祀正祭,大半为有司摄事代行(参照第七章),可见有司摄事的形式化已渗透到了郊祀。

最后,将列举《册府元龟》卷三十四《帝王部·崇祭祀三》文宗大和九年(835年)二月丁丑诏中责令有司摄事祭祀应收敛的部分。其中详细陈述当时有司摄事颓废之状,笔者很感兴趣。虽然诏文很长,但因史料珍贵,决定全部引用[40],内容如下:

如闻近岁有司因循，将事不恪。①牲牷无涤具之别，笾豆乏静嘉之容，鼎俎虽陈，荐羞多阙。②祠官或怠于斋肃，胥吏有至于喧哗，亏礼渎神，莫斯为甚，永言重事，用惧深衷。起今已后，太庙郊社斋郎，先事前一日，委监察御史，子细点简。③如有替代非正身者，当时禁身，推问闻奏，当重科惩，既责躬亲，须议优奖。……④应缘祠祭官下至斋郎及太常乐人吏等，致斋日有博奕饮酒喧呼争竞者，亦委御史台，纠察闻奏。⑤其牲牢，准礼循行之际，合视肥瘠之宜。近日相承，临时取办，既乖诚敬，颇失旧章，委太仆寺，准礼令处分。如无本色牛羊，速具闻奏。至于酒醴醯醢，簠簋膳羞，各委本司，准礼令切加提举。⑥凡在庙墙，所宜肃敬，纵云隙地，岂废修崇。如有耕垦艺植者，亦委御史台，纠察闻奏。……⑦其祭器礼物中，如有欠阙及滥恶须慎补改张者，委太常、宗正、光禄、太仆寺、少府监诸司，速具条疏闻奏，仍委中书门下，即与疏理处分。

上面所省略的两处内容为"摄事公卿，虽约官品，将朕诚敬，必在得人"。显然，以上诏书与有司摄事相关。上面引用部分内容，是对参加祭祀官员纪律的松散进行警告。所出现问题大致梳理概括如下（以下附有○的数字，与引文所带○数字相对应）：①祭祀用具的不完备；②在祭祀场所喧哗；③代替参加；④斋戒日的赌博、饮酒等；⑤疏于对所供牲畜的检查、供品不齐备；⑥庙墙内的耕种、园艺；⑦祭器礼物的欠缺、劣质。之前所列举的史料中为什么文宗年间的史料偏多，虽然其原因不甚明了，但如果对于当时的现状，即上文所述斋戒场所官员的出入以及摄官由王府官员代行等诸事实有所了解，便明白9世纪初摄祭的形式化已严重到何种地步。本章开头还曾推测存在皇帝亲祭的可能性，只是未留下相关记录而已。分析至此，可认为唐代根本不存在这种可能性，因为皇帝亲祭与定期举行的有司摄事祭祀之间差异过大。因此即便存在没记录下来的唐代皇帝亲祭，也没有太大的现实意义。

五、小　结

　　以上,通过三节的篇幅考察了皇帝亲祭与有司摄事的相关问题。首先指出了冬至的郊祀通常由有司摄事代行,且代宗年间尤为普遍。其次,探讨了皇帝亲祭与有司摄事之间的具体差异。指出定期例行正祭,皇帝亲祭大约两个月之前便已宣布,且参列人数众多,准备精细周密、耗资巨大。最后明确了有司摄事时担任摄官的官位,特别是指出了正祭时摄官可选择范围极为有限,并在此基础之上探讨选择不同官位官员任摄官的意义。得出的结论如下,即有司摄事不如亲祭受重视,且已流于形式化。在礼节志等文献中可看到记载详细的均为定期举行、制度明确的正祭。但对于皇帝亲祭,其中却未明确记载,属临时告祭,此问题值得思考。本章所使用的史料多为唐后期的史料,从中可发现唐后期例行的皇帝祭祀已流于形式化。由此也可推测,不重视有司摄事的情况,唐后期甚于前期。但是,皇帝亲祭次数有限则始于唐初,属于耗资巨大的特殊祭祀,这一点从太宗年间马周的上书中便可得知。且不论有司摄事是否流于形式化,单就重视皇帝亲祭这一点,从唐初一直延续到唐末,从未改变。

　　另一方面,《旧唐书》《新唐书》《资治通鉴》等,关于唐代皇帝亲祭的记录并无太大出入,基本一致。此外,《册府元龟》《唐大诏令集》或个人文集中也有部分涉及皇帝亲祭的文章,无一例外均与两唐书本纪或通鉴中的记录相符。但要以论证来体现这一点,恐太过繁杂,可能性几近于无。对照上述不同性质的皇帝亲祭与有司摄事,便自然能理解其理由。总之,唐代的皇帝亲祭属特例,这在当时是人们强烈意识到、史书中有特别记载、毋容置疑的事实。因此,即使有的亲祭未被记录,也无需去思考其有何积极意义。此后,在此结论的基础上,将对唐代郊庙的皇帝亲祭史料重新进行梳理,并探讨其历史意义[41]。此前也多次提及,对于该课题将会在第七章展开讨论。

　　但是,对于唐代之前的祭祀研究,不会再机械重复相同的研究。本书还未涉及汉代郊祀、宗庙祭祀的形成过程,而这是皇帝亲祭的起源。此外,

第三章 唐代皇帝祭祀的亲祀与有司摄事

关于南北朝,东晋、南朝两年一次的郊祀制度,有必要与北朝的郊庙制度建立过程进行对比研究。因此,南北朝如何对待有司摄事就变得尤为重要。本章主要是基于对唐代皇帝亲祭特殊性的理解之上,讨论了皇帝亲祭与有司摄事的区别;又在了解有司摄事的基础上,讨论了对皇帝亲祭实际情况把握的必要性。包括本章在内的第一部,主要明确了从魏晋到唐代的郊祀、宗庙祭祀制度。之后需要研究的是郊祀、宗庙祭祀制度在各朝代具体的运用情况。在对此情况进行评价时,将讨论有司摄事在各个不同朝代具体存在的形式,因为它是对皇帝亲祭的一个补充。此后的第二部分,在注意以上几点的同时,考察汉代至唐代郊庙祭祀的真实情况及历史特点。

注释:

(1)《文献通考》卷七十《郊社考三》曰:

> 天宝元年(742年)二月敕,凡所祀享,必在躬亲,其皇地祇,宜就南郊合祭。是月十八日,亲享玄元皇帝于新庙,十九日亲享太庙,二十日合祭天地于南郊。自后有事圜丘,皆天地合祭。若册命大事告圜丘,有司行事亦如之。

这是玄宗天宝元年有关设立玄元皇帝庙(太清宫、参考本书第七章)的记事。文末一句,即"若册命大事告圜丘,有司行事亦如之"(即天地合祭),说明圜丘的祭天也属临时告祭。另外,这一部分在其他的唐代史料中未被引用。

(2)《周礼·春官·大宗伯》的正文及其郑注记:

> 若王不与祭祀则摄位(王有故代行其祭事)。凡大祭祀,王后不与则摄,而荐豆笾彻(荐彻豆笾王后之事)。

(3)"其非常祀者"不读作"其非常祀",而读"其非常祀者"。应该是指告祭。参照序章,皇后主祭蚕神,皇太子主祀释奠。这里,有司摄事是指代行原则上由皇帝亲祭的大祀、中祀,有司行事是皇帝不亲祭的小祀。此外,《新唐书·礼乐志一》记:"凡岁之常祀二十有二,冬至、正月上辛祈谷。"列举了一年之内需皇帝亲祭的二十二项祭祀。

(4)武英殿聚珍版《唐会要》卷二十四《受朝贺》同年十一月十三日条,前文为"缘新修条格将毕,其日祀圜丘,遂改用立冬日受朝"。据《册府元龟》,此处的"毕"为误字,立冬日应为小冬日或者小冬至的误脱。因此,据《唐会要》,这一年十四日是冬至,此奏文应该是在冬至的前一天即小冬日上奏的。

(5)但是,此敕文并非是以皇帝亲祭为前提,《唐会要》卷二十四记:

> 至天宝三年十一月五日甲子冬至,敕,伏以昊天上帝,义在尊严,恭惟祭典,每用冬至。既于是日有事圜丘,更受朝贺,实深兢惕。自今以后,冬至宜取

以次日受朝,仍永为常式。

即,在以尊严为义的冬至当日再接受朝贺,实感畏惧。基于上述原因将受贺改为次日。皇帝亲郊时将朝贺改为他日已成规定,所以,这是指有司摄事时对朝贺日的修改。

(6)参照小泽勇司《关于唐代朝廷礼仪的考察》(山梨大学教育学部1998年度毕业论文,1999年1月提交)

(7)《册府元龟》卷五百九十六《掌礼部·谬妄》载:

长庆元年正月辛丑,郊社(祀)礼毕,大赦天下。宣赦毕,宰臣率百察,称贺于楼前。仗退,朝太后于兴庆宫。先是,南郊礼毕,不设御榻,帝立受群臣称贺,及御楼仗退,百察复不贺于兴庆宫。举大典而有二阙,皆有司之过也。

这是皇帝郊祀亲祭之时,于大明宫丹凤门楼宣布大赦天下之后,在楼前接受百官朝贺的场景。此内容将会在第七章予以详述。穆宗长庆元年(821年),皇帝继位之后次年正月,按太清宫——太庙——南郊的顺序亲祭之后,不仅举行了大赦,甚至在南郊亲祭当日更改了年号,他是首位这样做的皇帝。虽然这是皇帝正月在亲郊之后当日接受群臣朝贺的一个实例,但还是应该理解为皇帝继位之后,次年正月受贺的一个特殊例子。当年的太清宫祭祀是在正月初二举行,故正月元旦应未举行朝贺礼。基于上述理由,笔者认为引文开头的"郊社礼毕"应该是"郊祀礼毕"的误写。

再者,根据"先是"以下一句,原来的皇帝在南郊亲祭结束之后,不坐皇帝专用的御榻,而是站着接受群臣的朝贺。而此次皇帝是在大赦之后,于丹凤门楼之前接受由宰相率领的百官前来朝贺。《册府元龟》将这一点作为大祭中的二阙(两个缺点)之一进行批判。如上所述,没在郊祀坛而在大赦之地接受百官朝贺,若被认为是缺点,反倒是可从中发觉,作为上述一系列亲祭活动压轴的大赦,开始受到了重视。二阙中的另一个很难准确把握,是否由于穆宗在丹凤门楼接受朝贺之后仪仗退下,然后前往兴庆宫向皇太后朝贺,没有仪仗队,群臣也参列其中,因此被认为不妥吧?无论怎样,唐后半期,皇帝继位之后次年正月举行的皇帝亲祭,在作为大典被不断强化的过程中,这两阙可视为一种新的构想、新的尝试。

(8)拙稿《唐代的大祀、中祀、小祀》(《高知大学学术研究报告》第二十五卷第二号,1976年)第17页。

(9)《册府元龟》卷一〇七《朝会一》记:"(贞元)七年(791年)正月壬戌朔,帝不视朝,以去年冬亲郊故也。"也就是说,如果冬至的郊祀是由皇帝亲自祭祀,则第二年正月不接受朝贺。"(贞元)十年正月乙亥朔,罢朝贺之礼,以九年冬郊祀故也"。也是因为贞元九年冬至的郊祭由德宗亲祭,故罢朝贺之礼。因此,无需考虑冬至当日郊祀亲祭与朝贺会同时进行,这样的可能性不存在。此外,关于唐代朝贺的实例,注(6)列举的小泽勇司的论文对此讨论具概括性,较为全面,但一直没有机会公开发表。有关正月元日朝贺与宴会一并举行的元会仪礼,其具有怎样的政治意义,渡边信一郎在《太空的玉座——中国古代帝国的朝政和仪礼》(柏书房,1996年)一书中,就汉唐期间进行了宏观讨论。此外,中村乔《冬至节的风俗与活动》(同时收录有《中国岁时史的研究》,朋友书店,1993年,初版1985年)一书中,概述了历代王朝的冬至朝贺。关于宋代,则有金子由纪的《北宋的大朝会仪礼》(《上智史学》第四十七号,2002年)、《南宋的大朝会仪礼——以高宗绍兴十五年的元会为中心》(《纪尾井史学》第二十三号,2003年)等专业论述。

(10)《唐会要》卷二十四记:"大历九年十一月八日敕,故源王发引迁神,废冬至朝贺。"据此记载,冬至当日的朝贺已被废止。但并不是因为皇帝亲郊而被废除,所以此时的郊祀可认为是由有司代为祭祀。本文是为了明确是否皇帝亲祭,才举出冬至朝贺之例,所以关于朝贺的有无,即使出现相互矛盾的史料,只要能确定皇帝未亲祭,便不会对本文论证有任何影响。

(11)参照注(5)(9)便可明确,即使冬至的次日或前一日举行了朝贺,也并不意味冬至的郊祀是由皇帝亲祭。正如本文先前提及《册府元龟》卷三十四,之所以对大历年间有关有司摄事冬至郊祀的记述连续引用,是因为这些是特例。即,即便是由有司代行冬至郊祀,皇帝仍然取消次日的朝贺。

此外,《五代会要》卷四《缘祀·岁制》记:

> 长兴二年(931年)五月,尚书左丞崔居俭奏:大祠、中祠差官行事,皇帝虽不与祭,其日亦不视朝。伏见车驾其日或出,于理不便。今后请每遇大祠、中祠,车驾不出。从之。

在五代后唐,一般即使是有司摄事,皇帝当日也不接受朝贺。所以皇帝借此有时在大祠、中祠祭礼当日会外出,此处对这种做法提出了批评。联系本文可理解为,表面上唐代皇帝在有司摄事之日不出宫,接受百官朝贺。此外请参照注(19)

(12)《册府元龟》卷一○七,没有睿宗以前诸位皇帝在冬至当日接受或废止朝贺的相关记录。但是,本文所引用开元八年中书门下的上奏曰,自唐初以来,冬至郊祀均为有司摄事代行。因此,睿宗以前冬至的郊祀也同样由有司摄事代为祭祀。此处特别提出了睿宗之前的情况,但其后并没有什么改变吧。

(13)没有特殊标记的乃冬至当日皇帝接受朝贺之例。*代表非冬至当日而是次日接受朝贺之例,且理由明确。**代表并非由于皇帝亲祭,而是因其他理由取消冬至当日朝贺之例。但是关于宪宗元和十一年,据《唐会要》卷二十四《受朝贺》记载,是因"十一年十一月,日南至,不受朝贺,以司徒马燧出葬故也"。另外,***代表冬至当日百官向皇太后、皇太子朝贺之例。这些例中,有冬至当日皇帝确实接受了朝贺(参照《册府元龟》卷一○七穆宗元和十五年条)和明确未接受朝贺的情况(同卷宪宗元和三年条)。但如下一节之后所述,如果了解到当时的皇帝亲祭已经演化为非常盛大的活动,那么,即使皇帝冬至当日未接受朝贺,也很难推断皇帝进行了亲祭。即使只记录了冬至当日百官向皇太后、皇太子朝贺的情况,也可以判断当日皇帝并没有亲祭南郊。

此外,关于德宗贞元七年、十一年、宪宗元和六年、八年,《册府元龟》卷一〇七、一〇八都只记载了冬至当日未接受朝贺的情况。笔者认为这些年份的郊祀也是由有司摄事代行的,但对于当日皇帝是否进行亲祭持保留意见。对只记录了冬至次日接受了朝贺的建中元年也持同样看法。另外,文宗大和三年十一月辛巳冬至中止朝贺和郊祀,此乃《册府元龟》卷一〇八的记载错误。如第七章所述,这一年的十一月甲午冬至,文宗郊祭亲祀。

(14)关于肃宗乾元二年之例,台湾中华书局影印明刊本中为乾元三年。从紧接着后面有乾元三年正月的记事,可判断乾元三年属误写。还有元年(上元二年)冬肃宗的亲郊,应该是在冬至两个星期之后举行的。关于这个问题后文再作详述。

(15)拙稿《唐代皇帝祭祀的两个事例》(收录在拙著《古代中国与皇帝祭祀》,汲古书院,2001年,初版1988年),根据本章的考察以及开元十一年冬至玄宗亲郊的前后经过,笔者认为这一年是玄宗首次亲郊。

(16)有关代宗年间的宗庙祭祀,《册府元龟》卷三〇《奉先三》大历八年条有"十月己酉,命有司大祫于庙。是日冬享,因展礼也"的记事。了解了代宗年间亲祭较少的情况,再读此文,就可将这一事例解释为,此时期宗庙正祭也由有司代行已成为惯例。

(17)据《旧唐书·太宗纪上》贞观三年(629年)正月条"戊午谒太庙,癸亥亲耕籍田",便知太宗已于贞观三年拜谒太庙。《唐会要》卷十三《亲飨庙》中,苏冕对马周上奏中提及的这一点存疑,认为有问题。但很难认为马周对仅仅三年前才发生的事情已经遗忘。正如本章开头所述,宗庙祭祀分为定期正祭与临时告祭。并将在本书第七章论述,贞观三年正月戊午谒庙,应该是癸亥亲耕之前的告庙。对此,马周曰:"宗庙之享,未曾亲事。"五享六告中的"享",指正祭而言。要将《旧唐书·太宗纪》谒庙之事与马周上疏内容统一起来理解,只能如此进行解释吧。

(18)《册府元龟》卷三十《帝王·奉先三》记:"开成元年七月丙戌,监察御史请修太庙祭器。初帝言于宰臣曰……。"后文与《旧唐书·崔黯传》几乎相同,但语句上稍有出入。总体来看,《崔黯传》内容更容易理解。《全唐文》卷七十三文宗的《虔奉祀事诏》也是依据《崔黯传》。只是"开成元年(836年)七月丙戌"的日期只出现在《册府元龟》。

(19)宗庙祭祀由有司摄事代行时,皇帝身处何处虽不明确,但据《大唐开元礼》,宗庙正祭由皇帝亲祭时,分别会在别殿举行散斋,在太极殿举行致斋,亲郊时也同样如此。《大唐郊祀录》卷一《凡例上》记,皇帝亲祭时,散斋在别殿,致斋在宣政殿举行。这样,亲祭时皇帝会住在宫城或者大明宫,直到举行致斋。所以,认为有司摄事时皇帝不出宫，这种看法并没错。

（20）元仁《入唐求法巡礼行记》卷三开成六年（会昌元年，841年）正月条，记武宗继位后次年正月的南郊祀：

　　八日，早朝出城，寺南郊坛，坛在明德门东。诸卫及左右军廿万众相随，诸奇异事，不可胜计。

据说包括诸护卫及左右神策军共计二十万人随从。但，这只出现于唐后半期皇帝继位后次年正月首次的南郊祀，如此庞大的规模属特例（参照第七章）。另外，渡边信一郎根据《大唐开元礼》卷四《皇帝冬至祀圜丘》记载，认为冬至皇帝亲祭的祭天仪礼大典，九品以上的文武官员、诸州朝集史、外国使节、军队，共计有数万规模的参加者。详见渡边信一郎《中国古代的王权与天下秩序——从中日比较史的观点分析》（校仓书房，2003年）第五章《古代中国的王权和郊祀——以南郊祭天仪礼为中心》第197页。

（21）先从《旧唐书》本纪列举若干例。《太宗纪下》贞观十七年（643年）条记"十一月己卯，有事于南郊。壬午，赐天下酺三日"，《玄宗纪上》开元十一年（723年）条记"十一月戊寅，亲祀南郊，大赦天下。……升坛行事及供奉官，三品已上赐爵一级，四品转一阶。……赐酺三日，京城五日"。另外，《德宗纪下》贞元六年（790年）条有"十一月庚午，日南至，上亲祀昊天上帝于郊丘。礼毕还宫，御丹凤楼宣赦，见禁囚徒减罪一等。立仗将士及诸军兵，赐十八万段匹"。这样，对皇帝亲祭带来的恩典，参照《唐大诏令集》中所收南郊大赦文，会有更为详尽的了解。此外，对唐代皇帝赐与，概括性进行论述的著作有清木场东的《帝赐的构造——唐代财政史研究·支出编》（中国书店，1997年）。

（22）括号中的"有"字，是据《唐大诏令集》卷七十四籍田《元和五年罢籍田敕》所作补充。

（23）其他特殊例，《册府元龟》卷三十《帝王部·奉先三》德宗贞元九年（793年）条记"十一月甲寅，朝享太庙。前一日有敕，至庙行礼，不得施褥，至敬之所，自合履地而行"。从这句话来分析，皇帝庙享时，宗庙内通道通常会特意铺上地褥。又，肃宗乾元元年（758年）四月南郊敕文（《唐大诏令集》卷六十九《乾元元年南郊敕》）记"应缘南郊百司张设，有损百姓苗稼者，委京兆尹，随损多少赔酬，所损钱物，便即闻奏"。此乃因"安史之乱"烧毁的太庙需重建，于四月中举行郊庙祭祀的一次特殊情况。宣布要赔偿因祭祀造成地里庄稼的损害。从春季到秋季的亲祭，会出现同样的情况。此外，李锦绣《唐代财政史稿（上卷）》（北京大学出版社，1995年）第三分册第三编《唐前期的财政支出》第一章二（一）《祭祀支用》中，考察了包括有司摄事常用经费在内的唐代祭祀所需财政的部分支出。

（24）此外，关于太宗贞观十七年（643年）随皇太子承乾废黜、晋王治（高宗）册立太子而举行的郊庙亲祭，以及玄宗开元十一年（723年）太原巡幸后的郊庙亲祭，请参考

注(15)所列笔者的一篇拙稿——《唐代皇帝祭祀的两个事例》。

(25)到了此时,二月皇地祇也变为亲祭。郊祀在南郊以天地合祭的形式举行。(《册府元龟》卷三十三及《旧唐书·玄宗纪下》)。

(26)《资治通鉴考异》卷十六《建丑月祀圜丘·太一坛》曰:

> 实录,建子月戊戌冬至,其日祀昊天上帝。己亥,诏以来月一日祭圜丘及太一坛。……其冬至祀上帝,盖有司行事,非亲祀也。

另一方面,自十一月己酉至十二月辛亥期间的祭祀由肃宗亲祭。这一点根据《册府元龟》卷三十四等史料可明确。

(27)原文如下:

> 九年九月太常奏,以十一月贡举人谒先师,今与亲享太庙日同。准六典,上丁释奠,若与大祀同日,即用中丁。谒先师请别择日,从之。

并且,此次亲祭以及本文所述代宗广德二年(764年)的亲祭,按照太清宫——太庙——南郊的顺序进行,并非单独的太庙祭祀。

(28)根据同书同卷记述,德宗平定朱泚之乱返回长安,欲告谢郊庙,可因李怀光、李希烈叛乱而推迟。结果在平定李怀光之乱后,于贞元元年十一月才告谢郊庙。陆贽的《陆宣公翰苑集》卷六及《全唐文》卷四百七十五收录的《告谢昊天上帝册文》《告谢玄宗庙文》《告谢肃宗庙文》《告谢代宗庙文》,就是当时的告文。其中的告天文,以《唐德宗神武皇帝平朱泚后告谢昊天上帝祝册文》为题,被收录在《唐文萃》卷三十一中。

(29)玄宗开元十一年八月的庙享,既非时祭亦非禘袷,而是将献祖、懿祖的神主(牌位)祔于太庙的亲祔之礼。请参考注(15)拙稿《唐代皇帝祭祀的两个事例》。此外,对于宣宗大中元年正月的郊祀日期,为何不是正月上辛,其理由不明确。

(30)关于表5中列出,而文中未涉及的皇帝亲祭实施理由,请参照第七章。

(31)注(18)中提及《册府元龟》卷三十,其中一句,"比闻,有司发馔不精,酒醴酸浊。卿当宣谕监察御史,俾之临祭,勿有不虔",更为具体。

(32)参考严耕望著《论唐代尚书省之职权与地位》(《唐史研究丛稿》所收,新亚研究所出版,香港,1969年,初版为1953年),以及筑山治三郎著《唐代政治制度的研究》(创元社,1967年)第一章第四节《尚书和官僚》。

(33)《唐大诏令集》卷六十七《南郊一》同年十月孙逖的《命宰臣等分祭郊庙社稷敕》记:

> 朕每为苍生,常祈稔岁,征诚有感,丕应乃彰。今宗社降灵,神祇效祉,三时不害,百谷用成,遂使京坻,遍于天下。和平之气,既无远而不通,禋祀之典,亦有祈而必报。宜令兵部尚书兼中书令晋国公李林甫、工部尚书同中书门下三品豳国公牛仙客,即分祭郊庙社稷。

《册府元龟》卷二十四,其中十月庚申为二十日,这一年的冬至为十一月二十二日壬辰。因此,此次郊祀是冬至之外的临时告祭,根据敕文可知这是玄宗为苍生祈稔岁之时,感应宗社神祇而举行的。所以,李林甫所举行的宗庙祭祀也应为告祭。

(34) 开成四年、天佑二年栏所示的,宰臣自然与宰相同义。《旧五代史》卷一百四十三《礼志下》后唐庄宗同光二年(924年)条,其中一文对此解释得很清楚。

> 至其年七月,中书门下奏,据尚书祠部状,每年太微宫五荐献,南郊坛四祠祭,并宰臣摄太尉行事。惟太庙时祭,独遣庶僚,虽为旧规,虑成阙礼。臣等商量,今后太庙祠祭,亦望差宰臣行事。从之。

(35) 皇帝祭祀文献中把祭天放在第一位的不少。比如,《唐大诏令集》卷四《去上元年号赦》,有"国之大事,郊祀为先"的记述。此外,关于宗庙告祭,《册府元龟》卷三十《帝王部·奉先三》记载如下:

> (贞元)十九年(803年)四月壬辰,修德明、兴圣、献祖庙。甲午诏曰,奉迁献祖、懿祖神主,太祖景皇帝正东向之位。虔告之礼,当任重臣,宜令简较(检校)司空平章事杜佑摄太尉告于太清宫,门下侍郎平章事崔琨(损)摄太尉告太庙。

以上并不是与郊祀、正祭、告祭相比较的史料,但可将其视为有司摄事也很重视告祭的一个例证。此外,引文中的德明皇帝乃咎繇(皋陶);兴圣皇帝乃唐高祖李渊七代前的始祖凉武昭王李暠;献祖乃四代前的李熙,懿祖乃其子李天赐,太祖景皇帝乃其子、首获唐国公爵号的李虎(李渊的祖父)。

(36) 请参照池田温《律令官制的形成》(收录在《岩波讲座·世界历史第五卷》,岩波书店,1970年)、砺波护《唐的三部六省》(收录在《唐代政治社会史研究》,同朋舍,1986年。同时被《唐的行政机构和官僚》再收录,中公文库,1998年,初版是1979年)等著作。关于这一点,《唐会要》卷二《帝号下·杂录》元和十五年(820年)四月的礼仪使上奏:

> 群臣告天,请大行皇帝(宪宗)谥。准礼及故事,合集中书门下、御史台五品以上,尚书省四品以上,于南郊告天,毕议定,然后连署闻奏。

从记载中可以看出,当时的尚书省官位很低,这一点让人很感兴趣。

(37) 参照砺波护《唐的官制与官职》(此书收录于注(36)所列《唐代政治社会史研究》及《唐的行政机构和官僚》,初版为1975年)。

(38) 本章中就祭祀的形式化提出批评的奏文作者,崔黯、柳璟、杜宣猷三人均为监察御史。据《大唐六典》卷十三《御史台》,监察御史的职责是监督郊庙等祭祀,这些事例说明这并非形同虚设的一纸空文。

(39) 韩愈因怠慢太庙致斋而受罚,此事发生在长庆元年(821年),穆宗年间一方面有司摄事的形式化愈发严重，另一方面，对此现象也在不断加强监管。长庆元年的监察御史、监察使是路群，但据《唐会要》卷二十三《缘祀裁制》，长庆二年的监察御史、监察使是苏景胤。

（40）《唐大诏令集》卷七十四《杂祀·条贯祀事诏》，虽没有记载日期，但内容基本相同。只是结尾处差异明显。此外，爱宕元的《有关唐代的官荫入仕——以卫官仕途为中心》（《东洋史研究》第三十五卷第二号，1976年）认为，与三卫并列、作为官吏任用前提条件的一个职位——斋郎，是没希望通过科举考试为官者集中的一个部属。作为显示斋郎资质低下的一个史料，使用了上面《唐大诏令集》的诏文（该论文第82页）。

（41）梅原郁在《皇帝、祭祀、国都》（收录在中村贤二郎编《历史中的都市——续都市的社会史》，minerva书房，1986年）一书中，制作了《唐、五代亲祀南郊大礼实施年次表》（第288页表二）。只是笔者认为，《通典》卷四十三《礼三》，将中宗景龙三年（709年）的亲郊错写成睿宗景云元年（710年）十一月的亲郊。该书同一卷《郊天下·大唐》记"景云元年十一月十三日乙丑冬至，祀圜丘"，其原注"时阴阳人卢雅、侯艺等奏，请促冬至，就十二日甲子以为吉会（下略）"。即，阴阳家认为冬至前一日的甲子之日为吉日，奏请在这一天郊祀。而据右台侍御史唐绍的上奏，郊祀在冬至当日进行。据此记载，睿宗在即位后的景云元年举行了郊祀。《旧唐书》卷二十一《礼仪志一》中宗景龙三年条记"时十一月十三日乙丑冬至，阴阳人卢雅、侯艺等奏，请促冬至，就十二日甲子以为吉会"，记述内容相同。而《册府元龟》卷三十三《帝王部·崇祭祀二》及《旧唐书·中宗纪》，均明确记载了在景龙三年十一月乙丑举行了南郊祭祀。因此，《通典》中记述为睿宗景云元年的郊祀记事，应根据《旧唐书》等订正为前一年中宗景龙三年。根据平冈武夫氏的《唐代历法》，十一月十三日乙丑冬至也是景龙三年，而不是景云元年。

另外，关于宗庙的皇帝亲祭，《唐会要》卷十三《亲享庙》以及《文献通考》卷九十七《宗庙考七·唐诸帝亲享庙》列举了年代顺序。后者大致是依据前者，对照前者订正之处较多，但也有订正前者的地方。

下编

郊祀、宗庙祭祀制度的实行及其意义

第四章

汉代郊祀、宗庙祭祀制度的形成及实行

一、导　言

众所周知,建立以皇帝为中心的中央集权体制国家,始于公元前221年秦始皇统一中国。然而,结束自春秋以来的分裂割据状态,建立中央集权的国家体制并不容易,秦始皇死后,秦迅速瓦解。其后建立的汉王朝,一般认为是吸取了秦推行郡县制失败的教训,实行了郡县制和分封制并行的郡国制。但是,从下文有关西汉皇帝的祭祀、以及后文汉代礼仪的变迁等方面分析,笔者认为在高祖、吕后之后,西汉是在不断摸索的过程中,逐渐才形成了实质性的中央集权制国家[1]。

如序章所述,本章是基于拙稿《汉代郊祀与宗庙、明堂及封禅》(收录于拙著《古代中国与皇帝祭祀》,汲古书院,2001年,初版1982年,以下统称"前稿")中的郊祀和宗庙部分,论述汉代的郊庙制度及其实行情况。有关西汉郊祀、宗庙祭祀的形成过程,笔者根据上述观点尝试进行再思考。本章不同于前稿之处在于,笔者在第三章的论证中,肯定了区分皇帝亲祭与有司摄事的重要性。关于西汉,只要仔细追溯郊祀、宗庙制度儒学化的形成过程,基本就能反映其郊祀、宗庙的实际情况。东汉却不大容易了解其真实情况。因东汉初期虽确立了郊祀、宗庙制度,可之后未对具体实行情况作系统记载。因此,本章新增加一节内容,探讨东汉的郊祀、宗庙祭祀实行情况。并且,补充了东汉初期宗庙制度确立过程中纬书的作用、以及前一篇文章脱稿之后新发现的问题、从他人研究中所获启示等内容。因此,本章是在前稿内容的基础上,经过大量增补而写成。同时,面向一般读者省略的原文,本章也进行了引用。

二、西汉的郊祀、宗庙祭祀

1. 西汉郊祀制度的特点

西汉后期,逐步形成了以郊祀、宗庙祭祀为主的皇帝祭祀。对于之前的祭祀情况,前稿未作涉及,本章在概述相关内容的基础上,简要论述与后期郊祀、宗庙祭祀紧密相关的祭祀情况。成帝建始二年(前31年)开始实施长安南北郊祀时,丞相匡衡、御史大夫张谭积极推行这一制度,同时罢黜了多处旧祀。《汉书·郊祀志下》对此详述如下:

> 是岁(建始二年)衡(匡衡)、谭(张谭)复条奏:"长安厨官、县官给祠郡国候神方士使者所祠,凡六百八十三所。其二百八所应礼,及疑无明文,可奉祠如故。其余四百七十五所不应礼,或复重,请皆罢。"奏可。本雍旧祠二百三所,唯山川诸星十五所为应礼云。若诸布、诸严、诸逐,皆罢。杜主有五祠,置其一。又罢高祖所立梁、晋、秦、荆巫、九天、南山、莱中之属,及孝文渭阳,孝武薄忌泰一、三一、黄帝、冥羊、马行、泰一、皋山山君、武夷、夏后启母石、万里沙、八神、延年之属,及孝宣参山、蓬山、之罘、成山、莱山、四时、蚩尤、劳谷、五床、仙人、玉女、径路、黄帝、天神、原水之属,皆罢。候神方士使者、副佐、本草待诏七十余人皆归家。

以上祭祀内容多处不明确。引文开始部分的"长安厨官、县官给祠郡国候神方士使者所祠"和末尾处"候神方士使者、副佐",应该是高祖至宣帝时期各地所设立的、与候神方士相关的诸神。方士是秦、西汉时期所出现的为求长生不老、成仙之道,炼金并进行预言的方术之士,这在前人的研究中已经明确[2]。候神,却很难明确解释,从上述方士的性格特点来看,"候神方士"不是"候神与方士",而应该读作"候神(迎接神的意思?)的方士"吧。上面引文末尾"本草待诏",颜师古注:"本草待诏,谓以方药本草而待诏者。"这些祭祀中甚至安排了去灵山取药草的待诏官。随着南北郊的设置,废除了这些祭祀。从中可观察到皇帝所参与的祭祀,从追求长生不老的私人性质,逐渐转变为具有很强公共性的活动。

根据以上内容可推测,西汉建立之后所举行的与皇帝相关的诸祭祀中,为祈求个人长生不老的祭祀应较多。因此,西汉皇帝的祭祀,按照从私向公转变的观点,最先受到关注的应是文帝时期籍田与亲桑礼的实施。《史记·孝文本纪》文帝二年(前178年)条有"正月,上曰:农,天下之本,其开籍田,朕亲率耕,以给宗庙粢盛。"文帝即位第二年,皇帝勤耕农田,举行预祝丰收仪式的籍田仪礼。另外,《汉书·文帝纪》十三年(前167年)条:

> 春二月甲寅,诏曰:朕亲率天下农耕,以供粢盛。皇后亲桑,以奉祭服,其具礼仪。夏除祕祝,语在《郊祀志》。五月,除肉刑法,语在《刑法志》。

其中二月诏曰,已开始实施皇帝籍田礼,并即将开始实施皇后亲自采桑养蚕的亲桑仪礼。颜师古注"令立耕桑之礼制也",即此时已设立了象征男耕女织的仪礼[3],即皇帝的籍田礼与皇后的亲桑礼。上文籍田诏中的"以给宗庙粢盛",即籍田所收庄稼作为宗庙的谷物供品。亲桑诏中的"以奉祭服",即亲桑礼所收绢丝用来缝制宗庙的祭服。应注意的是,籍田、亲桑与当时的宗庙祭祀已象征性地结合在一起。

据《汉书》上文,亲桑礼实施三个月后废除了肉刑法。如断足的刖刑等。废除伤害或砍掉身体一部分的肉刑,作为文帝儒教善政之一广为人知。期间的"除祕祝",《史记·孝文本纪》[4]有:

> 十三年夏,上曰,盖闻天道祸自怨起,而福繇德兴,百官之非,宜由朕躬,今祕祝之官,移过于下,以彰吾之不德,朕甚不取,其除之。

关于"除祕祝",裴骃《集解》介绍了应劭之说,即"祕祝之官,移过于下,国家讳之,故曰祕"。泷川资言的《考证》中介绍了中井积德(履轩)的观点,即"掌禁内祷禳,故曰祕祝耳"。总之,两个人的观点都说明,当时宫廷中举行的祭祀,是将皇帝所遭受的罹难祸患,转向祈祷民众[5]。文帝在废除移过祭祀、废除肉刑的同时,实施了籍田与亲桑礼。关于文帝的籍田,有观点指出与儒学相关[6],可以明确的一点是,自此开始并非为皇帝个人、而是成了为广大民众祈福的祭祀。只是,文帝此后的十五年(前165年),受方士的影响建雍五畤,由方士主导的咒术性祭祀向儒学化祭祀转变,这一过程并非一成不变地呈线性发展。

上文的雍五畤,是西汉末儒家批判攻击的一个对象,它与郊祀相似但又有所不同。反过来讲,因这是第一个与西汉中期前郊祀相关的祭祀,故在此简要进行说明。据《史记·封禅书》等,秦一直祭祀白、青、黄、赤四帝,并延续至汉高祖初年,后高祖又增添黑帝成为五帝。但是,据栗原朋信的观点,有关秦曾祭祀过五帝,是后代根据五行说为写《史记》而引用的史料,其可信度值得怀疑。且汉初截止到文帝十五年(前165年),也未发现诏敕中有关于五帝的记载[7]。《史记》的《封禅书》记载如下:

> 后三岁(文帝十五年),黄龙见成纪。文帝乃召公孙臣,拜为博士,与诸生草改历服色事。其夏下诏曰:"异物之神,见于成纪,无害于民,岁以有年。朕祈郊上帝诸神,礼官议,无讳以劳朕。"有司皆曰:"古者天子夏亲郊,祀上帝于郊,故曰郊。"于是夏四月,文帝始郊,见雍五畤祠,衣皆上赤。

此引文的末尾一句,在该书《孝文本纪》中变为"于是天子始幸雍,郊见五帝,以孟夏四月荅礼焉",明确记载了文帝在雍五畤郊祭的上帝为五帝。如栗原氏所言,如果此时的祭祀在汉代便已存在,就是第一个祭祀上天五帝的祭祀。那么可认为,从汉代文帝十三至十五年左右,便废除了祕祝,真正开始实施籍田、亲桑、雍五畤等皇帝、皇后的祭祀。所以,有必要从祭祀改革的角度,对文帝废除肉刑这一措施重新进行考察。只是,雍五畤在夏四月祭祀,这一做法仅限于这一时期。景帝、武帝时期祭祀固定在冬季十月,宣帝、元帝、成帝时期固定在春季三月[8]。

与西汉末郊祀改革相关的祭祀,其他还有由武帝建立的甘泉泰畤祠、汾阴后土祠以及泰山的明堂。元鼎四年(前113年)首先设立了祭地之坛—后土坛。据《史记·封禅书》,这一年武帝在雍祭祀过五畤之后,认为亲祭了上帝而若不祭祀地神后土,则于礼不周。且据太史令司马谈等建言,在泽中圜丘设五坛,每坛献一黄犊与太牢祭后土,祭毕将供物埋入地下。于是,便在汾阴的脽丘(山西省荣河县)设后土坛,用上帝之礼祭祀了地神后土。后世将此后土坛与西汉的郊祀坛(北郊)进行比较。魏晋之后的北郊变成了泽中正方形的坛(方丘),而汾阴的后土祠有五坛,均为圜丘,这一点有所不同。次年元鼎五年(前112年)又在甘泉(陕西省淳化县)设太一坛。元鼎四年齐人公孙卿言:这一年从汾阴挖出了宝鼎,乃为祥瑞之兆。且十一月辛巳朔旦恰值冬至,与黄帝升天时日一致。武帝听罢为之所动,设太一坛,并于元鼎五年十一月辛巳朔旦冬至亲祀太一。故甘泉的太一坛在西汉的皇帝祭祀中明显带有咒术性质。泰山明堂设于元封二年(公元前 109 年)(《汉书·武帝纪》),元封五年举行了首次祭祀。明堂与武帝的封禅密切相关,武帝封禅是为了不老登仙,带有很强的咒术性质。所以,武帝的明堂也同样带有很强的方术性质[9]。

西汉后期元帝(在位前 49 年—前 33 年)、成帝(在位前 33 年—前 7 年)时期,当儒家官僚出现在这些祭祀中时,这些祭祀被认为违反礼制受到了批判[10]。《后汉·郊祀志下》,有如下记述:

> 成帝初即位,丞相衡(匡衡)、御史大夫谭(张谭)奏言,帝王之事,莫大乎承天之序,承天之序,莫重于郊祀,故圣王尽心极虑,以建其制。祭天于南郊,就阳之义也,瘗地于北郊,即阴之象也。天之于天子也,因其所都而各飨焉。往者,孝武皇帝居甘泉宫,即于云阳立泰畤,祭于宫南。今行常幸长安,郊见皇天反北之泰阴,祠后土反东之少阳,事与古制殊。……甘泉泰畤、河东后土之祠宜可徙置长安,合于古帝王。愿与群臣议定。

成帝即位时的丞相匡衡、御史大夫张谭,最先开始对当时的郊祀提出批评。二人上奏:"兆于南郊,所以定天位也,祭地于大折,在北郊就阴位也,郊处各在圣王所都之南北。"其奏言获准,帝与 58 位群臣商议,其中 50 人赞成。匡衡、张谭又建议在长安设南北郊,成帝也遵照了此建议。另外,关于引文中"大折"之意,据韦昭释义,乃在昭晰之地建坛;据颜师古释义,方泽之形乃四曲折,即正方形之意。

根据匡衡等人的讨论,皇帝在居所的南郊祭天,北郊祭地,是为礼。武帝时因居甘泉宫,泰畤所在地云阳便相当于南郊。但是,从当时成帝所在长安来看,太阴就是北(实际上甘泉位于长安西北方向),汾阴后土祀相当于东,这都有违礼制。建议应该改移这些祭祀,而在长安的南北郊设天地祭坛。在甘泉建泰畤是因此地一直为黄帝升天之处,并不是因为武帝所在甘泉宫位于南郊。若理解为皇帝居所位于南郊,则是依据儒家礼说对现实进行了解读,即天子应于南郊祭天。就是说,匡衡等将了解到的现实纳入自己的建议、对当时郊祀提出批评,主张重新在长安设南北郊。其奏言的开头为"帝王之事,莫大乎承天之序,承天之序,莫重于郊祀"。可看出他们对于郊祀意义的理解,即帝王祭祀中承天之序最为重要,因此,郊祀不可少。武帝在甘泉建泰畤时,其动机中有对黄帝升天强烈的憧憬,这一点在《史记·封禅书》《汉书·郊祀志上》均有记述。可以说匡衡等人不只提出郊祀坛的位置问题,而且天子应该尊崇天的秩序这一儒学角度,对郊祀的作用重新做了定义[11]。

建始二年(前31年)雍五畤、甘泉泰畤、汾阴后土三祀被废,在长安设南北郊,正月辛巳祭祀南郊,三月辛丑祭祀北郊。于是,当初带有方术性质的郊祀,从制度和思想两个层面开始受到儒家礼说的影响。但是,因成帝无子嗣等原因,长安的南北郊后来不断兴废交替。西汉最后一位皇帝——平帝时期,集朝廷政治实权于一身的王莽上奏结束了这一状况。当时,南北郊祀因哀帝患病而被废黜[12]。王莽在元始五年(公元5年)曾前后两次上奏提出郊祀改革[13],第一次上奏建言复兴长安南北郊祀(《汉书·郊祀志下》),内容如下:

> 平帝元始五年,大司马王莽奏言:"王者父事天,故爵称天子。孔子曰:'人之行莫大于孝,孝莫大于严父,严父莫大于配天。'王者尊其考,欲以配天,缘考之意,欲尊祖,推而上之,遂及始祖。是以周公郊祀后稷以配天,宗祀文王于明堂以配上帝。《礼记》天子祭天地及山川,岁遍。《春秋榖梁传》以十二月下辛卜,正月上辛郊。……臣谨与太师孔光……等六十七人议,皆曰宜如建始时丞相衡(匡衡)等议,复长安南北郊如故。"

开头说:"王者父事天,故爵称天子"这一表述值得关注。前文已简要概述了雍五畤、甘泉泰畤、汾阴后土祀。但相关史料中,未曾涉及过皇帝从属于天这层含义,后文所述武帝在明堂的祭天祝文中也同样未提及。此处王莽首先提出了"天子"的思想,视天如父,事天以孝道。且奏言道:"王者尊其考(亡父),欲以配天,缘考之意,欲尊祖,推而上之,遂及始祖。"强调了配天始祖的重要性。显然,这是从"王者父事天"的理解中推导出的思想观念,体现出王莽的郊祀体系中配天始祖具有非常重要的意义。关于这一点,必须与下文奏言中配侑帝所处位置联系起来看待。另外,上述前后文孔子之语,周公后稷配天等,在《孝经·圣治章》中基本全部引用。王莽还引用了《礼记》《春秋穀梁传》,而匡衡有关设立长安南北郊祀的奏言中,基本没有引用儒教经典。王莽时期关于皇帝祭祀,引用经书情况增多,这一点必须引起注意[14]。

王莽奏言首先陈述郊祀的意义,在此基础上提出了郊祀法全面改革案,奏言如下。这成为以后郊祀法之根本,意义重大。虽然内容略长,但还是要引用与祭祀法相关的内容(《汉书·郊祀志下》):

> 莽又颇改其祭礼,曰:"……(一)天地合祭,先祖配天,先妣配地,其谊一也。天地合精,夫妇判合。祭天南郊,则以地配,一体之谊也。天地位皆南乡,同席,地在东,共牢而食。高帝、高后配于坛上,西乡,后在北,亦同席共牢。牲用茧栗,玄酒陶匏。……(二)天地有常位,不得常合,此其各特祀者也。阴阳之别于日,冬、夏至其会也。(三)以孟春正月上辛若丁,天子亲合祀天地于南郊,以高帝、高后配。(四)阴阳有离合……以日冬至使有司奉祠南郊,高帝配而望群阳;日夏至使有司奉祭北郊,高后配而望群阴。……当此之时,后不省方,故天子不亲而遣有司,所以正承天顺地,复圣王之制,显太祖之功也。……"奏可。

根据以上内容,祭祀天地分为(一)同时合祭、(二)分别单独祭祀、(三)于正月第一个辛日或丁日(上辛或丁),在南郊合祭天地,配以高帝(高祖)和高后(吕后)。此时,天地统一置于南(南乡即南向),地位东,天位西,供物牲口同祭天地。而高帝配天、高后配地,面西同置于天地坛之上,高后位于北侧,供物牲口同祭天地。此祭祀为(一)皇帝亲祀。另外,(四)冬至只在南郊祭天神、配以高祖;(二)夏至只在北郊祭地神,配以高后。(四)冬至和夏至的祭祀由有司代事,皇帝此日不理朝政。王莽制定的郊祀法如上。另,关于(四)中的"后不省方",《汉书·郊祀志下》的颜师古注解为:"后,君也,方,常也,不视常务。"《周易》震下坤上中记"先王以至日闭关,商旅不行,后不省方",孔颖达正义释为"后不省方者,方,事也,后不省视其方事也。以地掩闭于雷,故关门掩闭,商旅不行,君后掩闭于事,皆取动息之意"。从这些注释以及后来有司摄事的事例[15]来看,"后不省方"意为皇帝居于宫中,不理日常政务。

在此之前没有人对郊祀制度作出如此详细的规定,且东汉以后的郊祀制度亦可以此为标准进行说明。王莽的郊祀改革具有重要的历史意义。其中,最为引人注目的是,规定了配祀在郊祀中的意义、及天地与高帝、高后配享之间的位置关系。可通过对比武帝元封五年(前106年)明堂祭祀中诸神的配享序列,来说明这一点。当时的三月甲子祭祀,泰一、五帝位于明堂上坐,高祖与之相对。对此,东汉的服虔作了如下说明(《汉书·郊祀志下》注),"汉是时未以高祖配天,故言对。光武以来乃配之"。服虔所讲的配天,并不单指将天与始祖的神主(牌位)并列排放,而是指王莽所言以孝道为基础的"配天",即由皇帝尊崇父亲所延伸出来的配享祖先观念。服虔注为高祖与太一相对而坐,可以理解为因为当时还没有"配天"思想。另外,后文武帝祭祀太一的祝文中,也没有关于皇帝从属于天的表述。且服虔认为武帝元封五年的当时还没有高祖配天的观念。笔者认同服虔的这一观点。如果该解释成立,那么,武帝明堂的祭祀中,高祖与太一相对而置,说明当时并不存在敬天尊祖的配天思想(参考注(14))。至王莽时期,随着重视天与天子之间的关系,皇帝的始祖配祀便具有了重要意义,高祖在郊祀中的位置也发生了改变。

另外,上帝等祭神位于祭坛之上、面向南;配祀的祖先皇帝(后文指配侑帝)位于东、面向西,看似奇怪的神主(牌位)排位,到底有何含义?据冈安勇对汉代位次排列意义的分析研究,位北向南与位南向北相对的"南、北"位次,象征支配与服从的绝对关系,原则上除了君主关系之外,一般不坐南面席位。而且,坐成"南面、北面"的位次,意味着产生了君臣主从关系。与此相对,在私人场合,不同于君臣间的"东、西"位次,广泛用于表示宾主、家人、师徒间的关系。面西(东侧)是在宾主之礼中主人等地位低者的坐席;相反面东(西侧)是在宾主之礼中宾客等地位较高者的坐席。另外,同时设有东西南北坐席的情况下,面东(西侧)席次最高,依次按南面(北侧)、北面(南侧)的位次顺序降低,西面(东侧)的席次最低[16]。

根据以上冈安氏的研究,王莽关于南郊之中天地的位置,就变成了皇帝作为臣下的君主位置。笔者对于王莽的郊祀祝文一无所知,但如后文所述,自东汉之后,祭天祝文以"天子臣某"开头,联系到这一点,笔者赞同冈安氏的观点。另外,配侑帝的神主位置之所以由表示君主关系的北侧面南,按顺时针方向转动九十度至东侧面西,是因为南侧面北的位置,是为主事祭祀的在位皇帝所设置[17]。理由之一,即东侧(面西)在东西南北方位中位次最低。了解到这一点便可知,这是在对天神的祭祀中,将祖先配侑帝置于最低位次。秦汉以来,臣下对皇帝称"臣某"之礼已形成制度化[18],但在皇帝举行的郊祀中,配侑帝被置于东侧面西的位次,加之东汉以来"天子臣某"名称的确立,明确显示出皇帝对于天地极强的从属性。即,皇帝祭祀、祝文中表明从属于天地,比臣下之于皇帝更强调了其从属性吧。天地祭祀集中于皇帝一人,证明皇帝作为唯一的统治者君临天下。祖先皇帝的配侑,以从属于天的形式表示皇帝与天紧密相连。从西汉末到东汉初的郊祀改革,最终就是以上述理论表明了皇帝与天地之间的关系。

皇帝统治与天地关系理论在形成的过程中,有一个值得关注的问题就是北郊的出现。关于南郊,《礼记·郊特牲》中,记"郊之祭也,迎长日之至也,大报天而主日也,兆于南郊,就阳位也",书中明确记载夏至于南郊祭天。但是,如小嶋毅指出,与祭天相对应的祭地场所北郊,在儒学经典中并不存在。现存文献之中最早出现祭地场所北郊,是在上述《汉书·郊祀志》所记载的匡衡等奏言中[19]。据小嶋氏的观点,经书中总共出现三处"北郊",这个词本身是由儒学家们作为与南郊相对的观念提出,带有空想的意味。其中一处出现在《礼记·月令》篇中,北郊作为立冬时国王举行礼仪的场所,与立春的东郊、立夏的南郊(不同于作为郊祀坛的南郊)、立秋的西郊,共同构成迎接新季节到来时举行仪礼的场所。其他两处出现在与先蚕(亲桑)仪礼相关的规定中,即《周礼》内宰条、《礼记·祭统》篇。在《礼记·月令》中与立夏相对的立冬;在《周礼》与《礼记·祭统》中与天子先农(籍田)相对的王妣先蚕,均出自于阴阳两极对立之说。小嶋氏认为与南郊天祭场相对的北郊地祭场这一观念的提出,与上述阴阳二极对立之说有着异曲同工之处,但出现得较晚,故很晚才在《礼记》等经文中有记载。

依照经书进行的儒学祭祀,在实施过程中需要增加更多其他要素。对南北郊祀,匡衡和王莽的建议本身包含了一些具体实施的新提议。特别是东汉以后的南北郊祭祀法式,基本上是延续了王莽所提议的法式。应该认识到,在儒学祭祀的形成方面,王莽发挥了很大作用。另外,关于儒教祭祀的形成,还应考虑到《纬书》的作用。关于这一点,将在东汉宗庙这一部分进行论述。以下先简述有关西汉宗庙的特点与应留意之处。

2. 西汉宗庙祭祀制度的特点

如上所述,南北郊祭祀直到西汉末才出现,令人意外。而祭祀祖先的宗庙祭祀却具有非常古老的传统。先秦文献中很容易发现与宗庙相关的记述,例如,秦子婴(三世)即位之时,在宗庙斋宫刺杀了赵高(《史记·秦始皇本纪》),这说明秦宗庙在皇帝即位之时起了非常重要的作用[20]。

西汉每位皇帝均设立宗庙。以"陵旁之庙"设在皇帝陵近旁,这是其一大特点。《史记·高祖本纪》十二年(前195年)四月己巳条所引的张守节《正义》中,记:

> 《三辅黄图》云:太上皇庙,在长安城香室南,冯翊府北。《括地志》云:汉太上皇庙,在雍州长安县西北长安故城中酒池之北,高祖庙北。高帝庙亦在故城中也。

文中《括地志》是唐太宗时期著作,其中"雍州长安县西北长安故城中",指唐长安城西北的汉长安城。且按照上文正义,高祖之父太上皇庙与高祖的高庙(高帝庙),均在汉长安城内。另外,《汉书·五行志》上记:

> 元凤四年五月丁丑,孝文庙正殿灾。刘向以为……五月而灾见,古之庙在城中,孝文庙始出居外。天戒若曰,去贵而不正者。

昭帝元凤四年(前77年)文帝庙正殿烧毁。发生类似事件的原因,书中记载的刘向解释为,昭帝虽已即位,但霍光仍旧掌握着政治实权,所以,这次火灾是来自天帝的告诫。因此,文帝以后的皇帝陵就建在了长安城外。故陵旁设庙最初始于文帝时期。太上皇、高祖、以及宣帝之父史皇孙(悼皇考),其陵旁同样也设有庙。笔者认为这是在陵旁设庙开始兴起之后,才在太上皇陵、高祖的长陵旁设立庙。于是,西汉除了各皇帝陵旁设立的庙之外[21],长安城中也有高宗庙和太上皇庙。

西汉特有的宗庙还有郡国庙。有关西汉的宗庙制度,《汉书·韦玄成传》的后半部具有宗庙志的作用。陵旁设庙等西汉宗庙制度的历史变迁,内容引用如下:

> 初,高祖时,令诸侯王都皆立太上皇庙。至惠帝尊高帝庙为

> 太祖庙,景帝尊孝文庙为太宗庙,行所常幸郡国,各立太祖、太宗庙。至宣帝本始二年,复尊孝武庙为世宗庙,行所巡狩,亦立焉。
> 凡祖宗庙在郡国六十八,合百六十七所。而京师自高祖下至宣帝,与太上皇、悼皇考,各自居陵旁立庙,并为百七十六。

也就是说,高祖时令所有的诸侯王国皆设立太上皇庙。惠帝时尊高祖(高帝)庙为太祖庙,景帝时尊孝文帝庙为太宗庙,皇帝巡幸之地令立郡国庙。另外,宣帝本始二年(前72年),又尊武帝(孝武帝)庙为世宗庙,同样在武帝巡守的郡国立世宗庙。这样,元帝时期全国有郡国68个,合计有167个太上皇、高祖、文帝、武帝的郡国庙。长安有高祖、惠帝、文帝、景帝、武帝、昭帝、宣帝七帝,以及太上皇、悼皇考(史皇孙即宣帝之父)等九个陵旁庙,即全国共计有176个与汉帝相关的宗庙[22]。

然而,郡国庙在元帝永光四年(前40年)被废除。《汉书·韦玄成传》中记:

> 永光四年,乃下诏先议罢郡国庙,曰:"……往者天下初定,远方未宾,因常所亲以立宗庙,盖建威销萌,一民之至权也。今赖天地之灵,宗庙之福,四方同轨,蛮貊贡职,久遵而不定,令疏远卑贱,共承尊祀,殆非皇天祖宗之意,朕甚惧焉。传不云乎?'吾不与祭如不祭'。其与将军、列侯、中二千石、二千石、诸大夫、博士、议郎议。"

据元帝诏,汉平定天下之初,远方未宾,需要以诸侯国为中心设立宗庙,向地方显示汉王朝权威,防止叛乱、统治人民。今借天地之灵、宗庙之福,统一天下,异族亦开始朝贡。然而,郡国庙乃循旧制设立,仍未制定出新的制度,久遵而不定。若不分血缘之远近亲疏、地方之尊卑贵贱,令共同尊祀皇帝宗庙,是否有违皇天祖宗之意,朕甚为担忧。后文"吾不与祭如不祭",乃《论语·八佾》篇中孔子之语,意为罢黜亲疏远近、贵贱尊卑者均需祭祀的郡国庙,仅保留直系尊属祭祀的皇帝庙。请注意此处标注的依据是儒学经典《论语》。另外,还有一点需注意,即汉初为了确立汉帝国的统治而需设立郡国庙时,对其作用所进行的说明。

对此,丞相韦玄成叙述如下,由元帝批准。

> 丞相玄成、御史大夫郑弘……等七十人皆曰:"臣闻祭非自外

> 至者也,繇中出,生于心也。故唯圣人为能飨帝,孝子为能飨亲。立庙京师之居,躬亲承事,四海之内,各以其职来助祭。……春秋之义,父不祭于支庶之宅,君不祭于臣仆之家,王不祭于下土诸侯。臣等愚以为宗庙在郡国宜无修,臣请勿复修。

所谓祭祀乃发自内心、自发而为。且皇帝宗庙设立在京师(长安)居所附近,皇帝亲祭,四海之内参加者据各自职责来助祀。其中的"父不祭于支庶之宅",与《礼记·丧服·小记》中"庶子不祭祖者,明其宗也"所言一致。即,根据儒家礼说,不属于同一宗族的人不参加宗族祭祀,宗族内以嫡宗子为主祭祀祖先。支庶通常助祭宗子,祭祀时需告知宗子。据此儒家理论,郡国庙被排除在了汉王朝宗庙制度之外,西汉末接受了儒家思想在宗庙制度中的渗透。另外,关于后文所述天子七庙制,西汉末大幅进行了立改废。但郡国庙在永光四年(前40年)被罢黜之后未再恢复,笔者认为其中暗含着非常重要的经济原因。

汉初为何设立郡国庙?根据注(10)板野长八《关于西汉末宗庙、郊祀改革运动》一文,《汉书·高帝纪下》高祖十一年(前196年)二月诏:

> 今吾以天之灵,贤士大夫定有天下,以为一家,欲其长久,世世奉宗庙亡绝也。

由此推测,设置郡国庙的汉代君主们,欲建立一个天下诸家统合于汉的家产制、大一统国家(前文所列书的547—548页)。如前文所述,永光四年元帝诏书曰,汉初边远之地仍未臣服归顺,需通过建立以诸侯国为中心的宗庙,来向地方显示汉王朝的权威。笔者认同板野氏的观点。板野氏还在《图谶与儒教的成立》(收录在注11所列《儒教成立史的研究》一书,初版1975年)一文中论述了如下观点,即,罢黜郡国庙显示,将超越儒学礼制之上的汉君主——皇帝纳入到礼制思想体系之中,受礼制约束(该书379—380页)。从西汉末儒学意识形态的建立方面,也同样能够对郡国庙的罢黜作出上述解释。但实际上西汉王朝在不断摸索的过程中,建立了以皇帝为中心的一元中央集权制统治[23]。因此,郡国制从汉初的设立到罢黜,其宗旨是否始终贯彻如一,这个问题值得仔细研究。笔者与注(10)中保科季子的考论见解相近,下文参考其观点,阐述愚见。

将统一六国的秦,与灭了秦的汉作以比较,笔者认为最大的不同在于是否有历史传统。秦乃自春秋以来的诸侯国,战国时期逐步统一六国。始皇帝称帝之时,没有任何人对其权威性表示怀疑。但是,刘邦却不具有传统性权威,他是在与楚国枭雄项羽苦战之后,打败项羽才统一的中国。在被拥戴为汉朝皇帝时,群臣曰:"大王起微细,诛暴逆,平定四海。"死时自言道:"吾以布衣提三尺剑取天下,此非天命乎。"(《史记·高祖本纪》)众所周知,刘邦出身布衣,一介莽夫。一般认为,秦始皇因强行建立郡县制中央集权制,致使其灭亡,成为短命的王朝,汉吸取了秦亡国的教训,采用了郡县与封国相结合的郡国制。但纵观上述情况,笔者认为分封功臣异姓诸侯王或具有血缘关系的同姓诸侯王,这在汉初与其说是有计划地进行,倒不如说是无奈之举。正如注(1)大庭修氏的观点所述,秦末的叛军打的旗号是复兴六国,故汉在建立政权之时不得不分封异姓诸侯王,并希望同姓诸侯王能够在同姓意识之下协助汉王朝统治。只是,《史记·吕太后本纪》中吕后临终遗言曰:"高帝已定天下,与大臣约曰,非刘氏王者,天下共击之。"建国之后非刘氏不得成为诸侯王,这已经成为高祖与大臣之间的约定[24]。原则上是防止异姓诸侯王的增置。

郡国庙,始于高祖十年(前197年)八月,各诸侯王受命在国都建立太上皇庙[25]。此时,刘氏诸侯王四人,异姓诸侯王同样四人。但是,之后异姓诸侯王纷纷被铲除,而高祖之子受册封。高祖十二年(前195年)惠帝令建高祖郡国庙之时,异姓诸侯王中仅余长沙王,其余九王均为刘氏诸侯王[26]。长沙王吴氏在文帝后元七年(前157年)因无子嗣而被绝封(《史记·汉兴以来诸侯王年表》)。所以惠帝之后可以说仅剩刘氏诸侯王。回头重新来看前文引用的《汉书·韦玄成传》,高祖时期命诸侯王建太上皇庙,惠帝时期命建高祖的太祖庙,景帝时期命建文帝的太宗庙,这些史料均为各个皇帝命令诸侯王为自己的父亲建立宗庙。且除了高祖时的太上皇庙之外,其他基本上均建在刘氏的郡国中。笔者认为,通过命令分散在分封国的刘氏建立皇帝父祖近亲的宗庙,继承对先祖皇帝的祭祀,目的在于使刘氏政权的统治得以稳固。只是,景帝在建文帝的太宗庙时,是在高祖、文帝行幸过的郡国建了太祖庙、太宗庙,可能一定程度上掺入了其他目的。

宣帝本始二年(前72年)建立郡国庙,是因为武帝之后的昭帝无子嗣,宣帝作为武帝之孙继承了帝位,因而建立武帝世宗庙。将其建在"行巡狩之所"(前文所列《汉书·韦玄成传》),即全国各郡、并非刘氏一族封国,其目的是为了确立汉王朝的权威。随着景帝时期刘氏封国不断衰弱,郡国庙的作用也随之发生了改变[27]。元帝罢黜郡国庙,除了因当时逐渐兴起的儒学礼制中一些内容与郡国庙不相容,还因为汉初所面临的问题已经得到解决,诸如在各地分封诸侯王,通过刘氏一族齐心协力来维护稳定汉帝国政权。可见,在确立以皇权为中心的汉王朝统治中,最初的郡国庙已完成了其历史使命。况且,维护郡国庙还会加重财政负担。

《汉书·韦玄成传》中,如前文所述,元帝在位时,全国的郡国庙达到了176处之多。后文如下:

> 又园中各有寝、便殿,日祭于寝,月祭于庙,时祭于便殿。寝,日四上食,庙,岁二十五祠,便殿岁四祠。又月一游衣冠。而昭灵后、武哀王、昭哀后、孝文太后、孝昭太后、卫思后、戾太子、戾后各有寝园,与诸帝合凡三十所。一岁祠上食二万四千四百五十五,用卫士四万五千一百二十九人,祝宰乐人万二千一百四十七人,养牺牲卒,不在数中。

即,各庙园中建有寝与便殿,寝中每天、庙中每月、便殿四时,即四季举行祭祀,寝中每日四次献供食物。关于庙祭二十五祠,颜师古注解如下:

> 如淳曰,月祭朔望,加腊月二十五。晋灼曰,汉仪注宗庙一岁十二祠,五月尝麦,六月七月三伏,立秋貙娄,又尝粢,八月先夕馈飨,皆一太牢。酎祭用九太牢,十月尝稻,又饮蒸二太牢,十(十一)月尝,十二月腊,二太牢。又每月一太牢,如闰加一祀,与此上十二为二十五祠。师古(颜师古)曰,晋说是也。

文中如淳与晋灼二人对于二十五祠的解释大相径庭,不知颜师古何以认同晋灼之说。因东汉之后的宗庙祭祀又有很大差异,故笔者在此略去对二十五祠内容的考察[28],且对上文所显示包括寝、庙、便殿在内的宗庙祭祀经费已升至庞大天文数字这一点毫不怀疑。同时略去除皇帝以外,对昭灵后之后八人进行的祭祀说明。从最后统计超过两万的上食次数,以及合计超过五万的卫士、祝宰、乐人的人数来看,不难想像包含郡国庙在内的宗庙祭祀,其财政负担至元帝即位之时变成了一个不容忽视的问题。

其次，对于下文天子七庙制的解释，直到西汉末年仍存在争议。而郡国庙在永光四年罢黜之后未再恢复，可以肯定是因汉帝国权威确立之后，首要问题变成了解决祭祀带来的巨大财政压力，对郡国庙发挥作用不再强烈期待。

《汉书·韦玄成传》中，在上文有关宗庙祭祀财政负担的记事之后，记述了元帝时期奏请实施天子七庙制、纠正郡国庙制的贡禹奏言。但是，贡禹死后，元帝先着手郡国庙的改废，决定罢黜郡国庙一个多月之后才解决天子七庙制问题。所谓天子七庙制，即《春秋穀梁传》僖公十五年条记，"天子七庙，诸侯五，大夫三，士二。故德厚者流光，德薄者流卑"。《礼记·王制》进一步具体为：

  天子七庙，三昭三穆，与大祖之庙而七。诸侯五庙，二昭二穆，与大祖之庙而五。大夫三庙，一昭一穆，与大祖之庙而三。士一庙，庶人祭于寝。

即只有皇帝才有资格祭祀七代前的祖先。祭祀祖先不同于祭天，人人皆可祭祀，所以通过祭祀的规模来区分地位的差异。

韦玄成等回答元帝的询问，认为若在陵旁祭祀各位皇帝的神主（牌位），昭穆的顺序则无法调整。建议在太祖庙（高祖庙）安置神主，按照昭穆的顺序来设置。具体的典礼法式上，很难协调达成一致意见，结果只有太上皇庙与惠帝庙被废弃（永光四年，前40年）。韦玄成等于是上奏："太上庙主宜瘗园，孝惠皇帝为穆，主迁于太祖庙。"所谓"毁"，即将皇帝的神主埋于陵墓园，或者重新移至太祖庙，并非毁庙。此后，恢复太上皇庙，也是指将神主重新置于庙中。另外，还建议废除一年二十五次的庙祭，实行古代礼制的四时祭，不过未能实现。但后来元帝梦见因废除郡国庙而遭祖宗责难，便又恢复了已经废除的太上皇庙和惠帝庙（建昭五年—竟宁元年，前34—前33年）。元帝驾崩之后，依丞相匡衡奏言，废除太上皇庙、惠帝庙、景帝庙。文帝因在政权从吕氏手中重新回归汉王室过程中有功，作为太宗庙被保留了下来。而成帝因无子嗣，所以又恢复了太上皇庙（河平元年，前28年）。

如上所述，元帝时期开始实施根据儒家礼说建立的宗庙制度，但其过程并非一帆风顺。前文所提及的保科季子，其论文中对哀帝之后的七庙制改革已有具体论述(241—243页),在此不再赘述。七庙制是否是在西汉末年平帝在位期间完成,这一点很难确定。但,哀帝父亲的恭皇庙与宣帝父亲悼皇考(史皇孙)的皇考庙,这一时期因王莽而被废,此事却值得关注。恭皇庙(共皇庙)为哀帝建平二年(前5年)所立。平帝元始年间(1—5年),因王莽的建言,皇考庙也被废除。皇考庙与恭皇庙(共皇庙)的废止分别见《汉书·韦玄成传》及《师丹传》。据保科氏的观点,皇帝之父不是皇帝时,不在皇帝庙中祭祀之列。皇帝祭祀的不是自己的亲生父亲,而是前一位皇帝。"皇帝"这一特殊地位的权威,优先于皇帝与父亲之间的血缘关系(前文所列论文243页)。据此观点可认为,西汉末年虽未制定天子七庙制,但争论的焦点在于继承皇帝的权威,维护宗法原则。

上述争论,使得西汉帝位的继承出现了以下有趣的现象。如第八章所述,西汉帝位一直实行先帝驾崩之后皇太子即位的继承形式,除王莽势力上升时期,皇太子之外继承帝位的有代王之后的文帝,以及即位前夕被废的昌邑王贺。文帝是已故惠帝的异母弟弟,作为"高帝(高祖)之嗣"(《史记·孝文本纪》)在代王邸继承天子位之后,即位皇帝。昌邑王贺是昭帝的异母兄弟昌邑王髆之子,叔父昭帝无子嗣,驾崩之后由群臣指定任命为皇位继承人。在举行昭帝葬仪中,因其淫乱而被废黜。此事件原委将在第八章详述。昌邑王贺恰好在那个时候被立为皇太子(《汉书·霍光传》),也许是在昭帝灵柩前,为了有资格接收皇帝信玺、皇帝行玺,而不得不采取的措施。然而,昌邑王贺与昭帝之间并没有直接的父子关系,辈分上是昭帝的后辈,为了即位便将其立为皇太子。这一时期开始出现了奉前一位无血缘关系的皇帝为父亲的做法。王莽时期的庙祭争论,就是将帝位继承中父子关系的原理扩大到庙制当中。

3. 西汉郊祀、宗庙祭祀改革的特征

如上所述,西汉的郊祀、宗庙制度,整体在西汉末元帝、成帝后期发生了很大变化。正如行文中列举诸家论考所指出[29],这一重要变化是由于儒家礼学思想的兴起。仔细考查便知是在西汉初期文帝十三至十五年(前167—前165年)祭祀发生了很大转变。废除秘祝官,实施籍田、亲桑礼等,祭祀目的从私人祈福变为公共的预祝活动,这一点值得关注。文帝有名的肉刑废黜令,也许应该与祭祀制度改革联系起来进行考察。与郊祀相似却

又不同的雍五畤、甘泉泰畤、汾阴后土祀在此后才出现，西汉末一直受到儒家批判。将天子思想具体化的南北郊祀，在成帝在位期间（在位前33—前7年）也未实现。且首次出现与南郊相对应的祭地场所——北郊的概念。笔者认为当时即使统治阶层中开始接受儒家思想，但要具体制定郊祀的仪礼也并不容易。在这个意义上，平帝在位期间（1—5年），王莽有关南北郊祭祀的建言具有划时代的意义。具体内容在此不再赘述，但其中涵盖了正月、冬至、夏至祭祀的时间；合祭与单独祭祀；皇帝亲祭与有司摄事；天地等祭祀与配侑帝位置关系等，所有这些要素为后世所继承。实际上王莽可以称得上是祭祀制度建立的奠基人。即便是对王莽持否定评价的东汉王朝，也将王莽建言的郊祀制度，取平帝的年号，尊之为"元始中的故事"。

祭祀父祖并不一定需要某种特定信仰，基于人的自然情感也同样需要祭祀。所以，汉初就有了宗庙祭祀。将太上皇庙、高祖庙、文帝庙等设置于全国所有郡国，实行郡国庙制，这是汉初独特的宗庙制度。西汉建立郡国制，当初设置郡国庙是为了在郡国修建父祖庙，达到安定汉王朝统治的封建目的。之后，随着皇帝中央集权统治的确立，刘氏的诸侯王国势力削弱。宣帝时期武帝的郡国庙建在了武帝巡守之地，与其说是为了得到刘氏一族的协助支持，不如说是为了在地方建立武帝的权威。如果汉王朝的权威通过宣帝得以恢复，那么郡国庙也许就失去了其存在的意义。要维持一百六十多个郡国庙，财政负担成了当时迫切需要解决的大问题。郡国庙在元帝时期被废除，历史上永久消失。只是，废止所依据的是儒教典籍文献，这是西汉后半期的特点，不同于中期之前。此后，关于天子七庙制，一直到西汉末年仍争论不休，此问题不在本章讨论的范围内。关于实施七庙制，争论所依据据的经书，实际上其记述本身有缺欠、不够完整。正如保科季子氏指出的，如同郊祀一样，平帝元始年间，根据王莽的建言罢黜宣帝之父皇考庙、哀帝之父恭皇庙，此举体现出皇帝的继承关系比实际的亲子关系更加受到重视。包括郡国庙的废除，由儒家官僚发起的西汉宗庙制度改革，可概括为是强化帝位继承理论的运动。

如上，无论郊祀制度还是宗庙制度，在通过儒家思想强化皇权这一点上，王莽均发挥了重要作用。一般很难去界定王莽的政治特色。但必须留意的是，他摆脱了帝位继承的各种规定限制，强化了抽象的皇帝权威。宗庙祭祀制度改革不像郊祀改革那样有明确的形式。这是因为包括郡国庙、陵旁庙的西汉宗庙祭祀制度仍不完善,另外西汉末帝位继承也更为复杂。关于北郊等依儒教礼祭祀皇帝,经书记述也不够完整。东汉的宗庙祭祀中,同样也出现了《纬书》问题。因此,下一节将论述东汉的郊祀、宗庙祭祀制度展开。

三、东汉的郊祀、宗庙祭祀

1. 东汉的郊祀制度

东汉的郊祀制度建于开国皇帝光武帝时期,但基本继承了经王莽改革后元始年间的郊祀制度。《后汉书·祭祀志上》(以下记为《续汉书·祭祀志》)记述如下:

> 二年(建武二年)正月,初制郊兆于洛阳城南七里。依鄗采元始中故事,为圆坛八陛,中又为重坛,天地位其上,皆南乡西上。其外坛为五帝位……

光武帝即位后的次年建武二年(26年)正月,在洛阳城南七里的郊外,根据前述的"元始中的故事",建南郊坛。于坛北侧,向南置天地之位,天西、地东。皇帝即位后于次年正月亲祀南郊之礼,见于魏晋至唐代的各朝代。由此可见东汉初期,祭祀天对于皇帝而言是非常重要的仪式。另外,引用文中的"依鄗",即指前年六月光武帝在鄗举行的即位仪礼,这将在后文详述。上例中还未在南郊坛配祀始祖,在平定了各地地方政权的建武十二年(36年)之后才配祀了高祖,置于中坛东侧偏北,面向西[30]。有关北郊坛,《后汉书·祭祀志中》中元元年条,记述如下:

> 迁吕太后于园,上薄太后尊号曰高皇后,当配地郊、高庙。……北郊在洛阳城北四里,为方坛四陛。三十三年(建武中元二年、57年)正月辛未郊。别祀地祇位,南面西上,高皇后配,西面北上,皆在坛上,地理群神从食,皆在坛下,如元始中故事。

终于,于建武中元元年(56年)在洛阳城北四里建了北郊坛。同样,取代高祖皇后吕太后,尊文帝生母薄太后为高皇后,配于北郊与高庙。北郊坛上北侧靠西、向南设置地祇；东侧靠北、向西配薄太后。这些均依据元始中的故事，东汉的南北郊均采用了王莽时的制度。

如上编所述，魏晋之后的历代王朝，南郊坛为圆形的圜丘，北郊坛为正方形的方丘。

因为在阴阳说中圆属阳、方属阴。且，甘泉泰畤有"紫檀八觚"之说，似为八角形的坛。王莽所规定的南郊坛同样为八觚、直径五丈、高九尺。石桥丑雄引用《后汉书·祭祀志上》刘昭注所引的《黄图》（《三辅黄图》），认为其为八角形的坛。（同《天坛》山本书店，1957年，107—108页）。但是，在石桥氏所引用关于王莽坛制的《三辅黄图》中，"上帝坛八觚"，其中漏了"圜"字。如果承认有此"圜"字，那么，"上帝坛圜八觚"王莽时期就应已经设立。石桥氏也在《天坛》110页的"历朝坛制变迁表"中，将其改为"上帝坛圜八觚"。且，简单认为王莽的南郊坛与甘泉泰畤同样为八角形，是错误的。应该承认圜丘在王莽时期就已经设立了。关于光武帝的南郊坛，上述引文中的"为圆坛八陛"，可理解为圆形坛，建八层台阶。西汉末以后的南郊，八觚坛变为圆形坛，仍设有八层台阶。另外，"中又为重坛"若理解为圆坛之上又加圆坛，那么，此时所采用的是相同形状的坛多个重叠的重坛制度。因梁、陈的南郊坛被认为是二成（二层）（参照第一章），所以，南朝也许是继承了东汉的祭坛形制。北宋、北周、隋为三成，唐为四成，但之后到南宋为四成，元以后又变为三成，直到北京现存的清天坛。最终为了使坛成与天数（奇数）一致，采用了三成坛。明清时期，按照一般的定制，天坛设为三成、地坛设为二成[31]。且，东汉的南郊坛采用圜丘、重坛制度，成为以后圜丘的原型。只是，关于汉的北郊形状，未留下详细的记录。

东汉祭天的日期，《白虎通疏证》卷十二《郊祀记》述如下：

> 祭日用丁与辛何。先甲三日辛也，后甲三日丁也，皆可以接事昊天之日。故春秋传，郊以正月上辛日。尚书曰，丁巳用牲，于郊牛二。祭天岁一何。言天至尊至质，事之不敢亵渎，故因岁之阳气始达而祭之也。

对照前一节的王莽郊祀制度，便知东汉的南郊为每年一次，于正月最初的辛日或丁日（正月上辛或丁）进行，不举行冬至的郊祀。《后汉书·礼仪志上》中记："正月上丁祠南郊，礼毕，次北郊、明堂、高庙、世祖庙、谓之五供。"

即正月祭祀南郊之后,依次举行北郊、明堂、高庙、世祖庙(光武庙)的祭祀礼,谓之五供。关于这一点,《南齐书》卷九《礼仪志上》武帝永明二年(484年)尚书陆澄奏议,所引用安帝时的司隶校尉陈忠(请参照《后汉书·郭陈列传第三十六》)的奏事记:"延光三年正月十三日南郊,十四日北郊,十五日明堂,十六日宗庙,十七日世祖庙。"记载了安帝延光三年(124年)的祭祀情况。虽然并不清楚为什么在十三日次丁日举行南郊郊祀,但自此东汉一般南郊祭祀之后,每隔一天举行北郊、明堂以下的祭祀,这一点很明确[32]。且,不举行冬至、夏至的郊祀。中国历史上郊祀制度的确立可以追溯到东汉初。此制度大致依据"元始中的故事",王莽时期的祭祀制度也包含冬至的南郊、夏至的北郊祭祀。所以,有必要重新认识王莽在郊祀制度确立中所发挥的巨大作用。另外,东汉北郊比南郊设立得晚,同样的情况也出现在东晋的郊祀重建中。一般对称地设立南郊、北郊,但皇帝(天子)更为看重的通常是南郊祭祀。

以上是有关东汉郊祀制度的所有记录。还有一个问题,即必须思考天与皇帝之间的关系。序章中已涉及皇帝对郊祀、宗庙称臣之事,此做法最早出现在魏、吴、蜀汉三国第一代皇帝即位仪式上的告天祝文中。开头为:"皇帝臣丕,敢用玄牡昭告于皇皇后帝。"[33](魏文帝曹丕,《三国志·魏书》卷二延康元年十月庚午条裴松之注所引《献帝传》)"皇帝臣权,敢用玄牡昭告于皇皇后帝"(吴大帝孙权,该书卷四十七《吴书二》黄龙元年四月丙申条裴注所引《吴录》),"皇帝臣备,敢用玄牡昭告皇天上帝、后土神祇"(蜀汉前主刘备,《宋书》卷十六《礼志三》)中,年份依次为延康元年(220年)十月,黄龙元年(229年)四月,建安二十六年(221年)四月。这样,基本同时即位的三位皇帝均同样对天称臣,这说明在此之前皇帝对天称臣的惯例就已经确立。在本章第二节1中,对于西汉武帝元封五年(前106年)的明堂祭祀中,将太一、五帝置于高祖对面,曾介绍过服虔的观点,他认为:"此时还没有以高祖配天的作法,光武帝以来才开始出现。"查阅西汉的祝文,发现有三例都是将武帝与太一相对而置。即,元鼎五年(前112年)的甘泉泰畤成立时赞飨(祝文)中记:"天始以宝鼎神策授皇帝,朔而又朔,终而复始,皇帝敬拜见焉。"元封二年(前109年)的赞飨中记:"德星诏衍,厥维休祥,寿星仍出,渊耀光明,信星昭见,皇帝敬拜太祝之享。"太初元年(前104年)

第四章 汉代郊祀、宗庙祭祀制度的形成及实行

的赞飨中记:"天增授皇帝太元神策,周而复始,皇帝敬拜太一。"(以上录自《史记·封禅书》)这些赞飨中使用了相似的语句,但未见显示皇帝从属性的"臣某"一词。西汉与三国以后祝文明显不同,这也是为什么上文认同服虔解释的原因之一。

其次,考查皇帝即位时的告天文,未见西汉高祖即位时有对天的祭祀。首先使用告天文的开朝皇帝是东汉的光武帝。开朝皇帝即位时(建国时)的祭天通常称作告代祭天,但光武帝的告代祭天,显示魏晋以后祭祀礼固定前这一阶段的情况。因与上述东汉最初的郊祀也有关系,全文略长,引述如下(《后汉书·祭祀志上》):

> 建武元年(25年),光武即位于鄗,为坛营于鄗之阳。祭告天地,采用元始中郊祭故事。六宗群神皆从,未以祖配。天地共犊,余牲尚约。其文曰:"皇天上帝,后土神祇,眷顾降命,属秀黎元,为民父母,秀不敢当。群下百僚,不谋同辞。咸曰王莽篡弑窃位,秀发愤兴义兵,破王邑百万众于昆阳,诛王郎、铜马、赤眉、青犊贼,平定天下,海内蒙恩,上当天心,下为元元所归。谶记曰:'刘秀发兵捕不道,卯金修德为天子。'秀犹固辞,至于再,至于三。群下曰:'皇天大命,不可稽留。'敢不敬承!"

此处,光武帝略去了"秀"与姓,自称名,但未称臣。虽使用了三国时期蜀国刘备告天文中所使用的天地之神,即皇天上帝、后土神祇。但告天文以天地之神开头,这一点却与武帝的告天文接近。内容具体叙述了刘秀即位的经过,群臣的上言中甚至还引用了谶言,使用了四字句,但未经修饰。末尾一句"敢不敬承"可能是显示光武帝的决心,也可能接续前一句"群下曰"。总之,光武帝的告天文不仅未使用"臣某"自称,也未采用皇帝称呼天(地)的形式,这一点与三国之后告代祭天的告天文,在形式上存在着很大差异。

唐代德宗贞元年间(785—805年)编纂的《大唐郊祀录》卷四《天帝祝文》,其中编者王泾自注引用三国魏侍中缪袭的建议[34],曰:"汉用古礼,为天称臣,所以训人事君也。"若所言为真实情况,那么皇帝对天称臣之礼,应该形成于光武帝之后的一位皇帝明帝以后。很遗憾未发现一例东汉的祭天祝文,所以,不能够直接证明这一点。但,《白虎通疏证》卷一

117

爵中记述,"何以知帝亦称天子,以法天下也。《中候》(《尚书中候》)曰,天子臣放勋",此句可作为推测东汉存在皇帝自称"天子臣某"的一个线索。末尾的"天子臣放勋"一句,用作前面"皇帝又称天子"的例证。即,"帝"称作"天子"的实例,举出了帝尧(放勋)自称"天子臣放勋"的例子。当然,这不能读作"天子—臣放勋",而应读作"天子臣—放勋"。且,至后期《白虎通》完成的章帝期(75—88年),天子事天称臣的观念才形成。联系上文缪袭所言,可以确定天子对天自称"天子臣某"之礼应形成于东汉。另外,缪袭所言"为天称臣,所以训人事君也",解释为皇帝对天地表明其隶属性,是为了强调臣下对皇帝的隶属性。这是当时表达"事天称臣"观念最珍贵的文字史料,值得关注。

虽然,《白虎通》爵称"天子臣某",而上文三国告天文中均使用的是"皇帝臣某"。序章中围绕唐代开元礼,探讨了皇帝祭祀中自称"皇帝"与"天子"的区别。认为一般在宗庙祭祀人间诸神时称"皇帝",祭祀天地诸神时称"天子"。可为什么三国的告代祭天中使用"皇帝臣某"自称?表7汇总了从魏晋到隋的祝文中皇帝的自称例。其中对天称"皇帝臣某"的自称例占绝大多数,但均为告代祭天时的自称例。关于北魏道武帝时的情况将会在第六章详述,这也可视为事实上的告代祭天之例。例虽不多,可这些例均显示,皇帝一旦即位便在祭天之时自称"天子臣某"。另外,如第八章所述,唐太宗与玄宗在继位告天时,自称"皇帝臣某",但这两位皇帝均为先帝(高祖、睿宗)健在之时通过禅让即位的。朝代交替时禅让称之为外禅,同一朝代内的禅让称为内禅。根据上文可知,无论内禅、外禅,从仍健在的皇帝手中继位告天时,自称"皇帝臣某";即位之后便自称"天子臣某"来祭天[35]。三国时期各国皇帝在告代祭天时,均自称"皇帝臣某"。首位魏文帝的告天例,从礼制的角度来判断若认为不合礼法,那么,刘备、孙权应该进行了纠正。且笔者认为,上文有关"皇帝臣某"与"天子臣某"的区分使用理论,在东汉业已完善。

表7　魏晋南北朝时期祝文中皇帝的自称

朝代	皇帝	年代(公历)	祝文的自称	祝文的对象	出典·备考
魏	文帝	延康元年(220年)	皇帝臣丕	皇皇后帝(天帝)	《三国志》二裴注所引《献帝传》
	明帝	太和元年(227年)	天子臣某(叡)	上帝(明堂)	《通典》四四大享明堂
		太和六年(232年)	孝皇帝讳(叡)	先灵(皇祖)	《通典》五五《告礼》
		景初元年(237年)	嗣皇帝	太祖武帝(曹操)	《通典》四二《郊天上》
		景初中	皇帝	帝社	《通典》四五社稷
蜀汉	先主	建安二十六年(221年)	皇帝臣备	皇天上帝·后土神祇	《宋书》十六《礼三》
吴	大帝	黄龙元年(229年)	皇帝臣权	皇皇后帝	《三国志》四七裴注所引吴录
晋	武帝	泰始元年(265年)	皇帝臣炎	皇皇后帝	《晋书》三《武帝纪》
	元帝	太兴三年(320年)	皇帝	愍帝	《宋书》十六
	康帝	建元元年(343年)	嗣天子臣某(岳)	上帝(南郊)	《通典》四十二
			孝曾孙嗣皇帝讳(岳)	高祖宣皇帝(司马懿)	《通典》五十五
宋	武帝	永初元年(420年)	皇帝臣讳(裕)	皇天后帝	《宋书》三《武帝纪下》
	明帝	泰始二年(466年)	皇帝讳(彧)	昭皇太后	《宋书》十七《礼四》
南齐	高帝	建元元年(479年)	皇帝臣道成	皇皇后帝	《南齐书》二《高帝纪下》
梁	武帝	天监元年(502年)	皇帝臣衍	皇天后帝	《梁书》二《武帝纪中》

续表7

朝代	皇帝	年代(公历)	祝文的自称	祝文的对象	出典·备考
陈	高祖	永定元年(557年)	皇帝臣霸先	皇皇后帝	《陈书》二《高祖纪下》
前秦	苻登	太元十一年(386年)	曾孙皇帝臣登	苻坚	《晋书》一一五苻登载记
北魏	道武帝	天兴二年(399年)	皇帝臣珪	皇天后土之灵	《魏书》一〇八之一《礼四》之一
北魏	太武帝	太平真君四年(443年)	天子臣焘	皇天之神	《文物》1981.02 米文平《鲜卑石室的发现与初步研究》
北齐	文宣帝	武定八年(550年)	皇帝臣洋	皇皇后帝	《北齐书》四《文宣帝纪》
隋	文帝	仁寿元年(601年)	嗣天子臣讳(坚)	昊天上帝	《隋书》六《礼仪一》

* 尾形勇《中国古代的"家"与国家》(岩波书店,1979年)第二章"从自称形式看君臣关系"130页　根据表二制作部分更改

经禅让继位的皇帝告天时,自称"皇帝臣某";即位后便自称"天子臣某"。这一制度是根据什么而制定,很难进行论证。其中有一个观点,认为与当时"天子即爵位"的观念有关(36)。《白虎通疏证》卷一爵的开头为:

　　天子者爵称也。爵所以称天子者何?王者父天母地,为天之
　　子也。故《援神契》曰,天覆地载谓之天子,上法斗极。《钩命决》
　　曰,天子爵称也。

即,王者(天子)是以天为父、以地为母,才成为天之子,故按爵位称天子。这是按照《孝经援神契》《孝经钩命诀》两种《孝经》的纬书来对此理论进行说明的。另一方面,王莽要求复兴长安南北郊祀上奏第一条开头为:"王者父事天,故爵称天子。"之后引用了"孔子曰,人之行莫大于孝,孝莫大于严父,严父莫大于配天",以及《孝经·圣治章》之文。即,西汉末的王莽与东汉初的《白虎通》,视天子为爵位的观点并通过《孝经》或孝经纬佐证其观点,在此方面两者具有共同之处。王莽重视郊祀中的始祖配天,但第一代

皇帝却没有可配天的先代皇帝。而一旦以皇帝的身份来面对上天,在得到上天的认可之后,便变为以天子的身份来面对天(37)。

正如前文所确认的,光武帝在其告代祭天文中未采用"皇帝臣某"的形式。但是,区分皇帝臣某与天子臣某的使用,可理解为王莽郊祀改革的延续。

那么,"皇帝臣某"与"天子臣某"的区别,确立于章帝之前何时?关于这一点可参考《旧唐书》卷四五《舆服志》显庆元年(656年)九月条、太尉长孙无忌与修礼官等奏言:

> 按周迁《舆服志》云,汉明帝永平二年,制采《周官》《礼记》,始制祀天地服,天子备十二章。

即,据周迁的《舆服志》(38),东汉明帝的永平二年(59年)据《周官》(《周礼》)、《礼记》制作了天地祭祀服。《后汉书·明帝纪》同年条:"春正月辛未,宗祀光武皇帝于明堂,帝及公卿、列侯,始服冠冕衣裳、玉佩、绚屦以行事。"这一年明帝宗祀光武帝,与公卿、列侯一同首次着冠冕等服祭祀。而且可以推测此时的郊祀、明堂,详细规定了包括衣服等在内的制度(39)。

光武帝死于中元二年(57年),两年后的永平二年(59年),明帝对光武帝进行了祭祀,从而开启了宗祀前面皇帝的明堂祭祀。总之,可认为光武帝去世、他自己成为祭祀对象,促使了永平二年礼制的制定。若认为永平二年是之后礼制的一个起点,就能够肯定祭祀中皇帝称臣也是始于这个时期。笔者认为东汉礼制真正的开始可追溯到光武帝死后的明帝时期,这是最为合理自然的观点。

2. 东汉的宗庙祭祀制度

东汉未继承西汉的长安为都城,而是将国都建在了洛阳。所以,东汉的宗庙制度经历了一个复杂的过程才固定下来。其内容在《后汉书·祭祀志下》依次进行了说明,下文按照顺序来论述。以下,《后汉书·祭祀志下》的引用,略去原典的标记。

有关东汉宗庙的最初记事,记载如下:

> 光武帝建武二年正月,立高庙于洛阳,四时祫祀,高帝为太祖,文帝为太宗,武帝为世宗如旧,余帝四时,春以正月,夏以四月,秋以七月,冬以十月及腊,一岁五祀。

即，光武帝建武二年(26年)在洛阳建了高祖的高庙。其与西汉末做法相同，四时袷祀，尊高祖(高帝)为太祖、文帝为太宗、武帝为世宗。文中"余帝四时"，此处也许有遗漏的字句，高祖、文帝、武帝的四时袷祀与余帝的四时祭祀的区别不是十分明确。四时即正月、四月、七月、十月这四孟月与腊日。一年五祭的地方与后世宗庙的时祭相同。四时的袷祀与后文所述禘袷的袷祀不同，所以，也许是四时只将高祖、文帝、武帝合祭一堂，而其他的西汉诸帝分别单独祭祀。上述的四时祭，不同于前文所述西汉郡国庙每年二十五祠的庙祭，西汉时也曾有人建议恢复宗庙古礼四时祭，但未被采纳(《汉书·韦玄成传》)。关于四时祭，《礼记·王制》在说明了太子七庙制之后，下文为，"天子诸侯宗庙之祭，春曰礿、夏曰禘、秋曰尝、冬曰烝"。同样，祭统记："凡祭有四时，春祭曰礿、夏祭曰禘、秋祭曰尝、冬祭曰烝。"均未提及腊日祭祀。东汉宗庙祭祀，如经书所记载，一开始便采用了时祭，这一点有别于西汉。

但是，光武帝乃高祖九世之孙，与景帝之子长沙王发在家族谱系上有关联，与西汉末期皇帝没有直系亲属关系。因此，光武帝在建武三年(27年)在洛阳立亲庙，祭祀长沙定王发之子舂陵节侯买、郁林太守外、钜鹿都尉回、南顿令钦四代。当时，天下仍未完全平定，正式的祭祀礼法也未规定。到了建武十九年(43年)，社会相对稳定，五官中郎将张纯等奏议："礼为人子事太宗，将其私亲。……当除今亲庙四。"请求将此事交予有司议。结果，大司徒涉等议：

> 宜奉所代，立平帝、哀帝、成帝、元帝庙，代今亲庙。……宜为南顿君立皇考庙，祭上至舂陵节侯，群臣奉祠。

光武帝同意此建议，诏曰：

> 其成、哀、平且祠祭长安故高庙。其南阳舂陵岁时各且因故园庙祭祀。园庙去太守治所远者，在所令长行太守事侍祠。唯孝宣帝有功德，其上尊号曰中宗。

其中规定四时于洛阳高庙祭太祖(高祖)、太宗(文帝)、世宗(武帝)、中宗(宣帝)及元帝五帝，于长安故高庙东庙祭祀成帝、哀帝、平帝三帝。所谓故高庙，即相对于洛阳高庙的长安高庙而言。《后汉书·祭祀志中》将长安宗庙称为西庙，成帝以下的庙特别称之为故高庙东庙。东庙是指原庙建立之前的长安高庙。结合原庙建立的经过,便可知因长安高庙位于原庙以东,故称之为东庙。

总结上述经过,光武帝原本为自己的父祖建立四亲庙,但张纯、戴涉等人却建议祭祀西汉末诸位皇帝以代四亲庙。光武帝接受此建议,并在洛阳高庙祭祀高祖、文帝、武帝、宣帝及四代前的皇帝元帝,在长安高庙祭祀自曾祖父至父亲一代的成帝、哀帝、平帝。光武帝直系父祖春陵节侯以下的四亲庙,令原陵园所在地的郡守、县令、县长来祭祀。如前所述,平帝元始年间,因宣帝之父悼皇考的皇考庙与哀帝之父的恭皇庙(共皇庙)被王莽废黜,故皇帝便以先帝为父进行祭祀。也就是说,西汉末皇位的权威性,优先于现任皇帝与亲生父亲之间深厚的血缘关系[40]。戴涉等建议祭祀元帝以下西汉四帝,以替代祭祀光武帝父祖的四亲庙,也是基于同样的道理。哀帝与平帝属于堂兄弟,辈分相同。按照皇帝在位顺序祭祀,便会打破代际顺序。光武帝对此只稍作了修改,基本采用了戴涉等建言。至此,可以说元始中的故事仍在继续,王莽不但在确立皇帝权威上,而且在宗庙祭祀方面也发挥了很大作用。这一点必须给予肯定。

在此,省略《后汉书·祭祀志下》中有关如何祭祀故高庙东庙、光武帝四亲庙的记述。该《祭祀志》还记载了建武二十六年(50年),光武帝向张纯询问禘、祫的时间间隔。从盛大祭祀这一意义上讲,禘祫也称之为殷祭,但殷祭是将毁庙的神主与未毁庙的神主一同置于太庙中祭祀(《春秋公羊传》文公二年八月条)。禘、祫一词可见于经书,但询问祭祀方法,这在汉代还是首次。对于光武帝的询问,张纯又云:

> 礼三年一祫,五年一禘,毁庙之主,陈于太祖。未毁庙之主,皆升合食太祖,五年再殷祭。旧制,三年一祫,毁庙主合食高庙,存庙主未尝合。元始五年,始行禘礼,父为昭南向,子为穆北向,父子不并坐而孙从王父。禘之为言谛,谛谓昭穆尊卑之义。以夏四月,阳气在上,阴气在下,故正尊卑之义。祫以冬十月,五谷成熟,故骨肉合饮食。祖宗庙未定,且合祭,今宜以时定。

据此,因七庙制的引入而形成的将毁庙之主与太祖庙一起祭祀之礼便是禘、祫祭。详细内容在此省略[41],其基本上为每五年于四月举行一次禘祭,每三年于十月举行一次祫祭。上编所述各朝代禘祫的原则均出现在这里。

只是,东汉禘祫以怎样的组合方式进行祭祀并不明确。

另外,张纯引王莽元始五年(五)的禘祭之礼[42],以说明昭穆秩序。据此,禘祭时父之神主位于北侧面向南,子之神主位于南侧面向北,相对而置。孙位于父之侧旁,曾孙位于子之侧旁。虽未言及处于中心地位太祖(汉为高祖)的位置,但在父子神主排放相同的唐代,据《旧唐书》卷二十五《礼仪志五》神龙元年(705年)五月条太常博士张齐贤之议:

> 太祖之庙,百代不迁,祫祭之礼,毁庙之主,陈于太祖,未毁庙之主,皆升合食于太祖之室。太祖东向,昭南向,穆北向。

太祖置于昭穆西侧最高位面向东[43]。且,孙、曾孙之神主,位于父、子之神主东侧,亦相对而列。关于祫祭,根据张纯的奏议,暂定为合祭。对此,光武帝依据《后汉书·祭祀志下》中所记载的"上难复立庙,遂以合祭高庙为常",便以重新建庙困难重重为由,维持高庙中的合祭。在此省略上述禘祫中有关神主排列的说明,但应注意的一点是,东汉禘祫祭祀是以高庙为主。

关于东汉诸皇帝的庙,有说明如下:

> 光武帝崩,明帝继位,以光武帝拨乱中兴,更为起庙,尊号曰世祖庙。……明帝临终遗诏,遵俭无起寝庙,藏主于世祖庙更衣。孝章即位,不敢违,以更衣有小别,上尊号曰显宗庙,闲祠于更衣,四时合祭于世祖庙,语在《章纪》[44]。章帝临崩,遗诏无起寝庙,庙如先帝故事。和帝即位,不敢违,上尊号曰肃宗。后帝承尊,皆藏主于世祖庙,积多无别。是后显宗但为陵寝之号。

即,光武帝驾崩后,明帝即位,因光武帝中兴汉室之功绩,为其起庙,尊号为世祖庙。明帝临终遗诏,不起寝庙,自己的神主(牌位)放入世祖庙更衣内。因郡国庙已被罢黜,所以,人们认为寝庙即陵旁之庙[45]。所谓更衣,根据引注(44)有司奏言的李贤注,即皇帝陵寝殿侧旁的便殿。洛阳世祖庙的位置不明确,但据以上引文,注(44)的《后汉书·章帝纪》,除了四时祭和禘祫祭祀之外,光武帝以下的神主置于更衣内,所以,世祖庙里的便殿即更衣是别殿非正处。

如上所述,东汉明帝之后的各位皇帝,在各自的陵旁不立庙,洛阳只有高祖的高庙和光武帝的世祖庙两座庙。宗庙制度中位于中心的始祖庙称之为太庙(大庙),东汉诸位皇帝的神主均置于世祖庙的更衣内,所以,可认为太庙制度始于东汉。魏晋以后的各王朝继承了此制度，皇帝庙仅设太祖庙一庙，这种做法成为惯例。只是，东汉当时，各皇帝的神主在世祖庙更衣中"积多无别"，即未考虑昭穆之序，只是放置而已。另外，光武帝按照禘祫之礼祭祀西汉诸位皇帝时，认为"复立庙难"，因此认为在高庙中合祭为常。也许光武帝原来认为在洛阳也应该给西汉各位皇帝立宗庙。东汉最终只为始祖立庙。形成这种状况，并不是因为要按照七庙制，以昭穆之序排列各位神主。魏晋之后，才开始在太庙中将七庙神主以昭穆之序排列，将毁庙之主（神主）移至称之为祧庙的其他庙中。宗庙制度经历几代皇帝之后才逐渐形成。自东汉开始才真正意义上引入了儒教礼制。所以，东汉的宗庙制度体系仍处于摸索阶段。

另外，关于禘祫制度，《唐会要》卷十三《禘祫上》记[46]：

> 上元三年(676年)十月三日，有司将祫享于太庙。时议者以《礼纬》三年一祫五年一禘，《公羊传》云五年一禘而再殷祭，两文互异，莫能决断。

作为禘祫制度的依据，引用《礼纬》，这一点值得关注。通常，提及纬书，都会这样来进行描述，即这是在西汉末东汉初的风潮中，结合图谶预言革命的一本书。但是，纬书中之所以有关于上述禘祫制度的说明，仅凭此书为革命书这一点很难解释清楚。上述称"天子臣某"之处，在《尚书纬》中显示为"天子臣某"，《孝经纬》中解释为天子乃爵称。另，《太平御览》卷七十六《皇王部一·叙皇王上》中，收录了许多关于解释君主号的纬书。例如，其中《春秋元命苞》中记："皇者煌煌也，道灿然显明，帝者谛也。"解释了"皇帝"的称号。甚至，《大唐开元礼》卷一《序例上》记："所谓昊天上帝者，盖元气广大则称昊天，据远视之苍苍然则称苍天[47]。"但，《周礼·春官·大宗伯》引用贾公彦疏"以禋祀祀昊天上帝"的《尚书说》中记：

> 天有五号，各用所宜称之。……元气广大则称昊天……据远视之苍苍然则称苍天。

其中对于天的说明，表述几乎一致。《尚书说》同《尚书纬》。纬书中对皇帝、天子，以及诸如昊天上帝这样对天的称谓进行了定义与解释。东汉末以后在据儒教礼义对皇帝制度理论化的过程中，经书补充了纬书中的不足[48]。其次，《白虎通疏证》卷十一《崩薨中》记：

>《含文嘉》曰:天子坟高三仞,树以松;诸侯半之,树以柏;大夫
>八尺,树以栾;士四尺,树以槐;庶人无坟,树以杨柳。

根据天子、诸侯、大夫、士、庶人不同的身份,规定坟丘不同的高度及坟顶种植树木的种类⁽⁴⁹⁾。

此处的《含文嘉》是《礼纬》。《周礼·夏官》节服氏贾公彦疏引《礼纬含文嘉》记:

>天子旌九刃十二旒,曳地,诸侯七刃九旒,齐轸,大夫五刃五
>旒,齐较,十三刃三旒,齐首。

重要时刻竖立太常旗,其长度等在纬书《礼纬含文嘉》中有相关说明。另外,《仪礼·士丧礼》"书铭于末曰某氏某之柩"的贾疏云:"故《礼纬》云,天子之旗九刃,诸侯七刃,大夫五刃,士三刃,但死以尺易刃。"规定了死者灵柩前竖立太常旗的长度。同样《仪礼·士丧礼》"贝三,实于笲"的贾疏云:"礼纬稽命徵云,天子饭以珠含。"礼纬中也有关于不同身份,坟丘制度、丧葬礼仪差异等说明。且,《南齐书》卷九《礼志上》高帝建元元年(479年)七月有司奏引右仆射王俭议:

>又案《礼》及《孝经援神契》,并云,明堂有五室,天子每月于其
>室听朔布教,祭五帝之神,配以有功德之君。

此引文末尾到底是否为纬书《孝经援神契》的内容,难以判断。但纬书中的确有关于明堂的说明。

安居香山曾经指出,纬书按基本性质可分为谶记、释义或释经类两大类。即,通常除了前者谶记的性质之外,还有各经的纬书中对于经义的说明、字义的解释⁽⁵⁰⁾,其观点可谓有见地。纬书中释义、释经部分,与其说是对经书的解释,例不如说纬书是对于经书中所记载的祭礼、仪礼在实行的过程中不完善之处进行补充。《礼纬》说的五年一禘、三年一祫,是经书中具体细化的仪礼。如上文所述,郊祀中的北郊,是成帝时期经匡衡等人首次提议才得以确立。连同之后王莽提出的郊祀改革,如果只按照经书的记述,天地南北郊祀不可能成体系。关于文帝的籍田礼以及与之同等重要的亲桑礼,相对于采桑礼(皇后亲自采摘时称为亲桑),祭祀养蚕之神先蚕氏的先蚕仪礼,到东汉才形成⁽⁵¹⁾(《后汉书·礼仪志上》)。即,按照儒教经典进行祭祀,西汉末才开始实施,故实际实施祭祀时,仅按经书的记述还不

够。因此,才出现了匡衡、王莽的奏议。另一方面,在实现儒教仪礼方面,纬书补充了经书中不完善之处。关于纬书中禘、祫的时间间隔、坟丘规定等具体内容,如上文所述。

以上探讨了东汉郊祀、宗庙制度的形成。在郊祀方面继承了王莽元始中的故事,南郊祭祀每年一次在正月辛日或丁日(正月上辛若丁)举行,北郊祭祀在次日举行,此外情况不详。冬至的南郊、夏至的北郊祭祀均未进行。不举行冬、夏至郊祀,这是东汉的郊祀与王莽元始中郊祀所不同的地方。关于宗庙祭祀,光武帝祭祀西汉的皇帝,其生父春陵节侯以上祖先,令在园陵所在地的郡县祭祀。这与平帝的元始年间废弃非先帝的皇帝父亲宗庙,想法如出一辙。可认为这是受到了王莽的影响。东汉的宗庙祭祀分为四时祭与祫祭,每三年一次于十月份举行的祫祭与每五年一次于四月份举行的禘祭,制定于光武帝建武二十六年(50年)。一般认为禘祫最初是根据当时张纯的建议于西汉末元始五年(公元5年),在王莽主导下进行祭祀的。因此,东汉的郊祀、宗庙制度,是在平帝元始年间,在王莽郊祀制度改革的基础上形成的。前稿中已指出,王莽在儒教郊祀的形成过程中发挥了很大作用,这一点也在本章宗庙制度形成中得以肯定。在汉代儒教祭祀的形成上,有必要重新看待王莽的作用。

皇帝在不同的祭祀场合分别使用"皇帝臣某""天子臣某"自称,此称谓及其中的伦理思想形成于东汉时期。"皇帝"与"天子"的区分使用,西汉时便已出现[52],但光武帝即位时的告天文中,未见皇帝对天称"臣某"。"皇帝臣某""天子臣某"的称谓及包含的伦理思想,形成于何时,在史料中难以得到确认。不过,推测是在光武帝驾崩之后,东汉郊祀、宗庙制度全面开启的明帝期,这种可能性极大。关于"皇帝"称谓与"天子"称谓出现的先后关系及其含义,在第八章再行考察。另外,也明确了东汉宗庙的禘祭、祫祭在形成过程中,纬书成为了一个判断祭祀间隔时间的依据。查找了对皇帝、天子或天进行定义、解释的纬书以及关于如何实施祭祀的经书,指出纬书补充了经书中不完善之处。本章所举事例,有关践行礼仪的纬书,皆为丧葬仪礼,且根据天子——诸侯不同的身份等级规定相应的礼仪,这一点值得注意。

东汉的郊祀、宗庙制度形成及其内容,及从中派生出的诸问题,如上所述。以下,对东汉的郊祀、宗庙祭祀如何实施来进行探讨。如序章即第三章所示,唐代的皇帝祭祀中,原则制度上分为皇帝亲祭与有司摄事。而且,唐代与有司摄事相比皇帝亲祭明显受到重视。西汉的天地、宗庙祭祀与东汉以后的郊庙祭祀并不相同,但据注(12)甘泉泰畤、汾阴后土祀也是以皇帝亲祭为前提。另外,王莽的郊祀制度中,冬至的南郊与夏至的北郊为有司摄事代行。且,制度上区分为皇帝亲祭与有司摄事,可以说是因王莽"元始中的故事"而开始。但是,此时的亲祭与有司摄事的区分,是因为要进行不同的祭祀,并不像唐代那样同一个祭祀有时却还分亲祭和有司摄事。唐代,皇帝的亲祭一定会受到朝野的关注,但相同祭祀的有司摄事却只能淹没在全年的一系列活动当中。后者已流于形式化,这一点已在第三章详细论述。同为有司摄事,但当初制度上规定的有司摄事与以皇帝亲祭为前提的有司摄事并不同。唐代,特别是后半期,一部分皇帝亲祭变为了祝典。即,因为祭祀的制度与实际具体情况之间存在着差异,如何来看待这种差异,如何认识其所具有的历史意义,这是关乎皇帝祭祀研究是否仅停留在制度史层面的关键所在。此项工作需要极大的耐力。有必要对东汉至唐代不同时期,如何进行郊祀、宗庙祭祀逐一进行研究。

3. 东汉的郊祀、宗庙祭祀实行

如上文结尾处所述,如果将散见于各朝代正史中的皇帝祭、少数有司摄事记录,收集起来进行比较,便可从中发现有关于中国帝制发展与变化的一些问题。本节就东汉的郊祀、其实际的运用情况进行探讨。在此先声明一点,因需明确东汉祭祀制度,故与前文在内容上可能出现重复之处[53]。

东汉的南郊于光武帝建武二年(26年)正月,建于洛阳城以南,北郊建于中元二年(57年)正月。二郊设立之时,无法确定光武帝是否进行了亲祭。但北郊设立的次月光武帝驾崩,于是很自然推测光武帝未亲祭北郊。东汉的南郊定于每年正月第一个辛日或丁日祭祀一次,之后每隔一天分别祭祀北郊、明堂、高庙(高祖庙)、世祖庙(光武庙),这称之为五供。作为五供实例,举了《南齐书》卷九《礼志上》所引的安帝延光三年(124年)之事例,但此时是否皇帝亲祭,严格地讲无法判断。但,《后汉书·方术列传上·郭宪传》记载:

建武七年,代张堪为光禄勋,从驾南郊。宪在位,忽回向东

> 北,含酒三潠。执法奏为不敬,诏问其故。宪对曰,齐国失火,故
> 以此厌之。后齐果上火灾,与郊同日。

郭宪从车驾随光武帝至南郊,面向东北含酒三潠,光武帝问其故。由此事可判断当时的南郊是由光武帝亲祀。但建武七年(31年)的亲郊在本纪中未著录。

其次,《太平御览》卷五二七《礼仪部六·郊丘》所引谢承《后汉书》记:

> 丹阳方储,聪明善天文,为洛阳令。章帝欲出南郊,储上言,
> 当有疾雨暴风,乘舆不可以出。上疑其妄,储饮鸩而死。果有大
> 风暴雨,洛中昼暝。

虽为故事也可作为史料,来佐证东汉的南郊,在一定程度上由皇帝亲祭。另外,《北堂书钞》卷五八《侍中》"南郊参承"原注:

> 谢《后汉书》云,刘陵字孟高,为侍中。车驾南郊,陵参乘。上
> 起早,升舆伏,陵恭嗟曰:"陛下万乘主,宜立正配天,虽尊神欲寝,
> 不当上为天地灵祇,下为群臣万姓观者乎。"上有愧色曰:"敬受侍
> 中斯言,以为后戒。"

周天游辑注《八家后汉书辑注》上(上海古籍出版社,1996年),书中引谢承《后汉书》卷六《刘陵传》中此文,附清人王谟(应为《谢承后汉书钞》卷六,笔者未见)按语,即,"《江西通志》引谢书云,豫章艾人,和帝时为安成长"。可知引文中的"上"即为和帝。

另外,《后汉书·天文志中》记载:

> 其四年(永和四年)正月,祀南郊。夕牲,中常侍张逵、蘧政、
> 阳(杨)定、内者令石光、尚方令傅福等与中常侍曹腾、孟贲争权,
> 白帝言腾、贲与商(梁商)谋反,矫诏命收腾、贲。贲自解说,顺帝
> 寤,解腾、贲缚。逵等自知事不从,各奔走,或自刺,解貂蝉投草中
> 逃亡,皆得免。

这是记录顺帝永和四年(139年)正月郊祀的夕牲,即祭祀前日,宦官与朝臣进行斗争的一则记事。只是,同一事件在《后汉书·梁商传》中记述如下:

> 逵(张逵)等知言不用,惧迫,遂出矫诏收缚腾、贲于省中。帝
> 闻震怒,敕宦者李歙急呼腾、贲释之,收逵等,悉伏诛。

据此引文张逵等均被处死刑。张逵等被处死刑比其逃跑更容易理解。虽

然不能够断定《天文志》所记述的内容准确,但张逵逃跑如果是真实的描写,那么,能够推测顺帝参加了夕牲,此时的郊祀为亲郊。上文中章帝、和帝、顺帝及安帝延光三年五供的祭祀例,如果均认为亲祭,则能推测判断章帝—和帝—安帝—顺帝,连续四代皇帝进行了南郊亲祀。

关于东汉最后的皇帝献帝,《后汉书·蔡邕传》记:

> 初平二年六月,地震,卓(董卓)以问邕,邕对曰:地动者,阴盛侵阳,臣下逾制之所致也。前春郊天,公奉引车驾,乘金华青盖,爪画两轓,远近以为非宜。卓于是改乘皂盖车。

由文中的"前春郊天,公奉引车驾",可知初平元年(190 年)正月献帝亲祀南郊,董卓随从。因董卓而于昭宁元年(189 年)九月致弘农王废位、献帝被拥立,且此次亲郊是献帝即位后首次郊祀的亲祀。这不仅对于献帝,对董卓而言无疑也是同样具有重要意义的政治性祭祀。但,董卓于同年二月至三月挟持献帝到长安,洛阳城遭毁坏。两年后的初平三年(192 年)四月,董卓被诛杀,但献帝被其余党围困在长安。《南齐书》卷九《礼志上》永明元年(483 年)十二月有司奏曰:

> 今月三日腊,祀太社、稷,一日合朔日蚀,既在致斋内,未审于社祠无疑不。……又初平四年士孙瑞议,以日蚀废社[54]而不废郊,朝议从之。王者父天亲地,郊社不殊,此则前准,谓不宜废。诏可。

这是关于献帝在长安时的记事。《后汉书·献帝纪》中记,初平四年(193 年)正月甲寅朔日有日食,故南齐有司奏议中引用的这则记事其真实性无需质疑。且认为举行了此次郊祀。严格来讲,仅凭此记事无法断定献帝进行了亲祀。但也许作为董卓的残余势力,必须不断表明献帝作为皇帝的正统。所以,推测初平四年正月的郊祀,汉献帝使用了西汉的郊祀坛举行了亲祀。

兴平二年(195 年)七月,献帝逃出长安返回洛阳。《后汉书·献帝纪》记载:

> 建安元年春正月癸酉,郊祀上帝于安邑,大赦天下,改元建安。……秋七月甲子,车驾至洛阳。……丁丑,郊祀上帝,大赦天下。乙卯,谒太庙。

第四章 汉代郊祀、宗庙祭祀制度的形成及实行

建安元年(196年)接近洛阳的献帝,正月于安邑、七月入城之后于洛阳举行了郊祀。正月举行郊祀的安邑不是国都,洛阳举行郊祀的七月也并不是东汉郊祀正祭的月份。这两次郊祀,显然是在献帝返回洛阳的政治形势之下进行的亲祀。两次均有"郊祀上帝",为祭祀天的南郊祭祀。初平四年正月在长安举行的郊祀也可视为南郊祭祀。另外,献帝在曹操的挟持之下迁都,发生在次月的建安元年八月。

以上是东汉实施郊祀的相关记录。可以确定光武帝建安七年(31年)、献帝初平元年(190年)、初平四年三次祭祀均为亲郊。顺帝永和四年(139年)祭祀的可信度略低,不过,符合亲郊的准备过程,这一点需要明确。章帝、和帝两例祭祀举行的时间不明确,且前者祭祀内容为传说,但后者内容充分可信。《南齐书》卷九所引安帝延光三年(124年)的祭祀例,很难认为这是偶然留下来的一个普通有司摄事例,可认为是安帝的一次亲郊。以上延光四年、永和四年的两例为正月祭祀,初平元年、四年也同样。所以,可以确定东汉南郊只在正月举行。另外,除即位时未立郊兆的光武帝之外,安帝、顺帝与献帝初平四年的亲祀都不是即位之后立刻举行的祭祀。由此可推测东汉皇帝并非特别选择在某一年举行亲郊,而是例行的祭祀。以上东汉的郊祀,从第一代的光武帝、章帝—和帝—安帝—顺帝四帝、最后的献帝,可确定均为皇帝亲祀。这些例在《后汉书》本纪中未被记录,所以,可认为整个东汉时期的郊祀均为皇帝亲祀。

另一方面,献帝初平元年的郊祀,是皇帝即位后次年的亲郊,这一点必须引起注意。如上所述,这是董卓为表明献帝的正统性以及炫耀自己在拥立献帝一事中有功而举行的郊祀。此后改元建安,献帝在安邑的亲祀,重返洛阳时的亲郊,均为在动乱中举行的亲郊。这些作为政治宣传的郊祀,在东汉末同时出现。首先,《三国志·魏书卷八·公孙度传》初平元年条记:

> 自立为辽东侯、平州牧,追封父延为建义侯。立汉二祖庙,承制设坛墠于襄平城南,郊祀天地,籍田,治兵,乘鸾辂,九旒,旄头羽骑。

初平元年正值献帝继位的第二年,公孙度立汉二祖庙(高祖的高庙与光武帝的世祖庙),称承二祖制,于治所的襄平城南设坛墠、郊祀天地,这表

明他不承认董卓拥立献帝欲自立的意图。另外,同书卷四十六《吴书一》的《孙策传》,对于兴平元年(194年)之后,有如下记载:"时袁术僭号,策以书责而绝之。曹公表策为讨逆将军,封为吴侯。"裴松之注所引《江表传》建安二年(197年)献帝的诏书曰:"(袁术)遂其无道,修治王宫,署置公卿,郊天祀地,残民害物,为祸深酷。"《三国志·魏书》卷六《袁术传》对于兴平二年冬之后,也有如下记载:"遂僭号……祠南北郊。"这样,袁术也在公孙度之后于建安元年(196年)正月祭祀南北郊,表明自立的意图。且如前所述,三国魏曹丕、蜀刘备、吴孙权也纷纷在发表立国宣言之时,登坛祭天。

如上,东汉末群雄称帝时,纷纷开始举行告天祭祀,这说明祀天是皇帝的特权。但,只有皇帝亲自祭祀才会出现如此现象。如前所述,关于东汉实施郊祀的史料流传下来的数量并不多,但流传的时间较长。《后汉书》本纪中,正祭郊祀未记载一例,只记载了献帝返回洛阳时的两次祭祀。所以,推测《后汉书》本纪,编辑正祭时原则上不记录皇帝的亲祭。东汉并非每年都举行郊祀,但基本上均为皇帝亲祭。这些正祭的郊祀中,献帝初平元年正月的南郊亲祀具有重要意义。东汉不断发生外戚、宦官拥立幼帝之事,董卓废弘农王是皇帝被废的开始。因此,即位后首次举行的初平元年的南郊祭祀,对于献帝及拥立献帝的董卓而言具有重要意义。也许人们在东汉末通过这样的方式,认识到郊祀特别是南郊皇帝亲祀在政治上的作用。如下一章所述,在西晋末至东晋初也可见到同样的情况。只是,公孙度在自立为辽东侯时,称继承了汉立二祖庙制并建郊祀用坛墠。这说明在东汉皇帝的宗庙具有一定的权威。

在考察东汉宗庙中皇帝的亲祭之时,首先必须注意皇帝即位时的谒庙礼。如第八章所详述,汉初即位仪礼在宗庙举行。从西汉中期开始,皇帝即位仪礼改为在先帝灵柩前举行的柩前即位。通过宗庙此后举行的谒庙礼与即位仪礼产生了联系。西汉时谒庙礼结束便意味着即位仪礼的结束,但东汉时谒庙礼与柩前即位礼分开来进行,通常是在次月才举行谒庙礼。另外,西汉长安的高庙是即位与谒庙的祭祀场所。但东汉在洛阳举行的谒庙礼,规定第一天谒高庙,第二天谒世祖庙。检索《后汉书》关于皇帝宗庙亲祭的记事,大部分为即位后的谒庙记事,偶然才会出现其他记事,到了东汉依然能感到谒庙极为重要。而且，除即位后的谒庙之外，要通过皇帝亲祭记事，来整体把握东汉的宗庙祭祀特点，存在一定的困难。仅以笔者愚见，列举相关事例如下：

（一）（光武帝建武三年）二月己未，祠高庙，受传国玺。（《后汉书·光武帝纪上》）

（二）（建武三年）其冬，车驾征张步，留湛（伏湛）居守。时，蒸祭高庙，而河南尹、司隶校尉于庙中争论，湛不举奏，坐策免。（该书列传十六《伏湛传》）

（三）（建武十五年）夏四月戊申，以太牢告祠宗庙。（该书《光武帝纪下》）

（四）（建武）十九年春正月庚子，追尊孝宣皇帝曰中宗，始祠昭帝、元帝于太庙，成帝、哀帝、平帝于长安，舂陵节侯以下四世于章陵。（同前）

（五）（明帝）窃见永平初，虎贲中郎将梁松言，皇太后宜入庙，与陛下交献，以彰至孝之心。……时太傅邓禹奏，宜如松言。光烈皇后于是入庙。（《后汉纪》卷十六《孝安帝纪》永初五年冬条谒者刘珍上言）

（六）（永平三年）冬十月烝祭光武庙，初奏文始五行武德之舞。（《后汉书·明帝纪》）

（七）（章帝建初七年）秋八月饮酎高庙，禘祭光武皇帝、孝明皇帝。（该书《章帝纪》）

（八）（元和二年四月）乙卯，车驾还宫。庚申，假于祖祢，告祠高庙。（同前）

（九）（安帝永初）七（六）年正月，初入太庙，斋七日。……庚戌谒宗庙，率命妇群妾相礼仪，与皇帝交献亲荐，成礼而还。（该书《皇后纪上》和熹邓皇后）

（十）（安帝）延光三年正月十三日南郊，十四日北郊，十五日明堂，十六日宗庙，十七日世祖庙。（《南齐书》卷九《礼志上》永明二年条，尚书陆澄议所引陈忠奏事）

（十一）（献帝建安元年七月）丁丑，郊祀上帝，大赦天下。乙卯，谒太庙。（《后汉书·献帝纪》）

上文（一）无疑为光武帝的亲祭。光武帝于建武元年（25年）十月进入

133

洛阳城并在此建都。建武二年正月于洛阳起高庙,南郊同样也建于此时。且,建武三年闰正月击败赤眉军,从投降的赤眉军手中获取了高皇帝的玺绶,并重新在高庙举行了受玺之礼[55]。这样,光武帝作为汉帝室一员成为了皇帝,这相当于得到了高祖的承认。王莽在高庙受命建立了新朝,本章虽对此未作特别涉及,但通过此例说明当时宗庙的重要性。(二)据说光武帝东征时,命伏湛留守京城洛阳。因祭祀宗庙时,在庙内发生了争吵,作为大司徒的伏湛对此事知而不报,受到处分并被免官。烝祭是宗庙小祭,即四时祭之一,但此时还未制定大祭,即禘祭、祫祭。可以推测光武帝在京城时,宗庙祭祀一般均为亲祭。(三)《后汉书·光武帝纪下》记:"丁巳,使大司空融(宝融)告庙,封皇子辅为右翊公……京为琅邪公。"记载光武帝分封皇子十人为公。且,三月条中记载宝融建议给皇子分封爵位和土地,光武帝敕许。(三)东汉建立之后,将首次册封所有皇子之事,一定要告知高庙。三日之后的丁巳,因有宝融告庙,故可认为此次为光武帝的亲告。(四)是对西汉宣帝的追尊,并记录首次在太庙(告庙)祭祀昭帝、宣帝、元帝的情况。仅凭这一点很难断定此次祭祀为皇帝亲祭。但之后的(七)明显是亲祭,重新在太庙祭祀先帝,据此判断光武帝亲祭的可能性很大。因为是正月,所以,此仪礼可能是在时祭时进行。

(五)是袁宏《后汉纪》中所反映出的明帝时期的情况。记事与(九)相关,在向安帝朝时期摄政的和熹太后建议庙祭的奏言中,作为先例引用了此事。此外,《后汉纪》还记载,"(永初)六年(112年)春正月甲寅,皇太后初亲祭于宗庙,与皇帝交献,大臣命妇相礼仪",记述的是(九)的内容。只是,纪年不同,(九)中为永初七年,《后汉书·安帝纪》也同样为此年。但,《后汉纪》中记述如下:

(永初)五年春正月庚辰朔,日有蚀之……是时太后摄政,天子守虚位,不得行其号令,盖阳不克之象也。

其后文为上文(五)的内容。此处正月庚辰朔日有日蚀,正月庚辰朔的日蚀与《后汉书·安帝纪》中所记载相同。因此,正如该书李贤注,据《后汉纪》记载,将和熹太后入庙时间视为永初六年也许更为恰当。从和熹太后与安帝均亲荐高庙之事、以及梁松所提出的"皇太后宜入庙,与陛下交献"之建言,(五)中光烈太后(光武帝阴皇后)与明帝的谒庙便可确定[56]。(六)明帝永平三年（60年）记事中所记烝祭乃前文所述时祭的一种，据此记事，本次时祭首次献上了光武帝享时祭所作"文始五行武德之舞"。严格讲与（四）一样，也只是记录了真实情况，并未表明此次祭祀为皇帝亲祭。但是，如果认为（四）所记首次时祭为光武帝亲祭，那么，笔者认为就不能够完全否定（六）明帝亲祭的可能性。

关于（七），《后汉书·章帝纪》记述如下：

> 甲辰，诏（曰）……今年大礼复举，加以先帝之坐。……肃雍之臣，辟公之相，皆助朕之依依，今赐公钱四十万，卿半之，及百官执事各有差。

即，此诏为赏赐辅佐章帝的公卿百官的诏书，据此可知（七）为章帝的亲祭。（七）也明确记载此次祭祀为禘祭。以上引文中记"今年大礼复举，加以先帝之坐"，所谓"先帝之坐"，如李贤注所述，"言显宗神坐，今新加之"，应理解为明帝（显宗）的神主（神坐即神主，安置牌位之台）。因要将明帝的神主重新安放（此仪式称为祔祭）在太庙，故举行了禘祭。禘祭本应在四月举行，改为在八月举行，也许是为了明帝神主立就之后再举行。且，"大礼复举"，也许意味着曾一度被禁的大礼即禘祫又恢复了。"复"并非去年、今年反复之意。因此，明帝的禘祫祭有可能是亲祭。禘祫祭礼制定于光武帝建武二十六年（50年），而（四）所述光武帝重新调整神主之位，于建武十九年便已结束。且，《章帝纪》中所谓大礼，即禘祫如果建初七年（82年）之前就已出现，那么，首先可考虑明帝即位之后，立光武帝神主时的情况。宗庙制度在不断调整的过程中，虽然没有记录，但东汉第一代皇帝光武帝的神主祔祭之后的禘祭或祫祭，由明帝亲祭的可能性极高。

（八）是章帝自元和二年（85年）二月巡狩东方，三月祭祀了泰山、汶上（汶水之畔）的明堂，返回洛阳之后进行的祭礼。同样的祭祀例中，还有唐高宗于乾封元年（666年）正月在泰山封禅，四月返回长安之后祭告祖庙的祭祀（请参照第七章）。文中"假于祖祢"，《礼记·王制》记：

> 岁二月东巡守至于岱宗。……五月南巡守至于南岳，如东巡守之礼。八月西巡守至于西岳，如南巡狩之礼。十有一月北巡守至于北岳，如西巡守之礼。归假于祖祢，用特。

郑玄注曰："假至也，特特牛也，祖下及祢皆一牛。"甚至还有"假音格"。上文是根据经书记述了章帝在世祖庙向光武帝(祖)、明帝(祢)的神主告知出巡返归之事。从这些地方也能够显示出儒教在东汉仪礼中的渗透。并且,东汉甚至之后在高庙也必须举行同样的仪礼。

(九)包括时间应订正为永初六年(112年)等,其内容前文已作论述。这里需要考虑一个问题,即和熹太后为何要特地拜谒宗庙(世祖庙?)。前文所引《后汉纪》,对于和熹太后摄政与皇帝虚位状况进行了尖锐批评,但(五)中所省略的部分,如下文所示:

> 孝明皇帝务遵经典,使公卿博士议。时太傅邓禹奏,宜如松(梁松)言,光烈皇后于是入庙。唯皇太后圣德通灵,与神合契,宜入宗庙,如光烈皇后故事,率礼复古,垂示万代。事下公卿,佥曰,宜如珍言。

和熹太后圣德通灵,与神合契,其中所谓灵、神即汉王朝祖先的灵、神,指高祖、光武帝之灵。且,刘珍一言当然是恭维和熹太后的行为与高祖、光武帝的理念一致,同时也是从高祖、光武帝的立场来规范和熹皇后的行为。《后汉书·樊儵传》,对明帝永平二年(59年)之后的情况记述如下:

> 其后广陵王荆有罪,帝以至亲悼伤之,诏儵与羽林监南阳任隗杂理其狱。事竟,奏请诛荆。……帝怒曰:"诸卿以我弟故,欲诛之,即我子,卿等敢尔邪!"儵仰而对曰:"天下高帝天下,非陛下之天下也。《春秋》之义,'君亲无将,将而诛焉。'是以周公诛弟,季友鸩兄,经传大之。"

对于欲给其弟广陵王荆减轻罪行的明帝,樊儵曰"天下高帝天下",欲抑制其私情。"天下高祖天下"等说法,此后直到唐代还常在使用。对和熹太后谒庙之事,举光武帝阴后之例引证,从这一点来看,可认为是试图从高祖、光武帝祖灵的立场,对和熹太后的专权进行抑制[57]。

(十)显示在常引用的史料中,汉代宗庙除了禘祫、时祭之外,还有正月亲郊中一系列独特的仪礼(五供)。最后(二)是继献帝返回洛阳亲郊之后举行的仪礼。形式上与(八)同为巡狩后的告庙,但与二日前的亲郊一样,成为带有一定政治宣传性质的祭祀行为。是按照郊祀—宗庙的顺序进行,这一点值得注意。郊祀特别是南郊祀与宗庙祭祀,对皇帝而言哪一个更为重要,这将在下一章之后进行讨论。《宋书》卷三十三《五行志四》西晋惠帝元康五年(295年)条记：

> 班固曰：王者即位，必郊祀天地，望秩山川。若乃不敬鬼神，政令违逆，则雾水暴至，百川逆溢，坏乡邑，溺人民，水不润下也。

强调皇帝即位之后郊祀亲祀的重要性。但是，仅根据这一点仍不明确郊祀与宗庙孰更为重要。《三国志·魏书》卷二《文帝纪》黄初五年(224年)条记："十二月诏曰，先王制礼，所以昭孝事祖，大则郊社，其次宗庙。"清楚地显示祭祀顺序为郊祀、社稷—宗庙。[58]但在实际的祭祀中郊祀与宗庙之间是怎样的一种关系，当然与皇帝自称为皇帝、天子的称呼也有关，这一问题需要在下一章之后特别进行探讨。

以上，对东汉宗庙的皇帝亲祭进行了讨论。郊庙祭祀分为例行的正祭与临时告祭，一年举行五次正祭的宗庙，是否是皇帝亲祭，这与当朝的祭祀形态有很大关系。东汉正祭中的禘祭，是章帝亲祭，这一点可以确定，但这是明帝神主祔庙之后的特殊情况。此外，未发现可证实的皇帝亲祭例，能够确定的是分别以各自的理由举行的告祭。但，光武帝的阴皇后成为皇太后时，太后、明帝的谒庙，是作为和熹太后谒庙时的先例提出。《后汉书》本纪或皇后传之中，并未对此作记录。另外，(二)是光武帝不在时的时祭例，与(四)同被认为是光武帝在洛阳举行时祭时的一个亲祭例。(六)明帝时情况相同。在宗庙制度逐步形成的东汉初，推测一定程度上存在皇帝亲祭正祭的情况。只是，如(九)和熹太后、(二)献帝谒庙，在皇帝统治力削弱，宦官、外戚势力逐渐增强，开始操纵朝政的中期以后，有时宗庙的告祭多带有政治色彩。这样，宗庙的正祭便不再受到重视，再加上多为幼帝即位，所以，推测很多情况下庙祭均由有司祭祀代行。总之，有关东汉的郊庙，正祭也许有皇帝的亲祭，但并一定受到重视。

四、小　结

本章篇幅略长，主要探讨了汉代的郊祀、宗庙祭祀制度，以及东汉具体实施情况。对于各节总结归纳的内容，在此不再赘述。下文仅列举整体主线及后面章节的问题。

西汉文帝时期实施了公共祈祝活动,即籍田、亲桑等祭祀礼。在被视为郊祀前身的祭祀中,一直到武帝时期进行的是祈求个人不老不死的咒术性祭祀。从元帝、成帝时期开始,儒家官员的话语有了分量,开始引入遵照儒家典籍的祭祀。但正如典籍中不存在的北郊祭祀此时开始登场一样,只依靠儒教典籍不可能形成皇帝祭祀。郊祀制度的基础是由西汉末平帝时期王莽制定,作为"元始中的故事",在推翻王莽之后东汉仍承袭此制度。宗庙祭祀在西汉后期的元帝时期,废止了郡国庙。同期出现的七庙制,直到西汉末一直处于争议当中,根据王莽的建言,规定旁系即位的皇帝也要祭祀前面非自己亲生父祖的皇帝。东汉光武帝在高祖的高庙祭祀西汉诸皇帝,而令各地郡守、县令祭祀他自己的父祖。是王莽制定了重视先帝的宗庙制度。故无论是郊祀、还是宗庙制度,王莽发挥了很大作用。王莽在皇帝祭祀形成历史中发挥的作用之大,必须引起充分关注。

每年的四时祭和间隔数年的禘祭、祫祭等宗庙祭祀形态,在东汉的光武帝时期得以完善。制定禘祭、祫祭时间的依据之一,是采用了礼纬,将儒教式祭祀转为实践方面,纬书起到了补充经书中不完善或缺陷的作用。皇帝祭祀中自称"皇帝臣某""天子臣某"及其区分使用,笔者认为是在光武帝死后明帝时期形成,皇帝、天子称号的解释也参照了纬书。东汉废除了陵旁设庙的制度,将明帝以下皇帝的神主(位牌)纳入光武帝的世祖庙中。取消了给每位皇帝另设宗庙的做法,形成了在中心宗庙中纳入各位皇帝的神主,在此进行时祭、禘祫的太庙制度。但是,东汉未确立世祖庙中各位皇帝神主如何排列,故仅出现了太庙制度而已。郊祀制度基本是由王莽制定,宗庙中与世代子孙辈序、昭穆相关的诸项制度,在东汉时期不断调整。确立太庙制的魏晋之后,七庙制也是同样情况,但因各朝代帝位继承的实际情况各有不同,所以,本书对于七庙制不作更多涉及。

关于东汉的郊祀、宗庙实施情况,主动作了记录的是第八章即位后的谒庙,定期皇帝亲祭的正祭只有片断式的不完整记录。但是,可推测郊祀、宗庙的祭祀,一定程度上是以皇帝亲祭的方式进行,各亲祭的特点没有南朝、唐代明确,皇帝亲祭的政治意义,东汉初期还未得到充分认识。但,东汉末献帝朝的混乱时期,郊祀、宗庙的亲祭明显为自觉行为。特别是董卓拥立献帝的第二年初平元年(190年)献帝的南郊亲祭与董卓的扈从、以及作为公孙度自立宣言的郊祀形成了鲜明对照。之后袁术也举行过南北郊祀。魏、吴、蜀三国分立之时,举行了基本同一形式的告代祭天仪礼。这样,从东汉末到三国初期,开始举行以南郊为主的郊祀、以及一部分宗庙祭祀(告祭)。即,在东汉末的分裂状态中,以郊祀、宗庙为主的皇帝祭祀,开始被权利者作为政治宣传的手段积极使用。

宗庙自秦汉,郊祀、宗庙祭祀自西汉末期,开始意识到其在确立皇帝权威方面的重要性。但是,东汉末的混乱时期,郊祀、宗庙祭祀中加入了向他者主张自己正统性的意味。这种新动向如何被继承、并发生变化,后文将对南朝、北朝的情况进行探讨。

注释:

(1)参照拙稿《古代中国的王权》(纲野善彦等编《岩波讲座·对天皇与王权的思考1·人类社会中的天皇与王权》所收,岩波书店,2002年)以及《从皇帝祭祀看汉代史》(《大东文化大学汉学会志》第四十三号,2004年)。另外,大庭修氏认为秦末叛军打着光复为秦所灭六国的旗号,刘邦建立汉政权时不得不分封异姓诸侯王,采取郡国制(关于《制诏御史长沙王忠其定著令》,同收录在《秦汉法制史的研究》创文社,1982年,最初发表于1965年)大庭修氏认为汉初的同姓诸侯王分封,是因为刘邦期待他们基于同姓意识协助汉王朝的统治而实施(收录于上文所列之书《汉王朝的统治机构》23—25页,最初发表于1970年)。

(2)关于方士,参照了顾颉刚《秦汉的方士与儒生》(1935年,以《汉代学术史略》出版,1955年改订改题。小仓芳彦等译《中国古代的学术与政治》,大修馆书店,1978年,为前者的翻译)以及陈槃《战国秦汉间方士考论》(《中央研究院历史语言研究所集刊》第十七本,1948年)、镰田重雄《方士考》(《岩井博士古稀纪念典籍论集》所收录,岩井博士古稀纪念事业会,1963年)。另外,本节使用较多的《汉书·郊祀志》,有狩野直祯、西胁常记两氏的译注(同《汉书·郊祀志》,平凡社东洋文库,1987年)。

(3)关于汉代籍田仪礼,谷口义介在《中国古代社会史研究》(朋友书店,1988年)中进行了详细讨论。关于先蚕(亲桑)仪礼,参考序章注(9)所列新城理惠氏的一系列论考。

(4)《汉书·郊祀志上》中,收录了本文引用文《祕祝之官》以下部分。

(5)好并隆司《中国古代祭天思想的展开》(同收录于《秦汉帝国史研究》,未来社,1978年,初次发表于1975年)指出,自战国时代至汉高祖时期,向天的祈祷中,民众向天诉说对君主的怨恨,君主将自己的灾厄移向民众,变为这样带有咒术的性质。且举出文帝十三年关于废除秘祝官的诏,认为从中可看出文帝时期天有被抽象化,远离人世间的趋势。但,进入武帝时期又重新恢复了以天占人的立场。

(6)参照注(3)所列谷口《中国古代社会史研究》第十章《籍田仪礼的复活》。

(7)参照栗原朋信《秦汉史的研究》(吉川弘文馆,1960年)所收录《关于史记的秦始皇本纪二、三研究》第五章第二节《作为秦郊祀对象的上帝》。

(8)武帝太初元年(前104年)将正月(一月)改为岁首之前,汉代是以十月为岁首,故景帝、武帝时期雍五畤成了在年头祭祀。

(9)汾阴后土祀、甘泉泰一坛以及泰山明堂,在目黑杏子《西汉武帝时期郊祀体制的建立——以甘泉泰畤的分析为中心》(《史林》第八十六卷第六号,2003年)一文中,强调甘泉泰畤中有被东汉郊祀坛所继承的积极要素。

(10)关于西汉末的郊祀改革,参照前稿及板野长八《中国古代人间观的展开》(岩波书店,1972年)第二十章《西汉末的宗庙、郊祀改革运动》、Loewe, M., Crisis and Conflict in Han China, London, 1974. 、西嶋定生《秦汉帝国》(讲谈社,1974年。改订版,讲谈社学术文库,1997年。前者再编辑收录于《西嶋定生东亚史论集2·秦汉帝国的时代》,岩波书店,2002年)、保科季子《西汉后半期对儒家礼制的接受——与汉传统的对立及皇帝观的变化》(收录于历史与方法编辑委员会编《作为方法的丸山真男》,青木书店,1998年),保科氏认为,通常所说的元帝期以后的宗庙、郊祀改革运动,在宣帝期已经萌芽,宣帝末的石渠阁会议成为西汉儒教政策的转折点。

(11)板野长八氏在《班固的汉王朝神话》(同收录于《儒教形成史的研究》,岩波书店,1995年,最初发表于1980年)中,指出匡衡等人的郊祀改革论,是以土德皇帝进行的郊祀改为火德皇帝进行的郊祀为前提。礼制上根据五行相生说,将汉时的德改为火德,是在东汉光武帝的建武二年(26年),在此之前已在考虑将五行相胜说转换为五行相生说。

(12)《汉书·郊祀志下》记述:

> 明年(建平三年,前4年)复令太皇太后诏有司曰:"皇帝孝顺,奉承圣业,靡有解息,而久疾未瘳。……其复甘泉泰畤、汾阴后土祠如故。"上亦不能亲至,遣有司行事而礼祠焉。后三年,哀帝崩。

即,以哀帝久病为由废除了长安的南北郊,恢复了甘泉泰畤、汾阴后土祠。但哀帝最终还是将甘泉泰畤、汾阴后土的祭祀委托给有司,自己未能亲祭便驾崩了。从中也可窥见当时与郊祀相关的祭祀是以皇帝亲祭为前提。

(13)《后汉书·祭祀志上》光武帝建武元年条的刘昭注所引《三辅黄图》中,提及元始四年(4年)王莽有关郊祀改革的上奏。另外,王莽元始四年正月郊祀高祖配天,宗祀文帝配上帝(《汉书·平帝纪》)。从这两点可认为,王莽的上奏是在元始四年。虽略去引用,但《黄图》所收录的上奏文,可视为是对《汉书·郊祀志》中他的两份上奏文及其他上奏文进行的简述。从史料价值来看,不如《汉书·郊祀志》所收录的的奏文有价值。

(14)板野长八氏认为,《孝经》是在官僚制度进一步强化的元帝时代,因儒家公卿们的活动而经书化的儒教经典。参照《〈孝经〉的形成》(收录于注(11)所列《儒教形成史的研究》,最初发表于1955年)。

(15)有司摄事时皇帝留在宫中,有关这一点请参照本书第三章注(11)。

(16)参照冈安勇《中国古代史料所体现的席次与皇帝西向》(《史学杂志》第九十二编第九号,1983年),特别是22—23页。

(17)本书第二章注(8)所介绍的唐代南郊坛,从地面到坛上每段制作了十二阶土阶梯,但南侧的阶梯最宽,为皇帝升降之用。

(18)参照尾形勇《中国古代的"家"与国家——皇帝统治下的秩序结构》(岩波书店,1979年)第二章第一节"臣某"形式与君臣秩序(最初发表于1967年)。

(19)参照小嶋毅《郊祀制度的变迁》(《东洋文化研究所纪要》第一〇八册,1989年)198—199页。

(20)关于秦汉以后的即位仪礼中宗庙的作用,参照注(1)所列拙稿《古代中国的王权》以及本书的第八章。

(21)参照前稿104—105页。

(22)根据以上本书的计算,上述长安城内的高庙与太上皇庙不包含在176处之中。另外,根据关野贞氏的《西汉永光三年的铜钟》(收录于《朝鲜的建筑与艺术》,岩波书店,1941年,藤岛亥治郎编新版,同,2005年,最初发表于1933年),从汉的乐浪郡址,出土的刻有"孝文庙"铭文的铜钟,证明了文帝郡国庙的真实存在。只是,文帝没有文帝巡幸过乐浪的记录。另外,宋王黼等撰《重修宣和博古图录》卷五中,著录了盖上刻"高庙"、器上刻"定陶铜三升鼎器一合第一"的记事,从中可确定成帝陵旁有庙存在。且,有汉好畤(与雍五畤不同的其他祭场)供厨鼎及汉汾阴官鼎的著录记事。

(23)参照注(1)所列拙稿《古代中的王权》以及《从皇帝祭祀看汉代史》。

(24)《史记·绛侯周勃世家》中景帝时的周亚夫(周勃之子)曰:"高皇帝约,非刘氏不得王,非有功不得侯,不如约,天下共击之。"即,高祖与大臣之约,详细说明只有刘氏可封王爵,只有立功者方可封侯爵。此内容在东汉明帝的马皇后传——《后汉书·皇后纪上·明德马皇后纪》,其中太后的话中简化引用。即,"昔窦太后欲封王皇后之兄,丞相条侯(周亚夫)言,受高祖约,无军功,非刘氏不侯"。可见东汉将此作为有效的规范,一直严格遵守。另外,关于当时社会集团中"约"之重要性,参照增渊龙夫"关于战国秦汉时代中集团之'约'"(收录于《新版中国古代的社会与国家》,岩波书店,1996年,最初发表于1955年)。

(25)关于太上皇,《史记·高祖本纪》记述:

> 六年(高祖六年,前201年),高祖五日一朝太公,如家人父子礼。太公家令说太公曰,天无二日,土无二王,今高祖虽子人主也,太公虽父人臣也。奈(同奈)何令人主拜人臣,如此则危重不行。后高祖朝,太公拥彗迎门欲行。高祖大惊,下扶太公。太公曰,帝,人主也,奈(同奈)何以我乱天下法。于是高祖乃尊太公为太上皇。

即,高祖与父亲太公最初是以父子之礼相处,但即位第二年(《史记》中高祖即位是在高祖五年)太公受到家令的劝告,于是对高祖显出谦让姿态,高祖便封太公为太上皇的称号,又能像从前一样,以父子之礼相待。从中可知汉的太上皇是随着皇权权威的增强而制定出来的称号,在建国之初完全无此准备。

(26)注(10)所列保科季子《西汉后半期对儒家礼制的接受》第239页。

(27)保科季子对于在皇帝行幸的郡国设立郡国庙的现象,解释为是为了在全国显示皇帝的权威。并且,废除郡国庙,解释为诸侯王被剥夺了对皇帝庙的祭祀权,皇帝祖先的祭祀由中央皇帝独自一人祭祀(前注所列论文240页)。

(28)关于游衣冠,《史记·叔孙通传》记:

> 孝惠帝为东朝长乐宫,及闲往来,数跸烦人,乃作复道,方筑武库南。叔孙生奏事,因请间曰:"陛下何自筑复道高寝,衣冠月出游高庙?高庙,汉太祖,奈何令后世子孙乘宗庙道上行哉?"孝惠帝大惧,曰:"急坏之。"叔孙生曰:"人主无过举。今已作,百姓皆知之。今坏此,则示有过举。愿陛下为原庙渭北,衣冠月出游之,益广多宗庙,大孝之本也。"上乃诏有司立原庙。原庙起,以复道故。

即,高庙建成之时,惠帝每月要取出高寝的衣冠拿到高庙。从武库以南向东到长乐宫修建的复道是从高陵至高庙之间必经之道。根据叔孙通的建议,在渭水以北建原庙,后来就变成从高陵持衣冠往新建的原庙,路不与复道交差。从中可知当时有游衣冠的仪式。即,将收纳在高寝中的衣冠定期拿去宗庙。关于游衣冠,《史记》的诸注释中有更为详尽的探讨,在此不再赘述。原庙中的"原"字即重复之意。自复道一事之后,说到高庙就不是指长安城里的高庙,而是渭北修的高庙。且,加上陵旁的庙,高庙在长安附近就达到了三处。

(29)本书主要考察了中国古代诸王朝郊祀、宗庙祭祀在现实中的变化及其意义,故未对各王朝的儒教思想变化进行研究。有关郊祀、宗庙改革等汉代儒教国教化的问题,福井重雅的《汉代儒教的历史性研究——对儒教官学化定论的再探讨》(汲古书院,

2005年)一书进行了广泛细致地探讨。

(30)《后汉书·祭祀志上》中记述:"陇蜀平后,乃增广郊祀,高帝配食,位在中坛上,西面北上"。另外,该书《五行志一》记述:

灵帝光和元年(178年),南宫平城门内屋、武库屋及外东垣屋,前后顿坏。
蔡邕对曰,平城门,正阳之门,与宫连,郊祀法驾所由从出,门之最尊者也。

可确定东汉南郊祀时,皇帝的车驾(此处为法驾)是从洛阳城南宫南门的平城门出入。

(31)关于南郊坛的历史沿革,参照前面所列石桥丑雄《天坛》第二编四(一)《明朝以前的坛制变迁》。

(32)拙稿《关于东汉——南朝的皇帝郊庙亲祭》(收录于唐史论丛编撰委员会编《春史卞麟锡教授花甲纪念唐史论丛》,韩国大邱市,1995年)第6页注(10)有以下内容,《后汉书·献帝纪》中"(建安)八年(203年)冬十月己巳,公卿初迎冬于北郊,总章始复,备八佾舞"。原文当作了有司摄事的北郊祀,这是误解。是将在国都以北的郊外迎接立冬的迎气,误解为在北郊坛的祭祀。在此郑重订正并致歉。在探讨例如唐代为何会在十月份举行北郊祭祀时,上述记事也许会给予启发。

(33)关于皇皇后帝,《论语·尧曰篇》:"(汤)曰,予小子履,敢用玄牡,敢昭告于皇皇后帝。"何晏集解:"皇大,后君也,大大君帝,谓天帝也。"《毛诗·鲁颂·闷宫》"皇皇后帝,皇祖后稷,享以骍牺,是飨是宜,降福既多"的郑笺:"皇皇后帝,谓天也。"且,皇皇后帝与刘备的告天文中皇田上帝一样,即天帝。

(34)《缪袭列传》附记于《三国志·魏书》卷二十一《刘劭传》。

(35)参照尾形勇《中国的即位仪礼》(收录于井上光贞等编《东亚世界中日本古代史讲座9 东亚的仪礼与国家》,学生社,1982年)。且,尾行氏认为自此在禅让时,按照皇帝即位——天子即位的顺序举行即位仪礼;通常在先帝故去传位时,以天子即位——皇帝即位的顺序举行即位仪礼。如第八章所述,笔者目前认为在皇帝的即位仪礼中只举行皇帝即位礼,并没有举行天子即位礼。

(36)西嶋定生氏认为,"天子"的称号即爵位的观点,显示了汉代爵制的理念。即天子以下民众均为有爵者,由于有爵者相互间形成秩序,作为赐爵者的皇帝统治万民才成为可能。并且,此爵制秩序并非人为形成,而与天有关;作为爵位的"天子"之位是天命所赐,"天子"即祭祀天之人。参照《皇帝统治的形成》(收录在《中国古代国家与东亚世界》,东京大学出版社,1983年,以及《西嶋定生东亚史论集1·中国古代帝国的秩序构造与农业》再收录,岩波书店,2002年,首次发表1970年)。

(37)参照注(18)所列尾形勇《中国古代的"家"与国家》第六章第一节《'天子''皇帝'的区分与国家秩序》(最初发表于1978年)289页。内禅皇帝首次作为皇帝告天,是因为先帝故去不能够行使通常的即位手续,故有必要像告代祭天一样,将即位之事告祭天。只是,这并不意味着先帝故去之后的即位就是天子即位。西汉中期以后的柩前即位就是皇帝即位,灵柩中的先帝(大行皇帝)在柩前即位结束之后,要作为先帝配天。参照第八章。

(38)周迁的《舆服志》,指《隋书》卷三十三《经籍志二·史部仪注》所刊载、梁的周迁撰《古今舆服杂事》二十卷。

(39)《旧唐书》卷四十五《舆服志》序文记述:

东京帝王,博雅好古,明帝始令儒者考曲台之说,依周官五辂六冕之文,山龙藻火之数,创为法服。虽有制作,竟寝不行。

虽未实行,但令依照明帝礼制制作了法服。

(40)参照注(10)所列保科季子《西汉后半期对儒家礼制的接受》。

(41)藤田忠《关于禘祭、袷祭的形成》(《中国史研究》第八号,1984年)一文中,对西汉末至东汉初的禘祭、袷祭进行了详细考察。

(42)《后汉书·张纯传》所记载的上奏文,内容相同、较为详细。但其中记述:"元始五年(5年),诸王公列侯庙会,始为禘祭。又前十八年(建武十八年,42年)亲幸长安,亦行此礼。"只是,《汉书·平帝纪》元始五年条记:"五年春正月,袷祭明堂,诸侯王二十八人、列候百二十人、宗室子九百余人征助祭。"并非宗庙中的禘祭,而是明堂中的袷祭。

(43)《大唐开元礼》中,只记下了包括唐庙号上的太祖李虎的神主在内,南北相对的昭穆排列序位,没有制度上太祖的配置。是因为谁可以成为太祖,在礼制上可以变更。

(44)《后汉书·章帝纪》永平十八年(75年)十二月癸巳条的有司奏言曰:"宜尊庙曰显宗,其四时、禘袷于光武之堂,闲祠悉还更衣。"对光武帝庙的祭祀方法有详尽的描述。其内容与《祭祀志下》,未见有矛盾之处。另外,本文中"闲祠于更衣",并非"间祠于更衣"。参照上述引用文,应该是禘袷、四时祭期间,将神主安置于更衣之意。

(45)本章第二节2,讲述所谓寝庙,即陵旁的庙寝与庙。但《后汉书·礼仪志上》有关东汉洛阳上陵之礼中记述:"画漏上刻,大鸿胪设九宾,随立寝庙前。"可知东汉诸帝陵也有寝庙。寝庙有宗庙与寝庙双重含义。本文所引用的《后汉书·祭祀志下》,其中的寝庙,使用的是前者宗庙之意。

(46)《旧唐书》卷二十六《礼仪志六》引用的内容基本相同。从中了解"上元"并非肃宗、而是高宗的年号。参照本书第二章注(1)。

(47)参照本书第二章第三节。只是在批判据《纬书》的郑玄六天说文中使用了此句。

(48)参照注(36)所列西嶋定生的《皇帝统治的形成》一文。

(49)参照鹤间和幸《关于汉律中的坟丘规定》(东京大学东洋文化研究所《东洋文化》第六十号,1980年)。根据鹤间氏的观点,《纬书含文嘉》被分类为《礼纬》,乃三国之后。

(50)安居香山、中村璋八《纬书的基础性研究》(汉魏文化研究会,1966年)第一篇思想篇(安居氏执笔)37—38页。

(51)参照新城理惠《唐代先蚕仪礼的复原——以〈大唐开元礼〉先蚕条译注为中心》(《史峰》第七号,1994年)21页。

(52)参照注(36)所列西嶋定生《皇帝统治的形成》及拙稿《关于中国古代即位仪礼的场所》(收录于拙著《古代中国与皇帝祭祀》,汲古书院,2001年,初次发表于1999年)。

(53)本节到下一章《魏晋南朝时期郊祀、宗庙的运用》,是在注(32)所列拙稿《关于东汉—南朝时期皇帝的郊庙亲祭》一文的基础上,增补后期发现的史料改写而成。只是,本节与上一节叙述内容相关,省略部分较多。另外,增补部分已收录在拙稿《东汉—南朝的郊庙亲祀再论》(《春史卞麟锡教授退休纪念论丛》,该论丛发行委员会编,韩国釜山,2000年)已发表。

(54)中华书局标点本《南齐书》卷九,认为此处"社"字根据《册府元龟》卷五百七十七,应改为"冠"。下文举"郊社不殊"之例说明其理由(该书153页校勘记[27])。所谓"以日蚀废社"乃东汉士孙瑞之议,"郊社不殊"乃南齐有司之论,故笔者认为根据后者,前者的"社"字没有必要改。

(55)关于汉代皇帝的玉玺,参照注(36)所列西嶋定生《皇帝统治的形成》一文。其中表格进行了部分修改订正,列表如下。汉代一栏中并没有受命玺＝传国玺的相关记载,但根据栗原朋信的观点,传国玺也许自东汉关武帝时代开始出现,制作传国玺是为了显示东汉乃继承西汉传统的正统王朝,是将这一精神具体化的手段。参照该氏《文献中秦汉玺印研究》(收录于《秦汉史研究》,吉川弘文馆,1960年)第二章《帝室的玺印》第一节—第二节。

(56)另外,《魏书》卷八十二《常景传》,关于宣武帝驾崩之后,记述:

  时灵太后诏依汉世阴、邓二后故事,亲奉庙祀,与帝交献。景乃据正,以定仪注,朝廷是之。

即使在北魏,光烈太后、和熹太后的谒庙作为皇太后谒庙的重要先例,常为人们所回顾。另外,《通典》卷三十《职官十二·太子庶子》"宫门郎,秦有太子门大夫,汉因之,员二人,职比郎将"的原注中写道:《汉官仪》曰:安帝时太子谒庙,门大夫乘从,冠两梁冠"。记述皇太子谒庙之事。安帝在永年元年(120年)四月立皇子保(后来的顺帝)为皇太

表 8 皇帝的玉玺分类表

	类别	神玺	受命玺	皇帝行玺	皇帝之玺	皇帝信玺	天子行玺	天子之玺	天子信玺
汉	《汉旧仪》《汉官仪》			凡封命用之	凡赐诸侯王书用之	凡发兵征召大臣用之	策拜外国事务用之	事天地鬼神用之	?
	《唐六典》卷八符宝郎条注			封拜王公以下遣使就授用之	下铜兽符发郡国兵用之	下竹使符征召大事行郡国者用之	封拜外国及征召用之	赐匈奴单于、外国王书用之	有事及发外国兵者用之
隋	《隋书·礼仪志七》	不作为宝物	封禅则用之	封命诸侯及三师三公则用之	赐诸侯三师三公书用之	征诸夏并用之	封命蕃国之君用之	赐蕃国之君书则用之	征蕃国之兵则用之
	《唐六典》卷八符宝郎条	所以承百王镇万国	所以修封禅礼神只	答疏于王公则用之	劳来勋贤则用之	征召臣下则用之	答四夷书则用之	慰扶蛮夷则用之	发蕃国之兵则用之
唐	《唐律疏议》卷二十五伪造皇帝宝条疏议	不作为宝物	封禅则用之	报王公以下书则用之	慰劳王公以下则用之	征召臣下书则用之	报蕃国书则用之	慰劳蕃国书则用之	征召蕃国兵马则用之

子,延光三年(124年)九月废黜。从皇太子短暂的在位期来判断,这应该是立太子时的谒庙。《后汉书·舆服志下》记载:"安帝立皇太子,太子谒高祖庙、世祖庙……"和熹太后谒庙,也在安帝永初六年(112年)。笔者此前没太关注汉代皇太子、皇后、皇太后的谒庙。不过,发现汉代皇太子举行谒庙礼异常之少。如上文所述,仅顺帝在立太子时举行过谒庙礼这一例。有关皇后谒庙的记录,西汉有昭帝上官皇后、平帝王皇后;东汉有顺帝梁皇后、灵帝何皇后(未能实现),总共仅四例。关于汉代皇太子、皇后、皇太后谒庙的意义,今后重新再行思考。另外,关于唐代的谒庙请参照本书第八章附论《关于唐朝皇帝的谒庙——皇太子、皇后、皇太后》。

(57)唐代只有玄宗即位后行了谒庙之礼,但这次谒庙也可解释为太上皇帝睿宗,为了对皇帝玄宗的行为加以规范而举行的谒庙礼。参照本书第八章第四节1。

(58)"郊社"中的社是指土地神社稷。然而,东汉以后皇帝祭祀中社稷的地位并不高,虽未经仔细考察,但几乎没有皇帝亲祭的记录。社稷作为古语频见于正史当中,但此处的"郊社",实际重点在于郊祀,特别是南郊。

第五章

魏晋南朝的郊祀、宗庙祭祀制度的实行

一、导　言

上一章探讨了汉代郊祀、宗庙制度的形成，以及依儒学建立的郊庙制度在东汉的实施。调查显示在实施过程中并非完全遵循制度规定。也许完全遵循了祭祀制度，但史料未作相关记载。仅从可确定的记录发现，包括群雄在内的东汉末的郊庙、特别是郊祀存在着灵活性。即自称皇帝（天子）为炫耀自己正统性而举行的亲祭。如果事实的确如此，那么东汉之后的三国、西晋、东晋至南北朝对峙期，这些朝代的郊祀、宗庙祭祀实际情况如何，就成为在祭祀研究中非常值得探讨的有趣课题。逐一列举皇帝亲祭略显繁琐，但因皇帝亲祀很多情况下都只是对事实的记录，所以，如果不对整体情况有准确的把握，极有可能对每个皇帝个体祭祀的理解变得主观随意。下面，与分析东汉时情况一样，从逐一分析每个事例的具体内容开始。[1]

二、三国时期的郊庙祭祀

1. 曹魏

魏文帝于黄初元年（220年）十月登坛受禅[2]后，十二月迁都洛阳，黄初二年正月郊祀天地、祭祀明堂。之后乙亥于东郊祀日，但《三国志集解》中记载，潘眉认为乙亥是四日，郊祀可看作是在朔日举行。正如第一章所述，此时使用的是东汉的郊祀坛和明堂。之后的魏明帝于太和元年（227年）正月郊祀并以武皇帝（曹操）配享天，在明堂宗祀文帝以配祭上帝。另外,文帝是在二月辛未时躬耕籍田,丁亥于东郊祀日。这样,两位皇帝都是在即位第二年正月亲郊,这与东汉献帝情况相同。虽然没有两位皇帝即位后谒庙的记录,但如后文所述,因为明帝太和三年(229年)十一月之事,在洛阳建成魏王朝宗庙也在情理当中。另外,魏国的圜丘于景初元年(237年)十月建成(《三国志·魏书·文帝纪》《明帝纪》),以上明帝的亲郊也是在东汉的南郊坛举行。

如上所述,景初元年十月在洛阳南委粟山建成圜丘,十二月壬子日冬至始在此祭祀(《三国志·魏书》卷三《明帝纪》)。这是圜丘建成之后首次郊祀,自然为明帝亲郊。根据三月制定的景初历,月份的数法提前一个月(青龙五年三月变为景初元年四月),所以冬至不是十一月而是十二月。虽然,景初历的制定和圜丘的建成有一定关系,但是这里无法阐明景初历制定的历史、思想意义。明帝于景初三年正月初一驾崩,齐王芳即日即位。并于十二月发布昭告,之后的十二月份保持不变,从次年的正始元年开始,又重新恢复太和以前的日历。但是,《宋书》卷十六《礼志三》记载:"自正始以后,终魏世不复郊祀。"自此之后,曹魏没再举行郊祀。的确,查阅《三国志·魏书》卷,也没有齐王芳之后亲郊的记录。没有进行亲郊,或许与后来魏国的权力掌握在司马氏手中有关。

《三国志·魏书》卷三《明帝纪》太和三年(229年)条记载:

> 初,洛阳宗庙未成,神主在邺庙。十一月,庙始成,使太常韩暨持节迎高皇帝、太皇帝、武帝、文帝神主于邺。十二月己丑至,奉安神主于庙。

魏的宗庙至明帝太和三年(229年)终于在洛阳建成。将神主祔祭于宗庙之礼称之为祔庙。虽然,这是将神主从邺城移至洛阳祔庙之礼,但仅凭此文无法判断是否为明帝亲祔之礼。根据记录,总体来看魏国宗庙的祭祀不太活跃,即使是在齐王芳以后,洛阳已经有了宗庙,但也未发现即位后的谒庙。只是该书卷四,《三少帝纪》齐王正始六年(245年)条记载:"冬十一月祫祭太祖庙,始祀前所论佐命臣二十一人。"据此可确定在宗庙举行了祫祭[3]。另外,该书同纪正始七年(246年)八月条记载:

> 己酉,诏曰:"吾乃当以十九日亲祠。而昨出已见治道,得雨,当复更治,徒弃功夫。每念百姓力少役多,夙夜存心。道路但当

期于通利,闻乃挝垂老小,务崇修饰,疲困流离,以至哀叹,吾岂安乘此而行,致馨德于宗庙邪?自今已后,明申敕之。"

因下雨人们需反复给皇帝打扫御道,为了不给百姓增添负担而下此诏。但由此也可推断出皇帝进行了宗庙亲祭。因为八月接近时祭的孟夏七月,所以,此次时祭应该是亲祭。不过,以上正始年间的两次祭祀中时祭在八月、袷祭在十一月,均较惯例推迟了一个月,其原因不详。如前所述,提早一个月的景初历,在正始元年(240年)又恢复以前历法。

如上所述,从诏书的内容来看,正始七年(246年)的时祭并非特别祭祀。曹魏时期时祭的亲祭很普遍,因此可认为大祭的禘袷也由皇帝亲自祭祀。正始六年的袷祭之所以流传下来,是因为第一次从祀了佐命的大臣,除此之外应该没有其他特别的意义。由此可推测曹魏时期,宗庙的时祭、禘袷一定程度上是由皇帝亲自祭祀,但却很难认为其隐含有什么特殊意义。

2. 蜀汉、吴

如前章所述,蜀国的刘备和吴国的孙权分别于章武元年(221年)四月、黄龙元年(229年)四月在南郊告代祭天并即位。关于蜀国,《三国志》卷三十二《蜀书二·先主传》章武二年条中记载:"冬十月,诏丞相亮(诸葛亮),营南北郊于成都。"由此可知章武二年(223年)修建了南北祭坛。然而,没有任何流传下来的有关蜀汉之后亲郊的史料。

关于吴国,该书卷四七《吴书二·孙权传》太元元年(251年)条记载:"冬十一月大赦,权(孙权)祭南郊",关于《宋书》卷一六《礼志三》吴国的郊祀,宋代何承天曰:

案权(孙权)建号继天而郊享有阙,固非也。末年虽一南郊,而遂无北郊之礼。……权卒后三嗣主,终吴世不郊祀,则权不享配帝之礼矣。

另外,《通典》卷四十二《礼二·郊天上》"自正始以后,终魏代不复郊祀"的原注记:

孙权初称尊号于武昌,祭南郊告天,用元(玄)牡。后自以居非土中,不修设。末年南郊,追太上皇尊号为吴始祖,以配天。后王嗣位,终吴代不郊祀。

第五章 魏晋南朝的郊祀、宗庙祭祀制度的实行

据此可知,孙权于武昌即位、南郊祭祀告天,之后未举行郊祀,晚年将父亲孙坚尊为始祖时,进行了郊祀并以始祖孙坚配祭天。然而,吴国之后再未进行过郊祀。关于这点,《宋书》卷三十三《五行志四》记载:

> 吴孙亮五凤元年(254年)夏大水。亮即位四年,乃立权(孙权)庙,又终吴世不上祖宗之号,不修严父之礼,昭穆之数有阙。亮及休、皓又并废二郊,不秩群神。此简宗庙,不祭祀之罚也。又是时,孙峻专政,阴胜阳之应乎。

总之,在孙吴废帝(孙亮)、景帝(孙休)、乌程侯(孙浩),从第二代到最后一任皇帝都未完善健全宗庙、实施郊祀。因此,可明确断言,由吴皇帝亲祀的郊祀,除建国时举行过之外,便只有孙权晚年的这一次亲祀。

关于蜀国的宗庙,《三国志》卷三十二《蜀书二·先主传》云:

> 章武元年(221年)夏四月,大赦改年。以诸葛亮为丞相,许靖为司徒。置百官,立宗庙,祫祭高皇帝以下。

建国改元、修整官制,同时建立宗庙,祫祭高祖(高皇帝)以下。这到底是有关制度的规定,还是意味着刘备的亲祭,很难进行判断。但因祫祭本应为十月份举行的祭祀,故可认为此仅为制度上的完善。此后的蜀汉,没有关于宗庙亲祭的史料。至于吴的宗庙,据《三国志》卷四十八《吴书三·孙亮传》以及《资治通鉴》卷七十六可判断,会稽王(废帝)孙亮于五凤二年(255年)十二月在建业立太庙,追大帝孙权为太祖。但是,据前一段《宋书·五行志四》可知,吴国并没有真正地举行宗庙祭祀。另外,吴于五凤二年建立宗庙,或许只是对前引文中批评前年夏天暴发洪水一事所采取的措施。

以上探讨了关于魏、蜀汉、吴的郊庙亲祭。即使是在三国中心的魏,正始年间以后也未进行过郊祀,三国郊祀的亲祀中没有特别值得关注的地方。不过,因魏的文帝、明帝在即位第二年亲祀了郊祀,另外自吴的孙权迁至建业以来,以不在土中即国家中心为由未进行郊祀,因此,可以肯定郊祀特别是南郊作为皇帝的祭祀受到了重视。关于宗庙,可推测魏的正祭一定程度上是由皇帝亲祭,但蜀汉、吴的庙享却几乎没有任何可供查阅的资料线索。相反,吴在实行宗庙祭祀方面,缺乏积极性。之所以一方面承认魏宗庙祭祀的亲祭,另一方面又认为未进行郊祀,是因为实际上大部分郊祀是以有司摄事的方式进行。三国时期并不认为亲祭正祭的郊祀在政治上

很重要。事实上,三国时期竞争激烈,各王朝内部政治混乱,无暇在郊庙的祭祀上投入更多精力,所以,很多情况下都委以有司摄事代行。

三、晋

1. 西晋

晋武帝于泰始元年(265年)十二月丙寅在南郊设坛祭祀上帝。之后南朝各王朝第一代皇帝,也同样在建国时举行了告代祭天仪礼。武帝于泰始二年二月郊祀宣皇帝(司马懿)以配天,在明堂宗祀文皇帝(司马昭)以配祭上帝(《晋书·武帝纪》及卷十九《礼志上》)。这只是完善晋祭祀制度的一个重要部分,并不意味着是武帝的亲祀。十一月,改变曹魏时期分别设立圜丘和南郊、方丘和北郊的郊丘制度,统一为只设南郊、北郊。如第一章所述,此举措显示在郊祀方面排斥郑玄说、采用王肃说。同月庚寅冬至于南郊郊祀天,这是武帝即位后首次亲郊,展示晋取代了魏之后的天下。之后,武帝于太康三年(282年)正月又亲自郊祀。《资治通鉴》卷八十一《晋纪三》根据《晋书》卷四十五《刘毅传》等,将此时的郊祀看作南郊,笔者认同此观点。西晋北郊正祭的日期不明确。另外,《宋书》卷十六《礼志三》记载:"晋武帝太康三年正月,帝亲郊祀,皇太子、皇弟、皇子悉侍祠,非前典也。"此时皇太子以下皇弟、皇子参列被视为破例,不符合常规。如果的确如此,反倒可推断当时的亲郊属于特别祭祀,然而却无法把握其具有何具体意义。

《北堂书钞》卷五十三太常条"虞松考正旧仪"的原注记:

> 《晋起居注》:元康六年以后,不常亲郊,经杂事难,制度废弛,太常虞松考正旧仪,死不悉备。

《晋书斠注》卷十九《礼志上》,在前段所述太康三年正月郊祀条中引用以下内容,"案《志》文,于太康三年以后,不书亲郊,故以此条附注于下"(《晋起居注》中记载惠帝在元康六年(296年)以后没再亲郊正祭。)即《晋书·礼志》中没有关于太康四年(283年)以后亲郊的记录,故在太康三年的地方注记《晋起居注》。但是,《晋书》本纪中,除武帝泰始元年告代祭天和第二年冬至亲郊以外,几乎没有皇帝亲郊的记录。而且,后者为亲祀这点,并非从本纪,而是从礼志上的记述中判断得知[4]。太康三年的亲郊未记载在《晋书·武帝纪》中,因有例外,故记录在《宋书·礼志三》和《晋书·礼志上》之中。另外,后述东晋时期,经证实的确存在亲郊在本纪中未作记录的情况。所以《晋书》中同样也有可能存在未作记录的亲郊,故《晋起居注》中所记元康六年(296年)这一纪年应引起足够的重视。

事实上,《晋起居注》的记录中存在一些问题,本应参照《晋书》卷五十一《挚虞传》中"时怀帝亲郊。自元康以来,不亲郊祀,礼仪弛废。虞(挚虞)考正旧典,法物粲然"。虞松是三国魏人,在挚虞被晋怀帝强行带到平阳的一个月前,即永嘉五年(311年)五月,"永嘉之乱"之后在洛阳饿死(《太平御览》卷三十五《时序部二〇·凶荒》及该书卷四百八十六《人事部一二七·饿》所引王隐《晋书》)。因此,从生存年代来看,明显应采用《挚虞传》。"死不悉备"和"法物粲然"完全不同,《资治通鉴》卷八十六《晋纪八》光熙元年(306年)十一月条,记述了怀帝即位后不久的情况。

  怀帝始遵旧制,于东堂听政,每至宴会,辄与群官论众务,考经籍。黄门侍郎傅宣叹曰,今日复见武帝之世矣。

虽然,《挚虞传》记述怀帝亲郊的年次不详,但可认为是在即位后不久举行。这样,从上文引用怀帝对政务的态度来看,应该可以肯定此为"法物粲然"的亲郊。

根据上述内容可明确一点,即《北堂书钞》卷五十三所引《晋起居注》有误。但仅限于"太常虞松"以下的后半部分。对照《晋书·挚虞传》,前半部分无矛盾之处,但《宋书》卷三十三《五行志四》记载:

  元康五年五月颍川、淮南大水,六月城阳、东莞大水杀人,荆、扬、徐、兖、豫五州又大水。是时帝即位已五载,犹未郊祀,烝尝亦多不身亲近,简宗庙,废祭祀之罚也。

即,元康五年(295年)5至6月,黄河、长江中下流一带遭受洪水,乃因惠帝未亲祭郊祀、也疏忽了宗庙祭祀。假如惠帝因为此事亲祭了郊祀,那么,最早也应在同年十一月的冬至。而且,如果从第二年又开始不郊祀,情况则如《晋起居注》中所记,"元康六年以后,不常亲郊"。即,可推断惠帝于元康五年冬至,仅亲祀了一次南郊。另外,《宋书·五行志四》中所出现的烝尝乃宗庙的时祭,后又"简宗庙",故无法解释为惠帝没有举行宗庙时祭的亲祭,却亲祭了大祭的禘祫。总之,通过综合《北堂书钞》卷五十三所引《晋起居注》《晋书·挚虞传》《宋书·五行志四》的记述,可以推断惠帝只在元康五年冬至亲祀了一次南郊,几乎对宗庙的祭祀不亲祭[5]。怀帝即位后不久就亲祀了郊祀(大概是南郊)。

怀帝于永嘉五年六月在平阳被前赵(汉)的刘聪软禁,翌年九月在长安立秦王邺为太子,永嘉七年(313年)正月怀帝被刘聪所弑,四月秦王邺于长安即帝位(愍帝)。如《晋书》卷五《愍帝纪》记载:

　　时有玉龟出霸水,神马鸣城南焉。六年九月辛巳,奉秦王为
皇太子,登坛告类,建宗庙社稷。

愍帝立太子时登坛祭天。该书卷六十《阎鼎传》中也有关于此次祭天的简单记述,《宋书》卷二十八《符瑞志中》记载:"晋怀帝永嘉六年二月壬子,神马鸣南城门。"卷二十九《符瑞志下》记载:"晋怀帝永嘉六年二月壬子,玉龟出霸水。"将玉龟、神马的出现特定为二月壬子朔日。且,祥瑞的出现和立太子之间相差七个月,但愍帝立太子之时也许是利用了之前出现的祥瑞。《晋书》卷三十九《王浚传》记载:

　　时刘琨大为刘聪所迫,诸避乱游士多归于浚。浚日以强盛,
乃设坛告类,建立皇太子,备置众官。

当时,在冀州的王浚亦告天、立了皇太子。以上引文未注明时间,但《资治通鉴》卷八十七认为是永嘉五年(311年)七月(皇太子的名字不明)。这样,时间应比愍帝立太子早一年,是怀帝被俘的第二个月。或者,因怀帝还在世,王浚在立太子时煞费苦心想出告天之策,一年后愍帝效仿他并利用了祥瑞。总之,在面对"永嘉之乱"这样非常紧急事态之时,多次出现立太子时举行例外的告天礼这样的现象。

关于西晋的宗庙,武帝即位初使用的是魏庙,泰始二年(266年)创立了晋的宗庙(太庙)。十一月辛卯将祖祢的神主迁至太庙(《晋书·武帝纪》),即亲祀南郊庚寅冬至的次日。所以自然可认为南郊之后的太庙祭祀也是亲祭。另外,《宋书》卷十七《礼志四》宋代孝武帝大明三年(459年)十一月乙丑朔的有司奏所引太常丞陆澄议:"晋太始(泰始)七月四日,始祖将亲祠于太庙。庚戌,车驾夕牲。辛亥,雨,有司行事。"这是武

帝在泰始七年(271年)准备亲祭太庙时的情况。车驾是皇帝出御、巡幸时使用的词语，讲述的是武帝甚至亲自夕牲即查看牺牲，但因次日下雨中止了亲祭。在亲祭四时庙祭时遇到下雨或丧仪，是令有司摄事代行还是延期的讨论中，引用了上文陆澄之议。所以，泰始七年的庙祭也是时祭的可能性较大。而且，如果时祭也是亲祭的话，便可推测禘祫也有可能亲祭。

太康五年(284年)以后，太庙中的宣帝(司马懿)庙就不断出现横梁折断等破损现象。因此，太康八年(287年)九月改建太庙，十年四月完成。《晋书·武帝纪》同年同月条中记载："乙巳，迁神主于新庙，帝迎于道左，遂祫祭。"《太平御览》卷五百二十八《礼仪部七·禘祫》中引王隐《晋书》曰："太康中太庙成，迁神主于新庙，上帅百官，奉迎于道左，遂亲禘祫。"是有关当时武帝亲祭的情况。在供奉神主的宗庙祔祭中，重新供奉先代皇帝的神主时，皇帝有时会亲自行亲祔之礼，这种情况下，一般在祔庙结束之后进行祫祭。正如"遂"有时表示"紧接着"经过了非常短的时间一样，武帝大概是奉迎神主后立刻进行了祫祭。这要说是特例也的确是特例，如前文所述，因推测举行过时祭的亲祭，所以，这里不能够否定一般禘祫亲祭的存在。另外，原本四月份进行的是禘祭，《晋书·武帝纪》之所以认为是祫祭，大概是沿用宗庙的大祭，即殷祭的意思。

以上是武帝时期正祭的庙享、以及伴随宗庙落成的亲祭例。关于临时的告祭，《晋书·武帝纪》泰始三年(267年)条中记载：

夏四月戊午，张掖太守焦胜上言，氐池县大柳谷口有玄石一所，白画成文'实大晋之休祥'，图之以献。诏以制币告于太庙，藏之天府。

说是通过献上祥瑞祭告太庙，但因为"诏以制币告于太庙"，所以大概是交由有司进行。另外，同纪太康元年(280年)五(六)月条记："景(丙)寅，帝临轩大会，引皓(孙皓)升殿，群臣咸称万岁。丁卯，荐酃渌酒于太庙"。晋灭吴国是在当年三月，在召见成为俘虏的乌程公孙皓次日，向太庙进献了酃渌酒。关于酃酒，《太平御览》卷八百五十四《饮食部三·酒下》所引郭仲产《湘州记》记载：

衡阳县东南有酃湖，土人取此水以酿酒，其味醇美，所谓酃酒。每年尝献之。晋平吴,始荐酃酒于太庙,是也。

《晋书斠注》引用此文,解释了酃酒却无法说明酃渌酒,故《湘州记》就晋平吴和荐酃酒的关系提出疑问。但是,唐在总章元年(668年)举行了向太庙进献被灭亡的高句丽宝藏王的仪式[6],那儿有充分理由认为晋在向太庙进献时,献上了被占领国吴的美酒。只是,献酒的并不是孙皓本人,而是由有司推荐献上的酃酒。以上说明对于太庙的正祭武帝主要自己亲祭[7],告祭交由有司代行。

惠帝即位后情况完全改变。由于行文的关系,对于惠帝几乎不亲祭宗庙祭祀一事,前文已有所涉及,但仍有必要再进行具体论述。惠帝被认为是位昏庸之君,即位第二年,即永平元年(291年)三月,贾皇后假托诏令,把她对手杨太后废为庶人,并告于天地宗庙(《晋书·惠帝纪》)。本次告庙、告郊乃由有司代行,非惠帝亲祭,可确定是贾皇后为使自己的行为合理化而进行了本次仪式。这样,从"八王之乱"开始,随着战乱频发,郊庙的祭祀也突然带有了政治性意味。永兴元年(304年),惠帝被河间王司马颙的部将张方在长安俘虏,如《晋书·惠帝纪》所记载:"冬十一月乙未,方(张方)请帝谒庙,因劫帝幸长安。"张方在此之前有计划地让惠帝谒庙。这在形式上,符合巡幸之前的告庙。光熙元年(306年)惠帝回到了洛阳,据该书纪中记载:"六月景(丙)辰朔,至自长安。升旧殿,哀感流涕,谒于太庙。"可知此时也去谒了太庙。前后两次谒庙,前者是张方为使惠帝的长安行合理化,后者是惠帝将其返回洛阳之事告于宗庙,同时也是因己之过向祖灵谢罪。惠帝在这一年十一月驾崩,可以证实惠帝亲祭的宗庙祭祀中,只有上述与"八王之乱"有关的告庙。

如前文所述,愍帝在长安立太子时登坛告祭(祭天),并立了宗庙。这可与东汉末公孙度建立汉代的二祖庙后郊祭两者进行对比。愍帝也可能是在建立宗庙、告知出现玉龟等祥瑞之后进行了郊祀。然而,愍帝却于建兴五年(317年)十二月在平阳被刘聪杀害,西晋灭亡。第二年(318年)三月癸丑,琅琊王司马睿(元帝)在建业即位,改元为大兴,东晋建立。此诏曰"遂登坛南岳,受终文祖,焚柴颁瑞,告类上帝"(《晋书》卷六《元帝纪》)。元帝即位时举行了郊祭、祀天。元帝已于前一年的三月辛卯在建康即帝位,建元建武(317年),建立宗庙社稷。前赵的刘曜攻陷长安,愍帝于平阳被俘,均发生在此前建兴四年(316年)十一月。有可能元帝在即位前也由有司代行了告庙。

由此看来,西晋的郊祀、宗庙祭祀,武帝时期与惠帝以后情况大有不同。武帝时期祭祀例很少,但可以推测郊祀、宗庙祭祀一定程度上均由武帝亲祭,宗庙祭祀中临时的告祭由有司代行。但是,后来的惠帝的郊祀、宗庙均不太有亲祭,据史料可推测的郊祀亲祭只有一次,不得已的亲自告庙(谒庙)大概有两次。然而,继承惠帝的怀帝亲祭了郊祀,他因"永嘉之乱"在平阳被俘。怀帝与之后的愍帝在立太子时举行了告天仪式。愍帝被刘聪杀害,作为晋王独自建立年号的元帝,在建康登坛告类、继承晋朝。这样,从"八王之乱"至"永嘉之乱",在这样持续的混乱局面下,诸皇帝开始亲祀郊祀,特别是南郊祀。为使帝位继承合理化,也建立了宗庙,但并不能认为诸皇帝是积极、主动地亲祭宗庙。东汉的郊祀、宗庙一定程度上是以皇帝亲祭的形式进行,至东汉末郊祀的亲祀却突然受到关注。西晋从武帝到惠帝、怀帝、愍帝,在帝位继承过程中也出现了同样的现象。当发生需要以己之力自称皇帝(天子)的情况之时,便能看到告天、即南郊的亲祀开始受到关注。参考以上诸点,下面将探讨在北方五胡诸国兴亡时期的东晋时代,如何进行郊庙祭祀。

2. 东晋

东晋的郊庙亲祭情况如表9所示。此表并未将所有关于东晋郊庙的记录均罗列其中,显示的只是标明为皇帝亲祭或判断为皇帝亲祭的情况。表中尽可能保留原文,不过个别之处略加修改,比如将两个记录归纳为一个等。另外,亲祭的月份加有括号表示为推算出来的时间,推算的依据或判断为亲祭的根据,考证如涉及细节部分则叙述会略显冗长,故此处省略说明。查看表9可发现,本纪中所记载的亲祭例很少。本纪所记载的穆帝、孝武帝两例庙享,都是在元服、开始亲政时举行的告庙,属特例。另外,后文将涉及大兴二年(319年)元帝按照通常郊祀礼仪所进行的亲郊,但从祭祀的时间不在正月而在三月这一点来看,可判断其为特例。也就是说,在《晋书》本纪中,正祭和郊庙亲祭未记录一例。

另外,从表9中可看出,即位次年或靠近即位的年份亲郊较多。《南齐书》卷九《礼志上》中记录较多的,如该书同卷高帝建元四年(482年)条记:

表 9 东晋的郊庙亲祭

皇帝	年次（西历）	即位,亲郊	亲享庙	出处·附注
元帝	建武元年(317年)		十月辛卯,即晋王位,行天子殷祭之礼,非常之事也。	《宋书》十四《礼一》
元帝	太兴元年(318年)	三月丙辰,遂登坛南岳,柴燎颁瑞,告类上帝。	正月祠太庙,躬奉烝尝。	《晋书·元帝纪》
元帝	二年(319年)	始议立郊祀仪。三月辛卯,帝亲郊祀,缥配之礼,一依武帝始郊故事。		《晋书》十九《礼上》,《资治通鉴》九十一。《宋书·礼三》误写为元年。
元帝	三年(320年)			《宋书》十六《礼三》
明帝	永昌元年(322年)	闰十一月庚寅即位。		《南齐书》九《礼上》
明帝	太宁三年(325年)	（正月）南郊。		《南齐书》九《礼上》
成帝	太宁三年(325年)	闰八月己丑即位。		
成帝	咸和元年(326年)	（二月）改元即位。	改号以谒庙。	《南齐书·礼上》（两处）
成帝	六年(331年)		十月时祭。	《晋书》六十五《王导传》
成帝	八年(333年)	正月辛未北郊,始以宣穆皇后配地。		《宋书》十六《礼上》
咸康	元年(335年)	正月一日加元服,二日亲南郊。	加元服谒庙。	《南齐书·礼上》（两处）
康帝	咸康 八年(342年)	五月甲午（从琅琊王）即位。		
康帝	建元 元年(343年)	正月辛未南郊,辛巳北郊,帝皆亲奉。南郊祝文称嗣天子臣某。		《宋书·礼三》,《通典》四十二《礼二》。

续表9

皇帝	年次（西历）	即位·亲郊	亲享庙	出处·附注
	建元二年（344年）	九月己亥即位，时年二岁。		
穆帝	升平元年（357年）		正月壬戌朔，帝加元服，告于太庙，始亲万机。	《晋书·穆帝纪》
哀帝	升平五年（361年）	五月庚申（从琅琊王）即位。		
海西公（废帝）	兴宁三年（365年）	二月丁酉（从琅琊王）即位。		
	太和六年（371年）	十一月己酉（从会稽王）即位。		
简文帝	咸安二年（372年）	（正月）南郊。		《南齐书·礼上》
	咸安二年（372年）	七月乙未即位。		
	宁康元年（373年）	正月改元亦郊。		《南齐书·礼上》
孝武帝	太元元年（376年）		正月壬寅朔，帝加元服，见于太庙，皇太后归政。	《晋书·孝武帝纪》
	十三年（388年）	正月次辛亲祀北郊。	四月癸巳，祫祀（时祭）。	《通典·礼四》大享明堂。四月祫祀《宋书·五行志中》。
安帝	太元二十一年（396年）	九月辛酉即位。		
恭帝	义熙十四年（418年）	十二月戊寅（从琅琊王）即位。		

建元四年,世祖即位。其秋有司奏,寻前代嗣位,或仍前郊
年,或别更始,晋宋以来,未有画一。今年正月已郊,未审明年应
南北二郊祀明堂与不?

是关于即位后的郊祀始于何时的争议,引用的东晋的祭祀先例。如第一章所述,东晋建立了两年一度于正月上辛举行郊祀的两年一郊制。在上述引文中,争议的问题是到底该继承先代皇帝的做法还是另立新规。且,表9举东晋诸例与宋代孝武帝例,未将先帝的亲郊例计算在内,而是从即位次年重新开始记录郊祀。从《宋书》卷十六《礼志三》,《通典》卷四十二《礼二中》可看出,康帝在即位的第二年进行了亲郊。因此,东晋制定了两年一郊制度,同时也规定从即位的第二年开始举行亲郊。

如前所述,自东汉末至曹魏、西晋(只在冬至),均可见即位次年亲郊的情况,另外,如第七章所详述,特别在唐代的后半期,即位次年的亲郊作为新帝的仪礼非常之重要。表9中各亲郊例对于东晋诸皇帝的确是很重要的仪礼。但,这是否意味着普通的郊庙亲祭就不受重视?事实并非如此。下面,根据一些零星的史料来明确这一点。

关于郊祀,如前所述元帝在大兴元年(318年)三月登坛告类、宣布即位、第二年制定郊祀的礼仪、三月进行郊祀。此乃发生在太兴二年之事,很可能是《晋书》卷四十四《华恒传》所记载:

寻拜太常。议立郊祀。尚书刁协、国子祭酒杜彝议须还洛,
乃修郊祀。恒议,汉献帝居许,即便郊紫,宜于此修立。司徒荀
组、骠骑将军王导同恒议,遂定郊祀。

元帝在建康的即位成为东晋的开端,但当初收复洛阳的希望很大,自然,郊祀应在洛阳举行的呼声很高。但华恒举出汉献帝被曹操所胁迫,于建安元年(196年)八月迁都至许昌,并在此举行郊祀之事,使其决定就在建康举行郊祀。此事并不能新增为东晋皇帝郊庙的亲祭例,但在距河南省许昌市东南十五公里的张潘村,还保留有称之为毓秀台的版筑式土台。台高十五米,面积约二百平方米的土坛,被认为是献帝祭天的地方。也有人推测毓秀台是东汉明帝在许昌建造的景福殿的基坛[8],另外,前章讲到,献帝初平元年(190年)正月南郊的亲祀在洛阳举行。所以,无法直接断言现在的毓秀台就是献帝时许都南郊的地址。只是从《晋书·华恒传》可确定献

帝时许都南郊坛的存在。

图3　相传为献帝祭天之地的毓秀台（著者摄影）

关于东晋的南郊，史料中未明确显示除即位后初次亲郊以外还有其他的祭祀例。但从表9所示北郊亲祀，可推测南郊亲祀的存在。《宋书》卷十六《礼志三》记载：

> 明帝太宁三年(325年)七月，始诏立北郊，未及建而帝崩。故成帝咸和八年正月，追述前旨，于覆舟山南立之。是月辛未祀北郊，始以宣穆张皇后配地，魏氏故事，非晋旧也。康帝建元元年正月，将北郊，有疑议。太常顾和表曰："泰始中，合二至之祀于二郊。北郊之月，古无明文，或以夏至，或同用阳复。汉光武正月辛未，始建北郊，此则与南郊同月。及中兴草创，百度从简，合北郊于一丘。宪章未备，权用斯礼，盖时宜也。至咸和中，议别立北郊，同用正月。魏承后汉，正月祭天以地配，而称周礼三王之郊，一用夏正。"于是从和议。是月辛未南郊。辛巳北郊。帝皆亲奉。

这是有关在康帝建元元年(343年)的一则记事，北郊的祭日相对于冬至，讨论到底是定在夏至还是正月，最终决定定在了正月（次辛）。晋成帝是在咸和八年(333年)建立的北郊，这是十年后再一次出现的有关其祭祀的讨论。咸和八年正月祭祀了北郊，建元元年也出现了同样的结果，故推测此期间北郊也是在正月次辛进行祭祀。

正如此前研究所明确的那样，南郊祭天与天子的权威有直接联系，北郊祭地和天子权威之间联系却并不一定紧密。唐代，北郊的亲祀只有睿宗在太极元年(712年)五月夏至举行过一次（参照第七章），而东晋基本上忠实地按照规定在祭祀。如后文所述，东晋宗庙的时祭由皇帝亲祭。因时祭

161

与北郊均由皇帝亲祭,故自然可推测更为重要的南郊亦由皇帝亲祭。针对无南郊亲祀记录的成帝咸和八年(333年)、孝武帝太元十三年(388年)的北郊亲祀,与康帝建元元年南北郊亲祀一样,可推断应举行了南郊亲祀。

接下来,《晋书》卷七十六《王彪之传》记载:

> 时当南郊,简文帝为抚军执政,访彪之应有赦不。苔(答)曰:"中兴以来,郊祀往往有赦,愚意尝谓非宜。何者黎庶不达其意,将谓效祀必赦,至此时,凶愚之辈,复生心于侥幸矣。"遂从之。

根据《晋书·穆帝纪》和《简文帝纪》,穆帝永和二年(346年)二月简文帝始作为抚军大将军(会稽王)统揽万机。无法判断两岁即位的穆帝次年即永和元年是否对南郊进行了亲祀。但按照两年一郊的制度,其中一定有一位在会稽王执政的第二年,即永和三年进行了郊祀。如上文所述,询问王彪之一事认为发生在永和三年之前是否较为合理。有意思的是,东晋以来形成了一个习惯,即南郊祭祀时大赦。所以,便出现了有人企图利用大赦而犯罪。王彪之反对在南郊祭祀时实行大赦,会稽王(简文帝)也赞成其意见。此故事说明随着东晋两年一郊制度的确定,同时形成了大赦的惯例[9]。这一点在"东晋郊庙亲祭"表中未显示出来。也许永和三年的南郊祀的确存在,但无法根据史料判断此祭祀乃穆帝的亲祀还是简文帝执政下的有司摄事。

另外,《太平御览》卷五百二十七《礼仪部·郊丘》所引《晋起居注》记载:

> 又曰:[10]安帝元兴三年十二月,明年应郊,乘舆未反,博访内外。左丞王纳之议曰,议者谓应郊,故承制中事。纳之谓,大飨、大祀、大乐,皆是承制,不可得命三公行者。郊天极尊,惟一而已,故非天子不祀也。又案,武皇受禅,用二月郊,元年中兴,亦以二月。今郊时未过日,望銮驾无为。欲速而据皇舆旋反,更不得亲奉,不如缓而尽美。于是异同难明,遂从纳之议。

如上所记[11],元兴二年(403年)十二月因桓玄叛乱,安帝离开洛阳。次年五月桓玄被杀,但其余党一直将安帝在江陵控制到年末。这样,面临的一个问题就是,在没有皇帝的洛阳,是否要以承制的名义、以有司摄事的形式举行来年(义熙元年,450年)的南郊祭祀。最后采纳王纳之[12]的建议,决定推迟到安帝回归洛阳亲自举行郊祭。之所以元兴三年未出现此问题,是因为安帝在元兴二年亲祀了郊祀,下一次亲郊刚好在元兴四年(义熙元年)。虽没有史料明确记载元兴二年正月安帝举行过亲郊,但从以上讨论可推断实施过亲郊,且确立了东晋末两年一郊的制度(13)。

表9中明确正祭为皇帝亲祭的仅元帝太兴三年(320年)一例。《宋书》卷十六《礼志三》就此作如下记载:

> 晋元帝大兴三年正月乙卯,诏曰:"吾虽上继世祖,然于怀、愍皇帝,皆北面称臣。今祠太庙,不亲执觞酌,而令有司行事,于情理不安,可依礼更处。"

结论在此先省略,但在此讨论中,称由世祖武帝继承了帝位的元帝面临这样一个问题,即令有司给排行与自己相同或之下的怀帝、愍帝献酒,不知是否妥当。"今祠太庙,不亲执觞酌,而令有司行事"。此乃面对怀帝、愍帝的神主(排位)所言。故判断皇帝对武帝、惠帝亲执觞酌,即在神主面前把酒洒在地上,行了祼享之礼。正月的庙享只有时祭,故根据以上内容可判断东晋时期时祭是由皇帝亲祭,也由此可推测禘祫为亲祭。

除此之外,《晋书》卷六十五《王导传》曰:"(咸和)六年冬烝,诏归胙于导。"胙乃宗庙祭祀时供奉的肉,春秋战国时期分发文王庙、武王庙的胙,对诸侯而言意味着继承周天子的权威(14)。冬烝乃冬十月的时祭,上文的意思是,咸和六年(331年)十月时祭时,成帝给王导分发宗庙祭肉以示优待。因此,可认为此次时祭乃成帝的亲祭。另外,《宋书》卷三十一《五行志二》记载:

> 晋孝武太元十三年四月癸巳,袷祠毕,有兔行庙堂上。兔,野物也,而集宗庙之堂,不祥莫甚焉。

袷祠乃时祭之别称。暂且不谈"不详"云云等解释,太元十三年(388年)四月的时祭可以断定为孝武帝的亲祭。此外《晋书》卷二十九《五行志下》雷震记载:

> (义熙五年)六月景(丙)寅,雷震太庙,破东鸱尾,彻柱,又震太子西池合堂。是时,帝不亲烝尝,故天震之,明简宗庙也。

即,因安帝简化了宗庙的时祭(烝尝),故义熙五年(409年)发生了雷电使太庙遭受到破坏,这被认为是天意。因时祭未亲祭而遭受天意惩戒,故可认为东晋宗庙时祭一般均由皇帝亲祭。

这样,东晋有一例明确显示是皇帝亲祭宗庙时祭,有两例可推测为亲祭。此外,还有相关史料可确定宗庙时祭通常由皇帝亲祭。且可推测宗庙的大祭禘袷亦由皇帝亲祭,因此可以说东晋太庙的正祭一般以皇帝亲祭的形式进行。郊祀方面,南郊的亲祀只有即位后最初的祭祀例,北郊的皇帝亲祀有三例。《晋书》本纪中除了元帝的登坛告类之外,没有有关皇帝亲郊的记录。一般北郊皇帝亲祀的记录远比南郊少,因此,可以推测东晋南郊是通过皇帝亲祀的方式祭祀。另外,因为"桓玄之乱"时,对于是否等候安帝回归洛阳之后再行祭祀南郊一事产生过争议,虽然这些都是旁证,但可认为东晋皇帝亲祀南郊是惯例。正如第一章所明确,东晋建立了两年举行一次郊祀即两年一郊的制度,上面安帝之例也表明东晋末该制度已稳固。穆帝时期郊祀时通常还举行大赦。显然,东晋中期两年一郊的制度就已经确立了。另外,即位翌年正月伊始举行郊祀是原则。

如上所述,东晋已形成南北郊及宗庙的禘袷、时祭均由皇帝亲祭的原则。两年一郊的制度也在东晋中期,以同时举行大赦的形式例行化。中村圭尔指出,东晋是一个对礼制异常关心的王朝,相对于北朝,东晋试图通过文化优势强化其作为中国一个正统王朝的指向性[15]。以上推测的郊祀、宗庙的所有正祭及皇帝亲祭,以及从即位翌年开始两年一郊同时举行大赦的制度,这些祭祀礼制的完善与确立,均证明了中村的观点。下一节就南北朝持续对峙的南朝刘宋之后,如何实行郊庙祭祀进行探讨。

四、刘　宋

刘宋之后的南朝,亲郊的例行化引人关注。限于篇幅不能够逐一对其说明,且无甚意义。因此,关于南朝各朝代的郊庙亲祭,如表9般也制作为表10,并根据需要添加说明。制作表10的原则同表9。

依据表10,刘宋郊庙祭祀的特点可总结如下两个。第一点,两年一次的南郊亲祀次数大幅增加。加之《宋书·礼志》与《南史》的补充,可以说孝武帝在位期间,两年一郊均以亲郊的形式进行[16]。关于文帝、明帝的祭祀,

第五章　魏晋南朝的郊祀、宗庙祭祀制度的实行

可查出有多次亲郊记录,虽然记录不够完整。在位期短的武帝、少帝、后废帝,发现各有一次亲郊。因此,可断言创立于东晋的两年一郊制度,在刘宋以皇帝亲祀的形式固定了下来。笔者推断东晋实际的祭祀情况也许与此相同,但刘宋可具体验证祭祀实例。第二点,关于宗庙,以皇太子身份以外即位的文帝、明帝、顺帝即位时均进行了谒庙。而以皇太子身份名正言顺即位的少帝、前废帝、后废帝,却未见即位后谒庙。这是因为当时以皇太子身份即位的人不举行谒庙仪礼,即位后的谒庙之礼就是以非皇太子身份即位时才举行的礼仪。

以上两点中的第二点将会在第八章详述,本节只探讨与第一点相关的诸问题。首先是较细小的问题。在《宋书》卷一百《自序》中沈约对于伯父沈邵写道:

> 始兴王濬初开后军府,又为中兵。……入为通直郎。时上多行幸,还或侵夜,邵启事陈论,即为简出。前后密陈政要,上皆纳用之,深相宠待,晨夕兼侍,每出游,或敕同辇。时车驾祀南郊,特诏邵兼侍中负玺,代真官陪乘。

刘濬于元嘉十六年(439年)设立后将军府,沈邵作为出镇豫章的刘义康大将军府的中兵参军,于元嘉二十年左右至豫章[(17)]。表10可见元嘉十六年、二十年的文帝南郊亲祀,故元嘉二十年正月,沈邵代真官侍中陪乘文帝南郊亲祀的可能性很大。但这两年的亲郊均未收录进《宋书·文帝纪》中,故也不能完全否定元嘉十八年正月文帝举行南郊亲祀的可能性。

另外,《南齐书》卷十八《祥瑞志》记载:

> 元徽四年,太祖从南郊,望气者陈安宝见太祖身上黄紫气属天,安宝谓亲人王洪范曰,我少来未尝见军上有如此气也。

说南齐太祖(萧道成)扈从宋后废帝元徽四年(476年)南郊祀时,据说太祖身上升起黄紫色气,但表10中后废帝南郊亲祭仅元徽三年这一次。前一年元徽二年五月,桂阳王休范反叛,攻到建康城被击退、平定。因此,后废帝于元徽三年正月亲祀南郊。此事作为皇帝亲郊的理由,站得住脚,故可确定此年举行了南郊祀。根据当时两年一郊的制度,很难认同第二年即元徽四年正月举行了临时的南郊祀,但当年正月后废帝举行了籍田亲耕(《宋书·后废帝纪》)。因此,《南齐书·祥瑞志》的记事,可能是把元徽三年正

表 10 刘宋的郊庙亲祭

皇帝	年次（西历）	即位、亲郊	亲享庙	出处、备注
武帝	永初元年（420年）	六月丁卯，设坛于南郊，即皇帝位，柴燎告天。	七月戊申，迁神主于太庙，车驾亲奉。	《宋书·武帝纪》。以下无特别说明出处均为《宋书》本纪。
	二年（421年）	正月辛酉，车驾祠南郊，大赦天下。		引《通典》"四十二制定'亲祀南北郊'"
少帝	永初三年（422年）	五月癸亥即位。		
	景平元年（423年）	正月辛丑祀南郊。		日期参照《南史》。
	景平二年（424年）	八月丁酉（少帝废位，从宜都王）谒初宁陵，还于中堂，即皇帝位。	八月戊戌，拜太庙。	戊戌拜太庙据《南史》。
文帝	元嘉二年（425年）	正月辛未车驾亲祠南郊，大赦天下。		辛未，据《资治通鉴》一百二十。
	四年（427年）	正月辛巳车驾亲祠南郊。		
	六年（429年）	正月辛丑车驾亲祠南郊。		
	十二年（435年）	正月辛酉大赦天下，辛未车驾亲祠南郊，大赦天下。		
	十四年（437年）	正月辛卯车驾亲祠南郊。		
	十六年（439年）	正月六日辛亥。		《南齐书》九《礼上》
	二〇年（443年）			《南史》二
	二六年（449年）	正月辛巳车驾亲祠南郊。		
	三〇年（453年）	正月南郊。		《南齐书·礼上》

续表10

皇帝	年次（西历）	即位、亲郊	亲享庙	出处、备注
	元嘉三〇年（453年）	四月己巳（从武陵王开始）即位。		
	孝建元年（454年）	正月己亥朔车驾亲祠南郊，改元，大赦天下。	十月殷祠。	《宋书》十六《礼三》
	二年（455年）	正月辛丑车驾亲祠南郊。		
	三年（456年）	正月辛亥车驾亲祀南郊。		
孝武帝	大明二年（458年）	正月辛未车驾亲祀南郊。		
	四年（460年）	正月辛卯车驾亲祀南郊，是日又宗祀明堂。		
	六年（462年）	正月辛巳祀南郊，是日还，宗祀文帝于明堂。	十月殷祭。	《宋书·礼三》《南史》二
	七年（463年）			
	八年（464年）	闰五月庚申即位。		
前废帝	大明八年（464年）	十二月丙寅（从湘东王开始）即位。	十二月壬午车驾亲奉孝武皇帝。	
	泰始元年（465年）	十一月车驾亲祭，奉谒昊天上帝，高祖武皇帝配飨。	七月尝祀，车驾亲奉孝武皇帝。	亲郊，据《宋书》十六《礼三》，尝祀据《宋书》十七《礼四》。
明帝	二年（466年）	正月己未车驾亲祠南郊，大赦天下。		
	四年（468年）	正月乙亥，初制间两年一祭南郊，同一年祭明堂。		
	六年（470年）			
	泰豫元年（472年）	四月庚子即位。		
后废帝	元徽二年（474年）		十月亲祠太庙。	大概是《宋书》十七《礼四》时祭。
	三年（475年）	正月己巳车驾亲祠南郊。		
顺帝	元徽五年（477年）	七月壬辰（从安成王开始）即位。	七月癸卯车驾谒太庙。	

167

月的车驾亲祠南郊记事误记为下一年,也可能是把下一年正月车驾躬耕籍田的记事错记为了亲祀南郊,笔者认为应该是前者。根据上述记事,没必要认为元徽四年正月后废帝亲祀了南郊。且,除表 10 所列举诸例之外,文帝也有可能于元嘉十八年(441 年)正月亲祀了南郊。

其次值得关注的实例还有《宋书》卷十六《礼三》记载的如下事例:

> 明帝泰始二年(466 年)十一月辛酉,诏曰,朕载新宝命,仍离多难,戎车遄驾,经略务殷,禋告虽备,弗获亲礼。今九服既康,百祀咸秩,宜聿遵前典,郊谒上帝。

即对于明帝欲在即位第二年十一月(冬至?)亲祀郊祀,有司上奏曰:

> 有司奏……黄门侍郎徐爰议:……有非常之庆,必有非常之典,不得拘以常祀,限以正月上辛。愚谓宜下史官,考择十一月嘉吉,车驾亲郊,奉谒昊天上帝,高祖武皇帝配飨。其余祔食,不关今祭。尚书令建安王休仁等同爰议。参议为允[18],诏可。

当时郊祀一般在正月举行,而此前无暇亲祀的明帝,欲在"九服既康,百祀咸秩"的十一月亲祭,对此尚书八座答申道:"有非常之庆,必有非常之典。"请在十一月举行亲郊。于是,此次亲祀才得以成行。从明帝诏中"朕载新宝命"这一句来看,显然"非常之庆"是指即位。明帝与有司之间围绕即位后初次亲郊之事反复议论。因为有正祭郊祀的正月已经过去了,便在有冬至的十一月举行了初次亲郊。"非常之典"即"不常有之典",也就是指临时的重要祭祀(即位后首次亲郊)。

据以上所述可明确,刘宋也在朝代历时过半后,一直重视即位后的首次亲郊。重新查看表 10 可知,武帝、文帝、孝武帝时举行大赦,孝武帝未在例行的辛日,而是在正月朔日举行了亲祀,并且在大赦的同时改元。各皇帝很少在即位之后例行亲郊时实行大赦,更未进行过一次改元。因此,从大赦的有无可看出刘宋从初期开始就重视即位后的首次亲郊。如第七章所述,即位第二年的亲郊和大赦改元,在唐代后半期作为新帝重要的仪礼被固定了下来。但其实南朝时便可看到有此倾向。只是,在唐代亲郊乃特别的仪礼,而南朝两年一郊是以皇帝亲祀为前提,其中即位后首次亲祀特别引人关注,在这一点上有所不同。

如上文所述,宋的郊祀中皇帝亲祀被视为理所应当,这一点也同样适用于宗庙。表 10 中除上述谒庙之外,还有孝武帝孝建二年(455 年)十月和大明七年(463 年)十月的殷祭(祫祭)。严格来讲,这些殷祭的实施及其实施年月均可确定,但未标明为亲祭。《宋书》卷十七《礼志四》中记录有一些关于皇帝太庙亲祭的讨论,这些讨论的来龙去脉在此省略,以下只将可确定亲祭事实的每个开头部分,按顺序列举如下。

(一)大明三年(459 年)六月乙丑,有司奏,来七月十五日尝祠太庙、章皇太后庙,舆驾亲奉。而乘舆辞庙亲戎,太子合亲祠与不。

(二)太明三年十一月乙丑朔,有司奏,四时庙祠,吉日已定,遇雨及举哀,旧停亲奉,以有司行事,先下使礼官博议,于礼为得迁日与不。

(三)明帝泰豫元年(472 年)七月庚申,有司奏,七月尝祠,至尊谅暗之内,为亲奉与不,使下礼官通议。

(四)后废帝元徽二年(474 年)十月丙寅,有司奏:"至尊亲祠太庙文皇帝太后之日,孝武皇帝及昭皇太后,虽亲非正统,而尝经北面,未详应亲执爵与不?"下礼官议。

(五)泰始二年(466 年)六月丁丑,有司奏,来七月尝祀二庙,依旧车驾亲奉孝武皇帝,至尊亲进觞爵及拜伏。

以上五例中,不能明确(四)后废帝元徽二年的亲祀是禘祫还是时祭。而其他因有尝祠、四时庙祠,故可判断此为有关时祭亲祭的史料。且(一)(二)中,大明三年的七月、十一月[19]连续举行祭祀,可确定此为例行的亲祭。如此应认为,除时祭之外,大祭的禘祫也是以亲祭的形式举行的。这些均为孝武帝之后的史料,未查得有关武帝至文帝时期,宗庙正祭亲祭的史料。不过,要否定文帝之前存在正祭亲祭的可能性,还缺乏依据。笔者认为刘宋王朝宗庙的时祭、禘祫,可理解为基本是以皇帝亲祭为原则。当然,也有如下关于有司摄事的史料(同书同卷)。

(六)大明五年(461 年)十月甲寅,有司奏,今月八日烝祠二庙,公卿行事,有皇太子献妃服。

(七)大明七年(463 年)二月丙辰,有司奏,銮舆巡搜江左,讲武校猎,获肉先荐太庙、章太后庙,并设醴酒,公卿行事。

其中,由《宋书·孝武帝纪》可以确定,(六)时孝武帝在京师,(七)时孝武帝正在南豫、南兖二州巡视,故可判断这些为皇帝不在时的有司摄事。因此,刘宋庙享是以皇帝亲祭为主,但根据情况亦可令有司摄事代为祭祀。

如上所述,可认为刘宋郊祀、庙享和正祭均以皇帝亲祭为原则[20]。只是,说到郊祀,即位第二年的郊祀,由于同时举行大赦,又偶逢改元,所以较之后例行的郊祀更为受到重视。

五、南 齐

南齐的郊庙亲祭如表11所示。郊祀中没有明帝亲郊的记录。下面就该问题进行论述。除明帝及仅三个月即被废的海陵王、最后一位皇帝和帝之外,均严格执行了两年一郊的亲祭。只是,刘宋即位第二年亲郊时实行大赦、改元的,只有武帝时期。郁林王、东昏侯时期,大赦、改元是在正月朔日举行,没有特别与亲郊连在一起。

明帝时的情况,《南齐书》卷六《明帝纪》记载:

　　性猜忌多虑,故亟行诛戮。潜信道术,用计数,出行幸,先占利害,南出则唱云西行,东游则唱云北幸,简于出入,竟不南郊。

据说生性多疑的明帝甚至连外出行幸都警惕小心、隐藏行迹。始终未亲祭南郊。关于这一点,《南齐书》卷四十二《王晏传》记载:

　　世范(陈世范)等又启上云,晏谋因四年(建武四年)南郊,与世祖故旧主帅于道中窃发。会虎犯郊坛,帝愈惧,未郊一日,敕停行。元会毕,乃召晏于华林省诛之。

据说,建武四年(497年)正月王晏企图在南郊祭祀时袭击明帝,由于在郊祀坛常出现老虎,明帝遂中止了亲郊。这虽是传闻,但是在《南齐书》卷十九《五行志》中有"建武四年春,当郊治圜丘,宿设已毕,夜虎攫伤人"的记载,人们认为真有其事。海陵王废位,明帝在延兴元年(494年)十月即位,改元建武。之后,建武二年未举行亲祭,明帝欲在建武四年举行亲郊,但由于形势险恶以及老虎的出现遂停止亲祀。因此,可认为明帝的确未实行亲郊,但实行即位后第二年开始的两年一郊这样的例行祭祀。

关于宗庙,将先对表11高帝建元三年(481年)的时祭和东昏侯永泰元年(498年)的谒庙进行补充。首先关于前者,《梁书》卷一三《范云传》中记载:

> 王(竟陵王子良)为丹阳尹,召为主簿,深相亲任。时进见齐高帝,值有献白鸟者,帝问此为何瑞。云位卑,最后答曰:"臣闻王者敬宗庙,则白鸟至。"时谒庙始毕,帝曰:"卿言是也。感应之理,一至此乎。"

《南齐书》卷四十《武十七王·竟陵王子良传》记载,他在建元二年(480年)成为丹阳尹,据《资治通鉴》卷一百三十五记载,其前任丹阳尹王僧虔同年十一月仍在任,据《南齐书》卷三十三《王僧虔传》,同年冬天他已转为持节都督湘州诸军事、征南将军、湘州刺史。因此,上例乃建元二年末以后之事。谒庙通常是指宗庙临时的祭祀,而在范云的答复中"敬宗庙"是指例行的正祭。因此,"时谒庙始毕"极有可能是指建元三年的四时祭[21]。《南史》卷二八《褚彦回传》载:

> (建元)三年七月,帝亲尝酎。盛暑,欲夜出,彦回与左仆射王俭谏,以为自汉宣帝以来,不夜入庙,所以诫非常,人君之重,所宜克慎。从之。

尝酎本是指孟夏四月在宗庙进奉新酒,在这里被用作七月时祭的别称。可能是《梁书·范云传》的记事与此重复,也可能是指之前的正月或四月的时祭。总之,可以明确的一点是,高帝在建元三年至少举行过一次亲祭。

而且《南齐书》卷十九,《五行志》中注(20)所引"人君不祷祀,简宗庙,废祭祀,逆天时……故曰水不润下",此文之后,列举了南齐高帝建元二年(480年)吴、吴兴、义兴三郡发洪水,同年夏丹阳、吴二郡大水,建元四年大水,武帝永明五年(487年)夏吴兴、义兴因洪水庄稼遭破坏,建元六年两郡发洪水,明帝建武二年(495年)冬吴及晋陵二郡因雨水庄稼遭损害,及东昏侯永元元年(499年)七月的石头巨浪。上述这些年份中,有关宗庙的皇帝亲祀记录只有永明五年四月的太庙殷祀(禘祭),其他年份中没有宗庙亲祭的记录。关于高帝,前文曾论及建元三年举行过时祭亲祭,其前一年和后一年都有关于洪水的记录,所以建元三年的亲祭反而成为一个特例。与东晋和刘宋不同,南齐时皇帝可能并没有全面地励行宗庙的时祭。且《梁书》

表 11 南齐的郊庙亲祭

皇帝	年次（西历）	即位、郊祀	亲享庙	出典、备注
高帝	建元元年（479年）	四月甲午，上即位于南郊，设坛柴燎告天。	六月庚辰，七庙主备法驾即于太庙。	《南齐书·高帝纪下》。出典主要为同书本纪。
	二年（480年）	正月辛丑车驾亲祀南郊，次辛祀北郊。	十月己卯车驾殷祀太庙。	北郊，据《通典》四十五《礼五》。
	三年（481年）		亲祀太庙六室。	大庙，据《南齐书·礼上》。
	四年（482年）	正月郊。	七月，帝亲尝酎（时祭）。	《南史》二十八《褚彦回传》。
武帝	建元四年（482年）	三月壬戌太祖崩，上即位。		《南齐书·礼上》。
	永明元年（483年）	正月辛亥朔车驾祀南郊，大赦改元。		
	三年（485年）	正月辛卯车驾祀南郊，大赦。二月辛丑车驾祀北郊。		
	五年（487年）		四月车驾殷祀太庙。	
	七年（489年）	正月辛亥车驾祀南郊。		
	九年（491年）	正月辛丑车驾亲祀南郊。		
	十年（492年）		十月甲午车驾殷祀太庙。	

续表 11

皇帝	年次（西历）	即位、郊祀	亲享庙	出典、备注
郁林王	永明十一年（493年）	七月世祖崩，太孙即位。		
	隆昌元年（494年）	正月辛亥车驾祀南郊。		正月丁未大赦改元。
海陵王	延兴元年（494年）	七月丁酉（自新安王开始）即位。		
明帝	建武元年（494年）	十月癸亥（自宣城王开始）即位。		皇帝竟未南郊。《南齐书·萧琛传》。
	永泰元年（498年）	七月乙酉即位。	即位时谒庙。	
东昏侯	永元元年（499年）	正月辛卯车驾祀南郊。		《梁书》二六《萧琛传》。
	三年（501年）	正月辛亥车驾祀南郊。诏大赦天下，百官陈谠言。		正月戊寅大赦改元。
和帝	永元三年（501年）	正月乙巳宣城王受命大赦。三月乙巳即皇帝位，大赦改元。		改元中兴

卷二六《萧琛传》记载：

> 东昏初嗣立，时议以无庙见之典。琛议据周颂烈文、闵予皆为即位朝庙之典。于是从之。

据此可见，庙见是指即位时的谒庙。东晋到南朝，由皇太子即位的皇帝不举行谒庙之礼，取而代之实行亲祭，而只有庶子继承皇位者才举行谒庙之礼[22]，这一点在"刘宋"一节曾提及。对此，萧琛主张由皇太子即位皇帝者也应实行谒庙之礼，东昏侯采纳了他的意见。因此，前文并非是关于时祭亲祭的史料。

南齐虽是一个短命王朝，但可以说皇帝以亲祭的形式严格遵守了两年一郊的制度。但是，宋代出现的即位后第二年亲郊时举行大赦和改元，除武帝外并无他例。同时，可确认宗庙的时祭和袷祀只是少数例，但另一方面，还发现一些史料暗示皇帝有时并不热心举行宗庙祭祀的亲祭。总之，可以说南齐延续东晋、刘宋二年一郊的祭祀，而宗庙的袷祀、时祭只在某种程度上由皇帝亲祀。

六、梁

如表12所示，梁只有武帝时期有关于皇帝亲祭的记事，简文帝之后便无记录[23]。毋庸置疑，这是受到武帝太清二年（548年）发生的"侯景之乱"的影响。

武帝亲郊时受关注的是举行大赦。即使没有大赦记载的亲郊，据《梁书·武帝纪》，亲郊之后也会颁布某种表明优恤的诏书。而且，在本书同纪太清元年（547年）正月辛酉亲郊之后的诏书中记载：

> 诏曰：天行弥纶，覆焘之功博；乾道变化，资始之德成。朕沐浴斋宫，虔恭上帝，祗事栖燎，高煸太一。大礼克遂，感庆兼怀，思与亿兆，同其福惠，可大赦天下。尤穷者无出即年租调，清议禁锢，并皆宥释……

虽说是诏书，但是有关大赦的内容。所以，即使并不是记录为大赦的优恤诏书，实际上也是大赦文。南齐只是在即位次年举行大赦，而梁武帝隔年亲郊便举行大赦。据此可看出梁对南郊亲祀的重视度。但是，在同书同纪中天监四年（505年）正月条中记载：

> 戊申，诏曰：夫禋郊飨帝，至敬攸在，至诚尽悫，犹惧有违。而往代多令宫人从观兹礼，帷宫广设，辎軿耀路，非所以仰虔苍昊，诏感上灵。属车之间，见识前世，便可自今停止。

从中可看出，女性宫人被禁止自由观看亲郊，亲郊本身并非对众人开放。表12只记录了南郊的亲祀，在同书同纪大同五年（539年）正月条中记载：

> 丁巳，御史中丞参礼仪事贺琛奏："今南北二郊及籍田往还，并宜御辇，不复乘辂。二郊请用素辇，籍田往还乘常辇，皆以侍中陪乘，停大将军及太仆。"诏付尚书博议施行，改素辇名大同辇，昭祀宗庙，乘玉辇。

即，自古以来往来南北郊，使用带有车轮的大车，而此时重新开始使用没有车轮的辇。且，该本纪中之后的内容是关于同月辛未的南郊、给孝悌力田赐予一等爵位等内容的诏书。事实上，北郊在南郊十天之后举行了亲郊，南郊亲祀之后紧接着发布了大赦令。

上述引文中可以看到，宗庙祭祀时规定使用玉辂。表12两例亲享庙中，首例在《隋书》卷七《礼仪志二》中兴二年（502年）条记：

> 乃建台，于东城立四亲庙。……其年四月即皇帝位。（祠部郎）谢广又议，以为初祭是四时常祭，首月即不可移易，宜以前刻日于东庙致斋。帝从之，遂于东城时祭，讫，迁神主于太庙。

据说，梁武帝在东城建造四亲庙，由于即位是时祭的四月，故在东城庙中举行时祭后，将祖先的神主迁入太庙。据此可以判断，当时认为正祭即使是时祭，皇帝也应该亲祭。但是，史料中记载此仅为即位时的权宜之策。

之后的宗庙亲祭，《隋书》卷一三《音乐志上》记载：

> 天监七年，将有事太庙，诏曰：礼云齐日不乐。今亲奉始出宫，振作鼓吹，外可详议。八座丞郎参议，请兴驾始出，鼓吹从而不作，还宫如常仪。帝从之，遂以定制。

这是补充说明皇帝亲祭的唯一事例。皇帝举行亲祭时，会提前停止政务等杂事，从宫城出发赶往斋所期间，是否振作鼓吹便成为一个疑问。武帝诏

表 12　梁朝的郊庙亲祭

皇帝	年次（西历）	即位、郊祀	亲享庙	出典、备注
	天监元年(502年)	四月丙寅即位于南郊,设坛柴燎,告类于天。	四月,于东城时祭。	《梁书·武帝纪中》。东城时祭,据《隋书》。
	二年(503年)	正月辛酉,祀南郊。		《南史》六
	四年(505年)	正月辛亥舆驾亲祀南郊,赦天下。		《梁书·武帝纪中》。
	七年(508年)		有事太庙	《隋书》一三《音乐志上》。
	八年(509年)	正月辛巳舆驾亲祀南郊,赦天下。		《梁书·武帝纪中》,以下出处均为同书本纪。
武帝	十年(511年)	正月辛丑舆驾亲祀南郊,大赦天下。		
	十二年(513年)	正月辛卯舆驾亲祀南郊,赦大辟以下。		
	十四年(515年)	正月辛亥舆驾亲祀南郊。		
	十六年(517年)	正月辛未舆驾亲祀南郊。		
	十八年(519年)	正月辛卯舆驾亲祀南郊。		
	普通二年(521年)	正月辛巳舆驾亲祀南郊,戊子大赦天下。		
	四年(523年)	正月辛卯舆驾亲祀南郊,大赦天下。		
	六年(525年)	正月辛亥舆驾亲祀南郊,大赦天下。		

续表 12

皇帝	年次（西历）	即位、郊祀	亲享庙	出典、备注
武帝	大通元年（527年）	正月辛未舆驾亲祀南郊。		
	中大通元年（529年）	正月辛酉舆驾亲祀南郊，大赦天下。		
	三年（531年）	正月辛巳舆驾亲祀南郊，大赦天下。		
	五年（533年）	正月辛卯舆驾亲祀南郊，大赦天下。		
	大同三年（537年）	正月辛丑舆驾亲祀南郊，大赦天下。		
	五年（539年）	正月辛未舆驾亲祀南郊。		据正月丁巳的贺琛奏，可确认北郊亲祀。
	七年（541年）	正月辛巳舆驾亲祀南郊。		
	太清元年（547年）	正月辛酉舆驾亲祀南郊，大赦天下。		
简文帝	太清三年（549年）	五月辛巳即位		
元帝	承圣元年（552年）	十一月丙子（从湘东王开始）即位于江陵		在《元帝纪》中为湘东郡王
敬帝	承圣四年（555年）	九月丙午即位		

曰:"今亲奉始出宫。"故笔者认为武帝是在天监七年(508年)才首次亲祭宗庙祭祀(禘袷或时祭不明)。在此之前,武帝举行亲祭时,是否振作鼓吹就应该是人们的一个疑问。可以说,武帝宗庙亲祭是在即位六年后的天监七年开始正规起来。《梁书》卷一八《冯道根传》中记载:

> 普通元年正月卒,时年五十八。是日舆驾春祀二庙[24],即出宫,有司以闻。高祖问中书舍人朱异曰,吉凶同日,今行乎。

据说,普通元年(520年)春祀即正月时祭出发时,传来左军将军冯道根讣告,武帝听从朱异之言赶赴冯道根之宅行哭礼。据此可判明正祭时祭乃皇帝亲祭。天监七年(508年)之后,宗庙正祭继续由武帝亲祭。因为小祭的时祭通常均由武帝亲祭,那么,认为大祭的禘袷也是由武帝亲祭,这个看法应该不会有错。

总之,梁武帝不仅亲祀南郊,还亲祭北郊、太庙袷祀以及时祭等,而《梁书》本纪中只记录了同时举行大赦的南郊亲祀。从中也可看出当时有励行正祭与重视南郊的倾向。

七、陈

陈朝郊庙亲祀情况见表13。文帝、宣帝即位后举行了谒庙。可以确定陈同宋、南齐一样,由皇太子之外即位的皇帝谒庙。宣帝谒庙是在正月乙未,即正月甲午即位的次日,而文帝谒庙时间却不明确。本纪中并无史料,只有在《陈书》卷三十三《儒林传·沈文阿传》中记:"及世祖(文帝)即皇帝位,剋日谒庙……。"流传下来的史料仅此而已。从武帝到废帝均在即位次年举行亲郊,而宣帝是在即位当年举行。这是因为前一年已经决定于十一月废帝废位,宣帝于正月即位。宣帝之前的诸位皇帝,均从即位后的亲郊开始,隔年举行郊祀。后主并无亲郊的记录,对此,《资治通鉴》卷一七六《陈纪十·长城公(后主)》至德三年(585年)十月条记:

> 初,北地傅縡以庶子事上于东宫,及即位迁秘书监、右卫将军兼中书通事舍人。负才使气,人多怨之,施文庆、沈客卿共谮縡受高丽使金,上收縡下狱。縡于狱中上书曰:……陛下顷来酒色过

度,不虔郊庙大神,专媚淫昏之鬼。……臣恐东南王气自斯而尽。"书奏,上大怒,顷之,意稍解,遣使谓缛曰:"我欲赦卿,卿能改过不。"对曰:"臣心如面,臣面可改,则臣心可改。"上益怒,令宦者李善庆穷治其事,遂赐死狱中。上每当郊祀,常称疾不行,故缛言及之。

傅缛向后主进谏,不能怠慢本应由皇帝亲祀的郊祀,却被后主赐死。从此事件可以判断,当时的观念认为郊祀应由皇帝亲祀。

关于北郊的亲郊,有的有记录有的并无记录。梁进行了北郊亲祭,本纪中却没有记录。由此推测陈应该也存在相同情况。武帝、文帝时期会出现南郊时大赦天下、赐爵,之后举行北郊亲祀的情况,也许北郊亲祀时并未颁布过类似上文的优恤诏。这些都显示出南郊、北郊在记录方面的差异。

太庙亲祭集中出现在废帝与宣帝时期。可以判断,"亲祀太庙"的月份是正月、四月、七月、十月的四时祭。宣帝太建二年(570年)的拜谒太庙,准确的是《陈书·宣帝纪》中的相关记载,"夏四月乙卯,临海王伯宗薨。戊寅,皇太后附葬万安陵。闰月戊申,舆驾谒太庙",前一年宣帝即位时的祭祀,对于同在正月中举行的谒庙与亲祀太庙也是分别作了记录。太建二年闰四月宣帝的谒庙,可能是因为临海王驾崩,也可能是发布临海王废位令的皇太后(慈训太后,即武帝章皇后)的祔葬,也许是后者告庙之谒庙吧。据此可认为,不论是废帝还是宣帝,"亲祀太庙"均为定期举行的正祭。

那么,除废帝、宣帝之外是否就没有正祭亲享?《陈书》卷三十《傅缛传》[25]附《章华传》中记载:

祯明初,上书极谏。其大略曰……陛下即位,于今五年,不思先帝之艰难,不知天命之可畏,溺于嬖宠,惑于酒色,祀七庙而不出,拜妃嫔而临轩,老臣宿将,弃之草莽,谄佞谀邪,升之朝廷。

七庙是指"七庙之主",即太庙时祭祀祖先的神主。"祀七庙而不出"是指后主未亲祭宗庙之事。因此,结合上文傅缛的批判,可以明确的一点是,不论是郊祀还是宗庙,后主从未亲祭过。而从另一方面讲,陈朝时郊祀与宗庙的正祭均应由皇帝亲祭的观念已深入人心。同时,前述文帝即位后的谒庙,尽管对于皇帝而言是重要的礼仪,但只在列传中有记载而本纪中并无记载。从位于文帝和后主中间的废帝、宣帝的相关史料可知,陈朝时太庙

179

表 13　陈朝的郊庙亲祭

皇帝	年次（西历）	即位、郊祀	亲享庙	出典、备注
武帝	永定元年（557年）	十月乙亥即位于南郊，柴燎告天。		《陈书·高祖纪下》。出典主要为同书本纪。
	二年（558年）	正月辛丑舆驾亲祀南郊，赦诏。乙巳舆驾亲祀北郊。	四月甲子舆驾亲祀太庙。	
	永定三年（559年）	六月丙午（从临川王开始）即位。	剋日谒庙。	《陈书》三十三《沈文阿传》。
文帝	天嘉元年（560年）	正月辛酉舆驾亲祀南郊，诏赐民爵一级。辛未舆驾亲祀北郊。		
	三年（562年）	正月庚戌设帷宫于南郊，并告胡公以配天。辛亥舆驾亲祀南郊，诏赐民爵一级，孝悌力田加一等。辛酉舆驾亲祀北郊。		
	五年（564年）	正月辛巳上祀南郊		
	天康元年（566年）	四月癸酉即位。	十月庚申舆驾奉祀太庙。	《资治通鉴》一六九《陈·文帝纪中》"建北郊"有误。
废帝	光大元年（567年）	正月辛卯舆驾亲祀南郊。	十月甲申舆驾奉祀太庙。	
	二年（568年）		七月丙午舆驾亲祀太庙。十月庚午舆驾奉祀太庙。	

续表 13

皇帝	年次(西历)	即位、郊祀	亲享庙	出典、备注
	太建元年(569年)	正月甲午（从安成王开始）即位。正月辛丑舆驾亲祀南郊。	正月乙未舆驾谒太庙。正月戊午舆驾亲祀太庙。十月壬午舆驾亲祀太庙。	
	二年(570年)		正月丙午舆驾亲祀太庙。闰四月戊申舆驾谒太庙。十月乙酉舆驾亲祀太庙。	
宣帝	三年(571年)	正月辛酉舆驾亲祀南郊。辛未亲祀北郊。	十月甲申舆驾亲祀太庙。	
	四年(572年)		正月庚午舆驾亲祀太庙。十月乙酉舆驾亲祀太庙。	
	五年(573年)	正月辛巳舆驾亲祀南郊。	正月甲午舆驾亲祀太庙。	
	六年(574年)		正月壬午舆驾亲祀太庙。	
	七年(575年)	正月辛未舆驾亲祀南郊,辛巳舆驾亲祀北郊。	四月甲申舆驾亲祀太庙。	
	八年(576年)	正月辛卯舆驾亲祀北郊。	四月己未舆驾亲祀太庙。	
	九年(577年)			
后主	太建十四年(582年)	正月丁巳即位		

正祭在一定程度上是由皇帝亲祭,至少在当时人们普遍认为亲祭才合乎仪礼。

总之,陈朝时不论郊祀还是宗庙的正祭,均励行由皇帝亲祭,若未亲祭则会受到谴责。

八、小　结

综上,探讨了自魏晋至南北朝时期郊祀、宗庙祭祀状况。能够在一定程度上推测,东汉时郊祀和宗庙祭祀均由皇帝亲祭,但无法准确把握其实际情况。也就是说皇帝亲祭只是例行的祭祀活动,并无特殊含义。然而,董卓拥立献帝后,南郊的郊天事实上成为带有浓重政治色彩的祭祀。在此之后,出现了魏、吴、蜀三国时告代祭天的礼仪。但是,魏朝第三代皇帝齐王芳之后不再举行郊祀亲祀,推测宗庙的正祭是由皇帝亲祭,但并不受重视。西晋时,第一代的武帝有时会亲祭郊祀、宗庙,而到第二代惠帝时不再举行郊祭的亲祭。但是,从"八王之乱"到"永嘉之乱",怀帝时的郊祀、愍帝时立太子的告天,以及东晋元帝即位时的登坛告天等,南郊祭祀均由各皇帝亲祀。也就是说,从东汉末到三国初,为维护皇帝以及皇太子的合法性,一直坚持举行郊天亲祀。

东晋时,确立了隔年正月举行南北郊祀即两年一郊的制度,皇帝即位第二年开始实施。东晋中期时,南北郊时举行大赦也成为惯例。宗庙的祫祀、时祭也都由皇帝来亲祭。宋、齐、梁、陈继承了即位翌年开始的南郊亲祀。刘宋于即位翌年亲祀时举行大赦,这对于新帝来说具有特殊的含义。南齐时只有武帝举行即位翌年的大赦,到梁代时亲郊大赦扩大到第二次以后的南郊。即使没有大赦也会发布某种表示优恤的诏书。陈代初期亲郊时也常发布优恤之诏。另一方面,东晋以后有时也举行北郊祭祀,但无法准确把握其实际情况。或许,由于在正月上辛南郊郊祀时已经发布了大赦、优恤之诏,所以,对于次辛(十日后)北郊的记录便不用在意。即使在郊祀须以亲祀为前提的南朝,也可看出尤其重视南郊。

关于南朝宗庙,本纪中记录正祭亲祭的并不多。但是仔细查阅史料,便可发现各朝代甚至有皇帝亲祭时祭的记录。虽然,《陈书·废帝纪》《宣帝纪》中多有关于太庙亲祭的记录,但并不明确其记载的理由。其他朝代皇帝也实行太庙的亲祭,东汉以后直至南朝,宗庙正祭中皇帝亲祭已成为例行的祭祀,却并未被当作特例。但是,南齐和梁在天监七年(508年)以前,有一部分宗庙的祭祀由有司摄事代行。而且,宋、陈时,以皇太子身份之外即位的皇帝,即位之后要进行拜谒太庙之礼。即位后的谒庙在《汉书》《后汉书》中均有明确记载,但宋、陈并非对所有的祭祀全都作记录。许多祭祀例在本纪中特别作了记录,说明当时已经认识到祭祀的重要性。宗庙告祭即使是有司摄事也在各史书中作了记录,可知这些祭祀非常受重视,本章对此未作涉及。也就是说郊祭特别是南郊祀,在东晋南朝仍作为正祭受到重视。宗庙的正祭,即使是皇帝亲祭也只是被看作例行的祭祀,反而是临时的告祭被视为特例。即使在郊祀、宗庙祭祀均以皇帝亲祭形式举行的东晋南朝,重要的还是南郊的祭祀。对刚即位的新帝而言,首先面临的南郊祭祀是最受关注的祭祀。

综上,可以看出,魏晋南朝的郊庙祭祀,在西晋前、东晋以后存在较大差异。从西晋末到东晋元帝的即位,同东汉末到三国初期一样,在维护皇帝、皇太子正统合法性时要亲祀南郊,除此之外郊祀、宗庙正祭,皇帝并未励行亲祭。而且,东晋时期形成二年一郊制度后,南朝末的陈,包含北郊在内的郊祀均实行皇帝亲祀。即,二年一郊是以皇帝亲祭为前提的制度。同时东晋南朝时,宗庙、时祭大致均为皇帝亲祭。这与西晋形成了鲜明对比,为什么会出现这种情况?本章以及第一章介绍了中村圭尔的观点,他认为东晋尤其重视礼仪制度,具有强化其正统合法性的倾向。因此,东晋南朝为了与北朝相抗衡,维护其正统性而强化了郊祀、宗庙祭祀[26]。此假设是否成立,当然,需要明确北魏以后北朝的郊祀、宗庙祭祀的实际情况。下一章将在明确魏晋南朝郊庙祭祀变化的基础上,探讨北朝郊庙祭祀的实际情况。

注释:

(1)本章是将拙稿《关于东汉——南朝的皇帝郊庙亲祭》(唐史论丛编纂委员会编《春史卞麟锡教授花甲纪念唐史论丛》所收,韩国大邱市,1995年)以及上文,经增补所写成的拙稿《东汉——南朝郊庙亲祭再论》(《春史卞麟锡教授退休纪念论丛》所收,同论丛刊行委员会编,韩国釜山市,2000年)这两文内容合并重新写成的文章。另外,表9《东晋的郊庙亲祭》——表13《陈的郊庙亲祭》的各表,是将发表在上述两篇文章的各表经增补订正,并依据拙著《古代中国与皇帝祭祀》第二次印刷(汲古书院2002年)中的各表制作而成。

(2)《三国志·魏书》卷十三《华歆传》的裴松之注云:"魏书曰:文帝受禅,歆登坛相仪,奉皇帝玺绶,以成受命之礼。"《宋书》卷十六《礼志三》更为详细地记载:

> 有司乃为坛于颍阴之繁阳故城。庚午,登坛。魏相国华歆跪受玺绂以进于王。既受毕,降坛视燎,成礼而返,未有祖配之事。

从中可知,魏文帝告代祭天是在祭天坛上举行皇帝玺绶的授受,未置配侑帝。

图4　魏文帝告代祭天的汉魏受禅台(著者摄影)

(3)《魏书》卷一百零八之二《礼四之二》世宗景明二年(501年)六月条中秘书丞孙惠蔚上言:

> 又案魏氏故事,魏明帝以景初三年正月崩。至五年(正始二年)正月,积二十五晦为大祥。太常孔美、博士赵怡等以为,禫在二十七月,到其年四月,依礼应袷。散骑常侍王肃、博士乐详等以为,禫在祥月,至其年二月宜应袷祭。虽孔(孔美)、王(王肃)异议,六八殊制,至于丧毕之袷,明年之禘,其议一焉。

根据东汉郑玄说,先帝丧尽后袷祭,翌年禘祭。之后每三年袷祭、每五年禘祭。此处问题是从前三年丧(二十五个月)尽,加两个月的禫(除服祭祀),在第二十八个月进行袷祭?还是第二十五个月丧尽同时举行禫,在第二十六个月举行袷祭?没有最终结论。实际上在正始二年(241年)的几月份举行袷祭还不明确,但曹魏的禘袷乃根据郑玄说举行,这一点可明确。如第一章所述,曹魏的郊祀依据郑玄说举行,那么宗庙也应如此。另外,引文末尾的"六八殊制"即袷祭在第二十六个月或第二十八个月进行之意。关于当时服丧期限有郑玄说与王肃说之对立。关于这一点,参照藤川正数《魏晋时代丧服礼的研究》(敬文社,1960年)。

第五章 魏晋南朝的郊祀、宗庙祭祀制度的实行

(4)《晋书·武帝纪》泰始二年十一月己卯条记："并圜丘方丘于南北郊,二至之祀合于二郊。"同书《礼志上》记："是月(泰始二年十一月)庚寅冬至,帝亲祠圜丘于南郊。"表明此南郊为武帝亲祀。

(5)中华书局标点本《宋书》卷三十四,《五行志五》记载："晋惠帝永兴元年(304年)(实为永宁元年、301年之误)正月癸酉,赵王伦祠太庙,灾风暴起,尘沙四合。其年四月,伦伏辜。"这是本应由惠帝进行的宗庙祭祀由赵王司马伦代为祭祀的一个例子。因为是正月,所以可能应为时祭。另外,以上史料的"赵王伦"三字在《宋书》原文中并没有,中华书局标点本据《晋书》卷二十九《五行志下》进行的补充。

(6)参照本书第七章第一节及拙稿《隋唐交替与东亚》(收录于拙著《隋唐的国际秩序与东亚》,名著刊行会,2001年,初版1992年)。另外,关于唐代给太庙进献俘虏(献俘)的问题,参照妹尾达彦《唐代长安的繁华街(中)》(北海道教育大学史学会《史流》第三十号,1989年)。

(7)《晋书·武帝纪》太熙元年(290年)四月己酉的武帝崩御记事之后记载:
> 高阳许允既为文帝所杀,允子奇为太常丞。帝将有事于太庙,朝议以奇受害之门,不欲接近左右,请出为长史。帝乃追述允凤望,称奇之才,擢为祠部郎。

武帝欲亲祭太庙之时,被武帝之父文帝(司马昭)弑父的太常丞许奇,在仪式进行中需近侍,故朝议请其出仕地方,但武帝却将其提拔为祠部郎。因没有许奇列传,故此事年代不清。将这次亲祭视为与本文所列亲祭不同是否更为妥当。

(8)尾形勇《中国历史纪行》(角川书店,1993年)114—117页。

(9)在皇帝即位翌年正月南郊亲祀确立的唐后半期,宣告实施亲郊的郊礼敕发布之后的犯罪,不在因亲郊实施大赦的对象之内。参照第七章。

(10)引文前的《晋起居注》文,显示明帝太宁三年(325年)正月的南郊亲祭。表9依据《南齐书》卷九《礼志上》制作,列《太平御览》卷五百二十七文句如下:
> 《晋起居注》曰:明帝大(太)宁三年上亲祠。七月又诏,自中兴以来,虽南郊,未尝北郊,五岳、四渎、名山、大川应望秩者,废而未举,居其官者,举其职,司其事,勿令一代之典,缺而不备。主者详依旧处。

(11)《宋书》卷十六《礼志三》同年条(中华书局标点本425页)中也有谈及此事的文字,差异很大,有的详细,有的却很简单。末尾部分为:"今郊时未过,日望舆驾。无为欲速而无据,使皇舆旋返,更不得亲奉。遂从讷之议。"(标点及王讷之的标记据中华书局本),比《晋起居注》稍短,但文意易懂。

(12)中华书局标点本《宋书》卷十六校勘记(五),依据《世说新语》文学篇刘孝标注所引《王氏谱》,将王纳之改为王讷之。该书457—458页。

(13)只是,王纳之的文中记"武皇受禅,用二月郊,元年中兴,亦以二月"是不正确的。如前项所述,武帝乃泰始元年(265年)十二月于南郊告代祭天,翌年二月完善郊祀制度,亲郊是在同年十一月冬至。《晋书》卷十九《礼制上》对此次亲郊作了特别记录,故二月记事没有必要解释为亲郊记事。另外,元帝举行登坛告类即位是在大兴元年三月,即位后最初的亲郊也是在三月而非二月。

(14)参照丰田久《关于周天子与赐与"文武之胙"——成周王朝及其仪礼意义》(《史官》第一百二十七册,1992年)。

(15)中村圭尔《南朝国家论》收录于(《岩波讲座·世界历史》9《中华的分裂与再生》),岩波书店,1999年)222—223页。

(16)《宋书》卷十六《礼志三》记载:

> 孝建二年正月庚寅,有司奏,今月十五日南郊,寻旧仪,庙祠至尊亲奉,以太尉亚献;南郊亲奉,以太常亚献。

说孝建二年(455年)举行了亲郊。但是,从文中所述当时亲郊的状况来看,很难认为孝建元年亲郊之后紧接着第二年又举行了亲郊。翌三年的亲郊于正月辛丑举行,而根据《三正综览》本年为正月丁亥朔,故辛丑为十五日,与上文有司奏所言"今月十五日南郊"一致。中华书局标点本《宋书》458页校勘记[六],也指出孝建二年正月为癸巳朔无庚寅。据此,可认为《宋书·礼志三》的"孝建二年"为"三年"之误。

(17)参照川合安"关于《宋书》沈约《自序》)"(《北海道大学文学部纪要》第四十七卷第四号,1999年)10页。

(18)本文黄门侍郎徐爰之议为有司奏中的引文,截止到"参议为允"是一份完整的有司奏。另外,此处的有司是指尚书八座。参照拙稿《据〈宋书·礼仪志〉对南朝上奏文的研究》(注(1)所列拙著《古代中国与皇帝祭祀》所录,初版1980年)。

(19)时祭在四孟月举行,七月之后应在十月举行。(2)之所以为十一月,也许因卜日结果,吉日推迟到了十一月。

(20)《南齐书》卷十九,《五行志》记:

> 宋升明二年(478年)飙风起建康县南塘里,吹帛一匹入云,风止下御路。纪僧真启,太祖当宋氏禅者。……人君不祷祀,简宗庙,废祭祀,逆天时,则雾水暴出,川水逆溢,壤邑轶乡,沉溺民人,故曰水不润下。

关于刘宋末年的暴风,其原因列举了顺帝简宗庙,废祭祀之事。的确,顺帝的郊庙亲祭记录,只有元徽五年七月癸卯年(即位同月壬辰的十一日后)即位时的谒庙。即位两年后禅位给南齐的高帝(太祖),实际上根本不可能举行郊庙亲祭。但,如果查看此前刘宋诸位皇帝的事例,便可认为上述批评本身就是以皇帝亲祭为前提。

(21)"南宋的郊庙亲祭"表中可见建元元年(479年)十月的殷祀(祫祭),当时的禘

第五章　魏晋南朝的郊祀、宗庙祭祀制度的实行

祭、祫祭是每隔三十个月举行一次,故下一次禘祭应该是建元四年四月。参照第一章。

（22）参照拙稿《中国古代皇帝祭祀考察》（《史学杂志》第八十七编第二号,1978年）48—50页及本书第八章。

（23）《梁书·武帝纪下》末尾的"史臣曰"条:"兴文学,修郊祀,治五礼,定六律。"特别记载了武帝对郊祀的关心。

（24）有关二庙并不明确,是否指梁武帝之父,即南齐的临湘县侯皇考萧顺之文皇帝庙,及皇妣德皇后庙？

（25）本文所引《资治通鉴》傅縡对后主不亲郊的批评,依据附带记录《章华传》的《陈书·傅縡传》。前者明确记载了后主不亲郊,故本文引用此记事。

（26）陈废帝、宣帝的宗庙时祭亲祭记录之所以比其他皇帝多,可理解为陈面临北周压倒性武力压迫,有很大的危机感。傅縡、章华对于宣帝之后后主懈怠郊庙亲祭的批评,可理解为此危机感的延续。

第六章

北朝的郊祀、宗庙祭祀制度的实行

一、北　魏

1. 序言

前一章小结中,对于实施北朝宗庙祭祀制度应注意的问题已作论述,在此不再赘述。如第一章所述,在研究魏晋至唐代的宗庙制度时,省略了对于北魏时期孝文帝以前郊祀、宗庙祭祀制度的考察。有名的孝文帝汉化政策之前的北魏宗庙祭祀制度,笔者认为《魏书》的作者魏收有可能作了文饰[1]。然而,此书一百零八卷之一《礼志一》所述太武帝时期乌洛侯国石室中北魏使节的告天文,于1980年发现了原文。于是,将《魏书》中的告天文书与新发现的告天文书进行比较,发现《魏书·礼志》对孝文帝以前的祭祀情况,相当程度上进行了真实记录。因此,有必要对孝文帝以前北魏时期宗庙祭祀制度省略的旧稿进行考察,对第一章的不足之处加以修改。故,本章将探讨北魏的皇帝祭祀中有司摄事和皇帝亲祀是否存在差异,同时阐明此前一直忽略的孝文帝以前的宗庙祭祀制度及实际状况。这也是本节为什么先从北魏首位称帝的道武帝开始考察的原因[2]。

2. 道武帝

北魏太祖道武帝,于登国元年(386年)正月在牛川即代王位,四月改称魏王。据《魏书·太祖纪》(以下引用《魏书》部分均省略书名)记载,同年正月戊申条记"郊天祭元";《魏书》一百零八卷之一《礼志一》记"西向设祭,告天成礼"。正如后文所述,北魏时期有在西天祭郊的传统礼仪,即皇帝以下的臣子百官面向西行礼祭拜。且,这一年的"西向设祭"虽为告天,仪礼却并非根据中国的礼制。其次,《礼志一》有如下记事:

天兴元年,定都平城,即皇帝位。立坛兆告祭天地,祝曰:皇帝臣珪，敢用玄牡，昭告于皇天后土之灵。上天降命，乃眷我祖宗，世王幽都。珪以不德，纂戎前绪，思宁黎元，龚行天罚。殪刘显，屠卫辰（刘卫辰），平慕容，定中夏。群下劝进，谓宜正位居尊，以副天人之望。珪以天时人谋，不可久替，谨命礼官，择吉日受皇帝玺绶。唯神祇其丕祚于魏室，永绥四方。事毕，昭有司定行次，正服色。……于是始从土德，数用五，服尚黄，牺牲用白。祀天之礼用周典，以夏四月亲祀于西郊，徽帜有加焉。二年正月，帝亲祀上帝于南郊，以始祖神元皇帝配。

初读上文，我认为道武帝于天兴元年（398年）举行告代祭天礼之后成为皇帝，接着四月于西郊进行北方特色的祭祀，次年正月举行南郊祭祀。但经仔细分析，结论为此祝文乃天兴二年正月南郊亲祀时所写。

据《太祖纪》记载，道武帝于天兴元年四月在西郊举行祭天仪式，六月定国号为魏，七月迁都、建宫宇宗庙，立社稷。十一月定郊庙社稷、朝觐宴席之礼，闰十一月受群臣进谏，十二月己丑道武帝亲临天文殿，接受皇帝玺绶，大赦天下，一改朝代。上述告天文记："群下劝进，谓宜正位居尊，以副天人之望。……谨命礼官，择吉日受皇帝玺绶。"但此事在天兴元年闰十一月之前不可能举行。且道武帝是在天文殿即皇帝之位，称帝之时并未行告天之礼。另外，以上引文曰："事毕，昭有司定行次，正服色。"而在《太祖纪》同年条中，十二月己丑条的即位记事之后曰："昭百司议定行次。尚书崔玄伯等奏，从土德，服色尚黄。"记述该事在十二月己丑之后举行。《礼志一》中无明确记载，而《太祖纪》记载："二年春正月甲子，初祠上帝于南郊，以始祖神元皇帝配。降坛视燎，成礼而反。"此即将翌年天兴二年正月的郊祀视为道武帝最初的郊祀，此前的告天之礼并未记述。正月郊祀不在上辛，而选在甲子之日，是因为干支的起点甲子，对于道武帝最初的告天礼是最为合适的日子。也就是说，据《礼志一》，一般认为定都平城——皇帝登基——祭拜天地同时进行，但实际上应认为此乃一个长期过程。道武帝于天兴二年（399年）正月甲子才初次举行传统式告天地仪礼，故而有了上述祝文。

祝文的开头有"皇帝臣珪"，且不同于一般的"天子臣某"。而以"皇帝臣某"的形式开始。这显示此告天乃三国以来建国时第一代皇帝的告代祭天礼。关于这一点，与一百零五卷《天象志三》的如下记载相关。

是月（天兴元年八月）始正封畿，定权量，肆礼乐，颁官秩。十二月群臣上尊号，正元日遂禋上帝于南郊。由是魏为北帝而晋氏为南帝。

天兴二年（399年）正月举行了与告代祭天同样的南郊祭祀。显然，这是意识到东晋的存在，为了表明道武帝称帝所建的北魏王朝与东晋南朝相抗衡。而且，《礼志一》记："明年（天兴三年）正月辛酉，郊天。癸亥，瘗地于北郊，以神元窦皇后配。"说明天兴二年建立了北郊制度，三年（400年）正月南北郊均由道武帝亲祭。这相当于南北朝时期常举行的即位次年正月皇帝的亲祀。《太祖纪》天兴二年正月条南郊亲祀之后记："乙丑，曲赦京师，始制三驾之法。"另《礼志四》舆服之制记："太祖天兴二年，命礼官捃採古事，制三驾卤簿。"天兴二年制定了三驾，即所谓大驾、法驾、小驾的卤薄制度。卤簿指皇帝及群臣的仪仗队列，参加人数、官阶高低、车辆、武器、幡旗的种类分为几个级别。北魏时期规模最大最气派的大驾卤簿用于军戎、大祠；其次法驾用于巡狩、小祀；小驾用于离宫巡游之时（《礼制四》）。之所以在天兴二年制定这些礼仪，自然是预料到了翌年正月的亲祀。

但另一方面，不可忽视的是《礼志四》小驾记事之后有如下记载：

二至郊天地，四节祠五帝，或公卿行事。唯四月郊天，帝常亲行。乐加钟悬，以为迎送之节焉。

如上所述，道武帝将国号改为魏之后，建立了传统的郊祀仪礼。但常将这些祭祀委托给有司摄事代为执行祭祀礼。而具有鲜卑族传统的四月祭天则通常为皇帝亲祭。关于天兴元年四月皇帝西郊亲祀，前面已稍作涉及，《礼志一》对天赐二年（405年）西郊祭天的情况详细记载如下：

天赐二年夏四月，复祀天于西郊。为方坛一，置木主七于上，东为二陛，无等，周垣四门，门各依其方色为名。牲用白犊、黄驹、白羊各一。祭之日，帝御大驾，百官及宾国诸部大人毕从，至郊所。帝立青门内，近南坛西，内朝臣皆位于帝北，外朝臣及大人咸位于青门之外。后率六宫，从黑门入，列于青门内近北，并西面。廪牺令掌牲，陈于坛前。女巫执鼓，立于陛之东，西面。选帝之十族子弟七人执酒，在巫南，西面北上。女巫升坛，摇鼓。帝拜，后肃拜，百官内外尽拜。祀讫，复拜。拜讫，乃杀牲。执酒七人西向,以酒洒天神主,复拜,如此者七。礼毕而返。自是之后,岁一祭。

暂且不论内容,此西郊祭天应该以后每年四月均以皇帝亲祀的形式实施。自此,北魏鲜卑族式的西郊祭天与传统式的西郊祭天同时并存。且后者常由有司摄事代行,而前者则是由皇帝亲祀。也就是说,根据祭祀的种类决定到底是由皇帝亲祭,还是由有司摄事代行,两者之间有着质的差异。将在下一章节详述,如序章和第三章中已指出的,唐代皇帝亲祭与有司摄事之间的确存在着质的差异,而其初期萌芽可追溯到这一时期。皇帝亲祭与有司摄事产生背离的原因,可关注前文所引《天象志三》中"由是魏为北帝而晋氏为南帝"一句。即北魏的吸收并举行中原传统的祭祀仪礼,是为了宣示其作为中国王朝的正统性,并可与东晋、南朝相对抗。另外,据前一章内容,从东晋到南朝的两年一郊的制度、且以皇帝亲自郊祀的形式实施,可推测其励行南朝亲郊,也许是为了与北朝相抗衡。北魏祭祀常由有司摄事代行,虽说呈现形式不同,但可认为是在与南朝抗衡的过程中出现的产物。

另外,介绍有司摄事祭祀时所引《礼志四》中的"四节祠五帝",不是指对天神太微五帝的祭祀。《礼志一》天兴二年条(延续自天兴三年记事,但在《太祖纪》为天兴二年十月)中有如下记载:

> 冬十月,平文、昭成、献明庙成。岁五祭,用二至、二分、腊、牲用太牢、常遣宗正兼太尉。率祀官侍祀。……又立神元、思帝、平文、昭成、献明五帝庙于宫中,岁四祭,用正、冬、腊、九月、牲用马、牛各一,太祖亲祀。

记述对于始祖神元皇帝拓跋力微、昭成帝拓跋什翼健等的祭祀。所谓四节祭五帝,即上文后段所述,指在宫中于每年正月、九月、冬至、腊日,对神元帝至献明帝这五帝[3]一年举行四次祭祀。中国的宗庙祭祀即祭祀祖先,从东汉至南朝宗庙的时祭、祫祭,祭礼的月份均不一致。另外,祭祀牲口中马的出现,显示出北方的风俗[4]。同样,引文前半段记载的平文、昭成、献明帝各宗庙,以猪牛羊等太牢作为祭祀用牲畜显示其具有中国特色的祭祀风格。但冬至、夏至、春分、秋分祭礼的日期又完全不同。另外,其未采用将各皇帝的神主置于同一宗庙的太庙制度,而是为各皇帝分建宗庙,这一点不同于东汉以后的汉民族王朝。虽然祭祀形式表现为庙,但这一阶段的祭祀内容并未按照中国的礼制制度,这一点应该格外留意。

3. 明元帝至献文帝

如上所述,道武帝时期虽实行的是中原传统的郊祀制度,但具鲜卑族祭祀风格的祭天仪礼依旧存在。反而,前者是由有司摄事代行,而后者则每年为皇帝亲祀。并且,道武帝时期的皇帝庙,与东汉之后确立的庙制大有不同。事实上这些郊庙是为了向东晋、南朝宣示其为中国王朝。下面,探讨下一位皇帝明元帝以后如何实施郊庙祭祀制度。

《魏书》卷三十五《崔浩传》记:

> 太宗初拜博士祭酒,赐爵武城子。常授太宗经书,每至郊祠,父子立乘轩轺,时人荣之。

是说北魏时期有名的汉人官员崔浩,不仅给明元帝教授经书,郊祀之时还与其父崔宏乘轩轺一起参加祭祀[5]。后文所述孝文帝时期太和十年(486年)的高允也有相似情形。但高允时明确为西郊祭祀,而崔浩父子之例则为南北郊祭祀。这样,说明明元帝时期也继承了具有中原传统的祭祀风格的南北郊祭祀,但仅从字面上看,无法判断他们父子获得荣誉,是因常扈从皇帝亲祀、还是作为有司摄事的代表进行初献、亚献等祭祀活动。不过,从北魏时期的郊庙祭祀常以有司摄事的形式进行这一点来判断,后者的可能性大。

关于下一位太武帝时期的祭祀情况,就不得不列举上文提过的嘎仙洞的祭天活动。有关这一情况,《魏书》一百零八卷之一《礼志一》中有如下记载:

> 魏先之居幽都也,凿石为祖宗之庙于乌洛侯国西北。自后南迁,其地隔远。真君中,乌洛侯国遣使朝献,云石庙如故,民常祈祷,有神验焉。其岁,遣中书侍郎李敞诣石室,告祭天地,以皇祖先妣配。祝曰,天子焘谨遣敞等,用骏足、一元大武,敢昭告于皇天之灵。

魏朝先前居于东北幽都之时,曾建石室祭拜祖先。至太武帝太平真君中(440—451年)时期,乌洛侯国使节来朝进献之时,云石庙灵验如故,民众祭拜祈祷络绎不绝,于是太武帝便派遣中书侍郎李敞等前往石室祭拜。此祝文的原文于1980年在内蒙古自治区呼伦贝尔盟鄂伦春自治旗的嘎仙洞被

发现。对于发现的经过,可另外进行了解[6],原文也有介绍和研究[7]。在此,仅引用其开头部分:

> 维太平真君四年癸未岁七月廿五日,天子臣焘使谒者仆射库六官、中书侍郎李敞、傅瓷,用骏足、一元大武、柔毛之牲,敢昭告于皇天之神。

这与之前所引的《礼志一》的语句相比,出现了《礼志》引文中所没有的语句,诸如太平真君四年(443年)的年号、除李敞之外其他两人的人名(库六官、傅瓷)、柔毛牲畜等词,此确定无疑应为原文。其中用了通常郊祀时皇帝的自称,即"天子臣焘"(焘是太武帝的讳号)的正确标记,表明中原传统的郊祀形式在一定程度上,的确已被当时的北魏所接受。

不过,嘎仙洞发现的祝文,其结尾一句:"荐于皇皇帝天,皇皇后土,以皇祖先可寒配,皇妣先可敦配。尚享。"《礼志》中没有该句。其中使用了可寒(可汗)、可敦两个词,这是北族传统语言中对君主及其后妃的称呼[8]。另外,开头的一元大武及柔毛,分别是对祭祀牲畜牛、羊的别称(《礼记·曲礼下》)。而骏足显然是指马,作为祭祀牲畜动物的别称,看上去好像骏足没有什么不合理,但在传统的祭礼中不使用马,自然经书中也不会出现。前文已涉及到鲜卑族将马用作祭祀牲畜,而这是为了给人以中原传统式祭祀的印象,故在牛的前面记入了马。这样,嘎仙洞发现的祝文中,表示中原传统式礼制的词语与表示鲜卑族传统仪礼的词语同时并存。由此可知,道武帝即位之后,在长达半个世纪的历史中,北魏的祭祀混合杂糅了中原传统式与鲜卑族传统式祭祀的特点。

此后的文成帝时期,有关这一时期的郊庙制度实施情况,未发现任何相关史料。到了献文帝时期,《礼志一》中有如下记载:

> 高祖延兴二年,有司奏、天地、五郊[9]、社稷已下及诸神,合一千七十五所,岁用牲七万五千五百。显祖深愍生命,乃诏曰:其命有司,非郊天地、宗庙、社稷之祀,皆无用牲。于是群祀悉用酒脯。

前一年延兴元年(471年)登基的孝文帝当时仅六岁,故由太上皇献文帝执政。献文帝慈悲为怀,废除了郊祀、宗庙、社稷之外的祭祀中宰杀牲畜的习俗。因此可推断,在此前后一段时期,郊庙时仍进献牲畜,即使由有司摄事代行祭祀,郊庙祭祀仍照常进行。

综上所述,孝文帝之前举行过郊庙祭祀,并可列举相关史料。而且可确定,道武帝之后,一种程度上实行了中原传统式祭祀。虽为宗庙祭祀,但只是冬至、九月在宫中祭祀先帝,且祭天祝文中使用骏足、可寒、可敦这类鲜卑族传统用语。从实践中国式礼制这个角度来讲,当时的宗庙祭祀实践可谓并不充分。另外,也应注意到,在郊祀方面,并没有皇帝亲祀的史料记载。因此,作为孝文帝汉化政策中的一环,宗庙祭祀制度的改革也将会进一步推进。

4. 孝文帝

孝文帝的郊祀、宗庙祭祀改革,在其汉化政策中推进较早,冯太后还在世时便已经开始。《礼志一》太和六年(482年)条有如下记载:

> 六年十一月,将亲祀七庙,诏有司依理具仪。于是群臣议曰:……大魏七庙之祭,依先朝旧事,多不亲谒。……臣等谨案旧章,并采汉魏故事,撰祭服、冠屦、牲牢之具,罍洗、簠簋、俎豆之器,百官助祭位次,乐官节奏之引,升降进退之法,别集为亲拜之仪。制可。于是上乃亲祭。其后四时常祀,皆亲之。

据群臣之议"采汉魏故事",至此始引入依汉魏礼制而建立的七庙制和四时祭。"大魏七庙之祭,依先朝旧事,多不亲谒"中的"先朝旧事",并不是指北魏以前的诸王朝,而是孝文帝以前北魏诸帝的朝廷。孝文帝以前的皇帝宗庙祭祀一般不亲祭。但是孝文帝在引入据中原传统礼制建立的庙祭制度的同时,开始自己亲祭。只是此时的时祭不在孟月,而是在仲月举行。四时祭在四孟月举行,始于太和十六年(492年)。另外,禘祭于太和十三年(489年)开始进行,但此时省去了祫祭[10]。可见,虽说太和六年(482年)引入了汉魏的祭仪,但存在各种各样分歧。

另一方面,卷四十八《高允传》太和十年(486年)条记载:

> 其年四月,有事西郊,诏以御马车迎允,就郊所板殿观瞩。马忽惊奔,车覆,伤眉三处。高祖、文明太后遣医药护治,存问相望。
> 司驾将处重坐,允启陈无恙,乞免其罪。

说高允乘坐孝文帝前往西郊祭天的马车,到达郊所之时,因马忽惊奔、车子倾覆,而受了伤。可知这一时期的西郊祭天是孝文帝亲临祭祀[11]。但是,太和十二年(488年)十月孝文帝亲自在南郊建圜丘,分别于翌年正月亲祀圜丘、五月亲祭方泽。道武帝以来,因平城设立了南北郊,故孝文帝又另设了圜丘、方丘(方泽)。严格来讲,圜丘冬至用于祭天,南郊正月用于祈谷,而太和十三年正月祭祀圜丘,是因此时圜丘恰好建成。另外,《礼志一》中记述天兴二年(399年)南北郊祭祀之后,又记"其后冬至祭上帝于圜丘,夏至祭地于方泽,用牲币之属,与二郊同"。虽时代相差很远,但笔者认为此记事与上文孝文帝的圜丘、方泽设立有关。

之后,孝文帝于太和十七年(493年)八月开始所谓南伐,十月至滑台向城东行庙(行巡中临时的庙)告迁都意愿(卷七《高祖纪下》)。并且,一返回平城,便于太和十八年三月下诏罢黜西郊祭天。洛阳迁都的同时废除西郊祭天,这是一个显示洛阳迁都与汉化政策进一步推进相结合的绝好例证[12]。十月戊申亲祭太庙,告奉迁神主,奉先祖神主辛亥出平城宫。十二月到达洛阳再次南伐,第二年即太和十九年五月癸未抵达洛阳,告太庙自南伐已安全返回(《高祖纪下》)。《魏书》中未明确记载洛阳设立太庙之事,但《高祖纪下》太和十九年条记:"(四月戊辰)太和庙成。(中略,五月)庚午,迁文成皇后冯氏神主于太和庙。"《礼志一》同年条记:"二月癸亥,诏曰,知太和庙已就,神仪灵主,宜时奉宁。可剋三月三日己巳,内奉迁于正庙。"太和庙就是洛阳的太庙。其次,十一月行幸委粟山,议定建圜丘,甲申祀圜丘(《高祖纪下》)。委粟山乃曹魏设圜丘之处。翌二十年(496年)于河阴设立方泽(《礼志一》)。这样,洛阳迁都后建齐了太庙、圜丘、方泽。《高祖纪下》的跋语记:"天地、五郊、宗庙、二分之礼、常必躬亲,不以寒暑为倦。"即孝文帝常亲祭这些祭祀[14]。太微五帝的五郊坛因在平城(参照注9),故孝文帝从平城时代便亲祭各种祭祀。孝文帝的汉化政策,其中一项便是引入中国式郊祀、宗庙制,这一点毋庸置疑。但还应注意的是,孝文帝使得皇帝亲祭被固定了下来。

宣武帝以后的亲祭例如下文所述。应注意到《魏书》卷六十七《崔光传》中对此事如此看待。

> 正始元年(504年)夏,有典事史元显献四足四翼鸡。诏散骑侍郎赵邕以问光。光表答曰:又躬享加罕,宴宗或阙,时应亲肃郊庙,延敬诸父。……博采刍荛,进贤黜佞,则兆庶幸甚,妖孽庆进,祯祥集矣。

正如文中直接指出的那样,"躬享加罕,……时应亲肃郊庙",宣武帝即位数年后便不太亲祭郊庙了。关于下一位肃宗孝明帝,《魏书》卷七十八《张普惠传》记载如下:

又以肃宗不亲视朝,过崇佛法,郊庙之事,多委有司,上疏曰:
而告朔朝庙,不亲于明堂,尝禘郊社多委于有司。……伏愿淑慎威仪,万邦作式,躬致郊庙之虔,亲纡朔望之礼。

据此可知孝明帝将郊祀宗庙等祭祀委托给了有司。这样,宣武帝、孝明帝两位皇帝曾疏于郊庙亲祭,孝文帝励行的正祭亲祭,之后也有所倒退,但另一方面皇帝疏于郊庙亲祭之事也受到了批评。

应该承认孝文帝引入的由皇帝进行的正祭亲祭,原则上此后,得到了支持。

5. 宣武帝以后——东魏、西魏

宣武帝于太和二十三年(499年)四月丁巳在鲁阳即位之后,十月丙戌拜谒孝文帝长陵,丁酉祭太庙;且景明二年(501年)十一月壬寅移圜丘至伊水之阳,乙卯祭圜丘;正始元年(504年)六月甲午因干旱亲荐享太庙。宣武帝的郊庙亲祭仅上述几例。圜丘的郊祀虽说是改革时期的祭祀,但是冬至正祭;宗庙祭祀只是临时的告祭。景明四年(503年)正月乙亥,宣武帝籍田千亩,三月己巳与皇后在北郊举行先蚕仪礼,但此处的北郊是指北郊坛,还是单纯指北边的郊外,很难判断。另外,正始五年(508年)七月,冀州刺史京兆王愉在其住所谋反,如《魏书》卷二十二《京兆王愉传》所记:"于是遂为坛于信都之南,柴燎告天,即皇帝位。赦天下,号建平元年,立李氏为皇后。"其行告代祭天之礼,表明了自立的意愿。宣武帝自身并不热心于郊庙亲祭,但此时的中原传统式祭天仪礼,并不是由皇帝一人而是由一族来进行祭祀。

下一位孝明帝,于延昌四年(515年)正月丁卯即位之后,熙平二年(517年)享太庙。从时间为七月这点来看,应判断为时祭的亲享。接着,正光三年(522年)十一月乙巳(可能是冬至)祭祀圜丘,五年正月辛丑祭祀南郊。正光五年正月因为是壬午朔,二十日辛丑为次辛,可认为此为南郊正祭。且,孝明帝时虽说次数少,但宗庙、圜丘、南郊的正祭均为亲祭。孝庄帝没有郊庙亲郊的记录,但永安二年(529年)二月至四月调整庙制,于太庙祔祭孝明帝的神主。节闵帝(前废帝)于建明二年(531年)三月在洛阳城东郭外受禅让即位后,四月壬子祭祀太庙。同年十月在信都城西升坛焚燎而即位的后废帝,并无郊庙亲祭的记录,但中兴二年(532年)四月在洛阳城东郭外即位的孝武帝(出帝),于同年(太昌元年)十一月丁酉冬至祭祀了圜丘(以上史料出典均出自于《魏书》本纪)。

如此,发现至北魏末每位皇帝基本均有少数郊庙亲祭例。宗庙的四月、七月、圜丘的十一月、南郊的正月考虑多为正祭。上文列举史料显示,孝文帝亲祭郊庙正祭,而宣武帝以后的正祭多委托有司摄事进行祭祀,《魏书》本纪的记录一定程度上反映了此倾向。另一方面,自前废帝时开始,即位仪式便在城外进行,这一事实值得关注。特别是北魏分裂为东西魏之前的孝武帝时期,《北史》卷五《孝武帝纪》记载:

> 于是假废帝安定王诏策而禅位焉。即位于东郭之外。用代都旧制,以黑毡蒙七人,欢(高欢)居其一。帝于毡上西向拜天,讫,自东阳云龙门入。

明确记载了代都的旧制,即鲜卑族传统即位仪礼[15]的复活。尔朱世隆立废了长广王元晔之后,拥立前废帝。其即位仪式以玺绶授受为主(参照第八章),在东郭外举行,这一点也许与孝武帝即位内容有关。后废帝的即位地在信都城西,其即位仪式采用了与西郊祭天有关的北魏旧制。但,又举行了升坛焚燎,可谓一方面也引进了中原传统式仪礼。众所周知,孝明帝正光五年(524年)的"六镇之乱"以后,可看到鲜卑族习俗的复活,这一风潮也波及到了皇帝祭祀。但同时也应指出中原传统仪礼的影响已不可忽视。

东魏只有孝静帝一代。据《北史》卷五记载,孝静帝于天平元年(534年)十月丙寅在洛阳城东北即位。与孝武帝一样,可能举行的是鲜卑族传统的即位仪礼。六日后壬申享太庙,四日之后的丙子北迁至邺,这也许是离开京城洛阳的告庙。第二年天平二年十一月癸丑祭祀邺的圜丘。另外,天平四年(537年)四月辛未,迁七帝神主入新庙。最后武定二年(544年)十一月庚子祭圜丘。虽然,孝静帝亲祭记录很少,但他亲祭了太庙、圜丘。特别值得一提的是圜丘乃冬至的正祭。并且孝静帝在迁都邺城时也建立了七庙制。

西魏时文帝于大统元年(535年)正月戊申在长安城西即位。在长安城西郊外,即位仪礼与西郊祭天有关,也许是与后废帝一样在西郊升坛焚燎。即使如此,可以确定的是,前废帝以后各位皇帝皆出太极殿在郊外举行即位仪礼。第二年大统二年正月辛亥,文帝祭祀南郊,以神元皇帝(拓跋力微)为配侑帝。大统二年正月为癸卯朔,辛亥为九日上辛。即,文帝即位的第二年正月上辛进行了南郊祀。之后,大统四年(538年)正月辛酉朔日在清晖室拜了天,此后皇帝在位期间以此为惯例。但是,《北史》卷五记:"(大统)六年春正月庚戌,朝群臣,自西迁至此,礼乐始备。"又记:"(大统十一年)冬始祝圜丘于城南。"可见另一方面准备建立中原传统仪礼。废帝、恭帝的郊庙祭祀没有相关记录。

以上,具体阐明了道武帝建国之后北魏的郊庙祭祀实施情况,以及东、西魏的祭祀例。其特点简单归纳如下。

北魏天兴元年(398年)至翌年,道武帝称帝的同时建立了与中原王朝相称的各种制度。《魏书》中记载天兴元年道武帝举行了祭天仪礼,此为文饰,实际上天兴二年正月甲子的南郊亲祭,才是北魏皇帝第一次郊祀。但,北魏北族传统的西郊祭天,后与南郊并行。南郊祀常(也许是多数)由有司摄事代行,而西郊祭天则由皇帝亲祭。举行这样的祭祀,一方面显示北魏在进行南郊的郊天仪礼时,强烈意识到南朝的存在,同时也向南朝宣示北魏是与其对等的中原王朝。并且,北魏是根据祭祀的种类,分为皇帝亲祭与有司摄事。另外近年发现的嘎仙洞告天文表明,孝文帝以前的北魏也举行过中国历朝传统式的祭天仪礼,但显示其中加入了鲜卑族的要素。因推行汉化政策而闻名的孝文帝,改变皇帝祭祀中妥协的状况,在洛阳迁都的同时废除了西郊祭天,建立郊祀宗庙制度的同时,励行亲祭。宣武帝以后,皇帝亲祭情况有所倒退,但也出现了对此进行批评的声音与言论。"六镇之乱"发生后,前废帝之后的各皇帝,积极采用鲜卑族的仪礼,特别是在即位仪礼上。但是可确定的一点是,传统式即位仪礼对其产生了一定影响,郊庙亲祭一直延续到北魏末。宗庙祭祀当初与中国的宗庙制度有很大差异,孝文帝时期开始吸收汉魏以来的宗庙制度,但如后文所述,直至北齐、北周,西郊的祭天也未再恢复。东汉之后建立在儒学基础上的历朝传统式郊庙祭祀,通过北魏一代已完全渗透进了其祭祀制度。

此后的东魏、西魏,即位仪式采用鲜卑族传统的仪礼,而另一方面也努力建立中原王朝传统式的郊庙祭祀。例如即位翌年十一月（可能是冬至）、正月上辛的郊祀，在迁都的邺城设立七庙、修建圜丘等。也就是说，东西魏时鲜卑族的祭祀与中原王朝传统式的郊庙祭祀同时存在，但仍坚持在清晖室举行拜天礼的西魏，其鲜卑族祭祀的特点更为明显。此后祭祀状况又发生了怎样的变化，以下按照北齐、北周、隋的顺序进行探讨。

二、北　齐

北齐的郊庙亲祭在《北齐书》各本纪诸例中已详尽列举。天保元年（550年）五月戊午在邺城南郊即位的文宣帝[16]，于翌年正月辛亥（丙午朔六日）祭祀了圜丘。十二日后的癸亥举行籍田礼、三日后乙酉祭祀太庙。但，根据后面的祭祀例来判断，此次为殷祭，与几天前的籍田亲耕似乎并无关系。天宝十年（559年）十月至翌年乾明元年（560年）八月，没有有关在位废帝的郊庙亲祭记录。下一位孝昭帝在即位翌年皇建二年（561年）正月辛亥（戊申朔四日）祭祀了圜丘，翌日壬子禘太庙。但，孝昭帝是在晋阳即位而不是在邺城，故这些亲祀是在晋阳举行[17]。接着武成帝也于同年十一月在晋阳即位，翌年太宁二年（562年）正月乙亥返回邺，辛巳（辛未朔十一日）祭祀南郊（圜丘）、翌日壬午享太庙。武成帝于天统元年（565年）禅位给后主，后主于翌年天统二年正月辛卯（戊寅朔十四日）祭祀圜丘，三日后癸巳袷祭太庙。后主还在武平三年（572年）正月己巳祭祀了南郊，包括告代祭天在内，除文宣帝的祭天之外，北齐皇帝在位期间多次亲祭郊庙的仅后主一位。只是因为没有其他记载亲郊的事实，故无法确定其亲郊的理由。另外，此时没有宗庙亲祭的记录。

综上所述，北齐诸帝在即位翌年正月亲祭南郊（圜丘）、宗庙（太庙），于上辛、次辛祭祀南郊的情况，分别各占一半。宗庙在翌日或第三日祭祀，太庙祭祀例中记为"禘"或"袷祭"。北魏的禘祭在正月举行（参照第一章），故正月的禘祭可视为对北魏制度的继承。另外，北朝各王朝依据将圜丘与南郊、方丘与北郊相区别的郑玄说，故严格规定冬至为圜丘祭日，正月为南郊祈谷的祭祀。北齐之所以在正月祭祀圜丘，也许是因重视即位后翌年祭祀而考虑到方便的缘故。总之,北齐在文宣帝以来,原则上即位翌年正月祭祀南郊(圜丘),翌日大祭宗庙(太庙)。只是,《北齐书》卷三十八《赵彦深传》记:"天保初,累迁祕书监。以为忠谨,每郊庙,必令兼太仆卿,执御陪乘"。可见,至少在文宣帝时,郊庙亲祭为定期举行。天宝元年五月将神主迁至太庙,天宝二年十月移文襄皇帝(高澄)神主入太庙。如果这些祭祀文宣帝均出席参加,赵彦深也随行,那么,加之天宝二年正月的郊庙祭祀,即使仅四次亦可记为"每郊庙",故仅从以上史料不能断定北齐的郊庙祭祀均为皇帝亲祭[18]。

另外,《北齐书》卷四《文宣帝纪》天宝八年(557年)八月条记[19]:

> 庚辰,诏丘郊、禘袷、时祀,皆仰市取少牢,不得剖割,有司监视,必令丰备。农社、先蚕,酒肉而已。雩禖、风雨、司民、司禄、灵星、杂祀,果饼酒脯,唯当务尽诚敬,义同如在。

即使如郊庙这样高规格的祭祀,供奉祭品也不是太牢(牛羊豕),而是少牢(羊豕),且不得宰割。以下的祭祀也是酒肉或果饼酒脯,总之,尽可能不见牺牲之血。对此,同书卷十四《高元海传》(《上洛王思宗传》附)记:

> 元海好乱乐祸,然诈仁慈,不饮酒啖肉。文宣天保末年,敬信内法,乃至宗庙不血食,皆元海所谋。

文宣帝晚年受高元海的影响信仰佛教,所以不向宗庙进献牺牲。且天宝八年八月诏曰:郊庙祭祀取少牢,不得剖割。可认为此乃文宣帝末年的特例。另,此诏曰:丘郊禘袷时祀。从中可知北齐也进行时祭。如注(18)所述,北齐的时祭是以皇帝亲祭为前提的,但这到底是真实情况亦或仅形式而已,不甚明确[20]。

三、北　周

北周以郊庙为中心的皇帝祭祀频繁举行,这种状况与其他王朝有相当大的区别。但通过北周这一个朝代,可发现其规律性,以下就这一点进行论述。叙述有些烦杂,故将相关记事列表,如表14所示。以下史料如不特别标注,皆出自《周书》各本纪。

表14 北周的郊庙等亲祭

皇帝	年次（西历）	相关记事	备考
孝闵帝	元年(557年)	正月(1)辛丑,即天王位,柴燎告天。(2)壬寅,祠圜丘。(3)癸卯,祠方丘。(4)甲辰,祠太社。(5)乙巳,祠太庙。(11)辛亥,祠南郊。(21)辛酉,祠太庙。(23)癸亥,亲耕籍田。二月(4)癸酉,朝日于东郊。(9)戊寅,祠太社。四月(14)壬午,谒成陵。(19)丁亥,祠太庙。七月(14)辛亥,祠太庙。八月(2)戊辰,祠太社。	成陵乃文帝（宇文泰）陵
明帝	元年(557年)	九月(28)甲子,即天王位。十月(20)乙酉,祠圜丘。(21)丙戌,祠方丘。(29)甲午,祠太社。十一月(5)庚子,祠太庙。(12)丁未,祠圜丘。十二月(6)庚午,谒成陵。	
明帝	二年(558年)	正月(17)辛亥,亲耕籍田。十二月(4)癸亥,太庙成。	
明帝	武成元年(559年)	八月(15)己亥,改天王称皇帝。	
武帝	武成二年(560年)	四月(21)壬寅,即皇帝位。	己亥为乙亥之误,乙亥为三日
武帝	保定元年(561年)	正月(3)庚戌,祠圜丘。(5)壬子,祠方丘。(7)甲寅,祠感生帝于南郊。(8)乙卯,祠太社。(22)己巳,祠太庙。(28)乙亥,亲耕籍田。二月(18)甲午,朝日于东郊。	
武帝	天和元年(566年)	正月(22)己亥,亲耕籍田。三月(30)丙戌,祠南郊。	
武帝	二年(567年)	正月己(乙)亥,亲耕籍田。三月(16)丁亥,初立郊丘坛壝制度。	
武帝	三年(568年)	正月(5)辛丑,祠南郊。五月(16)庚戌,祠太庙。十月(2)癸亥,祠太庙。	
武帝	建德二年(573年)	正月(4)辛丑,祠南郊。(18)乙卯,祠太庙。四月(4)己亥,祠太庙。七月(5)己巳,祠太庙。	
武帝	三年(574年)	正月(8)己巳,祠太庙。(14)乙亥,亲耕籍田。	
武帝	五年(576年)	六月(4)辛亥,祠太庙。十一月(18)癸巳,至自东伐,献俘于太庙。	

续表 14

皇帝	年次(西历)	相关记事	备考
武帝	六年(577 年)	四月(3)乙巳,至自东伐,献俘于太庙。(27)己巳,祠太庙。五月(17)己丑,祠方丘。	
宣帝	宣政元年(578 年)	六月(2)戊戌,即皇帝位。七月(10)乙巳,祠太庙。(11)丙戌,祠圜丘。(13)戊申,祠方丘。八月(2)丙寅,夕月于西郊。	六月丁酉朔
	大象元年(579 年)	四月(8)己巳,祠太庙。	
	二年(580 年)	正月(7)癸巳,祠太庙。四月(14)己巳,祠太庙。	
静帝	大象元年(579 年)	二月(19?)辛巳,宣帝于邺宫传位。	二月癸亥朔?

* 出典为《周书》本纪。引文与原文保持一致,但中间的省略未标明。
* ( )内的数字为日期。根据《三正综览》及《增补二十史朔闰表》计算得出。

首先,孝闵帝于元年(557 年)正月辛丑即天王位后柴燎告天,翌日壬寅圜丘、癸卯方丘、甲辰太社、乙巳太庙,包括方丘、太社在内,每天顺次祭祀天地宗庙。接着,辛丑十日后,即次辛的辛亥祭祀南郊,再十日后的辛酉祭太庙,二日后癸亥亲耕籍田。至二月,癸酉(籍田的十日后)朝日东郊,五日后戊寅再祠太庙。其后四月丁亥又祠太庙,这与五日前壬午谒太祖宇文泰的成陵及前几日乙酉返还长安有关系。另,七月辛亥也祭太庙,但如《孝闵帝纪》所记载:"甲辰,月掩心后星。辛亥,祠太庙。荧惑犯东井北端第二星。"庙享记事在两个天象异变记事之间,七月乃时祭的月份,但对照后面诸帝的祭祀例,可认为此次亲祭是在应对天象异变的情况下举行的。之后,八月戊辰又祭了太社。

孝闵帝在同年九月被宇文护强迫让位、幽禁一个多月后被杀。且,九月甲子因众臣劝进,太祖的长子明帝即位天王(后闵帝乃第三子)。明帝于二十一日后的十月乙酉祭祀圜丘,翌日丙戌祭祀方丘,八日后于甲午祠太庙,十一月庚子祠太庙,七日后丁未祭圜丘。另,十二月庚午谒宇文泰成陵,但此前后未庙享。最后,翌年正月辛亥亲耕籍田。将此与孝闵帝即位时的仪礼相比较,时间间隔虽不同,但即位—圜丘—方丘—太社—太庙亲祭的顺序一致。关于圜丘,若认为南郊是正月祈谷祭祀,冬至本来祭祀圜

第六章　北朝的郊祀、宗庙祭祀制度的实行

丘,那么截止到这里也还一致(参照表14)。以下没有东郊朝日、太社祭祀,谒成陵与籍田顺序虽不同,但仍然还在实行。这样,如果忽视日期间隔的变化、一些次序的变换,可认为明帝依照孝闵帝即位后的亲祭顺序进行了亲祭。

明帝于武成元年(559年)八月己亥由天王改称皇帝,但于翌年即武成二年(560年)四月被宇文护毒杀。依明帝的遗诏拥立的武帝,同年四月壬寅即位,翌年即保定元年(561年)正月庚戌祭圜丘,二日后的壬子祭方丘,再二日后的甲寅于南郊祭感生帝。且,翌日乙卯祭太社,十四日后的己巳祭太庙,六日后的乙亥亲郊籍田,最后十九日后的二月甲午于东郊朝日。与孝闵帝即位后仪礼相比,太庙与太社的祭祀次数各减少一次,将南郊祭祀提前到太社之前,虽稍有些变化,但即位后亲祭的祭祀种类相同。此后武帝于天和元年(566年)三月丙午祠南郊,翌年三月丁亥首次建立郊丘坛壝制度,三年辛丑祠南郊。《隋书·礼仪志》就南北朝的郊庙等祭祀按顺序进行了说明,但未涉及天和二年的郊丘改革,故不能明确天和元年、三年的南郊祀之间存在哪些差异。但与以下事例相对照,笔者认为这进一步推进了符合中国礼制的郊丘制度。

武帝在天和三年五月庚戌与十月癸亥祭祀了太庙。建德二年(573年)正月辛丑祠南郊,正月乙卯与四月己亥、七月己巳祭太庙。翌年即建德三年正月己巳再祭太庙。天和三年之后的这些太庙祭祀,在正月、四月、五月、七月、十月进行。只是,四月、十月乃大祭禘祫的月份,且北周如果效仿北魏先例,也许在正月举行了禘祭,按照正祭,七月乃时祭的月份,与禘祫无关。可知,武帝也亲祭过宗庙时祭。为什么在天和三年五月进行亲享,对此很难给出准确的解释说明,也许是四月时祭的延迟。此后,天和七年(572年)三月丙辰,武帝诛杀宇文护,改元建德。建德二年正月的郊祀也许与此有关。建德五年(576年)六月戊申朔发生了日蚀,辛亥祠太庙,但六月非宗庙正祭月份,故可能是因为日蚀而进行的一次祭祀。另外,同年十月武帝大举进攻北齐,讨伐晋州返回后,于十一月癸巳享太庙进献俘虏。建德六年二月北周灭了北齐,四月乙巳又向太庙献俘。同月己巳祭太庙,这次不同于献俘,乃正祭时祭。五月乙丑祭方丘。

这样,武帝在位期间常祭祀南郊、太庙。正祭之外的太庙祭祀,均可找

203

到祭祀的理由,有时为正祭,有时为告祭。另外,郊丘坛壝制度建立于天和二年,其后的两次南郊均在正月上辛举行。武帝非常积极主动地推行传统式祭祀,关于这一点,北齐灭亡之后在北周为官、卒于隋初的卢思道在《后周兴亡论》(收录在《文苑英华》卷七百五十一《论十三·兴亡上》)中写道:

> 高祖始登大位,于时大冢宰晋公宇文护,太祖之犹子也,负图作宰,亲受顾命。国柄朝权,顿去王室。高祖高拱深视,弥历岁年,谈议儒玄,无所关预。祭则寡人,晋公之不忌也,但自下裁物,其主不堪。累世权强,一朝折首。其于党与,咸见夷戮。恶禽臭物,扫地无余尔。

就是说,高祖即武帝即位时宇文护权倾朝野,据说在诛灭宇文护之前,武帝自我衡量只是不为宇文护所厌。其中,"祭则寡人"表明是皇帝亲祭。可看出当时的状况是武帝励行祭祀是作为他的一种政治手腕,避免引起宇文护的怀疑。这属于宇文护专权下的祭祀特例,与其说是皇帝确立权威,不如说是相反的一种皇帝亲祭,直到武帝中期,亲祭都具有这样的特点。卢思道的观察,作为那个时代人的理解,值得尊重。

关于宣政元年(578年)六月即位的宣帝,《周书·宣帝纪》中记载:"建德元年四月癸巳,高祖亲告庙,冠于阼阶,立为皇太子。"建德元年(572年)立太子时,武帝亲自告庙。只是冠礼的地点不在太庙,可能在太极殿。如第八章所述,汉、南朝在即位和立太子之后,皇帝、皇太子须拜谒宗庙,行谒庙礼,上述告庙是立太子行冠礼之前进行,不能视为当时通行的谒庙礼。但考虑到武帝在天和二年(567年)建立郊丘坛壝制,亲祭众多郊庙,可认为上述告庙是意识到谒庙礼而进行的仪礼。与宇文护之间的确存在争执,但武帝试图将北周郊庙祭祀规范化,就这一点而言还是应该给予这位皇帝积极的评价[21]。

宣帝即位,中间夹了闰六月,于七月乙巳祭太庙、翌日丙午祠圜丘,二日后的戊申祠方丘。另外,八月丙寅夕月于西郊外。北周夕月亲祭,此为首次,夕月是相对于春分朝日的秋分仪礼,可看作相当于朝日的仪礼。这样,宣帝未进行籍田亲耕,从其即位的时间来看便能够理解。另外,九月即位的明帝在祭祀了圜丘、方丘之后,可能冬至祠圜丘;四月即位的武帝翌年正月祠南郊(参照表14)。从这些祭祀例也能够理解,六月即位的宣帝为何即位后没有马上举行南郊祀。如此，宣帝即位后的祭祀，可认为是孝闵帝的祭祀例中仅除去太社的祭祀。另外，短期内没有多次祭祀太庙，这一点与武帝时相同。即位后的亲祭，到此时才根据孝闵帝的祭祀先例，开始被一点点理顺了。

宣帝在大象元年（579年）二月将皇位传给静帝，自己则称天元皇帝。下面对此后的郊庙亲祭进行探讨。《宣帝纪》同年四月条记："己巳，祠太庙。壬午，大醮于正武殿"，在大醮之前祭太庙。另外，同纪同年八月条记：

> 初，高祖作《刑书要制》，用法严重。及帝即位，以海内初平，
> 恐物情未附，乃除之。至是大醮于正武殿，告天而行焉。

在废除高祖武帝《刑书要制》的同时大醮告天。就是在进行道教祭祀的大醮时告庙或告天。该纪中记载："（大象）二年春正月丁亥，帝受朝于道会苑。癸巳，祀太庙。"即翌年正月一日的道会苑接收朝贺之礼，六日后的癸巳举行庙享。之前的大象元年条记：

> 冬十月壬戌，岁星犯轩辕大星。是日帝幸道会苑，大醮，以高
> 祖武皇帝配。醮讫，论议于行殿。

宣帝在道会苑配武帝举行大醮。配醮如果置先帝神主，则与宗庙并非无关系，故大象二年正月宣帝在道会苑接受百官朝贺之后，便同意在此祭祀太庙[22]。最后，同年条记："夏四月乙丑，有星大如斗，出天厨流入紫宫，抵钩陈乃灭。己巳，祀太庙。"庙享、大醮、天变之间存在着关联，此前已探讨过几例。此处同样以乙丑天体异动为由祭祀太庙，四日后的己巳可认为进行了亲祭。总之，自称天元皇帝之后的宣帝，举行的是以道教为主的仪礼。另外，没有有关最后一位皇帝静帝的郊庙亲祭记录。

以上，北周第一代皇帝孝闵帝，在举行天地宗庙中最为主要的祭祀——皇帝亲祭时是以非常杂乱的形式开始的。但是，此后的各皇帝即位之后亲祭圜丘、方丘，并按照即位的月份亲祭圜丘、南郊、方丘、朝日、夕月等。除了多次亲临太社、籍田礼之外，北周的皇帝亲祭某种程度上的确有规则。另外，武帝天和二年（567年），又再次设立郊丘坛壝制度。很难通过《隋书·礼仪志》等了解当时祭祀的真实情况，但考虑其中解释武帝亲祭时祭这一点，可以说北周武帝时期进一步推进了郊庙祭祀的建立。在此基础之上，宣帝即位后的祭祀得到了梳理。

但根据同时代卢思道的评价,截止到武帝中期,郊庙亲祭是为了使其政治野心不被宇文护所警惕,与此前所见的为了弘扬皇权的亲祭,性质略有不同。总之,整个北周郊庙的正祭基本没有亲祭,这一点与北齐以及下面要探讨的隋有共同之处。且,《周书》卷三十五《崔猷传》西魏大统五年(539 年)条记:

> 时太庙初成,四时祭祀,犹设俳优角抵之戏。其郊庙祭官,多有假兼。猷屡上疏谏,书奏并纳焉。

西魏的太庙祭祀不同于中原王朝传统式宗庙祭祀,设俳优角牴之戏、供奉祭品,而后者主要是以向先帝神主献酒祭拜为主。另外,《宣帝纪》末尾总评部分载,"又于后宫与皇后等列坐,用宗庙礼器樽彝珪瓒之属,以饮食焉",即宣帝使用宗庙器具与皇后等饮食。这并非要说明北周郊庙制度不规范,此句也许对宣帝行为不符合规范含批评之意,但事实是,在恢复、稳定北魏末已崩溃的宗庙祭祀仪礼过程中,不可避免会出现混乱。

四、隋

隋文帝郊庙亲祭的最初祭祀例(《隋书·高祖纪》),乃开皇三年(583 年)五月辛酉祭方泽。皇帝亲祭方泽在历代王朝中均属少见,隋代仅这一时期祭祀。文帝在前一年末修建大兴城,此年正月迁入新都,亲祭方泽也许与此事有关。文帝于八月戊子祭祀土地神太社(同书同纪),也可能与新都的完成有关。南郊、太庙的亲祭在同书同纪中首次有如下记载:"四年春正月甲子,日有蚀之。己巳,有事于太庙。辛未,有事于南郊。"开皇四年(584 年)甲子为朔日,辛未为八日上辛。这对于迁入新都的文帝来讲是第一次真正意义上的南郊祀。正月朔日因日蚀,并非不可能亲祀南郊,但正月朔日的日蚀纯属偶然,故认为是前一年北郊、太社延续下来的一系列祭祀[23]也许更为合理。总之,文帝从进入长安的开皇三年至翌年,亲祭了北郊—太社—太庙—南郊。加之开皇三年之前制定的开皇律令,可以说隋朝从这一时期开始,国家祭祀制度已规范化。另外,从依次举行各种祭祀这一点来讲,隋建国之初的皇帝祭祀,可谓受到了北周的影响。

其次，开皇七年（587年）正月癸巳祭祀太庙，其内容、目的等均不明确。开皇八年十月甲子，为了要讨伐陈而祭祀了太庙，翌年四月乙巳，正月平定陈凯旋而归的三军献俘虏于太庙。开皇八年的祭祀乃文帝自身告庙，九年的献俘可能是凯旋的将帅举行的有司仪礼[24]。另外，开皇十年（590年）十一月辛丑的南郊祭祀，若因平定陈而亲祭，也可在开皇九年的冬至举行，故此时进行亲郊的理由不明确。《隋书·高祖纪下》开皇十二年七月条记："壬戌，幸昆明池，其日还宫。己巳，有事于太庙。壬申，晦，日有蚀之。"对于这一点，也并不能认为行幸或晦日告庙不可能，但若因天变地异而举行告庙，完全可以事后进行，且一两日便可往返的昆明池行幸，也很难认为构成宗庙亲祭的主要原因[25]。七月恰巧是四时祭的月份，故应认为己巳的庙享乃时祭的亲享。接着十月条记："壬午，有事于太庙。至太祖神主前，上流涕呜咽，悲不自胜。"（同书同卷）乃举行了庙祭。此祭祀若为时祭，那么，七月在太祖（杨忠）神主前流涕呜咽，也并没有什么不可思议，故十月的庙享应为祫祭。

文帝接下来于十一月辛亥祭祀南郊，翌年正月壬子亲祭感帝。若以上解释均合理正确，那么，文帝自开皇十二年至翌年依次亲祭了时祭、祫祭、冬至圜丘、正月祈谷等四种郊庙祭祀。《隋书》卷六《礼仪志一》中如下记事与此相关。即：

> 高祖平陈，收罗杞梓，郊丘宗社，典礼粗备。唯明堂未立，开皇十三年，诏命议之。

此处的杞指国名或柳树，与梓放在一起即指优良木材。"收罗杞梓"字面意思也可指陈域内的良材，但此处乃喻指人才[26]。即南朝得到了人才，才使郊祀、宗庙仪礼的建立成为可能。在此基础之上，如上文所述，开皇十三年（593年）开始准备设立明堂[27]，与前文所述开皇十二年至十三年文帝亲祭南郊、宗庙正祭的事实相吻合。开皇九年平定陈之后，召集南朝官员，对郊庙等祭祀重新进行修改完善，大概花费了三至四年时间。开皇三至四年的亲祭因承认受北周影响，那么，学习南朝郊庙祭祀方式，对于隋有着非常重要的意义。开皇十二至十三年，笔者认为是在引入南朝祭祀仪礼的过程中举行了这一系列亲祭。只是，如下所示，文帝的亲祭并非如南朝那样持续地举行正祭。

下面,文帝的郊庙亲祭跳越至仁寿元年(601年),这是文帝在位期间最后一次亲祭。《隋书》卷六《礼仪志一》记载:

> 仁寿元年冬至,祠南郊,置昊天上帝及五方天帝位,并于坛上,如封禅礼。板曰:维仁寿元年岁次作噩,嗣天子臣讳,敢昭告于昊天上帝。璇玑运行,大明南至。臣蒙上天恩造,群灵降福,抚临率土,安养兆人。……天地灵祇,降锡休瑞,镜发区宇,昭彰耳目。爰始登极,蒙授龟图,迁都定鼎,醴泉出地。平陈之岁,龙引舟师,省俗巡方,展礼东岳。盲者得视,喑者得言,复有躄人,忽然能步。自开皇已来,日近北极,行于上道,晷度延长。天启太平,兽见一角,改元仁寿,杨树生松。石鱼彰合符之征,玉兔显永昌之庆。山图石瑞,前后继出,皆载臣姓名。……嘉禾合穗,珍木连理,神瑞休征,洪恩景福,降赐无疆,不可具纪。此皆昊天上帝,爰降明灵,矜愍苍生,宁静海内,故锡兹嘉庆,咸使安乐。岂臣微诚所能上感。虔心奉谢,敬荐玉帛牺齐,粢盛庶品,燔祀于昊天上帝。皇考太祖武元皇帝配神作主。

引文较长,简而言之,即即位以来祥瑞接连不断,承昊天上帝之恩泽改元仁寿(同年正月元日),于南郊祀天。

纵观北齐、北周、隋,除告代祭天之外,此为唯一留传下来的祝文例。包括省略的部分在内,上文祥瑞、符瑞的记述占了大半。关于这一点,《资治通鉴》卷一百七十九《隋纪三》同年条说明如下:

> 初,帝受周禅,恐民心未服,故多称符瑞以耀之。其伪造而献者,不可胜计。冬十一月己丑,有事于南郊,如封禅礼,版文备述前后符瑞,以报谢云。

即,受禅后考虑到隋的正统性、民心的向背、国家的稳定,添加献上的符瑞作为祝文[28]。文帝将隋初以来一直使用的开皇年号,在第二十个年头改元为仁寿。可认为文帝是在隋建国二十周年国家治理稳定之时进行了改元,并亲祭南郊。《资治通鉴》记载"如封禅一样祭祀",祝文曰"展礼东岳(泰山)",但平定陈后的开皇九年(589年)十一月,定州刺史豆卢通等上表求封禅,文帝未同意。开皇十五年(595年)文帝巡狩东方之时,正月庚午,以岁旱祠泰山谢愆咎(《隋书·高祖纪下》)。随着隋统一天下,便开始纷纷议论封禅之事,且文帝祭了泰山,但此为岁旱祈雨,并非封禅。仁寿元年的祝文,如封禅一般记录了开皇十五年的祭祀。但实际上不是封禅之礼,故仁寿元年是以像封禅的形式祭祀了南郊。总之,仁寿元年冬至的郊祀,在经历建国二十周年并同时改元的情况下,为了向昊天上帝奉谢天下之安定,而举行了与封禅相类似的大祭。

最后,关于炀帝,《隋书》卷二十二《五行志上》记载:

> 大业三年,河南大水,漂没三十余郡。帝祠位以来,未亲郊庙之礼,简宗庙,废祭祀之应也。

上文讲到炀帝即位三年之后未亲祭过郊庙之礼,因为懈怠郊祀、宗庙祭祀才引发了河南大水。另一方面,该书《炀帝纪上》同年六月条记:

> 丁亥,诏曰:……高祖文皇帝,宜别建庙宇,以彰巍巍之德,仍遵月祭,用表蒸蒸之怀。有司以时创造,务合典制。

诏曰宜为文帝独自另建太庙。但这一年的四月炀帝出发去北边巡狩,八月访突厥启民可汗的牙帐,九月返回东都洛阳。接到大水的报告可能是在返回洛阳之后。另,因河南发大水而发的有关建文帝庙的诏书,是从巡狩中榆林稍南的连谷发出。文帝庙设立之事与宗庙(太庙)亲祭没有直接关系,炀帝至少截止到大业三年(607年)都没有亲祭郊庙祭祀。

此后亦无炀帝亲祭宗庙的记录,仅流传下来郊祀一例,记载如下。《隋书》卷六《礼仪志一》记:

> (大业)十年冬至,祀圜丘。帝不斋于次,诘朝备法驾,至便行礼。是日大风,帝独献上帝,三公分献五帝。礼毕,御马疾驱而归。

说前日未行斋,当日早朝直接从宫殿前往南郊,因大风天气不好,故炀帝只向昊天上帝进献,太微五帝由三公进献,结束之后御马疾驰而归。此记述含有对炀帝批评之意。关于此时的仪礼,该书《炀帝纪下》记述如下:

> 冬十月丁卯,上至东都。己丑,还京师。十一月景(丙)申,支解斛斯政于金光门外。乙巳,有事于南郊。

该书卷八十一《高句丽传》记:

> (大业)十年,又发天下兵。……高丽(高句丽)亦困弊,遣使乞降,囚送斛斯政,以赎罪。

大业十年(614年)炀帝第三次远征高句丽,如上文所述,疲弊的高句丽与隋双方在这一年暂时达成和解。就在这个时候将高句丽囚送斛斯政一事告太庙,处刑之后举行了南郊祭祀。对比唐代的祭祀例,正祭的南郊与临时的祭祀告庙相比,在祭祀规格上更高,故笔者认为并非因斛斯政之事,而是将征服高句丽一事告天。虽然炀帝郊庙亲祭只此一例,但祭祀乃因为与高句丽之间实现了和解,并囚送了叛臣斛斯政,这一点毋庸置疑。故炀帝的郊庙亲祭,是在有特定目的的前提下进行的祭祀。

这样,隋朝郊庙的皇帝亲祭,一般是有某种特殊目的而进行的祭祀。炀帝时这一点更为明显。文帝时的亲祭大多目的不明确,但仁寿元年的郊祀,乃在位二十年后改元之时有意识举行的亲祭。《隋书》《北史》中基本没有有关文帝、炀帝举行郊庙正祭的史料。文帝在平定南朝后,从开皇十二年至翌年亲祭了郊庙正祭,但祭祀一次便中止了。总之,隋代的郊庙祭祀可概括为,多数情况下为有司摄事,只是在特定的场合皇帝才亲祭。

五、小　结

以上,探讨了北魏至隋的郊庙亲祭情况。根据嘎仙洞的告天文,明确了北魏时期孝文帝以前举行过中国传统式祭天仪礼,但其中掺杂了鲜卑族元素。据可考证的史料,道武帝自称皇帝时引入了中国传统的郊祀,但另一方面,仍然保留鲜卑族传统的西郊祭天。可推测其郊祀被视为与东晋、南朝相对抗,称帝所必需的仪礼,且郊祀可能多数情况下委托有司摄事代行,而西郊祭天至少道武帝时每年以皇帝亲祭的形式进行。于是,便出现了根据祭祀的种类与特点而分为皇帝亲祭与有司摄事的情况。孝文帝在推行汉化政策的过程中,迁都洛阳的同时废除了西郊祭天。宗庙祭祀当初也是在宫中进行,孝文帝将其改为太和庙宗庙中心制度。并且力行郊祀、宗庙等皇帝的亲祭。宣武帝以后,亲祭的热情减退,但可以确定,一直到北魏末的郊庙均为亲祭。另一方面,前废帝以后,特别是即位仪礼恢复鲜卑族旧习,这一特点很明显。西魏宗庙祭祀时也设俳优、角抵戏等,但西郊祭天未恢复。这样,北魏道武帝建国、孝文帝迁都均具有划时代的意义,其引入了中国传统式郊祀、宗庙制度,并使其稳固,但均呈现出过渡的倾向。

北齐、北周、隋的郊庙祭祀,沿袭上述情况进行。北齐皇帝的郊庙亲祭翌年便中止。北周的情况比较杂乱,仔细分析,认为乃因各位皇帝即位之后,第二年虽举行过各种祭祀,但随着时间的推移,后代才对这些祭祀开始逐步整理的缘故。不同的是,隋代未见即位翌年的皇帝亲祭;文帝可认为是因为在入长安城之前,故未亲祭;但炀帝即位后数年未亲郊郊庙,这个史实很清楚。可明确的亲祭仅为即位第十一年即大业十年冬至的亲郊一例,加上文帝仁寿元年冬至的亲郊,从这两例进行判断,可认为隋代后半期仅在特殊的情况下皇帝才会进行郊祀,但并不会出现如下一章所述唐代那样,伴随着大赦、改元。

总之,北朝郊庙亲祭多以有司摄事的形式代行,皇帝亲祭仅限于少数。北魏主要在孝文帝时期,北齐、北周集中在诸位皇帝即位之后举行,隋代中期以后仅在特别的情况下进行亲祭。这与东晋、南朝两年一郊的郊祀甚至时祭等宗庙各祭祀,力行皇帝亲祭的情况形成鲜明对照。正如北魏道武帝称帝时郊祀所具有的象征意义一样,北朝举行郊祀是为了宣示它是与南朝相抗衡的中国王朝。如前一章所述,可将南朝的郊庙亲祭视为与北朝做法相对抗的行为。《资治通鉴》卷一百五十六梁武帝中大通六年(534年)八月条记:

> 先是,荧惑入南斗,去而复还,留止六旬。上以谚云"荧惑入南斗,天子下殿走",乃跣而下殿以禳之。及闻魏主西奔,惭曰:虏亦应天象邪。

《北史》卷五《魏本纪第五》永熙三年(梁中大通六年,534年)七月条记:

> 是岁二月,荧惑入南斗,众星北流,群鼠浮河向邺。梁武跣而下殿,以禳星变。及闻帝(北魏孝武帝)之西,惭曰:虏亦应天乎。

即,同年七月北魏孝武帝从高欢处奔至宇文泰所在的长安之后,梁武帝了解到荧惑星入南斗,预兆孝武帝出奔,感叹北掳亦应天象乎。此事略显滑稽,且为传说,可以作为反映当时梁武帝想法的一个史料,他当时认为"荧惑入南斗,天子下殿走"这一天象影射南朝。故当时依然存在这样的观点,即只有南朝才有特权进行以天为祭祀对象的南郊祀,这样的想法并非毫无依据。

另一方面,北朝当初的祭祀制度为北族传统的西郊祭天与南北郊祀并行。南北郊祀为有司摄事,西郊祭天为皇帝亲祭。虽然截止到西郊祭天被废止,皇帝亲祭并不是每年均举行,但自此开始出现了根据祭祀的种类、特点,将祭祀分为皇帝亲祭与有司摄事。南朝皇帝不亲祭之所以受到严厉批评,乃因为祭祀的大前提为皇帝亲祭。北朝的郊庙祭祀之所以有司摄事引人注目,主要是因为郊庙祭祀是为了与南朝相对抗而引入的祭祀。而皇帝亲祭与有司摄事一旦区别明显,便预示着会出现这样一种状况,即皇帝的亲祭会被视为非日常的特别祭祀。从隋文帝晚年到炀帝,郊祀均被认为是有特定目的而进行的特别祭祀。如序章与第三章所述,唐代已从制度上确立了皇帝亲祭与有司摄事之间的区别。下一章,在明确了上述南北朝郊庙祭祀在实施过程中所具有的特点的基础上,将具体探讨唐代郊庙祭祀中皇帝亲祭与有司摄事两者之间的区别如何体现,以及会发生怎样的变化。

注释:

(1)拙稿《关于魏晋至隋唐的郊祀、宗庙制度》(《史学杂志》第八十八编第十号,1979年)22—25页注(11)。

(2)如下所述,道武帝称帝是在天兴元年(398年)与天兴二年之交,但是,北魏统一华北是在太武帝灭北凉的太延五年(439年),或此后灭后仇池的太平真君三年(442年)。并且,道武帝称帝前后那一时期五胡十六国并存,按理应该对同时并存的五胡诸国郊祀、宗庙祭祀进行探讨。本章是将南、北朝对比起来进行讨论,恕将此内容割爱,但笔者在其他文稿中列举了相关史料(唐代史研究会编《二十世纪魏晋南北朝隋唐史研究回顾与展望》收录《祭祀》,汲古书院计划出版发行)。

(3)据卷一《序纪》,平文帝为神元皇帝拓跋力微的曾孙,在道武帝天兴之初被追尊为太祖。神元帝在平文帝时被追尊为始祖。思帝为平文帝之父,据说在位一年即驾崩。昭成帝乃平文帝之次子,献明帝乃昭成帝的太子、道武帝之父,昭成三十四年因长孙斤谋反,在与斤搏斗中受伤后致死,后被追谥为献明帝。

(4)关于北魏、契丹、元等出自北方游牧骑马民族的王朝,以马为牺牲这一点,参照西嶋定生《东亚世界与日本史四·关于骑马民族征服说》(同《中国古代国家与东亚世界》第二编第六章,东京大学出版社,1983年,以及李成市编《古代东亚世界与日本》,《岩波现代文库》,2000年,初版1976年)。

(5)卷二十四《崔宏传》附《董谧传》记:"玄伯(崔宏)同郡董谧。……中山平,入朝拜仪曹郎,撰朝觐、飨宴、郊庙、社稷之仪。"道武帝攻克中山南下,控制黄河以北的中原,

第六章 北朝的郊祀、宗庙祭祀制度的实行

是在称帝前一年的皇始二年(397年)。且前一章所述道武帝的郊庙制度,由与崔宏同为清河郡出身的董谧撰写制定。

(6)参照尾形勇《东亚的世界帝国》(视觉版《世界历史8》,讲谈社,1985年)第139—152页,以及《中国历史纪行》(角川书店,1993年)第一章。

(7)著录嘎仙洞石室祝文的有如下几篇文章:米文平《鲜卑石室的发现与初步研究》(《文物》1981年第二期)、曹熙《鲜卑南迁前的社会经济形态探讨》(《求是学刊》1981年第三期,录文在封底)、佟柱臣《嘎仙洞拓跋焘祝文石刻考》(《历史研究》1981年第六期)。有关祝文整体的研究论文,有町田隆吉《关于北魏太平真君四年拓跋焘石刻祝文——以'可寒''可敦'的称号为中心》(《冈本敬二先生退休纪念论集》出版发行会编《亚洲诸民族的社会与文化》所收录,国书出版发行会,1984年)。另外,米文平的《鲜卑史研究》(中州古籍出版社,1994年),笔者未见。

(8)参照前注所列町田隆吉《关于北魏太平真君四年拓跋焘石刻祝文》一文。

(9)《礼志一》记:"泰常三年,为五精帝兆于四郊,远近依五行数,各为方坛四陛,埒壝三重,通四门。"明元帝泰常三年(418年)建太微五帝的五郊坛。引入中原传统式祭祀,在孝文帝之前也在逐步推进。

(10)以上的北魏宗庙祭祀,参照第一章第一节2。此处并未明确孝文朝是否有腊日时祭,但在本节如前所述,道武帝所祭五帝的四节中已包含腊日祭祀,故可认为孝文帝的时祭中已包含腊日祭祀,此观点较为合理。

(11)太和十年(486年)的西郊祭天,《南齐书》卷五十七《魏虏传》中有记载。其中所记载的皇帝以下绕行祭天坛四周等,与本文引用道武帝天赐二年(405年)西郊祭天的祭礼有所不同,故引用如下。或因《魏书》中的西郊祭天添加了文饰,《南齐书》虽为后来所著,记录却更接近鲜卑原本的祭祀形态。

> (太和)十年,上(武帝)遣司徒参军萧琛、范云北使。宏(拓跋宏,北魏孝文帝)西郊,即前祠天坛处也。宏与伪公卿从二十余骑,戎服绕坛,宏一周,公卿七匝,谓之蹋坛。明日复戎服,登坛祠天,宏又绕三匝,公卿七匝,谓之绕天。以绳相交络,纽木枝枨,覆以青缯,形制平圆,下容百人坐,谓之为伞。一云百子帐也,于此下宴息。次祠庙及布政明堂,皆引朝廷(南齐)使人观视。

(12)《魏书》卷七下《高祖纪下》,南伐之前太和十六年(492年)三月条记:"癸酉,省西郊郊天杂事。"虽不知此记事与两年后西郊祭天的废除在内容上有何关系,但省略与太和十六年(492年)西郊祭天相关的详细手续与仪礼,有可能是在发布迁都宣言的同时废除了西郊祭天。另外,唐乐《从西郊到南郊——国家祭奠与北魏政治》(台北:稻禾出版社,1995年),从国家祭祀变迁来重新把握北魏政治史的过程,但对于祭祀的变化未进行具体的考察探究。且川本芳昭《通过祭天分析北族社会性质的变化与孝文帝

213

的改革》(同《魏晋南北朝时代的民族问题》第二篇第四章第一节,汲古书院,1998年,初版1981年)一文,探讨西郊祭天废除的经过,此祭祀一直保持着以拓跋部为中心的部族联合祭的性质,并扩大成为北族整体祭天的"民族祭",祭祀的意义本来有进一步提升的可能,却未能实现即被废除。

(13) 只是,北魏的洛阳除了圜丘、方泽之外,是否还设立了南北郊,尚不明确。

(14)《魏书》卷一百《高句丽传》记:

> 太和十五年(491年),琏(高句丽长寿王)死,年百余岁。……又遣大鸿胪拜琏孙云(文咨明王)使持节、都督辽海诸军事、征东大将军、领护东夷中郎将、辽东郡开国公、高句丽王,赐衣冠服物车旗之饰。又诏云遣世子入朝,令及郊丘之礼。云上书辞疾,惟遣其从叔升于随使诣阙。严责之,自此岁常贡献。

即长寿王于高句丽死亡,立文咨明王时,孝文帝册封文咨明王、同时命世子入朝,令其参列郊祀。《魏书》中,太和十五年以后很长一段时间未发现有关郊祀亲祀的记事,即使要求高句丽的世子参列有司摄事的祭祀,可能在外交上也没有太大的效果。上引记事是在太和十二至十三年的圜丘、方丘完成之后,可作为孝文帝郊祀亲郊的旁证。

(15) 突厥等北方民族之间,即位仪礼是王与重臣、近侍同坐在毡上,关于这一点,参照护雅夫的《游牧骑马民族国家》(讲谈社现代新书,1967年)。

(16)《资治通鉴》卷一百六十三《梁纪十九》简文帝大宝元年(550年)五月条记:

> 洋(高洋)至邺,召夫,贲筑具集城南。……于是作圜丘、备法物。……戊午,齐王即皇帝位于南郊,大赦,改元天保。

(17) 关于北齐的复都制,参照谷川道雄《两魏齐周时代的霸府与王都》(同《增补隋唐帝国形成史论》所收,筑摩书房,1998年,初版1988年)。

(18)《通典》卷四十九《礼九·时享》记:

> 北齐制,春祠、夏禴、秋尝、冬烝,皆以孟月,凡四祭。每祭,室一太牢。武成帝始以皇后亚献。河清中定令,四时祭庙及元日庙庭,并设庭燎二所。

北齐的时祭,武成帝第一次引入了皇后的亚献,故宗庙的时祭初献为皇帝,可认为是以皇帝亲祭为前提。但是,实际情况是这样,还是如此规定,仅依据上文无法断定。

(19) 如序章所述,唐代皇帝祭祀分为大祀、中祀、小祀。高明士认为,此皇帝祭祀的三分法始于隋的开皇令(《论武德到贞观礼的成立——唐朝立国政策的研究之一》,收录于中国唐代学会主编的《第二届国际唐学术会议论文集》下册,台北:文津出版社,1993年)。该文中,将北齐的祭祀分为丘郊禘祫时祀、农社先桑、雩祫……杂祀三个阶段,未提及大祀、中祀、小祀,也许可成为其旁证。

(20) 顺便提一下,程树德《九朝律考》卷六《北齐律考》中,将注(18)引文末尾"四时祭庙……并设庭燎二所"一文作为北齐令的佚文(1965年刊台湾商务印书馆本下册

479页）。

（21）史睿《北周后期至唐初礼制的变迁与学术文化的统一》(《唐研究》第三卷，1997年）一文认为《隋书·礼仪志》所记载的北周礼制乃武帝创立的新礼制。

（22）醮，本来是招请道教诸神享用祭品的祭祀仪式，祭祀的目的是感谢斋公的成就，但唐宋以后，将道士对诸神所行仪式一般称为斋醮。参照松本浩一《道教与宗教仪礼》（收录在《道教1 道教是什么》，平河出版社，1983年）。然而，现在所举行的醮，乃唐末由杜光庭将其与斋相组合而形成其主要内容（山田利明《六朝道教仪礼研究》东方书店，1999年）。且因文献有限，关于北周时期的大醮，只能说内容不明。本书主要研究郊庙祭祀，故对大醮不做更深入探讨。另，有关道会苑，本章内容的旧稿在发表之后，池田温氏通过私信告知了各种史料之所在。

书信本身便是宝贵的史料集，故对其未作任何改动，列举如下：

《周书》卷五《武帝纪上》、《北史》卷十《周本纪下》：

567年〔天和二年春〕三月癸酉，改武游园为道会苑。

572年〔建德元年东十二月〕庚寅，幸道会苑，以上善殿壮丽，遂焚之。（《资治通鉴》卷一百七十一作"十一月"）

卷七《宣帝纪》

579年〔大象元年〕冬十月壬戌，岁星犯轩辕大星。是日，帝幸道会苑大醮，以高祖武皇帝配。醮讫，论议于行殿。是岁，初复佛像及天尊像。至是，帝与二像俱南面而坐，大陈杂戏，令京城士民纵观。（《资治通鉴》卷一百七十三）

580年〔大象〕二年春正月丁亥，帝受朝于道会苑。癸巳，祀太庙（一作"享"）。

其后游戏无恒，出入不节（一作"饰"），羽仪仗卫，晨出夜还。或幸天兴宫，或游道会苑，陪侍之官，皆不堪命。散乐杂戏鱼龙烂漫之伎，常在目前。

（元）王士点《禁扁》(《楝亭藏书十二种》收)：

宇文周有武游园。

观北周通道观（参照《道教事典》平河出版社，1994年，洼德忠执笔项目，419页）建立之状况，可知也许其中包含有于道会会道的观念。

（23）《隋书·高祖纪上》开皇四年正月条中，本引文之后记"壬申，梁王萧岿来朝"，这是辛未南郊的翌日，故拙稿《关于唐代后半的郊祀和帝室宗庙》[注(19)]所列《第二届国际唐代学术会议论文集》下册所收]中认为，开皇四年的文帝南郊与此后梁君主来朝有关。但因北周、隋与属国后梁之间的关系较稳定，故萧岿的入朝与后文所述的高句丽、陈相比不算大事件。本文对此重新进行思考，认为对于入驻新都的文帝，后梁君主的入朝的确是一个很好的宣传。后梁虽未举行郊祀,但关于宗庙,《周书》卷四十八《萧岿(世宗)传》记载:"岿孝悌仁慈,有君人之量,四时祭享,未尝不悲慕流涕。"可知至少有时祭,且为世宗亲祭。

(24)关于在唐代宗庙(太庙)的献俘仪式,妹尾达彦进行了详细论述。参照《唐代长安的繁华街(中)》(《史流》第三十号,1989 年)

(25)《隋唐·高祖纪下》开皇十三年七月条记:"丁巳,幸昆明池。戊辰,晦,日有蚀之。"但未记录宗庙祭祀。

(26)《陈书》卷二十七《姚察传》记:

> 陈灭入隋,开皇九年(589 年)诏授秘书丞,别敕成梁陈二代史。又敕于朱华阁长参。文帝知察蔬菲,别日乃独召入内殿,赐果菜。乃指察谓朝臣曰:闻姚察学行当今无比。我平陈唯得此一人。

显示隋文帝关心南朝人才。姚察在陈身为尚书祠部侍郎,司郊庙之事,定天地宫悬乐。另,上文中的"蔬菲",是指姚察笃信佛教,食菜蔬。

(27)明堂在儒学经书中是象征王者德治的建筑,历代王朝均尝试建立。但是,记录其构造的经书,介绍性的文字却很少。根据本书第一部的叙述进行推测,经过讨论没有了下文,明堂建设不了了之的情况居多,隋朝也属其中之一。但宇文恺等围绕明堂结构的讨论值得一看。参照田中淡《隋朝建筑家的设计与考证》(同《中国建筑史研究》所收录,弘文堂,1989 年,初版 1978 年)。

(28)唐的太宗朝,开始了对隋重视祥瑞的批评。参照大隅清阳《仪制令中的礼与法——围绕律令法结构的特质》(笹山晴生先生花甲纪念会编《日本律令制论集》上卷所收,吉川弘文馆,1993 年)533—535 页。

第七章

唐代郊祀、宗庙祭祀制度的实行

一、唐前期

1. 导言

唐代郊祀、宗庙祭祀实行的实际情况,玄宗开元、天宝之交是一个转机。正如后面所讲到的,天宝年间出现了老子庙即太清宫,其作为类似于宗庙的祭殿,在皇帝祭祀中占有重要位置。之后,太清宫—太庙—南郊,作为一种系列化的皇帝亲祭,成为即位后皇帝必不可少的祭祀,逐渐被重视,同时也成为一个惯例。这样,唐代的郊庙祭祀在玄宗当朝前后发生变化,之前是必要时举行各个单个的皇帝亲祭,而唐后半期主要用于皇帝即位后第二年太清宫—太庙—南郊的皇帝亲祭。另外,唐代在位时间最长的玄宗,热心于举行皇帝祭祀。因此本章分为三节,首先就唐初至睿宗的唐前期个别祭祀的实际情况进行探讨,其次就玄宗时包括太清宫成立在内的郊庙祭祀的发展情况进行论述,最后主要就肃宗之后的唐后期太清宫—太庙—南郊系列祭祀形成惯例的过程进行分析[1]。

2. 高祖、太宗

唐代郊庙亲祭记录,基本悉数收于《旧唐书》《新唐书》(以下并称为"两唐书")各本纪与《资治通鉴》之中。但关于太庙,《唐会要》第十三卷"亲飨庙"、《文献通考》第九十七卷《宗庙考七》"唐诸帝亲飨庙"中列举有亲祭月份。因此,根据以上史料编制出表15,以下以该表为前提进行论述。另外,不必设想除表15、表16、表17中的例子以外有唐代皇帝的郊庙亲祭,这个观点已经在序章及第三章中进行了详细论述。

唐高祖武德四年(621年)十一月甲申朔冬至,举行了由高祖亲祭的南郊祭,没有高祖的宗庙亲祭记录。另外,高祖朝的郊庙祭祀大纲在武德七

表 15　高祖—睿宗朝郊庙亲祭

皇帝	年(西历)月	南郊	太庙	其他祭祀	大赦	改元	出典 会/献/旧/新/鉴	备考
高祖	武德元年(618年)五月即位	(二十)○						派遣有司代祭天。
	四年(621年)十一月	(一)冬至◎					□(新)	朔日冬至。
	武德九年(626年)八月即位	(九)○						高祖让位。
太宗	贞观二年(628年)十一月	(十九)◎	(十六)◎				□□□	
	三年(629年)一月			(二十一)籍田			□	
	五年(631年)十一月	(二十)◎					□□	与前一年冬至的亲郊相关。
	十四年(640年)十一月	(一)冬至◎					□□	朔日冬至。
	十七年(643年)四月		(十一)◎				□□	废太子的告庙。高宗立太子在七月。
	十一月	(三)冬至◎			(三)(曲赦)		□□	凉州曲赦。

续表15

皇帝	年(西历)月	南郊	大庙	其他祭祀	大赦	改元	出典 会献	出典 旧	出典 新	出典 鉴	备考
	贞观二十三年(649年)六月即位										
高宗	永徽二年(651年)十一月	(二)冬至 ○						□	□		
	三年(652年)一月		(十八) ○	(二十九) 籍田				□	□		与前一年冬至的亲郊相关。
	乾封元年(666年)四月		(八) ○	(一月一日) 封禅				□	□		
	总章元年(668年)十二月	(十七) ○	(十九) ○					□	□		
	仪凤二年(677年)一月		(十四) ○	(十三) 籍田				□	□		
中宗	弘道元年(683年)十二月即位										
武后	垂拱四年(688年)五月	(十一) ○			(七月七日) ○				□		得宝图,告谢昊天。
	载初元年(690年)九月				(九) ○	(九) ○			□		建国周。
	证圣元年(695年)九月	(九) ○							□		因加尊号合祭天地,天册万岁并改元。
	万岁登封元年(696年)腊月		(二十二) ○	(十一)(十五) 封·禅				□			封祀当天万岁登封并改元。

219

续表15

皇帝	年(西历)月	南郊	太庙	其他祭祀	大赦	改元	出典(会)	出典(献)	出典(旧)	出典(新)	出典(鉴)	备考
武后	圣历元年(698年)四月		(一)○								□	告知庐陵王(中宗)回归洛阳
武后	二年(699年)四月		○		(曲赦)							出典《旧唐书》第二十五卷《礼仪志五》
武后	长安二年(702年)十一月	(二十五)冬至○			(二十五)○							合祭天地,与中宗做了皇太子相关。
中宗	神龙元年(705年)一月即位 八月		(二十八)○							□		在洛阳太庙举行亲祔礼。顺便九月五日在明堂祭祀天地
中宗	十一月		(六)○		(六)○					□		只因加尊号举行首次太庙亲享。另外,冬至为二十八日。
中宗	景龙三年(709年)十一月	(十三)○			(十三)○					□		有可能是合祭天地,韦后亚献。与上一项都是武三思的策划。
中宗	唐隆元年(710年)六月即位		(一)○	(十八)籍田	(十九)○	(十九)○				□		郊祀、庙享、籍田,可能是系列祭祀。
睿宗	太极元年(712年)一月 五月	(十一)○	(一)○	(十)夏至北郊	(十三)○	(十三)○				□		唐代唯一一次郊庙亲祭。

* 出典:会——《唐会要》第十三卷,献——《文献通考》第九十七卷,旧——《旧唐书》本纪,新——《新唐书》本纪,鉴——《资治通鉴》,出典栏的□表示有记载。

* 南郊、太庙栏的○是亲祭,○是有司摄事,有司摄事只举出与即位有关的祭祀。其他祭祀栏只举出一般认为与郊庙祭祀有关的,另外,各栏上侧的阿拉伯数字表示的是日期。(译著注:译稿按中国历史纪年更换为汉字数字。)

年(624年)发布的武德令中就制定了。武德四年举行唐代首次南郊亲祭，其原因史料中并无记载。不过这可以从两点来考虑：其一，该年冬至是十一月朔日即朔旦冬至，朔旦冬至19年一次，19年后的贞观十四年(640年)十一月甲子朔冬至，太宗举行了南郊亲祭。因此，武德四年冬至的亲郊是由于朔旦冬至的原因而举行的，这一点虽然基本确定无疑，但这并不能成为之前没有举行郊庙亲祭的原因。笔者于是重阅史料，发现《资治通鉴》第十八卷同年七月条中有如下记载(《册府元龟》第十二卷《帝王部·告功》记载是在同年六月)：

> 甲子，秦王世民至长安。世民被黄金甲，齐王元吉、李世勣等二十五将从其后。铁骑万匹，前后部鼓吹，俘王世充、窦建德及隋乘舆、御物献于太庙，行饮至之礼以飨之。

也就是说，唐击败最大的敌人王世充、窦建德的联合军，平定天下初具雏形，就是在该年七月。可以认为此事及同年冬至恰逢朔旦冬至促使了高祖举行亲郊。

其二，太宗贞观二年(628年)冬至南郊亲祭，两唐书及《资治通鉴》第一百九十三卷只记载了事实，没有提及其举行原因，不过《全唐文》第一百五十卷岑文本《籍田颂》中记载如下：

> 正位恭己，体元得一，望之如云，就之如日。郊庙致敬，山川咸秩，教先大道，学教儒术。……亲耕帝籍，躬稼大田，方期多稼，介此丰年。

在歌颂了贞观三年(629年)的籍田亲耕之后，也记述了"郊庙致敬"，提及郊祀、庙享。由此可以推知，贞观二年冬至的亲郊，与次年正月的太庙亲享，以及籍田亲耕之间，是有关联的。那么回头再看表15就会发现，之后高宗即位两年后的冬至举行了亲郊，次年正月继续举行了庙享和籍田，以与太宗相同的顺序举行了即位后的亲祭。而睿宗也是在即位两年后的正月，按照太庙—南郊—籍田的顺序举行了亲祭。因此，可以说太宗在贞观二年冬至到三年正月期间举行的南郊—太庙—籍田这些亲祭，是相互关联的祭祀，也开了唐朝即位后首次皇帝亲祭之先例。因为贞观三年正月十六日举行太庙亲祭之后，经十八日亲耕之诏后，二十一日举行籍田(《册府元龟》第一百一十五卷《帝王部·籍田》)，由此可以推断，很可能郊祀之后，太庙亲享就提上了日程,其后决定了是否躬耕[2]。但是正如第三节中所述,这种组合的亲祭不仅是高宗、睿宗、肃宗、宪宗也同样举行了,说明其后这一系列亲祭作为即位后首次亲祭的典型而被沿袭。由此甚至可以推知太宗不曾举行这一形式以外的其他即位后的亲祭。

接下来的贞观五年(631年)冬至亲郊,其动机和原因没有直接史料的证明,《资治通鉴》第一百九十三卷同年正月条中记载"癸未,朝集使赵郡王孝恭等上表,以四夷咸服,请封禅。上手诏不许"。对隋末群雄中最后残存的梁师都的剿灭是在贞观二年四月,为梁师都助阵的东突厥被平定,突厥第一帝国灭亡是在贞观四年三月。基于以上情况,应该可以推断出朝臣请求次年正月举行泰山封禅,太宗虽然拒绝了封禅,但举行了亲祭这种卓有成效的郊祀。或者说,贞观二年冬至的亲郊,也许剿灭梁师都、平定天下就是其强烈的动机。虽然没有作为直接证据的史料证明,但可以认为贞观五年冬至的亲郊,就是一年前平定突厥、实现天下安泰、以告上天并感谢上天的南郊祭祀。

关于贞观十四年(640年)冬至的亲郊,《新唐书》第二十五卷《历志一》同年条中记载:

> 十四年,太宗将亲祀南郊,以十一月癸亥朔,甲子冬至。而淳风(李淳风)新术,以甲子合朔冬至,乃上言,古历分日,起于子半,十一月当甲子合朔冬至。……国子祭酒孔颖达等及尚书八座参议,请从淳风。又以平朔推之,则二历皆以朔日冬至,于事弥合。且平朔行之自古,故春秋传或失之前,谓晦日也。虽癸亥日月相及,明日甲子为朔可也。从之。

历法解释不是笔者所擅长的[3]。按照以往历法,该年十一月是癸亥朔,甲子二日是冬至,而李淳风却展示了甲子朔旦冬至的新历法,国子祭酒孔颖达等人也赞成,甚至提出甲子作为朔日的其他解释,以加强补充李淳风之说,这些记载是确定无误的。如前所述,十一月朔日正逢冬至的朔旦冬至,是19年一次。武德四年(621年)之后第19年正是这一年,应该是朔旦冬至但又差了一天。对于此事,李淳风提出了十一月甲子朔为冬至的新历法,孔颖达等也力推这一新历法,于是,太宗举行了亲郊。此时十一月朔日是否为冬至,换而言之,十一月朔日是否应该是冬至,这是个问题。由此可

第七章　唐代郊祀、宗庙祭祀制度的实行

以判断出朔旦冬至是皇帝亲郊的前提。可以说由此也知道了武德四年冬至的亲郊是因为朔旦冬至。另外,唐代在之后不再以朔旦冬至为理由举行亲郊,这一点也显示出唐代皇帝亲祭发生了质的变化,应该引起注意。

贞观十七年(643年)四月的太庙亲祭,是皇太子承乾祭告祖灵的仪式,冬至亲郊是为了稳固新立太子高宗李治的地位而举行的祭祀,这一观点在其他文章中已有明确论述[4]。但是唐代郊庙亲祭中像这样在史料中可以明确获知其目的、原因的很少见、很珍贵,因此本书中也以史料展示为主再次讲述这次亲祭的简单经过。这一年因皇太子李承乾与弟弟魏王泰对立(参见注9)而搞出的谋反图谋被发现,四月庚辰朔日皇太子被废为庶人,七日太宗第九子晋王治新立为太子。之后,如《唐会要》第十三卷亲飨庙中"(贞观)十七年四月十一日,亲谒太庙,谢承乾之过"所记载的那样,太宗十一日亲谒太庙以告谢此次事件之过。《册府元龟》第一百七十五卷《帝王部·罪己》中,太宗亲自起草告谢文如下:

> (贞观)十七年废太子承乾。帝自制文,诣太庙陈谢曰:臣上蒙穹昊明命,中赖宗社余祉,自惟不德,滥承宝位,既乏元首之能,实乖教子之道。遂有承乾不轨,君集无君,元昌坏(怀)逆,佑亦好乱。臣暗昧既彰,诚诱多阙。负罪引愿,惭惧增深,谨造庭阶,躬申拜谢。

太宗陈述非常具体,列出承乾以及被认为是共谋者的汉王元昌、兵部尚书侯君集、同年反于齐州的齐王佑这四人的名字,说是由于自己缺乏元首之能,违背教子之道,所以招致这种事态,因此谨斋戒拜谢太庙。

四月举行这一告庙仪式,这一时间也正是宗庙时祭之月,《大唐郊祀录》第九卷"荐飨太庙"中记载:

> 时飨祝文。维某年岁次月朔日子[5],孝曾孙皇帝臣某敢昭告于太祖景皇帝、祖妣景烈皇后梁氏。气序流迈,时维孟春(夏秋冬各随时言之),永怀罔极,伏增远感。谨以一元大武、柔毛、刚鬣、明粢、芗合、芗萁、嘉蔬、嘉荐、醴齐,敬修时飨,以申追慕,尚飨。

正如记载所述,四时祭(时飨)的祝文是固定的格式。四月也是禘祭的月份,该书该卷中还有如下记述:

> 禘(袷)飨文。维某年月日子,孝曾孙皇帝某,敢昭荐于献祖

> 宣皇帝、祖妣宣庄皇后张氏。暑度环周,岁序云及,永怀追慕,伏
> 增远感。谨以一元大武、柔毛、刚鬣、明粢、芗萁、芗合、嘉蔬、嘉
> 荐、沈齐,肃雍明献,恭备祫享(禘云祇[祇]荐禘事矣),尚飨。

禘祭、祫祭的语句也是异曲同工。就这样,唐代宗庙正祭的祝文,小祭、大祭都是固定的美文[6],与太宗的告谢文在内容、文体上有根本性的不同。《大唐开元礼》第六十卷皇帝巡狩告于太庙的原注中有"祝文临时撰"的记述,可以推测是根据需要临时举行的告祭,其祝文的形式、内容也是自由的。因此,太宗亲撰的上面的告谢文明显是告祭的祝文,太宗立晋王治为太子,举行临时的告祭,陈述前面所提到的告文,在祖灵之前告谢自己的无德。

关于接下来十一月冬至的郊祀,《册府元龟》第三十三卷《帝王部·崇祭祀二》中,就其经过有详细描述。开头是:

> 十七年十月甲寅诏曰:……厚地降祉,贞石表祥,营翠色而流
> 光,发素质而成字,前纪厥初之德,次陈卜年之永,后述储贰之美,
> 并名字照然,楷则相次,旷代之所未闻,故老之所未睹。……自天
> 之佑,岂惟一人,无疆之福,方亶九土,自非大报泰坛,稽首上帝,
> 则靡申奉天之志,宁副临下之心。今年冬至,有事南郊,所司率繇
> 旧典。

记载了因谢祥瑞贞石之天佑(后面详述),太宗举行冬至南郊亲祭的决心。十月甲寅是八日,冬至是十一月三日己卯,这份诏书的发布是二十五日亲祭之前。接着有如下记载:

> 十一月己卯,有事于南郊,太宗升坛,皇太子从奠。于时累日
> 阴雪,是旦犹云雾晦冥,及太宗升坛,烟氛四散,风景清朗,文物
> 昭映。

太宗升坛,有立为太子的高宗随从献祭供物,此时天气迅速好转,如有天应。大概应该是三献之礼的初献由太宗来举行,亚献由随从祭拜的皇太子来做[7]。

然后,"礼毕,祝官读谢天瑞文曰",诵读给昊天上帝的祝文,全文如下:

> 嗣天子臣讳(世民)敢昭告于昊天上帝。讳纂承鸿基,君临宇
> 县,凤兴旰食,无忘于政道,导德齐礼,良愧于前圣。爰有成命,表

瑞贞石,文字照然,历数惟永。既旌高庙之业,又锡眇身之祚,逮于皇太子某(治),亦降祯符,并具纪姓氏,兼列名字。仰瞻云汉,寔铭大造,俯惟寡薄,弥增寅惧。敢因大礼,重为玉帛,上谢明灵之贶,以申祗慄之诚。皇太子某亦恭至泰坛,虔拜于苍昊,庶凭眷祐之德,永膺无疆之休。

这一告天文的核心在"爰有成命,表瑞贞石"以下的部分。这一部分陈述了因天命出现文字清楚的贞石,其上不仅写有高庙之业,而且写有太宗和皇太子的名字,太宗就和皇太子一起答谢赐降祥瑞的上天。也就是说,特意提及了皇太子也来到泰坛,虔诚祭拜苍天(应该就是记载中的亚献)。唐代郊祀的皇帝亲祭中,提及皇太子随从祭拜或者亚献的祝文仅此一例。与前面引述的"太宗升坛,皇太子从奠"结合起来,很容易推断出这时的郊祀主要意义在于新太子李治的参加。

这个推测在《旧唐书》第三十七卷《五行志》同年条的如下记载中得以证明:

十七年八月四日,凉州昌松县鸿池谷有石五[8],青质白文,成字曰:"高皇海出多子李元王八十年太平天子李世民千年太子李治书燕山人士乐太国主尚汪谭奖文仁迈千古大王五王六王七王十凤毛才子七佛八菩萨及上果佛田。天子文武贞观昌大圣,延四方上下,治示孝仙,戈入为善。"凉州奏。其年十一月三日,遣使祭之,曰:"嗣天子某,祚继鸿业,君临宇县,夙兴旰食,无忘于政,导德齐礼,愧于前修。天有成命,表瑞贞石,文字昭然,历数唯永。既旌高庙之业,又锡眇身之祚。迨于皇太子治,亦降贞符,具纪姓氏,列于石言。仰瞻睿汉,空铭大造,甫惟寡薄,弥增寅惧。敢因大礼,重荐玉帛,上谢明灵之贶,以申祗慄之诚。"

据此,该年八月四日从凉州得到雕有白色文字的青石五块,这正是前文中所述的贞石。文字类似于谶文,很难懂,笔者也曾试着标注了标点符号,但不是很确定,不过其内容确定无疑指出高皇、李元王乃是唐室祖宗,并写有太宗(李世民)、高宗(李治)的名字。这部分和前面"既旌高庙之业,又锡眇身之祚,逮于皇太子某"是对应的,后面的祭文中标有圆圈符号的文字,和郊祀的祝文完全相同。可以说核心部分两者相同。从以上可以确证,贞

225

观十七年冬至的皇帝亲祭,目的就是为了稳固半年前做了皇太子的李治(高宗)的地位。

因此,直至同年冬至的郊祀,再现其过程如下:也就是说,八月四日凉州出现贞石,上面记述着祖宗业绩及太宗的名字,并有刚立为皇太子的高宗的名字[9],太宗认为这是天意,在其后的首次郊祀即十一月三日己卯冬至时,亲自到长安南郊祭拜昊天上帝。其告天文中出现"又锡眇身之祚,逮于皇太子某,亦降祯符,并具纪姓氏,兼列名字",特意强调贞石上记载有太宗及皇太子的姓名。另一方面,派遣使者去凉州,在冬至同一天以几乎相同的告天文上谢"明灵之贶"。但是两篇告天文,前者开头是皇帝自称"嗣天子臣某",后者自称是"嗣天子某"而没有"臣"字,应该是为了区别皇帝亲祀的郊祀与遣使至凉州进行的祭天而特意措辞不同。前者中有"皇太子某亦恭至泰坛,虔拜于苍昊,庶凭眷祐之德,永膺无疆之休"的记述,而后者并无此记述。这一记述明确表达了此次郊祀的目的,即为了告示天下立太子高宗是受到上天祝福的,故需要把皇太子的从奠写入告天文。太宗举行有众多官僚护从的皇帝亲郊,为了加强新立为皇太子的高宗的地位,还把这件事情特意写入祝文中以周知天下。贞观十七年冬至的郊祀,就是起着如此作用的一个祭祀。

如上所述,贞观十七年四月的告庙和十一月的郊祀,都是与皇太子承乾的废黜以及晋王李治立为太子有关的亲祭。特别是郊祀,对照史料(《册府元龟·帝王部·崇祭祀二》及《旧唐书·五行志》)会发现,直接指出皇帝亲祭的具体目的,是很少见、很珍贵的,而且,也能明确一个事实,即稳固皇太子李治的地位对太宗来说是至关紧要的事情[10]。《旧唐书·太宗纪下》同年条中有如下记载[11]:

> 十一月己卯,有事于南郊。壬午,赐天下酺三日。以凉州获瑞石,曲赦凉州,并录京城及诸州系囚,多所原宥。

曲赦得到瑞石(贞石)的凉州,而且赐予天下酺三日的恩典,后面会讲到,武后朝以后出现配合皇帝亲祭的大赦及改元,而从高祖到高宗,还不曾有皇帝亲祭时实行大赦或改元。从这一点来看,贞观十七年冬至的亲郊对太宗和高宗有着重要的意义。

太宗郊庙亲祭,是出于各种原因而举行的。但是贞观十四年(640年)

的亲郊是由于朔旦冬至的原因。感觉截止这一时期,唐朝郊庙亲祭并没有很强的动因。而到了贞观十七年,伴随着废黜皇太子李承乾和晋王李治(高宗)被立为太子,举行了宗庙和南郊的亲祭。特别是南郊祀,是为了强化成为皇太子的高宗的地位而举行的重要祭祀,可以说这个郊祀是唐代首次自发实行的具有政治作用的皇帝亲祭。不过,在贞石出现的凉州实行曲赦虽然令人瞩目,但这一阶段还没有实行全国性的大赦和改元。

3. 高宗

高宗于即位两年后的永徽二年(651年)冬至举行了亲郊,于次年正月举行了庙享和籍田,这些前面已经提到了。到总章元年(668年)又举行了南郊和太庙亲祭,《资治通鉴》第二百零一卷同年十月以后条中记载如下:

> 李勣将至,上命先以高藏等献于昭陵,具军容,奏凯歌,入京师,献于太庙。十二月丁巳,上受俘于含元殿。……丁卯,上祀南郊,告平高丽(高句丽),以李勣为亚献。己巳,谒太庙。

此外,《册府元龟》第十二卷《帝王部》告功中记载:

> 总章元年十月,司空李勣破高丽(高句丽),虏高藏、男建(泉男建)、男产(泉男产)等,以归京师。帝令领高藏等俘囚,便道献于昭陵。仍备军容,奏凯歌入京城,献于太庙。十二月帝亲祠南郊,以高丽平昭告上帝。

这些记载相互补充,就可以明确推知此时郊庙亲祭是由于平定了高句丽。李勣作为郊祀的亚献,无疑也是由于平定高句丽有功。对唐而言,讨伐高句丽是自隋代以来的任务[12],是太宗亲征也未能解决的长期问题。平定高句丽是这一年九月的事情。李勣俘虏高句丽王高藏等人得以凯旋而归[13],高宗命令他顺路去亡父太宗的昭陵,也正是因为实现了一直以来的宿愿。解决了太宗未能完成的对外课题,是这次郊庙亲祭的原因之所在。

宗庙祭祀中,有实施时间固定的正祭即四时祭和禘祫,也有发生了大事时告慰祖灵的告祭。上面提到的总章元年十二月的亲祭,与郊庙一样是因平定高句丽而临时举行的祭祀,因此算是告祭。由此可以知道南郊的郊天也有告祭,不过,特别是宗庙告祭的例子较多,高宗朝后来的乾封元年(666年)四月和仪凤二年(677年)正月所举行的庙享都是例子。乾封元年的这次告祭,是因为从麟德三年(666年)正月朔日开始,高宗举行泰山封禅仪式,所以改元乾封。然后,经曲阜、洛阳回到长安,正如《旧唐书·高宗纪下》中所记载,"夏四月甲辰,车驾至自泰山,先谒太庙而后入"。当时先谒拜太庙,然后回归宫城。此次谒庙是上告封禅成功,传禀泰山巡幸,可以说就是告祭。而仪凤二年的庙享,是籍田两天后举行的太庙祭祀。太宗贞观三年(629年)、高宗永徽三年(652年)、睿宗太极元年(712年)的亲祭时,太庙祭祀是在籍田五天至十天前举行的,是否可以认为这些是伴随籍田的宗庙告祭,另外包括仪凤二年的例子,笔者考虑如下:

告祭实际上有两种,一种是贞观十七年四月举行的那种宗庙单独告祭,另一种是伴随其他祭祀一起举行的告祭。例如,《大唐开元礼》第四卷"皇帝冬至祀圜丘"斋戒,"前祀二日,太尉告高祖神尧皇帝庙如常告之仪(告以配神作主之意)",第五卷"冬至祀圜丘有司摄事"也有同样文字。因此,郊祀并不区分亲祭和有司摄事,在此之前举行太庙(开元礼中的高祖庙)告祭。下一节要讲到,玄宗朝天宝十年(751年)以后,确立了按照太清宫—太庙—南郊的顺序逐日进行祭祀,关于这一情况,《文献通考》第九十九卷《宗庙考九》的末尾有按语如下:

> 至唐中叶以后始定制,于三岁一郊祀之时,前二日朝享太清宫、太庙,次日方有事于南郊。宋因其制,于第一日朝享景灵宫,第二日朝享太庙,第三日于郊坛或明堂行礼。国史所书亲享太庙,大率皆郊前之祭,然此乃告祭,礼所谓卜郊受命于祖庙,作龟于祢宫,所谓鲁人将有事于上帝,必先有事于泮宫,是也。

说明唐后半期到宋代这一期间[14],郊祀(宋包括明堂在内)之前按照太清宫(宋为景灵宫)—太庙的顺序举行的祭祀叫作告祭。

之前列举的太宗、高宗、睿宗时的例子中,太庙祭祀并没有放在籍田的前一天或前两天,但是预定在宪宗元和六年(811年)举行的籍田(最终未举行),在《册府元龟》第一百一十五卷《帝王部》籍田中记载如下:

> 宪宗元和五年十月丁亥制,来年正月十四日朝献太清宫,十五日谒太庙,十六日籍田于东郊,宜令所司准式。

可以看到,规定籍田亲祭的前两天在太清宫、前一天在太庙举行祭祀。这个祭祀的顺序,与天宝以后的太清宫—太庙—南郊的祭祀顺序是完全一致的。如果说后者的太清宫—太庙祭祀是告祭,那么籍田时太清宫—太庙的祭祀应该也是告祭。另外在表15中可以清楚看到,仪凤二年正月籍田,两唐书本纪及《资治通鉴》第二百零二卷中只记载了籍田亲祭,而《唐会要》第十三卷和《文献通考》第九十七卷中有更详细的记载。《旧唐书》本纪和《资治通鉴》对于太清宫—太庙—南郊的系列亲祭,只提到了最后的亲郊。一般来说,这种有所选择的记录,说明郊祀之前的太清宫、太庙祭祀是告祭,并不是独立的祭祀。所以,仪凤二年伴随籍田举行的宗庙亲飨,只在《唐会要》及《文献通考》中有提及,应该也是因为这次宗庙亲飨只是伴随籍田的告祭。于事后举行的原因很难说明,也没有其他相关文献,只是孤立的史料,也有可能是日期有误吧。

综上所述,高宗朝时的太庙祭祀,可以认为都是告祭。太宗贞观三年正月籍田前所举行的庙祭也是告祭,贞观十七年四月的谒庙也是告祭。总之,太宗、高宗朝的宗庙亲祭,不管是与郊祀、籍田、封禅相关所举行的还是单独举行的,都是告祭。也就是说,禘祫、四时祭那样的宗庙正祭不是举行亲祭,定期举行的祭祀中,亲祭只有郊祀这一种。下面要讲的武后至睿宗时的诸多例子并不是很明确,但是从中可以看出唐代整体上皇帝亲祭的共通特点。另外,高宗朝和太宗朝一样,郊庙亲祭并没有附带实行大赦、改元。

4. 武周朝

武则天事实上从长安迁都洛阳,建造明堂并在此举行重要的仪礼[15]。但如表15所示,举行的多次郊庙亲祭中,有些与明堂祭祀相关,有些是独立的。

最初在垂拱四年(688年)五月举行亲郊,《旧唐书》第二十四卷《礼仪志四》中记载:

> 则天垂拱四年四月,雍州永安人唐同泰伪造瑞石于洛水,献之。其文曰:"圣母临人,永昌帝业。"于是号其石为宝图,赐百官宴乐,赐物有差。……其年五月下制,欲亲拜洛受宝图,先有事于南郊,告谢昊天上帝。……于是则天加尊号为圣母神皇,大赦天下,改宝图为天授圣图,洛水为永昌。

文中写有"圣母临人,永昌帝业"的白石,是武承嗣授意所制(《资治通鉴》第二百零四卷),武则天给这块白石起名为宝图。拜洛水受宝图之前,先在南郊举行告谢。也就是说,此时的亲郊是武后篡夺政权的第一步,也正因此而意义重大[16]。而且这时实行了大赦,《资治通鉴》第二百零四卷同年条中记载有:

> 秋七月丁巳,赦天下。更命宝图为天授圣图,洛水为永昌洛水,封其神为显圣侯,加特进,禁渔钓,祭祀比四渎。

大赦的实施是在七月,即亲郊两个月之后。因宝图的出现,把亲郊和政事联系起来了。在这之后,配合皇帝亲祭实行大赦的例子逐渐多起来,而作为先例的这种亲郊——大赦的关系需要多加注意。

下来就是证圣元年(695年)九月的亲郊,这一年正月明堂被烧毁,这次郊祀本应该是在明堂举行的祭祀,挪到了九月[17]。因此,不应把这看作是本来的郊祀,武后因此时加天册金轮大圣皇帝徽号(尊号),在郊祀当天改元天册万岁,大赦天下。也就是说,此时的郊祀,正是郊庙亲祭和大赦改元同时举行的首例。另外,从群臣那儿接受尊号、举行郊庙等亲祭、改元大赦天下这种形式被以后的唐代皇帝们所沿袭。同年腊月[18]的太庙亲祭,武后先是在神岳(原著为崇山)举行封、在少室山举行禅的祭祀,然后腊月的亲祭是和高宗时同样的封禅之后返回京城(此时是洛阳)的告庙,并没有附加其他仪式活动。

关于圣历元年、二年举行的太庙亲祭,有必要考察当时的政治形势。关于这两次亲祭的史料非常少,前者只在《资治通鉴》第二百零六卷中有记载,"夏四月庚寅朔,太后祀太庙",后者只在《旧唐书》第二十五卷《礼仪志五》中有记载,"圣历二年四月,又亲祀太庙,曲赦东都城内"。这样一来,可以考虑二者陈述的是同一件事,只是其中一个编年有误。但是再考虑前后记述的内容,从二者中都可以找到亲祭的原因。

武后在圣历元年决心把帝位返还给唐室,马上把庐陵王哲即中宗从房州召回。中宗回到神都洛阳是三月二十八日戊子,距武后祭祀太庙的四月朔日庚寅只有两天,由此可以考虑,这时是武后就立中宗为太子之事告祭太庙。次年四月的情形,《资治通鉴》第二百零六卷同月条中记载为:

> 太后春秋高,虑身后太子与诸武不相容,壬寅,命太子、相王、太平公主与武攸暨等为誓文,告天地于明堂,铭之铁券,藏于史馆。

第七章　唐代郊祀、宗庙祭祀制度的实行

同年四月[19]，武后大概是希望自己死后他们能通力合作，所以让被立为皇太子的中宗和睿宗（相王）、太平公主、武攸暨发誓。可以推知武后将此事在明堂告天地，也告祭了太庙。此时，洛阳城内举行曲赦（前引《旧唐书》第二十五卷），前一年九月十九日中宗被立为皇太子时实行大赦[20]。如此一来，可以考虑是皇太子和唐室以及武氏的当权者之间达成协议之后在洛阳举行了曲赦。由此圣历元年四月、二年四月武后亲祭太庙都可以找到原因，那么，就不能认为其中一个有误而只承认另一个。所以把二者都记入表15，这两年亲祭的特点都是以中宗立为太子和复位为前提的[21]。

在此探讨一下洛阳的太庙。据《旧唐书》第二十五卷《礼仪志五》，武后于垂拱四年（688年）正月在东都建高祖、太宗、高宗三庙，也建造了武氏的崇先庙。这时崇先庙的庙室间数成了一个问题，对于希旨上疏武后的关于崇先庙七室、皇室太庙五室的上奏，根据春官侍郎贾大隐的建议搁置了崇先庙为七室的上奏。从这一记载可以看出，高祖、太宗、高宗三庙并不是各个单独建造的宗庙，而是东都新造唐太庙中的三室。天授元年（690年）九月武后建周朝，二年（两唐书《武后纪》记载是元年九月）改制太庙为七室，祔武氏七代神主。这一时期洛阳太庙成为武氏太庙，以后再没有看到关于洛阳崇先庙的记录。长安太庙称为享德庙，只祭祀有高祖、太宗、高宗的庙室，封闭了高祖之前的庙室。长安的崇先庙改名崇尊庙，以太庙之仪飨祀。接着，神功元年（697年）七月以京城（长安）的尊崇庙为太庙。就这样，洛阳和长安都设置了武氏太庙。由此可知，圣历元年（698年）、二年武后谒拜的太庙就是武氏太庙。就算可以认为圣历二年腊月赐皇太子武姓（参见注21）之后四月的谒庙对象是武氏庙，但是如果认为决定中宗复位的前一年四月的谒庙对象也是武氏庙就不合适了。因此，接下来仔细探讨一下洛阳的太庙庙室。

关于武后政权性质及武后夺权过程的研究很多，但是关于武后祭祀的方式等整体情形的研究几乎没有，从这个意义上来说，松浦千春的《武周政权论——以庐陵王李显的召还问题的角度》（《集刊东洋学》第六十四号，1990年），是一个非常珍贵的考察。松浦认为，中宗复位为皇太子时谒拜周太庙以报告立太子之事，次年赐武姓，中宗复位太子，形式上终归是武周朝的皇太子（该论文第2页）。松浦提及武周王朝建立之际颁布了《大云

231

经》⁽²²⁾,以使女帝即位合法化。也列举了斯坦因搜集敦煌文书 S6502《武后登极谶疏》(《大云经疏》)中的记述"李者皇家姓也,言神皇(则天武后)安宗社,使国祚长远之义也","李复李代代不移宗者,言神皇虽是异代,然享皇家宗庙不绝,故云不移宗也"。另外指出,武则天在明堂供奉武氏祖宗,也供奉有唐高祖、太宗、高宗,以及前面讲到的证圣元年(695 年)九月南郊祀时祭祀文王、武王[23]、武士彟同时配祀唐高祖[24]。也就是说,武周王朝时唐朝祖宗也是有官方享祀的,唐王朝宗庙祭祀并不是被完全否定的。

因此,重新细读《旧唐书》第二十五卷《礼仪志五》关于洛阳太庙设立经过的记载:

> 垂拱四年正月,又于东都立高祖、太宗、高宗三庙,四时享祀如京庙之仪。别立崇先庙,以享武氏祖考。则天寻又令所司议崇先庙室数。司礼博士崇文馆学士周悰希旨,请立崇先庙为七室,其皇室太庙减为五室。

如前所述,此时崇先庙的庙室间数因贾大隐奏请设立为五室,正如上面引文中"皇室太庙"所记述的,洛阳高祖、太宗、高宗三庙是唐朝太庙的三庙室。另外有:

> 天授二年,则天既革命,称帝于东都,改制太庙为七庙室,奉武氏七代神主祔于太庙。

根据这一记载,建立周王朝的同时,武后改太庙为七庙室,祔武氏七代神主于太庙。所谓祔庙,就是在宗庙中新设已故皇帝的神主。因此从这个记载来看,是在上述设有高祖、太宗、高宗神主的唐朝太庙中,又设立了崇先庙里的武氏神主。这样一来,如果没有把高祖、太宗、高宗的神主迁入别的庙,那么太庙中他们的神主与祔庙的武氏七代的神主是以怎样的形式并设的呢? 这猛一想很奇怪,但考虑到在明堂和南郊配祀有武氏祖宗和唐高祖等,那么武氏和李氏神主在洛阳太庙中长期并设也是完全可能的。洛阳太庙里李氏神主和武氏神主即便奉祀地点不同,但仍然是并设的。这样可以认为圣历元年时(或是圣历二年时)谒拜的是高祖之后的唐三庙室。洛阳太庙当初祭祀的是高祖、太宗、高宗,之后合并了崇先庙的功能,并设了李氏、武氏双方的神主。

《文苑英华》第四百六十三卷翰林制诏四十四《兴复神龙开创制》(神

龙元年二月五日发布,《唐大诏令集》第二卷《中宗即位赦》同文)中,记载有"周朝宗庙陵寝及官,宜令所司商量处分",说明武氏宗庙的改废。关于这一情况,《旧唐书》第二十五卷《礼仪志五》中记载:

> 中宗即位,神龙元年正月,改享德庙依旧为京太庙。五月迁武氏七庙神主于西京之崇尊庙,东都创置太庙。

中宗即位的神龙元年(705年)正月,将长安的享德庙恢复为太庙,武氏七庙的神主迁入长安的武氏庙即尊崇庙。洛阳重新设置了太庙,可能由于洛阳太庙由武后设立,并设有李氏和武氏的神主,是一个不合规制的特别的宗庙,所以崇先庙这时被废毁。而关于崇尊庙,该史书同卷中记载:

> (神龙)二年驾还京师,太庙自是亦崇享七室,仍改武氏崇尊庙为崇恩庙。明年二月,复令崇恩庙一依天授时享祭。时武三思用事,密令安乐公主讽中宗,故有此制。……崇恩庙至睿宗践祚,乃废毁之。

神龙三年(707年)二月改为崇恩庙,享祭与武周朝时相同。但这只是武三思策划形成的临时安排,长安的崇恩庙在睿宗即位后很快就被废毁了,由此可以认为《复兴神龙开创制》中对周朝宗庙的处置,与上述崇先庙崇恩庙的改废是有联系的。从这一引文来看,当时洛阳太庙并没有把唐室神主排除在外,没有完全成为武氏庙。

长安二年(702年)冬至的最后一次亲郊,可以推测其与前面提到的圣历年间的庙享是一样的。武后前一年十月回到长安,大赦并改元长安,返回洛阳是两年后的长安三年十月,故长安二年的亲郊是在长安停留时举行的。亲郊前夕相王旦(睿宗)成为司徒(《旧唐书·则天皇后纪》),如果相王作为三公之一的司徒参加了武后的亲祭的话,那么皇太子当然也参加了亲祭。由此可以认为是武后初献、皇太子亚献、相王终献这样的三献顺序。那么,这个郊祀就和圣历二年在明堂举行的仪礼相同,是为了巩固皇太子之位而举行的武后亲祭,这也和太宗贞观十七年高宗作为从献的亲郊相似。因为不是在洛阳的郊祀坛,而是在高祖、太宗、高宗所建的京城长安的郊祀坛举行,所以这样推测没有什么不妥。贞观十七年伴随亲郊举行的是曲赦,而此时实行的是大赦。随亲郊实行大赦是沿用证圣元年九月的先例,这也说明此次郊祀的重要性(补注)。

如上所述,武后的南郊、太庙亲祭都可以找到亲祭的特定原因,而且这些原因与武后的政治发展情况密切相关。可以说武后对明堂是政治上的利用,对祭祀也是政治利用,武后朝配合亲郊实行大赦改元也同样可以理解为政治利用。

5. 中宗

神龙元年(705年)正月即位[25]的中宗在洛阳逗留将近两年,次年十月终于返回长安。在洛阳逗留期间,中宗主要致力于庙制整备,关于这一点,把各种史书记载概括起来就是,神龙元年二月四日甲寅国号恢复为唐,郊、庙、社稷、陵寝、官职名都恢复为高宗末期永淳年间(682—683年)以前的制式。五月四日壬午,将洛阳太庙里武氏七庙的神主迁入长安的崇尊庙,七月重新在洛阳设立了唐室的太庙。六月十九日丁卯,将显庆元年(656年)立为太子、上元二年(675年)薨逝、谥号孝敬皇帝的中宗之兄李弘祔入太庙,庙号为义宗。然后举行了中宗的首次亲祭,即八月二十八日乙亥的亲祔之礼[26],具体情况《旧唐书·中宗纪》记载如下:

> 乙亥,上亲祔太祖景皇帝、献祖光皇帝、世祖元皇帝、高祖神尧皇帝、皇祖太宗文武皇帝、皇考高宗天皇大帝、皇兄义宗孝敬皇帝神主于太庙,皇后庙见。

关于五月以后太庙所设置的七庙之主,有很多相关研究[27]。一度决定太庙设六室,六月变更为纳义宗李弘神主入太庙,其结果如上面引述,太庙设满七主,李弘未即帝位却加谥号孝敬皇帝,这一举措之后受到非议。最终,景云元年(710年)睿宗将中宗神主祔庙之际,将义宗神主从太庙撤出,在洛阳另设义宗庙进行安置[28]。

从以上经过来看,深感李弘是为了设满太庙七室而被强行加了义宗庙号祔入太庙的。中宗在七天后的九月五日壬午,将高宗配与昊天皇帝、皇地祇,祭祀于明堂(《资治通鉴》第二百零八卷、《册府元龟》第三十三卷)。中宗最初的祭天场所不在南郊而在明堂,这一点很有意思[29],可能是因为要举行祭天事先必须整修太庙。八月亲祔之礼,是在举行配祀高宗祭祀天地之前,刚整修完庙制时举行的祭祀,这样考虑的话,此时举行皇帝亲祭也讲得通。关于同年十一月的太庙亲祭,《旧唐书·中宗纪》记载如下:

> 十一月戊寅,加皇帝尊号曰应天,皇后尊号曰顺天。壬午,皇

帝、皇后亲谒太庙,告授徽号之意。

也就是说,群臣奉上应天皇帝、顺天皇后的徽号(尊号)是这次告庙的原因。这是首次直接因为接受群臣所奉尊号而举行皇帝亲祭,而且是作为宗庙单独亲祭、首次举行大赦(参见表15)。以上几点说明皇帝接受群臣奉上的尊号,从这一时期开始成为唐朝廷一项重要的事情[30]。但是这时的尊号奉上与韦后涉足政治有深切的关系。

景龙三年(709年)冬至的亲郊,是在长安举行的唯一一次中宗亲祭,也是唯一一次亲郊。《文苑英华》第四百二十五卷翰林制诏六(景龙三年十一月二十三日)《拜南郊制》中记载:

> 朕自临四海,于今五年,幸承桃社之灵,未展郊丘之谒。方今朔风候律,南至登辰,乘上日而恭绚,奉高禋而肃事。

就是说中宗即位以来还不曾亲祭郊祀,这次郊祀是即位后首次亲郊,意义重大。那么即位四年,返回长安后也已满两年,这么长时间为什么没有举行亲祭?可以想得到的原因之一,是中宗已于神龙二年在明堂祭拜了天地。但仅仅这个理由不能成为这次亲郊的直接原因。在此要特别注意的是,韦后作为亚献一同去祭祀[31]。下面围绕这一点来探讨景龙三年冬至的郊祀是否体现了韦后的意志。

没有史料直接讲述此时亲郊是韦后提议的,但从此事前后她的野心来探寻会发现,举行郊祀也是她的意思。《旧唐书》第五十一卷《后妃传上·中宗韦庶人传》中关于亲郊本身的记录很简略,但关于此前的情形有详细记录:

> a.(神龙元年)时侍中敬晖谋去诸武。武三思患之,乃结上官氏以为援,因得幸于后,潜入宫中谋议,乃讽百官上帝尊号为应天皇帝,后为顺天皇后。帝与后亲谒太庙,告谢受尊号之意。于是三思骄横用事,敬晖、王同皎相次夷灭,天下咸归咎于后。

> b.景龙二年春,宫中希旨,妄称后衣箱中有五色云出。帝使画工图之,出示于朝,乃大赦天下,百僚母妻,各加邑号。

> c.时中宗既雅信符瑞,巨源又赞成其妖妄。是岁星坠如雷,野雉皆雊,咎征若此,不闻巨源有言。盖与韦皇后继叙源流,佞媚官爵,疑其开导,以踵则天。时有骁卫将军迦叶志忠……等,或相讽谕,或上表章,谬说符祥,朋党取媚,识者嗟愤。

d. 景龙三年……时国家将有事于南郊，而巨源希韦后之旨，协同祝钦明之议，言皇后合助郊祀，竟以皇后为亚献，巨源为终献，又以大臣女为斋娘。

从上述记载可以看出，神龙元年奉上尊号的谒庙，原来是武三思讨好韦后的行动(a)。中宗亲郊的前一年，发现和韦后有关的祥瑞事件，甚至举行了大赦(b)。这一年也发生了韦巨源欲与韦后携手效仿武则天的举动（《旧唐书》编者的看法）(c)。中宗亲郊之际韦后作为亚献随从，是出于韦后本意(d)。

关于景龙三年的亲郊，有史料记载是中宗本人的提议[32]。但是，中宗在此之前相信符瑞，臣下争相假造符瑞讨好中宗(c)。因此可以设想，是韦后或者希旨韦后的韦巨源以符瑞为名劝中宗亲郊，进而实现韦后亚献的计划。也可以设想，中宗得献尊号举行太庙亲祭，是武三思讨好韦后的结果(a)。另外，a、b都关系到韦后地位的强化，且伴随着大赦。这样一来，也可以认为伴随d的大赦也是按照韦后意志举行的。《旧唐书》第一百零二卷《褚无量传》中记载：

景龙三年，迁国子司业，兼修文馆学士。是岁中宗将亲祀南郊，诏礼官学士修定仪注。国子祭酒祝钦明、司业郭山恽皆希旨，请以皇后为亚献。无量独与太常博士唐绍、蒋钦绪固争，以为不可。无量建议曰，……时左仆射韦巨源等阿旨，叶同钦明之议，竟不从无量所奏。

据此记载可知，韦巨源是在有了皇后亚献的争论之后才出来向韦后阿旨的[33]，如果上面的设想正确，那么就可以断定，积极推进中宗亲郊的是韦后本人。即使亲郊出自中宗本人的意愿，但其后被韦后及其党羽利用，夺取了郊祀的主导权，这一事实是不可否认的。

据《资治通鉴》第二百零九卷记载，决定韦后亚献的争论是亲郊三个月前的八月中发生的，那么决定亲郊自然更在此之前，可以看出这是早就开始的策划[34]。而且前面几处引文明确记载了太庙和明堂的亲祭都有韦后列席，而神龙元年八月的祔庙，《旧唐书·中宗纪》里记载有"皇后庙见"，这应该是作为一个特例被记录的[35]。这就是说，同年十一月中宗和韦后的谒庙之前，韦后已经在发挥主导权了。而且，在之前因平定高句丽而举行的总章元年(668年)十二月的亲郊中,作为远征军总司令官的李勣担任亚献,已经体现出了亚献的重要性。注(4)所提到的拙作《唐代皇帝祭祀二例》中虽然没有明确指出,但就贞观十七年冬至太宗亲郊时皇太子高宗担任从奠而言,笔者把这看作是亚献,正是因为考虑到本章中李勣和韦后的例子[36]。景龙三年冬至中宗亲郊时韦后担任亚献,无疑是她很有权威所带来的政治效应。中宗被韦后毒死,是大约半年后即次年六月的事情。综合考虑上述事例,可以说这时的主导权在韦后手上,郊祀的要点也在于韦后的亚献,这种可能性极高。

关于这一点,富有启发性的论断是滨口重国所指出的如下事实:张柬之等的兵变最终并不彻底,他们死于武三思之手是在神龙二年六月。因此这一时期已经出现势力逆转。中宗即位后的神龙元年二月,在全国设立了名字冠有"中兴"二字的寺院道观,中宗对此于神龙三年二月发出"不许言中兴敕",故"中兴"二字成为禁词,中兴寺院改名为龙兴寺院。而且在这一敕令之前,发布了武氏的庙、陵祭祀照旧的诏令。综观上述史实,可以说是"明确可见韦后和武氏合作意图乃是再现武后时代"(注21中所提到的《唐法上的没官》第248页)。的确,看滨口重国所引"不许言中兴敕"(《唐大诏令集》第一百一十四卷),就会发现其言辞是强调周—唐的延续性,明显可见神龙三年时对于两年前的兵变已经采取无视态度了。这样一来,要说景龙三年冬至的郊祀其目的在于重新加强中宗即位的意义,加深人们对唐王朝复兴的认识,就说不通了。由此可以推断,这次是为了实现韦后亚献、发挥韦后主导权的一个祭祀。

上面以景龙三年的亲郊为中心,对中宗的郊庙亲祭进行了考察,很明显,这一郊祀是以韦后亚献为中心的。考察过程中还搞清楚了从神龙元年八月的亲祫之礼开始韦后的影响力已经确立。这个祫庙本身对唐朝来说是有积极意义的,但之后中宗的亲祭却沦为有利于韦后一派的活动。

6. 睿宗

睿宗太极元年(712年)的太庙、南郊、籍田仪礼,与太宗、高宗时期相同,是即位后的一系列仪礼。再细看,会发现《旧唐书·睿宗纪》中记载"(景云)三年(712年)春正月辛未朔,亲谒太庙。癸酉,上始释惨服,御正殿受朝贺",这说明到此时为止,睿宗还穿着丧服惨服[37]。另外《全唐文》第十八卷中的《郊禋大赦制》，从内容来看就是这次的大赦文。具体记载为：

  顷者居遏密之际，莫议郊禋之礼，霜露之思，日月增深。今三元告辰，万物伊始，假于清庙，升彼圜丘。躬耕祈谷，率礼斯备。

从引文可以看出，太庙（文中的清庙）—南郊—（圜丘）—籍田（躬耕祈谷）是一系列的祭祀。从"居遏密之际，莫议郊禋之礼"这句可以明确，到此时为止，因中宗之丧一直没有举行郊祀。综上所述，景云三年正月的一系列祭祀是睿宗首次亲祭，但如果考虑到下面要讲到的北郊亲祀，可知正月朔日的太庙祭祀并非伴随南郊和籍田的告祭，而是单独的宗庙祭祀即时祭。关于这一点后面再讲。

关于前面提到的南郊，《旧唐书》第二十一卷《礼仪志一》记载：

  睿宗太极元年正月，初将有事南郊，有司立议，惟祭昊天上帝而不设皇地祇位。谏议大夫贾曾上表曰：……（a）谨按《礼·祭法》曰：有虞氏禘黄帝而郊喾，夏后氏禘黄帝而郊鲧。《传》曰：大祭曰禘。然则郊之与庙，俱有禘祭。（b）禘庙则祖宗之主俱合于太祖之庙，禘郊则地祇群望俱合于圜丘，以始祖配享。皆有事而大祭，异于常祀之义。……（c）伏惟陛下膺箓居尊，继文在历，自临宸极，未亲郊祭。今之南郊，正当禘礼，固宜合祀天地，咸秩百神，答受命之符，彰致敬之道。岂可不崇盛礼，同彼常郊，使地祇无位，未从禘享。今请备设皇地祇并从祀等座，则礼得稽古，义合缘情。……时又将亲享北郊，竟寝曾之表。

开头的"初将有事南郊"说明此时的南郊是睿宗首次亲郊。文中引人注意的一点是：针对有司要把此次郊祀的对象只限定为昊天，谏议大夫贾曾主张应该天地合祭。此建议对考察皇帝亲祭的实质很有价值，下面进行详细探讨。

贾曾首先援引《礼记》的祭法和大传，说不仅宗庙有郊祀也有禘祭（a）。其次，说郊祀的禘祭将地祇和群望（众多山川之神）与昊天一起祭祀，整体作为始祖的配祀，就是"有事而祭"，这与"常祀"的性质不同（b）。此处的常祀和下面出现的"常郊"应该是相同的意思，他就郊祀的"禘礼"和"常祀"的区别陈述如下：

  陛下……自临宸极，未亲郊祭。今之南郊，正当禘礼，固宜合

祀天地,咸秩百神,答受命之符,彰致敬之道。岂可不崇盛礼,同
彼常郊,使地祇无位,未从禘享。

就是说,对于即位之后还未曾举行郊祀亲祭的睿宗来说,这次的亲郊是禘礼,因此南郊不仅要祭天,也要祭地。由此,这以后每年正月和冬至举行的郊祀就成为"常郊"。

需要注意的是,即位之后首次亲郊与之后的常郊就是以这样的形式进行区别的。也就是说,郊祀的亲祭是为了"答受命之符,彰致敬之道",其中即位后皇帝亲自举行的首次郊祀是答受命符必不可少的祭祀,因此就与之后的"常郊"区别开了。附带说一下,皇帝三年一次的冬至亲郊,确立年代是宋代[38],《宋史》第九十九卷《礼志二》记载:

景祐二年(1035年)郊,诏以太祖、太宗、真宗三庙,万世不迁。南郊以太祖定配,二宗迭配,亲祀皆侑。常祀圜丘、皇地祇,配以太祖。祈谷、雩祀、神州,配以太宗。感生帝、明堂,以宣祖、真宗配如旧。

如上所记,相对于三年一次的皇帝亲祭,常祀明显是有司摄事。但正如我们第三节中所看到的,唐后半期德宗以后,即位次年皇帝举行的南郊亲祭受到重视,逐渐成为固定化的一种仪式,亲祭只限于即位次年的郊庙祭祀的皇帝也多起来。经过这样的过程,到宋代应该是形成了常祀由有司摄事举行这种固定模式,而唐后半期最为重视即位次年的郊祀也是确定无疑的。因此,在此没有必要限定常祀、常郊为有司摄事。正如贾曾所言,睿宗即位后首次亲郊就是这次郊祀,与常规的常郊是有区别的,其目的在于答谢来自上天的受命符,因而意义重大。从这一点上来讲,这次郊祀的目的极为明了,虽然同是亲郊,中宗景龙三年的亲郊与此次亲郊的评价大不相同。另外此处和第三节相关,这个例子能确认即位后首次郊祀的重要性,应该引起人们注意。

但是,关于这次南郊祀,既有因贾曾提议而合祭天地的史料,也有如前面(c)末尾引文那样否定的史料,哪个是史实不得而知[39]。另一方面,这次北郊是唐代唯一的一次北郊亲祭记录,可是为什么要由睿宗举行亲祀呢?作为本章基础依据的注(1)所提到的拙稿《关于唐太宗至睿宗的郊庙亲祭》中是这样考虑的,唐初南郊只祭祀昊天上帝,武后证圣元年(695年)

开始,南郊亲祭成为天地合祭[40]。太极元年的南郊,开始议定只亲祭昊天上帝,因而才出现贾曾的批驳,这之间的中宗景龙三年(709年)冬至的南郊应该也是合祭天地。另外,在武后的明堂周历正月祭祀昊天上帝和皇地祇[41],前面提到的神龙元年(705年)九月(夏正)的情况也与此相同。由此可见,武后以来明堂和南郊一贯实行天地合祭,而到太极元年正月南郊,祭祀对象只集中于昊天上帝,于是开始有批判的声音。实际上南郊祀祭祀对象只限定为昊天上帝还是天地合祭暂且不论,如前引《旧唐书·礼仪志》的记述,由于贾曾的批驳,出现了夏至的北郊亲祀。很有可能武后以后,明堂和南郊的天地合祭成为惯例,所以在睿宗新行亲祭之时,增加了以前不曾有过的北郊祭祀。

但是,如果都像贾曾那样重视即位后首次郊祀的话,这之后应该再出现仅次于南郊祀的北郊祀相关记录,但是唐代在此之后并没有再出现北郊亲祀的相关记录。而且,这时的南郊祀是否举行的是天地合祭,从史料来看,根据《旧唐书·礼仪志一》的记载"时又将亲享北郊,竟寝曾之表",未必能推断出是应贾曾的批驳而出现的夏至北郊亲祀。讲述皇帝即位后可否谒庙的《南齐书》第九卷《礼上》永泰元年(498年)条中记载,有立太子时谒庙的皇帝卒哭后如果举行时祭的话,就相当于即位时的谒庙。关于这点下一章将详细论述。而关于卒哭,在《春秋左氏传》僖公三十三年条中记载:"凡君薨,卒哭而祔,祔而作主,特祀于主,蒸尝禘于庙。"唐孔颖达上疏"卒哭乃为吉祭也。自初死至于卒哭,昼夜哭无时,谓之卒哭者,卒此无时之哭。自此以后,唯朝夕哭耳"。就是说,所谓卒哭,是丧服礼变除过程中的一个环节,就是结束无时之哭,既葬之后就要承担公务[42]。前面也讲到,睿宗在这一年正月才脱去丧服,刚引用的孔颖达上疏中有一句"卒哭乃为吉祭也",就印证了睿宗的这一事实情况。孔颖达是太宗朝具有代表性的儒者。

也就是说,睿宗等到景云三年正月才脱去丧服换上吉服,同时亲自举行朝贺、南郊等各种皇帝的祭祀礼仪。这样一来,可以看出正月朔日的亲谒太庙就是《南齐书》礼上所说的卒哭后的时祭,是常规的正祭。睿宗穿丧服长达一年半,比通常的卒哭还要晚很多,到正月初一才举行庙享,这应该有特别的意义,可以解释为与作为正祭的时祭时间冲突了[43]。这样看来,可以说五月北郊是紧接着宗庙的时祭—正月的朝贺—南郊—籍田这一系列亲祭中的一环。从本章整体可以清楚地看到,唐代的宗庙正祭由皇帝亲祭的除此之外再无一例,北郊皇帝亲祀也是除了这一年以外再无他例。就这样,等到一进入这一年,睿宗便举行了包括朝贺、籍田在内的一系列祭祀仪礼,其中北郊之后举行了大赦,籍田之后进行了改元(改元延和)。伴随亲祭的大赦改元,这是武后证圣元年以来的第二次和第三次。这说明,北郊亲祀对睿宗来说是重新开始的机会,其重要性不亚于南郊。克服了武、韦之祸后,睿宗亲祭总体来看应该是想要恢复唐朝本来的特色[44]。

《通典》第四十三卷《礼三·郊天下·大唐》记载,"景云元年十一月乙丑冬至,祀圜丘",其原注为"时阴阳人卢雅、侯艺等奏,请促冬至,就十二日甲子以为吉会(以下略)",说的是阴阳家请以冬至前一天甲子日为吉日,在该日举行郊祀,然而最终根据右台侍御史唐绍的提议,冬至当天举行了郊祀。根据这个记载可以推断出,睿宗是在即位当年即景云元年(710年)举行了郊祀。但是《旧唐书》第二十一卷《礼仪志一》中宗景龙三年(709年)条中记载为"时十一月十三日乙丑冬至,阴阳人卢雅、侯艺等请奏,促冬至,就十二日甲子以为吉会(以下略)",与《通典》的原注记述内容基本相同,另外除表15的《旧唐书·中宗纪》以外,《册府元龟》第三十三卷《帝王部·崇祭祀二》中明确记载有景龙三年十一月乙丑举行了南郊亲祀。据平冈武夫的《唐代历书》(京都大学人文科学研究所,1954年)所述,十一月十三日乙丑正值冬至,是景龙三年,而不是次年的景云元年。这样的话,《通典》睿宗景云元年发生的有关郊祀的记载,根据《旧唐书》应该订正为前一年即中宗景龙三年的事情。所以睿宗举行的亲祭最终只是太极元年的各种祭祀。

上面史实例子较少而论述有些冗长,不过我们由此确认了睿宗举行亲祭是在给中宗服丧完毕当年举行的特别的亲祭。祭祀种类是包括宗庙时祭和北郊等在内的正祭,从伴随大赦改元这一点来看,当时认为皇帝亲祭是一种特殊的仪式活动。武则天利用皇帝亲祭的策略,也被韦后和睿宗以上述形式沿袭了。注(44)也提到,如果将皇帝祭祀的实践活动纳入视野,会发现中宗朝以后对武则天的评价和定位是今后要探讨的重要课题。另外,睿宗时大赦改元的举行不是在南郊之后,而是在籍田和北郊之后,这与唐代后半期的其他大赦改元的情形相比较是一个很有意思的现象。

作为本节结尾,我们来总结一下从高祖到睿宗时期亲祭的特征。各位

241

皇帝对待郊庙亲祭差别很大,这本身显示着唐朝皇帝祭祀的形式是逐渐变化的。从形式上整体总结如下:

①各位皇帝即位后的首次亲祭,多由郊祀、太庙及籍田亲祭等一系列祭祀构成。

②无论哪种形式的郊庙亲祭,其举行都是不定期的,在有必要时才举行。

③郊祀多在冬至举行,换言之,郊祀的日期是礼制规定的,但举行年份大多不定期。不过郊祀也有日期不定的告祭。

④与祭祀相比,宗庙除了睿宗太极元年(712年)正月的时祭这一例以外,禘祫、四时祭这些正祭不曾有过皇帝亲祭,其他亲祭也都是告祭。

⑤至高宗时,改元和大赦还没有伴随亲祭实施的现象,武则天以后才出现伴随亲祭实行改元特别是大赦的情况。

这其中①在玄宗朝以后基本没有被沿袭,②④在玄宗朝以后也被沿袭。另外,⑤在德宗朝以后特别是即位后首次亲祭之际,以亲祭—大赦—改元的形式大张旗鼓地举行。关于③,德宗朝以后,即位后首次亲祭被固定下来成为惯例,增加了正月亲祭,但冬至亲祭并没有取消[45]。因此,上述总结除了①以外,②~④是包括后半期在内整个唐代可见的现象,不过玄宗天宝年间以后亲祭的形式发生了很大变化,所以与⑤相关的一些情况我们下一节进行探讨。

下面来看与亲祭相关的情况,从高宗总章元年(668年)、中宗景龙三年(709年)的例子,可以发现亲祭中亚献的重要性。特别是后者与韦后的政治登场相关联,也与上面的⑤相关联。在此要注意的一个现象是,从武则天时期开始,皇帝亲祭的政治功能变得突出醒目。高宗之前,亲祭中政治功能明显的只有太宗贞观十七年(643年)的冬至亲郊,而武则天之后特别是武则天、中宗(韦后)时期的各次祭祀都多少带有政治目的。也就是说,在政治动荡时期,利用皇帝亲祭做文章成为很明显的现象。在此需要承认从唐初到睿宗朝期间,皇帝亲祭的作用是不断变化的,可以说亲祭朝着政治化或者世俗化的方向发展,故也应该从这一方向来看待亲祭与大赦改元相结合的现象。本节中指出的皇帝亲祭世俗化,在玄宗朝是如何发展的呢?下一节将进行深入探讨。

二、玄宗朝

1. 导言

接着上一节的考察,要阐明玄宗朝郊庙亲祭的意义,需要注意以下两点:第一,天宝年间(742—756年)开始,郊庙祭祀增加了太清宫的祭祀,本节将就这一点进行详细论述。第二,玄宗即位后举行了谒庙礼,就记录来看,而是唐代唯一一次伴随即位的谒庙礼,当然揭示它的特质是本节考察的内容。但是就笔者个人观点,这绝不能代表唐代一般的谒庙礼,而是与玄宗即位前后的政治形式密切相关的仪礼。论述这一点需要很大篇幅,所以将在下一章详细展开论证。因此本章以天宝年间太清宫和郊庙的关系为中心,就玄宗的郊庙亲祭逐一进行探讨。请注意这与对开元二十年(732年)颁行的《大唐开元礼》的评价相关。和上节一样,关于玄宗朝的郊庙亲祭已制成表16,请随时参照。表中设置了改元栏,是因为睿宗以前肃宗以后有时改元和亲祭同时举行,也可以与表15、表18所列玄宗朝前后的亲祭情况进行对比。

2. 开元年间的庙享

玄宗即位后的谒庙礼暂且不提,紧随其后的亲祭是开元六年(718年)十一月六日丙申的谒庙。一般认为玄宗治世期间这次礼仪活动并没有占很大比重,但举行亲祭之前的过程和注(4)拙稿《唐代皇帝祭祀二例》中的论述有相关的地方,在此详细讲述一下。

《旧唐书》第二十五卷《礼仪志五》中记载:

> (开元)五年正月,玄宗将行幸东都,而太庙屋坏,乃奉七庙神主于太极殿。玄宗素服避正殿,辍朝三日,亲谒神主于太极殿,而后发幸东都,乃敕有司修太庙。明年庙成,玄宗还京,行亲祔之礼。

就是说,开元六年的亲祭,是因为前一年太庙的一部分损坏了而把神主移到太极殿,修缮完毕把神主送返太庙之后举行了此次亲祭。但是,文中所述"明年庙成"是不正确的,开元五年正月太庙四个房间损坏,修缮完毕是

表 16 玄宗朝郊庙亲祭

年（西历）月	南郊	太庙	太清宫	其他祭祀	大赦	改元	会	献	旧	新	鉴	备考
先天元年（712年）八月即位	○											出典《唐文粹》三十一，有可能是即位当天。
十月		（四）◎			（四）○						□	即位后的谒庙礼。
开元六年（718年）十一月		（六）◎						□	□	□		亲袝礼。
十一年（723年）八月		（十九）○（◎）						□	□	□	□	亲袝礼，因降雨变更为有司摄事。
十一月	（十六）冬至○											
十三年（725年）十一月				（十）（十一）封·禅	（十六）○						□	九日冬至。
十七年（729年）十一月		（四）◎							□	□		巡陵告庙，巡陵结束后大赦天下。
天宝元年（742年）二月	（二十）◎天地合祭	（十八）◎	（十五）◎						清庙、郊	清庙、郊	清庙、郊	

244

续表16

年(西历)月	南郊	太庙	太清宫	其他祭祀	大赦	改元会	出典 献	出典 旧	出典 新	出典 鉴	备考
二年(743年)三月								□			追尊远祖(玄元皇帝)。
六年(747年)一月	(十二)戊子 ◎天地合祭	(十一)◎	(十二)◎				□□	庙、郊	庙、郊	庙、郊	
八年(749年)闰六月					(五)○		□			□	给玄元皇帝以及祖宗加号。
十年(751年)一月	(十)甲午 ◎天地合祭	(九)◎	(八)◎		(十)○			清、庙、郊	清、庙、郊	清、庙、郊	
十三年(754年)二月		(八(七))◎	(七(六))◎		(九(八))○		□□	清、庙	清、庙	清、庙	给玄元皇帝以及祖宗加号。

* 出典栏的□表示有记载。会指《唐会要》第十三卷,献指《文献通考》第十三卷,旧指《旧唐书》本纪,新指《新唐书》本纪,鉴指《资治通鉴》的记载,为了清楚体现是太清宫,宗庙(太庙),南郊中哪个祭祀的记录,在出典栏中将太清宫——清,太庙——庙,南郊——郊明确标出。

* 南郊、太庙、太清宫栏的◎是亲祭,○是有司摄事,有司摄事只举出了与即位有关的祭祀。作为参考,"其他祭祀"栏列举出封禅。另外,各栏上侧的阿拉伯数字表示的是日期(译者注:译稿按中国历史纪年更换为汉字数字),根据需要有时也标出了日期的干支等其他情况。

245

在同一年的十月十日。移往太极殿的七庙神主经有司之手于十二日移回太庙（《旧唐书·玄宗纪》、《资治通鉴》第二百一十一卷等）。之后如文所述，玄宗从开元五年二月开始暂居洛阳，一直到太庙修缮完毕仍逗留洛阳，开元六年十一月返回长安后又举行亲祭。此时的亲祭，对玄宗来说是开元四年六月为睿宗服丧[46]结束后的首次亲祭。前面引文中的亲祔之礼，指的是玄宗把睿宗神主请入太庙之事，因此对这次亲祭要弄清楚：（一）是逗留洛阳一年零九个月之后回到长安，（二）是太庙修缮完毕，（三）是为睿宗服丧结束后的首次亲祭。

　　上面三项中哪一个符合史实？结合史料考察一下，就会发现记录对这一时期祭祀相关人员恩典的《唐大诏令集》第七十五卷《亲谒太庙锡赐宗支庶官制》有如下记载：

　　　　去岁爰命有司，增营太室，寻以匠者功就，饔人礼奉。虽是效
　　是则，率由旧章，而不躬不亲，曷尽诚敬。粤自河洛，旋于京师，聿
　　修斋祭，致用蠲洁。

饔人，就是供奉牺牲的官员，由此可知，这段文章的意思是虽然太庙修缮完毕时经有司之手举行了祔庙，但皇帝没有亲祭就不算竭尽诚敬。可见，这是基于方才所说的第二项情况才举行的亲祭。对此，《册府元龟》第三十卷《帝王部·奉先三》记载：

　　　　其日（开元六年十一月六日）帝自斋宫步诣太庙，入自东门，
　　就立位。乐奏九成，升自阼阶，行裸奠之礼，至睿宗室，俯伏呜咽，
　　侍臣莫不流涕。

如上[47]记载了玄宗在纳有睿宗神主之位的庙室前面呜咽痛哭的样子。起初，睿宗的神主在驾崩次日于开元四年七月祔入太庙，同时中宗神主被移入新建的西庙（中宗庙）[48]。第二年正月初二太庙四室损坏，玄宗在七庙神主移往太极殿之后辍朝五天，八日亲享太极殿（《册府元龟》第三十卷）[49]。所谓"享"，本来是宗庙祭祀的意思，这儿说的亲享，指的是玄宗不是在太庙而是在太极殿祭祀七庙神主这件事。应该是与此相对应，在开元六年神主回归太庙之时举行了亲祭祔祭，这时加上对睿宗的除服之礼，所以玄宗在睿宗神主室前俯伏呜咽痛哭。

　　从上面这些史料来看，开元六年亲祭，主要是因为前面提到的（二），也

附带有(三)。虽然史料中没有明确提到,但是从一些迹象也应当考虑到(一)。笔者曾经讲过关于开元十一年的亲祭,和同年正月开始一直到三月的太原巡幸,八月的亲祔之礼(当天由于下雨而由有司摄事),以及冬至的亲郊,这四项是一系列的仪式活动,是玄宗认为治世安定才举行了对祖灵和上天的祭祀[50]。当时提及玄宗的巡幸,笔者写道截止到该年玄宗不曾长期离开过长安,实际上这一记述是错误的。《旧唐书·玄宗纪上》开元五年条中记载有"(正月)辛亥,幸东都。……二月甲戌,至自东都,大赦天下",而六年条中也有"冬十月丙申,车驾还京师。十一月辛卯,至自东都"的记载。笔者由此得出玄宗开元五年正月到二月,六年十月到十一月,两年间两次各逗留洛阳两个月。但是《资治通鉴》第二百一十一卷开元五年条中记载有"二月甲戌,至东都,赦天下",就是说这一天到达了洛阳。据此,《旧唐书·玄宗纪》开元六年的记载,意思应该也是十月玄宗从洛阳出发,十一月回到长安,从文章意思来看这才自然。于是这样一来,可以判断出《旧唐书·玄宗纪》开元五年条"二月甲戌,至自东都"的"自"字是衍字,那么可知玄宗于开元五年二月至次年十月,在洛阳逗留了一年半以上。

令人感兴趣的是,玄宗在五年四月废毁拜洛受图坛,七月毁弃明堂,颁布返回乾元殿的诏书(《旧唐书·玄宗纪上》)。拜洛受图坛是武后建立周时利用宝图而建造的祭奠宝图的祭坛。明堂是武后政权的象征,也实际上起着正殿的作用,对武后来说是最重要的建筑。如果这些建筑的废毁和改造是在玄宗最初并长期逗留洛阳期间进行的,那么说明玄宗逗留洛阳是为了对武后时期的残存事物予以清除,具有重要的政治意义。二月到达洛阳的同时举行大赦,可以看作是玄宗期待刷新人心的意愿和态度[51]。

前面陈述了本文观点,并订正了旧稿,总之,开元五年二月至六年十月玄宗逗留洛阳,是对武后政治的清理,具有重要意义。这样就可以推定,就像高宗封禅后一返回长安就举行亲告太庙一样(参见上一节),玄宗经过一年半圆满结束洛阳巡幸之后,在太庙亲告祖灵。可以认为,开元六年的太庙亲祭具有前面所述(二)(三)项的特征,同时具备(一)的特征。洛阳行幸的计划确定后,太庙发生损坏,于是讨论行幸延期,从这一经过可见洛阳行幸与神主迁移并没有关系。可以说,此次亲祭,具备开始陈述的(一)(二)(三)三项要素,且以(二)为中心。

接下来是开元十一年冬至的南郊,这次亲郊之前经过下面的亲祭,即首次到洛阳以外的地方举行真正的巡幸——太原巡幸的同年二月举行的汾阴后土亲祠。太庙改为九室,纳入历代唐皇帝神主的八月亲祫之礼(实际上因雨由有司摄事)之后,等到升平盛世才又举行了亲郊。这件事在注(4)所载拙稿《唐代皇帝祭祀二例》中已经讲到,八月的庙享和前面提到的中宗神龙元年(705年)八月的亲祫之礼,以及玄宗开元六年十一月的亲享都有关联,所以在此就从围绕庙享的争议开始探讨。

据《旧唐书》第二十五卷《礼仪志五》记载,玄宗朝的庙制修整开展如下:开元四年(716年)睿宗驾崩之际,基于天子七庙制的太庙七室已满(光皇帝李天赐、景皇帝李虎、元皇帝李昞及高祖、太宗、高宗、中宗)。中宗和睿宗是兄弟,根据太常博士苏献等的建议,兄弟在宗庙中不应该排列前后顺序,这时就设立了中宗庙,把中宗神主之位安置了进去。前面提到的开元六年的太庙亲享也是按照这项制度举行的,当时也有争议,认为中宗神主不应该迁至别庙,苏献同族的宰相苏颋等人虽然强行压下,但仍有许多人内心认同这个意见[52]。最后,玄宗在开元十年(722年)正月制中讲到:

> 今中宗神主,犹居别处,详求故实,当宁不安。移就正庙,用章大典。仍创立九室,宜令所司择日,启告移迁。

把太庙从七室扩大到九室,光皇帝李天赐的父亲作为懿祖加入九庙,光皇帝改为献祖,然后,把中宗移回太庙凑够九室。就这样,改成了把除武则天以外的所有唐朝历代皇帝纳入太庙。据《旧唐书·玄宗纪上》记载,中宗神主迁祔入太庙是在四月二十二日丙辰,献祖、懿祖的祔庙是在八月十五日戊辰[53]。可以认为这些祔庙是包括唐王朝建立之前的祖先的庙制改革的最终阶段,与之前去始祖活动之地太原巡幸也是相关的。《旧唐书》第二十五卷有"及将亲祫,会雨而止,乃令所司行事"的记载,就是说八月十九日当天的亲祭因雨中止,最终由有司摄事完成。不过此时计划的亲祭,是把中宗及献祖、懿祖安置到太庙,是完善九庙制阶段举行的重要祭祀,不可忽视。

关于十一月戊寅的南郊亲祭,是玄宗在九月癸未确定的,内容如下(《册府元龟》第三十三卷):

> 今四夷内附,诸侯率职,群生和洽,百物阜蕃,犹恐教或未孚,

求之皇极,诚有不达,观于国风。故亲巡河东,祈谷脽上,神歆有
答,岁物以冀。此皆先圣无疆之休,上玄启祐之贶,冀因报谒,式
展诚敬。宜以迎日之至,允备郊天之礼,所司详择旧典以闻。

也就是说,上天感知到太原巡幸和汾阴亲祭,降下恩惠,庄稼得以丰收,因而要举行郊天之礼以报答恩泽。另外,当天的赦文(《册府元龟》第八十五卷《帝王部·赦宥四》《曲江集》第六卷、《全唐文》第二百八十七卷张九龄《南郊赦书》、《唐大诏令集》第六十八卷《开元十一年南郊赦》文字基本相同)有如下内容:

朕获主三灵,于今一纪……为人上而惭德,奉天明以畏威,祝
史正词,必期于陈信,郊丘备礼,将俟于升平。今宗庙降灵,克开
厥后,乾坤交泰,保合太和,麟凤龟龙,玄符黄瑞之祉,蛮夷戎狄,
梯山航海之琛,孰不日月以闻,道路相属。

就是说,即位以来十二年间勤勉励政,仍有不到之处,未举行郊祀以期待能有升平之治,如今形势好转,国内太平,祥瑞出现,异族来访的报告不断。因此

顾惟不德,当兹休运,钦若昭报,畴咨故实。所以今年献春,
恭祠后土,季秋吉日,追崇九庙。采必先于鲁经,稽肆类于虞典,
爰因长至,钦谒上玄,告受命之元符,昭严配之成绩。

如上文所记载,开元十一年冬至的亲郊,是基于玄宗的政治安定,天下太平的认识而举行的。这是继后土、太庙之后系列亲祭的最后一项祭祀,而且,在这一年之前,玄宗不曾有过郊祀亲祭。《旧唐书》第九十九卷《张九龄传》中有如下记载:

时帝未行亲郊之礼,九龄上疏曰,伏以天者百神之君,而王者
之所由受命也。自古继统之主,必有郊配之义。盖以敬天命,以
报所受。……伏惟陛下绍休圣绪,其命惟新,御极已来,于今五
载。既光太平之业,未行大报之礼,窃考经传,义或未通。

就是说继统之主必须郊祀上天,配祀始祖。敬天命以报答受命。尽管如此,玄宗却怠慢郊祀,这是不应该的。既然记载有"于今五载",那么这个上疏应该是开元四年至五年的事情,从第三章中已经知晓唐代皇帝郊庙亲祭只限于有记录的那些,可以认为之后到开元十一年之前,玄宗没有再郊祀

亲祀过。前面提到的郊祀后的大赦文有"郊丘备礼,将俟于升平",以及"爰因长至,钦谒上玄,告受命之元符,昭严配之成绩"的记载。张九龄的上疏中说"告受命之元符",这很好地说明了这次郊祀作为即位后首次亲郊的作用。即开元十一年的亲郊,是玄宗克服了从武韦之祸到与太平公主的对抗这一系列的危机,确信自己政权稳定后举行的亲郊。

之后更进一步,在开元十三年冬至举行了泰山封禅。本书就皇帝祭祀重点考察郊祀、宗庙祭祀,因此关于封禅不作特别论述,但在此需要指出,这次封禅是以开元十一年二月汾阴后土的亲祀、八月宗庙祭祀、十一月冬至亲郊这一系列祭祀的举行为前提的。也就是说,根据《旧唐书》第二十三卷《礼仪志三》,开元十二年发生关于举行封禅的争议,玄宗回应了这一争议,次年宣告举行封禅的制书,说"朕昔戡多难,禀略先朝,虔奉慈旨,嗣膺丕业。是用创九庙以申孝敬,礼二郊以展严配"。这里的"礼二郊"指的是还不曾进行北郊亲郊的玄宗,将后土祀看作是地祇祭祀的北郊。也就是说,玄宗经历了多难时期,创制九庙,举行后土祀和南郊祀的天地祭祀,就这样玄宗在开元十一年集中完成了各项祭祀。可以确定无疑的是,这时的亲郊,对玄宗来说是首次、也是与二年后的封禅紧密相关的重要郊祀。

接下来是开元十七年十一月四日的庙享,关于此次庙享,《唐会要》第十三卷亲飨庙记载:

> （开元）十七年十一月四日,告巡陵也。皇帝乘玉辂,百官乘马侍从,礼毕,乘马还宫。初仪注,自大次施褥至殿前,有敕一切不许。及皇帝之出也,履地而行。礼毕,祀行神于西门。

据《旧唐书·玄宗纪上》记载,玄宗第二天,也就是五日从长安出发,十日到睿宗的桥陵,十二日到中宗的定陵,十三日到高祖的献陵,十六日到太宗的昭陵,十九日到高宗的乾陵谒拜,二十二日返回长安举行大赦。此时的太庙亲祭,是作为上述一系列大规模巡陵的事前告祭而举行的。巡陵本身的意义,《唐大诏令集》第七十七卷《谒五陵赦》(《册府元龟》第八十五卷文字基本相同)记载:

> 朕以眇身获保鸿业,往属多难,时逢国屯,推戴神宗,纂复兴运,允迪前烈,载康兆人。……露往霜来,久积园陵之思,秋尝夏禘,聿思孝享之诚。乃夏朔辰,祥芝产于太室,及秋吉日,珍木瑞

于神宫,对越上灵,拜兹嘉贶。

这个记载说,玄宗能够做到克服多难局面、兴邦强国是因为祖灵的引导,再加上太庙祥瑞不断,这些是举行五陵亲祭的原因。那就说明巡陵与开元十一年一系列祭祀以及十三年的封禅具有相同的性质。实际上唐代皇帝亲谒祖陵的例子非常少,以笔者所见来看,这之前只有永徽六年(655年)正月朔日高宗亲谒昭陵一例。正因此,这一年的五陵亲谒值得注意,另外以唐皇帝陵的祭祀为课题还要进行全面的探讨。

顺便提一下,这一年之后,玄宗对郊庙以外的祭祀也积极进行亲祭,从《旧唐书》玄宗纪可以找到以下记载：

○开元十九年(731年)正月丙子兴庆宫龙池的亲耕
○开元二十三年(735年)正月己亥的亲耕籍田
○开元二十六年(738年)正月丁丑在东郊举行的亲迎气
○同年四月己亥朔日的读时令
○天宝三年(744年)十二月甲寅在东郊九宫贵神举行的亲祀

在上述这些活动中,开元二十三年的籍田和天宝三年九宫贵神的亲祀伴随着大赦,从唐初到这一时期,南北郊、太庙、封禅以外的祭祀都没有伴随大赦。可以说,玄宗在开元十一年的亲郊和十三年的封禅之后,热情高涨,举行了各种亲祭,如十七年巡陵以后的籍田、迎气、读时令、九宫贵神,且为使这些祭祀更有效果而同期下诏大赦。关于玄宗朝皇帝亲祭的评价,也需要考虑郊庙等大祀之外的各种祭祀。

3. 太清宫的出现

如前所述,天宝年间的郊庙祭祀与太清宫紧密相关。太清宫设立的经过,主要根据《旧唐书》第二十四卷《礼仪志四》的记载,基本情况为:唐代各位皇帝之中,玄宗特别推崇道教,他于开元二十九年(741年)正月下诏,令长安、洛阳以及各州都修建一座玄元皇帝庙[54],同时开办崇玄学,学习《道德经》等。次年正月初一改元年号为缘于道教的天宝[55],七日有人上书说,"听说长安永昌坊的天空中出现玄元皇帝,他对玄宗说'天下太平,万寿无疆',此外,陕州桃林县的尹喜(传说中老子西游时同行的函谷关尹)故宅旁边发现灵符"。所说的灵符十七日送到宫里,于是在长安的大宁坊和洛阳的积善坊旧址上修建了玄元庙。二月十一日丁亥,以往的玄宗尊号加了

"天宝"两个字,成为开元天宝神武皇帝。二月十五日辛卯在玄元庙举行了亲祫之礼,十八日甲午亲祭太庙,二十日丙申祭祀昊天上帝。九月,以两京为首的各州玄元庙改名为太上玄元庙。次年天宝二年(743年)正月丙辰,玄元皇帝加尊号为大圣祖玄元皇帝。三月壬子,玄宗亲谒太上玄元庙,西京的太上玄元庙改名为太清宫,东京的太上玄元庙改名为太微宫,各州的太上玄元庙改名为紫极宫。尊崇道教的倾向在这前后还有很多,不过和太清宫的确立有关的大概就是这些。

前面提到天宝元年的玄元皇帝庙、太庙以及南郊的亲祭,在《册府元龟》第三十三卷《帝王部·崇祭祀二》有如下记载:

> 是月(天宝元年正月)甲寅,得灵符于尹喜台西,百官请崇徽号。壬申诏曰,神仙所缄,造化同固,爰初有待,经韫椟而多时,潜应改元,若符契之相合,景福修介,祇畏良深。而群官宗室,抗疏于外,元良诸子,屡请于中,逮夫缁黄兼彼,耆老以至,恳诚不已,前后相仍,愿加天宝之名,用益开元之号。……可以来月十五日祫玄元皇帝庙,十八日享太庙,二十日有事于南郊。

这是二月十五日到二月二十日的一系列下令亲祭的诏书。从"愿加天宝之名,用益开元之号"可以得知,玄宗一直以来的尊号"开元圣文神武皇帝"再加上新年号就成了"开元天宝圣文神武皇帝",这个诏令的主旨就是把加尊号之事上告天地、太庙以及玄元皇帝庙。文中"爰初有待,经韫椟而多时,潜应改元,若符契之相合",意思就是改元年号为缘于道教的天宝,其原因就在于从尹喜台得到灵符这一祥瑞之兆。就从臣下那儿接受尊号这一点来看,可以说这时的亲祭其实质和中宗神龙元年(705年)的亲享相同,因而与郊祀、庙享一样算是告祭[56]。

之所以玄元皇帝的祭日选择了二月十五日,是因为《册府元龟》第五十四卷《帝王部·尚黄老二》天宝五载二月条有太清宫使门下侍郎陈希烈的上奏"谨案高上本纪,太圣祖玄元皇帝以二月十五日降生"的记述,人们认为这一天是老子的生日。这个上奏中写为"太圣祖",而注(55)改元大赦文中作"烈祖",显而易见,老子被作为唐朝的远祖对待,玄宗御制的《大唐龙角山庆唐观纪圣之铭》(方履籛《金石萃编补正》第一卷,开元十七年(729年)九月三日建)上记载有"我远祖(玄)元皇帝,道家所号太上老君者也",

第七章　唐代郊祀、宗庙祭祀制度的实行

明确记述了其要旨。另外,《唐会要》第五十卷尊崇道教记载如下:

> 武德三年(620年)五月,晋州人吉善行于羊角山见一老叟,乘白马朱鬣,仪容甚伟,曰:谓吾语唐天子,吾汝祖也,今年平贼后,子孙享国千岁。高祖异之,乃立庙于其地。乾封元年(666年)三(二)月二十日,追尊老君为太上元(玄)元皇帝。

就这样,将老君即玄元皇帝作为唐室远祖这一原则也贯彻到太清宫,正如下面所述,这一原则不断被强化。

玄宗天宝二年三月亲谒玄元皇帝庙,改名为太清宫[57],这次是单独祭祀太清宫,《唐大诏令集》第七十八卷追尊先天太皇、德明兴圣皇帝等制记载:

> 恭惟大圣祖玄元皇帝……爰自创业,迨于兹岁,频彰景贶,屡睹真容。……是用荐徽号,增礼册,蠲防以尽敬,躬亲以致诚。……圣祖父母,著在图牒,母益寿氏,已崇徽号,曰先天太后,父周上御史大夫,敬追尊为先天太皇。……况咎繇迈种,黎人怀德,我之本系,千载弥光,敬追尊为德明皇帝。凉武昭王,朕十一代祖也,积德右地,炳灵中叶,奄有万国,兆先帝功,敬追尊为兴圣皇帝。

也就是说,为彰显唐朝创业以来景况的玄元皇帝增加徽号大圣祖,追尊其父母为先天太皇、先天太后,更追尊被认为是唐朝本系的咎繇(皋陶)为德明皇帝,追尊高祖李渊的七代祖凉武昭王尊号兴圣皇帝[58]。这明显是一场强化老子为唐朝祖先的祭祀。

接下来是天宝六年(747年)正月十一日丁亥在太庙、次日(十二日)戊子在南郊举行的皇帝亲祭。《册府元龟》第三十卷《帝王部·奉先三》记载有"六载正月丁亥,亲祠太庙",其原注曰"以戊子祀圜丘故也",明确记述了这次的太庙亲享是次日亲郊之前的告祭。上一节已经讲过太庙告祭是在别的重要祭祀之前举行的仪式,本节在讲述开元十七年的例子时也再次确认了这一事实。因此,刚提到的《册府元龟》原注就可以依照本来意思来理解,而需要注意的是,以前亲郊的前一天不举行亲祭告庙,这一次是首次打破惯例,而且与以太清宫—太庙—南郊为顺序举行的系列祭祀相关。

关于亲祭的原因,《册府元龟》第三十三卷《帝王部·崇祭祀二》天宝五

载十二月辛酉诏记载如下:
> 顷以详诸旧典,创以新仪,清庙陈牲,加特于尝(常)饩,昊天冬祭,重增以时享,庶乎馨齐敬之勤,叶殷荐之义。况履兹霜露,载感惟深,瞻彼郊坛,有怀昭事。念礼归通变,谅期乎达诚,教在率先,必贵乎亲奠。宜以来载正月,朕亲谒太庙,便于南郊合祭。

讲述的是这一年的太庙、南郊祭祀非常隆重,还想进一步举行亲祭以示殷鉴。这儿所说的"新仪",指的就是该书同卷同年四月己亥的诏令所记载的内容:

> 今蒸尝之献,既著于尝(常)式,南北之郊,未展于时享。……自今已后,每在四时孟月,先择吉日祭上帝,其以皇地祇合祭,以次日祭九宫坛。皆令宰臣行礼奠祭,务从蠲洁,称朕意焉。……其已后享太庙,宜料外每室加尝(常)食一牙盘,仍令所司务尽丰洁。

就是说,不仅增加宗庙供物,还特地在南郊于四季孟月时派遣宰臣合祭天地。如此天宝五年四月郊庙祭祀很隆重,而进一步明确彰显玄宗对郊庙之特意关照的,是六年正月的亲祭[59]。至此为止的亲郊大多是在冬至举行,此次亲郊却很不一般,和睿宗太极元年(712 年)的亲郊一样,是在正月举行的。

接下来是天宝八年(749 年)闰六月的太清宫之礼,《资治通鉴》第二百一十六卷,《册府元龟》第三十、五十四、八十六卷,《旧唐书》第九卷《玄宗纪下》、第二十四卷《礼仪志四》都有比较详细的记载。从这些记载可以知道其过程。首先,同年六月大同殿长出玉芝,在此之前有人传言太白山的金星洞里有玉石板,上面写有"圣上长生久视"的字样。而派人前去,果然得到了那个玉石板。于是玄宗在闰六月四日丙寅亲谒太清宫,给玄元皇帝加尊号为"圣祖大道玄元皇帝",给高祖、太宗、中宗、睿宗的尊号都加了"大圣"二字,给太穆、文德、则天、和思、昭皇后都加了"顺圣"的号,群臣也给玄宗奉上"开元天宝圣文神武应道皇帝"的尊号。次日,玄宗在含元殿受册大赦天下,大赦文(《册府元龟》第五十四卷)中说:

> 禘祫之礼,以存序位,质文之变,盖取随时。国家系本仙宗,业承圣祖……。自今已后,每禘祫,并于太清宫圣祖前,设位序

正,上以明陟配之礼,钦若玄宗,下以尽虔恭之诚,无违至道。

大赦文中把唐朝和老子联系起来,规定禘祫时在太清宫也要举行祭祀。

就这样,天宝八年太清宫的祭祀,是配合道教祥瑞的出现,为了给玄元皇帝以及高祖至睿宗各位皇帝加尊号而举行的。值得关注的是,配合宗庙禘祫,在太清宫也开始举行祭祀,虽然以往已经表明老子是唐朝远祖,但可以说这次在祭礼上把他放到了唐朝祖先的位置高度上。下面要讲的是天宝十年的亲郊、十三年的庙享这两项仪礼活动之前举行的太清宫之礼,可以认为这两项是基于天宝八年的决定与太庙亲祭合并举行的。另外如前所述,亲郊前的庙享相当于告祭,所以在这之前举行的太清宫祭祀也是对唐朝远祖玄元皇帝庙的告祭,这也是理解唐后半期的告祭的一个重要问题。天宝六年的亲郊之所以没有出现太清宫告祭,是因为这个亲郊是郊庙祭祀中太清宫成为系列祭祀之一以前的祭祀[60],应该不是因为缺少史料。

4. 太清宫——太庙——南郊祭祀的确立

接下来是天宝十年正月的亲郊,前两日在太清宫,前一日在太庙举行亲祭,之后到唐末为止的郊祀亲祭都是按照这个形式进行的。因此,这次的祭祀确立了唐后半期亲郊的形式,是值得关注的重要祭祀。

首先,关于这次祭祀的意义,《册府元龟》第八十六卷《赦宥五》记载有这次的大赦文[61]:

> 朕钦若上玄,嗣守丕业,察璿衡以齐政,念稼穑以劝人,日慎一日,四十载于兹矣。……幸以刑清俗阜,天成地平,万方底宁,郡(群)物咸遂,虽惭大化,且谓小康。此皆至道储祉,宗社敷祐,岂予菲薄而克致焉。……祯祥累应,正闰攸分,不改旧章,惟新景云。属献岁初吉,乘时布和,是用展祀崇礼,竭诚昭报,庶协发生之序,载覃雷雨之泽。

上面内容记述了玄宗治世没有大的过失,迎来第四十年,是有至道即天地、宗庙、社稷的助力,有吉祥符瑞屡屡显现等。删去恭维的套话,可以发现举行亲郊的直接目的就是庆祝即位以来顺利迎来第四十年的春天。亲郊的日期并非选在冬至而是在正月,也是由于这个目的。而且在大赦文的后面,有如下记载:

> 自今已后,设(摄)祭南郊,荐献太清,荐享太庙,其太尉行事

>前一日,于致斋所,具羽仪卤簿,公服引入。朕亲授祝版,乃赴清斋,用展诚敬。

就是说,今后有司摄事的郊祀[62],仪式(应该是向太清宫的荐献)前一天皇帝把亲笔名讳的祝版亲自授予太尉,太尉携带祝版前往清斋,在那儿一直待到第二天早晨举行仪礼的时候。之所以会把这样的指示写进大赦文,无非就是因为郊祀的前两天祭祀太清宫,前一天祭祀太庙的这种祭祀形式在这时首次被确定下来。亲郊前的太清宫、太庙亲祭仪礼可能是事前就确定好的,而有司摄事时的仪礼是在亲祭结束后再确定的[63]。

理解了这一点,就会明白《册府元龟》第三十卷《帝王部·奉先三》天宝九载(750年)十一月四日己丑的诏令,与次年正月的亲郊相关。该诏令记载如下:

>自今已后,每亲告献太清宫、太微宫,改为朝献,有司行事为荐献。亲告享宗庙为朝享,有司行事为荐享,亲巡陵为朝拜,有司行事为拜陵。应缘诸事告宗庙者,改为奏。其郊天后土[64]及祀祝云敢昭告于者,并改为敢昭荐于。

以往祭祀用"告"的地方,改为亲祭时用"朝",有司摄事时用"荐",这是这份制文的重点。上一段引用的次年正月的大赦文中写的是"荐献""荐享",就正是按照这个诏令内容改定的。正是因为大赦文遵循了改定后的用字法,所以这次亲郊祭天地的祝文[65]开头为"天子臣隆基敢昭荐于……"也是自然而然的事情。另外,"享"原本是用于宗庙祭祀的文字,所以太清宫、太微宫的祭祀为了加以区分,用的是"献"字。就这样,次年正月以朝献太清宫——朝享太庙——亲祀南郊的新模式举行郊祀,事先确定祝文等的用字是天宝九年十一月四日的制文。从这儿也可以看出,天宝十年正月的亲郊最迟是前一年十一月初计划的,从注(63)中提到的杜甫奏上三大礼赋也可以推测出,天宝十年纪念玄宗在位四十年的一系列亲祭,具有相当大的规模。

最后一次是天宝十三年二月的太清宫—太庙亲祭,据两《唐书》本纪、《资治通鉴》、《册府元龟》第三十卷《帝王部·奉先三》等记载,亲祭的原委经过是这样的:六日壬申到七日癸酉,在太清宫给玄元皇帝加上最终的尊号即"大圣祖高上金阙玄元天皇大帝",次日玄宗享太庙,"以两汉诸帝庙号皆有孝字,帝王徽号,莫大于孝"(《册府元龟》第三十卷)为理由,给高祖、太宗、高宗、中宗、睿宗的谥号都加了"孝"字,进一步加了吉利的称号。据《资治通鉴》和《新唐书·玄宗纪》记载,又次日,群臣向玄宗进献"开元天地大宝圣文神武证道孝德皇帝"的尊号,于是大赦天下。就这样,这次的太清宫——太庙亲祭是由于玄元皇帝和玄宗加了尊号,也由于从高祖到睿宗除了武则天以外各位皇帝都加了谥号而举行的。可以看出作为圣祖庙的太清宫与宗庙的关系强化了。

于是,天宝元年出现的玄元皇帝庙即太清宫的祭祀,是因为玄元皇帝(老子)被认为是唐的远祖,到天宝末年为止,太清宫和宗庙的关系得到强化。但是太清宫祭祀与宗庙祭祀绝对不一样。从《大唐郊祀录》第九卷《荐献太清宫》的正文及作者王泾的按语来看,太清宫祭祀的形式如下。

天宝十三年加了前面所述的这些尊号之后,每年四个孟月和腊月举行荐献。其举行日期和宗庙四时祭时间相同,这与玄元皇帝被认为是唐的远祖并不矛盾,不过荐献馔食是"素位雅洁之物",指的就是水果蔬菜之类的,这一点与供奉动物供品的宗庙荐享不同。太清宫的荐献是举行行香之礼,这也是本来的宗庙礼里没有的[66]。祝文是开元二十九年(741年)以来太清宫告荐所用的祝版,天宝四年(745年)四月十七日敕书(《唐会要》第五十卷《尊崇道教》)说"既非事生之礼",不再使用祝版,而把祝词写到青纸上[67]。关于"事生之礼",这里敕书记录为"比太清宫行事官,皆具冕服,及奏乐未易旧名,并告献之时,仍陈册祝,既非事生之礼,皆从降神之仪"。此外天宝二年三月十一日的敕书(同书同卷)记载"古之制礼,祭用质明,义既取于尚幽,情实缘于既没。我圣祖淡然常在,为道之宗,既殊有尽之期,须展事生之礼",根据这些敕书可知,祭祀死者的宗庙要遵从降神之仪,而对于"淡然常在"的圣祖玄元皇帝则要适用祭祀生者的"事生之礼"。就是说,把老子作为活人来祭祀,摆置白色石制的老子真像代替太清宫神主,然后把玄宗、肃宗的画像摆在右边(《大唐郊祀录》第九卷),就是这样按照事生(侍奉活着的人)之礼来祭祀。

如上所述,太清宫与宗庙相同,在四个孟月和腊月设了祭日[68],把玄元皇帝作为生者以"事生之礼"来祭祀,并从尊崇清净、供奉素位雅洁之物且焚香这些方面,与祭祀死者的太庙加以区别。相当于祝文的青词中不用郊

表 17 唐代皇帝祭祀祝文自称表

皇帝	年代(西历)	祝文的自称	祝文的对象	郊天	祖先	道教	其他	出典·备考
高祖	义宁二年(618年)	皇帝臣某(渊)	昊天上帝(天)	○				《唐文粹》31《大唐创业起居注》3《全唐文》3
太宗	武德九年(626年)	皇帝臣某	皇天后帝(天)	○				《册府元龟》10《全唐文》10
	贞观十七年(643年)	嗣天子臣某	昊天上帝	○				《册府元龟》33
		嗣天子某	(明灵天)					《旧唐书》37
高宗	乾封元年(666年)	嗣天子臣治	昊天上帝	封禅				《唐文粹》31《全唐文》15
武后		皇帝遣某官	先圣孔宣父之灵				○	《全唐文》15
	长安二年(702年)	皇帝使某官等	霍山之神				○	《张说之集》23《全唐文》233
玄宗	延和元年(712年)	皇帝臣某	昊天上帝(天)	○				《唐文粹》31《全唐文》38
	开元十三年(725年)	有唐嗣天子臣某	昊天上帝	封禅				《唐文粹》31《旧唐书》23
	大历十四年(779年)	哀子嗣皇帝臣某	大行皇帝(父代宗)		○			《通典》85"殡所引"《大唐元陵仪注》
	(cf.)	哀子嗣皇帝臣某	大行皇帝(父代宗)		(○)			《通典》卷87"小祥变"所引《大唐元陵仪注》文中有"以日易月,奄及小祥"。
德宗		哀子嗣皇帝臣	谥册文(父代宗)		○			《通典》104"帝王谥号议"所引《大唐元陵仪注》大行皇帝的谥册文
	贞元元年(785年)	嗣天子臣某	昊天上帝	○				《陆宣公集》6《唐文粹》31《全唐文》475
		孝曾孙嗣皇帝臣某	孝曾祖玄宗		○			《陆宣公集》6《唐文粹》6《全唐文》475
		孝孙嗣皇帝臣某	皇祖肃宗		○			同上
		孝子嗣皇帝臣某	皇考代宗		○			同上
		皇帝遣某官	大禹之灵				○	

第七章 唐代郊祀、宗庙祭祀制度的实行

续表 17

皇帝	年代(西历)	祝文的自称	祝文的对象	郊天	祖先	道教	其他	出典·备考
宪宗	元和二年(807年)	嗣皇帝臣某(稽首)	大圣祖高上大道金阙玄元天皇大帝			○		《白氏长庆集》40《全唐文》680《文苑英华》472
穆宗	长庆元年(821年)	孝曾孙嗣皇帝诔某	太祖景皇帝		○			《元氏长庆集》41《全唐文》655
		孝孙嗣皇帝诔某	顺宗		○			《元氏长庆集》41 原注
		孝子嗣皇帝诔某	宪宗		○			《元氏长庆集》41 原注
		皇帝遣某官某	百神之灵				○	
武宗	会昌五年(845年)	皇帝臣某(谨稽首)	元始天尊、玉晨君、天皇大帝太上老君			○		《全唐文》78
武宗乃至宣宗	不明	皇帝臣某(稽首)	大圣祖高上大道金阙玄元天皇大帝			○		《文苑英华》472《全唐文》728
	不明	嗣皇帝臣某(稽首)	大圣祖高上大道金阙玄元天皇大帝			○		同上
僖宗	中和元年(881年)	皇帝遣某官某等	丈人山				○	《全唐文》89
	不明	嗣皇帝臣某谨遣道士某某	无记载			○		同上,丈人观的周天打醮醮词。
	乾宁二年(895年)	嗣皇帝臣某(稽首)	大圣祖高上大道金阙玄元天皇大帝			○		《文苑英华》472
昭宗	光化四年(901年)	皇帝臣某(稽首)	大圣祖高上大道金阙玄元天皇大帝			○		同上

庙用语"敢昭告(荐)于",而是采用比如武宗会昌五年(845年)十月十四日戊子《九天生神保命斋词》(《全唐文》第七十八卷)中的"……皇帝臣某谨稽首再拜"云云之类的用语。"稽首再拜"这个词,可见永贞二年(806年)正月朔日宪宗献给太上皇顺宗尊号的册文中"皇帝臣某稽首再拜奉册言"等等(韩愈《顺宗实录》第五卷),皇帝也可以给太上皇用。因此,把圣祖玄元皇帝作为唐朝的远祖且以事生之礼祭祀的原则,也贯彻到了青词的用语。另外,表17《唐代皇帝祭祀祝文自称表》也清楚展现了青词中皇帝的自称一般为"嗣皇帝臣",唯一一次例外是会昌五年,自称是"皇帝臣某",把名讳也写入了,这是因为除圣祖太上老君之外,把元始天尊、玉晨君也作为斋词的对象[69]。就是说,面对圣祖玄元皇帝即太上老君,青词的自称基本都是"皇帝臣",称呼"皇帝"表明是面对远祖,省略了"臣某"的某即就是省略了名讳,以与宗庙祝文的自称相区别[70]。就这样,太清宫玄元皇帝祭祀作为对远祖的祭祀,既保留着与宗庙的相通之处,又以"事生之礼"在各种情况下与用"降神之仪"的宗庙加以区别。

5. 小结

本节依次探讨了玄宗的主要亲祭,可以指出以下几点:首先,每次亲祭都有特定的目的,尤其是宗庙亲祭,大多是在举行定期正祭的四个孟月以外的月份进行,此外亲祭目的都很明确,这两点与下一节探讨的结果一起,都支持了一个观点,即第三章关于唐代宗庙亲祭基本上都是告祭的这一推测[71]。其次,玄宗朝的皇帝祭祀最引人注目的是太清宫的出场,此太清宫祭祀和太庙、南郊祭祀之间的关联不断加强,体现在玄元皇帝庙的祭祀是在天宝元年太庙祭祀三天、南郊祭祀五天后举行的。次年三月玄元皇帝庙改称为太清宫时,玄宗只是亲谒了太清宫。天宝六年的庙享,是唐代首次在亲郊前一天亲告太庙,令人瞩目,但这时还不曾举行太清宫祭祀。而到了天宝八年,太清宫亲祭是单独举行的,不过同时规定禘祫时太清宫也要举行祭祀,太清宫和宗庙之间在祭祀日期上的关联成为明确的事实。接下来是天宝十年的亲祭,按照太清宫—太庙—南郊的顺序连续三天每天举行,就这样确立了三者之间的相互关联。最后天宝十三年太清宫—太庙亲祭时,确定了太清宫亲祭和宗庙亲祭同样都在四个孟月和腊月举行,太清宫和宗庙的关系进一步加深了[72]。

这些玄宗朝的祭祀中,最重要的是天宝十年的系列祭祀。纵观《新唐书》本纪就会发现,肃宗朝以后的亲郊,其前两天举行太清宫亲祭,前一天举行太庙亲祭。从这一点上可以说,天宝十年的亲祭给唐代后半期皇帝亲祭以决定性的影响[73],前一年以宗庙和太清宫为主要对象进行了亲祭和有司摄事用语的改订,说明这一系列亲祭的举行是做了精心准备的。肃宗以后的各位皇帝沿袭这一亲祭的形式,其中一个原因应该在于其完善性(完成度很高)。还有一点没有一一指出,开元以前的亲祭中,只在先天元年的谒庙和开元十一年冬至的亲郊时举行了大赦,而进入天宝年间,从六年到十三年前面所述的各个亲祭都伴随有大赦。肃宗朝以后的郊祀、太庙、太清宫的亲祭中,僖宗乾符元年(874年)冬至的太庙(不是南郊)亲祭是唯一的例外,其他都伴有大赦。上一节已经指出,皇帝亲祭伴随大赦是武则天时期以后的现象,玄宗天宝年间更是加以推行,这和玄宗举行太清宫等祭祀的强烈意愿应该不无关系。总之,玄宗时期特别是天宝年间的亲祭,创建了太清宫并把太清宫祭祀和郊祀、宗庙联结起来,而且把这些祭祀和大赦也联结起来,这两点为唐代后半期亲祭的规范做好了准备[74]。

上述内容是本节考证得出的主要观点,最后想提醒一下,这些结论与对《大唐开元礼》的评价密切相关。宋代以后把《大唐开元礼》作为唐代的典范予以重视,但如前所述,唐代后半期皇帝祭祀雏形的完成其实是在该书成书后的天宝年间。《大唐开元礼》本身是完成度极高的礼制汇编,但并没有决定以后的唐代祭祀形态[75]。近年学界对于唐礼的关注不断高涨,但不可忘记,开元礼并不代表或能解释整个唐代所实行的礼制。

三、唐后期

1. 导言

前两节已经阐明,唐初郊祀、宗庙亲祭是各自分别举行的,玄宗天宝年间设置了作为老子庙的太清宫,天宝十年(751年)正月按照太清宫—太庙—南郊的顺序连续三天每天举行亲祭,这一祭祀改革具有划时代的意义,从下面后续内容可以看出,肃宗以后的皇帝亲祭大多是按照这一顺序进行的。本节就这种模式的祭祀(以下称为"系列祭祀""系列亲祭")的举行原因,按照各位皇帝的顺序进行考察,探析唐后半期郊庙亲祭的意义。这一系列亲祭中哪个祭祀是重点,是一个问题。开宗明义先说结论,就是重点是南郊,证明这一点是本节的首要课题。而且如果这个理解正确,那么太清宫—太庙祭祀放在郊祀前面举行的意义何在?这是第二个问题。宗庙单独的亲祭有前面提到的临时告祭和下一章即将论述的即位后的谒庙,所以这个问题换个说法就是,伴随亲郊的太清宫、太庙祭祀与告祭、谒庙是什么关系?本节在斟酌肃宗以后郊庙亲祭的实际情况的同时,特别就上述两点做具体考察[76]。

2. 肃宗

安史之乱期间在灵武即位的肃宗[77],于至德二年(757年)十月回到长安,此时太庙已因战火烧毁,肃宗在太庙火灾遗迹上哭太庙,三日后入大明宫(《旧唐书·肃宗纪》)。次年十一月把新造的九庙神主安置在长安殿,肃宗亲享(《唐会要》第十七卷《庙灾变》),十二月玄宗从成都回归,谒拜九庙神主后入住兴庆宫。次年即乾元元年(758年)四月十日辛亥新太庙建成,九庙神主从长安殿迁出,王公百官跟随御法驾的肃宗前往新太庙(《册府元龟》第三十卷《帝王部·奉先三》),宗庙新纳神主之礼是祔祭,这时举行了亲祭的祔祭也就是亲祔之礼。

这样肃宗郊庙亲祭变为可能,果然如《旧唐书·肃宗纪》同年同月条所记,"甲寅,上亲享九庙,遂有事于圜丘,即日还宫。翌日御明(丹)凤门,大赦天下",很快举行了郊庙亲祭。太庙的神主祔祭是十日结束的,所以可以考虑十三日甲寅的太庙亲享不是亲祔之礼,而是面向下一次亲郊的告祭。关于这次亲郊的的原因,次日的大赦文(《唐大诏令集》第六十九卷《乾元元年南郊赦》)中记载:

> 是用追崇先后,建立中宫,永言孝思,感徽音于文母,俾行妇道,想謦欬于虞嫔。……然后执瓒清庙,歌五圣之重光,燔柴圜丘,睹百神之受职,复修祭礼,再备乐章,尊祖配天,不失旧物。

所谓"先后"在这儿就是上一代皇帝的意思,"追崇先后"意思就是十日把九庙神主纳入太庙,"建立中宫"指的是立淑妃张氏为皇后[78],"复修祭礼,再备乐章"就是再建太庙,"尊祖配天,不失旧物"指的是配高祖[79]而举行郊天,后者举行郊天是这次亲祭的主要目的所在。因为如前所述,与太庙再建相关的亲祔之礼已经结束,而肃宗的南郊亲祀这才是第一次。在唐代,冬至、正月这些定时举行的郊祀以外,临时举行亲郊很少见,这次是很少见的一个例外,是把郊庙祭祀的重启之事祭告上天。前一日的庙享是把此事上告祖灵的告祭,据大赦文记载,这次亲祀也有太庙再建、立后这些与宗庙相关的因素在里面。另外,这次郊祀没有举行太清宫亲祭。

次年乾元二年正月十日至十一日,肃宗亲自举行籍田之礼(亲耕)。唐初太宗在即位两年后的冬至举行亲郊,次年正月举行亲耕和告祭太庙,高宗也举行了相同的祭祀。睿宗在即位两年后的正月初一太庙,十一日南郊,十八日籍田,一个接一个地举行了亲祭。肃宗时,即位两年后举行亲郊,下一年正月亲耕,可以说是仿效太宗、高宗,虽说多少有些不同,如从四月郊天到正月籍田中间隔了相当长时间,而且没有伴随亲耕举行告庙亲祭,等等,但是必须承认,回归国都长安的肃宗,有想要沿循唐初先例的强烈意愿。顺便说一下,因为准备好的耒耜雕刻了纹饰,所以肃宗发出"田器农人执之,在于朴素,岂文饰乎"的感慨,并更换了农具(《旧唐书》第二十四卷《礼仪志四》)。

接着,上元二年(761年)十一月二十八日到十二月一日举行了亲祭。这次祭告郊庙,在废止年号的同时,确定了月份也使用斗建,启用建子、建寅等数法。本书第三章第三节已经指出,这次郊祀是临时的告祭,《册府元龟》第三十四卷《帝王部·崇祭祀三》可以看到元年建子月的诏令:

　　今既循诸古法,让彼虚名,革故之宜,已宣于臣下,昭报之旨,未展于郊庙。

这一记载可以确认上述事实。另外,建卯月辛亥朔日颁发的大赦令[80]中有"虔告玄元,致斋清庙,恭行旧典,展礼南郊"的记述,明确记载了祭祀的顺序是太清宫—太庙—南郊,这也说明了玄元皇帝庙即太清宫的祭祀是告祭(即虔祭)。伴随改正纪年法的亲祭,其本身重点应该是亲郊,因而提到太庙说是"致斋清庙",可以理解为这次祭祀是郊庙的准备阶段。总之,可以认为这时的太清宫和太庙亲祭是亲郊前的告祭(亲告)[81]。

3. 代宗

代宗时,广德二年(764年)二月的太清宫—太庙—南郊系列祭祀是唯

一一次亲祭,关于这次亲祭,《全唐书》第四百五十二卷邵说《为郭令公贺南郊大礼表》记载:

>伏承今月二日册皇太子,六日朝献太清宫,七日享太庙,八日有事于南郊者。欸谒宫庙,尊崇祖祢,展敬天之礼,百神受职。

这一记载概括总结了皇太子(德宗)的册立和一系列亲祭理当庆贺。另外这时的大赦文[82]的恩典部分记载为:

>应在太清宫郊庙诸色职掌者及册皇太子行事官,撰册并书册文及检校造册官,普恩之外,三品已上赐爵一级,四品已上(下)加一阶,仍赐(勋)一转。

就是说,除了太清宫、太庙、南郊各个祭祀的相关官员以外,对与皇太子册礼相关的诸位官员也施行恩典。这些叙述清楚表明了代宗的一系列亲祭是配合二月一日皇太子的册礼举行的,从这一点上来看,可以说这次亲祭的原因与肃宗张氏立后时举行亲祭的原因类似[83]。

4. 德宗

德宗以后,许多皇帝在即位第二年举行系列祭祀的亲祭,而且到宣宗时为止,都是在正月举行的。即位第二年没有举行亲祭的是宪宗和文宗,他们都有非常明确的原因。可以说德宗以后,即位第二年举行系列亲祭成为定例,是新皇帝必须进行的仪礼。关于以后各位皇帝郊庙亲祭的实施情况,可参见表18,其中尽量避免列举类似的史料。

德宗建中元年(780年)正月的亲祭,是刚才叙述的即位第二年正月亲祭的开端。肃宗首次亲祭也和立后有关,代宗的系列亲祭与德宗的立太子有关。而这之后,即位后首次亲祭就无关立后、立太子[84]。唐代按照礼制正月上辛举行亲祭就是从这时开始的,以后的皇帝亲郊除宣帝以外,都是在正月上辛或者冬至举行。而且这时改元在正月朔日举行,大赦在亲郊当日举行。颇有意思的是,大赦文中宣告了两税法的实施(《资治通鉴》第二百二十六卷)。另外,这时亲郊、大赦和改元举行的时间极其接近,也是需要注意的地方。

接下来是贞元元年(785年)冬至的亲郊,目的是告谢昊天上帝及祖庙平定了朱泚、李怀光、李希烈之乱(参见第三章注(28))。从《陆宣公翰苑集》第六卷收录的向昊天上帝、玄宗庙、肃宗庙、代宗庙的告谢文,可以确认此目的。另外《新唐书·德宗纪》同年条记载：

　　十一月癸卯，有事于南郊。大赦，赐奉天、兴元扈从百官，收京将士阶勋爵。

从《新唐书·德宗纪》可知，亲郊时浑瑊、李报真、严震、骆元光、韩游瑰、唐朝臣、康日知等大将侍祀。从以上参加人员和赐予对象来看，这次亲郊是以平定朱泚之乱为契机的。而且，《陆宣公集》第二卷所收录的这时的大赦文(《冬至大礼大赦制》)中有"南郊、太清宫、太庙应职掌行事官"等内容，可以确认到在其他史料上看不到的太清宫祭祀。表18的太清宫就是根据这一记录列出的，太清宫祭祀应该是太庙亲享的前一天即九日举行的。

　　唐代皇帝祭祀分为大、中、小三个等级，郊祀、宗庙属于大祀。肃宗上元元年(760年)闰四月以来的中祀、小祀及杂祀都已停止(《资治通鉴》第二百二十一卷)。贞元二年(786年)四月德宗规定，小祀风伯、雨师与中祀相同，祝版御署之后再拜[85]，四年五月恢复了中祀五岳、四镇、四海、四渎的祝版御署(《册府元龟》第三十四卷)。六年二月命令四孟月举行读时令之礼(《玉海》第十二卷)，六月恢复了小祀五龙坛祭祀[86]。下面讲述的郊庙亲祭和各种祭祀的恢复，显示了德宗对祭祀的高度关心。

　　回到郊庙亲祭。关于贞元六年(790年)亲祭的原因，《旧唐书·德宗纪》下同年条记载如下：

　　冬十月己亥，文武百僚、京城道俗抗表请徽号。上曰，朕以春夏亢旱，粟麦不登，朕精诚祈祷，获降甘雨，既致丰穰，告谢郊庙。朕倘禋祀而受徽号，是有为为之，勿烦固请也。

亲祭本身是在九月十六日己卯诏令决定的(同书同纪)，群臣配合此诏，欲要敬上徽号，对此，德宗坚决推辞。因此根据上述引文，因亢旱庄稼歉收，德宗祈雨，因而甘雨普降，庄稼丰收，是这次亲祭的具体原因。告谢甘雨和丰收这一原因，相对于肃宗以来的各种事情，亲祭动机很是平常，如前所述各种祭祀的恢复可以看出德宗对皇帝祭祀具有很高的积极性，应该是作为其延伸，以亲自祈雨求丰收为契机进行了这次亲祭。唐后半期，德宗是对举行皇帝祭祀最为热心的皇帝，回到长安的德宗，可能感觉到有必要通过举行各种皇帝祭祀和郊庙亲祭来向天下展示唐朝的安泰。收拾武后以来争夺政权的局面、开创开元盛世的玄宗，也非常热心于举行郊庙等各种祭

表18 唐代后半期皇帝郊庙亲祭

皇帝	年(西历)月	南郊	太庙	大清宫	其他祭祀	大赦	改元	出典				备考
								会献	旧	新	鉴	
肃宗	至德元年(756)七即位	○										派遣有司告代祭天
肃宗	乾元元年(758)四	(十三)◎	(十三)			(十四)□			庙、郊	庙、郊	庙、郊	十日亲祔新建的太庙(《册》30)
肃宗	二年(759)一				(十或十一)籍田			□	□		□	
肃宗	上元二年(761)十一	(十二月一日)◎	(二十九)◎	(二十八)◎		(次年二月一日)□	(十一月一日)□					
代宗	宝应元年(762)四即位								清、庙、郊	清、庙、郊	清、庙、郊	因改年号等举行亲祭
代宗	广德二年(764)二	(七)◎	(六)◎	(五)◎		(二十一)□			清、庙、郊	清、庙、郊	清、庙、郊	
代宗	大历十四年(779)五即位								清、庙、郊	清、庙、郊	清、庙、郊	二月一日立太子
德宗	建中元年(780)一	(五)上辛◎	(四)◎	(三)◎		(五)□	(一)□		清、庙、郊	清、庙、郊	清、庙、郊	

续表18

皇帝	年（西历）月	南郊	太庙	大清宫	其他祭祀	大赦	改元	出典 会献	出典 旧	出典 新	出典 鉴	备考
德宗	贞元元年（785年）十一	（十一）冬至○	（十）○	（九）○		（十一）□		□	郊	郊	郊	告平定李怀光之乱
	六年（790年）十一	（八）冬至○	（七）○	（六）○		（八）□		□	郊	清、庙、郊	郊	
	九年（793年）十一	（十）冬至○	（九）○	（八）○		（十）□		□	郊	清、庙、郊	郊	
顺宗	贞元二十一年（805年）一即位 永贞元年（805年）八即位											七月二十八日勾当军国政事，二十九日告天地社稷（韩愈《顺宗实录》4）
宪宗	元和二年（807年）一	（三）上辛○	（二）○	（一）○		（三）□		□	清、庙、郊	清、庙、郊	郊	
×	×元和六年（811年）一		（十五）○	（十四）○	（十六）籍田							只有计划实际中止。（《册》115）

续表18

皇帝	年(西历)月	南郊	太庙	大清宫	其他祭祀	大赦	改元	出典 会献	出典 旧	出典 新	出典 鉴	备考
穆宗	元和十五年(820年)—即位	(二十九)○天地	(二十九)○	(二十九)○								
	长庆元年(821年)—	(四)上辛◎	(三)◎	(二)◎		(四)□	(四)□		清、庙、郊	清、庙、郊	郊	告社稷。(《册》11)
敬宗	长庆四年(824年)—	(二十三)○天地	(二十三)◎	(二十三)◎								告社稷。(《册》11)
	宝历元年(825年)—	(七)上辛◎	(六)◎	(五)◎		(七)□	(七)□		郊	清、庙、郊	郊	
文宗	宝历二年(826年)十二即位											
	大和三年(829年)十一	(十八)◎冬至	(十七)◎	(十六)◎		(十八)□			郊	清、庙、郊	郊	
	开成五年(840年)—即位											
武宗	会昌元年(841年)—	(九)上辛◎	(八)◎	(七)◎		(九)□	(九)□		庙、郊	清、庙、郊	郊	旧纪有"有事于郊庙"的记录
	会昌五年(845年)—	(三)上辛◎	(二)◎	(一)◎		(三)□			庙、郊	清、庙、郊	郊	加尊号。旧纪有"有事于郊庙"的记录

续表18

皇帝	年(西历)月	南郊	太庙	大清宫	其他祭祀	大赦	改元	出典				备考
								会献	旧	新	鉴	
	会昌六年(846)三 即位											
宣宗	大中元年(847)一	(十七)◎	(十六)◎	(十五)◎		(十七)□	(十七)□		庙,郊	清,庙,郊	郊	旧纪有"有事于郊庙"的记录
××	大中七年(853)一	(十七)◎	(十六)◎	(十五)◎		(十七)□		□		清,庙,郊	郊	大中元年记录的重复出现
	大中十三年(859)八 即位											
懿宗	咸通元年(860)十一	(二)冬至◎	(一)◎	(闰十月二十九日)◎		(二)□	(二)□		庙,郊	清,庙,郊	郊	旧纪有"有事于郊庙"的记录
	四年(863)一	(七)◎	(六)◎	(五)◎		(七)□			郊	清,庙,郊	郊	一月八日辛未上辛
僖宗	咸通十四年(873)七 即位											

续表18

皇帝	年(西历)月	南郊	太庙	大清宫	其他祭祀	大赦	改元	出典 会献	出典 旧	出典 新	出典 鉴	备考
僖宗	乾符元年(874年)十一		(五)冬至〇						□			加尊号
	二年(875年)一	(七)上辛〇	(六)〇	(五)〇		(七)□	(五)□	□		清、庙、郊	郊	
	文德元年(888年)二		(二十二)〇			(二十二)□	(二十二)□			□		二月一日返回长安,在行庙(代替焚毁的太庙)举行告祭
	文德元年(888年)三 即位											
昭宗	龙纪元年(889年)十一	(二十一)冬至〇	(二十)〇	(十九)〇		(二十一)□		□	郊	清、庙、郊	郊	改元在正月一日
	乾宁四年(897年)二		(二十)〇			(日期不明)□				□		因立太子在华州行庙举行告享
	天复元年(901年)四		(二十二)〇			(二十五)□	(二十五)□	□		□	□	告谢平定刘季述等的政变?

270

第七章　唐代郊祀、宗庙祭祀制度的实行

续表 18

皇帝	年（西历）月	南郊	太庙	太清宫	其他祭祀	大赦	改元	出典 会献	出典 旧	出典 新	出典 鉴	备考
昭宗	天复三年（903年）一		◎			（二十七）□						与朱全忠一起入京
	天祐元年（904年）闰四		（十）◎			（十一）□	（十一）□		□			
哀帝	天祐元年（904年）八 即位								□			

*南郊、太庙、太清宫栏的◎是亲祭，○是有司摄事，有司摄事、郊庙亲事只举出了与即位有关的祭祀。其他祭祀栏列举了与郊庙亲祭有关的祭祀。根据需要有时也标出了日期的干支等其他祭祀。各栏上侧的阿拉伯数字表示的是日期（译者注：译稿按中国历史纪年改换为汉字数字）。改元栏的日期表示与上面相同。

*大赦、改元栏以及出典栏的□表示有记载，大赦、改元栏中将汉字数字×表示前一个记录的重复，实际上都未能举行。出典栏的会是《唐会要》第九十七卷，这些只是有太庙亲祭的记录。南郊中哪个祭祀的记录，宗庙（太庙）、南郊一清、太庙一清，太清宫一清，南郊一庙为了清楚体现是太清宫、宗庙（太庙），南郊亲祀的记载，在出典栏中相关的一系列亲祭之前加上×，旧一《旧唐书》本纪，新一《新唐书》本纪，鉴一《资治通鉴》第十三卷，献是《文献通考》第九十七卷，献是《唐会要》第十三卷，献是《文献通考》的相关记录并明确标出。

*肃宗的×是计划中止的意思，宣宗的×表示前一个郊一庙，南郊一郊—一郊明确标出。

271

祀,在这种心情上,德宗和玄宗应该有一脉相承的地方。

最后一次是贞元九年(793年)冬至的亲祭,《册府元龟》第三十四卷《帝王部·崇祭祀三》同年条原注有"初帝以是岁有年,蛮夷朝贡,思亲告郊庙"的记载,《旧唐书·德宗纪下》的亲郊当日大赦文记载为:

> 皇灵怀顾,宗社垂佑,年谷丰阜,荒服会同,远至迩安,中外咸若,永惟多祜,实荷玄休。是用虔奉礼章,躬荐郊庙,克展因心之敬,获申报本之诚。

根据这一记载,亲祭的原因是这一年年谷丰阜,异族来朝。关于异族来朝,临近郊祀的十月,环王国(林邑)献犀牛,德宗曾展示犀牛于太庙(同书同纪下),相比较而言,同年剑南西川的羌女国王、哥邻王、白狗王、弱水王、逋租王弟、南水王侄的来朝(同书同纪下及《南蛮传》)应该更为重要。唐对吐蕃、南诏的离间之策奏效,南诏之前臣服吐蕃,就是这一年改而向唐表明归属的意向。羌女国等六国来唐入朝也与此有关[87]。因而,作为亲郊原因的庄稼丰收和朝贡中,因对吐蕃策略的成功而出现的朝贡才是具有划时代意义的成功。丰收这一原因,与贞元六年亲祭的原因基本相同,但此次没有发现皇帝祈雨的记录。应该认为这一年的亲祭和贞元六年的亲祭相同,都是皇帝祭祀扩展政策的一环。但其实以唐朝对外关系的改善为契机而出现的羌女国等六国入朝才是此次亲祭的直接动机。

后来,宋代时三年举行一次的大型亲郊,是京城全城注目的盛大活动[88]。关于三年一亲郊,《文献通考》第九十九卷《宗庙考九》的末尾案文记载为:

> 至唐中叶以后始定制,于三岁一郊祀之时,前二日朝享太清宫,太庙,次日方有事于南郊。

文中认为,三年一亲郊的制度始于唐中期以后。这样说来,确实会觉得没有突出特点的贞元六年、九年的亲祭,好像正是这一制度最开始的例子,但是,唐代三年举行一次皇帝亲祀的例子除这两个以外,就仅有懿宗咸通元年(860年)、四年的例子。就是说,可能唐代三年一亲郊的例子,只不过就德宗和懿宗的这两例。不可忽视的是,贞元六年、九年时的亲祭虽然寻常,但仍是以丰年、朝贡为名举行的,所以可以说像宋代那样三年一亲郊的惯例在唐后半期还没有形成。当时明确形成的定例,是在郊祀开始之前举行先太清宫后太庙的祭祀。《文献通考》"至唐中叶以后始定制"一文,可以理解为是对"前二日朝享太清宫"及后面文字的说明,其中"于三岁一郊祀之时",可以理解为是基于宋代事实的插入句,不应该认为是对唐后半期情况的说明[89]。

上述德宗的郊庙亲祭之中,最开始的两例都可以找到各自的举行原因,而后面的两例原因稍显平常,但也不可认为后两例是宋代三年一亲郊惯例的起始。德宗对恢复郊庙以外的皇帝祭祀活动也有很高的积极性,当时他面对的政治课题是从与各个藩镇的对抗现状中恢复唐朝的主导权,故其积极态度应该是与这一政治课题紧密相连的。

5. 宪宗

贞元二十一年(805年)正月即位的顺宗,八月因病弱让位于宪宗,不曾举行郊庙亲祭。八月四日庚子颁发的让位诏(《旧唐书·顺宗纪》)有"而天佑不降,疾恙无瘳,将何以奉宗庙之灵,展郊禋之礼"的记载,把病弱作为退位原因之一列举出来,从本章主旨来看这是值得注意的地方。就此即位的宪宗,两年后的元和二年(807年)正月举行了首次系列亲祭,前一年即位后没有举行亲祭,应该是因为正月十九日甲申顺宗驾崩。假设配合正月上辛举行系列亲祭的话,日程就应该是从四日到六日,应该是这期间顺宗病情恶化,所以取消正月亲祭,到次年正月再重新举行。

宪宗郊庙亲祭只有这一次,元和五年(810年)十月二十日丁亥的制文,确定了次年正月十四日朝献太清宫,十五日谒太庙,十六日东郊籍田。但是十一月九日丙午的制文说"以江淮水旱之余,河朔师旅之后,宜宽物力,以济元元",最终取消了亲祭(《册府元龟》第一百一十五卷《帝王部·籍田》)。这虽是一次中止的籍田亲郊,但有两点值得注意:

一是日程顺序是太清宫—太庙—籍田,很显然和亲郊的顺序相同,是太清宫—太庙祭祀附带着籍田,说明太清宫和太庙祭祀是在其他祭祀之前举行的上告祖灵的告祭。上一节已经讲过,太清宫虽然不是宗庙,却是被认为是唐朝远祖老子的圣祖庙,建庙以来被当作类似于宗庙的祭场,因此,可以认为在即位后最开始的系列亲祭中,太清宫—太庙祭祀是亲郊前的告祭(亲告),祭祀重点是最后一天的亲郊。关于这一点,围绕下面的各个史实做进一步探讨。

二是这并不是即位后的首次亲耕。如前所述,太宗、高宗和肃宗是在首次亲郊的次年正月举行籍田亲耕,睿宗时在中宗丧期结束的正月时和庙享、南郊一起举行了亲耕。而这次的籍田是亲耕四年后举行的,与此相关的元和五年(810年)太常修撰韦公肃的奏文中有"籍田礼废已五十余年"等记述(《册府元龟》第一百一十五卷),从元和五年往前推五十年,应当正是肃宗乾元二年(759年)的籍田。这样一来,宪宗即位后的首次亲郊到籍田之间,间隔有三四年时间。如此一一列举出太宗、高宗、睿宗、肃宗和宪宗的首次亲郊,会发现其举行未必都很顺利,不过,首次亲郊后的籍田,也可以看作是唐代皇帝即位后祭祀的一个环节。

6. 穆宗、敬宗、文宗

穆宗、敬宗时,即位后次年正月的亲祭是他们在位期间唯一一次郊庙亲祭。宪宗如果不是因为顺宗患病,即位后次年也会举行首次亲祭,德宗即位后次年正月亲祭,是顺理成章地沿循传统。更应该注意的是,穆宗时系列祭祀最后一天的亲郊,当天诏令改元(参见表18),唐朝到这时为止即位次年举行逾年改元的皇帝有太宗、高宗、中宗(改元为嗣圣)、德宗,他们都是在正月初一改元。这时因为当时首次亲祭拖到即位次年了,所以改元也随之延期,首次亲郊当天就大赦、改元一并举行。这表明了即位次年的系列亲祭的重要性,同时也体现出系列祭祀中最后的郊祀才最为重要。关于穆宗的系列亲祭,有个从太中大夫升为正议大夫的许遂忠的墓志[90]上刻有:

> (元和十五年)十二月,迁太中大夫内侍省内侍。当郊坛之盛礼,赏禁旅之殊效,允答忠恪,爰增宠光。长庆元年,转正议大夫,进封高阳县开国男,食邑三百户。

上文中记述了升职的契机是亲祭,"郊坛之盛礼"即南郊的盛礼,这明显体现出一系列亲祭的中心是南郊亲祀。

文宗时,和穆宗、敬宗一样,在位期间只举行了一次亲祭,但文宗时有一点不同,亲祭是即位三年后举行,而且并非在正月而是在冬至举行。关于这一点,大和三年(829年)十一月十八日的赦文(《文苑英华》第四百二十八卷)中说是在即位后第四个年头,然后记曰:

> 属兴伐叛之师,未暇燔柴之礼,赖祖宗保佑,上帝监临,氛氲

> 澄清,弓戈櫜(櫜)戢。今因南至,有事圜丘,荐诚敬于二仪,申感慕于九庙。

意思是说,虽因征讨叛乱至今未能举行即位后的亲祭,但蒙祖宗、上帝的佑助平定了叛乱,所以决定冬至之际亲祭郊庙。就是在这一年,文宗征讨李同捷,平定了以沧州为中心的河朔各州,亲祭之所以拖延到即位后第四年,正是因为这些与各藩镇之间的战争。代宗以后的皇帝中,初次郊庙亲祭最晚的是文宗,其原因并不清楚,因此可以断言,德宗以后就确立了即位次年举行太清宫—太庙—南郊的系列亲祭,穆宗以后,举行亲郊的当天还一并实行大赦和改元。

7. 武宗

武宗在会昌元年(841年)和五年(845年)各举行了一次系列亲祭。会昌元年的是即位次年举行的亲祭,而关于五年的亲祭,《新唐书·武宗纪》记载如下:

> (会昌)五年正月己酉,群臣上尊号曰仁圣文武章天成功神德明道大孝皇帝。是日,朝献于太清宫,庚戌,朝享于太庙,辛亥,有事于南郊。

由此可以明白,是因为群臣奉上尊号[91]而举行的亲祭。另外《资治通鉴》第二百四十八卷会昌四年九月条记载:

> 乙亥(二十五日)李德裕等请上尊号,且言,自古帝王成大功必告天地。又宣懿太后祔庙,陛下未尝亲谒。上瞿然曰,郊庙之礼,诚宜亟行,至于徽称,非所敢当,凡五上表,乃许之。

可以看出,上尊号之事是前一年九月开始奏议的,但被延期到以后了。在同一奏言里提到宣懿太后,那么我们且看一下当时的谒庙。

下一章将详细论述,谒庙在汉代是即位后谒拜高祖庙(东汉时在次日也谒拜光武帝的世祖庙)的仪礼,是即位仪礼中必须有的仪礼。但是南朝时变为皇太子以外的人即位时才举行的仪礼。到了唐代,即位后的谒庙成为只有太宗举行过的特殊仪礼。就这样,随着时代发展,即位后的谒庙不再举行,取而代之的是令人瞩目的立太子时的谒庙。不过,唐代唯一一个可确认的例子是武周圣历元年(698年)中宗(当时是庐陵王)重返帝位时举行的谒庙,这是武后政权下发生的一个特例。皇后的谒庙称作庙见,唐代庙见只有高宗永徽六年(655年)十月武则天立后时有一次,这可能也是特殊政治局势下的大胆举措[92]。因此,史料中如果出现与唐代即位、立后、立太子等有关的谒庙,需要仔细斟酌其内容。

宣懿太后是武宗的生母,即穆宗韦妃,武宗起初想要开启穆宗光陵祔葬宣懿太后,但开启光陵之事遭到中书门下的反对,便扩建太后旧陵,命名为福陵,将太后神主祔入太庙。太后祔庙是在即位半年后的开成五年(840年)六月(《旧唐书·武宗纪》)。会昌四年(844年)九月时李德裕奏言应该亲谒太庙,其论据之一就是武宗还未曾亲谒宣懿太后庙。就是说,即位后次年正月首次亲祭时,武宗没有亲谒太后庙室。但是下面即将讲到的会昌五年正月亲祭后的大赦文中,没有提及宣懿太后的祔庙,所以会昌五年太庙亲祭的主要目的不可能是亲谒太后庙室。由此可以推断,李德裕之所以提到武宗还未亲谒太后神主,是在劝说武宗可以在亲郊前一天太庙亲告时亲谒太庙。前面已经分析过了,亲郊前的太清宫——太庙祭祀是面向郊祀的告祭。但是看上面李德裕的奏言,会让人觉得这一时期太清宫——太庙祭祀兼具谒庙的功能。亲郊前一天的庙享相当于谒拜祖宗的谒庙,这种看法在后来的哀帝(昭宣帝)时也得到印证,而上面关于宣懿太后的奏议也给人同样的感觉。

且说关于会昌五年正月举行亲祭的原因,当时的南郊赦文(《文苑英华》第四百二十九卷所收内容最为详细)记载有:

①乃者虏众乖离,部族款附,收帝子于毡裘之所,致名王为冠带之臣。坚昆来朝,不远万里,夷貊向化,克同九州。

②重以上党狂童,窃袭叛迹,问罪之师既集,元凶之首遂枭,廓清乱风,洗涤污俗。……此皆宗社降灵,助成时政,岂朕凉德,独擅厥功。而中外诚臣,文武多士,累陈恳疏,再举鸿名,辞不获从,被此虚美。是用虔告清庙,明禋上玄,烟燎所升,灵贶如答。

关于①②,前面大赦文后面部分写有"破回鹘及攻讨昭仪立功节度使不带平章事者,及刘沔、李思忠,各与一子正员九品官",可以明白①是协同吉尔吉斯平定回鹘,②是招抚昭仪藩镇[93]。这些确定无疑就是李德裕讲的"大功",而这应该也是"大功"被群臣列入尊号进献给武宗的原因。日本圆仁的《入唐求法巡礼行记》第四卷会昌四年条也有如下记载[94]:

十一月,出敕云,缘昭仪(义)寇贼已破,朕取来年正月,更拜南郊。仍仰百寮,晓示诸职,早令排比者。

②明确记述了亲郊的动机。进献尊号成为皇帝亲祭的动机,这在以前也有过[95],但以前那次进献尊号并没有明确的缘由,所以在这一点上,这次亲郊是一个很罕见的例子。另外,一直以来,对于进献尊号,皇帝都只是亲享太庙,而这次竟然还亲祀郊祀。可见平定回鹘和招抚昭仪藩镇对当时的唐朝是多么重要,不过也可以认为这是肃宗、代宗以后亲祭中最重视郊祀所引起的结果。

8. 宣宗

大中元年(847年)正月的亲祭是宣宗即位后次年正月的亲祭,这时的大赦文(《文苑英华》第四百三十卷)记载有"爰因首正,克洽彝典,告受命之纂绪,展严配之盛仪",明确记述这次亲郊是皇帝受命的告天祭祀,即位后首次亲郊的意义像这样能在史料中得以确认是非常珍贵的。

接下来是大中七年正月的亲祭,这有可能是上面刚提到的大中元年亲祭的重复记录。因为,首先,亲祭的日子是从正月十五日到十七日,这和大中元年的完全相同;其次,大中元年的大赦文有流传保存,内容如前面引文所见,但大中七年的大赦文内容没有史料记载;再次,《唐会要》第十三卷《亲飨庙》有"宣宗一,大中七年正月"的文字记录,也是明确记载宣宗亲祭是一次,不过所记年份不同。从这些可以推测出其实大中元年正月十五日到十七日的亲祭被某个史料误记录为大中七年,其他史料袭用这一错误记录直到现在。

在此,有如下三种史料记载有大中七年正月的亲祭。

a. 春正月戊申,上祀圜丘,赦天下。(《资治通鉴》第二百四十九卷)

b. 宣宗大中七年正月,有事于南郊。(《册府元龟》第三十四卷)

c. 七年正月丙午,朝献于太清宫。丁未,朝享于太庙。戊申,有事于南郊,大赦。(《新唐书·宣宗纪》)

其他《唐会要》第十卷上《亲拜郊》也有记载,但不是与《唐会要》相同的记述,而是上面c的节略。以上各个史料中记载最详细的是c,但也不能因此断言c就可以信赖。如前所述,亲郊的十七日和大中元年亲郊的日子相同。德宗以后亲郊的日期,除了这两个大中年间的例子外,都是冬至,要不然就是正月上辛,礼制上郊祀正祭的日子就是这样的。大中元年正月的亲郊选择十七日(甲寅)的原因搞不清楚,同样,大中七年必须要在正月十七日(戊申)举行郊祀的原因也找不到。因此可以认为,有史料把大中元年正月十七日的亲郊误传为大中七年正月十七日,b袭用了这一误传,或是直接把大中元年错记为七年,c把十七日改为用干支表示的"戊申",统一按照这个形式记录为丙午太清宫、丁未太庙,并把这些以及后面的大赦插入戊申南郊前后,而a是把c这个记载删节省略了。

《新唐书》本纪的亲郊记录,很有特色,比其他史料更详细,记述了前两日的太清宫及前一日的太庙(参见表18)。大中七年时的记载应该是以"戊申有事于南郊"为中心,增加了前一日和前两日的记录,更在末尾添加了"大赦"两字来完善文章结构。再怎么说,《新唐书·宣宗纪》的同年记录除了c再没有其他文字内容。就像前面所提到的那样,大中七年正月的亲郊没有留传下来大赦文,分析其前后的记录也找不到举行亲祭的原因,不得不说是唐后半期举行的亲祭里面动机最薄弱的一次。从这些分析可以得出一个结论:大中七年正月的系列亲祭根本就不存在,《新唐书》和《资治通鉴》所采用的材料,把大中元年正月十七日错记为七年正月十七日了。就是说,宣宗的郊庙亲祭只有即位次年举行的那一次[96]。

9. 懿宗

关于懿宗的郊庙亲祭,具体情况基本无从得知。咸通元年的亲祭是依照以往惯例在即位次年举行的,冬至的亲祭相对于以往正月上辛举行的亲祭算是一个例外,举行原因也不清楚。有意思的是改元也延期到冬至当天,说明亲郊——大赦改元的组合已经相当稳固了。咸通四年正月的亲祭也找不到举行的确切原因,但《册府元龟》第六百三十六卷《铨选部·考课二》节录有这次的大赦文,《旧唐书·懿宗纪》也记载有伴随亲郊的大赦。因此这次亲祭和大中七年的情况不同,没有必要怀疑其存在。

宋王谠撰、周勋初校证《唐语林校证》(中华书局,1987年)第7卷记载:

> 懿宗祠南郊。旧例,青城御幄前设彩楼,命仆寺(太仆寺)辈

第七章　唐代郊祀、宗庙祭祀制度的实行

作乐，上登楼以观，众呼万岁。起居郎李璋上疏请罢，事不行。另外《新唐书》第一百五十二卷《李璋传》有"旧制，设次郊丘，太仆盘车载乐，召群臣临观，璋奏罢之"的记述，接下来的内容为"咸通中累官尚书右丞，湖南宣歙观察使"，说明这应该是关于咸通元年南郊祀的记录。关于青城，徐松《唐两京城坊考》第一卷《禁苑》虽然记载有青城桥，但和南郊无关，而李璋传中有"设次郊丘"的记述，那么《唐语林》里的"青城御幄"应该是位于南郊坛附近的皇帝居所。"城"和"成"如果意思相通，那么青成即是南郊坛东侧的御幄了。据说按照旧例，在此处乐队会在太仆寺（乘黄署）准备好的车辂上演奏音乐，皇帝登上御幄前面的绥楼观看演奏，群臣也可以观赏。因李璋的上奏，懿宗亲郊时这个旧例中断了。从以上记载可以看出，唐末皇帝亲郊是非常华丽盛大的活动。

10. 僖宗

要谈僖宗朝的郊庙亲祭，首先要解决编年问题，而且这也关系到当时郊庙亲祭的核心。《册府元龟》第三十一卷《帝王部·奉先四》有"乾符元年（874年）十一月庚寅，有事于郊庙"的记载，《旧唐书·僖宗纪》同年同月条也有"庚寅，上有事于宗庙"的记载，结合二者可知乾符元年冬至举行了郊庙亲祭。另外，《资治通鉴》第二百五十二卷乾符二年正月条有"辛巳（卯），上祀圜丘，赦天下"的记载。《新唐书·僖宗纪》有"（乾符）二年正月己丑，朝献于太清宫。庚寅，朝享于太庙。辛卯，有事于南郊，大赦"的记载。从后两则史料可知以乾符二年正月上辛为中心，举行了系列亲祭。不过，从当时亲郊的重要性来看，不可能在相邻很近的日期举行两次亲郊，应该是上面哪个记载的年月有误。《唐大诏令集》第七十二卷有"乾符二年南郊赦"的文字记载，从这个记载来看，该年正月初七上辛举行了亲郊确定无疑，但也不能因此就简单地认为元年冬至亲祭的记录是错误的。

关于乾符二年正月亲祭，《资治通鉴》第二百五十二卷前一年冬至条，可以看到"十一月庚寅，日南至。群臣上尊号曰圣神聪睿仁哲孝皇帝，改元"的记载，《新唐书·僖宗纪》也有"十一月庚寅改元，群臣上尊号曰圣神聪睿仁哲明孝皇帝"的记述，两个都说的是乾符元年冬至发生了进献尊号和改元之事。在上面几个记载中，很明显后两个与亲祭相关，可见不能否认乾符元年冬至亲祭的存在。于是重新分析《旧唐书·僖宗纪》"庚寅，上有事于宗庙"的记录就会明白,这指的是宗庙(太庙)之礼。按照惯例进献尊号时,皇帝大多都亲享太庙,冬至通常是郊天之日,但也不能否定此处的太庙亲祭。实际上,说这时举行郊庙亲祭的只有《册府元龟》一书。除了前面引用的第三十一卷以外,第十五卷《帝王部·年号》的记载为"僖宗以咸通十四年(873年)七月二十日即位。明年十一月庚寅,郊庙礼毕,大赦改元乾符",第三十四卷《帝王部·崇祭祀三》记载为"僖宗乾符元年十一月庚寅,有事于南郊",第九十一卷《帝王部·赦宥十》记载为"僖宗乾符元年十一月,有事于南郊,礼毕,御丹凤楼大赦改元"。其中,把当日亲祭说成是南郊的只有第三十四卷,其他都说的是"郊庙",因此是不是可以认为由于当天是冬至,所以史书编纂者被误导,以为举行的是"郊庙",而实际上只举行了太庙祭祀,可以认为第三十四卷是把"郊庙"错记为"南郊"了。这样一来,只要把《册府元龟》的"郊庙"订正为《旧唐书·僖宗纪》的"宗庙"或"太庙",那么不用否定两唐书的《僖宗纪》和《资治通鉴》的记载,整体就可以解释通了。

另外《唐大诏令集》第七十二卷,有乾符二年正月亲郊时长长的大赦文《乾符二年南郊赦》,文中也引有之前几篇大赦文的内容,其中年代最近的是"前年十月十二日"的赦文或赦书,以及"前年十一月十二日"的赦令或赦书,引用次数各两次。查池田温编《唐代诏敕目录》(财团法人东洋文库,1981年)中和这几篇大赦文颁布日期一致的记录,找到了咸通十四年十月十二日的天下大赦文。那就说明,"前年十一月十二日"的赦令(赦书)是"十月十二日"的误记,在乾符二年正月的大赦文中,把年份最近的两年前的咸通十四年十月的大赦文引用了四次,乾符二年的前一年是乾符元年,但这篇大赦文却把乾符元年九月的赦文记录为"九月四日降郊礼敕",并没有说是前一年。正月的大赦文中提到九月,应该就是前一年的九月。武宗会昌五年正月、宣宗大中元年正月的大赦文中,提到前一年九月的郊礼敕(后面详述)时也都没有特别加上"前年"的记述。

综上所述,乾符二年正月的大赦文中并没有引用咸通十四年十月以后的大赦文,如果乾符元年冬至举行亲郊的话,按惯例应该也举行了大赦,所以乾符元年的亲郊原本就不存在。也就是说僖宗即位两年后即乾符二年正月举行了太清宫—太庙—南郊的系列亲祭,而乾符元年冬至只进献了尊号和太庙亲祭⁽⁹⁷⁾，可能当初计划在乾符元年举行亲祭，但由于某种原因只举行了太庙亲祭和改元，系列亲祭就改为次年正月举行了。这其中的原因，现在也无从可知了。

以上的考证所用的郊礼敕，是考察唐后半期亲祭时的重要史料。乾符二年正月的南郊赦文中列举了不予赦免的例外情况如下：

> 从九月四日降郊礼敕后流贬，及引决妄称冤人等，并重推覆囚徒，并不在此限。

以笔者浅见，"郊礼敕"这一用语最早出现在武宗会昌五年正月亲郊的大赦文中，记载为"从九月二十九日降郊礼敕后流贬人，不在此例"（《文苑英华》第四百二十九卷）。另外，宣宗大中元年正月的大赦文记载为"从九月二十二日降郊礼敕后流贬，及引决妄称冤人等，并重推覆囚徒，并不在此例"，这和乾符二年的南郊敕文基本一样（同书第四百三十卷），讲述的是亲祭时伴随有大赦已成惯例，而亲祭确定后的流罪处分者等不在大赦适用范围之内。从上面记载可知，武宗时正月的亲祭在四个月前的九月份就已经确定并公布了，确定亲祭并公布就叫作郊礼敕，这也明确体现了系列亲祭的重点是最后一日的郊天。

直接明确提到郊礼敕的史料虽然只有上面三处，但前面讲到的德宗贞元六年（790年）冬至的亲祭，是在两个月前九月十六日的诏书中公布了亲祭的实施，因此也可以说相当于郊礼敕的东西在德宗时已经存在了，不过这时的诏文为（《旧唐书·德宗纪》）：

> 己卯诏，十一月八日，有事于南郊、太庙。行从官吏、将士等，一切并令自备食物。其诸司先无公厨者，以本司阙职物充其王府官，度支量给廪物。其仪仗礼物，并仰御史，撙节处分。

内容重点在于控制亲祭费用⁽⁹⁸⁾，从现存史料来看，并没有特别提到大赦，关于郊礼敕与大赦文中的措施之间的相关性，笔者认为下面要讲的穆宗时的例子是最早的一例，值得关注⁽⁹⁹⁾。

元和十五年（820年）闰正月初三丙午即位的穆宗，于十四日丁卯颁布敕文，说将于二月五日驾临丹凤楼举行大赦（《册府元龟》第一百零七卷《帝王部·朝会》），但六天后的闰正月二十日癸亥下诏（该书第六十五卷《帝王部·发号令四》）曰：

> 御楼敕下,远近已知。如闻奸人觊望恩赦,城外道路,劫夺稍多。从御楼敕下至来月五日已前,京畿应有奸非盗贼等,希恩故犯,情不可原,并依法处断,不在赦宥之限。其犯罪人纵属诸军诸使,亦委府县,依法科断。

上文讲的是因为预告了即位赦的颁布日期,而导致犯罪频发,因而决定颁布后的犯罪排除在赦免范围之外。随后,穆宗即位后的首次亲祭从次年正月初二到初四举行,该书第六百一十二卷《刑法部定律令四》、元和十五年条记载有:

> 十二月敕,郊礼日近,恐有奸人觊望恩赦。从今日至来年正月三日以前,京畿应有奸非盗贼,准法处分,不在赦原之限。纵属诸军使,亦委府县,依律科断。

可知亲祭与即位赦所采取的措施相同。前面已经讲过,穆宗的父亲宪宗即位次年没有举行系列亲祭,到了穆宗,即位当年就颁布了次年正月举行系列亲祭的诏敕,相当于郊礼敕,应该是鉴于宪宗即位时未能举行亲祭的先例,故于十二月颁布了上述诏敕。

穆宗即位次年的亲祭,同时进行了改元,这是亲祭伴随改元的最初例子,从举行规模盛大这一点,可以对郊礼敕颁布的契机窥探一二。但是穆宗亲郊当天的大赦文,在上面前一年十二月的诏敕中没有提及,也没有明文记载有郊礼敕,所以可以说这个时期"郊礼敕"这一用语还没有普及。另外,如果即位次年正月的亲郊已经成为惯例,应该可以推算出来。如前所述,"郊礼敕"的用语初次出现在武宗第二次亲郊时,其他可以确定有明文记载的是宣宗和僖宗的亲郊,二人都是脱离常规,没有在即位次年正月举行亲祭(参见表18)。郊礼敕在举行的四个月前颁布,这一惯例的确立实际上是在武宗会昌五年时或者是文宗大和三年(829年)时,穆宗以后的文宗不是在即位次年,而是在即位第四年首次举行亲郊。另外,武宗时郊礼敕和前面德宗、穆宗的例子相比,是在举行四个月前就提前颁布了,值得关注的是之后的宣宗、僖宗沿袭了武宗时的做法。

有关郊礼敕的考察可以追溯到更早,广明元年(880年)因黄巢之乱从东都出逃的僖宗,在驾崩前一个月即文德元年(888年)二月二十一日己丑回到长安,次日庚寅谒太庙并大赦改元,对这件事情的记载只见于《新唐书·僖宗纪》,不过前一年在返回长安前重修了被烧毁的太庙,因时间紧急搁置了大兴土木的重建,而把少府监的大厅暂时作为太庙,这些事情在《册府元龟》第三十一卷《帝王部·奉先四》以及《旧唐书·僖宗纪》中都有记录,由于僖宗回京而举行太庙亲谒这一事实确定无疑。相同的例子在肃宗那一节已经探讨过了,下面将要探讨的昭宗时期也有同样的例子。

11. 昭宗

昭宗即位次年的亲祭,举行日期史料记载各不相同,据《新唐书·昭宗纪》和《资治通鉴》第二百五十八卷记载,郊祀是在龙纪元年(889年)十一月二十一日己酉冬至当天举行[100],这个日期应该是真实的。郊祀不在正月而在冬至举行,其原因不明,昭宗继懿宗、僖宗、昭宗之后即位次年的亲郊也是在冬至举行,不过懿宗、僖宗时改元也是在冬至实行的,而昭宗与此不同,是在亲郊前的正月初一实行的改元。也许是因为皇帝权力变弱,因而不得已把亲郊日期延期到冬至。《旧唐书·昭宗纪》有详细记述当时的亲祭情况,还特别记载了杨复恭等宦官身穿法服参加大礼。这也可以看出皇帝身边宦官的权力之大[101]。

这之后昭宗没有再举行亲郊,包括行庙在内一共举行了四次亲祭。唐代皇帝的权威已经衰落,从权臣随同祭祀也可一窥一二。

关于乾宁四年(897年)二月的庙享,《资治通鉴》第二百六十一卷有"己未赦天下,上飨行庙"的记载,《旧唐书·昭宗纪》乾宁三年十二月条胡三省注"时驻跸华州,太常礼院请权立行庙,以备告飨",另外《新唐书·昭宗纪》乾宁四年二月条有"己未,立德王裕(祐)为皇太子,大赦,飨于行庙"的记载。前一年七月以来,昭宗避开凤翔李茂贞的军队,前往华州节度使韩建处,将衙城作为行宫,在此立太子并谒庙。与此相关,在该书同纪光化三年(900年)条有"四月辛未,皇后及皇太子享于太庙"的记载,《旧唐书》同纪也有"辛未,皇后、太子谒九庙"的记载,就这样,皇太子、皇后也回到长安谒庙。何皇后立后是在光化元年四月,昭宗回到长安是在该年八月,皇后、皇太子谒庙是在回到长安过了两年后。谒庙原因虽不清楚,但乾宁四年二月昭宗举行庙享,该庙享与立太子相关是确定无疑的[102]。

但是光华三年十一月,左右神策军中尉刘季述、王仲先发动兵变,欲废昭宗立太子裕,昭宗、何皇后被幽禁。十二月朱全忠等人救出了他们,昭宗在次年正月朔日恢复帝位接受朝贺,四月二十三日甲戌谒庙,二十五日丁丑大赦并改元天复(《资治通鉴》第二百六十二卷、《旧唐书·昭宗纪》记载大赦都是在二十二日)。大赦文有"上玄假以良时,高庙付其英断"的内容(《唐大诏令集》第五卷《改元天复赦》),所以应该是在太庙感谢祖宗佑助。只是《旧唐书·昭宗纪》记载救出昭宗的主角是朱全忠,而大赦文赞扬立下拨乱反正之功的主要是李茂贞。进入天复年间,李茂贞取代朱全忠成为对昭宗具有巨大影响力的权臣,应该是他让昭宗谒庙、改元,在大赦文中对自己歌功颂德。

之后昭宗被带往凤翔,天复三年(903年)正月,李茂贞被朱全忠打败,投降,昭宗随同朱全忠回到长安。《旧唐书·昭宗纪》同月条记载:

己巳,入京师。天子素服哭于太庙,改服冕旒谒九庙。礼毕,御长乐楼大赦,百僚称贺。

从这一描述可以看出庙祭的特点,通过下面的例子作进一步考察。

次年即天佑元年(904年)昭宗被朱全忠强制移居洛阳,闰四月十日甲辰谒拜洛阳太庙,次日大赦并改元天佑。《册府元龟》第九十一卷《帝王部·赦宥十》同年同月条记载:

今年孟夏初吉,备法驾而离分陕,列百官而幸洛郊,都此殷繁,良多嘉慰,谢罪太庙,忧惕惊怀,登御端门,轸恻兴感。

文中的"谢罪太庙"是到洛阳以后的谒庙,从谢罪来看天复三年正月在长安时素服哭庙也是谢罪祖灵的仪礼,本节开头讲到,肃宗也在至德二年十月回到长安时素服哭烧毁后的太庙废墟。

但是天复三年时有天佑元年和肃宗时没有的"改服冕旒谒九庙",有与哭庙不同的其他仪礼举行。因而需要关注冕旒,《大唐开元礼》第三卷《序例下·衣服》,有如下记载:

衮冕,垂白珠,十有二旒。……享庙、谒庙及朝遣上将,征还饮至、践阼、加元服、纳后,若元日受朝及临轩册拜王公,则服之。

就是说谒庙也用到衮冕十二旒,那么,天复三年"谒九庙"的冕旒,应该也是衮冕十二旒的意思。上面引文中的仪礼全部都是开元礼的吉礼或者嘉礼,这说明昭宗换下作为凶服的素服,穿上作为吉服(嘉服)的冕旒,在太庙举行了两种仪礼。换而言之,太庙中举行的仪礼,其过程是从凶礼转换到了吉礼。

一项仪礼活动中从凶礼转换到吉礼,让人即刻联想到的就是即位仪礼。汉代与唐代皇帝即位都是在先帝灵柩前举行,中途皇帝从凶服换成吉服,就是从凶礼转换成吉礼[103],那么可以认为,天复三年正月昭宗的太庙之礼,是哭庙的凶礼和谒庙的吉礼或嘉礼的组合,类似于即位的仪礼。前面提到,天复元年谒庙后的大赦文中对李茂贞歌功颂德,与此形成对比的是天佑元年洛阳的大赦文,其内容却满是对朱全忠为首的人的厚赞和对李茂贞的责备。天复三年昭宗在朱全忠手中,可以考虑这一时期是朱全忠特意让昭宗举行凶礼转换吉礼(嘉礼)形式的仪礼,以向周围炫耀他拨乱反正之功。

以上是很琐碎的考证,如果没有大错的话,可以确定昭宗之亲祭处处体现出皇帝已经丧失对郊庙仪礼的主导权。

12. 哀帝(昭宣帝)

哀帝本来准备于即位次年的天佑二年(905年)十月九日甲午举行亲祭,但因朱全忠施压,延期至十一月十九日癸酉冬至,再延期至次年正月上辛,最后被取消,最终未能举行亲祭就被迫禅让给了朱全忠的后梁。因而如果要探讨事实上举行了的郊庙亲祭的话,就没有必要提到哀帝时的情况,但考察最终未能举行的郊庙亲祭过程本身是一个很有价值的课题,可以充分探析唐代最后一位皇帝哀帝的情况。

昭宗在天佑元年八月十一日壬寅被朱全忠所弑,十五日丙午哀帝即位,追溯其后与郊庙有关的记录,首先是《旧唐书·哀帝纪》天佑二年条的记载:

> 丙辰,左仆射裴贽等议迁庙,合迁顺宗一室。从之。己未,昭宗皇帝神主祔太庙。礼院奏,昭宗庙乐曰咸宁之舞。

上述记录讲述了祔庙的经过,后面明确讲到此时哀帝没有在场,最后一句的意思是礼院把昭宗庙乐定为咸宁之舞,并不是说在祔庙时礼院演奏了咸宁之舞。其次,《资治通鉴》第二百六十五卷同年条记载"五月礼院奏,皇帝登位,应祀南郊。敕用十月甲午行之",也就是说,对即位的皇帝来说南郊亲郊不可缺少,计划亲郊的日子定为十月九日甲午。值得注意的是,这一记载也体现了郊祀作为即位后的亲祭最为重要,在五个月前就已定下举行日期。首次亲祭为何定为十月，其原因不明，如果是提前举行冬至的亲郊的话，说明哀帝应该也沿用了懿宗以后皇帝即位次年冬至亲祭的日程。

接下来同年六月四日辛卯，太微宫使柳璨上奏说（《旧唐书·哀帝纪》）：

> 伏以今年十月九日，陛下亲事南禋，先谒圣祖庙。弘道观既未修葺，玄元观又在北山，若车驾出城，礼非便稳。今欲只留北邙山上老君庙一所，其玄元观，请折入都城，于清化坊内建置太微宫，以备车驾行事。

就是说，在洛阳的哀帝亲事南禋也就是亲郊前需要谒拜太微宫，因此想要把北邙山上的玄元观移建到宫城东侧的清化坊。把玄元皇帝庙设置在洛阳积善坊是天宝元年（742年）正月的事，改名为太微宫是次年三月的事（《旧唐书》第二十四卷《礼仪志四》），之所以又把它特意从北邙山迁出来[104]，应该是因为积善坊的太微宫倒塌或者烧毁了。必须注意的是，地址选择的不是宫城南面原来的积善坊，而是东面的清化坊，长安的太清宫在宫城东面的大宁坊，因此哀帝系列亲祭的路线对应的是太清宫—太庙—南郊这样的移动顺序（参见图5、图6）。可以说，唐后半期皇帝亲行的系列祭祀，其空间移动也具有很大意义。

不过正如《资治通鉴》同年九月条所载"乙酉，诏更用十一月癸酉亲郊"，到了九月，亲郊又延期至十一月冬至。《旧唐书·哀帝纪》同年十一月条记载：

> 时哀帝以此月十九日亲祠圜丘，中外百司礼仪法物已备，戊辰，宰相以下于南郊坛习仪。

就是说，五天前的十一月十四日戊辰，甚至已经在南郊坛举行了预行演习，但是《旧唐书·哀帝纪》接着记载：

> 而裴迪自大梁回言，全忠（朱全忠）怒蒋玄晖、张廷范、柳璨等谋延唐祚而欲郊天改元。玄晖、柳璨大惧。庚午敕曰，先定此月十九日亲礼南郊，虽定吉辰，改卜亦有故事。宜改取来年正月上辛，附所司。

就这样，十六日庚午也就是太微宫朝献的前一天，由于朱全忠的压力，哀帝亲郊再次被迫延期，因为在朱全忠眼里，此时郊天是要"延唐祚"。此处原

第七章　唐代郊祀、宗庙祭祀制度的实行

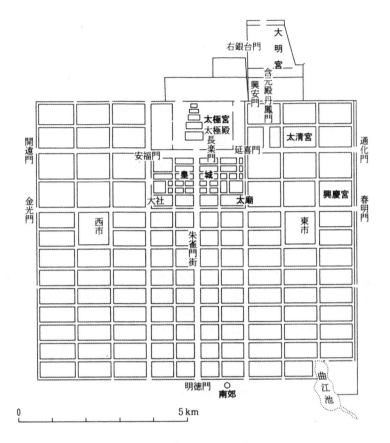

图 5　唐长安城平面图

文是"谋延唐祚而欲郊天改元",前面柳璨关于建造太微宫的上奏也写的是"陛下亲事南郊",说明系列亲祭的重点是最后的南郊。另外并列写着"郊天改元",说明这一时期亲郊当天改元已成惯例。哀帝没有改元,沿用昭宗的天祐年号期间就让位给朱全忠,可以认为没能改元的制度上的原因,在于当时亲郊——改元已成为定例,哀帝没有亲郊,就丧失了改元的机会。

最后,同书同纪同年十二月条记载:

> 庚戌敕,朕以谬荷丕图,礼合亲谒郊庙,先定来年正月上辛用事。今以宫闱内乱,播于丑声,难以惭恧之容,入于祖宗之庙。其明年上辛亲谒郊庙宜停。

这个敕书的大意就是,作为即位后的仪礼确实应该亲谒郊庙,但因宫闱内

287

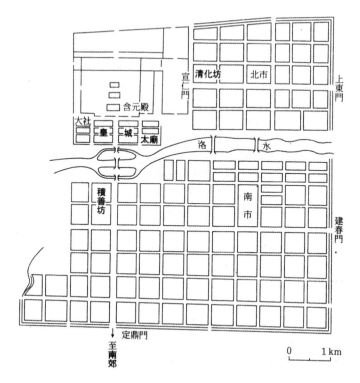

图 6 唐洛阳城平面图

乱丑声远扬,现今状况实在令人羞愧,无法进入祖庙面对祖宗。就这样,哀帝的郊庙亲祭最终取消了[105],因此可知哀帝即位后没有举行郊祀和其他庙享。所谓的"宫闱内乱",指的是何太后(昭宗何皇后)通过宫人拜托柳璨、蒋玄晖保护禅位给朱全忠后她本人和哀帝的人身安全之事,朱全忠杀掉唐室的同谋蒋玄晖,同时也杀害了与蒋玄晖私通的何太后,由此导致的取消亲祭只能是被迫的。正如"难以惭恶之容,入于祖宗之庙……亲谒郊庙宜停"所述,在此希望大家注意到,关于亲郊前一天庙祭的描述就像即位后的谒庙一般。下一章即将讲到唐代原则上不存在即位后的谒庙,前面也分析了亲郊前一天的庙祭是伴随有其他亲祭的告祭,不过也讲到武宗时期有奏议认为系列亲祭中庙享兼有谒庙的特征,应该是即位次年的系列亲祭正在形成定例的过程中,当时产生了一种意识或者解释认为这时的庙祭相当于即位后的谒庙礼[106]。可以说唐后半期皇帝亲祭以南郊为中心,同时宗庙祭祀也继续存在,且其承担的功能发生了改变。

第七章　唐代郊祀、宗庙祭祀制度的实行

四、小　结

　　上述内容篇幅较长，探讨了唐代皇帝的郊庙亲祭。在本节中，首先概括肃宗以后唐后半期的各种特点，其次讲述唐代整体郊庙亲祭的变化，并指出其要点，在此基础上，就下一章的课题，提示了即位仪礼和郊庙亲祭两个问题的连结点，为揭示中国古代史中皇帝祭祀研究的价值意义提供了思路。

　　首先，唐代后半期皇帝祭祀最突出的特点是确立了太清宫—太庙—南郊系列祭祀，而且这一亲祭对刚即位的皇帝来说是非常重要的仪礼。肃宗时配合改正历法、代宗时配合立太子举行了系列亲祭，德宗以后即位次年正月的系列亲祭成为惯例，同时也实行大赦改元。德宗时改元在正月初一，大赦在南郊当天发布，但是从穆宗时开始，亲郊的最后一天同时举行大赦改元。前面正文没有提到，在此讲一下有关大赦的另一个变化是：关于大赦的文章逐渐变长，类似于新帝施政方针演讲的色彩变浓了。关于这一点，应该注意的是，两税法是德宗首次系列亲祭颁布大赦文时公布的。新即位的皇帝与这些祭祀的关系就是如此紧密，懿宗时即位次年的亲祭在冬至举行，改元也是在这时候首次实行，僖宗时即位次年的冬至伴随进献尊号只举行了谒庙，但实行了改元，可见本来这次是计划举行亲郊。唐代最后任皇帝哀帝到断送国祚为止没有实行过改元，可以说其制度上的原因是由于未能实行亲郊引起的。

　　另外，每次一有机会笔者就会指出，太清宫—太庙—南郊的系列祭祀之中，最为重要的祭祀是最后的南郊祀。太清宫作为唐代远祖老子的圣祖庙，受到宗庙规格的对待。宪宗时有籍田前举行太清宫—太庙祭祀的情况，无疑是类似于郊祀和籍田前的告祭。系列祭祀除了部分例外，本来就是按照正月上辛或冬至时举行南郊正祭来确定日期。《资治通鉴》等史料中只记载了系列祭祀中的亲郊，也是由于上述原因。皇帝祭祀中虽然加了一项太清宫，但也不能因此就对唐代皇帝祭祀中道教祭祀的意义过高评价。从本章第一节睿宗时的情况以及第二节玄宗时的情况，可以得出如下结论:首次亲郊是答谢上天受命之符的具有告天意义的仪礼。德宗以后,宣宗时亲郊大赦文中记述了首次亲郊乃是答谢受命之符的仪礼,另外可以说,哀帝时首次亲郊也具有告天的意义。从围绕哀帝亲祭和武宗会昌五年的亲祭的各种争议,可以确定亲郊前在太庙的亲告具有谒庙的意义[107]。就这样,即使是同在唐代,因时期不同,对祭祀的解释说明以及伴随的祭祀形态也有所变化。

还有一点不可忽视,太清宫安置在长安城东北角的大宁坊(参见图5),这样皇帝祭祀就从长安市民居住区抽离出来了[108]。圆仁的《入唐求法巡礼行记》第三卷,关于会昌元年(841年)正月的首次亲郊有如下记载:

> 八日,早朝出城,幸南郊坛。坛在明德门前,诸卫及左右军廿万众相随。诸奇异事不可胜计。

另外,《佛祖统纪》第四十二卷中,关于懿宗咸通十四年(873年)从法门寺迎接佛骨到长安[109],记载如下:

> 十四年三月,造浮图宝帐、彩幡、华盖,敕两街往凤翔迎佛骨。三百里间车马不绝。……四月八日佛骨至,导以禁兵。公私音乐仪卫之盛,过于南郊。

从这些记载可以看出,唐后半期皇帝亲郊的盛大仪式是在长安市民的瞩目之下举行的。关于这一点,《入唐求法巡礼行记》第四卷记载"会昌五年岁次乙丑,正月三日拜南郊,仪仗威仪,一似元年,不许僧尼看",讲的是会昌五年武宗亲行的系列亲祭,仪式本身和会昌元年的情形基本相同,但禁止僧尼观看,这一记述实在是有意思。武宗废佛在会昌二年已有迹象,会昌五年断然大规模进行,其先兆在正月亲郊时对僧尼的态度中已有显露。前面已经讲过,唐代武则天时期已经形成郊庙亲祭伴随有大赦改元的形式,因大赦改元使得郊庙亲祭天下周知。唐后半期,又加上太清宫—太庙—南郊的卤簿行进,长安市民对皇帝亲祭自然非常关心,在这样的情形下,比起励行祭祀本身,皇帝更在意把它作为一种盛大仪礼来举行。总而言之,皇帝祭祀明显已向世俗化方向发展。

通过本章的探讨可清楚知道,唐代皇帝亲祭的宗庙祭祀除了睿宗太极元年(712年)的一例以外,都是临时的告祭,作为定期化正祭的禘祫、时祭等亲祭基本已经没有了,唐代皇帝祭祀的这一特点在正史礼仪志中是无法探知的。第五章已经讲过,魏晋南北朝时期,存在有宗庙时祭的亲祭,东晋时确立了两年一郊制度,即每两年举行一次正月郊祀,这基本是作为皇帝亲祭来贯彻实行的。这一时期的郊庙祭祀是在确定好的日子举行,自有其深意。然而唐代正因为额外增加了郊祀的次数,反而显示出皇帝亲祭的特别意义。接下来的宋代,实行三年一郊制度,即皇帝每三年举行一次南郊或者明堂亲祀,所以猛然一看会觉得南朝和宋朝都是定期举行亲郊,夹在两者之间的唐代亲祭和它们不同。实际上宋代时,正月、孟冬、冬至在圜丘举行郊祀,季秋在明堂祭祀昊天上帝,这些都是有司摄事。另外宋代亲郊的顺序是景灵宫—太庙—南郊,不用说这是沿袭唐代后半期亲祭的形式[110]。宋代亲祀三年一郊的形式,如脱离唐代确立的有司摄事及系列亲祭,是不可能形成的。

通过本章分析可以得出上述结论,不过唐代一个朝代的郊庙祭祀变化之大,超出笔者预想。变化的原因之一在于引进了太清宫祭祀,还有一点是因为唐初郊祀的强化和随之采用的有司摄事。另一方面,可以感觉到宗庙正祭中皇帝亲祭基本已经消失,相比于郊祀意义的增强,宗庙的存在意义在唐代已经式微。不可忽视的是,这样一来,出现了一些争论,认为即位后首次系列亲祭中的庙享类似于即位后的谒庙。本书通过确认郊祀、宗庙制度,探讨了如此这样制定出来的郊庙祭祀是如何运作的。如果说要考察作为制度确立起来的祭祀,正祭才是考察的对象,但郊庙祭祀除了正祭以外,还有一些虽是临时告祭,却是重要的皇帝祭祀,如第一代皇帝建国时的告代祭天、二代以后的皇帝即位时的谒庙。其中告代祭天始于东汉光武帝,到清朝灭亡后袁世凯和满洲国建国时的溥仪时期,一直存在着[111],不过即位后的谒庙在汉代盛行起来,南北朝以后逐渐消失了。

在思考本章所述唐代郊庙祭祀的特征时,有必要把即位时谒庙的上述变化,与具有相同变化趋势的郊庙祭祀的变化结合起来进行充分探讨,因此下一章将对汉代至唐代即位后的谒庙做详细探讨,并以此为线索深入考察汉唐时代皇帝祭祀的存在意义。

注释:

(1)本章由拙稿《关于唐太宗—睿宗的郊庙亲祭——唐代皇帝的郊庙亲祭其一》

(唐代史研究会编《中国的都市和农村》所收,汲古书院,1992年)、《关于玄宗朝的皇帝亲祭》(池田温编《中国礼法与日本律令制》所收,东方书店,同年)、《关于唐后半期的郊庙亲祭——唐代皇帝的郊庙亲祭其三》(《东洋史研究》第五十五卷第二号,1996年)三篇内容修订构成,《关于玄宗朝的皇帝亲祭》这篇论文当初有副标题为《唐代皇帝的郊庙亲祭其二》,编辑过程中删掉了。

从标题就可以觉察到,《关于唐太宗—睿宗的郊庙亲祭》一文忽略了高祖武德四年(621)冬至的南郊亲祀,虽然当初收集了史料,但之后忘记了。看到章群的《唐代祠祭论稿》(台北:学海出版社,1996年)附表一"唐代祠祭异动表"才发现自己的疏漏,在拙稿《皇帝祭祀的展开》(《岩波讲座世界历史》第九卷所收,1999年)中做了订正。上面三篇论文发表前后,除了章群的那部著作以外,Howard J. Wechsler, Offerings of Jade and Silk: Ritual and Symbol in the Legitimation of the T'ang Dynasty, Yale University Press, 1985,陈戍国《中国礼制史隋唐五代卷》(湖南教育出版社,1998年)、任爽《唐代礼制研究》(东北师范大学出版社,1999年),这些关于唐代礼制和祭祀的著作也相继发表。但是,在搞清楚了唐代及其以前的郊庙祭祀制度之后,在考虑各个王朝郊庙祭祀所运用方法的意义上,上述专著除补正以往发表的拙稿的上面一处遗漏以外,基本无所裨益,在此不作详细论述了,不过以笔者的经验来看,很遗憾,从这些著作能感觉出作者的执笔态度不够严谨。

(2)探讨睿宗时的情况时将再次考证,不过可以考虑实际上太宗、高宗籍田前的宗庙祭祀是为了籍田所举行的告祭(告庙),睿宗太极元年(712年)正月的庙享是时祭的正祭。第三章注17已经讲过,贞观三年正月的太庙祭祀可以理解为是亲耕前的告庙。

(3)关于唐代历法上这一部分的解释以及李淳风历法的特点,参见薮内清《增订隋唐历法史的研究》(临川书店,1989年)第27—30页。

(4)拙稿《唐代皇帝祭祀二例》(拙著《古代中国与皇帝祭祀》所收,汲古书院,2001年,首次发表于1988年),根据《资治通鉴》第一百九十六卷记载,前一年的贞观十六年(642年),对犯了贪污重罪当判死刑的党仁弘,太宗因私情想要赦免,十二月朔日在太极殿向臣下做检讨,准备在南郊谢罪于天。在群臣固请下,最终撤回南郊谢罪,不过与正文讲到的在太庙就承乾之过谢罪之事形成了对比。当然,可能是由于党仁弘并非出身宗室而免于一死的。

(5)"月朔日子"是"某月某干支朔,某日某干支"的意思。顾炎武《日知录集释》第二十卷(卷数依据黄汝成集释《日知录集释(外七种)》,上海古籍出版社,1985年)"年月朔日子"记载:

今人谓日,多曰日子,日者,初一、初二之类,是也,子者,甲子、乙丑之类,

第七章 唐代郊祀、宗庙祭祀制度的实行

是也。……如鲁相瑛孔子庙碑云,元嘉三年三月丙子朔廿七日壬寅,又云永兴元年六月甲辰朔十八日辛酉。……

(6)《大唐开元礼》第三十七卷皇帝时享于太庙的九篇祝文,只改动了作为对象的先皇先妣的名称,文章和《大唐郊祀录》的时飨祝文完全相同。《大唐郊祀录》第九卷荐飨太庙中只有腊月庙享祝文的一部分祝词不同。《大唐开元礼》第三十九卷皇帝祫享于太庙、第四十一卷皇帝禘享于太庙的祝文也基本相同,只有极少一部分字句有出入。另外,禘(祫)飨文可见献祖宣皇帝是唐高祖李渊的高曾祖父李熙,太祖景皇帝是李渊的祖父李虎,李虎在北周建国之际被追封为唐国公,由于这是唐朝国号(始封之君)之始,所以他成为唐太祖。因此,唐代各位皇帝在对太祖李虎以后的祖先的祝文中都自称"皇帝臣某"。

(7)关于初献、亚献、终献这三献,参见本书序章。

(8)殿版《旧唐书》中凉州被记录为原州,鸿池谷被记录为洈池谷,但本书按照中华书局标点本第1378页校勘记(四)及《五行志》第1349—1350页所记订正。另外从本书正文中后面引用的《旧唐书·太宗纪下》同年己卯条明确可知贞石的出现地点是凉州。

(9)顺便提一下《新唐书》第八十卷《濮王泰传》记载如下:

> 既而太子(承乾)败,帝阴许立泰,岑文本、刘洎请遂立泰为太子。长孙无忌固欲立晋王,帝以太原石文有治万吉,复欲从无忌。

就是说,高宗立太子确定下来之前已经有关于高宗的"石文"出现。另外,泰当时的爵位是魏王。

(10)关于提及此时从承乾换成高宗的皇太子废立的文献中,发现有高宗在立太子后马上举行的郊祀中做从奠的论著,笔者所知范围内只有注1所提到的Wechsler, Offerings of Jade and Silk. 一篇,Wechsler认为这个郊祀的目的在于帮助确立高宗立太子的合法性(同书114页)。

(11)《文馆词林》第六百六十七卷《贞观年中获石瑞曲赦凉州诏一首》是这个曲赦的赦文,文中有"上玄储祉,贞石表瑞,成命发于文字,事高振古""朕是以式备禋燎,躬谢苍昊,逮于储两,亦申虔拜"的记载,反复陈述本文中所指出的事实。

(12)参见拙稿《隋唐更替与东亚》(拙著《隋唐的国际秩序与东亚》所收,名著刊行会,2001年,首次发表于1992年)。

(13)妹尾达彦《唐代长安的繁华闹市(中)》(《史流》第三十号,1989年)中可以看到有趣的描写,是关于唐代长安街上带领俘虏凯旋而归的游行军队的,对于笔者考察郊庙亲祭的作用很有启发。

(14)这段引用文章,粗读似乎感到每三年举行一次的郊祀亲祭即三年一郊制,是从唐代中期开始的,实际上从唐代中期开始的只有太清宫—太庙—南郊祭祀。参见本

章第三节。宋代实行的是以郊祀、明堂为中心的三年一郊的皇帝亲祀,关于这一史实,参见梅原郁《皇帝、祭祀、国都》(中村贤二郎编《历史之中的都市——续都市社会史》所收,Mineruba 书房,1986 年)。另外,关于北宋的郊祀、宗庙、景灵宫,山内弘一有专业论文《北宋时代的郊祀》(《史学杂志》第九十二编第一号,1983 年)、《北宋时代的太庙》(《上智史学》第三十五号,1990 年)、《北宋时代的神御殿与景灵宫》(《东方学》第七十辑,1985 年)。

(15)武后时朝廷重视明堂祭祀,一直到中宗复位初期,关于这方面,参见拙稿《则天武后明堂的政治功能》(注 4 所提到的拙著《古代中国与皇帝祭祀》所收,首次发表于 1986 年)。以下著述也和该稿有较多相关部分:拙稿《略论则天武后在政治上对祭祀礼仪的利用》(赵文润、李玉明主编《武则天研究论文集》所收,山西古籍出版社,1998 年)中,也把该稿与本章中明堂及皇帝祭祀相关的部分一并又论述了一番。关于武后明堂的专业论文,还有谷川道雄《则天武后的明堂》(《同朋》五十五,1983 年)。另外,中国社会科学院考古研究所洛阳唐城队《唐东都武则天明堂遗址发掘简报》(《考古》,1988 年第三期)是世人公认的武后明堂的发掘报告。还有 Antonino Forte, Mingtang and Buddhist Utopias in the History of the Astronomical Clock：The Tower, Statue and Armillary Sphere constructed by Empress Wu, Roma, Istituto Italiano per il Medio ed Estremo Oriente & Paris, École Française d'Extrême-Orient, 1988。虽然该标题中有明堂,但其主要内容却是解释明堂北边由薛怀义建造的天堂以及在此处举行的大典的特点的。

(16)关于垂拱四年(688 年)武后的整体活动,参见西村元佑《武周革命的佛教政策及其政治背景》(《佛教文化研究所纪要》第十五集,1976 年)第 27 页以及注 15 所提到的拙稿《则天武后明堂的政治功能》第 251—254 页。

(17)参见注 15 所提到的拙稿《则天武后明堂的政治功能》256—257 页。另外,后面将讲到从这时开始在南郊举行天地合祭。

(18)武后从载初元年(690 年)到久视元年(700 年)用周正,把以往夏正十一月作为正月,十二月作为腊月,正月作为一月。

(19)《旧唐书·武后纪》记载明堂盟誓是在七月,考虑到这与四月的亲享相关,就以《资治通鉴》为准。参见注 15 所提到的拙稿《则天武后明堂的政治功能》第 275 页注 21。另外在该论文首次发表时,笔者认为圣历元年(698 年)四月的记录和二年四月的记录是同一事情的重复记录,不过在本章经过反复考虑后认为二者是不同的两件事情。

(20)顺便提一下,《旧唐书·武后纪》圣历元年九月条记载如下:

> 丙子,庐陵王哲为皇太子,令依旧名显,大赦天下,大酺五日。……辛巳,皇太子谒太庙。

就是说,中宗立太子五天后举行了谒庙礼。关于这一点,参见本书第八章附论。

(21)关于召还中宗,滨口重国举出《新唐书·则天武后纪》圣历二年(699年)腊月辛亥条对中宗赐予武姓以及《旧唐书·武后纪》同年七月条的明堂盟誓,评论说这二者体现了武后执着于维持周朝的统治(《唐法上的没官》,《唐王朝的贱人制度》主篇第四章,东洋史研究会,1966年,第243页)。笔者对武后的太庙等亲祭进行考察后最终认为,立中宗为皇太子之后,武后为了巩固中宗的地位煞费苦心。在这一点上与滨口的观点不同。

(22)参见矢吹庆辉《大云经与武周革命》(同《三阶级之研究》所收,岩波书店,1927年)。

(23)关于武王,《新唐书·则天武后纪》天授元年(690年)九月条有如下记载:

> 壬午,改国号周。……乙酉,加尊号曰圣神皇帝,降皇帝为皇嗣,赐姓武氏,皇太子为皇孙。丙戌,立武氏七庙于神都,追尊周文王曰始祖文皇帝。……四十代祖平王少子武曰睿祖康皇帝。

此处的武王不是周文王之子的那个武王,而是周平王的小儿子武。另外,文中的皇帝即皇嗣指的是睿宗,皇太子指睿宗的长子永平郡王成器(宁王宪),文中虽然提到给中宗赐姓武氏,但参见注21可知这一时期中宗没有接受武姓。

(24)《新唐书》第七十六卷《后妃传上》记载,这时的南郊祀是"太后祀天南郊,以文王、武王、士護(武士護)与唐高祖并配"。

(25)中宗复位的日期有各种说法,滨口重国认为正月二十四日乙巳决定传位,二十五日丙午即位应该是事实。见注21所提到的论文第282—283页注68。另外《旧唐书·中宗纪》有如下记载:

> 神龙元年(705年)正月,凤阁侍郎张柬之……迎皇太子监国,总司庶政,大赦天下。……甲辰(二十三日)命地官侍郎樊忱往京师,告庙陵。

就是说,中宗以皇太子身份监国的时候派使者前往长安,把这一事情上告太庙。值得关注。

(26)《旧唐书》第三十七卷《五行志》有如下记载:

> 神龙元年七月二十七日,洛水涨,坏百姓庐舍二千餘家。诏九品已上直言极谏,右卫骑曹宋务光上疏曰:……自陛下光临宝极,绵历炎凉,郊庙迟留,不得殷荐。山川寂寞,未议怀柔,暴水之灾,殆因此发。

可以确定七月底的时候中宗还没有举行郊庙亲祭。

(27)本书没有深入探讨太庙的神主配置问题即就是昭穆的问题,关于唐代昭穆制度的专业著述有户崎哲彦的《唐代太庙制度的变迁》(《彦根论丛》第二六二、二六三合并号,1989年),请参照。

(28)神龙元年(705年)五月以后的记述根据《旧唐书》第二十五卷《礼仪志五》。另外,关于景云元年(710年)义宗庙的设立,该书第八十六卷《李弘传》也有记录,此处记载开元六年(718年)时废了义宗称号改为孝敬庙。

(29)参见注15所提到的拙稿《则天武后明堂的政治功能》第258—259页。

(30)皇帝在位期间接受修饰"皇帝"称号的徽号即尊号这一制度从唐高宗朝开始。关于这方面情况参见户崎哲彦的一系列著述。《唐诸帝号考(上)——从皋陶到睿宗》(《彦根论丛》第二六四号,1990年)、《唐诸帝号考(下)——从殇帝到哀帝》(同刊第二六六号,同年)、《古代中国的君主号与"尊号"——以"尊号"的起源与尊号制度的确立为中心》(同刊第二六九号,1991年)、《起源于唐代君主制度的"尊号"及其别称——从唐至清以及在日本的用语用法》(同刊二七零、二七一合并号,同年)、《唐代皇帝受册尊号仪的复原(上)——面向唐代皇帝即位仪礼的复原》(同刊第二七二号,同年)、"同(下)"(同刊第二七三、二七四合并号,同年)、《唐代尊号制度的构造》(同刊第二七八号,1992年)

(31)除了后面提到的史料以外,可参见《旧唐书》第十二卷、《资治通鉴》第二百零九卷等。另外,关于这时围绕皇后亚献之礼制的争议,参见小嶋毅《郊祀制度的变迁》(《东洋文化研究所纪要》第一零八册,1989年)第146—150页。

(32)《新唐书》第一百一十二卷《蒋钦绪传》有"中宗始亲郊,国子祭酒祝钦明建言,皇后应亚献,欲以媚韦氏。天子疑之,诏礼官议"的记载,另外正文引用的《旧唐书》第一百零二卷《褚无量传》有"是岁中宗将亲祀南郊,诏礼官学士修定仪注"的记载,这些都说明郊祀出自中宗的意愿。

(33)《旧唐书·褚无量传》有"无量独与太常博士唐绍、蒋钦绪固争,以为不可"的记载,可见这时相关人员聚于一堂进行了讨论。从这个记载和本文的d、以及《旧唐书》第一百八十九卷下《儒林传下·祝钦明传》的下述记载:

> 时尚书仆射韦巨源又希旨,协同钦明之议。上纳其言,竟以后为亚献,仍补大臣李峤等女为斋娘,以执笾豆。

再加上简要概括此时讨论内容的《资治通鉴》第二百零九卷景龙三年八月条的内容,可以推测复原出此时会议的实况应为:在中宗召集的决定亲郊仪注的会议上,开始祝钦明等人主张皇后为亚献,褚无量等人反对,而韦巨源赞同祝钦明等人,于是中宗采纳了祝钦明的上奏。另一方面,祝钦明等人建议以安乐公主为终献,因蒋钦绪等人的反对而取消,最终结果为韦后为亚献、韦巨源为终献。也就是说,可以想见此时的会议讨论是在礼官、韦巨源和中宗都在场的情形下进行的,从这一例子可推知唐代议政之形态。虽然可能有许多再探讨的余地,不过也存在上述情况。关于唐及之前的南北朝的议政,有如下一些著述:中村裕一《"议政"的文书考察》(同《唐代制敕研究》第三章附节III,汲古书院,1991年,初次发表于1990年)、拙稿《小议基于〈宋书〉礼仪志的南朝上奏文》(注4所提到的拙著《古代中国与皇帝祭祀》所收,初次发表于1980年)、中村圭尔《关于南朝的议政——以宋、齐代为中心》(《人文研究》第四十卷第十分册,1988年)、渥添庆文《国家与政治》(同《魏晋南北朝官僚制度研究》第二部第一章,汲古书院,2003年,初次发表于1996年)、渥添庆文《北魏的议政》(同书所收,初次发表于2002年),另外,中村圭尔《魏晋南北朝的公文书与文书行政研究》(平成十年度——平成十二年度科学研究费补助金〈基盘研究(C)(2)〉研究成果报告书,2001年)也有很多可以参考的探讨。

(34)唐代皇帝亲祭大多是正式举行的两个月前就决定了,关于这一点,参见本书第三章。第三章可以看到把中止的算在内,接近三个月或者超过三个月之前决定亲祭的例子在唐代达到七例,不过最早的例子就是这一年中宗的亲郊。从这一点也可看出景龙三年(709年)冬至郊祀的特殊性。

(35)关于唐代皇后庙见的意义,参见本书第八章附论《关于唐朝帝室的谒庙——皇帝、皇太子、皇后》(初次发表于1995年)。

(36)该稿中论述了皇太子做亚献很少见(拙著240—241页注9),作为辅证举出了唐代皇帝亲祭亚献的例子如表19。例子绝对不多,皇太子缺席(空位)的情况也很多,但到开元十三年为止,除了贞观十七年的郊祀以外,亚献都是皇太子以外的其他人。另外,太庙亲祭时皇太子并不一定就是亚献(开元六年的例子),决定皇帝亲祭时谁来做亚献,是否由皇太子来做,这些肯定是有其他原因在起主要作用。接下来关于宋代的情况,《宋史》第九十八卷《礼志》一记载如下:

> 祝版当进署者,并命秘阁吏书,上亲署,讫,御宝封给之。凡先代帝王祝文,止称庙号。凡亲行大祀,则皇子弟为亚献、终献。

就是说并没有规定皇帝亲祭时皇太子就是亚献或终献。

乾封元年(666年)高宗封禅时,梁甫(梁父)山的禅祭据《旧唐书》第二十三卷《礼仪志三》记载如下:

> 至其年(麟德二年,665年)十二月,车驾至山下。及有司进奏仪注,封祀以高祖、太宗同配,禅社首以太穆皇后、文德皇后同配,皆以公卿充亚献、终献之礼。于是皇后抗表……于是祭地祇、梁甫,皆以皇后为亚献,诸王大妃为终献。

由于武后的抗议,亚献、终献由女性来做。景龙三年(709年)的郊祀应该是韦后意识到武后的先例而要求的,并且这次不是祭地祇的禅祭而是郊天,说明比武后的先例更进了一步。

表 19　唐代皇帝亲祭亚献、终献表

皇帝	年（西历）月	祭祀种类	亚献	终献	皇太子	出典·备考
高宗	乾封元年（666年）一月	在社首山的禅祭	武皇后	越国大妃燕氏	李弘	《旧唐书·高宗纪》第二十三卷，因武后主张举行。
	总章元年（668年）十二月	南郊	李勣		李弘	《资治通鉴》第二百零一卷
中宗	景龙三年（709年）十一月	南郊	韦皇后	韦巨源		《资治通鉴》第二百零九卷等
玄宗	开元六年（718年）十一月	太庙亲祫之礼	邠王守礼	宋王宪	李嗣谦	《唐大诏令集》第七十五卷《亲谒太庙锡赐宗支庶官制》
	十一年（723年）十一月	南郊	邠王守礼	宁王宪	李嗣谦	《唐大诏令集》第六十八卷《开元十一年南郊赦》等
	十三年（725年）十一月	封禅	邠王守礼	宁王宪	李嗣谦	《旧唐书》第二十三卷，另外李嗣谦即废太子瑛。
	十七年（729年）十一月	亲谒五陵	皇太子鸿	庆王湛	李嗣谦（李鸿）	《唐大诏令集》第七十七卷《谒五陵赦》，李鸿是李嗣谦的改名。
	天宝六年（747年）一月	南郊	皇太子玙	庆王琮	李玙	《册府元龟》第八十六卷，李玙即肃宗。
	十年（751年）一月	南郊	皇太子玙	荣王琬	李玙	《册府元龟》第八十卷
	十三年（754年）二月	太清宫、太庙	皇太子玙	荣王琬	李玙	《唐大诏令集》第九卷《天宝十三载尊号赦》等
德宗	贞元六年（790年）十一月	南郊	皇太子诵	亲王	李诵	《旧唐书》第二十一卷，李诵是顺宗。
敬宗	宝历元年（825年）一月	南郊	嘉王运	循王遹		《文苑英华》第四百二十七卷《宝历元年正月七日赦文》
文宗	大和三年（829年）十一月	南郊	循王遹	恭王通		《文苑英华》第四百二十八卷《大和三年十一月十八日赦文》
武宗	会昌五年（845年）一月	南郊	抚王统			《文苑英华》第四百二十九卷《会昌五年正月三日南郊赦文》
宣宗	大中元年（847年）一月	南郊	福王绾	抚王统		《文苑英华》第四百三十卷《大中元年正月十七日赦文》
僖宗	乾符二年（875年）一月	南郊	抚王纮	荣王幀		《唐大诏令集》第七十二卷《乾符二年南郊赦》

(37)惨服就是丧服。在《唐会要》第三十八卷《服纪下》贞元六年（790年）条的吏部奏，明确记载有"凡有惨服既葬公除，及闻哀假满者，许吉服赴宗庙之祭"。另外，《大

唐六典》第四卷礼部郎中员外郎条"凡凶服不入公门"的原注有"周已下惨者,朝参起居亦依品色,无金玉之饰"的记述,《新唐书》第二百卷《儒学传下·畅当传》的右补缺穆质奏疏中有"入公门变服,今期丧以下惨制,是也"的记述,都说明惨服是期亲以下身份的人可以穿的服装,这样的话,睿宗为兄长中宗服丧期间为齐衰一年,穿惨服毫无问题,但是过了一年仍然又穿了半年惨服,说明睿宗哀悼之心非常强烈。

(38)参见注14所提到的梅原郁《皇帝、祭祀、国都》。

(39)《资治通鉴》第二百一十卷先天元年(太极元年)条记载有"春正月辛巳,睿宗祀南郊。初因谏议大夫贾曾议,合祭天地"。《旧唐书》第一百九十卷中《文苑传·贾曾传》记载有"睿宗令宰相及礼官详议,竟依曾所奏"。而如正文中所引用的《旧唐书》第二十一卷《礼仪志一》中,记载为"时又将亲享北郊,竟寝曾之表",《通典》第四十三卷《郊天下》的原注也和这部分基本相同。从睿宗五月亲祭北郊来看,《旧唐书·礼仪志》和《通典》所传没有采纳贾曾的上表似乎是正确的,但是如果考虑到他的上奏与是否举行北郊亲祀无关,只是请求将地祇与郊祀的禘祭合祭,那么既然有依从贾曾之议这种说法,却只因为睿宗举行了北郊祭祀就断定他的上奏没有被采纳就有些不合适,关于这一问题笔者存疑。

(40)包括唐代在内,关于历代王朝的天地合祭争议问题,参见注31提到的小嶋毅《郊祀制度的变迁》。

(41)参见注15所提到的《则天武后明堂的政治功能》273页注15及274页注20。

(42)据藤川正数所考,丧服礼是经过既葬、小祥和大祥三个阶段逐渐除服的,在殡期间(从始丧到下葬的三个月期间)要接受最严格的丧服限制,以三个月后的卒哭之礼为界得以缓和可以承担公务了。参见藤川正数《魏晋时代丧服礼的研究》(敬文社,1960年)第十章"关于谅闇心丧制"317—318页。补充一下,中宗在景龙四年六月被毒死,葬于定陵是五个月之后的同年十一月。

(43)《新唐书》第一百二十八卷《齐澣传》有如下记载:

> 景云初,姚崇取为监察御史。凡劾奏常先风教,号善职。睿宗将祠太庙,刑部尚书裴谈摄太尉先告。澣奏,孝享摄事,稽首而拜,恭明神也,而谈慢蝶不恭。并劾谈神昏形淬,挟邪以罔上……谈由是除汾州刺史。

就是说,面临这时睿宗的太庙亲告,刑部尚书裴谈作为摄太尉先告,失了礼制仪容,被齐澣弹劾受到处罚。旧稿《关于唐太宗——睿宗的郊庙亲祭》中笔者认为,先告是在太庙亲享后续的郊祀和籍田举行之前的告祭,这种情况下亲祭之前仍有有司摄事的先告(该稿261页注28)。但是本章把睿宗的太庙亲享重新解释为宗庙时祭,这样一来,裴谈的先告就是伴随时祭亲享的告祭,不用牵强地想成是告祭的告祭,这是更为稳妥的解释。《大唐开元礼》第三十七卷皇帝时享于太庙、第三十九卷皇帝袷享于太庙、第四十一卷皇帝禘享于太庙都提到,与郊祀亲祀不同的,亲享前没有告祭,这样一来,上面解释就有些不通了。但是既然有裴谈做先告,反而说明此时的宗庙亲享具有重要意义。

(44)顺便提一下,中宗复位后的即位赦文及南郊大赦文,睿宗的北郊大赦文,都没有否定武后,这一点很有意思。睿宗的《太极元年北郊赦》(《唐大诏令集》第七十三卷)记载如下:

> 高祖神尧皇帝膺箓受图,继天立极,太宗文武皇帝吊人伐罪,南征北怨,是用拯生灵于涂炭,登物类于休和。高宗天皇大帝惟睿作圣,垂衣而理,大圣天后受讬从权,当宁而化。中宗孝和皇帝允恭克让,守文御武,能致刑措,于变时雍。

赦文中称呼为天后而并非皇帝,其地位被描述得像替补队员一样,据赦文来看对其评价是肯定的。而另一方面,神龙元年(705年)二月五日《中宗即位赦》(同书第二卷,《文苑英华》第四百六十三卷《兴复神龙开创制》内容也与此基本相同)对则天武后描述如下:

> 则天大圣皇帝,亶聪成德,濬哲应期,用初九之英谟,开太一之宏略,振玉铃而殄封豕,授金钺而斩长鲸。……既而凝怀问道,属想无为,以大宝为劳生,复恭于明辟。

这里给加有则天大圣皇帝的尊号,正面评价了则天武后的事迹,描述得好像是武后自愿让位给中宗的。就这样,中宗复位以后对武后的评价及对待,从政治史来看也是非常值得探讨的。小嶋浩之《唐玄宗——其历史形象的形成》(《古代文化》第五十二卷第八号,2000年)关注到了则天武后朝到玄宗朝的连续性,是很有价值的考察,不过停留于局部不够全面。

(45)本节的考察时期范围内,郊天大部分在冬至举行,是因为唐初冬至和正月祭祀对象不同,冬至——昊天上帝、正月——感帝(感生帝)。在第二章已经明确知道,冬至、正月都祭祀昊天上帝是高宗显庆三年(658年)以后的事情,也就是说,显庆礼确立以前唐代皇帝的亲郊全部都只是祭祀昊天上帝,不存在感帝的亲祭。

(46)父母去世要服丧三年,但三年之丧实际上二十五个月就结束了。之后的除服时间有两种说法,一说隔一个月到第二十七个月,另一说是丧的最后即第二十五个月时。采用前者(郑玄说),父母丧最终在第二十七个月结束,采用后者(王肃说)第二十五个月就结束了(参见注42所提到的藤川正数《魏晋时代丧服礼的研究》第一章"关于三年丧")。因此要确认关于唐代皇帝服丧时间,《旧唐书》第一百一十九卷《崔祐甫传》可见代宗驾崩时宰相常衮的奏议:

> 案礼为君斩衰三年,汉文(汉文帝)权制,犹三十六日。国家太宗崩,遗诏亦三十六日,而群臣延之,既葬而除,约四月也。高宗崩,服绝轻重,如汉故事,

武太后崩亦然。及玄宗、肃宗崩，始变天子丧为二十七日，且当时遗诏虽曰天下吏人三日释服，在朝群臣实服二十七日而除，则朝臣宜如皇帝之制。

就是说，到高宗、武后时期为止，三年的三十六个月其月字换成日字成为服丧三十六日，而玄宗以后二十七个月其月字换成日字，成为服丧二十七日。后面可以看到，代宗驾崩之时，德宗除服（释服）也是二十七日后。另外，《日本后纪》第十二卷延历二十四年（805年）六月乙巳条记载有作为第十八次遣唐使入唐的遣唐大使藤原葛野麻吕的上奏，他经历了德宗驾崩顺宗即位，其上奏有一句"其诸蕃三日，自余廿七日而后就告"，可知顺宗时制度也是二十七个月除服。睿宗不是以皇帝身份而是以太上皇帝的身份驾崩的，玄宗举行亲袝之礼是在二十八至二十九个月后，所以玄宗应该是给睿宗服丧二十七个月。此外，《大唐开元礼》第一百五十卷"王公以下丧通义"的不及期丧有"其未再周葬，则以二十五练，二十六月祥，二十七月禫"的记述，说明当时也都是依照郑玄说，即三年丧的服丧时间为二十七个月。

顺便提一下，关于皇帝服丧和朝贺（朝会）之间的关系，《旧唐书·中宗纪》有"（神龙）三年春正月庚子朔，不受朝会，丧未再期也"的记述，玄宗纪上有"（开元）六年春正月丙辰朔，以未经大祥，不受朝贺"的记述。前者是则天武后之丧，后者是睿宗之丧相关的一些措施，"再期""大祥"都是以二十五个月为基准的。另外关于庙享，《新唐书》第二百卷《儒学传下·陈京传》有"建中初代宗丧毕，当大袷"的记述，这个袷祭（有司摄事）是大历十四年（779年）五月代宗驾崩二十九个月后的建中二年（781年）十月举行的（《资治通鉴》第二百二十七卷）。关于代宗之丧，《唐大诏令集》第十一卷《代宗遗诏》有"皇帝宜三日而听政，十三日小祥，二十五日大祥，二十七日而释服"的文字，可知德宗遵从了二十七个月除服的制度，说明这个袷祭应该是代宗之丧结束后首次举行的庙享。另外补充一点，关于本注释多次提到的代宗的丧葬仪礼，《通典》中散见有以《凶礼卷》为中心的诸如《大唐元陵仪注》（元陵就是代宗陵）之类的相关史料，这些留存着唐代皇帝葬仪的详细情况，是非常珍贵的史料。关于这方面内容，参见金子修一、江川式部等《大唐元陵仪注试释》（一）（二）（三）（四）（五）（《山梨大学教育人间科学部纪要》第三卷第二号，2002年，第四卷第二号，2003年，第五卷第二号，2004年，第六卷第二号、第七卷第一号，2005年，待续）以及来村多加史《唐代皇帝陵的研究》（学生社，2001年）下篇《"大唐元陵仪注"与唐代送终仪礼》。

(47)《册府元龟》第三十卷这一引文前有如下记述（《旧唐书》第二十五卷也有基本相同的记述）：

> 时有司撰仪注，以袝祭之日，车驾发宫中。帝谓宰臣宋璟、苏颋曰："……据仪注，祭之日发大明宫，又以质明行事。朕便侵星而发，犹是移辰方到，质明之礼，其可乎。又朕不宿斋宫，即安正殿，情所不敢。宜于庙所设斋宫，五日

赴行宫宿斋,六日质明行事,庶合于礼。"璟等称,圣情深至,请即奉行。诏有司
改定仪。

就是说,开始仪注规定,玄宗从大明宫前往太庙,但玄宗认为这样一来就赶不上质明之礼,于是就在庙所设立斋宫,前一天前往宿斋,以等待质明之礼。第三章注19从《大唐开元礼》《大唐郊祀录》推断出散斋、致斋时皇帝的居所,从这一例子可知,原本亲祭也是在大明宫正殿(宣政殿或含元殿)举行致祭。

(48)出自《旧唐书》第二十五卷《礼仪志五》。该书《玄宗纪上》记载十一月丁亥中宗神主移往西庙。

(49)辍朝在《旧唐书·玄宗纪上》记载为五日,该书《礼仪志五》记载为三日。另外,《玄宗纪上》记载玄宗在此期间每天举行太极殿的亲享,而《礼仪志五》关于中宗驾崩记载如下:

景云元年冬,将葬中宗孝和皇帝于定陵。中书令姚元之、吏部尚书宋璟奏
言,准礼,大行皇帝山陵事终,即合祔庙。

说明是埋葬到山陵之后才把神主纳入太庙。

(50)注4所提到的拙稿《唐代皇帝祭祀二例》中,和本文后面的考证有关的是232—235页。

(51)笔者在注15所提到的拙稿《则天武后明堂的政治功能》中,讲到开元五年期间废毁拜洛受图坛而且明堂恢复为乾元殿(拙著267—268页),未曾考虑到玄宗这一期间还逗留在洛阳,在此补充说明一下,另外也想再次指出玄宗逗留洛阳的政治意义巨大。

(52)注28讲到开元六年李弘的义宗庙号被废,应该是在这种围绕中宗、睿宗祔庙的争议之中,义宗庙号废止了的。

(53)《旧唐书·玄宗纪上》记述献祖、懿祖的神主祔入太庙是八月十五日戊申,比《册府元龟》第三十卷的制书记载的决定玄宗亲祭的十九日早了四天。在此应该是先命令有司把献祖、懿祖的神主安置到太庙中,然后由玄宗亲自举行宗庙祭祀。这样的话,四月中宗神主祔庙应该也是由有司安置的。

(54)把老子作为太上玄元皇帝(玄元皇帝是略称)是高宗乾封元年(666年)封禅之后,中途顺路去亳州是二月己未时的事情(《旧唐书·高宗纪下》)。另外,关于唐代老子的神格化,参见福永光司《昊天上帝与天皇大帝与元始天尊——儒教最高神和道教最高神》(同《道教思想史研究》所收,岩波书店,1987年,首次发表于1976年)。本论文揭示贞观礼—显庆礼—开元礼的礼制变化特点,假设尊崇道教的高宗、玄宗祭祀昊天上帝是受到道教的影响。

(55)诸桥辙次《大汉和辞典》"天宝"词条中,记述道教分为初中上三个境界,其中

第七章　唐代郊祀、宗庙祭祀制度的实行

上教是洞真天宝,然后指出天宝年号来源于此。笔者对这个记述存疑,也未发现有文献明确记载天宝年号是来源于道教,不过《唐大诏令集》第四卷《改元天宝赦》(《册府元龟》第八十六卷有基本相同的内容)记载如下:

> 恭惟烈祖玄元皇帝,天宝赐庆,象帝之先,垂裕后人,重光五圣。……然则乾元在上,仁覆为德,皇王临下,惠化攸先,思弘善贷,用广慈育,遵道宝而建元,锡玄风于不宰。……改开元三十年为天宝元年。

从上文可以看到,虽然没有提到洞真天宝的字词,但明确体现了天宝是道教特色的年号,此外也可看到烈祖玄元皇帝的名字。

(56)只是,中宗时因加尊号而举行的亲祭只有庙享,而此时需要注意的是又添加了南郊。另外,当初打算派遣公卿举行北郊祭祀,结果最终是玄宗亲自在南郊以合祭天地的形式亲祀(《册府元龟》第三十三卷)。顺便提一下,《文献通考》第七十卷《郊社考三》有"自后有事圜丘,皆天地合祭,若册命大事告圜丘,有司行事亦如之"的记述,就是说以后在圜丘的郊祀包括正祭、告祭以及有司摄事全部成为天地合祭,参见注31所提到的小嶋毅《郊祀制度的变迁》。另外说明一下,前面《文献通考》的那句引文明确记载存在南郊祀告祭。

(57)关于唐代太清宫,参见丁煌《唐代道教太清宫制度考(上)(下)》(台湾,国立成功大学历史系《历史学报》第六号、第七号,1979—1980年)。

(58)注30所提到的户崎哲彦《唐诸帝号考(上)(下)》梳理了包括老子和皋陶、凉昭武王在内的唐祖以及各位皇帝的尊号。

(59)E·G·普利布兰克在《安禄山叛乱的政治背景(下)》(榎一雄、本田实信译,《东洋学报》第三十五卷第三·四合并号,1953年)一文中认为,天宝六年的天地郊祀,举行理由是计划拥立皇太子,其实是为了洗刷前一年李林甫肃清韦坚、皇甫惟明、裴敦复等人引起的血腥而举行的。但是韦坚被杀是在天宝五年十月,在此之前的四月举行了郊庙祭祀,也与天宝六年正月的亲郊相关,所以把这次亲郊的实施理由直接与韦坚等人的肃清事件拉上关系有些牵强。另外,Edwin G. Pulleyblank, The background of the Rebellion of An Lu-shan, London, 1955 虽然没有提及与肃清韦坚等人有关的天宝六年的亲郊,但是提到当时的大赦与刑罚缓和有关。见该书91页。

(60)不过《册府元龟》第十二卷《帝王部·告功》有"天宝五载正月己巳,献陇右所获吐蕃、突厥俘于太清宫。庚午,献于太庙"的记述,可知献俘在天宝五年以太清宫——太庙的顺序进行。另外,关于长安城内献俘和弃死的仪礼特点,参见注13所提到的妹尾达彦《唐代长安的繁华闹市(中)》。

(61)《唐大诏令集》第六十八卷《天宝十载南郊赦》与《册府元龟》所收赦文多少有些出入,需要对照着看。

(62)注61的《天宝十载南郊赦》记载有"自今已后,摄祭南郊,荐献太清宫,荐享太庙"云云,另外《册府元龟》第三十三卷《帝王部·崇祭祀二》以及第五十四卷《帝王部·尚黄老二》抄录有本大赦文的前缘后续,不过这部分和《唐大诏令集》的文字完全相同,由此可以判断出本书正文中引用的"公服引入"的前面是关于有司摄事的指示方面的内容。

(63)《新唐书》第二百零一卷《文艺传上·杜甫传》记载如下:

> 天宝十三载,玄宗朝献太清宫,飨庙及郊,甫奏赋三篇。帝奇之,使待制集贤院,命宰相试文章。

说的是玄宗在天宝十三年举行太清宫—太庙—南郊亲祭的时候,杜甫奏上赋三篇,因此获得玄宗的青睐。据上述记载来看,天宝十三年(754年)与天宝十年一样,举行了太清宫—太庙—南郊亲祭,不过从赋中的干支日期来看,这首赋确定无疑歌咏的是天宝十年的亲祭。参见仇兆鳌注《杜少陵集详注》第二十四卷《进三大礼赋表》的注解。

杜甫的《朝献太清宫赋》《朝享太庙赋》《有事于南郊赋》这三篇赋合称为《三大礼赋》,杜甫以献上三大礼赋为契机获得了官职,由此也可知天宝十年的系列亲祭是吸引一般民众关注的盛大活动。另外,《朝享太庙赋》有"壬辰既格于道祖,乘舆即是日,致斋于九室,所以昭达孝之诚,所以明继天之质"的内容。壬辰是天宝十年正月八日,当天是举行太清宫亲祭的日子,道祖指的是老子庙即太清宫。按照这首赋的讲述来看,玄宗当天前往太庙致斋,次日谒拜太庙。"所以昭达孝之诚"指的是在太庙谒拜祖先神主,"所以明继天之质"明确表明这次谒庙的意义在于确认继承先帝所受的天命,这一描述值得注意。

(64)后土本来是南北郊确立以前西汉时的土地神,唐代玄宗恢复了对后土的祭祀,不过举行场地在汾阴县(宝鼎县),祭祀的记录也只有开元十一年(723年)和开元二十年两次(参见注4所提到的拙稿《唐代皇帝祭祀二例》232—234页及242页注16),因此本文中的后土指的是与郊天相对的皇地祇的古雅称呼。

(65)唐代郊祀、宗庙、太清宫祝文的实例,参见表17"唐代皇帝祭祀祝文自称表"。在该表可以看到对昊天上帝自称为"皇帝臣某",这是高祖即位时的告代祭天和太宗、玄宗接受先帝让位时的特殊情况,通常对祭祀的昊天上帝皇帝自称为"天子臣某"。这类祝文的普通例子散见于《大唐开元礼》《大唐郊祀录》。

(66)规定禘祫时也在太清宫举行祭祀是天宝八年(749年)闰六月的大赦文(《册府元龟》第五十四卷),记载如下:

> 比来每缘禘祫,时享则停,事虽适于从宜,礼或亏于必备。已后每缘禘祫,其尝享以素馔三焚香,以代三献。

禘祫时要停止宗庙时祭,以素馔三焚香来代替三献,这应该看做是宗庙祭祀的特例。从

第七章　唐代郊祀、宗庙祭祀制度的实行

这一记载可以推测出从天宝十三年以前都已经在太清宫有行香之礼，荐献之馔必须为素位雅洁之物，这应该也是从天宝十三年以前都已经这样做了，或者也许是设置玄元皇帝庙的开元二十九年开始的。

(67)唐李肇撰《翰林志》记录有"凡太清宫、道观荐告词文，用青藤纸朱字，谓之青词"（知不足斋丛书第十三集《翰苑群书》上四叶右），就是把太清宫和道观的祝词因其用纸的颜色称呼为青词。

(68)《唐会要》第二十九卷祥瑞下文宗开成三年（838年）条记载如下：

> 三年五月敕，朕以慈惠恭俭为休征，以人和年丰为上瑞。……其腊飨太庙及荐献太清宫，并元日受朝奏祥瑞仪注，并停。

这个例子说的就是宗庙时祭和太清宫荐献在之后也同时举行。

(69)关于老子神格化为元始天尊、太上道君（本文斋词中的玉晨君）、太上老君这三清的过程，参见注54所提到的福永光司《昊天上帝与天皇大帝与元始天尊》。

(70)庙享时，对北周受禅时追封的唐国公即始封之君太祖景皇帝李虎及其后的各位皇帝唐代皇帝自称为"皇帝臣某"，对李虎以前的光皇帝李天锡等祖先自称为"皇帝某"（《大唐开元礼》第三十七、三十九卷等）。序章已经讲过，唐代皇帝祭祀祝文中用"皇帝臣某"是大祀，"皇帝某"是中祀，"皇帝"是小祀，对玄元皇帝自称为"皇帝臣"应该是介于大祀和中祀之间的祭祀。

另外，《唐会要》第三十五卷《释奠》贞观二十一年（647年）条中书侍郎许敬宗等人的奏文如下：

> 况凡在小神，犹皆遣使行礼。释奠既准中祀，据理必须禀命。今后国学释奠，令国子祭酒为初献，祝词称皇帝谨遣，仍令司业为亚献，国子博士为终献。

这里的"皇帝谨遣"，由于不是特定机会的祝文所以没有纳入表17。另外，大历十四年（779年）代宗的谥册文，其中"皇帝（天子）臣某"等自称是作为祭祀的一环而采纳了表17，但并不是所有唐代公文书中的"皇帝（天子）臣某"等自称都纳入了。

(71)天宝九年（750年）十一月制文，讲的是皇帝把告献太清宫改为朝献，把告享太庙改为朝享。在此之所以没有提到大多在冬至等正祭日子举行的郊祀亲祀，而只提了太清宫、太庙的告献、告享，大概是因为太清宫和太庙亲祭是告祭。后面的亲巡陵也不是定好了日期的祭祀，引文中的"应缘诸事告宗庙者"说明是告祭，用了"奏"，说明有司摄事举行的告祭。如此看来，引文中的亲告献、亲告享指的是太清宫、太微宫、宗庙亲祭的告祭，荐献、荐享指的是有司摄事的正祭，"应缘诸事告宗庙者"指的是有司摄事的告祭。可以认为这些用语本身就是以宗庙亲祭是告祭为前提的。

(72)如前所述，天宝五年决定了南郊也是四孟月时由有司来合祭天地，所以再加上太清宫，三者之间的关联就形成且确立了。

(73) 拙稿《中国古代皇帝祭祀考察》(《史学杂志》第八十七编第二号,1978 年)讲到从天宝元年(742 年)时开始太清宫—太庙—南郊的系列祭祀形态已经确立(38—39 页),不过经过详细探讨,本节认为其正确的确立时间是在天宝十年,在此慎重订正。

(74) 天宝八年那一段已经提到,太清宫—太庙—南郊的系列祭祀三者之间不是对等的关系,重点是最后的南郊,下节将就这一点进行详细探讨。顺便提一下,天宝年间后到懿宗(在位 859—873 年)期间没有由皇帝举行的单独的宗庙亲祭,但是唐康骈《剧谈录》卷下《广谪仙怨词》(窦弘余撰)记述:

> 玄宗天宝十五载正月,安禄山反,陷没洛阳。王师败绩,关门不守,车驾幸蜀,途次马嵬驿,六军不发,赐贵妃自尽。然后驾发,行次骆谷。上登高下马,谓力士曰,吾仓惶出狩长安,不辞宗庙,此山绝高,望见秦川,吾今遥辞陵庙。因下马,望东再拜,鸣咽流涕,左右皆泣。

这虽是传说不知真假,不过可见当时有巡幸时谒拜宗庙的观念。

(75) 开元礼颁发后很长一段时间没有实际应用,内藤乾吉《关于唐六典的行用》(同《中国法制史考证》所收,有斐阁,1963 年,首次发表于 1936 年)已经指出这一点。

(76) 本节的部分内容,在拙稿《关于唐代后半期的郊祀和帝室宗庙》(中国唐代学会主编《第二届国际唐代学术会议论文集》下册所收,台北:文津出版社,1993 年)也有讲述。

(77) 围绕肃宗即位和玄宗退位的复杂微妙情况的论述,参见冈野诚《关于唐玄宗的奔蜀蒙尘路》(《明治大学社会科学研究所纪要》第三十二卷第一号,1993 年)以及该论文所提到的各个文献考察。

(78) 《资治通鉴》第二百二十卷记载张氏立后是在三月六日戊寅,但《旧唐书·肃宗纪》记载是四月八日己酉。从大赦文来看再建太庙与立后之间有关联,所以笔者认为张氏立后应该是在乾元元年四月,《资治通鉴》第五十二卷《肃宗张皇后传》也记载是在四月。

(79) 开元二十年(732 年)颁行开元礼时郊天的配侑帝是高祖李渊,到代宗宝应元年(762 年)时,天地郊祀的配侑帝变成了北周受禅时被追封为唐国公的太祖景皇帝李虎(《旧唐书》第二十一卷《礼仪志一》)。

(80) 《唐大诏令集》第六十九卷以及《册府元龟》第八十七卷所记载的内容最详细,亲郊和大赦之间正好隔了 60 天,稍微有些长,不过大赦文中提到春天来临风调雨顺,可以理解为改元、亲郊之后看到深受上天恩泽而实行了大赦。

(81) 此时的亲祭宣言是在十一月十八日己亥,到亲祭还有 10 天,作为亲郊算是间隔时间很短了。己亥的前一天即十七日是冬至,当时应该是等待着冬至那天举行通常的祭祀并宣布下个月朔日亲郊。另外,废止年号的决定本身可追溯到九月二十一日壬

第七章 唐代郊祀、宗庙祭祀制度的实行

寅,当时颁布新纪年法从岁首即建子月也就是十一月开始实施。顺便说一下,九月二十一日颁布的大赦文有"国之大事,郊祀为先"的字句(《唐大诏令集》第四卷《去上元年号赦》),明确说明了祭祀中的郊祀最受重视。

(82)《唐大诏令集》第六十九卷《广德二年南郊赦》。《册府元龟》第八十八卷所收的文章也大体相同,只是稍微有些出入,这些出入大多是《唐大诏令集》缺少的部分后者增补了。另外,邵说的大礼表提到册立皇太子在二月二日,但《旧唐书·代宗纪》记载立太子在二月乙巳朔日,以后的祭祀日期也都提前了一天。

(83)《册府元龟》第二十六卷《帝王部·感应》关于此时的亲祭记载如下:

> 代宗广德二年二月丁亥,亲拜南郊。初上将飨太庙,齐(斋)之夕,岁星为太白同躔,辟而不犯。司天台夏官正徐承嗣上言曰:……今月四日……陛下展礼斋宫,阴腾又蔽,星拟土错,不露其瑕,及庙宿精诚,天容若镜。

这部分文章很是费解,对于不懂天文学的笔者来说实在难以解释。因为这部分内容是具体讲述亲祭前斋戒的,所以就介绍一下。

(84)从代宗到僖宗的十一代皇帝,没有正式立皇后(参见入谷仙介《王维研究》创文社,1976年,154—160页)。从敬宗驾崩时开始,皇帝贺崩前由宦官来决定皇太子或皇太弟的情况多起来,也就是说,敬宗以后各代皇帝在位期间都没有立皇后、皇太子(文宗、昭宗曾短期有立太子),德宗到敬宗之间的各位皇帝,除了宪宗以外,都是先帝在位时就成为了皇太子。

(85)关于祝版的御署参见序章。

(86)关于唐代读时令的实施状况,参见注15所提到的拙稿《则天武后明堂的政治功能》第五节"告朔与读时令"。关于五龙坛,参见序章注4。

(87)参见藤泽义美《西南中国民族史研究——南诏国历史研究》大安,1969年,前篇《南诏国成立史研究》311—314页。关于羌女国(东女国)以下六国的所在地,参见李绍明《唐代西山诸羌考略》(《四川大学学报》1980年第一期)。

(88)参见注14所提到的梅原郁《皇帝·祭祀·国都》。另外孟元老著,入矢义高、梅原郁译注《东京梦华录——宋代的都市与生活》(岩波书店,1983年。改订版,平凡社东洋文库,1996年)第十卷"冬至"的译注也很有裨益。

(89)注73所提到的拙稿《中国古代皇帝祭祀考察》61—62页注18,提示了三年一亲郊制度有可能确立于唐后半期,不过正如正文中所述,这种可能不存在。在此对于旧稿推测的失误表示郑重地道歉。

(90)李域铮《西安东郊出土唐许遂忠墓志》(《考古与文物》1985年第六期)。

(91)关于唐代皇帝的尊号,参见注30所提到的户崎氏各著述。

(92)参见下一章附论《关于唐朝帝室的谒庙》。此外,松浦千春有很优秀的考察文章《从汉到唐的帝位继承与皇太子——以谒庙礼为中心》(《历史》第八十辑,1993年),不过关于中宗立太子时的谒庙是否应该看做特殊例子,笔者有不同看法。

(93)①中的"帝子"指的是嫁到回鹘的太和公主,会昌三年(843年)击破回鹘乌介可汗时被唐军救出来。"名王"指的是握有实权的回鹘王子嗢没斯(《新唐书·回鹘传下》),李思忠是他降服唐以后所赐的姓名。②中的"元凶之首遂枭"指的是刘稹、杨弁被斩首之事(《文苑英华》第四百二十九卷)。

(94)圆仁《入唐求法巡礼行记》原文出自小野胜年《入唐求法巡礼行记研究》全四卷(铃木学术财团,1964—1969年,法藏馆复刊,1989年)。之后引文也出自此书,不过部分标点符号由笔者添加。顺便提一下,圆仁在正文引用部分的后面有如下记述:

  百司准敕,修理桥道,御路不通人马车牛。城南郊坛,特唐修造,于坛四面,花幕屏帐,楼阁城营,一切取城中内里之样。百司总总不已。

描述了皇帝祭祀时南郊的陈设装饰,是非常珍贵的记录。

(95)本章第一节已经讲过,最初的例子是中宗神龙元年(705年)十一月的太庙亲享。

(96)以亲祭为契机会昌七年改为大中元年,因此这也许可能是把大中元年误记为七年的起因。

(97)《旧唐书·僖宗纪》,在乾符元年(咸通十五年,874年)十一月庚寅条的正文引用的后面,有"宰相萧仿兼司空弘文馆大学士太清宫使"的文字,可以认为这是宗庙亲祭之后的事情,也可以设想是其前后有举行太清宫亲祭。不过这一时期太清宫使这一称谓虽多次被用于加官,但不可以只因这一点就认为存在太清宫亲祭。参见注57所提到的丁煌《唐代道教太清宫制度考(下)》的"附表一 天宝以后唐宰相领太清宫、太微宫使职人名简表"。

(98)参见本章第三节。

(99)参见注4所提到的拙著《古代中国与皇帝祭祀》第五章《唐代皇帝祭祀的特征》(首次发表于2000年)194页注21。

(100)根据《旧唐书·昭宗纪》记载,十一月十四日壬子朝献太清宫,二十五日癸丑朝享太庙,二十六日甲寅亲祭南郊,《册府元龟》第三十四卷《帝王部·崇祭祀三》也记载南郊是在十一月甲寅。之前指出了《新唐书·昭宗纪》大中七年正月条的亲祭记录的积极意义,那么关于昭宗亲祭,或许也应该依据《旧唐书·昭宗纪》的记载,不过,十一月甲寅为冬至是次年大顺元年(890年)的情况,该《昭宗纪》应该是错写成了前一年冬至的干支。另外,《册府元龟》第九十一卷《帝王部·赦宥十》记载,亲郊和大赦都是十一月三日辛卯,但据《新唐书》和《资治通鉴》记载,大赦应该也是二十一日冬至。

(101)参见《旧唐书·昭宗纪》龙纪元年(889年)十一月辛亥条至甲寅条。前面的

第七章　唐代郊祀、宗庙祭祀制度的实行

注 100 已经讲过,其与《新唐书·昭宗纪》干支记载有出入,因原文很长就在此省略了,不过可以确认到亲祭的一些详细情况,比如系列亲祭前要宿斋武德殿(记载是在己酉冬至两天后的二十三日辛亥),太清宫朝献时太常卿要赞导皇帝行事,等等,因此这些记录很珍贵。

(102)参见第八章附论《关于唐朝帝室的谒庙》。

(103)参见西嶋定生《汉代的即位仪礼——特别是关于帝位继承的情况》(同《中国古代国家与东亚世界》所收,东京大学出版会,1983 年,首次发表于 1975 年),以及尾形勇《中国即位仪礼》(井上光贞等编《东亚世界的日本古代史讲座》第九卷所收,学生社,1982 年)。关于唐代的情况,参见注 46 所提到的拙稿《大唐元陵仪注试释(三)》。

(104)北邙山玄元观在杜甫的诗《冬日洛城北谒玄元皇帝庙》中有歌咏,注 57 所提到的丁煌《唐代道教太清宫制度考(上)》293 页,说北邙山玄元观建造于高宗乾封元年(666 年),但没有出示证据。另外,僖宗朝的康骈《剧谈录》卷下《老君庙画》有"东都北邙山有玄元观,南有老君庙"的描述,说明玄元观和老君庙各居于北邙山的南、北,被迁往清化坊的应该是北侧的玄元观。

(105)《资治通鉴》第二百六十五卷天祐二年(905 年)十二月条记载有"辛亥,敕以宫禁内乱,罢来年正月上辛谒郊庙礼",而正文中敕书的发布是在十二月二十六日庚戌的次日即二十七日辛亥,预定举行亲郊的日期两书记载都是在天祐三年正月八日辛卯(上辛)的大约 10 天前。另外,胡三省在此做了注解:"唐不复郊矣。"

(106)正文中引用的天祐二年六月辛卯柳璨的上奏,其中有"今年十月九日陛下亲事南裡,先谒圣祖庙",描述了在与太清宫地位相当的太微宫举行的告祭也是谒庙。

(107)之所以产生这种解释大概是因为系列亲祭中亲郊前的太庙告祭是皇帝亲告,《大唐开元礼》记载亲郊时进行事前告庙的是太尉,并不是皇帝。

(108)参见注 13 所提到的妹尾达彦《唐代长安的繁华闹市(中)》以及妹尾达彦《唐长安城的仪礼空间——以皇帝仪礼的舞台为中心》(《东洋文化》第七十二号,1992 年)。

(109)关于从法门寺迎佛骨的唐代长安舍利供养,参见气贺泽保规《扶风法门寺的历史与现状——佛舍利来临的寺院》(《佛教艺术》第一百七十九号,1988 年)。

(110)在宋代,正月上辛在圜丘还祭祀与昊天上帝不同的另一位感生帝,一般认为这个祭祀也是有司摄事。另外,相当于唐代太清宫的景灵宫,在宋代国家层面的道教崇拜中被视为等同于宗庙,参见注 14 所提到的山内弘一《北宋时期的神御殿与景灵宫》。另外,被认为是老子出生地的亳州有老子庙,在宋代被当做太清宫受到尊崇。

(111)参见妹尾达彦《帝国宇宙论——中华帝国的祭天仪礼》(水林彪、金子修一、渡边节夫编《王权的宇宙论》所收,弘文堂,1998 年)。

（补注）最近，发现了开元二十二年（734年）客死于长安的遣唐使井真成的墓志，成为热门话题，不过由于墓志字面有"国号日本"这几个字，便有人介绍了更早使用日本这一词的杜嗣先墓志。杜嗣先在长安接待了粟田真人等第八次遣唐使，与本章有关的是他参加了长安二年（702年）的南郊等祭祀，引人关注。参见高桥继男《最早的"日本"——"杜嗣先墓志"介绍》（专修大学、西北大学共同项目编《遣唐使所见的中国和日本》所收，朝日新闻社，2005年）。

# 第八章

中国古代即位仪礼与郊祀、宗庙祭祀

一、问题所在

即位仪礼是指某位人物就任国家或王朝最高君主时举行的仪式。一般认为,即位仪礼象征性地体现了作为国家或王朝的君主的正统观。然而,在研究中国皇帝制的过程中,开始将即位仪礼作为这一分析的对象,还是最近二、三十年的事情。在战后日本的历史研究领域,学者们很早就产生了对中国的皇帝制特点进行研究的兴趣。但是,由于战败后重视社会经济史研究的倾向和战前以来制度史研究的积累等背景原因,当时研究者们的兴趣主要集中在对秦汉以来的中央集权的皇帝制和地方行政制等官僚制的构造、支撑官僚制及对人民实行统治的租税制度的特性等研究领域。不是将君主制总体作为研究对象,而是将中国的皇帝制本身作为分析对象,尝试阐明作为皇帝制组成中一环的皇帝即位仪礼的研究趋势,在进入1970年后才逐渐形成。

最先从这一角度正式研究中国皇帝的即位仪礼的论文是西嶋定生的《汉代的即位仪礼》[1]。西嶋主要通过研究《后汉书·安帝纪》中记述的安帝即位经过,以及《后汉书·礼仪志下》大丧条的记述,指出汉代的即位仪礼由天子即位——皇帝即位这两个阶段构成。前面的天子即位是凶礼的柩前即位,后面的皇帝即位同样是柩前即位的一个阶段,但在奉读先帝的策命之后变为皇帝受领玺绶(绶是将印玺系佩到腰部时所用的丝绳)的嘉礼。而且他认为,西汉初期皇帝是在宗庙举行即位仪礼,有可能从昭帝即位开始,变成了在放置于宫中的先帝灵柩前举行即位的柩前即位。谒拜高庙(高祖庙)即谒庙代替了宗庙即位,成为了结束即位式的仪礼。在这之前,西嶋通过研究汉代的皇帝六玺制度等,阐明了中国的皇帝兼具皇帝和天子两种属性的特征[2]，本论文是清楚体现即位仪礼研究与皇帝制特性研究之间直接关联关系的成果。接着，尾形勇继承了本文中西嶋的观点，指出截至唐代，中国的即位仪礼是由天子即位——皇帝即位两个阶段（第一次即位——第二次即位）构成，这继承了周代以来的传统。此外，虽然一般情况下，中国的帝位继承是先帝死后皇太子即位，但尾形将由于皇帝去世而继承帝位称为传位，将朝代更替时和在同一朝代内有时也会发生的先帝在世时的帝位更替称为让位。在传位时，即位仪礼按照天子即位——皇帝即位的顺序进行，在让位时，按照相反的皇帝即位——天子即位的顺序进行[3]。

像这样，西嶋和尾形两人阐明了中国的即位仪礼同时具有对应皇帝和天子两个侧面的特点。两人直接明确的见解对包括因关注天皇制而关注中国即位仪礼的日本史学界在内的研究领域产生了很大影响。然而，在西汉，包括宗庙即位和柩前即位的谒庙是结束即位过程的仪礼，与此相对，东汉的即位仪礼中以策、玺的的授予结束即位过程，谒庙礼从即位中分离出来，在下一个月进行。西嶋在他的论文中没有提到西汉和东汉的这一差异。而且西嶋在《皇帝统治的成立》中虽然谈到了皇帝和天子功能的分化，但并没有积极论述此时已经出现的天子的称号。此外，尾形虽然指出了传位和让位时的天子即位——皇帝即位、皇帝即位——天子即位的顺序转变这一极其有趣的现象，但他没有进一步考察顺序转变发生的原因。同时，他表示无法从史料中确定传位中的天子即位的具体内容，因此不得不说他的论证留有瑕疵。所以，从顾及了汉代以来皇帝制的特性这一点看，虽然西嶋和尾形两人对天子即位——皇帝即位的即位仪礼内容的理解，极富魅力，但实际上从论证的角度来看还留有几个疑点。

此后，最先对两人的看法提出质疑的是小嶋毅。他指出，被作为西嶋提出天子即位——皇帝即位理论证据的《后汉书·安帝纪》中关于即位的记述是在灵柩前即"皇帝位"。而且没有明确的证据可以证明《续汉书·礼仪志》的规定反映了当时的实际情况，有可能它是作为《尚书》的解释学的一部分，由儒家官僚创作出来的。此外他还指出，虽然尾形认为东汉以后"天子"即位和"皇帝"即位于同一天内在柩前进行，但"皇帝"即位采取传授诏、策和玺绶的方式进行，而"天子"即位的内容形式不明。而且，"即天子位于柩前"的文字只能在《后汉书》中找到,在后世的史书中频繁出现的是"即皇帝位于柩前"的记载。不过,小嶋设想有可能谒庙就是传位中的"天子"即位,并举出在唐代,即位次年时新帝举行的南郊祀取代了谒庙,这可以解释为传位的情况下也是"皇帝"即位之后,采取谒拜祖灵和上帝的方式举行"天子"即位。也就是说,小嶋设想有可能传位、让位都按照皇帝即位——天子即位的顺序进行[4]。然而,按照这样的解释,即位的范围甚至包括了次年的郊祀亲祀。

接着,松浦千春明确指出西嶋所说的天子即位包括在皇帝即位之中[5]。松浦认为,被西嶋当作反映了"天子"即位的《后汉书·礼仪志下》中"三公,奏《尚书》顾命,太子即日即天子位于柩前(三公为松浦氏补),请太子即皇帝位,皇后为皇太后。奏可"这段文字中的第一个"奏"不曾被解释为奉读的意思,所以将这段话读作"三公奏《尚书》顾命,太子即日于柩前即天子位,请太子即皇帝位,皇后为皇太后。奏可",即皇太子不是即"天子"之位,而是即"皇帝"之位。这段话的原文是:

三公奏尚书顾命太子即日即天子位于柩前请太子即皇帝位皇后为皇太后奏可。

关于标记着圆圈符号的两个"奏"字,西嶋将前一个"奏"字理解为只照应了"尚书顾命"。与此相对,松浦认为一直到"皇后为皇太后"都是上奏的内容,奏文整体被(皇后——笔者)批准。的确,"太子即日即天子位于柩前"如果被当作在柩前进行,接在它后面的"请太子即皇帝位"的前面,就要假设主语三公被省略,这从文章表达上看是不自然的(从意思上看假设是可能的)。且正如松浦所说,按照这样的假设,太子应该被改称为天子。因此,正如松浦所指出的那样,应该将上边引文中标记着圆圈符号的两个"奏"字之间的全部内容理解为三公上奏的奏文,且上奏的全部内容被皇后批准。

松浦进一步举出唐穆宗册立的例子指出,一直以来所说的二次即位是说"皇帝"即位的二重性。而且,在他随后发表的论文中,松浦也探究了有关唐后半期的即位仪礼,得出的结论是:这些是以授册、进宝为核心的"皇帝即位式",从东汉到唐代即位式的形式中天子即位无法从史料中得到证实[6]。受到尾形在毕业论文中所提出观点的启发[7],即第一次即位——第二次即位伴随着在唐后半期第一次即位——大明宫、第二次即位——太极宫的地点移动,笔者和松浦几乎在同一时期发表了如下见解,即唐代第一次即位的内容是宣布展示皇太子即位的遗诏(宣遗诏),这并不是实际的即位式。真正的即位式是在太极殿进行的第二次即位,而在此殿被授予给新帝的册书上写着的是皇太子的皇帝即位,原则上册书授予结束之前皇帝是先帝(大行皇帝)[8]。基于此结论,笔者对第一次即位即是天子即位的解释持怀疑态度,也探究了尾形提出的按照皇帝即位——天子即位的顺序举行的让位,得出的结论是:唐代的即位式中,在传位的情况下是以宣遗诏和紧接着的授受册书和宝(御玺),在让位的情况下是以让位诏和授受册(和宝)分别来结束仅一次的皇帝即位。然后,笔者通过汉唐间的即位仪礼的变迁再次确认了这一结论[9],此外,还采用其他方式研究了太极殿等举行即位仪礼的场所[10]。

所以,小嶋、松浦以及笔者的看法是:截至到唐代,即位仪礼一般指的是皇帝即位,但是与此结论背驰的是可以明确反映出天子即位——皇帝即位经过的西汉文帝的即位。如果不能说明为何文帝首先要即天子位的话,以上的结论也存在很大的漏洞。文帝的即位在《史记》及《汉书》中都有详细的记载,而可以与此对比参考的是,在《汉书·霍光传》中被详细记述的,昭帝死后暂时被当作后嗣又被废掉的昌邑王贺的废位经过。而且,虽然西嶋在指出存在皇帝即位之外,还注意到了谒庙的仪礼,但截至唐朝,即位后谒庙的事例明显减少,唐代也只有玄宗谒庙这一例。关于此次玄宗的谒庙,认为这反映了唐朝谒庙是普遍存在的,还是认为这只是玄宗的特例,成为研究的一个很大分歧点。因此,有必要深入探讨关于玄宗谒庙被特别记载的原因。

本章将探究从汉代到唐代的即位仪礼的变迁,以及即位仪礼和郊祀、宗庙之间的关系,由于以上的原因,首先将详细探讨西汉的文帝即位与昌邑王贺的废位经过。之后将按照朝代顺序进行说明,不过关于唐代,将会把玄宗的谒庙仪礼与其他皇帝的即位仪礼分开,进行单独详细的讨论。

二、汉代即位仪礼的特点

1. 文帝的即位与昌邑王贺的退位

这里将按照西嶋的理论,详细分析其关于即位仪礼的见解。西嶋首先举出将汉代即位的实例记述得最为详细的《后汉书·安帝纪》,指出延平元年(106年)八月辛亥殇帝驾崩,两天后的癸丑举行殡礼的同时,安帝在殇帝的柩前受策命(册命)奉读,被授予玺绶后即位。而且在东汉,原则上先帝驾崩当日就要举行即位,而在西汉先帝驾崩和新帝即位之间要间隔几天,西汉和东汉都会在最后谒拜高祖的高庙(东汉时还要谒拜光武帝的世祖庙),谒庙制度也体现了即位仪礼的一部分。在上述的即位仪礼中,类似从上帝的授命获得权威的仪式内容是看不到的,在汉代的即位仪礼中,代替上帝登场的是高庙、世祖庙,体现的是王朝开创者的祖灵,皇帝的权威通过谒庙仪礼得到祖灵的承认而得到保证。因为初代皇帝创立王朝是授命于上帝。因此,在汉代,通过继承帝位即皇帝位时,不必每次都由上帝赋予皇帝权威,而是由作为王朝创始者的高祖或者光武帝作为媒介连接上帝,以此来获得作为皇帝的权威。西嶋指出汉代的受命思想和世袭制以这样的方式毫无矛盾地结合在一起,各个皇帝的权威来源于上帝,即位后的皇帝通过举行郊祀祭祀,成为唯一有资格祭祀上帝的人。

接着,西嶋注意到了《史记》和《汉书》中记载的文帝即位和景帝即位的细微不同。景帝即位时,《史记》中记述的是文帝驾崩之后七年(前157年)六月己亥的六天后的乙巳日,在确定孝文皇帝的谥号的同时,做为皇太子的景帝在高庙即位,两天后的丁未袭用皇帝的称号。与此相对,《汉书》中记载的是乙巳日文帝被葬于霸陵,丁未日皇帝即位,没有记录有关乙巳日景帝的即位的情况。而且,关于文帝的即位,《史记》和《汉书》都在开头记录了天子即位的事实,但《史记》接下来记录了皇帝即位的事实(《史记会注考证》所引中井积德说),而《汉书》中没有记录即位的事情,只记录了文帝亲谒高庙的事实。西嶋对此处细微的不同进行了探讨,分析了上面提到的《后汉书·礼仪志下》大丧条的记述,指出汉代的即位仪礼中包括天子即位和皇帝即位两个阶段,二者虽然都是在大殓之后进行的柩前即位的仪式,但天子即位是穿丧服进行的先帝大丧中的凶礼仪式,而皇帝即位是改穿吉服进行的嘉礼。此外,天子即位是在"顾命"奉读后接着进行的仪式。与此相对,皇帝即位采取百官奏请的形式,而且伴随着奉读策命和传授传国玉玺。

此外,关于上面提到的文帝和景帝,西嶋解释为:景帝在乙巳日于高庙举行的即位是天子即位,两天后的丁未承袭皇帝称号为皇帝即位。《汉书》关于此事只记载了皇帝即位,乙巳的天子即位可以认为是删掉了。而文帝的情况是,在代邸的即位(参见后面分析)是天子即位,皇帝即位是在次年元年年头的辛亥日举行,因为在《史记》中记述景帝为已经作为皇帝进入未央宫,所以推测《汉书》删除了辛亥即位的事情。如果是这样的话,那么在西汉,天子即位和皇帝即位是分别在不同的日子举行的仪式,而在东汉,它们是在同一天举行的。一般原则上当日在柩前举行即位。西汉时,先帝驾崩和新帝即位之间相隔时间较长,其原因可能是先举行了天子即位,但《汉书》只记载了后面的皇帝即位[11]。

在以上的论述中,正如前面已经提到的,小嶋毅及松浦千春将《后汉书·安帝纪》的记述和该书《礼仪志下》的记述判断为是关于皇帝即位的记述。此外,关于景帝的即位,小嶋及松浦认为是乙巳日在高庙即位的,而西嶋根据《史记·孝文本纪》中关于文帝即位的记述"辛亥,皇帝即位,谒高庙"(《汉书·文帝纪》中为"……辛亥、皇帝见于高庙"),认为记载的是皇帝即位,二者观点明显不同。对此,如果把汉代的即位仪礼只当作皇帝即位的一个阶段,比如,关于景帝的即位进行了两天这件事,可以将它当作是由于汉代的即位仪礼举行时间较长而产生的记录上的问题,这样就没有必要认为是在高庙举行了天子即位。总之,把汉代的即位仪礼只当作皇帝即位的一个阶段的观点,与史料解释比较一致。然而,按照这样的观点解释,有一个比较大的问题,那就是史料中明确表明了文帝即位时存在天子即位。因此,要讨论截至唐代的即位仪礼的特征,必须首先围绕文帝的天子即位的问题进行考察。然后,如前所述,在探究文帝的即位仪礼的特点之后,有必要将它和昌邑王贺从即位到废位的经过联系起来进行讨论。

第八章　中国古代即位仪礼与郊祀、宗庙祭祀

文帝代替了吕后所立的少帝弘，作为高祖之子由代王身份即位。关于即位过程的记述，《史记·孝文本纪》和《汉书·文帝纪》的内容没有大的不同，下面引用的是《史记》所记录的内容。

> 代王驰至渭桥，群臣拜谒称臣。代王下车拜。太尉勃（周勃）进曰，愿请间言。宋昌曰，所言公，公言之，所言私，王者不受私。太尉乃跪上天子玺符。代王谢曰，至代邸而议之。遂驰入代邸，群臣从至。丞相陈平、太尉周勃……皆再拜言曰，子弘等皆非孝惠帝子，不当奉宗庙。……大王高帝长子，宜为高帝嗣，愿大王即天子位。代王曰，奉高帝宗庙，重事也，寡人不佞，不足以称宗庙。愿请楚王，计宜者，寡人不敢当。群臣皆伏固请。代王西乡让者三，南乡让者再。丞相平等皆曰，臣伏计之，大王奉高帝宗庙最宜称。……臣谨奉天子玺符，再拜上。代王曰，宗室将相王列侯，以为莫宜寡人，寡人不敢辞。遂即天子位，群臣以礼次侍。乃使太仆婴（夏侯婴）与东牟侯兴居（刘兴居）清宫，奉天子法驾，迎于代邸。皇帝即日夕入未央宫，乃夜拜宋昌为卫将军，镇抚南北军，以张武为郎中令，行殿中，还坐前殿。于是夜下诏书曰……朕初即位，其赦天下，赐民爵一级，女子百户牛，酺五日。（……元年十月）辛亥，皇帝即阼，谒高庙。

也就是说，从代王国被召到长安的文帝在经过渭桥时，太尉周勃向他跪交玺符。代王拒绝后（闰九月己酉时——《汉书·文帝纪》）进入代王邸，再次进行了讨论。这时，丞相陈平和太尉周勃等人奉上了玺符，代王最终即天子之位[12]，接着群臣奉天子法驾赴代王邸恭迎。从这里开始，《史记》中代王的称谓变为了皇帝。当天傍晚皇帝入未央宫，加强了守备，回驾前殿[13]。然后连夜下诏书，大赦天下。之后，文帝在元年十月辛亥日即皇帝之位，谒高庙。因为当时十月是一年的岁首（从武帝太初元年即前104年开始正月为岁首），根据《二十史朔闰表》以及《三正综览》，文帝在代王邸即天子位时的闰九月己酉是高后八年（少帝弘四年）年末的晦日，十月庚戌是次年即文帝元年（前179年）的元日，文帝谒高庙的辛亥是二日。这样，文帝的即位明显是按照天子即位——皇帝即位的顺序进行的。但是，无论西汉还是东汉，被明确记载为天子即位的只有文帝这一例。如果是这样，

首先假设文帝的天子即位是基于某种特殊原因举行的,如果可以明确这个假设的依据,那么就没有必要认为汉代的天子即位是普遍存在的。那么,能证明这个假设成立吗?

要思考这个问题,就有必要考虑到,原则上汉代的即位是先帝驾崩后的传位。无论西汉还是东汉,上一位皇帝在位时新皇帝就即位的只有文帝和东汉末年的献帝两例。献帝的即位和文帝的即位不同,是一次异常事件,这将在后面讨论。然而,没有记载献帝那时举行天子即位仪式的史料流传。此外在西汉,和文帝一样,由于皇帝无子继承帝位而出现的其他人即皇帝位的情况,还有昌邑王贺的事件。昌邑王贺是武帝之孙,昭帝驾崩时无嗣子,他被作为其后嗣召到长安,当了短暂几天的皇帝后,因荒淫无度被废去。和因少帝弘的废位而即位的文帝的情况不同,在贺即位的过程中发生的前所未闻的废位事件的详细经过被流传了下来,这一点和文帝的情况形成了鲜明对比。但是,正如下文将指出的一样,没有办法确认他是天子即位。

昌邑王贺的废位经过被详细记载在《汉书·霍光传》中,按照上面观点,如果留意皇帝、天子用语的表达,会发现以下内容(元平元年、前74年):

> 光(霍光)即与群臣俱见白太后,具陈昌邑王不可以承宗庙状。……光与群臣连名奏王,尚书令读奏曰……孝昭皇帝早弃天下……昌邑王宜嗣后,遣宗正、大鸿胪、光禄大夫奉节使徵昌邑王典丧。服斩缞,亡悲哀之心,废礼谊,居道上不素食,使从官略女子载衣车,内所居传舍。始至谒见,立为皇太子,常私买鸡豚以食。受皇帝信玺、行玺大行前,就次发玺不封。……为书曰,皇帝问侍中君卿(姓不明),使中御府令高昌奉黄金千斤,赐君卿取十妻。大行在前殿,发乐府乐器,引内昌邑乐人,击鼓歌吹作俳倡。会下还,上前殿,击钟磬……鼓吹歌舞,悉奏众乐。……尚书令复读曰……祖宗庙祠未举,为玺书使使者持节,以三太牢祠昌邑哀王园庙,称嗣子皇帝。受玺以来二十七日,使者旁午,持节诏诸官署征发,凡千一百二十七事。……臣敞(杨敞)等谨与博士……议,皆曰……宗庙重于君,陛下未见命高庙,不可以承天序,奉祖

宗庙,子万姓,当废。……臣敞等昧死以闻。皇太后诏曰可。光(霍光)令王起拜受诏。王曰:闻天子有争臣七人,虽无道不失天下。光曰:皇太后诏废,安得天子。乃即持其手,解脱其玺组,奉上太后,扶王下殿,出金马门。

上文虽然有些长,但其中有几个点值得注意。首先,到废位为止,出现了皇帝和皇太子的称号,但没有出现天子的称号。被决定废位的昌邑王说:"闻天子有争臣七人。"对此霍光回应到:"皇太后诏废,安得天子。"然而,这是针对引用《孝经·谏诤章》的昌邑王的反驳,"天子"是《孝经》中的表达。这之后,作为昭帝的继承人即位的宣帝进入未央宫,从群臣手中接下玺绶即皇帝之位并谒高庙,在这个过程中也没有提到天子即位。《汉书》本纪中,从元帝到平帝,各个皇帝都是即皇帝位,没有有关天子即位的记载。在此重述一下前面景帝即位的情况,在《史记·文帝纪》中的记载是"(六月乙巳)太子即位于高庙,丁未袭号曰皇帝"。与此相对,《汉书·景帝纪》中记载的是"后七年六月文帝崩,丁未太子即皇帝位"。对此,西嶋解释为,景帝是乙巳在高庙即天子位,丁未即皇帝位,《汉书》只关注后者,删除了乙巳进行的天子即位。然而,惠帝在太上皇庙承袭皇帝称号(《史记·高祖本纪》),文帝也是先成为天子,之后作为皇帝谒高庙。因此,很难认同景帝在高庙作为天子即位的说法。可能是因为景帝作为皇太子,直到举行大葬当天在高庙即位,但过了两天才称帝。这其中的的原因很难说清楚,也许与后面将要谈到的文帝从驾崩到大葬之间的时间被明显缩短有关。

下面的问题,和刚才提到的内容也有关系,有关昌邑王贺作为典丧,即葬礼的主持者的作用的问题,在《汉书·王吉传》中是这样明确记述的:

久之昭帝崩,亡嗣,大将军霍光秉政,遣大鸿胪、宗正迎昌邑王。吉(王吉)即奏书戒王曰,臣闻高宗谅闇,三年不言。今大王以丧事征,宜日夜哭泣悲哀而已,慎毋有所发。

这里昌邑王贺被告诫说"以丧事征",前面引用的霍光传也有"会下还,上前殿"这一句。关于这点,如淳注中写到"下谓柩之入冢。葬还不居丧位,便处前殿也",昌邑王贺举行了昭帝的葬礼(大葬)的事应该是真实的。霍光传中有"受玺以来二十七日"的记述,昌邑王贺于六月丙寅受皇帝玺绶,昭帝葬于平陵是六天后的壬申,昌邑王贺又于六月癸巳被废,距离丙寅受玺不过二十七天(参见表20)。二十七天相当于将三年之丧的一个月换算作日数后的天数,可以说昌邑王贺是等到典丧结束之后被废的。这之后,有成帝在元帝驾崩的二十八天后由皇太子身份即位、谒庙的例子。成帝将元帝葬于渭陵是后来的事情,而昌邑王贺在二十七天的葬礼期间举行了昭帝的大丧,这可能是因为昭帝驾崩是在昌邑王贺受玺之日的四十三天前,也就是四月癸未时的事情。另外,关于昌邑王贺在那时登上皇太子之位的意义,已在第四章做了考察。

正如表20所示,到景帝为止,各位皇帝都是在大丧结束的当天即位的。虽然元帝以后都是在即位、谒庙之后举行大葬,但先帝的驾崩到新帝的即位、谒庙之间的的天数,除了平帝,直到景帝都是相差无几的。景帝即位和文帝驾崩之间的天数只有短短的六天(前后大约七天),这或许与文帝在遗诏中要求薄葬有关。有可能武帝——昭帝的时候,虽然即位仪礼转变为了柩前即位,但如果要即日即位的话,服丧结束到大葬之间的日期相隔太久,所以改成了即位和谒庙延迟到服丧结束。也就是说,在西汉,人们最期待的是新帝(皇太子)主持先帝的葬礼,虽然从宗庙即位改成柩前即位,但主持先帝葬礼这点是不变的。如此看来,文帝的天子即位——皇帝即位的顺序,与西汉的任何一位皇帝的即位相比都是特殊的。因为文帝形式上是在少帝弘在位时成为了皇帝,在西汉是唯一一个让位的例子,所以无法按照当时的惯例举行宗庙即位。因此他先成为天子进入未央宫,为了发布制诏而称帝,之后正式谒太庙,作为皇帝即位。虽然即位赶上年末有可能是偶然,但皇帝即位(新年的朝贺?)和谒庙是在新年的文帝元年十月举行,这可以说充分体现了当时皇帝即位的重要性[14]。因此,西汉在一般情况下是先帝去世才发生新帝即位,文帝的即位并不具有代表性,因此也就不能说天子即位在西汉的即位仪礼中是普遍存在的。

2. 汉代的即位与谒庙

因行文的必要,前面也多少提到过汉代的即位仪礼,在本章将全面探究汉代的即位仪礼的特点、变化及其意义。有关汉代的即位仪礼,笔者依据正史的本纪制作了表20、21。因为在汉代,谒庙和先帝的埋葬(大葬)也和即位有关,所以也将其涵盖在表中[15]。

如前所述,在西汉,文帝的天子即位——皇帝即位是在吕太后死后的特殊情况下发生的例外。除此之外,直到景帝,西汉各位皇帝的即位都是宗庙即位。西嶋推测,柩前即位确立于景帝之后的武帝在位期间,从武帝后面的昭帝在位时正式开始实行。但是从表20来看,直到景帝都是在先帝驾崩之后举行大葬的当天即位,与此不同,武帝是在景帝驾崩当天即位的,而且没有史书记载有武帝谒庙。在西汉,先帝驾崩当天的即日即位只有武帝这一例,而在普遍实行柩前即位的东汉,即日即位则是惯例。因此,可以考虑从武帝即位开始变为柩前即位。武帝在长安西侧的五柞宫驾崩,在未央宫前殿举行殡礼的第二天,昭帝即位并谒庙。因为是在谒庙之前即位,所以这被认为是柩前即位,昭帝在16天后举行大葬。虽然这之后西汉的即位各个例子中驾崩——即位、谒庙——大葬的顺序没有发生变化,但先帝驾崩和新帝即位之间的时间间隔进一步被拉大。如前所述,如果举行即日即位的话,服丧结束到大葬的开始之间天数相隔太久,可能因此即位和谒庙延期到服丧结束。西汉继承帝位时,是以先帝的葬礼为基准来设定即位的日期。

表21反映了东汉各个皇帝的即位、谒庙、大葬等之间的关系。在东汉,如果是从皇太子身份即位的话举行的就是即日即位,正如西嶋指出的那样,这时候是柩前即位。但是安帝以后,皇帝大多数是由外戚和宦官拥立的,从驾崩到大葬的天数与东汉初期相比渐渐拉开。谒庙就成了即位后举行的仪式,按照先谒高祖庙第二天再谒世祖庙(即光武庙)的顺序举行,除了安帝、顺帝以外,谒庙都是在先帝大葬之后举行。一般来说,东汉的即位仪礼采取驾崩——柩前即位——大葬——谒庙的顺序进行,谒庙从即位中分离出来。而在西汉,原本宗庙就是即位的场所,即使举行柩前即位,在当天也会进行谒庙。正如西嶋所说,这可能是当时的人们意识到了宗庙与祖灵联结起来对树立皇帝权威的重要性。然而,在东汉,谒庙经常被安排在一系列即位仪礼活动的最后进行,这可能是因为通过谒庙来显示帝位继承人权威的必要性逐渐降低。那么,是什么代替谒庙保证了新帝的正统性?笔者认为是册书(策书)[16]。

表20　西汉各皇帝即位、谒庙、大葬的顺序及间隔

皇帝	即位年	即位前的地位	先帝驾崩、即位、谒庙、大葬的顺序及间隔(天数)
惠帝	前195年	皇太子	四月甲辰崩/(22)/五月丙寅葬/(3)/己巳即位于太上皇庙
少帝恭	前188年	皇太子	八月戊寅崩/(24)/九月辛丑葬、即位、谒高庙
少帝弘	前184年	恒山王	因少帝恭废位即位
文帝	前180年	代王	因少帝弘废位即位、十月辛亥即位、谒高庙
景帝	前157年	皇太子	六月己亥崩/(6)/六月乙巳葬、即位于高庙/(2)/丁未袭号皇帝
武帝	前141年	皇太子	正月甲子崩、即位/(9)/二月癸酉葬
昭帝	前87年	皇太子	二月丁卯崩/(1)/戊辰即位、谒高庙/(16)/三月甲辰葬
昌邑王	前74年	昌邑王	四月癸未崩/(43)/六月丙寅受玺绶/(6)/壬申葬/(21)/癸巳废
宣帝	前74年	阳武侯	七月庚申、受玺绶、即位(于未央宫)、谒高庙
元帝	前49年	皇太子	十二月甲戌崩/(19)/癸巳即位、谒庙/(8)/正月辛丑葬
成帝	前33年	皇太子	五月壬辰崩/(27)/六月己未即位、谒庙/(27)/七月丙戌葬
哀帝	前7年	皇太子	三月丙戌崩/(20)/闰三月丙午即位、谒庙/(33)/己卯葬
平帝	前1年	中山王	六月戊午崩/(63)/九月辛酉即位、谒庙/(41)/十月壬寅葬

表21　东汉各皇帝即位、谒庙、大葬的顺序及间隔

皇帝	即位年	即位前的地位	先帝驾崩、即位、谒庙、大葬的顺序及间隔(天数)
明帝	57年	皇太子	二月戊戌崩、即位/(29)/三月丁卯葬
章帝	75年	皇太子	八月壬子崩、即位/(10)/壬戌葬
和帝	88年	皇太子	正月壬辰崩、即位(11)/三月癸卯葬/(33)/四月丙子谒高岗、丁丑谒世祖庙
殇帝	105年	皇太子	十二月辛未崩、即位/(73)/翌年三月甲申葬

续表21

皇帝	即位年	即位前的地位	先帝驾崩、即位、谒庙、大葬的顺序及间隔(天数)
安帝	106年	长安侯	八月辛亥崩/(2)/癸丑殡、即位(47)/九月庚子谒高庙、辛丑谒世祖庙/(25)/丙寅葬
少帝	125年	北乡侯	三月丁卯崩于乘舆/(4)/辛未发丧/(14)/乙酉即位/(24)/四月己酉葬
顺帝	125年	济阴王	十月辛亥薨、秘不发丧/(6)/十一月丁巳即位/(15)/壬申谒高庙、癸酉谒世祖庙/(6)/己卯葬
冲帝	144年	皇太子	八月庚午崩、即位/(36)/九月丙午葬
质帝	145年	建平侯	正月戊戌崩/(19)/丁巳即位/(2)/己未葬/(25)/二月甲申谒高庙、乙酉谒世祖庙
桓帝	146年	蠡吾侯	闰六月甲申崩/(6)/庚寅即位/(25)/七月乙卯葬/(26)/辛巳谒高庙、(壬午)谒世祖庙
灵帝	167年	解渎亭侯	十二月丁丑崩/(23)/正月庚子即位/(21)/二月辛酉葬/(9)/庚午谒高庙、辛未谒世祖庙
弘农王	189年	皇子(未为太子)	四月丙辰崩/(2)/戊午即位/(63)/六月辛酉葬
献帝	189年	陈留王	九月甲戌废帝(弘农王)、即位

* 据袁宏《后汉纪》第十四卷

虽然没有发现有史料记载西汉即位仪礼中存在册书,但是在东汉,除了前面提到的安帝即位时读策的记载外,《续汉书·礼仪志下》大丧条也有皇太子即位时读策的记述。而且,袁宏《后汉纪》第二十五卷中平六年(昭宁元年、189年)九月甲戌条有如下记载:

> 是日,卓(董卓)胁太后,与群臣废帝为弘农王。读策,太后流涕,群臣莫敢言。丁宫曰,天祸汉室,丧乱弘多。……今大臣量宜,为社稷计,诚合天心,请称万岁。太傅袁隗解帝玺绶,立陈留王为皇帝。

根据东汉蔡邕的记录汉代公文书制度的《独断》一书记载,虽然册书(策书)是在任命诸侯王、三公时使用的,但罢免犯错的三公时也会使用形式简略的策书。因此,这里所说的的策书可能是为了废帝为弘农王而使用的。如果是这样的话,那当然也有皇帝即位时使用的策书。唐代的即位册文记述的全部是驾崩的(或者是生前让位的)先帝命令皇太子即位的内容(《唐大诏令集》第一卷)。而东汉策书的使用场合中都有皇太后出席,唯一内容被记录在史料中的策书是安帝即位时的策书,其发布者就是皇太后。因此,虽然必须仔细考察发布策书的主体是什么时候由皇太后变成了驾崩的先帝,但可以确定的是策书的使用提高了柩前即位的即位仪礼的完备程度。因此,谒庙的重要性相对降低,成为即位结束后进行的仪式。正如在第四章中论述的那样,东汉经过明帝、章帝时期,逐渐确立起了除高祖的高庙以外只建造世祖庙的太庙制度,可能就是在这样的尝试中,柩前即位的仪式被打造为包括策书(册书)在内的形式。

综上所述,在汉代,西汉中期时发生了即位仪礼由宗庙即位到柩前即位的大转变。此外,在这之后的柩前即位中,西汉是于先帝大葬之前的期间内新帝即位,而东汉则是先帝驾崩当日新帝即日即位,而且此后逐渐演变为经过先帝的大葬再谒庙的形式。关于从宗庙即位到柩前即位的变化,西嶋定生根据《春秋公羊传》定公元年条记载的定公在柩前即位的例子推测,武帝建元五年(前136年),设立了包括公羊《春秋》的博士在内的五经博士以后,宗庙即位转变为柩前即位(注(1)所提到的《中国古代国家与东亚世界》110页)。然而,如前所述,从即位的日程假设可以推知武帝的即位是柩前即位,那么或许还有必要再探讨一下转变为柩前即位的原因。笔者将把这一点作为今后的研究课题。而且,东汉即日即位成为原则,而谒庙被从即位仪礼中分离出来,关于这一点,也许可以从导入奉读策书,即位仪礼在宫中举行只一天就结束方面找到原因。另外,找不到东汉从皇太子正常即位的第二代明帝、第三代章帝进行谒庙的记载,可能是因为世祖庙(光武庙)集中收纳后来皇帝的神主这一太庙制度惯例,是在章帝驾崩以后确立。又或者是因为,柩前即位中的奉读策书环节可能是在还没有设置世祖庙时期的明帝即位时新确立的。

这样看来,汉代的即位仪礼可以说在从西汉到东汉的发展过程中逐渐被完善和制度化。在高祖打败宿敌项羽之后,关于他即将即位时的情况,《史记·高祖本纪》五年(前202年)条中有这样的记载:

第八章　中国古代即位仪礼与郊祀、宗庙祭祀

> 正月，诸侯及将相，相与共请尊汉王为皇帝。汉王曰：吾闻，帝贤者有也，空言虚语，非所守也，吾不敢当帝位。群臣皆曰：大王起微细、诛暴逆、平定四海，有功者辄裂地而封为王侯。大王不尊号，皆疑不信，臣等以死守之。汉王三让，不得已曰：诸君必以为便，便国家。甲午，乃即皇帝位氾水之阳。

这里群臣说道："大王从平民起事，平定四海，将有功的人封为王侯，如果大王不称皇帝尊号，人们对大王封赏的权威性就会产生怀疑。"意思就是，因为高祖出身卑微，通过汉王被拥戴为皇帝为他封邦建国树立起了权威，但现在皇帝还没有在群臣中成为独掌大权的掌权者。关于接下来的惠帝即位在该书同纪十二年（前195年）条中的记述为：

> （五月）己巳，立（衍）太子至太上皇庙。群臣皆曰："高祖起微细，拨乱世，反之正，平定天下，为汉太祖，功最高。"上尊号为高皇帝。太子袭号为皇帝，孝惠帝也。

上述引文的意思是说，因为高祖出身卑微却平定天下成为汉代太祖（初代皇帝），所以加封谥号高皇帝，可知高祖虽出身卑微却成为皇帝这点反而得到了赞扬。如此，汉初时，在身边功臣的支持下，高祖的称帝和继承帝位得到了认可。

像这样的情况持续了一段时间。该书《魏其武安侯列传》魏其侯窦婴传中有如下记载：

> 梁孝王者，孝景弟也，其母窦太后爱之。梁孝王朝，因昆弟燕饮。是时上未立太子，酒酣，从容言曰："千秋之后传梁王。"太后欢。窦婴引卮酒进上曰："天下者，高祖天下，父子相传，此汉之约也，上何以得擅传梁王。"太后由此憎窦婴。窦婴亦薄其官，因病免。

在以兄弟相称的宴会上，景帝提到了千年后的让位，而在场的窦婴说道"天下是高祖的天下，父子相传是汉代的约定"，批评了景帝说话不谨慎。"因昆弟燕飲"是指不顾忌君臣之间的礼数，只作为骨肉兄弟的家人之间的宴饮。正因为是以亲人身份喝酒的宴会，景帝才开玩笑说千年后让位，但即使是在以亲人身份喝酒的宴会上，窦婴也不允许开这样的玩笑[17]。可见，虽然是在这样的酒宴上，汉帝和群臣之间约定的帝位父子继承这一事实，

即使西汉建立后过了四十年,还依然被不断的反复提起。

　　高祖和群臣之间的这一约定,也通过这一形式表现出来,即只有刘氏一族才能获得王爵称号,只有有功者才能获得侯爵称号,以其他情形获得王爵和侯爵称号的则应天下共诛之等(《史记·绛侯周勃世家》及《吕后本纪》等)。有关这个约定,大庭修推测这是在高祖驾崩前一个月的十二年(前195年)斩白马立下盟约的白马之盟时确立的[18]。汉初皇帝的权威是由功臣支持所成,所以有必要通过上述盟约确定有关帝位继承和臣下封建的原则[19]。然而,在西汉末期的哀帝时期,有下面这样的事情被记录下来(《汉书·佞幸传·董贤传》)。

　　　　后上(即哀帝)置酒麒麟殿,贤(董贤)父子亲属宴饮,王闳兄弟、侍中、中常侍皆在侧。上有酒所,从容视贤笑曰:"吾欲法尧禅舜,何如。"闳进曰:"天下乃高皇帝天下,非陛下之有也。陛下承宗庙,当传子孙于亡穷。统业至重,天子亡戏言。"上默然不说,左右皆恐。于是遣闳出,后不得复侍宴。

虽然内容和前面窦婴的话有些类似,但这里没有提及父子相传是汉代的约定这一情况。西汉的帝位继承以皇太子即位为中心。文帝、宣帝的即位进行得很顺利,王朝延续了二百年,这些都离不开由刘氏一族确立的帝位继承的传统权威的贡献[20]。大庭指出,前面提到的高祖的这一约定并不优先于相当于国法的律令,只不过是高祖集团内部带有明显私下性质的,还有可能被高祖的子孙皇帝们肆意破坏的约定。即位仪礼从宗庙即位到宫中的柩前即位的转变,以及由谒庙到柩前奉读策书的变化,应该理解为反映了在皇帝制下官僚制度的发展之中,即位仪礼也在发展变化,从在少数近臣集团面前举行发展为在众多官员面前举行。

　　另外,将东汉帝位继承的存在方式,对照着上述即位仪礼的变化来考察也很有必要。在东汉,和帝以后皇帝相继夭折,不断发生外戚和宦官拥立年幼皇帝的事情。和帝以后由皇太子身份即位的皇帝有殇帝和冲帝两人,但殇帝在出生后百余日即位,冲帝在两岁即位,两人都是有名无实的皇帝。东汉中期以后,政治的实权由外戚手中转移到了宦官手中,皇帝逐渐丧失了实质上的统治。因此,东汉的皇帝统治经常被认为与西汉相比有所衰减,而西汉帝位继承方面的危机是因为缺乏像文帝、宣帝这样的英才而引起的。与此相对,东汉的幼帝即位可以看作是建立比西汉更成熟的官僚制统治机构的基础上,即使幼帝即位也不会带来政治倒退。西汉中期以后,形成了以辅佐皇帝的尚书为中心的内朝,其位置的关键程度超过了一直以来的官僚制(外朝)。到了东汉,尚书制也取得了十分瞩目的发展。虽然一般将内朝的出现看作是阻碍皇帝统治的重要因素,但富田健之认为,尚书制的主体是和内朝合二为一的"皇帝"式的存在,也可以将外戚和宦官当作皇帝的一个分身。由此,他指出,幼帝即位是东汉尚书制发展的附带产物[21]。像这样将幼帝的出现理解为皇帝制下官僚机构发展的结果这种观点十分值得关注。

在古代日本,伴随着律令制的发展,领袖的个人化的统治逐渐演变为官僚制的机构性的统治[22]。在官僚制尚不成熟的奈良时代及以前,天皇同样是在成人后即位,但到了平安时代也出现了幼帝。如果结合日本史中从个人的统治到机构性的统治这种发展演变考虑,也可以说,在中国,到了东汉,依靠皇帝个人才能的个人统治逐渐演变为即使是幼帝也可以进行统治的机构性的统治。西汉时成人后的皇太子陆续即位,在皇太子空位的危机时迎立了文帝和宣帝,这看起来似乎是稀松平常的事,但是,如果考虑到西汉200年间皇帝制下的机构性统治很完善,那么可以说上述事实为中国皇帝制的形成和持续起到重要推动作用。另外,从即位仪礼的变化中可以找出像上面官僚制的变化这样的线索,关于这一点可能有必要注意下一节及其以后的论述[23]。

三、魏晋南北朝即位仪礼的变化

1. 魏晋南朝即位仪礼的特征

上一节考察了汉代即位仪礼的变化,指出经过西汉一个朝代,支撑中央集权统治的官僚体制逐渐发展成熟,由于出现了机构性的统治,所以东汉的幼帝即位也成为可能。在接下来的魏晋南北朝,即位的例子虽然很多,但可以反映出即位仪礼内容的例子却意外的很少。本节将以特别值得注意的能体现变化的例子为重点,以南朝为中心,探究即位仪礼的特点。

首先必须指出的是太极殿的出现。在西汉,中期以后的枢前即位是在未央宫举行。东汉的即位场所并不明确,也不能确定即位都是在先帝驾崩的地方举行。只不过因为东汉的都城洛阳城被划分为北宫和南宫,先帝驾崩的地点多为南宫,由此可以推测即位的场所也主要是在南宫。然而,三国魏的青龙三年(235年)时建成太极殿后,到了魏末皇帝就开始在太极殿即位。明确记载东晋南朝时即位场所的例子很少,但如果将不完整的事例断片综合起来看,可以推断出各朝代也是在太极殿举行即位仪礼。特别是南朝最后的陈,可以确定从第二代的文帝以后各皇帝都是在太极殿即位的。另外,魏晋南北朝时没有皇帝在太极殿的正殿(太极前殿)驾崩,在太极殿的即位都是将先帝的灵柩从其他宫殿搬运过来举行的[24]。

接着,正如在第四章中所指出的,从魏、蜀、吴三国建国时起,第一代皇帝建起土坛,或者利用上一个朝代的南郊坛(圜丘),通过宣读以"皇帝臣某"为开头的告天文,来进行宣告新王朝成立的告代祭天的仪式[25]。除去对抗东晋而称帝的北魏道武帝,魏晋南北朝的各王朝的建国都是基于天命,以禅让的形式从上一朝代最后一位皇帝那里接过帝位[26]。在告代祭天之前,要进行从上一朝代的皇帝那里奉呈册书和皇帝玺绶的仪式[27]。这可以理解为是将东汉即位仪礼中的授受册书(策书)和皇帝玺绶沿袭到了新王朝建国时的仪式里。另外,王莽即位前后,元始五年(公元5年)平帝驾崩,王莽在天地郊祀等祭祀中自称假皇帝,规定臣民称他为摄皇帝。在居摄元年(公元6年)三月,王莽拥立宣帝的玄孙中最年幼的三岁的刘婴做皇太子(孺子婴),五月朝见皇太后时自称为假皇帝。也就是说,在没有皇帝的情况下王莽自称假皇帝。居摄三年(公元8年)王莽不断以符命上奏,在神祇宗庙的祭祀和给太皇太后的奏折里虽自称假皇帝,但在发号施令时却把摄皇帝的"摄"字去掉。并且他利用哀章制做了号称有"天帝行玺"的金匮(铜制的匮),在高庙拜受金匮的神嬗。根据颜师古的注解,嬗是禅的古字,上面四个字意味着神命(天命)将汉的帝位禅让给了王莽。换句话说,在高庙拜受金匮就是将汉的帝位禅让给王莽的仪式。然后,王莽戴上王冠,前往未央宫前殿,即天子位,定有天下,下书定国号为"新"(以上出自《汉书·王莽传上》)。虽然称帝的原因不清楚,但通过以上考察,可以说王莽在高庙从假皇帝成为皇帝之后,在未央宫称天子[28]。

第八章　中国古代即位仪礼与郊祀、宗庙祭祀

　　虽然王莽是自己制造出皇帝缺位的可乘之机,然后成为皇帝的,但他即位是以在宗庙举行的皇帝即位的仪式为基本原则。与此相对,魏晋以后的各王朝第一代皇帝的即位则是按照与东汉相同的奉呈册书和皇帝玺绶后以登坛告天的形式进行。虽然在形式上它们都是尾形所说的让位,不可能是柩前即位,但王莽是按照汉初的宗庙即位形式即位,而魏晋以后虽仿照光武帝的告代祭天,但形式上采用的是东汉时上升到理论的新方式[29]。之前提出的观点是将汉代的即位仪礼看作皇帝即位,不论是王莽的即位还是三国以后的第一代皇帝的即位,都可以理解为它们和西汉、东汉的皇帝即位是一脉相承的,这里没有必要非得假想其与天子即位——皇帝即位的顺序相反。汉代的传位是柩前即位,而三国建国时的让位变成了登坛告天,这一点虽有很大不同,但王莽也是在高庙拜受有天地行玺的金匮[30],在上一节的开头详细介绍过的西嶋的解释也是将其理解为汉代皇帝是通过谒庙以高祖为媒介联结上帝。东汉的策书中,皇太后命令皇太子即帝位,但安帝时则是"宜奉郊庙,承统大业"(《后汉书·安帝纪》),可以认为是策书起到了经由高祖和世祖庙联结上帝的作用。如果是这样,也可以将三国以后出现的告代祭天解释为和东汉的柩前即位一脉相承。因此,可以认为汉代以后的即位仪礼是作为皇帝即位进行的。

　　接着,关于第二代以后的皇帝即位,魏晋南朝的正史中除了即位事实以外几乎没有其他记载,这其中首先必须关注的是,《南齐书》第九卷礼上里下面的这段记述。因为是记录了六朝时代的谒庙仪礼的特点的珍贵史料,所以虽然有些长,这里还是应该介绍全文(括号中的数字是笔者添加的)。

　　　　永泰元年,有司议应庙见不。(一)尚书令徐孝嗣议,嗣君即位,并无庙见之文,蕃支篡业,乃有虔谒之礼。(二)左丞萧琛议,窃闻祗见厥祖,义著商书,朝于武宫,事光晋册。岂有正位居尊,继业承天,而不虔觐祖宗、格于太室。《毛诗·周颂》篇曰:烈文,成王即政,诸侯助祭也。郑注云:新王即政,必以朝享之礼,祭于祖考,告嗣位也。又篇曰:闵予小子,嗣王朝庙也。郑注云:嗣王者,谓成王也。除武王之丧,将始即政,朝于庙也。则隆周令典,焕炳经记,体嫡居正,莫若成王。又二汉由太子而嗣位者,西京七

主,东都四帝,其昭、成、哀和、顺五君,并皆谒庙,文存汉史。其惠、景、武、元、明、章六君,前史不载谒事,或是偶有阙文,理无异说。(三)议者乃云:先在储宫,已经致敬,卒哭之后,即亲奉时祭,则是庙见,故无别谒之礼。(四)窃以为不然。储后在宫,亦从郊祀,若谓前虔可兼后敬,开元之始,则无假复有配天之祭矣。若以亲奉时祭,仍为庙见者,自汉及晋,支庶嗣位,并皆谒庙,既同有烝尝,何为独修繁礼。(五)且晋成帝咸和元年,改号以谒庙,咸康元年,加元服又更谒。夫时非异主,犹不疑二礼相因,况位隔君臣,而返以一谒兼敬。(六)宜远纂周汉之盛范,近黜晋宋之乖义,展诚一庙,骏奔万国。奏可。

从内容和年代看,上文是围绕永泰元年(498年)七月时从皇太子身份即位的东昏侯萧宝卷的谒庙是否可行而进行的议论。首先据尚书令徐孝嗣说(一)"嗣君"即位的话不进行谒庙(庙见),只有"蕃支"继承帝位的话才进行谒庙(虔谒)的仪式。这里所说的"嗣君"指的是左丞萧琛的论述中(三)"先在储宫"的皇太子。而"蕃支"指的是(四)里说的"支庶",蕃与藩同义,就是和"嗣君"相对的皇太子以外的人,这一点是十分明确的。也就是说,徐孝嗣认为从皇太子身份即位的人不用进行谒庙,只有从支庶身份即位的人才要进行谒庙。可以从下面萧琛的论述清楚看出,他说的这些是符合当时礼制的。

萧琛在(二)的开头以《商书》和《毛诗·周颂》以及郑笺等的文献为依据,提出新帝如果即位则必须进行谒庙仪礼从而告知祖先嗣位的观点。接着他在史实中寻找例证,举出了汉代各位皇帝的例子。然后,(三)争论者(徐孝嗣等人)主张,因为当皇太子的时候"已经致敬"的人在卒哭之后[31]进行时祭就相当于谒庙,所以没有必要再特别举行谒庙仪礼。虽然萧琛不同意这种主张,但这个争论者的话十分重要。根据《孝经》纪孝行章中"子曰,孝子之事亲也,居则致其敬"这句话的唐玄宗的御注"平居必尽其敬"来看,"致敬"就是平常对待父母毕恭毕敬的意思。然而,因为这里的"先在储宫、已经致敬"是和后面的"储后在宫、亦从郊祀"对照使用的,可以将"致敬"理解为是具体的指在皇太子的时候参加了宗庙祭祀这件事。事实上,在《宋书》第十九卷《乐志一》至第二十二卷《乐志四》中,可以看到以下致敬指宗庙祭祀的例子。

  在宗庙之中,君臣莫不致敬,族长之中,长幼无不从和。(第十九卷《乐志一》、魏明帝太和中的公卿之奏)

  曰晋是常、享祀时序。宗庙致敬、礼乐具举。(第二十卷《乐志二》祀庙飨神歌)

  灵运、言圣皇践阼,致敬宗庙,而孝道施于天下也。(第二十二卷《乐志四》,傅玄、晋鼓吹歌曲二十二篇中的金灵运)

而且,宗庙祭祀中有四时祭、禘祫等,如果要确定争论者说的"致敬"指的是这些祭祀中的哪一个,难度实在太大。只能大概说争论者说的"致敬"指的是立太子时的谒庙仪礼。如果将议论者说的这句话,解释为"立太子时进行过谒庙的人在卒哭之后举行时祭亲祭的话就相当于已经谒庙,没有必要在即位时再特别举行谒庙仪礼"的意思,便可以理解开头徐孝嗣说"嗣君即位、并无庙见之文、蕃支篡业、乃有虔谒之礼"这句话的原因。也即,这句话是说,因为当时从皇太子身份即位的人在立太子时已经有过谒庙了,在即位的时候就没有必要再进行谒庙仪礼,只有从皇太子以外的身份即帝位的人由于其他原因,才要进行谒庙仪礼。对此,萧琛反驳道,(四)如果因为皇太子也参加了郊祀,就可以说前面的仪礼包括了后面的仪礼(前虔可兼后敬),那么即位后(开元之始)不就没有必要进行郊祀(配天之祭)了吗[32]?相反的,如果说奉时祭是谒庙,从汉以后到晋代,支庶即位的情况下是要谒庙的。如果将谒庙和时祭当作同一件事,为什么只有从支庶身份即位的人要修习繁礼(谒庙礼)。最后,他举出(五)晋代的成帝进行二次谒庙的例子,说(六)"黜晋宋之乖义",主张要像汉代一样举行谒庙礼,而这一主张被许可了。前面的引文说的就是上述内容。

  通过以上的论述,可以看出,晋、宋甚至东昏侯以前的南齐,都认为从皇太子身份即皇帝位时,不用特别进行谒庙礼,在卒哭之后的时祭进行亲祭的话,就相当于进行了谒庙[33]。如果试着以实例来印证(参见下编第五章表9—表13),这刚好符合刘宋时的情况。即位时进行谒庙的文帝、明帝、顺帝都是从皇太子之外的身份即皇帝位的[34]。魏时到底是沿袭汉制,从皇太子身份即位的人也进行谒庙,还是已经与晋以后的制度相同,只有从支庶身份即位的人才进行谒庙,关于这个问题,因为缺少相关史料所以无法回答。萧琛的进言中说"自汉及晋,支庶嗣位,并皆谒庙",这句话只表明了支庶的谒庙,并没有否定从皇太子身份即位的皇帝进行谒庙的情况。在晋代,《晋书·简文帝纪》中,有"咸安元年(371年)冬十一月己酉,即皇帝位。……庚戌(己酉的次日),使兼太尉周颐告于太庙"的记载。虽然记载的不是本人谒庙的例子,但简文帝是从会稽王即位的,这也可以看作是"蕃支篡业"进行谒庙的一种变形。南齐以后,虽然找不到关于梁的相关记载[35],但陈时作为文帝皇太子的废帝陈伯宗在天康元年(566年)四月即位,十月供奉太庙,这大概相当于卒哭之后的时祭。而且,从安成王入篡的文帝在即位的次日进行谒庙。关于由临川郡王入篡的文帝,也可以从《陈书》卷三十三《沈文阿传》中确认他即位时进行谒庙的事实[36]。因此可以明确,在陈代也是只有"蕃支篡业"的人在即位之后不久进行谒庙。

这样,根据《南齐书·礼志上》永泰元年(498年)条的奏议和实例,可以清楚知道,在晋、宋、南齐、陈时,从皇太子身份[37]即位的皇帝不特别进行谒庙,而是以时祭亲祭代替谒庙,只有从支庶继承帝位的人才举行谒庙礼。正如注(35)所解释的,没有必要追究第一代武帝末年时,在发生了侯景之乱的梁国,第二代简文帝以后的即位仪礼上是否进行了谒庙礼。此外,三国的魏国情况不清楚,因为被南朝继承的皇帝祭祀主要是在东晋时形成,所以这里说的晋大概指的是东晋[38]。也就是说,从东晋到南朝,汉代时谒庙所具有的意义被一扫而光,谒庙被解释为皇太子以外的人即位时表现其正统性的仪式。那么,西汉即位仪礼中的授受玺绶,以及东汉即位仪礼中增加的奉读册书(策书),在魏晋南北朝的即位仪礼中被按照什么方式解读的呢?

可供研究魏晋南北朝同一朝代内授受玺绶的例子很少,而且其中有很多特殊情况。但是,《宋书》第五十七卷蔡兴宗传的以下记载反映了皇太子即位中存在册书(策书)和玺绶,十分珍贵。

> 大明末(大明八年、464年)前废帝即位。兴宗告太宰江夏王义恭应须策文。义恭曰:"建立储副、本为今日、复安用此。"兴宗曰:"累朝故事,莫不皆然。近永初之末,营阳王即位,亦有文策,今在尚书,可检视也。"不从。兴宗时亲奉玺绶,嗣主容色自若,了无哀貌。

第八章　中国古代即位仪礼与郊祀、宗庙祭祀

文中的宋代前废帝从皇太子身份继承孝武帝之位。因此，这个珍贵记录反映了通常情况下传位的帝位继承过程。蔡兴宗建议江夏王刘义在即位仪礼上使用策文（即册书），但刘义恭以立皇太子是为了继承帝位，即位时不需使用册书为由，拒绝了蔡兴宗的进言。不过，蔡兴宗说营阳王（少帝）即位时的册书由尚书保管，而少帝继承的是宋第一次的武帝之位，他是从皇太子身份即位的。蔡兴宗说历代王朝都是这样，从中可以推断出，从东汉到宋代，在从皇太子身份即位的一般传位的情况下也会使用册书。而且，他说前废帝也被传授了玺绶，由此可以推知，在当时的即位仪式上，就算没有册书也要进行玺绶的授受，也就是说，玺绶比册书更受到重视。

根据以上论述，可知宋代作为皇太子的少帝在即位时使用了册书，前废帝时也围绕册书使用的必要性进行了讨论。如前所述，从皇太子以外即位的各位皇帝都进行了谒庙。如此一来可以认为，在宋朝，由皇太子身份位即位的人在即位时需要使用册书，其他人则需要进行谒庙。在唐代的即位仪礼上，册书发挥的作用越来越重要，可以看出在魏晋南朝的即位仪礼上，重点从汉代的谒庙和授受玺绶转变为唐代的体现皇帝意志的册书。但是在宋，正如前文中引用的《蔡兴宗传》一样，比起册书，玺绶更受重视。在陈时，注（36）中所引的《陈书·沈文阿传》中有"今国讳之日，虽抑哀于玺绶之重"的记载。指的是先帝驾崩后新帝受领玺绂（玺绶）即位的事情。而且在下一项中将讨论的北朝也是，北魏和北齐的即位仪礼上都可以发现有传授玺绶。因此可以说在南北朝时，比起册书，玺绶在即位仪礼上具有的意义比以前更加重要。

综上所述，三国时代以后开始举行已经有固定模式的告代祭天的仪式，但在此之前，进行的是和东汉一样的授受册书和玺绶。王莽建国时依照西汉的宗庙即位的传统，举行了即位仪礼。因此，虽然形式上有所不同，他建国时的即位仪礼沿袭的是上一朝代即位的方式。可以说除了是不是先帝驾崩后才即位这一点以外，传位和让位之间并没有本质区别。这点将在讨论唐代情况时再做探讨。关于魏晋南朝各王朝内部的即位仪礼，值得注意的是，东晋南朝时，如果从皇太子身份成为皇帝则不进行谒庙，只有从支庶即皇帝位的人才进行谒庙。这是因为立太子时如果进行了谒庙，即位时就没有再次谒庙的必要了。可以将此理解为，汉代认为继承天命时要通

过谒庙来获得始祖认可的思想被转换成了另一套简单的程序。然而,刘宋时,围绕册书也发生过与此相似的争论。在魏晋南朝的即位仪礼中,授受玺绶被认为具有十分重要的作用。那么,对抗东晋南朝而称帝的北魏以后的北朝的即位仪礼又是怎样的呢,接下来将探讨这个问题。

2. 北朝即位仪礼的特征

关于北朝的即位仪礼,至今为止不曾有过全面的考察,所以将一边介绍史料一边具体阐述。另外,还将一并在此讨论隋的即位仪礼。

关于北魏的道武帝称帝时进行的郊祀,在第六章中已经做了考察,但是道武帝还同时举行了即皇帝位的仪式。《魏书》第二卷《太祖纪》天兴元年(398年)闰十一月条中有以下记载:

> 闰月、左丞相,骠骑大将军,卫王仪及诸王公卿士诣阙,上书曰:……宜光崇圣烈,示轨宪于万世。臣等谨昧死以闻。帝三让乃许之。十有二月己丑,帝临天文殿,太尉、司徒进玺绶,百官咸称万岁。大赦改年。追尊成帝已下及后号谥。

正如该书第一百零八卷之一《礼四》之一中所记载的"太祖登国元年,即代王位于牛川,西向设祭,告天成礼",道武帝称代王时"西向设祭",即在西郊举行祭天仪式即位。在这里,由太尉、司徒奉玺绶给道武帝,也就是说皇帝位的即位仪礼是以授受玺绶为中心展开的。正如在第六章所论述的,第二年正月甲子时,道武帝首次在南郊祭祀上帝[39],之所以采取的是建国时的"皇帝臣某"的告天形式,是因为在此之前他已经作为皇帝即位了。而且,应该就在那个时候正殿变成了以前举行即位仪礼的天文殿。这样,道武帝即位时授受玺绶就成为仪式的中心。

接着,可以具体反映即位仪礼情况的是显祖献文帝的内禅受禅者孝文帝的即位,该书第六卷《显祖纪》皇兴五年(471年)八月条有如下记载:

> 丙午,册命太子曰:"……今使太保建安王陆馛、太尉源贺持节奉皇帝玺绶,致位于尔躬。其践升帝位,克广洪业,以光祖宗之烈,使朕优游履道,颐神养性,可不善欤。"

可以看出这是使用册书,授予玺绶的即位仪礼。另外,孝文帝是在太华前殿进行即位(该书《高祖纪上》)的,这之后献文帝称太上皇并迁居崇光宫。

北魏时即位过程记录最具体的是孝文帝之子宣武帝驾崩后,仅仅五岁

第八章　中国古代即位仪礼与郊祀、宗庙祭祀

的皇太子孝明帝的即位,这被记录在该书第一百零八卷之四《礼四》之四延昌四年(515年)条。篇幅稍长,但是其中记载了北魏宫中的即位仪礼,是十分珍贵的史料,故此引用不做省略。

　　四年春正月丁巳夜,世宗崩于式乾殿。侍中中书监太子少傅崔光、侍中领军将军于忠与詹事王显、中庶子侯刚奉迎肃宗于东宫。入自万岁门,至显阳殿,哭踊久之,乃复。王显欲须明乃行即位之礼。崔光谓显曰:"天位不可暂旷,何待至明。"显曰:"须奏中宫。"光曰:"帝崩而太子立,国之常典,何须中宫令也。"光与于忠使小黄门曲集奏置兼官行事。于是光兼太尉,黄门郎元昭兼侍中,显兼吏部尚书,中庶子裴儁兼吏部郎,中书舍人穆弼兼谒者仆射。光等请肃宗止哭,立于东序。于忠、元昭扶肃宗,西面哭十数声,止。服太子之服,太尉光奉策进玺绶,肃宗跪受,服皇帝衮冕服,御太极前殿。太尉光等降自西阶,夜直群官于庭中北面,稽首称万岁。

　　引人注目的是肃宗孝明帝在宣武帝驾崩当日的夜晚即位,除此之外并没有其他特殊之处。因为孝文帝在巡幸时驾崩,宣武帝在鲁阳即位,所以孝文帝贯彻汉化政策,在迁都后的洛阳即位,孝明帝的即位仪礼就成为了首例。首先,他从洛阳的东宫出发经过万岁门,到达显阳殿,在这里哭踊表达哀悼之意。然后王显主张等到天明再举行即位仪礼,而崔光认为应该立刻即位。王显说要请示皇后,崔光争辩说皇帝驾崩之后皇太子即位,这是国家的常典,没有必要请示皇后。于是崔光临时兼任太尉,王显临时兼任吏部尚书,举行了即位仪礼。虽然不知为何如此匆忙,但纵观汉代以来的即位仪礼,只有在皇太子等皇储还没有确定皇帝就驾崩时才需要皇后(皇太后)的指示,所以这里崔光的判断是正确的。另外,这时的兼官作为即位仪礼上需要出现的官职名一览表十分珍贵,关于其含义,将作为今后的研究课题。

　　接着,崔光等人请求孝明帝不要再哭泣,站到东序。东序应该指的是后面提到的太极殿的东序。孝文帝在平城拆除太华殿建造太极殿是在太和十六年(492年),从此以后太极殿作了正殿[40]。在东序于忠等人搀扶着孝明帝朝西痛哭十几声。在唐代代宗葬礼的仪注中,德宗在大殓时在太极

335

殿上朝西面向代宗的梓宫哭踊再拜,参加的人也哭踊再拜举声十五次[41]。因此,孝明帝朝西恸哭应该是面向宣武帝的梓宫哭的,可知孝明帝的即位是柩前即位。然后他穿上太子的服装是因为孝明帝直到此时还穿的是哭礼的凶服,为了进行即位仪礼换上吉服。接下来的"太尉光奉策进玺绶"应该指的是崔光奉读策书(册书)不久后,将玺绶交给孝明帝。同一件事情在《魏书》第九十一卷《术艺传》王显传中,是这样记载的:"四年正月,世宗夜崩,肃宗践祚,显参奉玺策。"这里玺绶和策书是一起交给孝明帝的[42]。孝明帝跪受册和玺之后,换下太子服装,穿上皇帝衮冕,坐到了太极殿前殿。然后,崔光和群臣等人从太极殿西阶走下来到殿庭,朝北面向庭中对孝明帝稽首称万岁。

即使将孝明帝的即位,与下一节要讨论的唐代即位的例子进行对比,除了硬是放到夜晚举行这一点以外,也不存在其他可疑的地方。如前所述,孝明帝的即位是迁都洛阳以后的第一次,从结果上看也是唯一一次正式在宫中举行的即位仪礼。这次即位是在太极殿举行的柩前即位,向梓宫恸哭后换上吉服,全程以授受太尉奉读的策书和玺绶为核心展开。如果结合孝文帝的汉化政策来考虑的话,可以说这次即位仪礼与南朝的即位仪礼有不可分割的关系。前面提到的南朝即位仪礼与孝明帝的即位仪礼过程基本上没有矛盾的地方,可以说孝明帝的即位被记录得更加详细。也即,与其说孝明帝的即位是融入了北族特色的特殊仪式,不如说它是南北朝到唐代历史中的一个典型的例子,同时可以说前面所引文章是一份详细记述即位内容的珍贵史料。但是是否存在遗诏却完全没有记录。

接下来比较详细地反映即位内容的例子是前废帝的即位。孝庄帝死后,朱世隆废黜了自己拥立的长广王元晔,然后拥立前废帝(节闵帝)。该书第十一卷《前废帝纪》建明二年(531年)条有如下记载:

> 春二月己巳,晔(元晔)进至邙南,世隆(尔朱世隆)等奉王东郭之外,行禅让之礼。群臣上表曰:"伏惟陛下运属千龄,智周万物,独昭系象,妙极天人。宝历有归,光宅攸属。……伏愿时顺讴谣,念兹宗祐,用舍劳疾,允答人神。"王答曰:"自量眇身,是以让执。然王公勤至,不可拒违。今敬承所陈,惟愧弗堪负荷耳。"太尉公尒朱度律奉进玺绶、衮冕之服。乃就辂车,百官侍卫,入自建

春、云龙门,升太极前殿,群臣拜贺。

也就是说,元晔废位之后所立的前废帝,是在洛阳城东郊外接受群臣的上表而即位,最后收下玺绶和衮冕的。刚才的例子中,孝明帝是收下册书和玺绶之后,穿上皇帝的衮冕坐在太极前殿受群臣高呼万岁。可以看出前废帝受领衮冕,代表着获得了身着衮冕成为皇帝登上太极前殿的资格。而且,在太极前殿受群臣的跪拜,参照孝明帝的例子,群臣应该是在太极殿庭向北稽首称万岁的。因此,根据孝明帝及前废帝的例子,可以推知在当时的即位仪礼上,受玺绶和着皇帝衮冕这两件事是十分重要的。

然而,前废帝在次年普泰二年(532年)被高欢废黜。高欢其实已经在前一年拥立了后废帝,在该书同卷《后废帝纪》同年(建明二年即普泰元年)条记载如下:

及齐献武王起义兵,将诛暴逆,乃推戴之。冬十月壬寅,即皇帝位于信都城西。升坛焚燎,大赦称中兴元年。

这时是在信都城的西边即位,并升坛祭天。提起信都城的西边,可以联想到被孝文帝废止的从鲜卑族传来的西郊祭天。在第六章中已讲过,后废帝的即位按照鲜卑族传统的西郊仪式,同时还采用了类似于告代祭天的升坛焚燎的形式,可以说折衷了北族和中原王朝的传统特点。然后,正如第六章所述,中兴二年(532年)四月时因为后废帝的让位,孝武帝(出帝)即位,在《北史》第五卷《魏本纪》中有如下记载:

于是假废帝安定王诏策而禅位焉。即位于东郭之外,用代都旧制,以黑毡蒙七人,欢居其一。帝于毡上西向拜天,讫自东阳、云龙门入。

正如上文所说,他使用"代都的旧制",站在黑毡上,向西拜天即位。但是,这之后从东阳门、云龙门进入应该是为了受群臣拜贺,后废帝(安定王)的诏策可能指的是让位的诏书和册立皇帝的册书。也就是说,孝武帝的即位仪礼,变成了前废帝进奉玺绶的环节在黑毡上进行的向西拜天的仪式,在其前后使用的是中国式的仪式。

从前面孝武帝的例子来看,前废帝在洛阳城的东郭外即位,这也许和北族的仪式有着某种联系。接着,永熙三年(534年)孝武帝出奔长安之后,高欢在洛阳拥立东魏孝静帝,《魏书》第十二卷《孝静帝纪》中记载有"冬十月丙寅,即位于城东北,大赦天下,改永熙三年为天平元年"。虽然从中无法了解即位的具体内容,但因为这是在洛阳城的东北方即位的,所以大概和孝武帝一样,举行的是北族传统的即位仪礼。另外,因为孝静帝在六天后的十月壬申在太庙发生了紧急情况,四天后的丙子转移到了邺城,所以这是告知离开洛阳的告庙,应该理解为与即位没有直接联系。

除去在北齐建国、进行告代祭天仪式的文宣帝的例子,多少可以反映出即位仪礼具体内容的只有武成帝和之后后主的即位仪礼,在《北齐书》的开头和结尾处,他们的即位仪礼分别记载如下:

> (皇建)二年(561年),孝昭崩,遗诏征帝入统大位。及晋阳宫,发丧于崇德殿,皇太后令所司宣遗诏。左丞相斛律金率百僚,敦劝三奏,乃许之。大宁元年冬十一月癸丑,皇帝即位于南宫,大赦,改皇建二年为大宁。

> (河清四年〔565年〕四月乙亥)太史奏,天文有变,其占当有易王。景(丙)子,乃使太宰段韶兼太尉持节,奉皇帝玺绶,传位于皇太子。大赦,改元为天统元年。……于是群公上尊号为太上皇帝,军国大事,咸以奏闻。

武成帝的即位依据的是孝昭帝的遗诏。皇太后令所司宣读遗诏,武成帝接受群臣的劝进而即位。当时是否进行了授受玺绶,在武成帝纪中看不到相关记载。后主是通过武成帝让位成为太上皇帝才实现即位的,即位仪礼的重心是授受皇帝玺绶。综合这两个例子来看,可知北齐的即位仪礼中有宣读遗诏和授受玺绶这两个环节。武成帝的即位场所也在南宫而不是郊外。可以发现北齐的即位仪礼基本上依照的是中国的传统,没有采用北族的形式。

此外,北齐以邺城为首都,以晋阳暂为据点,采取两都制[43]。在邺城即位的皇帝除了第一代文宣帝,只有被北周大败的后主让位给的幼主。在北齐,从即位场所这一角度看,晋阳更称得上首都。

西魏时,永熙三年(534年)十二月孝武帝被宇文泰毒死之后,《北史》第九卷《周帝纪上》同年条有如下记载:

> 闰十二月魏孝武帝崩,帝(即宇文泰)与群公定册,尊立魏南阳王宝炬(元宝炬)为嗣,是为文帝。

看来文帝即位时使用了册书。但是,此后西魏各位皇帝即位的情况就无从知晓了。北周是在557年正月通过西魏幼帝的禅让而建国的,孝闵帝即王位时进行了柴燎告天。然而,实际上掌握政治实权的是宇文护,他在同年九月弑杀孝闵帝,拥立了明帝,而关于这次即位的具体情况却一无所知。明帝在559年八月改天王称帝,改元号为武成。北周在此之前还不曾使用年号。宇文护在武成二年(560年)弑杀明帝,拥立宇文泰的第四个儿子为武帝。《周书·武帝纪上》记载如下:

> 武成二年夏四月,世宗崩,遗诏传帝位于高祖。高祖固让,百官劝进,乃从之。壬寅,即皇帝位,大赦天下。

该书《明帝纪》中有如下记载:

> 夏四月,帝因食遇毒。庚子,大渐,诏曰:"今大位虚旷,社稷无主。朕儿幼稚,未堪当国。鲁国公邕,朕之介弟,宽仁大度,海内共闻,能弘我周家,必此子也。"……其诏即帝口授也。

从中可知,《武帝纪上》所说的遗诏指的是中毒的明帝的口授。不过应该注意的就是将明帝的口授称为遗诏这点。

武帝在天和七年(572年)三月诛杀宇文护改元建德,北周终于成为皇帝亲政的体制。但是,该书《武帝纪下》宣政元年(578年)条有如下记载:

> 六月丁酉,帝疾甚,还京,其夜崩于乘舆,时年三十六。遗诏曰:"……天下事重,万机不易,王公以下,爰及庶寮,宜辅导太子,副朕遗意。"

武帝在六月丁酉北伐归途的乘舆上驾崩,宣帝遵武帝遗诏即位。虽然于次日戊戌时举行的宣帝即位被认为是柩前即位,但具体情况无从知晓。武帝的遗诏虽然较长,但关于皇太子即位的内容只有引用部分的几句,前半部分内容是回顾本人在位时的事迹,后半部分内容是关于葬礼时要薄葬的指示,和西汉文帝的遗诏相似,丝毫没有提及树立皇太子权威的内容。这点和接下来唐代的遗诏相比,值得注意。宣帝在次年大成元年(579年)二月让位给皇太子静帝,但他自己却称天元皇帝,立了四位皇后,令人难以揣测他让位的本意。关于静帝的即位,该书《宣帝纪》同年二月条有如下记载:

> 辛巳,诏曰:"皇太子衍,地居上嗣,正统所归,远凭积德之休,允叶无疆之祚。帝王之量,未肃而成,天禄之期,不谋已至。朕今

> 传位于衍。乃睠四海,深合讴歌之望,俾予一人,高蹈风尘之表,
> 万方兆庶,知朕意焉。可大赦天下,改大成元年为大象元年。"

这段记载是唯一的相关史料。除了静帝根据让位诏书即位以及诏书中称赞皇太子从而使即位正当化的内容以外,并没有其他需要特别注意的地方。

隋的即位仪礼中,首先必须关注的是高祖文帝告代祭天的情况。《隋书·高祖纪上》大定元年(581年)二月条记载了这一过程:丙辰发出让位诏书,接着奉读册书,呈上皇帝玺绂(玺绶),最后在百官的劝进下高祖受禅。接着有如下记载:

> 开皇元年二月甲子,上自相府常服入宫,备礼即皇帝位于临光殿,设坛于南郊,遣使柴燎告天。是日告庙,大赦改元。

如果参照北魏的孝明帝和前废帝的例子,"上自相府常服入宫,备礼即皇帝位于临光殿"应该是指入宫之后换上皇帝的衮冕在临光殿即位这件事[44]。因此,在受册书和玺绶的阶段,文帝就取得了做皇帝的资格。必须注意的是,在临光殿的即位之后,"设坛于南郊,遣使柴燎告天"这点。从东汉到北周,建国时进行告代祭天的仪式均是皇帝亲祭,而此处是首次有司摄事[45]。后面将会谈到,唐高祖的告代祭天也有可能是以有司摄事的形式进行的。关于告代祭天由亲祭到有司摄事的变化,其意义将在后面进行探讨,但不能忽略的事实是这是从隋建国时就已开始的。

关于炀帝的即位以及文帝的葬礼,该书《高祖纪下》和仁寿四年(604年)七月条有如下记载:

> 甲辰,上以疾甚,卧于仁寿宫。……丁未,崩于大宝殿,时年六十四。遗诏曰……皇太子广,地居上嗣,仁孝著闻,以其行业,堪成朕志,但令内外群官,同心戮力,以此共安天下,朕虽瞑目,何所复恨。……乙卯发丧。……八月丁卯,梓宫至自仁寿宫。景(丙)子,殡于大兴前殿。(《高祖纪下》)

从上文可知,文帝在仁寿宫的大宝殿驾崩,发遗诏并且言及皇太子(炀帝)的人品、能力,炀帝在仁寿宫即位,奉梓宫回长安,在大兴前殿安置梓宫为文帝出殡。因为炀帝奉梓宫回长安,所以这应该是柩前即位。虽然《大唐六典》记载的是唐代的事,但正如其中第八卷门下省符宝郎条"车驾行幸则

奉宝,以从于黄钺之内"所述,奉皇帝御玺(唐代时称为宝)是随皇帝行幸而移动的,所以炀帝的即位中,应该也有授受册书和玺绶的环节。不过从史料来看,提及皇太子继承帝位的遗诏在炀帝的即位中具有非常重要的意义。这可能和废黜皇太子勇而立晋王广(炀帝)为太子这些旧事有关(补注)。另外,关于唐高祖拥立的恭帝的即位,该书恭帝纪中有"义兵入长安,尊炀帝为太上皇,奉帝纂业。义宁元年十一月壬戌,上即皇帝位于大兴殿"的记载。《资治通鉴》第一百八十四卷隋纪八义宁元年(617年)十一月条有"壬戌,李渊备法驾迎代王,即皇帝位于天(大)兴殿"的记载。

以上,围绕包括隋在内的北朝的即位仪礼进行了探究。与可以用统一形式来概括的南朝不同,北朝的即位仪礼中有各种各样的特别之处,在此简单地做一梳理。北魏的道武帝在告天仪式之前举行了以授受玺绶为主的仪式来即皇帝位,献文帝内禅的受禅者孝文帝的即位以授受册书和玺绶为中心进行。孝明帝的即位推测为枢前即位,以授受册书和玺绶为中心进行。接着,他换上皇帝的衮冕,坐在太极前殿受群臣跪拜。孝明帝的即位在北朝各位皇帝的即位中,被记载得最为详细,除了硬放在夜间举行以外,称得上是北朝的中国式即位仪礼的典型。因长广王元晔的废位被拥立的前废帝在洛阳城东郭外受群臣上表即位,受玺绶和衮冕入城后,在太极前殿受群臣拜贺。因前废帝的废位被拥立的后废帝,在信都城的西边即位,并升坛祭天。孝武帝依照后废帝让位的遗诏和册书,在黑毡上面向西拜天即位。北魏虽然从前废帝时就在都城的郊外即位,但孝武帝的即位最具有北族传统特点。东魏孝静帝在洛阳城的东北即位,应该也是同样的即位形式。西魏孝武帝驾崩后,除了知道文帝是依照册书即位的这一点以外,其他内容都无从知晓。

北齐时武成帝依照孝昭帝的遗诏即位,武成帝让位后当时仍是皇太子的后主受玺绶即位。北周时武帝依照被毒死的明帝的口诏即位,但《周书·武帝纪上》将这称为遗诏。武帝在回到京城之前驾崩,虽然宣帝在长安即位但这应该算是枢前即位。武帝立有遗诏,主要内容是要求薄葬。静帝依照宣帝让位的诏书即位。隋炀帝是枢前即位,据推测有授受册书和玺绶,但与隋之前的例子相比较的话,内容提及皇太子帝位继承的遗诏具有重要意义。这与立炀帝为太子是因为皇太子勇被废有关。此外,隋代建国的文帝其即位在宫中进行,值得注意的是即位时的告代祭天是首次由有司摄事进行。

再次总结一下,北魏时到前废帝为止,不考虑传位、让位以及与先帝之间的亲属关系的话,授受玺绶就是即位的核心。孝文帝和孝明帝的即位中也明确记载有册书。从前废帝到东魏的孝静帝为止,都在都城的郊外即位,进行的是类似于孝武帝的"代都旧制"式的即位,不过孝武帝的即位也有让位的诏令和册书。北齐时武成帝依照长兄孝昭帝的遗诏即位,武成帝的皇太子(后主)通过授受玺绶即位。北周时武帝的即位依照长兄明帝的遗诏进行。武帝后面的宣帝、宣帝后面的静帝都是从皇太子身份即位,遗诏和让位的诏令发挥了重要的作用。隋炀帝即位时强调了遗诏,这是北朝即位中的例外。因此,北魏时到孝明帝为止的即位是通过授受册书、玺绶进行的柩前即位,想要进行中原王朝传统式即位。这之后,虽然北族(这里主要指鲜卑族)的即位仪礼有一部分复活了,但册书这一东汉以来的即位环节依然被沿袭下来。此外,到了北朝后期,在同一朝代内,遗诏逐渐被灵活利用。北齐、北周时几乎看不到沿袭北族即位仪礼的情况。因此,东西魏分裂时期在郊外进行的即位是一时的逆时代潮流的做法,在北朝,通常情况下帝位继承也是十分重视授受玺绶,而即使是"蕃支纂业"和皇太子的即位,在让位等特殊的情况下,先帝的遗诏和让位诏依旧发挥着重要的作用。一方面,不仅在皇太子正统的即位中,看不到进行谒庙的记载,"蕃支纂业"的即位时也没有谒庙的记载。正如第六章所述,北朝的宗庙祭祀与汉魏南朝相比有很多特别之处,这可能和即位时已没有了谒庙有一定的关系。另一方面,也有必要关注北朝末期的即位仪礼中,遗诏的意义逐渐变大。

按照以上方式进行考察,对北魏孝武帝的北族式即位仪礼的复活就不会有太高评价。可以说,到北魏孝明帝时大体确立的即位仪礼,在以后的政治混乱中加入了遗诏和让位诏令的环节,并且在不断强化遗诏和让位诏的作用的过程中进一步发展。在下一节中,将尝试探讨唐代即位仪礼在吸收在本节所论述的南北朝及其以前的即位仪礼的同时,又发生了怎样的变化。此外,在本节中想特别指出的是,北魏献文帝、北齐武成帝作为太上皇帝,北周宣帝作为天元皇帝,这些皇帝之上的皇帝,在以传位为基本原则的汉魏南朝并不存在[46]。为什么北朝却产生了众多类似于日本太上天皇的太上皇？在考虑南北朝隋唐史的特点时，可以将此作为今后研究的重要主题。

四、唐代的即位仪礼

1. 玄宗即位时谒庙的解释

上一节中指出，谒庙作为汉代即位仪礼的一环，在晋（可能是东晋）南朝时成为皇太子以外之人即位时的仪式，而北朝即使在"蕃支纂业"即位时也看不到有谒庙的痕迹。而本章第一节提到，统一了南北朝的唐代只有玄宗进行了谒庙。一般来说，同时期人都认同的应当特别记录的事项容易被记录下来，类似于日常活动的事项不容易记录下来。正如第五章所述，东晋南朝的各位皇帝连宗庙的时祭都以亲祭的形式举行，但并不是所有这些都记录在正史中。因此，下面的观点也可以成立：正因为谒庙成为了惯例，所以几乎没有留下任何关于它的记录。也可以说玄宗即位时的谒庙是偶然被记录下来的个例。但是，《文献通考》第九十九卷《宗庙考》末尾的案语中有这样的记述：

> 然告祭之事，亦有大于祀天者，如即位而告庙，则自舜禹受终，以至太甲之见祖，成王之见庙，皆是也。虽西汉时，人主每嗣位，亦必有见高庙之礼。而自唐以来，则人主未尝躬谒宗庙致祭，以告嗣位。宋朝惟孝宗、光宗以亲受内禅，特行此礼。而其他则皆以丧三年不祭之说为拘，不复举行。

如果根据此记载，汉代即位时举行的谒庙礼在唐代时不复存在，宋代时它成为只有通过内禅（尾形勇所说的让位）即位的皇帝才举行的仪式。这样的话，玄宗谒庙礼正因为是特例，才被记录下来。那么，就有必要考虑玄宗谒庙成为特例的原因。如果可以明确其中的原因，就能确定《文献通考》案语的正确性，如果不能明确其中的原因，则有必要探究唐代即位中谒庙存在的理由。这就是本节考察从玄宗谒庙开始的原因。

那么，关于玄宗即位时的谒庙，从何处着手考察比较好呢？首先应该关注的是它的日程。《册府元龟》第三十卷《帝王部·奉先三》先天元年（712年）条有"十月丁酉，太上皇诏曰[47]……可以今月四日谒享太庙，所司准式。庚子，帝谒太庙"的记载。十月丁酉是初一，庚子如前所述是初四，玄宗的即位是这年八月初三庚子。这样，玄宗谒庙公布是从即位之日开始数的五十八天后，举行是在公布三天后。从本章第二节的表20、21中可清楚看出，汉代也是到了东汉时谒庙礼成为即位之后进行的仪式，即使如此，平均来看，谒庙在即位后35~36天，最晚也是51天后结束。另外，唐代时则天武后举行了相当于皇帝谒庙的庙见而受到关注[48]，当时，宣布废黜王皇后将武昭仪立为皇后是永徽六年（655年）十月十三日己酉，武后的临轩册命在十一月丁卯朔日，庙见是在三日己巳进行（《旧唐书·高宗纪上》）。也就是说，武后的庙见在立册两天后进行，从立后的决定开始算也是20天后的事情了。在唐代，立太子时谒庙的，有武后圣历元年（698年）由庐陵王身份重新被立为皇太子的中宗，而当时他成为皇太子是九月十九日丙子，谒庙是5天后的二十四日辛巳（《旧唐书·则天武后纪》）。

玄宗的谒庙是在即位60天后举行的，与上述例子相比较的话，甚至可以说为时过晚。正如在第三章和第七章中所述，唐代时郊庙的皇帝亲祭有别于作为惯例的有司摄事祭祀，是很特别的祭祀。根据第三章中列出的表5"唐代郊庙亲祭和亲祭决定之间的时间间隔"，从命令实施亲祭的诏敕发布或决定亲祭到亲祭实施的间隔时间，在德宗以后有延长的倾向。在这之前，大多数情况下是一个月以内，而且，除去玄宗的三天谒庙，都一定是十天以上。正如刚刚引用的睿宗的诰文中"所司准式"这一表述，这段时间用来做仪注的决定和准备，所以时间越长准备也就越充分。从这个角度看，玄宗即位时的谒庙可能准备时间并不充分。从即位到谒庙决定下达之间时间过长而且决定到实施之间时间过短，由此可以推测出玄宗即位时的谒庙没有按照传统惯例进行。

以前笔者在注（4）所提到的拙稿《中国古代皇帝祭祀考察》中认为，可以确定除玄宗以外唐代受先帝内禅的太宗、肃宗、宪宗中，太宗和肃宗这两位皇帝即位时举行了告天[49]，所以玄宗以谒庙代替了两人举行的告天（该稿43—48页）。然而，《唐文粹》第三十一卷收录了以下《唐玄宗明皇帝受禅告南郊文》的内容：

> 皇帝臣某敢以玄牡昭告于皇皇上帝。上皇厌理万机,凝情太古,释兹重负,与道优游。宇宙不可以无君,宗社不可以无主,恭惟历数,猥当虚薄,惧忝帝位,固辞不免。遂膺大礼,以驭下人,敬择元日,告类上帝。惟神敷佑四海,永绥天极。

玄宗即位时进行告天仪式的情况,在两《唐书》和《资治通鉴》等编年史料中没有被记载,但根据所引文章的内容可以确定,玄宗进行了告天是事实。另外,武德九年(626年)八月太宗即位时的告天文被记录在《册府元龟》第十卷《帝王部·继统二》,内容如下:

> 甲子,太宗即位于东宫显德殿,遣兼太尉司空裴寂,柴燎告天于南郊曰,皇帝臣某敢以玄牡昭告皇皇后帝。太上皇厌居宸极,凝情姑射,倦此万机,释兹重负。人神不可以乏主,天序不可以无统,历数有归,猥当寡薄。神器有奉,用集大命,惧忝帝位,固辞弗克。遂膺大礼,临驭兆民,敬简元日,告类上帝,即皇帝位。惟神敷佑万邦,永绥天极。

大致来看,两篇文章的行文、用语都十分相似,可以推知,玄宗即位时参考了太宗告天文的先例,所以没有必要怀疑《唐文粹》所记载的玄宗告天文的史料价值。玄宗即位时,和太宗、肃宗一样举行了告天仪式,而且还进行了谒庙。从这点可以看出玄宗即位时进行的谒庙是特别的仪式。

此外,或许还可以说,正如玄宗的告天没有被记录在两《唐书》中一样,太宗、肃宗的谒庙也事实上存在着,但没有被记录在现存的史料中。然而,玄宗的谒庙以亲祭的方式进行,与此相对,正如所引内容,太宗即位时的告天由裴寂进行,同样如注(49)所提到的引文中"所司择日,昭告于上帝"所记,肃宗的告天是也由所司进行的,两者都不是皇帝亲祭。如前所述,唐代时,皇帝亲祭和有司摄事之间有非常显著的区别,大多数情况下,特别重要的祭祀都是由皇帝亲祭。因此,可以理解的是,玄宗即位时,以亲祭的方式进行的谒庙被记载在现存的史料中,以有司摄事的方式进行的告天没有被记载在史料中。而让人无法理解的是,太宗、肃宗即位时亲祭的谒庙在史料中被省略了,只有由有司摄事进行的告天被记录下来。在本章开头所引《文献通考》第九十九卷的案语中已讲到,唐代和汉代不同,即位仪礼中不存在谒庙礼,这个论断应当看作是根据一定事实得出的结论,可以参考。

综上所述，必须要承认的是，玄宗即位时的谒庙礼在唐代并不普遍[50]。睿宗的诰书中宣告了玄宗的谒庙，太上皇帝的诰书是比皇帝的制书更重要的文书，这份文书正出现在睿宗让位给玄宗的时候。而且，诰书比制书的作用更重要，只有短短不到一年的时间，即从玄宗即位到太平公主一派在与玄宗派的权力斗争中败北的次年七月期间[51]。关于此诰书制定的情况，《资治通鉴》第二百一十卷《唐纪二十六》先天元年（景云三年，712年）七月条有如下记载：

> 太平公主使术者言于上曰，彗所以除旧布新，又帝座及心前星皆有变，皇太子当为天子。上曰，传德避灾，吾志决矣。太平公主及其党皆力谏，以为不可。……壬辰，制传位于太子，太子上表固辞。太平公主劝上虽传位，犹宜自总大政。……八月庚子，玄宗即位，尊睿宗为太上皇。上皇自称曰朕，命曰诰，五日一受朝于太极殿。皇帝自称曰予，命曰制、敕，日受朝于武德殿。三品以上除授及大刑政决于上皇，余皆决于皇帝。

据此可知力劝睿宗让位的人是太平公主，建议睿宗通过诰书成为地位比玄宗地位更高的太上皇帝（前面引文中的太上皇是简称）的人也是太平公主。这样，将关注点放在宣布玄宗谒庙的太上皇帝即睿宗的诰书上，就会发现玄宗即位前后，睿宗、玄宗、太平公主三人之间微妙的关系。

唐代以前，依照太上皇或太上皇帝的命令举行谒庙礼的例子在历代史料中都无法找到，这可能与让位的例子本来就很少有关。而且，汉代时使用遗诏是在枢前即位的阶段，并不是在之后谒庙阶段。或许由于谒庙是与祖灵相关的仪式，因而通过太上皇帝的诰书来宣布玄宗谒庙这种方式不足为奇。但是，如前所述，也有史料记载唐代没有谒庙礼，而且在南朝，谒庙并不是即位时必须的仪礼，举行谒庙礼的是没有获得皇太子资格而即位的皇帝，并不是像玄宗一样由皇太子身份即位的皇帝。总之，不论从制度层面来讲，还是从实例层面来讲，唐代以前，即位时皇帝的谒庙没有以太上皇、太上皇帝的诰书做为必要条件。再进一步说，虽然可以认为玄宗的谒庙是传统仪式的复活，但是即使可以这样认为，从玄宗的谒庙在即位58天后才通过诰书宣布，短短3天后就举行这一点来看，再对照汉代的先例，不得不说这样的日程安排是不自然的。简而言之，不论从哪一方面考虑，玄宗即位时的谒庙都是特例。通过上面的论述，玄宗进行谒庙的原因，只能在睿宗、玄宗、太平公主三人之间的紧张关系中去寻找。那么，这样的猜测到底是不是正确的？接下来就将根据相关史料的文意进行探讨。

如前所述，皇帝的祭祀中要恭读祝文，但玄宗即位时的祝文没有留存下来。因此首先应该从命令他谒庙的太上皇帝的诰书中尝试寻找可以推测谒庙意义的线索。《唐大诏令集》第七十五卷《令皇帝亲谒太庙诰》中有如下记载[52]：

> 昔重华嗣德，格于文祖，高密陟后，至于神宗，盖所以敬履端之元，申孝享之道。皇帝初嗣大宝，允膺休命，欢洽神灵，庆溢宗社，宜躬亲祀典，用展肃邕。可以今月四日谒享太庙，所司准此（式）。（先天元年十月）

开头有"昔重华"等字眼，作为先例引用了重华即舜前往文祖即尧之始祖庙的经过。关于此内容，《史记·五帝本纪》有如下记载：

> 正月上日，舜受终于文祖。文祖者，尧大祖也。于是帝尧老，命舜摄行天子之政，以观天命。舜乃在璇玑玉衡，以齐七政。

这段话反映了舜接受尧禅让时谒拜文祖进行摄政的事。此外，舜正式即帝位是在尧死后。接下来的"高密陟后"的高密指的是禹[53]。这段话可能是以《尚书·大禹谟》中"正月朔旦，受命于神宗"这句话为依据。因此，此诰书中首先将尧——舜——禹的禅让作为先例记载，然后命令玄宗去谒太庙。这里应当注意的是，在先例中没有列举唐代的事例。如果唐代时，要进行谒庙礼属于一般情况的话，就不至于举出尧舜的例子。作为内禅的先例，也应该可以举出太宗即位的例子以及后面论述中作为特例的睿宗的即位。但此诰书中，没有提及唐代的先例，而是举出了舜和禹谒拜尧庙、舜庙[54]的例子，这似乎意味着唐代没有谒庙的先例。

这样，从命令谒庙的太上皇帝（睿宗）的诰文也可以看出，玄宗的谒庙没有仿照唐代的先例。那么为何只有玄宗即位时举行了谒庙礼呢？这个问题的关键在于，正如刚刚在诰书中所看到的，将睿宗——玄宗的内禅比作了尧——舜——禹的禅让。上引《资治通鉴》第二百一十卷中记述从睿宗让位至玄宗即位期间的经过这一部分，其中省略的七月壬辰条的内容如下：

> 上乃谓太子曰,汝以天下事重,欲朕兼理之邪。昔舜禅禹,犹亲巡狩,朕虽传位,岂忘家国,其军国大事,当兼省之。

也就是说,玄宗再三推辞即位,对此,睿宗根据舜禅让后巡狩的故事,提出参与处理军国大事的想法。这样,命令玄宗谒庙的诰书中记录的故事,完全符合睿宗作为太上皇帝发布诰书并且独揽军国大权时要寻求的前例的要求。从这里可以再次确定,玄宗的谒庙和舜、禹的情况一样,他的即位是在先帝(睿宗)的辅佐下进行的,所以也可以推测出,他即位的具体实施同样出自睿宗的意志。

接下来,为了确定以上的推测是否妥当,将转换角度,探讨当时的赦文。虽然最好的办法是研究玄宗谒庙时的祝文,但因为祝文没有流传下来,所以为了探究谒庙的意图将围绕居于其次的史料——谒庙当日发布的大赦文(《唐大诏令集》第七十五卷《明皇即位谒太庙赦》,《文苑英华》第四百二十卷翰林制诏—《开元皇帝受禅制》记载的内容基本相同)进行讨论。另一方面,睿宗也是通过由韦后拥立的温王重茂(殇帝)的禅让即位的,当时的赦文流传了下来(《唐大诏令集》第二卷《睿宗即位赦》,《文苑英华》第四百二十卷《睿宗受禅制》)。完整记录玄宗即位时赦文的文章没有留存下来,当然也无法找到睿宗谒庙的记录,虽然这两篇赦文并不是完全对应的,但是可以仔细比较它们内容和结构的不同,所以接下来将并列展示这两篇文章。首先,《睿宗即位赦》的内容是这样的[55]:

①ⓐ门下。朕闻自古帝王,光膺图箓,则尊尊亲亲之义,著于典册,谅在至公,盖非获已。ⓑ我大唐乘时抚运,累圣重光,当四海之乐推,受三灵之眷命。大行皇帝奄弃寰县,痛结仇雠,朕志扫巨逆,保宁嗣主。ⓒ今皇帝哀茕在疚,托于朕躬,勤恳再三,愿成兹意。ⓓ朕以不德,猥承丕绪,念今追昔,载感于怀,若涉大川,罔知攸济。思荷宗祧之业,属此惟新,式扬涣汗之恩,与之更始,可大赦天下。

接着,《明皇即位谒太庙赦》的内容如下所示。为了和睿宗的赦文进行对比,虽然有些长但在此引用全文[56]。

②ⓐ门下。继明嗣德,王者所以承天,尊祖奉先,圣人所以崇孝。故上日之礼,著乎重华,月朔之祠,袭乎文命。狩欹作颂,发流潜

第八章　中国古代即位仪礼与郊祀、宗庙祭祀

哲之祥,清庙升歌,思表配天之业,历选前载,可得而言。ⓑ我国家首出开元,继文膺统,七代观德,至道洽于生人,三后在天,世裕光于后嗣。ⓒ太上皇帝道超寰表,功轶帝先,名言不测于乾行,仁智不遗于日用,累让神器,非以黄屋为尊,俯膺大宝,盖以苍生屈志。黎人于变,淳化斯登,载怀脱屣,畴咨菲薄,竭让德之至,天睠弗回,陈拜首之诚,冲襟逾貌。ⓓ遂以寡昧,祗践宸居,循顾绍庭,载深寅畏。爰撰初吉,躬展肃雍,虔肆献之仪,申大号之典,神保之享斯洽,介福之道攸宜。亿兆同欢,人祇咸庆,恭承圣训,申兹沛泽,可大赦天下。

这两篇文章中的ⓐ换句话说就是概括记述继承的部分,ⓑ是记述唐朝以来继承的部分,ⓒ是记述殇帝和睿宗内禅原因的部分,ⓓ是记述睿宗、玄宗自身关于即位的决心的部分。这样,虽然两篇赦文发布时的情况不同,但两文的结构大体一致,可以说很有比较价值。因此,如果试着进行比较,②ⓐ中"故上日之礼,著乎重华,月朔之祠,袭乎文命"这句话,重华是舜的名字,文命是禹的名字,此处尧舜禹禅让的故事被以对照的方式呈现出来。而,①ⓐ中没有这样的附加记述,只抽象地陈述了帝位继承的原则。相反,②ⓑ中只简单地涉及到唐代以来的帝位继承,而①ⓑ有"大行皇帝奄弃宇县,痛结仇雠,朕志扫巨逆,保宁嗣主"的内容,称赞了睿宗平复韦后之乱的功绩。以上的②ⓐ—ⓑ中,没有记述唐代谒庙事例的内容。接着,①ⓒ中简单地借由疾病讲述了殇帝的让位,而②ⓒ中从"太上皇帝道超寰表"开始的部分,郑重引用古典中的用语,赞扬了睿宗在很多方面都非常杰出,尽管如此还愿意让位给玄宗的伟大之处。最后的①ⓓ、②ⓓ都讲述了新即位的皇帝的心境,除了插入②ⓓ中从"爰撰初吉,躬展肃雍"开始的关于谒庙礼的内容以外,两篇文章没有大的区别。总而言之,虽然它们都是根据内禅而制定的赦文,但①的立场是称赞睿宗接受帝位的功绩,使他的即位正当化,而②则称赞了睿宗让位的高尚品德,将他的让位比作尧舜的禅让。

像这样将睿宗的让位比作尧—舜—禹禅让的史料不止一篇。《唐大昭令集》第三十卷贾曾《睿宗命皇太子即位诏》(延和元年[712年]七月、《旧唐书·玄宗纪上》同年七月壬午条的制文也基本相同)中有如下记载:

顷属国步不夷,时艰主幼,大业有缀旒之惧,宝位深坠地之

忧,议迫公卿,遂司契篆,日慎一日,已至于今。一纪之劳,勤亦至矣,万方之俗,化渐行矣,将成宿愿,脱屣寰区。昔尧之禅舜,惟能是与,禹以命启,匪私其亲,神器之重,尤归公授。

这段话讲述了在中宗暴崩的国难中,睿宗接受了殇帝的让位,现在又为了实现归隐的夙愿,让位给玄宗。引人注目的是"昔尧之禅舜,惟能是与,禹以命启,匪私其亲,神器之重,尤归公授"这句话,意思是禹将帝位让给启,并不是亲属独占帝位,帝位(即神器)应该是公授的。换个角度看,也可以说这段话要表达的是玄宗并不是因皇太子的血缘关系即位的,将玄宗的情况套到上面这个故事中。另一方面,《册府元龟》第十卷《帝王部·继统二》详细记录了殇帝让位给睿宗的情况,关于景龙四年(710年)六月甲辰即位当日的情况有如下记载:

太平公主曰:"少帝欲以此位让叔父,合否?"幽求(刘幽求)跪曰:"少帝仁孝,追踪舜禹,大王恩慈,倍过之矣。今家国事重,有此推让,诚为至公也。"

这里刘幽求口中的"少帝仁孝,追踪舜禹"这句话的意思,与其说是劝请殇帝让位,不如说是一种强行要求。重点在于"大王(睿宗)恩慈,倍过之矣"。因此,关于殇帝的"追踪舜禹",这并没有采用与睿宗时的诏文相同的修辞。

但是,玄宗在即位次年的先天二年(713年)七月肃清太平公主党羽后发布的《睿宗命明皇总军国刑政诏》(《唐大诏令集》)第三十卷)中有以下记载:

朕以菲薄,属兹多难,仰让王之宿志,顺公议于群情,丕业既康,天保斯定。皇帝神武攸纵,睿哲克跻,安宗社于缀旒,拯生人于在溺,用遵内禅,令总朕师,夙夜在勤,刑政益理。昨者奸臣构衅,潜犯禁闱……皇帝遂与岐王范、薛王业等……戮鲸鲵于阙下,扫欃枪于天路,元恶大憝,罔不伏诛,人神用康,功业弥广,信可总璿衡之大政,守家国家之鸿绪,能事备矣,朕又何忧。自今已后,军国政刑,壹事已上,并取皇帝处分。……朕方高居大庭,缅怀汾水,无为养志,以遂素心。

也就是说,睿宗自己顺应群情而即位,在统治安定后,睿宗让位给玄宗。在玄宗的治理下,国内越来越稳定。他消灭太平公主一派,为国家作出了更多的贡献。进而睿宗表达了今后想要将所有的军国刑政都托付给皇帝,自己过悠然自得生活的愿望。虽然说是玄宗主导了肃清太平公主一派的行动,但这篇文章除了赞美玄宗,表达自己追怀尧曾去过的汾水,想要隐退的想法之外,完全没有提及尧舜禹的禅让。而且,目前给出的史料中都没有提及唐高祖—太宗的禅让,这可以说这反映了睿宗心中认为高祖的禅让并不能成为先例的心理。

以上,从诰书发布到谒庙实施的日程安排、当时诰书的作用、诰文的内容、谒庙时大赦文的内容、相关文献中关于禅让的表述等角度,对玄宗即位时的谒庙进行了探讨。将各个论点总结一下,可以说玄宗的谒庙被类比于尧舜禹禅让时的谒庙,而睿宗让位的高尚德行被类比于尧舜。也即,玄宗的立场恰好正如舜和禹的摄政,睿宗正如尧和舜,在背后控制着局面。因此,玄宗的谒庙绝不是为了使作为皇帝的玄宗的地位正当化而进行的,而是为了提高作为太上皇帝的睿宗的地位,将皇帝玄宗的行动给予一定的限制。可能玄宗在即位后表达了亲政的意愿,对此为了再次确立在玄宗之上统摄大政的睿宗的地位,太平公主一派或者睿宗自己采取的对策就是玄宗的谒庙[57]。史料中完全没有记载睿宗和玄宗当时的心理斗争,但是,通过以上的探讨,可以充分明白玄宗的谒庙作为唐代唯一一次谒庙的特殊之处。

此外,如果考虑到玄宗在先天二年(713年)七月消灭太平公主一派,睿宗归还"军国政刑"这件事,《册府元龟》第九百七十一卷朝贺四同年条以下的内容就显得十分有趣。

(先天)二年正月突厥,二月新罗、室韦、吐蕃、处月、突厥、焉耆、于闻(阗),六月南天竺、新罗,各遣使朝贡。凡夷狄朝贡,太上皇皆御门楼以见之。

据此,从那年的正月到六月,其他民族朝贺时太上皇帝睿宗经常坐在门楼接见。也就是说,这期间的外交权掌握在睿宗手中。这样的情况持续到六月。七月归还大权以后,睿宗不能再和其他民族的使节会见。也即是说,直到先天二年六月,外交权由睿宗掌握。接着该书同卷有以下记述:

开元元年十二月……林邑国王建多达摩遣使献象五头。帝降书谓之曰,卿国在海南,远通朝贡,所献方物,深达欵诚,今赐卿马两匹,宜知朕意。

玄宗在先天二年十二月改元为开元。在这篇记录中的皇帝指的是玄宗,很明显可以看出同年七月以后外交权回到了玄宗手中。

如此一来,且看《旧唐书》第一百九十九卷下《渤海靺鞨传》的如下记载:

睿宗先天二年,遣郎将崔䜣往册拜祚荣(大祚荣)为左骁卫员外大将军、渤海郡王,仍以其所统为忽汗州,加授忽汗州都督。

此处"睿宗先天二年"的说法应该也不是偶然。因为大祚荣被封为渤海郡王是这年二月的事(《册府元龟》第九百六十四卷《外臣部·册封二》),当时睿宗还掌握着"军国政刑"。另外,《资治通鉴》第二百一十卷唐纪二十六先天元年条有这样的内容[58]:

十一月乙酉,奚、契丹二万骑寇渔阳,幽州都督宋璟闭城不出,虏大掠而去。上皇诰遣皇帝巡边,西自河、陇,东及燕、蓟,选将练卒。

这段话讲的是因为北方骑寇奚、契丹的进犯,睿宗命令玄宗出巡边境的事。可以从中看出,到先天二年时过半载时睿宗依然有权命令玄宗。

以上,以探究唐代即位仪礼的特点为前提,考察了是否应该将玄宗即位时的谒庙看做特例的问题。玄宗的谒庙中,太上皇帝睿宗正如相对于舜的尧,相对于禹的舜。谒庙的目的在于显示睿宗虽然已经让位,但地位依然在玄宗之上,从而将皇帝玄宗的行动限制在一定范围内。这就是上面问题的答案。实际上,到玄宗肃清太平公主一派前,睿宗还掌握着外交权和命令太宗的权力。因此,玄宗即位时的谒庙是十分特殊的情况,不能看做是具有代表性的唐代即位仪礼[59]。下面将再一次对此进行确认,同时对唐代即位仪礼的特点再次进行探讨。

2."传位"时的即位仪礼

唐太宗以后的各位皇帝,除了太宗、玄宗、肃宗、宪宗以外,都是在先帝死后即位的。也就是说,在唐代,尾形氏所谓的"传位"是通常情况。所以在梳理唐代即位仪礼的特点时,首先从"传位"的实例开始考察。但是在此之前,和隋朝的情况一样,还有必要对告代祭天的仪式稍作探讨。《旧唐书·高祖纪》义宁二年(618年)五月条在高祖被奉上皇帝玺绶的内容之

第八章 中国古代即位仪礼与郊祀、宗庙祭祀

后,记载了以下内容:

> 隋帝逊于旧邸,改大兴殿为太极殿。甲子,高祖即皇帝位于太极殿,命刑部尚书萧造兼太尉告于南郊。大赦天下,改隋义宁二年为唐武德元年。

在高祖拿到皇帝的玺绶,获得皇帝的资格之后,将大兴殿改名为太极殿,这点也很有意思。高祖在太极殿即位后将刑部尚书萧造派遣到南郊,以有司摄事的形式进行告天。关于隋、唐建国时宫中的即位演变成这种由有司摄事进行的告代祭天的意义,将在探讨唐代即位仪礼整体之后,进行概括考察。

根据注(3)所提到的尾形勇所著《中国的即位仪礼》的观点,关于唐代的传位和让位的即位仪礼,其中传位的即位仪礼由作为凶礼的即位仪礼和作为嘉礼的即位仪礼两个阶段构成,嘉礼阶段以传达册(册书)、宝(玺绶)[60]为主要内容。尾形援引西嶋定生的说法,将凶礼阶段的即位解释为天子即位,嘉礼阶段的即位解释为皇帝即位,称前者为第一次即位,后者为第二次即位。然而,正如在本章第一节所述的,之后松浦千春无法从史料中确认从东汉至唐的即位仪礼中的天子即位,就指出尾形所说的第一次即位——第二次即位可能指的是皇帝即位中的二重性。笔者也在相当于本项及下一项内容的旧稿中给出了结论,即唐代的即位仪礼只由皇帝即位构成。下面将再次验证这一观点,因为尾形认为第一次即位是天子即位,这里将称第一次即位、第二次即位为(即位的)第一阶段、第二阶段。在上一章中已经指出了唐后半期的皇帝亲祭已经定型,而唐代传位时的即位形式及即位经过在唐后半期时也可以说已经定型化。而且正如尾形指出的(前面所提到的论文29—31页),最能体现唐代即位仪礼的第一阶段到第二阶段的进展过程的是唐后半期时从穆宗传位给敬宗的例子。因此,虽然打乱了顺序,但本项就先从敬宗以后的事例展开讨论。

据《旧唐书·敬宗纪》记载,长庆四年(824年)正月二十二日壬寅穆宗驾崩,二十三日癸酉,当时的皇太子敬宗即位。这是第一阶段的即位。三天后的二十六日丙午群臣依照穆宗的遗诏,奉上宝和册书,进行了第二阶段的即位。《册府元龟》第十一卷《帝王部·继统三》详细记载了即位经过:

> 四年正月癸酉,即帝位,时年十六。以门下侍郎平章事李逢

353

吉摄冢宰。其日移仗西宫,发哀于太极殿。分命摄太尉告天地、社稷、太清宫、太庙。丙子,帝即位于太极殿东序,册曰:……于是中书侍郎平章事牛僧孺读册进册,门下侍郎平章事李逢吉宣制进宝,太常少卿冯宿导引乘舆,刑部尚书段文昌率百察奉诚辞。

首先,正月癸酉敬宗即位之后,李逢吉摄冢宰[61],暂时统领百官。这应该是因为敬宗即位后要服丧,于是任命李逢吉在此期间代行政务。根据后面内容可以确认的是,冢宰的作用是执行一般的政务,而不是执行葬仪[62]。穆宗在大明宫驾崩[63],敬宗在即位第一阶段结束的当天移仗到西宫。西宫指当时称呼大明宫为东内,宫城为西内,兴庆宫为南内时的西内[64],敬宗把穆宗的灵柩移动到宫城太极殿的同时,自己也从大明宫来到太极殿发哀(发哀)[65]。

三天后的二十六日,敬宗再次在太极殿东序即位[66]。在这里,牛僧孺奉读先帝穆宗的册书,接着李逢吉进宝,敬宗受领后则第二阶段的即位的主要部分就结束了。上面引文中省略的册书内容中有如下记载:

维长庆四年岁次甲辰,正月辛亥朔,二十六日丙子,皇帝若曰:……咨尔皇太子湛,列祖储爱,自天生德……是用命尔陟于元后,宜令中书侍郎平章事牛僧孺奉册,即皇帝位。

需要注意的是这里敬宗的称谓是皇太子。也就是说,到受册书为止敬宗身份依旧是皇太子,只有完成第二阶段这一主要的即位仪礼后,他才正式即皇帝位。

接下来将以上的情况作为典型,继续考察此后各位皇帝的例子。文宗是敬宗的弟弟,宝历二年(826年)十二月八日辛丑敬宗被宦官刘克明等人弑杀之后,文宗在反对派王守澄的拥立下即位。这一过程仿照上面例子可以展示如下[67]:

九日壬寅枢密使王守澄将江王李昂(文宗)迎入大明宫。次日(十日)癸卯江王发敕令司空平章事裴度摄冢宰,同时着素服(丧服)于大明宫紫宸殿外庑接见百官。以上是第一阶段的即位。次日即十一日甲辰江王下令移仗至西内即宫城,以太子太保赵宗儒为大明宫留后,十二日乙巳在大明宫的宣政殿举行以受册为中心的第二阶段的即位。这时,太皇太后仿照先帝的册书,下令让江王即帝位。太皇太后令中有如下内容:

第八章 中国古代即位仪礼与郊祀、宗庙祭祀

> 咨尔江王昂,聪哲孕粹,清明敏和……是用命尔陟于元后,宜令司空平章事裴度奉册,即皇帝位。

据此文宗正式成为皇帝。这之后是奉读百寮诫辞的仪式,其内容如下(出自《册府元龟》第十一卷):

> 摄太尉兵部尚书段文昌进当香案前,跪奏曰:我国家奄宅万方,光被四表,太(大)行皇帝丕承祖业,嗣唐配天,伏惟皇帝陛下敬之哉。百寮皆再拜。

据记载敬宗的即位中也有奉读诫辞的仪式,其内容应该和文宗仪式上的诫辞内容相同,令人注目的是,这里的"太(大)行皇帝丕承祖业,嗣唐配天"特别记述了大行(太行)皇帝敬宗的死后配天。虽然是传位,但不只对宗庙,对天也充满了深深的敬意。

接下来,《旧唐书·文宗纪上》有"丙午,上赴西宫,成服。丁未,宰臣百寮上表请听政,三表许之"的记载。敬宗移仗到西宫(西内)后进行了第二阶段的即位,而文宗则是在结束即位仪礼后的次日即十三日丙午转移到西内的。因此,前面讲到的十一日的移仗应该指的是转移敬宗的梓宫,大明宫留后的任命是大行皇帝敬宗不在时的举措。也就是说,在这段时期,皇帝依然是敬宗,处于即位第一阶段的文宗还没有完全取得做皇帝的资格。另外,成服的意思是大殓之后换上丧服。如下文所示,第二阶段的即位在大殓时进行,于大明宫举行完毕第二阶段的即位后,文宗移驾宫城,再次着丧服[68],次日在百官的请求下开始处理政务。当然这时应该已经换上了吉服。敬宗在第一阶段即位的三天后于太极殿即位,而文宗提前一天在大明宫的宣政殿进行第二阶段的即位,这就是文宗即位仪礼的特别之处。

文宗在开成四年(839年)十月立敬宗的第六子陈王成美为皇太子,还没来得及举行册礼,次年开成五年正月二日文宗身体情况恶化,令皇太子监国。但是,左右神策军中尉仇士良、鱼弘志发动政变并发矫诏,废黜皇太子,立颖王为皇太弟。文宗在四月辛巳驾崩,宣诏令皇太弟在柩前即位,宰相门下侍郎杨嗣复摄冢宰。这是作为凶礼的第一阶段的即位。据《资治通鉴》第二百四十六卷同月辛巳条记载,文宗在大明宫太和殿驾崩,所以第一阶段的即位在大明宫进行。接着,该书记载了如下内容:

> 癸未,仇士良说太弟赐杨贤妃、安王溶、陈王成美死。敕大行

以十四日殡,成服。……辛卯,文宗始大殓,武宗即位。

《旧唐书·武宗纪》有"十四日,受册于正殿,时年二十七"的记载。武宗在第一阶段即位结束10天后的十四日辛卯进行大殓[69],并举行第二阶段即位的册礼。虽然无法直接从史料中确认这里所说的正殿是否指的是太极殿,但因为敬宗、文宗在即位时都移仗到西内,据此可推断出武宗受册时也是将文宗的梓宫搬移到太极殿进行的。因此可以认为正殿即是太极殿,武宗的即位也是按照大明宫—太极殿的顺序进行的。

此外,根据前面《资治通鉴》的引文,武宗在第一阶段即位后的六日癸未时身份是(皇)太弟。也就是说,武宗在受册之前依旧是皇太弟[70]。而且,该书大殓条的胡三省注中有"大行十一日而始大殓,非礼也"的记述,而因为从第一阶段的即位到第二阶段的即位之间的间隔时间和从发丧到大殓之间的间隔时间是一致的,从中可以看出当时一般是将第二阶段的即位放在大殓之日举行的。

因为宣宗以后的皇帝即位的相关史料很少,很多地方不清楚,所以在此将尽量简述。武宗在会昌六年(846年)三月二十三日甲子驾崩,立遗诏令皇太叔光王怡(改名为忱)在柩前即位(《旧唐书·武宗纪》,该书宣宗纪中系日有误)。这里的柩前即位是第一阶段的即位,当天宰相李德裕被任命为冢宰(《资治通鉴》第二百四十八卷)。而且,正如《唐大诏令集》第一卷《宣宗即位册文》中的以下记载:

> 维会昌六年,岁次丙寅,三月壬寅朔,二十六日丁卯,皇帝若曰:……皇太叔权勾当军国政事忱,温慈睿哲,孝友端明,……是用申陟元后,宜令某官奉册,即皇帝位。

二十六日宣宗被册立为皇帝。这里也应该注意在册立之前宣宗被称为皇太叔这个细节。某官指的是李德裕。关于场所,《新唐书·武宗纪》记载武宗驾崩于大明宫,第一阶段的即位在大明宫进行。关于第二阶段的即位,宋代王谠的《唐语林》第七卷(周勋初校正《唐语林考证》下,中华书局,1987年)有如下记载:

> 宣宗即位于太极殿。时宰臣李德裕行册礼。及退,上谓宫侍曰,适行近我者非太尉耶。此人每顾我,使我毛发森竖。后二日,遂出为荆南节度。

虽然内容是故事性的,但第二阶段的即位在太极殿进行的记载应该是无误的[71]。

大中十三年(859年)八月,宣宗病重,欲立夔王滋,但左神策护军中尉王宗实等人假传圣旨立郓王温为皇太子(改名为漼)。因为九日壬辰发生的事情[72],次日十日癸巳宣读遗制,尚书右仆射令狐陶被任命为摄冢宰。《新唐书·懿宗纪》记载,这一天为柩前即位的日子。《旧唐书·懿宗纪》记载三天后的十三日丙申为柩前即位的日子,《资治通鉴》第二百四十九卷记载的也是丙申即位,而《唐大诏令集》第一卷《懿宗即位册文》中有记载如下:

> 维大中十三年岁次己卯,八月甲申朔,十三日丙申,皇帝若曰:……咨尔皇太子,朕之元子,幼有圣资……是用命尔陟于元后,宜令摄中书令中书侍郎兼礼部尚书平章事萧朗奉册,即皇帝位。

这里也是以十三日作为即位之日。综上,可以梳理出这样一个大致脉络:十日是进行凶礼的第一阶段的即位的时间,十三日进行嘉礼的第二阶段的即位。关于即位的场所,从《文苑英华》第四百二十卷《大中十三年十月九日嗣登宝位赦》中可以看出大明宫留守的情况,所以可推测出第一阶段的即位在大明宫,第二阶段是在太极殿的信息。

咸通十四年(873年)七月十六日戊寅,懿宗病重,左神策护军中尉刘行深等人欲立普王俨为皇太子,十八日庚辰发制文定下普王为皇太子。十九日辛巳懿宗驾崩,根据遗诏,韦保衡摄冢宰,僖宗即位。《资治通鉴》第二百五十二卷记载十九日当天进行柩前即位,而《旧唐书·僖宗纪》记载二十日进行柩前即位。因为懿宗在大明宫咸宁殿驾崩,所以第一阶段的即位应该是在大明宫进行。而《旧唐书》中的二十日可能记载的是僖宗的第二阶段即位。

文德元年(888年)三月五日壬寅,僖宗病重,在十军观军容使杨复恭的强烈请求下,寿王杰成为皇太弟,次日六日癸卯僖宗驾崩。据《资治通鉴》第二百五十七卷记载,当日依据遗诏,皇太弟杰改名为敏,韦昭度摄冢宰。而据《旧唐书·昭宗纪》记载,寿王杰依据遗诏成为皇太弟是在六日,皇太弟柩前即位及韦昭度被任命为摄冢宰是在八日乙巳。《新唐书·昭宗纪》

也是记载八日皇太弟柩前即位，《册府元龟》第十一卷记载也是八日皇太弟柩前即位。《旧唐书·昭宗纪》记载，昭宗在己丑即四月二十二日首次听政，即使认为把乙丑误记为己丑，昭宗在三月二十八日首次听政，这样距离即位之日也有20天的时间。因为冢宰是皇帝的执政代理人，所以昭宗在八日即位后可能再次任命韦昭度为冢宰，在自己听政之前让他代理自己处理政务。因为到此为止各位皇帝在册立之前身份都依然是皇太子（皇太弟、皇太叔），根据前面的论述，可以从史料中得出以下结论：六日依据遗诏成为皇太弟是昭宗第一阶段的即位，八日的柩前即位是第二阶段的即位，这一期间韦昭度的摄冢宰任期被延长。《资治通鉴》记载僖宗驾崩的场所在大明宫的灵符殿，《旧唐书》记载在宫城的武德殿，而考虑到这时大明宫已经废弃[73]，因此僖宗驾崩的场所可能在武德殿，昭宗即位的场所也在宫城内，很有可能在太极殿。

昭宗于天祐元年（904年）八月十一日壬寅在洛阳的椒殿（皇后殿）被朱全忠的手下杀害，次日即十二日辉王祚依据假遗诏被立为太子，改名为柷。当天昭宗的灵柩被移到西宫，假传皇太后诏书，宣布皇太子柩前即位。虽然洛阳的椒殿的位置并不明确，但可以大概确定西宫指的是洛阳的宫城，具体是指含元殿[74]。然后，《旧唐书·哀帝纪》记载"丙午，大行皇帝大殓，皇太子柩前即皇帝位"。《唐大诏令集》第一卷《哀宗即位册文》中也有如下记载[75]：

> 维天祐元年，岁次甲子，八月壬辰朔，十五日丙午，皇后若曰：
> ……咨尔皇太子监国事，天资岐嶷，神授英明……宜即皇帝位。

虽然没有任命冢宰，但哀帝成为监军国事依据的是十二日的矫诏。和前面的情况相对比，可以说，十二日从立太子到宣布柩前即位是第一阶段即位，十五日大殓是进行受册的第二阶段即位。

将以上敬宗及其后八位皇帝的即位情况简单地进行总结，可以概括为：先帝驾崩后发布遗诏，宣布皇太子柩前即位，任命冢宰。这是第一阶段的即位，先帝在大明宫驾崩时就在大明宫进行，皇太子在这时身份依然是皇太子。接着，梓宫被移到太极殿，皇太子也到太极殿发丧（发哀）。通常情况下，第一阶段即位后过三天进行大殓（殡），并宣读先帝的册书，进行授册和进宝[76]。这是第二阶段的即位，此时经过册礼，皇太子成为真正的皇

第八章　中国古代即位仪礼与郊祀、宗庙祭祀

帝。以上面的总结为前提,接下来探讨截止到穆宗时即位的特点,但这段时期有很多皇帝如太宗、玄宗、肃宗、宪宗通过先帝在世时让位(内禅)而即位。而且,睿宗也是通过殇帝(少帝即温王重茂)让位的形式即位的。中国古代先帝驾崩后皇太子即位是帝位继承的基本形式,通过先帝让位而即位本来就是异常情况。而且相关史料的记述方式也是各种各样,所以如果要探讨唐代时通过内禅而即位的这种即位形式的特点,就需要采取目前为止没有采用过的方式进行探究。因此,关于前面列举的五位皇帝即位仪礼的特点,将放在下一项探讨。接下来从高宗的即位开始按时间顺序进行探讨。

太宗在贞观二十三年(649年)五月二十六日乙巳,于终南山翠微宫[77]驾崩。由于是在行幸中驾崩,所以密不发丧返回长安城,大行皇帝(太宗的遗体)被安置到两仪殿。《资治通鉴》第一百九十九卷同年条有如下记载:

(五月)壬申,发丧太极殿,宣遗诏,太子即位。军国大事,不可停阙,平常细务,委之有司。……六月甲戌朔,高宗即位,赦天下。

据此,二十九日壬申在太极殿发丧,宣遗诏,太子即位。这里没有任命冢宰,正如后面所述,冢宰是在代宗传位给德宗时才首次任命。但是,正如"平常细务,委之有司"所记载的,因为新帝听政之前,政务摄管相关事项已经有所指示,所以从这里更加可以确认之前的推测,即冢宰的职责不是执行葬仪,而是执行政务。然后,六月一日甲戌太宗殡于太极殿,高宗柩前即位(《旧唐书·太宗纪下》以及《高宗纪上》)。也就是说,在发丧的同时宣布皇太子即位(第一阶段的即位),行殡时进行即位仪礼(第二阶段的即位)。虽然没有具体的记载,但基本可以确定的是,太宗的梓宫被转移到太极殿后发丧,然后进行了以给高宗进奉册、宝为核心的第二阶段的即位。

另外,二十九日的遗诏即是《唐大诏令集》第十一卷所收录的《太宗遗诏》,其中有如下内容:

属纩之后,七日便殡,宗社存焉,不可无主,皇太子即于柩前即皇帝位,依周汉旧制。

诏书指示以属纩即皇帝断气七天之后行殡以及即位[78]。高宗即位在发丧两天后进行,从驾崩当天开始数,前后大约经过六天,可以说日程大致与遗

诏相符。

高宗在弘道元年(683年)十二月四日丁巳于洛阳的贞观殿驾崩,在那里发布了遗诏(《资治通鉴》第二百零三卷)。正如同日的《唐大诏令集》第十一卷《大帝遗诏》中如下记载:

> 既终之后,七日便殡。天下至大,宗社至重,执契承祧,不可暂旷,皇太子可于枢前即皇帝位。……军国大事,有不决者,兼取天后进止。

可知是在贞观殿宣布了皇太子的枢前即位。中宗即位是在十一日甲子,也即遗诏中所说的驾崩后第七天(《资治通鉴》第二百零三卷),和高宗即位时相同,这时也是七天后行殡,在行殡的地方进行枢前即位。《文苑英华》第八百三十五卷,天后武氏《唐高宗天皇大帝哀册文》记载,举行高宗殡礼的场所在乾元殿的西阶,因此中宗应该就是在乾元殿即位的。另外,前面的诏书中有"军国大事……兼取天后进止"的记述,这反映了则天武后取得冢宰的职权,向着掌握大权迈出了一步。《资治通鉴》第二百零三卷同年十二月条有如下记载:

> 庚申,裴炎奏,太子未即位,未应宣敕,有要速处分,望宣天后令于中书、门下施行。

也就是说,在介于第一阶段的即位和第二阶段的即位之间的七日庚申之时,中宗身份依然是皇太子,不能发布诏敕[79],武后利用这一权力真空,发展了她的势力。

众所周知,中宗在景龙四年(710年)六月二日壬午,于长安宫城的神龙殿被韦后等人毒杀,然后殇帝(温王重茂)被拥立。这一经过在《资治通鉴》第二百零九卷以及《旧唐书·中宗纪》中有比较详细的记载。根据这两本书的记载,二日毒杀之后,韦后隐瞒了中宗之死,没有公布,第二天即三日癸未太平公主和上官昭容草拟遗制,立温王为皇太子,任命韦皇后为知政事,相王(睿宗)为太子太师。四日甲申梓宫被移到太极殿,然后发丧。接着韦后临朝摄政,大赦天下,改元为唐隆。殇帝枢前即位是在这三天之后的七日丁亥。也就是说,四日在太极殿发丧,韦后临朝摄政,这是第一阶段的即位。因为韦后摄政既仿照了武后的先例,同时又相当于担任了此后冢宰的职务,所以形式上不能称为特殊情况。如果将这里的四日看做中宗葬仪形式上的开始,殇帝的即位(第二阶段的即位)就是在三天后进行。虽然在上一节唐后半期的各个例子中,三天后举行第二阶段的即位是普遍情况,但在此可以认为,这个日程是韦后等人为了权力的安定,将形式上的皇帝即位提前进行的结果。以上从中宗暴崩到殇帝即位的事件都发生在长安宫城(西内)中。

接下来,关于从诛灭韦后到睿宗即位(殇帝的让位)的过程,以及睿宗—玄宗—肃宗让位的意义,将一并在下一项中考察。在肃宗传位给代宗时,张皇后无后因而担心失宠,在宝应元年(762年)四月十六日乙丑,和越王系共谋企图废黜皇太子。宰相李辅国等人发现了这一行动并及时阻止。越王被捕,皇后也被幽禁于别殿。十八日丁卯肃宗驾崩于大明宫长生殿,之后制止了张皇后谋反的宦官程元振等人迎皇太子豫(代宗)于大明宫的九仙门,接见群臣,行监国之礼(《册府元龟》第十一卷)。第二天即十九日戊辰在两仪殿大行皇帝(肃宗)发丧,宣布遗诏[80](《资治通鉴》第二百二十二卷)。因此,在十八日到十九日之间,肃宗的梓宫从大明宫移到宫城。次日即二十日乙巳代宗在两仪殿即位(《册府元龟》第十一卷),正如遗诏中"宜令所司,当日具礼,于枢前即皇帝位"的记载,这应该是枢前即位(《唐大诏令集》第十一卷"肃宗遗诏"),在这里,可能还举行了受册的仪式。

代宗的枢前即位在太极殿北侧的两仪殿举行,这是因为肃宗驾崩之前太上皇玄宗也驾崩了。《资治通鉴》第二百二十二卷宝应元年四月(肃宗的元年建巳月)条有"甲寅,上皇崩于神龙殿,年七十八。乙卯,迁坐于太极殿"的记载。玄宗驾崩于四月五日甲寅,仅仅是肃宗驾崩的13天前。接着正如该书四月十九日戊辰宣遗诏条的胡三省注解中"肃宗崩于东内寝殿,发丧于西内内朝,从上皇也。上皇梓宫在西内前殿"的记载,应该理解为十八日肃宗驾崩时,玄宗的梓宫已经被安置于太极殿内。因此,代宗不能依照前例在太极殿即位,只能在比太极殿还要深僻的两仪殿(胡注中所说的西内内朝)进行所有的即位仪礼[81]。就这样,非常特殊的代宗即位在西内(太极宫)举行。十九日发丧、宣遗诏是第一阶段的即位礼,次日的即位是第二阶段的即位礼[82]。

此外,第二天即二十一日庚午,群臣上表请代宗听政,代宗就命侍中苗晋卿担任摄冢宰。第二天,因苗晋卿极力推辞,上言建议依据遗命三天后

361

代宗听政。在宰臣和文武百官再三上表请求下,代宗终于同意(《册府元龟》第十一卷)。虽然三日听政在现存的肃宗遗诏中找不到依据,但这可能由于张皇后事件,使得代宗即位在肃宗驾崩后第二天进行,比起以往的即位有些匆忙。另外政务执行可能也有问题,因此才首次出现任命摄冢宰[83]。

代宗在大历十四年(779年)五月三日癸卯患病不起,二十一日辛酉颁发了令皇太子监国的制书,当天晚上,代宗就在大明宫的紫宸内殿驾崩了。当日发布了遗诏,遗诏(《唐大诏令集》第十一卷《代宗遗诏》)有如下内容:

> 皇太子元良继明……宜令所司当日具礼,于柩前即皇帝位。
> 仍以司徒兼中书令汾阳郡王子仪(郭子仪)摄冢宰。

这是首次在遗诏中任命冢宰。次日二十二日壬戌,神柩被移往太极殿发丧(《旧唐书·代宗纪》),二十三日癸亥德宗在太极殿前殿即位(《册府元龟》第十一卷)。从驾崩到在太极殿前殿的柩前即位,前后满打满算大约经过了三天,遗诏中有"礼固从宜,丧不可久,皇帝宜三日而听政,十三日小祥,二十五日大祥,二十七日而释服"的内容,表明在此已经决定了三天后的听政。代宗可能是根据自己即位时的经验,才像这样在遗诏中写入到听政的具体时间和任命冢宰的内容[84]。而《唐大诏令集》第一卷《德宗即位册文》中有如下记载(《文苑英华》第四百四十二卷内容基本相同):

> 维大历十四年,岁次己未,五月辛丑朔,二十三日癸亥,皇帝若曰:……咨尔皇太子适,禀天地之仁,含日月之耀……是用命汝陟于元后,嗣守皇业……其命门下侍郎同中门下平章事常衮奉册,即皇帝位。

在此也是,二十一日在大明宫进行的是宣读遗诏的第一阶段的即位,二十三日在太极殿进行的是受册的第二阶段的即位[85]。

关于德宗传位给顺宗的经过,各史料记载互有矛盾,尾形将这些史料加以运用,进行了梳理。按照他的理解,贞元二十一年(805年)正月二十三日,德宗自觉大限将至,向百官传达了遗诏,当日便在会宁殿(大明宫?)驾崩。第二天二十四日,皇太子在大明宫的宣政殿接受遗诏,着缞服(丧服),见百官。当天德宗的灵柩被移往太极宫,隔一天于二十六日发丧,皇太子在太极殿即位(前面提到的论文《中国的即位仪礼》23—25页)。这样的理解大致是正确的。还有一个小细节,《资治通鉴》第二百三十六卷同年同月条有"癸巳,德宗崩。苍猝召翰林学士郑絪、卫次公等至金銮殿,草遗诏"的记述。根据这段记载,遗诏[86]起草于二十三日,要说当天还宣读了遗诏,从时间上来看可能有些不太可能。而二十四日皇太子着丧服见百官,所以这一天应该是发丧。截至到这一时期唐代历史上也有一些例子是在宣遗诏当日进行发丧(太宗—高宗、肃宗—代宗)。就算将二十三日当做宣遗诏的时间,从即位仪礼的过程来看,显得没什么意义。根据《资治通鉴》和《册府元龟》第十一卷的记载,可以理解为:二十四日在大明宫宣政殿宣遗诏,发丧(第一阶段的即位),二十六日在太极殿进行以受册为主的柩前即位(第二阶段的即位)。

而且,关于二十六日丙申顺宗的即位,《册府元龟》第十一卷以及《顺宗实录》第一卷收录了册书,前者有如下记载:

> 贞元二十一年正月丙申,太子即位于太极殿。册曰,维贞元二十一年岁次乙酉,正月辛未朔,二十三日癸巳,皇帝若曰:……咨尔皇太子诵,睿哲温恭,宽仁慈惠……其令中书侍郎同平章事高郢奉册,即皇帝位。

据此,册文的日期应该是二十三日癸巳[87]。这些史料中记载,皇太子(顺宗)因为病弱没能出席在含元殿举行的朝贺,而且二十多天不能外出,群臣十分担心。二十三日,察觉到宫内外疑虑的皇太子赶到大明宫西侧的九仙门,接见各位军使,从而打消了他们的疑虑。虽然在至此为止的例子中,册文的日期都是第二阶段的即位当日,而只有顺宗册文的日期提前到了德宗驾崩的当日,应该认为这是为了体现顺宗即位是遵从德宗自身意愿的这一意图。《旧唐书·德宗纪》关于二十三日宣遗诏的记载应该也和这有关。这一年八月发生的顺宗传位给宪宗的具体经过将在下一节进行探讨。

宪宗在元和十五年(820年)正月二十七日庚子暴崩于大明宫中和殿,噩耗由内常侍陈弘志传达。第二天二十八日辛丑宣遗诏[88],内容是皇太子恒(穆宗)的柩前即位和任命司徒兼中书令韩弘为摄冢宰(《新唐书·穆宗纪》)。二十九日壬寅时移仗至宫城[89],发哀于太极前殿,间隔三天在闰正月丙午宣顾命,依照册命穆宗即皇帝位(《册府元龟》第十一卷)。《唐大诏令集》第一卷《穆宗即位册文》(《文苑英华》第四百四十二卷有大致相同的

内容)记载如下:

> 维元和十五年岁次庚子,闰正月甲辰朔,三日景(丙)午,皇帝若曰:……咨尔皇太子恒,……是用命尔陟于元后,宜令中书门下侍郎平章事令狐楚奉册即皇帝位。

该册文的日期是三日,文中穆宗的身份是皇太子。通过以上史料可以看出,穆宗的即位过程中,正月二十八日宣遗诏和任命冢宰是在大明宫的第一阶段的即位,闰正月三日的受册是在太极殿的第二阶段的即位,虽然宪宗是暴崩的,但除了第一阶段和第二阶段即位之间隔了4天,时间稍微有点长以外,没有不符合当时的即位仪礼惯例的地方。

在以上探讨的从唐初到穆宗的即位仪礼中,从敬宗以后,传位的即位程序基本上没有发生过大的变化。只是当初是在发丧7天后行殡也就是进行第二阶段的即位(准确说是行殡之前,参见注85),而引人关注的是,在第一阶段即位的2~3天后进行第二阶段的即位这一习惯在殇帝即位时是临时性的,而在德宗以后是持续性的。这段间隔时间的缩短和皇帝交替时政权的不稳定也有关系。另外,也因此代宗即位时出现了任命冢宰的现象,应当注意的是冢宰的职务是代替丧事中的皇太子执行政务。

关于唐代传位时的即位仪礼,进行逐一考察后的结果汇总在表22中。再次从整体来看,首先应该指出的是,直到唐末,第二阶段的即位都在太极殿进行。在唐代后半期,皇帝在大明宫起居,驾崩。在这样的情况下,柩前即位以迁梓宫(神柩),或者移仗的形式在太极殿进行。而无论是第一阶段的即位还是第二阶段的即位都和大明宫的含元殿没有任何关系。

接着,关于第一阶段的即位具体环节,可以确定的只有宣遗诏。特别是在唐朝后半期的第一阶段的即位中,虽然主要环节是皇太子的即位和冢宰的任命,但这些都是可以从遗诏中得知的情况。虽然《旧唐书》本纪和《册府元龟·帝王部·继统》二~三、《资治通鉴》中可零星见到通过发布遗诏而使皇太子即位的记述,但也可以理解为这些记述只不过是记载了皇太子通过遗诏宣布即位这一事实。在第二阶段即位时使用的册文中,即位的皇帝都是皇太子等身份的人,且从原则上来讲受册结束前的皇帝仍然应该是大行皇帝(先帝)。而且在中宗的例子中,这段期间皇太子没有发布诏敕的权力。另外,在遗诏中写入任命冢宰的做法始于德宗即位时代宗的遗诏[90]，但包括此次及在此之前，冢宰官职承担的职责是执行世俗性的政务，武后和韦后意图掌握的权力也就是这一内容。换句话说，进行册礼前皇太子的权力可以说只局限于执行葬仪之类的事。大殓（也有史料记为殡）当天进行受册即位也反映了先帝驾崩后的皇太子的职责首先在于执行葬仪。穆宗以后，在第一阶段即位的三天后进行即位的例子很多，说明当时人们也意识到了大殓即第二阶段的即位，这一点可以从武宗以及哀帝的例子中得到确认。

这样看来，可以明确的是，唐代即位仪礼的核心在于第二阶段的即位。第二阶段的即位，除去像文宗即位这样的特殊情况，都是在太极殿进行的，这一点在考虑大明宫以及太极宫的作用时应该留意。此外，唐代的第一阶段的即位（尾形认为的第一次即位）截止于皇太子即位的宣布，这点也是非常明确的。如此一来，就必须再次探讨将第一次即位看作天子即位的这一提法是否妥当，而因此也就有必要考察有关让位时的皇帝即位——天子即位这二段式即位的提法是否妥当。下一节，将围绕唐代时让位的各个实例，对其即位过程进行探讨。

3. "让位"时的即位仪礼

上一项稍微提及了一下，唐代除了有名的太宗、玄宗、肃宗、宪宗的即位以外，武周时期的中宗以及中宗被弑后的睿宗他们的即位也都可以列入让位的例子，把这些例子积累沉淀就可以提取出让位的特点。另外，从这些各有特殊之处的例子中也可以重新认识即位的特点。本部分将剖析上述情况以揭示唐代让位的特点，在此基础上结合上一节的结论阐述唐代即位仪礼的整体特点。另外，因让位而形成的即位多少都带有一些政治原因，本项以确认即位的手续流程为重点，并不对各个例子的政治形势做深入分析。

首先，关于太宗即位的情况《册府元龟》第十卷《帝王部·继统二》记载最为详细，据此可知武德九年（626年）八月八日癸亥，高祖下诏让位，虽然当时身为皇太子的太宗坚决推辞，但高祖一再表示让位意愿很强烈，于是太宗不敢再辞，于是高祖当天派遣兼太尉司空魏国公裴寂赐予太宗册文。《唐大诏令集》第一卷《太宗即位册文》（与《册府元龟》所收册文稍有不同）中有"今传皇帝位于尔躬，命司空魏国公寂（裴寂）、尚书左仆射宋国公瑀

表 22 唐代皇帝传位表

皇帝名	年次（西历）	驾崩	第一阶段	移动	第二阶段	第一～第二阶段的天数，备考
太宗—高宗	贞观二十三（649年）	五月二十六日终南山翠微宫含风殿	五月二十九日发表，宣遗诏即位，太极殿		六月一日柩前即位，太极殿	两天后，驾崩五天后
高宗—中宗	弘道元年（683年）	十二月四日洛阳贞观殿	十二月四日宣遗诏，柩前即位		十二月十一日柩前即位（1）	七天后
中宗—殇帝	景龙四年（710年）	六月二日宫城神龙殿	六月四日迁梓宫，发表，韦后临朝摄政，太极殿		六月七日柩前即位（太极殿）	三天后
肃宗—代宗	宝应元年（762年）	四月十八日大明宫长生殿	四月十九日移仗，宣遗诏，发表，宫城两仪殿		四月二十日柩前即位，两仪殿	一天后
代宗—德宗	大历十四年（779年）	五月二十一日大明宫紫宸内殿（2）	五月二十一日宣遗诏，柩前即位，摄家宰，大明宫	五月二十二日移仗，发表，太极殿	五月二十三日受册即位，太极前殿	两天后	○
德宗—顺宗	贞元二十一年（805年）	一月二十三日（大明宫）会宁殿	一月二十四日宣遗诏，发表，大明宫宣政殿	一月二十四日移仗太极殿	一月二十六日受册，柩前即位，太极殿	两天后	○

366

续表22

皇帝名	年次（西历）	驾崩	第一阶段	移动	第二阶段	第一～第二阶段的天数、备考
宪宗—穆宗	元和十五年（820年）	一月二十七日大明宫中和殿	一月二十八日宣遗诏，柩前即位，摄冢宰，大明宫	一月二十九日移仗，发哀，太极前殿	闰一月三日受册即位，太极殿	五天后 ○
穆宗—敬宗	长庆四年（824年）	一月二十二日大明宫清思殿	一月二十三日柩前即位，摄冢宰（大明宫）	一月二十三日移仗西宫，发哀	一月二十六日受册宝即位，太极殿东序	三天后 ○
敬宗—文宗	宝历二年（826年）	十二月八日大明宫	十二月十日素服会见百官，摄冢宰，大明宫紫宸殿外庑	十二月十一日移仗西宫（神柩）	十二月十二日受册宝即位，大明宫宣政殿	两天后，太皇太后令册
文宗—武宗	开成五年（840年）	一月四日大明宫太和殿	一月四日宣遗诏，摄冢宰（大明宫）		一月十四日受册，（柩前）即位，正殿（太极殿）	十天后 ○
武宗—宣宗	会昌六年（846年）	三月二十三日大明宫	三月二十三日宣遗诏，摄冢宰		三月二十六日受册即位，太极殿	三天后 ○

续表 22

皇帝名	年次（西历）	驾崩	第一阶段	移动	第二阶段	第一～第二阶段的天数、备考
宣宗—懿宗	大中十三年（859年）	八月九日	八月十日 宣遗诏，柩前即位，摄冢宰（大明宫）		八月十三日 受册即位（太极殿）	三天后（○）
懿宗—僖宗	咸通十四年（873年）	七月十九日 大明宫咸宁殿	七月十九日 宣遗诏，柩前即位，摄冢宰（大明宫）		（七月二十日 柩前即位）	（一天后）
僖宗—昭宗	文德元年（888年）	三月六日 宫城武德殿	三月六日 宣皇太后令，立皇太弟，摄冢宰（宫城）		三月八日 柩前即位，宫城（大极殿）	两天后
昭宗—哀帝	天祐元年（904年）	八月十一日 洛阳，椒殿	八月十二日 矫宣皇太后令，柩前即位，西宫	八月十三日 矫宣皇太后令之前移仗西宫	八月十五日 受册，柩前即位（西宫）	三天后，洛阳的西宫应该是宫城含元殿？

* 最右栏的○，表示第一阶段到第二阶段期间有从大明宫到太极宫（宫城）的移动。
* 西历以外的（），表示推定的意思。另外，第一阶段的内容源自笔者的判断。
* 宣宗在太极殿即位，出自末王说《唐语林》第八卷《唐高祖天皇大帝哀册文》第七卷宣宗即位的记载。
(1)《文苑英华》第八百三十五卷天后武氏《唐高祖天皇大帝哀册文》中记载是在乾元殿。
(2)该书第八百三十六卷崔祐甫《代宗睿文皇帝哀册文》中记载是在大明宫蓬莱殿。

(萧瑀)赍玺绶授尔"的记述,可知玺绶和即位册文一起交给了太宗。《册府元龟》第十卷记载次日即九日甲子太宗在东宫显德殿即位,所以上面提到的册文所署日期应该是九日。之后(或者九日当天)太宗派遣裴寂进行南郊,宣读了以"皇帝臣某(世民)敢以玄牡昭告皇皇后帝"为开头的告天文,柴燎告天(《册府元龟》第十卷),说明是通过授受册文和玺绶成为皇帝,以皇帝身份告天的。另外《旧唐书·高祖纪》同年同月条有"八月癸亥,诏传位于皇太子。尊帝为太上皇"的记载,从这一句可以看出,给高祖献上太上皇称号的主体是太宗这一方,所以太宗即位(正确的日期应该是九日甲子)后,就让高祖做了太上皇。

史料对武周朝末年中宗即位的日程记载有分歧,滨口重国认为是正月二十四日乙巳传位,二十五日丙午即位[91]。如此记述这个日程的是《资治通鉴》第二百零七卷,在此就依据该书来了解中宗复位的过程。桓玄范等人发动兵变是神龙元年(705年)正月二十二日癸卯,次日即二十三日甲辰太子被命监国,但《旧唐书·中宗纪》记载的却是"甲辰,命地官侍郎樊忱往京师,告庙陵",所谓京师庙陵,确定无疑就是长安的唐室李氏太庙及太祖、太宗、高宗的各个帝陵,皇太子监国祭告了这些庙和陵。这一情况和后面宪宗的情况比较一下,会有很有意思的发现,值得注意。次日即二十四日乙巳武后传位于皇太子中宗,二十五日丙午中宗即位。乙巳的传位应该指的是发布表示让位意愿的诏书,太宗时发布让位诏和即位之间隔了一天。另外,《文苑英华》第四百六十三卷《兴复神龙开创制》的记述如下[92]:

    其引玉册及舆册读册等官人,各赐物五十段。授册使人赐物一百段,书册人各赐物十段。

可知中宗即位确切无误有授受玉册[93],但没有找到记载授受传国宝的史料。如上所述,从太宗和中宗的即位仪式可以发现他们的共通之处是发布让位诏的第二天授受玉册(以及玺绶)。不过中宗时即位后并没有马上告天。

按照《资治通鉴》的记载,中宗即位的次日即二十六日丁未武后迁居上阳宫,二十七日戊申被加尊号为则天大圣皇帝,武后在上阳宫驾崩是在这一年的十一月二十六日壬寅,尊其遗制去掉帝号称为则天大圣皇后(该书第二百零八卷)。因此,在武后去世之前中宗和则天大圣皇帝两个皇帝并存。另外,神龙年号不是中宗复位新定的年号,而是武后在位时正月初一改元的年号。中宗即位第二年也没有实行逾年改元,神龙年号持续了三年九个月。中宗政权残留有多少武后的影响?武氏一族参与到什么程度?这些问题无法搞清,但从上述几点也可确定中宗复位后并没有立即积极采取反武氏的政治措施,可以说桓玄范等五王的没落,在中宗复位时已经埋下隐患。

关于中宗—睿宗继位之间夹着的殇帝(温王重茂,以下按照引用的史料所记写为少帝)的即位情况,上一项已经讲过。在此探讨一下少帝—睿宗让位的详细情况。综合《册府元龟》第十卷《帝王部·继统二》《旧唐书·睿宗纪》《资治通鉴》第二百零九卷的记载来看,少帝在中宗枢前即位是唐隆元年(710年)六月七日丁亥,当时还是临淄郡王的玄宗发动政变诛杀韦后、安乐公主等人,令人意外的是这一行动发生得相当晚,在二十日庚子。第二天即二十一日睿宗陪伴少帝,驾御皇城西北角的安福门楼,大赦天下,二十三日癸卯王公百僚上表请求睿宗即位。《册府元龟》第十卷有"是日少帝让于叔父"的记载,该书和《旧唐书·睿宗纪》都记载发布让位诏在二十四日甲辰,所以二十三日应该是事实上决定让位的日子。到了二十四日,睿宗从两仪殿来到太极殿,向东面朝中宗的梓宫,少帝在太极殿东隅次幕内面朝西,睿宗面对着少帝,两仪殿紧挨太极殿北侧,是一座连接内朝和外朝的宫殿。睿宗从两仪殿起驾到太极殿,说明他已经是事实上的皇帝,或者也可能二十三日少帝让给睿宗的是两仪殿和甘露殿以北的起居宫殿。

少帝让位中需要搞清的问题是,同处太极殿的睿宗和少帝的位置关系。此时正是中宗大殓时期,一般来说,皇帝的梓宫放在靠近太极殿西阶的地方,关于此时皇帝的位置,《通典》第八十五卷大殓那一条引用《大唐元陵仪注》如下[94]:

> 前二刻,开宫殿诸门。诸卫各勒所部,陈设如常仪。设皇帝位于殿东间,西向。前一刻,引诸王以下就位。皇弟于皇帝位东,稍北,西向南上。皇子于皇弟之东,亦南上。皇叔在皇帝位北,稍西,南向西上。

结合这个记载来看,少帝位于殿(太极殿)的东侧,向西面朝梓宫,这并没有什么不妥之处。不可忽视的是皇叔的位置,《大唐元陵仪注》记载是在皇帝位置的北侧稍微靠西,南向西上,这儿意思是皇叔有好几个,都在皇帝的北侧,以西面为上位各自朝南站着,与此相对,少帝的皇叔睿宗却是位于梓宫方向面朝东,和少帝面对着面。这儿的东西方向相当于宾主之礼中宾客(西侧)和主人(东侧)的位置关系,位于西侧面朝东的宾客位置是上位[95],而且睿宗位置在梓宫方位,更加给人以强烈的中宗乃正统继承人的印象。在此应该认为睿宗的位置和朝向具有特殊意义。

就这样确定了位置后,太平公主问道"少帝欲以此位让叔父,合否",这次政变的主角之一刘幽求回答说:"少帝仁孝,追踪舜禹,大王恩慈,倍过之矣。今家国事重,有此推让,诚为至公也。"(《册府元龟》第十卷)就是说,太平公主的问题是向列席的群臣提出的。之后,少帝才发布了让位制[96],照例睿宗坚决推辞。于是就有了少帝的制答(《旧唐书·睿宗纪》),然后睿宗即位。关于这些内容《资治通鉴》第二百零九卷记载如下:

> 时少帝犹在御座。太平公主进曰:"天下之心已归相王,此非儿座。"遂提下之。

描述很生动。这儿所说的御座,应该指的就是太极殿东隅次幕内的座位,大概是因为睿宗坚决推辞,少帝制答后仍待在座位上不动,于是太平公主就做出了这样的发言。就这样,睿宗即位了。

上述经过没有看到册书的存在,另外也没有传授玉玺,不过有少帝的让位诏,而且询问了百官让位是否合适。应该是为了使睿宗即位显得不是武力夺取的而是正当的即位,就采取了由百官认可的让位的方式。即使如此,在这样一个危机四伏的情形下,为了使让位正当化必须有先帝(此处是少帝)的诏书,其次才是授受册、玺,如果这是当时的社会共识的话,这就是考察中国即位仪礼本质的一个重要的论点。另外,也通过实例确认了宫中丧葬仪礼的一个重要侧面,即先帝(此处是中宗)梓宫放置在太极殿西侧,新帝(皇太子)位于东侧。

记载玄宗即位始末最为详细的史料是《册府元龟》第十一卷《继统三》,在此主要就以此为据来看一下玄宗即位的情况[97]。延和元年(712年)七月二十五日壬辰,睿宗发制传位于皇太子玄宗,其记载如下(《旧唐书·玄宗纪上》,不过该《玄宗纪》记载的日期是十五日壬午):

> 皇太子基（隆基）有大功于天地，定阽危于社稷。……可令即
> 皇帝位，有司择日授册。朕方比迹洪古，希风太皇，神与化游，思
> 与道合，无为无事，岂不美欤。王公百僚，宜识朕意。

从上述引文可知即位仪礼有授册的环节。玄宗二十九日丙申上让表推辞没有被许可，几次推辞之后睿宗做了制答(《册府元龟》第十一卷)：

> 汝为季俗多虞，淳风未洽，欲朕回虑，兼理万机。昔舜之禅
> 禹，犹躬行巡狩，况朕授汝，岂忘家国。其军国大务及授三品已
> 上，并重刑狱，当兼省之。

如文中所记，睿宗仍掌握军国大务和三品以上高官的任命权以及死刑等重罪的判决权。就这样利用皇太子对皇帝让位诏坚决推辞的惯例，成功保留了实权。

《册府元龟》第十一卷接着有如下记载：

> 八月庚子，册太子为皇帝，受册悲涕，左右莫不感动。又奉册
> 睿宗为太上皇。命皇帝听朝于武德殿，上皇称朕，有命称诰，皇帝
> 称予，有命称制敕，五日一受朝于太极殿。

四天后的八月三日庚子玄宗即位。没有史料明确记载即位地点，不过后面会讲到，可推测不是在太极殿。虽然没有提及授受玺绶，不过可以认为是与册书一起授与的。之后，睿宗做太上皇帝也是有册授的，然后宣布了太上皇帝睿宗掌握大权[98]。接着，七日甲辰大赦天下改元先天。从以上经过来看，这时实行大赦改元的主体可能是睿宗。顺便提一下，唐代太宗的贞观、高宗的永徽到高宗去世中宗的嗣圣，即位后首次改元都是逾年改元。前面已经讲过，中宗的神龙是继承武后的年号，因此即位后马上进行改元的，除了少帝的唐隆以外，睿宗的景云是最早一例，先天改元是其后第二例。

如上所述，玄宗即位也能确定有让位诏和册书，从程序上来看，发布让位诏后，因皇太子玄宗坚决推辞，睿宗就宣布掌握大权、强行让位，只有这一点有些特殊。之后玄宗举行告天礼，《旧唐书》《新唐书》《资治通鉴》《册府元龟》等虽然没有明确记载，不过本节前面讲过，《唐文粹》第三十一卷《唐玄宗明皇帝受禅告南郊文》有记载，开头是"皇帝臣某（隆基）敢以玄牡昭告于皇皇上帝"。正史没有记录说明肯定是有司摄事举行的，自称是"皇

帝臣某",那么肯定是八月三日即位后没过几天就举行的。但是太宗告天虽是有司摄事却有记录,而玄宗即位后的告天却在正史中没有记录,这应该是有其他原因。

肃宗的即位有很复杂的过程:肃宗在马嵬之变后与蒙尘成都的玄宗告别,前往灵武,在那儿受群臣强劝即位。当然也有学者认为这个即位是通过政变实现的,不过在此对肃宗即位不做深入的政治史方面的解释[99],只就程序层面的情况进行考察。

据《旧唐书·肃宗纪》记载,肃宗与玄宗告别后来到灵武是在天宝十五年(756年)七月九日辛酉,在这儿随从的大臣裴冕、杜鸿渐等人劝请肃宗即位多达五、六次,睿宗不得已听从了劝请。而且该书第一百零八卷《杜鸿渐传》有如下记载:

鸿渐素习帝王陈布之仪,君臣朝见之礼,遂采摭旧仪,绵蕝其事,城南设坛墠,先一日具仪注草奏。肃宗曰,圣君在远,寇逆未平,宜罢坛场。余可其奏。

也就是说,熟悉仪礼的杜鸿渐作了即位仪注,要在灵武城南设立一个坛墠,但肃宗制止了这个计划。坛墠在这儿的意思和坛场相同,如果称为城南坛场的话就是南郊坛了。就是说,杜鸿渐想要设立南郊坛举行告天礼,因肃宗反对取消。肃宗的即位仪礼中,最应该注意的就是这一点。关于实际举行的即位,《资治通鉴》第二百一十八卷同年七月甲子条有"是日肃宗即位于灵武城南楼,群臣舞蹈,上流涕歔欷"的记载,可知是十二日甲子在灵武城南楼即位的。不过从南楼这个地点可以推测出即位时的一些情况。

《旧唐书·肃宗纪》后面有如下记载:

是日御灵武南门,下制曰……乃以七月甲子即皇帝位于灵武,敬崇徽号,上尊圣皇曰上皇天帝,所司择日昭告上帝。朕以薄德,谬当重位,既展承天之礼,宜覃率土之泽,可大赦天下,改元曰至德。

从这段内容来看,当时实行了大赦[100]。唐代大赦一般是由皇帝出御到宫城正南门发布,特别是肃宗回京以后,绝大部分是在大明宫正南门即丹凤门发布,肃宗的即位赦文在南门发布是要效仿这一惯例[101],肃宗即位仪式在室内举行,有违常例,通过发布大赦以昭告天下百姓,因此,这次大赦比起一般的即位赦文更具有重要意义。即位仪式在灵武城南举行也是为此目的,可以说这个大赦的发布使即位成为既成事实,这才是肃宗即位的核心仪式。同时不可忽视这段记载提到了给玄宗奉上尊号为上皇天帝,所司择日昭告上帝。对于没有在南郊坛举行即位告天的肃宗来说,这是作为皇帝行使祀天大权的首次机会。"既展承天之礼,宜覃率土之泽",然后话题延伸到大赦,明确显示出肃宗很重视得到祀天的权威。太宗、玄宗都在即位后举行了告天礼,而肃宗制止了大肆举行即位告天礼,代之以向上帝告拜给玄宗奉上上皇天帝的尊号。由此可以推知在灵武城南楼举行的即位仪式,其核心是应群臣请求承诺做皇帝以及决定给玄宗奉上上皇天帝尊号这两项内容。

肃宗当天就派遣使者去向上皇(玄宗)报告即位之事,但长途险阻走不快,八月十二日癸巳才到达成都取得玄宗许可,玄宗在十六日丁酉发制文成为太上皇,十八日己亥玄宗临轩命令左相韦见素奉传国宝和玉册给肃宗。九月二十五日丙子传国宝、玉册送达当时居于顺化郡(庆州)的肃宗手里,据说肃宗不敢受赐玉册,安置在别殿朝夕供奉(《资治通鉴》第二百一十八卷)。从以上经过可以看出,在玄宗与肃宗之间的帝位继承上,至少从玄宗的角度来看,发布让位诏和授与册书、玺绶是很重要的。这篇玉册文(《唐大诏令集》第一卷《肃宗即位册文》)开头是"维天宝十五载岁次庚申,七月癸丑朔,十二日甲子,皇帝若曰,咨尔元子某"[102],册文中所署日期正是肃宗举行即位仪式的七月十二日,说明肃宗的即位一天也不差的得到了玄宗承认。

但是,七月十五日时,玄宗还并不知道肃宗即位,他发布了"命三王制"(参见《唐大诏令集》第三十六卷等),四分天下让皇太子和永王璘等四个皇子统领各地区。冈野诚认为,永王璘之后在江南的举动就是以此制文为据,被肃宗当做叛军最后战败而死也是起因于此,所以,《肃宗即位册文》所署日期为七月十二日,就是为了使七月十五日的"命三王制"无效,八月十八日发布的册文其所署日期是配合肃宗方面的时间修改的[103]。但是,从上面这些情况可知,明确表示玄宗让位意愿并命肃宗即位的"肃宗即位册文"所署日期改为七月十二日是有必然性的,没有这个改动,肃宗的即位形式上就不是基于玄宗方面的提议了。七月十二日这个所署日期就算是肃宗方面的篡改，也不能说仅仅是为了使"命三王制"无效，应该解释为是为了让肃宗即位出自于玄宗的让位意愿，无论如何都有必要把七月十二日定为所署日期。

总之，肃宗即位由两个阶段构成。第一阶段，肃宗独自举行即位仪式，虽然没有设立坛场告代祭天，但让有司摄事举行即位后的告天以向玄宗奉上上皇天帝的称号，而且为了昭告即位，发布了大赦文。第二阶段，玄宗承认肃宗的即位，发布了让位诏并授与玉册、玺绶，结合以前玄宗的各项情况来看，第二阶段才是让位仪式正当的形式。这样看来，即位时的直接告天是最后的措施，肃宗应该是因为担心自己的即位有些不正当而省略了杜鸿渐仪注中的告天步骤。另外一面仿照太宗、玄宗即位后的告天，为免自己的告天和太宗、玄宗的告天雷同，就举行了向太上皇玄宗奉上尊号的告天。在此，肃宗为了彻底使即位正当化，更是需要玄宗发布让位诏并授受册文、传国宝。肃宗之所以没有马上接受册文和传国宝，是想要表明自己的即位是情非得已。

关于宪宗的即位情况，韩愈《顺宗实录》第四至第五卷记述最为详细，《册府元龟》第十一卷次之，《旧唐书·顺宗纪》某种程度上也比较详细。根据这些记载，顺宗因病于贞元二十一年（805年）七月二十八日乙未下诏任命皇太子即后来的宪宗为勾当军国政事，次日即二十九日下诏命宰臣告拜天地社稷，皇太子在大明宫麟德殿西亭会见了四方来使（《顺宗实录》第四卷）。顺宗让位之际有对皇太子监国之事举行告拜，之前中宗复位时有告拜，这次是第二次，中宗复位时是向太庙和帝陵告拜，而这次是向太庙、帝陵以外的天地社稷告拜。如果各个史料记载没有缺漏的话，这两个皇太子监国告祭对象的不同具有很大意义。也就是说，帝位从异姓的武后回归李唐时，回归的消息上告了祖灵，与此相对，同姓内唐室的让位，不是上告祖庙而是上告天地。这样的话，正如后面所讲，同一王朝内即位时，先帝的身份通过宗庙联结着上天，具有非常重要的意义，因此，在唐代传位时需要遗诏，让位时需要让位诏。

继续刚才的话题，皇太子监国众所周知后，八月四日庚子正式发布了让位诏。诏书有如下记述（《顺宗实录》第五卷）[104]：

> 肆予一人……而天祐匪降，疾恙无瘳，将何以奉宗庙之灵，展

> 郊禋之礼。……皇太子某……必能宣祖宗之重光，荷天地之休命，奉若成宪，永绥四方。宜令皇太子即皇帝位，朕称太上皇，居兴庆宫，制来称诰，所司择日行册礼。

这段内容讲述了顺宗因病不能继续祭祀宗庙和上天，皇太子即后来的宪宗能担负起宗庙传统和天地大命。另外正如这段话末尾所述，顺宗自称为太上皇，于次日即五日辛丑迁居兴庆宫。于是，九日宪宗的即位仪式在大明宫宣政殿举行，并发布了如下册文（《册府元龟》第十一卷）：

> 维永贞元年岁次乙酉，八月丁酉朔，九日乙巳，太上皇若曰，咨尔皇太子纯……是用命尔当位嗣统，宜陟元后，代予忧勤。今遣使简较（检校）司徒平章事杜佑、副使门下侍郎平章事杜黄裳持节册命。

宪宗的即位，和前面的几个例子比起来可以说是最平稳的让位，但是即位经过和普通的即位比起来仍有很多特殊之处。首先就是顺宗称太上皇之后才让宪宗即位的。上面的即位册文叙述很清楚，宪宗成为皇帝是八月九日，册文中顺宗自称为太上皇，可见从五日到九日期间没有皇帝，这一点前面已经确认过，而高祖、睿宗是在太宗、玄宗做了皇帝后才成为太上皇的。另外，改元永贞在八月五日，改元是由太上皇顺宗实行的。而且即位仪式不是在宫城的太极殿而是在大明宫的宣政殿举行的，和太宗时一样由派遣的使者册命。上面几点中，顺宗以太上皇身份册立宪宗为皇帝，宪宗即位前就实行改元，关于这两点具有什么深意，笔者还不能马上搞清楚[105]。目前关于前者，只能考虑是为了避免皇帝册封皇帝的矛盾，而关于在大明宫宣政殿即位，可以考虑是出于以下原因。

实际上，唐代让位时地点选用太极殿的只有睿宗一例，在洛阳即位的中宗，在灵武即位的肃宗不用说当然不会用到太极殿，不过太宗时也没在太极殿而是在宫城的东宫显德殿即位。玄宗的即位地点不清楚，不过结合即位后睿宗在太极殿受朝玄宗在武德殿听朝的情况来看，可能玄宗的即位不在太极殿而在武德殿。唯一在太极殿即位的睿宗，当时中宗梓宫的安放位置很大程度上决定了少帝和睿宗的位置。上一项已经讲过，唐代因先帝驾崩而传位的皇帝即位，基本上都在太极殿举行，文宗在大明宫宣政殿即位，是因敬宗被弑他由江王身份即帝位，是一个特例，但当时也仍然把敬宗梓宫移往太极殿。代宗在两仪殿即位,是因为13天前去世的玄宗的梓宫在太极殿,肃宗的梓宫安置在两仪殿。这样看来,安置先帝梓宫也是太极殿的一个重要功能(参见注94)。除了睿宗以外,因先帝让位而即位的皇帝之所以不在太极殿即位,应该是因为在太极殿即位的前提必须是传位的柩前即位。总之,当时一般看法也是认为先帝活着时让位不合常规,对以传位为原则的太极殿即位有所顾忌。正因此睿宗的即位实质上近似于由传位而即位的情况。如果以上推论正确,就更加证明了上一项提出的观点,即新帝的首要作用在于完成先帝的葬仪。

上面就唐代六例让位的过程做了探讨。因先帝让位而即位本身就有违常例,即使如此,也可以找出有几条共同点:(1)有让位诏,(2)授受玉册,(3)避开在太极殿即位[106]。(2)方面虽然会联想到同时有可能授受玺绶,但未能一个一个确认到玺绶的存在。上面三条中,让位诏和册、玺在异姓间禅让时也是必须条件,在中国的皇帝即位上至关重要,注(3)所提到的尾形的两篇论文已经指出这一点。正如尾形所说,无论是内禅还是外禅,因让位而即位都算做皇帝即位。不过,尾形把太宗即位后告天仪礼上的天子即位看做第二次即位仪式,与此相对的是传位时在柩前即位是天子即位,之后授受诏册是皇帝即位。但是,笔者认为没有必要把即位后的告天仪式看做天子即位,应该把它归类到因让位引起的即位例子中。

尾形沿袭西嶋的观点,把因传位而即位的仪式分为天子即位和皇帝即位两个阶段,但是正如松浦千春所指出的,东汉以后因传位而即位时,不存在柩前的天子即位。笔者也认可松浦的观点(参见本章第一节)。上一项已经看到,唐代传位时,第一阶段的即位是遗诏明确指定皇太子即位,到授受册宝的阶段为止皇太子身份仍是皇太子,他的作用在于主持先帝葬仪。让位时,到授受玉册为止新帝仍是皇太子身份,其中典型例子就是由太上皇册立的宪宗的即位。因此,如果把让位诏等同于传位遗诏,传位和让位在之后的即位程序上基本上没有什么不同。另一方面,上一章已经讲过,唐后半期,即位次年的告天对新帝来说是必须的仪式,也就是说,即位后的皇帝肯定会举行告天仪式,差别只在于是即位后马上举行还是第二年以后举行。不提其他朝代,至少在唐代,不管是传位还是让位从宣诏(遗诏)到授受玉册(以及传国宝)都是以相同的程序来进行。因此,把即位仪礼限定在上述范围内来看的话,没有必要提出传位时和让位时天子即位与皇帝即位顺序相反的理论。

传位和让位的最大不同当然在于是否有柩前即位。上一项和本项的都考察揭示了唐代在太极殿的即位过程中先帝梓宫具有重要意义。文宗接受玉册当了皇帝后,百官奉上诚辞,其中有如下内容(《册府元龟》第十一卷):

> 我国家奄宅万方,光被四表,太(大)行皇帝丕承祖业,嗣唐配天,伏惟皇帝陛下敬之哉。

诚辞中讲到以驾崩的敬宗配天,唐代具体记述以先帝配天的诚辞只此一份。不过关于穆宗、敬宗以及懿宗时的情况,已经确认有派遣专门的摄官太尉将先帝驾崩和皇太子即位的事上告给天地、太庙等(参见本章附论"关于唐朝帝室的谒庙")。但在宪宗时,他作为皇太子监国上告了天地社稷,却没有上告宗庙。由此可以认为,先帝驾崩后成为宗庙祭祀的对象,有了"嗣唐配天"的资格,新帝因在先帝柩前即位而获得祀天的资格。让位时,由于没有先帝的嗣唐配天,所以皇帝需要自己直接祀天。但是,宪宗的即位是在唐后半期即位次年举行亲郊已成惯例以后,他是因为第二年正月顺宗驾崩,所以决定下一年即元和二年(807年)亲自祀天。

如上所述,关于唐代即位仪式,我们可以认为,传位时授受遗诏——玉册(传国宝),让位时授受让位诏——玉册(传国宝),由此即可完成皇帝的即位。因此,正如本章开头引用的松浦的观点,以往所说的两次即位仪式可以考虑为皇帝即位中的双重性。上一项中本来没有必要设定第一阶段的即位、第二阶段的即位这种表达方式,不过,不可忽视的事实是唐代传位时宣遗诏确实是非常重要的环节,以至于会让人觉得即位仪礼有两个阶段。而另一方面,传位时以先帝配天、从而使新帝获得天子的资格,之后才能以天子臣某的名义祀天。但是让位的情况下没有以先帝配天的环节,新帝需要以皇帝身份祀天才能得到天子的资格[107]。不过宪宗即位时没有这样的记录,他的情况和传位相同,是即位后举行郊祀。这样看来,可以说唐代的太极殿柩前即位与西汉以前的宗庙即位具有同等意义。汉到唐期间的即位仪礼,从宗庙即位变成柩前即位再加谒庙,最后谒庙这个步骤也消失了。但是,这并不意味着象征宗庙的血缘纽带不重要了,取代宗庙的太极殿枢前即位,同样担负着宗庙即位的功能,且成为常规。

我们已知,隋文帝和唐高祖的即位都在宫中举行,告代祭天的仪式委托给了有司。睿宗即位时,之所以少帝让位得到群臣承认后才公布,应该是因为当时一般观念认为即位仪礼就应该在宫中群臣面前举行。总体来看,汉代以来,即位仪礼基本上只有皇帝即位这个部分,那么就有新的问题要研究了,即需要重新考察历代王朝建国时即位仪礼的举行方式,这一点作为今后的研究课题。下一节我们将继续关注唐代即位仪礼的特点,就本章中已经确认的汉代以来即位仪礼的变化做一个总结。

五、小 结

本章探讨了从汉到唐时期中国即位仪礼的特点及变迁,主要考察了同一王朝内的继承(传位)情况。首先,介绍了西嶋定生的观点。西嶋是最早关注皇帝制历史特点的学者,他认为汉代即位仪礼由天子即位——皇帝即位两个阶段构成,与此相对应,皇帝制和即位仪礼具有皇帝和天子两个侧面。其次,介绍了尾形勇的观点,尾形对西嶋的观点做了深入细致的论述,认为从汉到唐同一王朝内传位是以天子即位——皇帝即位的顺序举行即位仪礼的,与此相对,包括王朝更替在内,让位时是以皇帝即位——天子即位的顺序举行即位仪礼。接着,介绍了小嶋毅的观点,小嶋对西嶋和尾形的观点提出质疑,认为即位仪礼只有皇帝即位这个部分。松浦千春通过考察汉代和唐代的即位仪礼也证实了小嶋观点的正确性。本章第四节的2以及3就上述问题进行了考证,唐代的相关史料充足,笔者通过记载的实例证实了唐代即位仪礼基本上只有皇帝即位这个部分。另外在其他论文中也阐明因传位而即位的即位仪礼也适用于王朝更替时的让位仪礼这个观点[108],不过对王朝更替时的即位仪礼进行全面的重新探讨是今后的课题,在此不多赘述。另外,本章第四节的2、3中,因考虑到上述研究史以及表达的简洁性,就使用了第一阶段即位和第二阶段即位这种用语,但在后面介绍了松浦的观点后就有些混淆不好懂了,笔者也不知即位仪礼中的第一阶段、第二阶段这种表达方式是否合适,请诸位读者能理解。

关于魏晋南北朝的即位仪礼,像上面那样可以用于细致论证的史料很少,因此在本章第二节、第三节以及第四节 1 中,以这一时期为中心重点分析了能明确体现即位仪礼特点的史料,并结合实例一边确认这些记载内容一边论证。最应该注意的是:即位仪礼时谒庙的功能发生了变化。也有观点认为,东汉时谒庙从直接的即位仪礼上分离出来,成为先帝埋葬后的仪式,晋(大概在东晋)南朝时以皇太子身份即位的皇帝不举行谒庙,只有皇太子以外的其他人即帝位时举行谒庙。另外,以皇太子身份即位的皇帝不需要册书。因此,魏晋南北朝的即位仪礼中,授受玺绶是中心环节,但史料中也有为了皇帝即位而准备册书的例子,至于即位时的册书和玺绶哪个更重要,只能说这一时期的情况变化不定。另外,从上述论述的内容来看,可以推知,那个时代人们认为立太子时的谒庙和册书非常重要。如果确实如此,那么就有必要联系皇帝即位仪礼的特点来考虑立太子时的仪礼。关于这个问题,后面的附论会介绍迄今为止笔者注意到的史料并对其进行考察,但仍有很多不足之处,例如包括皇太子制度在内的中国帝位继承制度的历史意义等,将作为今后的课题来研究。

北朝为了对抗东晋南朝也有自立皇帝的情况,虽然未能证实存在像晋南朝那样固定的一套即位仪礼,但仍能概括出如下特点。首先,即位后的谒庙在史料记载上连一例也见不到。在第一章和第六章已经讲过,可以说比起南朝,北朝的宗庙祭祀有违常例的情况很多,北朝即位时的谒庙不具有像汉代、南朝那样的功能。唐代只找到玄宗有即位时谒庙的记载,是因为当时的谒庙承认当了太上皇的睿宗掌握大权,反而要约束作为皇帝的玄宗的行动,所以是一个特殊的仪礼,这在第四节的 1 中已有论证。玄宗的谒庙并不是像南朝那样的"蕃支篡业",因此可以认为,像汉代或晋南朝那样的即位时的谒庙,在唐代已经消失了。另外,北魏末期,帝位继承人有举行沿用北族"代都旧制"坐黑毡的即位仪礼,但这样返祖的仪式南齐和北周都没有袭用。另一方面,以皇太子身份即位的北魏孝明帝的即位经过在《魏书·礼志四》有详细记载,可以推知是在太极殿面对宣武帝的灵柩举行的柩前即位,可以说这份史料记录了南北朝时期在太极殿即位的典型例子。

北魏时,不论是传位还是让位,以及其与先帝的血缘关系如何,即位仪礼的重心都是授受玺绶，另外也认可册书。北齐和北周很少有能证实在即位仪礼上授受册书和玺绶的例子，比较显眼的是遗诏的存在，它使得皇太子即位正当化。而汉魏南朝很少发布遗诏，所以本章没有引用史料记载，这一时期，遗诏在内容上很多都是有关励行薄葬和命令皇太子代理辅佐的，基本没有先帝作为遗诏发布人保证继承人即皇太子的德行、能力等的例子。到了唐代，发布遗诏成为必须的环节，遗诏里有提及皇太子资质的内容。因此，北朝时遗诏的功能已经发生了变化，至唐代基本上不再举行即位时的谒庙，可以说唐代的即位仪礼很多部分都是沿袭北朝的制度。不过在太极殿即位的例子南朝时较多，北朝时只确认到一例，即前面讲到的北魏孝明帝的例子，所以，从以太极殿为正殿在此举行即位仪礼这一点来看，不如说唐是承袭了南朝的传统。

前面已经说过，关于各个朝代建国时的禅让仪礼，需要纳入皇帝即位的范畴之内重新进行探讨。但不可忽视的是，隋、唐两代建国时的即位仪礼都是在宫中举行的仪礼活动，告代祭天由有司摄事举行。隋炀帝的即位据史料来看，遗诏内容提及皇太子继承帝位，具有很大意义。唐代特别是唐后半期，由于皇帝住在大明宫，在大明宫公布宣告皇太子即位的先帝遗诏，即宣遗诏，成为在太极殿举行柩前即位之前的重要仪式，就是因为这个原因，让人觉得宣遗诏是在大明宫举行的第一次即位。正式的即位仪礼是在太极殿举行的柩前即位，很多有关柩前即位的史料提到册书，唐代传位时授受玺绶不再重要，退变为周边环节，让位时有让位诏和授受玉册。由于让位诏相当于传位时的遗诏，所以唐代即位仪礼基本上最重要的是玉册和诏书，不过在灵武即位的肃宗时的情况是，玄宗发布让位诏的同时也派遣使者授受传国宝（玺）和玉册，所以唐代即位也并不是完全不需要玺绶。韦后所立的少帝，只发布了让位诏，肃宗就即位了，这是因为少帝的即位被周围人认为是不正当的，所以不需要授受玺绶等传国宝这个环节就可以让位。另外，到唐代时，遗诏成为赋予皇太子即位以权威的凭据，与此类似，三国时期以来，王朝更替时让位诏成为赋予新王朝创建人以权威的凭据。

从上面论述可知，从汉到唐，即位仪礼有了很大变化，其变化可以归纳为一点就是：即位仪礼制度化，形成了固定模式，同时需要在宫中得到群臣的承认。西汉初期是宗庙即位，中期以后演变为在宫中的柩前即位。前面已经讲过,唐代太极殿的枢前即位与西汉的宗庙即位具有相同的意义,因此,即位仪礼背后关于帝位继承的一套逻辑规则并没有发生大的变化。但是,即位仪礼作为一种场面上的仪礼,向宫里大臣们公开,把册书和玺绶交给皇太子,这套任命仪式的仪礼本身就具有很大意义。魏晋南朝时,即位时的谒庙成为一种特殊的仪礼,由皇太子以外的其他人来举行,这是枢前即位固定下来后的新方式。在郊祀的祭天仪礼确立之前,宗庙即位的重要性并没有体现在谒庙上,谒庙只是增添"蕃支篡业"者的权威,而且北朝时遗诏逐渐用于保证帝位继承人的合法性,这也是遗诏的新的活用方法,唐代重视宣遗诏也是这一方法的延续。唐代通常的传位中,比起玺书更重视任命书也即册书。

这样,从宗庙即位到宫中的枢前即位举行地点发生了变化,枢前即位中使用册书,遗诏的功能从命令薄葬和任命代理辅佐变成了保证皇太子(帝位继承人)的合法性,这些变化都是向周围的臣下明确展示帝位继承的合法性,以得到他们的认同。堀敏一在《汉刘邦》一书中指出,刘邦因父老部下的拥戴即皇帝位,是中国皇帝制中潜在的民主因素的起源[109]。一直到西汉末的官僚制深化过程中,皇帝权威很高,再也看不到汉初那种因受到周围拥戴而即位的现象[110]。另外,即位仪礼发生了很大变化:从西汉中期出现的枢前即位,发展到唐代遗诏及册书的积极活用,都需要取得周围臣下的同意。西汉第二代皇帝惠帝即位时,不只是向高祖奉上高皇帝的尊号这一决定,而且连惠帝的即位都需要在太上皇庙征求群臣的认可(《史记·高祖本纪》),到唐代时宗庙即位的传统逐渐消失,是因为需要在更广阔的地方征求臣下的同意。隋文帝和唐高祖在宫中即位,隋唐的告代祭天由有司摄事来举行,这个变化另一方面也说明,当时人们意识到最尊贵的地点是宫中。从这一点上来讲,唐代少帝让位给睿宗时,没有册书和玉玺却在太极殿举行,这给人留下深刻印象。

在中国,帝位继承的合法性通常由臣下来认可[111],但是,认可的方式随着官僚制的深化和贵族制的发展等等时代以及当时的政治形势而变化,因此,在今后的中国政治史研究方面,从以即位仪礼为典型代表的皇帝祭祀及仪礼的变化中,应该可以找出各个时代、各个政权所面临的政治课题,以及君臣关系中出现的相关问题。本着这一基本观点,在终章中将对本书冗长的内容进行总结，并对今后做一展望。

附论　关于唐朝帝室的谒庙—皇帝、皇太子、皇后

1. 导言

在本章主体部分中已经讲过，唐代即位时举行谒庙礼的只有玄宗，这个谒庙礼是从玄宗与睿宗、太平公主的斗争中产生的特别仪礼。另一方面，南朝以皇太子身份即位的皇帝即位时不举行谒庙礼，只由皇太子以外的其他人以某种名义在即位后举行谒庙礼。也就是说，这一时期立太子时的谒庙发挥着即位时谒庙的功能。那么，唐代有没有代替即位时谒庙的仪礼？如果有，会是什么样的仪礼？

本论就是基于对上述问题的疑问，发表于《堀敏一先生古稀纪念——中国古代的国家与民众》（汲古书院，1995年）的文章。由于皇帝即位前的谒庙的相关史料比即位时的相关史料例子少得多，所以本论文的考察结果有可能很模糊，未必能得出明确结论。不过要考察即位时谒庙的功能以及对其认识上的发展演变，当然需要对皇帝即位前的谒庙情况某种程度上有个整体把握。本论考察虽有不足之处，但出于前面所提到的疑问，收集了相关史料积极付梓，所以至少可以作为一个史料集起到参考作用。因此，本部分和本章主体章节分开，以附论的形式收载于此。下面就即位时谒庙的相关问题，诸如即位时摄太尉举行的告庙，立太子时的告庙，立后时的庙见，册命中的谒庙等，对这些相关仪礼各自的特点做一探讨。另外，此处的导言和后面的正文，为了使其成为本书的一个构成部分已经做了必要的修改，对初次发表后发现的问题也做了增补修订。

2. 即位时的告庙

（1）具体例子

首先，就唐代即位时的遣使告庙做一探讨。关于这方面的情况可参看《册府元龟》第十一卷《帝王部·继统三》记载的如下两个事例。

　　　　a 穆宗，宪宗子。……（贞元）七年（791年）册为皇太子。十五年正月辛丑，皇太子即位。以司徒兼中书令韩弘摄冢宰。壬寅，移仗西宫，发哀于太极前殿。命摄太尉告天地、社稷、太清宫、

太庙。……闰正月丙午，宣顾命，册曰……
　　b 敬宗，穆宗长子。长庆二年(822年)十二月，立为皇太子。四年正月癸酉，即帝位，时年十六。以门下侍郎平章事李逢吉摄冢宰。其日移仗西宫，发哀于太极殿。分命摄太尉告天地、社稷、太清宫、太庙。丙子，帝即位于太极殿东序。册曰……

尾形勇根据史料 b 等，通过梳理得出的结论为：唐朝时先在大明宫的殡所举行作为凶礼的枢前即位（第一次即位），随后地点改换到太极殿，举行作为嘉礼的即位（第二次即位）授受册、宝（皇帝玉玺）[112]。从大明宫向太极殿转移，发哀（发丧）后，由临时任命的太尉（摄太尉）举行向天地、社稷、太清宫、太庙的告祭。从 b 的"分命摄太尉"可知有好几个人同时被任命为太尉，分工承担南郊、太庙等的告祭。

上面是先帝驾崩后皇太子即位的常规传位时的情形。关于皇帝活着让位给皇太子时的情形，韩愈《顺宗实录》第四卷贞元二十一年(805年)七月条记载有穆宗的父亲宪宗即位时的情形：
　　c 乙未诏，军国政事，宜权令皇太子某勾当。……景（丙）申，
　　诏宰臣告天地社稷。皇太子见四方使于麟德殿西亭。
顺宗让位后宪宗即位于八月四日庚子，五天前的七月二十八日乙未，顺宗发布了诏书命皇太子掌管军国政事，次日即二十九日丙申（七月最后一天）命宰臣告天地、社稷。应该注意此处没有出现太清宫、太庙，如果不是记载遗漏就说明告祭对象只限于天地、社稷。与穆宗、敬宗时的情况不同，宪宗即位是由于先帝让位，当然不存在发丧，这样的话，让位时告天地、社稷的内容应该不是关于发丧的而是关于即位的。估计在太庙、太清宫[113]首先上告先帝驾崩之事，如果有对即位之事进行告庙的话应该并不是专门上告而是顺便上告了。关于这一点会在后面进行考察。

已经确认宪宗—穆宗—敬宗这三代皇帝在即位仪礼中举行了告天、告庙。这是非常珍贵的发现。问题是这是只限于这三位皇帝的特殊现象，还是普遍存在于其他皇帝即位时的现象？《文苑英华》第四百零二卷"大中十三年十月九日嗣登宝位赦"关于懿宗即位时赏赐百官有如下醒目的记载：
　　大明宫留守及缘国庆告郊庙太清宫行事官，三品已上赐爵一
　　级，四品以下加一阶。

第八章 中国古代即位仪礼与郊祀、宗庙祭祀

上文记述的是即位时行事官在郊祀坛、太庙、太清宫举行告祭（有司摄事），不过在唐代，记载有上述内容的大赦文仅此一例。这份大赦文是现存唐代大赦文中篇幅最长的一份，也是省略最少、内容最完备的一份。那么可以推测，其他大赦文中本来应该也有对郊祀坛、太庙、太清宫的行事官赐爵的记录，因此，这部分记录是证实唐代即位时普遍存在有司摄事进行郊庙告祭的有力证据。有司摄事祭祀郊庙没有记录在案，与其说是本身不曾存在，更不如说是过于普通而没有被记录（参见本章第三节等），从上面宪宗、穆宗、敬宗和懿宗的相关史料，可以确认唐代由有司来举行即位时的郊庙告祭。

（2）即位时告祭的特点

上述这些告祭都具有什么特点呢？是否可以理解为本来应该是由皇帝举行的谒庙由有司代行了？答案恐怕是否定的，因为如此一来就无法说明为什么要同时告祭天地、社稷。《大唐开元礼》没有记录皇帝即位本身，但第九十一、九十二卷《皇帝加元服》上下记载了关于皇帝元服时的仪礼顺序：卜日——告圜丘——告方泽——告宗庙——临轩行事——谒见太后——谒太庙——亲谒——会群臣——群臣上礼。这儿所记载的临轩行事之礼，应该就是后面要探讨的册礼时的临轩册命。本章第四节已经讲过，唐代的即位仪礼也是以册礼为中心，所以开元礼中皇帝元服时向圜丘、方泽、宗庙所做的告祭，和穆宗、敬宗等皇帝即位前向天地[114]、太庙等所做的告祭，二者可以看做是同一性质的东西。至于后者为什么会增加社稷这一项目现在还无法解释清楚，不过关于太清宫的告祭，从天宝年间（742年—756年）太清宫加入郊庙祭祀中来，可以理解为这是因为太清宫和太庙同列于祖庙。开元礼中，皇帝元服时在临轩行事后设置有皇帝亲自谒庙的环节，可见穆宗、敬宗册命前的告庙不能看做是由有司摄事代理的即位时的谒庙。

在此需要注意的是，穆宗、敬宗等人即位时进行的告庙等，定位在本章第四节所说的第一阶段和第二阶段即位之间的中间环节。再看汉代的即位仪礼，谒庙在西汉时是即位后马上就举行，在东汉时是即位后间隔一段时间举行，但共通之处是都是即位后举行的仪礼（参见表20及表21）。唐玄宗是从即位当天开始算60个时辰后举行了谒庙，他的谒庙也是在即位

后。另外,考察了汉代举行的谒庙以外的即位时的告庙、告郊,发现明帝即位时太尉赵熹南郊告祭光武帝谥号的例子(《后汉书·明帝纪》),但如果依据颜师古的注中引用的应劭的《风俗通》"葬日遣太尉于南郊,告天地而谥之"来看,明帝即位于中元二年(57年)二月戊戌,29天后即三月丁卯光武帝葬于原陵,这时举行了祭告仪礼。另外,安帝在延光四年(125年)三月丁卯巡狩途中驾崩,阎后与其兄长阎显等人隐瞒了安帝之死,四天后回到洛阳,次日辛未这一天分遣司徒刘喜等人赴郊庙社稷告天请命(该书《安思阎皇后传》以及《天文志》中)。所谓请命,指的是当有人生命危险时请求代替此人,因此这是阎显等人在安帝驾崩之后为了能自己决定安排帝位继承而策划的一个仪式。可以说并非正当的告天、告庙仪礼。也就是说,汉代没有相当于唐代即位仪礼中介于第一阶段和第二阶段中间的告庙——告天。

安帝驾崩之际,派遣请命使赴郊庙社稷这一现象值得注意,在唐代,到即位第二阶段的册命为止新帝身份仍是皇太子,这第二阶段的即位就是大殓(殡)当天的柩前即位。两个阶段期间的世俗性政务是由临时任命的冢宰担任,一般认为一直到最终的即位之前,皇太子的职责在于完成葬仪。如此看来,可以说穆宗、敬宗即位时的告天、告庙等仪礼最主要是为了上告先帝宪宗、穆宗的驾崩。如果这个设想成立,唐代在皇帝驾崩之际,有在郊庙等处告祭先帝驾崩之事的仪礼。顺宗让位给宪宗时,大概也是如此,将顺宗的让位之事上告给天地社稷。另外,在此之前宪宗被任命为勾当军国政事,可以看做此时的皇太子本人承担了传位时冢宰的工作。

前面所提到的懿宗即位时的大赦文,其中有"缘国庆告郊庙太清宫"的记述,可知不仅先帝驾崩而且新帝即位也要上告给郊庙。《旧唐书·哀帝纪》天祐二年(905年)八月庚子的敕文有如下内容:

> 其朝廷册礼告祀天地宗庙,其司空则差官摄行,太尉、侍中、中书令即宰臣摄行。

从上文来看,皇帝即位时应该进行了告天地宗庙的仪礼,但是哀帝的即位册立是前一年八月十五日丙午的事(《唐大诏令集》第一卷《哀宗即位册文》),在此虽然没有全部引用,不过从上下文意思明显可以看出,这个记载内容是有关即位次年举行郊庙亲祭的摄官的。由此,引文"其朝廷册礼告祀天地宗庙"中,册礼和告祀天地宗庙应该是并列关系,所以,从这一句引文来看，没有必要把介于即位的第一阶段和第二阶段之间的告天地、告宗庙等仪礼理解为是关于新帝册立的报告。这之间报告的首先是皇帝驾崩之事，附带着报告一下作为葬仪主持的皇太子的即位之事。

3. 皇太子、皇后与谒庙

从上述考察可知，唐代即位仪礼中介于第一阶段和第二阶段之间的摄太尉举行的告庙等仪礼，并不是皇帝即位时谒庙的代行仪礼。总而言之，唐代包括有司摄事的情形在内，基本上不存在皇帝即位时的谒庙礼。那么，唐代是和南朝一样，立太子时的谒庙从功能上取代了即位时的谒庙吗？

到敬宗为止的唐代各位皇帝之中，没有皇太子或者其他储君身份却最终即皇帝位的，只有坚决推辞当皇太弟的睿宗一例，但是文宗以后朝廷被宦官把持，皇太子等的即位形式一直保持到唐末，决定皇太子人选要么是在皇帝即将驾崩之际，要么就看驾崩后的遗诏（也有伪诏）了，因此按照通常程序立太子只截止到敬宗时。另外，在此期间有记载的立太子时举行谒庙的，只有中宗一例。而且并不是永隆元年（680）八月取代章怀太子时的那次，而是《旧唐书·则天武后纪》圣历元年（698年）九月条记载的那次。

　　丙子，庐陵王哲为皇太子，令依旧名显，大赦天下，大酺五日。

……辛巳，皇太子谒太庙。

武后决心将帝位归还唐室李氏，将流放于房州的庐陵王（即后来的中宗）召回洛阳，立为皇太子，五天后举行了引文中的这次谒太庙。在这之前，同年四月和次年圣历二年四月武后两次谒拜洛阳的太庙，这两次的目的都是为了稳固中宗的皇太子地位（参见第七章第一节4）。

除这一例之外，通过举行祭祀来巩固新任皇太子地位的，还有在贞观十七年（643年）四月取代废太子承乾成为皇太子的高宗。当年冬至太宗带着新太子高宗亲祀郊祀，想要向大家表明立高宗为太子是基于天意。太宗在四月废掉承乾太子身份时也亲谒太庙，向祖灵谢罪，这次冬至的郊祀高宗做从奠，没有记录显示高宗有另外举行谒庙礼[115]。与高宗被立为太子时的祭祀仪礼相比，中宗被立为太子时的谒庙算是个例外。也就是说，只中宗一例不能证明唐代立太子时普遍举行谒庙礼。

接下来举几个类似于立太子时谒庙的例子。开元三年（715年）正月立为皇太子、开元二十五年被废的废太子瑛，据《旧唐书·玄宗纪上》记载：

"(开元)八年春正月甲子朔,皇太子加元服。乙丑,皇太子谒太庙。"立太子五年后加元服,然后第二天举行谒庙礼。唐代皇太子加元服的记录很少,永徽三年(652年)七月当了皇太子的陈王忠,在永徽六年二月加元服(《旧唐书·高宗纪上》),没有谒庙的记录。另外,《新唐书·昭宗纪》乾宁四年(897年)二月条有"己未,立德王裕为皇太子,大赦,飨于行庙"的记载,文宗以后皇帝健在时就立太子的情况很少见,这是其中一例[116]。这个时间在行庙举行飨(享)祭很耐人寻味[117],不过就引文来看,这是昭宗举行的庙祭,并非皇太子的谒庙。另外与此相关的是同书同纪记载的"(光化)三年四月辛未,皇后及皇太子享于太庙"、《旧唐书·昭宗纪》同年同月条记载的"皇后、太子谒九庙"。昭宗回到长安是光化元年(898年)八月,何皇后立后[118]是同年四月,她与德王裕被立为太子的情况相同,是回到长安前就被册立的,这些记载说明是回到长安后皇太子和皇后才举行了谒庙礼。至于昭宗为什么在这个时间点让皇太子和皇后行谒庙礼就不得而知了,据《旧唐书》第一百七十五卷《德王裕传》记载,立太子是华州节度使韩建迎合昭宗之意所行的。此时举行昭宗的庙享及回到长安后的皇太子的谒庙或许是为了昭告世人立太子是出自昭宗意愿。如果这个设想成立,德王裕被立为太子时的谒庙也是特殊情况下举行的,与中宗时一样,都不是唐代立太子时谒庙的典型代表[119]。

　　接下来对相当于谒庙的皇后仪礼庙见[120]做一考察。除了上面昭宗何皇后的例子以外,《旧唐书·高宗纪上》永徽六年(655年)条有如下记载:

　　　　冬十月己酉,废皇后王氏为庶人,立昭仪武昭氏为皇后,大赦天下。十一月丁卯朔,临轩命司空勣(李勣)、左仆射志宁(于志宁)册皇后,文武群官及番夷之长,奉朝皇后于肃义门。十一月己巳,皇后见于庙。

这是唐代立后时举行庙见的唯一一例。除此之外,神龙元年(705年)八月二十八日乙亥,中宗举行亲祫之礼时韦后庙见,另外同年十一月六日壬午韦后和中宗一起接受群臣进尊号亲谒太庙。但是,韦后立后是半年以前的二月十四日甲子,要说这些庙见、亲谒与立后有直接关系也讲不通。从当时的政治形势来看,可以考虑这与景龙三年(709年)冬至中宗南郊亲祀时韦后做亚献(参见第七章第一节5)一样,是韦后基于想要执掌政权的野心所采取的行动。

从以上考察可知,唐朝立太子、立后时的谒庙、庙见,除了昭宗朝的例子以外,只有中宗第二次被立为太子时和武后立后时各一例。在此需要注意的是,这些都可以解释为是特殊政治形势下的谒庙[121]。关于中宗的谒庙前面已经讲过了,而武后立后是在排除王皇后支持派的强烈反对后最终实现的,在此不做赘述,可以考虑此时的庙见是为了使武后立后合法化所举行的仪礼。另外,关于神龙元年八月乙亥的中宗亲祔之礼,《旧唐书·中宗纪》有"皇后庙见"的记载,《新唐书·中宗纪》记载为"皇后见于庙",《大唐开元礼》中除了注(120)所提到的纳后、临轩册命皇后以外,没有看到皇后庙见的记录。在此基于尊重两《唐书》本纪的记载起见,似乎可以认为神龙元年八月韦后的庙见是晚了半年立后时的庙见。不过如果真是如此,半年后举行庙见本身就很反常,仍然可以认为唐代皇太子谒庙、皇后庙见是特例。这同样适用于前面讲到的昭宗朝的例子[122]。

上面探讨了唐代皇太子谒庙、皇后庙见的实例,结论是,这些都是特殊的例子。一般来说,唐代皇帝立太子时并不进行谒庙,那么到底有没有立太子时的谒庙?正如本书从始至终所阐述的那样,各种皇帝祭祀之中重视郊祀是唐代一个确凿的事实,但仍然存在由皇帝亲行的单独的宗庙(太庙)亲祭,这其中有些谒庙与帝位继承等重大国事相关,比如前面讲到的贞观十七年(643年)上告皇太子废黜之事的太宗的谒庙。但是,唐代时一直到即位为止,皇帝继承人和宗庙没有任何联系也讲不通,那么即位前在哪个时间点和宗庙发生了联系呢?本章的例子中,立太子时、立后时的谒庙、庙见都在册命之后,不过开元礼中描述的册命时的情形却是皇太子谒庙处于一系列仪礼的中间(参见注120)。下面以此不同之处为线索,探讨一下册命时的谒庙。

4.册命与谒庙、庙见

再次重复一下,《大唐开元礼》第一百零六卷有"临轩册命皇太子"第一百零七卷有"内册皇太子"的记载。临轩册命皇太子是召集文武百官到太极殿(唐后半期在宣政殿),皇帝亲临举行的仪礼,内册皇太子是由太尉、司徒代替皇帝举行册立的仪式[123]。临轩册命时,皇太子接受册、玺绶后由中书舍人导引谒见皇后,之后到太庙举行谒庙礼。内册时,皇太子从太尉手中接受册、玺绶后谒见皇帝、皇后，之后仍到太庙举行谒庙礼。关于这个仪礼，《大唐开元礼》第一百零六卷有如下记载：

> 皇太子至位，立定，率更令奏，请殿下再拜，皇太子再拜。少顷，率更令奏，殿下辞，皇太子再拜辞。率更令前奏，礼毕。

而在第一百零七卷，关于皇太子谒太庙和皇帝会群臣、群臣上礼等一共只记载了一句"右并如临轩册命之仪"，省略了具体描述。

在前一项的探讨中提出了一个问题，即唐代皇太子只在特殊情况下才进行谒庙吗(参见注114)？虽说在此谈的是开元礼，但开元礼只不过是理论上的条文，和实际情况没有多大关系。《大唐开元礼》第四卷礼部员外郎职掌条有如下记载：

> 凡册皇后、皇太子、皇太子妃、诸王、王妃、公主，并临轩册命，陈设如冬正之仪。讫，皆拜太庙。

另外《唐会要》第二十六卷让有如下记载：

> 贞元三年三月，御宣政殿，备礼册拜李晟为太尉。晟受册讫，具羽仪乘辂谒太庙，遂赴任于尚书省。

这是德宗贞元三年(787年)册拜为太尉的李晟谒太庙时的情形。《大唐六典》第四卷可见到，册命时的谒庙对象只限于皇帝的家人和姻戚，没有臣下(李晟不是出身于唐室的人)谒庙的记载。另外，两《唐书》本纪和通鉴也找不到臣下谒庙的例子。但《通典》第十五卷《选举三历代制下》大唐的"凡诸王及职事正三品以上……册授"的原注有如下记载[124]：

> 诸王及职事二品以上，若文武散官一品，并临轩册授。其职事正三品、散官二品以上及都督、都护、上州刺史，并朝堂册。讫，皆拜庙。册用竹简，书用漆。

就是说，规定就任州刺史(从三品)以上主要官职的官员，册命后拜庙。此处的庙就是太庙，这在上面李晟的例子中已经讲过。

关于李晟时的情形，《唐会要》第二十六卷接着有如下记载：

> 故事，临轩册拜三公，中书令读册，侍中奉礼毕，如阙即宰相摄之。时宰相张延赏欲轻其礼，始奏令兵部尚书崔汉衡摄中书令读册，左散骑常侍刘滋摄侍中奏礼毕。临轩册命，宰臣不亲行事，自此始也。

上述引文后面的原注有"延赏素与晟有隙,至是故特降减其礼,欲以轻之也"的记述,意思是在临轩册命三公之际,以往都是中书令、侍中直接主持仪礼,张延赏为了轻慢李晟,令摄官主持。就是说,这是三公的临轩册命首次不是由宰臣直接主持,而是令摄官主持的例子,因而特别记载下来,不过这时李晟也有举行谒太庙。既然三公有行谒庙礼,那么皇太子等册命时自然也行谒庙礼。关于皇太子册命时的谒庙,《大唐开元礼》第一百零六卷《临轩册命·皇太子谒太庙》有这样的记载:

其日皇太子入受册,所司转卤簿仗卫于永安门西以俟。皇太子朝皇后,出讫,舍人引之次,侍卫如常。

可见从册命到谒庙是同一天内举行的。李晟从大明宫宣政殿受册,乘辂谒太庙到赴任尚书省应该也是同一天内的事情。

但是,在上一项可知,中宗谒庙是册立五天后举行的,就是说中宗被立为太子时的谒庙是和册命分开的仪礼。则天武后的庙见也是册立两天后举行的,中间隔了几天,是因为在此期间有致斋。开元礼也有皇后庙见的前一天进行清斋的记载[125]。而《后汉书·皇后纪下》关于灵帝何皇后有如下记载:

初太后新立,当谒二祖庙,欲斋辄有变故,如此者数,竟不克。时有识之士,心独怪之。后遂因何氏倾没汉祚焉。

此记载不是何氏立太后时而是立皇后时的情形,明确记述庙见前理应有斋戒。另外,《通典》第三十卷《职官十二·太子庶子》有"宫门郎,秦有太子门大夫,汉因之,员二人,职比郎将"的记载,其原注为"《汉官仪》曰:安帝时太子谒庙,门大夫乘从,冠两梁冠"。安帝元初七年(120年)四月丙寅立皇子保为皇太子,改元永宁,延光三年(124年)九月丁酉废太子为济阴王。因此,上文中的太子谒庙应该是永宁元年(120年)的事。这份史料非常珍贵,通过这个记载,可以确认东汉时有举行太子谒庙,至于有没有进行斋戒就不得而知了。

本稿在首次发表时引用了如下王先谦《后汉书集解·皇后纪上·和熹邓皇后传》的记载:

(永初)七年正月,初入太庙。斋七日,至公卿百僚各有差。庚戌,谒宗庙。率命妇群妾相礼仪,与皇帝交献亲荐,成礼而还。

据此记载,安帝永初七年(113年)和熹皇太后谒庙时进行了七天清斋,连公卿百官也都进行了时间长短不一最长七天的清斋[126],但标注了"·"号的"至公卿百僚各有差"在集解的主要版本毛氏汲古阁本中为"赐公卿百僚各有差",中华书局标点本参照了以绍兴本为底本的汲古阁本、殿本,也都是"赐"字。中华书局本和《集解》校勘记都没有提及这个"赐(至)"字,所以《集解》的"至"应该是"赐"的误刻。不过这段记载中的文字表达并不是"赐物……有差",将其理解为谒庙前清斋阶段的赐物有些奇怪。这样的话,上面"赐公卿百僚各有差"就不是关于赐物的描述,是关于清斋天数的描述。那么本文初次发表时所得出的判断"这是非常珍贵的史料,据此搞清楚了不仅谒庙人,还有参列人都进行了天数不等的清斋"(该稿511页)就无需修正。上一段引用的《通典》中的安帝永宁元年立太子时的谒庙,与八年后和熹太后的谒庙(参见注126)在时间上很接近,那么可以认为应该同样都进行了清斋。

上面虽然只举出了东汉的例子,有些遗憾,但也可知册立皇后时的庙见进行了清斋,不仅皇后本人,其他参列人也有清斋。那么是否可以认为,中宗被立为太子时在谒庙前的几天里也进行了清斋?如果像和熹太后那样,谒庙仪礼的参列人也都进行了清斋的话,立太子时的仪礼也按照这种流程进行了的话,在朝廷上中宗被立为太子时的情形会给大家留下强烈印象。然而册立皇太子时的谒庙是同一天内的仪礼,百官也没有参加清斋,虽说同是谒庙但仪礼的效果并没有那么强烈。这样看来,中宗被立为太子时的谒庙是个特例,它取代了册命中的谒庙(或者是在这个谒庙之外另外增添的内容),另外举行了谒庙礼,也因为这一点,此事被特别记载入正史。武后立后时的清斋进行了两天(将册命当天包括在内的话是三天),时间上相当短,但从史料记录上没有留下其他例子来看,也可能武后以外的其他皇后册立当天就举行了庙见。另外,到了唐代后半期,皇太子等帝位继承人选的确定,要等到皇帝即将驾崩之际或者是驾崩后不久,所以很可能连皇太子册立时的谒庙都不再举行了。

5. 结语

以上考察内容总结如下:

(一)穆宗、敬宗即位时举行了南郊、太庙、太清宫等告祭,而且推测其他皇帝即位时也举行了这些告祭,不过告祭内容以报告先帝驾崩为主,所以其中的告庙并不是取代皇帝谒庙的仪礼。

(二)取代皇帝即位时谒庙仪礼的是立太子时的谒庙,但唐代唯一一例立太子时的独立谒庙是中宗复位时的那次,是一个特例。唐代立太子举行谒庙并不是常规惯例。同样,武后立后时的庙见也是一次特别的仪礼。

(三)不过,唐代在册立皇太子的仪礼中有一个环节是谒庙,册立时的仪礼举行过程之中有皇太子进行谒庙的环节。

这就是本文的结论。如果这个考察没有大的差错,那么唐代皇帝截至到即位完毕时,与宗庙发生联系的连结点就在于册立时仪礼中的谒庙环节。顺便提一下,在玄宗即位第58天时太上皇睿宗发布谒庙诰令,3天后举行了谒庙。之间的两天应该是清斋的时间,与中宗被立为太子时的谒庙相比,玄宗即位后没有马上进行清斋,因此不能认为这次谒庙是当初早早就确定要举行的。

综上所述,本文推测,唐代立太子册礼中有举行谒庙这个环节。不过前面已经讲过,唐代皇帝即位仪礼的重心是第二阶段的受册,因而可以认为,在唐代皇帝受册即位时,谒庙礼也是附带着举行的。但是,仔细查找两《唐书》本纪和《资治通鉴》中各位皇帝郊庙亲祭的例子,并没有发现皇帝册立时举行谒庙的记载,《册府元龟》也同样没有。本文4的末尾推断唐末立太子时也不再举行谒庙,但也有可能是有司告庙等代替了皇帝和皇太子亲谒太庙。另一方面,唐后半期确立了即位次年新皇帝亲自祭祀太清宫——太庙——南郊的系列亲祭,不过也有观点认为唐末时其中的太庙亲祭是皇帝亲谒(参见本书第七章第三节)。从这个意义上讲,到唐末时,皇帝即位与宗庙之间仍保持有联系,不过也可以反推出即位时不再举行谒庙礼。总而言之,在唐代确立了有司摄事及重视郊祀的大背景,与皇帝即位有关的宗庙仪礼活动由有司告庙来实施,皇太子册立时的谒庙也就不大举行了。

注释:

(1)西嶋定生《汉代的即位仪礼——特别是继承帝位时的情况》(同《中国古代国家与东亚世界》所收,东京大学出版会,1983年,首次发表于1975年)。

(2)西嶋定生《皇帝统治的成立》(注(1)所提到的西嶋《中国古代国家与东亚世界》所收,另外《西嶋定生东亚史论集》第一卷再次收录,岩波书店,2002年,首次发表于

1970年)。

(3)尾形勇《中国的即位仪礼》(井上光贞编《东亚世界中的日本古代史讲座》第九卷所收,学生社,1982年)。也可参见尾形勇《中国古代的帝位继承——其正当化的过程与论理》(《史学杂志》第85编第3号,1976年)。本论文被改编收录在尾形勇《中国古代的"家"与国家——皇帝统治下的秩序结构》(岩波书店,1979年),但因有部分省略,所以请和本论文一同参考。另外,正文中所采用的"传位""让位"等用语,是尾形为了行文的方便而采用的用语,他所说的"让位"在史料上常被记载为"传位"。应该注意避免将这种为了行文方便而采用的用语和史料上用例的用语混同。

(4)小嶋毅《天子与皇帝——中华帝国的祭祀体系》(松原正毅编《王权的位相》所收,弘文堂,1991年)。另外,小嶋在研究唐代即位次年的皇帝亲郊时参考的是拙稿《中国古代皇帝祭祀考察》(《史学杂志》第87编第2号,1978年)。该稿中,参考小嶋文章的部分没有错误,不过关于有司摄事的理解不够充分,所以在本书中除一部分以外都没有采用。

(5)松浦千春《从汉到唐的帝位继承和皇太子——以谒庙礼为中心》(《历史》第80辑,1993年,引文在68—69页)

(6)松浦千春《关于唐后半期的即位仪礼》(《一关工业高等专门学校研究纪要》第28号,1993年)。松浦随后还发表了《关于汉代即位仪礼的笔记——对西嶋定生观点的验证》(《一关工业高等专门学校研究纪要》第39号,2004年),更加详细地探讨了西嶋对汉代即位仪礼理解中的问题。

(7)幸保由纪子《中国古代史考察——唐长安城太极宫、大明宫的功能》(山梨大学教育学部1990年度毕业论文,1991年1月提交)

(8)拙稿《唐太极殿与大明宫——即位仪礼及其功能》(平城5年度《山梨大学教育学部研究报告》第44号,1994年),稍加修改后收录在本章第4节2中。同时,注(6)所提到的松浦千春《关于唐后半期的即位仪礼》发表于1993年12月,而拙稿发表于1994年2月,松浦和笔者几乎是在同一时期提出了相同的结论。

(9)拙稿《古代中国的王权》(纲野善彦等编《岩波讲座·对天皇和王权的思考》第1卷,岩波书店,2002年)

(10)拙稿《关于中国古代即位仪礼的地点》(拙著《古代中国与皇帝祭祀》所收,汲古书院,2001年,首次发表于1999年)

(11)以上西嶋观点依据的是注(1)所提到的《汉代的即位仪礼》。

(12)此时,代王首先向西(西向)辞退(让)三次,接着向南辞退两次。冈安勇认可《史记集解》所引的如淳注,他指出,这说明一开始代王与长安的群臣之间还没有形成君主关系,所以他们行宾主之礼,代王作为代王邸的主人在东侧向西坐下,群臣作为宾

第八章 中国古代即位仪礼与郊祀、宗庙祭祀

客在西侧向东坐下。又因为群臣一再劝其即位,所以行君臣之礼,代王在北侧向南坐下(君主的位置),群臣在南侧向北坐下(臣下的位置)。参见冈安勇《关于中国古代史料所见的席次与皇帝西面》(《史学杂志》第92编第9号,1983年)。

(13)所谓前殿指的是宫殿建筑群中所说的正殿(大殿),比如太极前殿就是太极殿。参见村田治郎《前殿的意思》(《日本建筑学会研究报告》第16号,1951年)。本稿修正了村田《邺都略考》(《建筑学研究》第89号,1938年)中的错误,村田在《中国的帝都》(综艺舍,1981年)第二章《邺都考略》中修正了错误之处。

(14)如果在一年的中途继承了帝位,那么即位元年就从第二年正月开始,这一规定称为逾年称元(年号制度确立后是逾年改元)。关于其意义,参见平势隆郎《中国古代纪年研究——以天文和历法的探讨的角度》(东京大学东洋文化研究所,1996年)。此外,在年初和冬至举行的朝贺和这之后举行的宴会一并称为朝会,特别是元会作为正月元日的朝会,具有确认皇帝威令所达范围、强化和维持皇帝与臣下关系的重要作用。参见渡边信一郎《天空的玉座——中国古代帝国的朝政与仪礼》(柏书房,1996年)。

(15)表20、表21参考了注(5)所提到的松浦千春《从汉到唐的帝位继承和皇太子》中的表一"西汉帝位继承的基本模式"、表二"东汉帝位继承的基本模式",同时,增添了一些内容。

(16)中国古代的帝位继承中册(策)所具有的重要性,首次提出于注(3)所提到的尾形勇《中国古代的帝位继承》中。

(17)关于君臣之礼与家人之礼,参见注(3)所提到的尾形勇《中国古代的"家"与国家》第四章第二节《"君臣之礼"与"家人之礼"》。

(18)参见大庭修《秦汉法制史研究》第三篇第五章《关于"制诏御史长沙王忠其定著令"》(创文社,1982年,首次发表于1965年)。

(19)参见堀敏一《汉刘邦——故事 汉帝国成立史》(研文出版,2004年)161—162页。另外,关于当时社会集团中"约"的重要性,参见增渊龙夫《关于战国秦汉时期的集团之"约"》(该作者《新版中国古代社会与国家》所收,岩波书店,1996年,首次发表于1955年)

(20)如此考虑的话,应将高祖死后吕太后的专制理解为,在汉王朝的统治非常依靠个人力量的当时,为了支持年少的惠帝(17岁即位)治政而存在的强有力的领导能力。

(21)参见富田健之《东汉前半期的皇帝统治与尚书体制》(《东洋学报》第81卷第4号,2000年)以及《西汉后期尚书体制的发展及其相关诸问题——中书宦官、三公制形成、王者政权》(《东亚——历史与文化》第7号,1998年)。

(22)参见石母田正《古代官僚制》(《石母田正著作集》第3卷所收,岩波书店,1989

年,首次发表于1973年)。

(23)类似于以上这些有关汉代的即位仪礼及皇帝祭祀的变迁与皇帝制度的发展之间的关系,参见注(9)所提到的拙稿《古代中国的王权》以及拙稿《从皇帝祭祀看汉代史》(《大东文化大学汉学会志》第43号,2004年)。

(24)有关汉以后的各朝代举行即位仪礼的地点,参见注(10)所提到的拙稿《关于中国古代即位仪礼的地点》。

(25)朝代建立时的告代祭天仪式在东汉光武帝的即位仪礼上首次实行。然而,那时的告天文以"皇天上帝、后土神祇,眷顾降命,属秀(刘秀)黎元,为民父母,秀不敢当"开头,其文字表达完全不同于三国以后的告代祭天文。参见本书第四章第三节1《东汉的郊祀制度》。

(26)参见宫川尚志《禅让引发的王朝革命研究》(《六朝史研究 政治·社会篇》所收,日本学术振兴会,1956年)。

(27)参见注(3)所提到的尾形勇《中国古代的帝位继承》。

(28)参见尾形勇、岸本美绪编《新版世界各国史3·中国史》(山川出版社,1998年)91页(尾形勇执笔)。不过正如正文所述,王莽同时使用了假皇帝以及摄皇帝的称谓,面对臣民时虽然摄皇帝变为"皇帝",但在宗庙等场合依然是"假皇帝"。应认为王莽是从假皇帝变为真皇帝的。好并隆司在《秦汉时期的天子与皇帝》(同《西汉政治史研究》所收,研文出版,2004年,首次发表于1998年)中认为,王莽的即位过程按照假天子—假皇帝—真天子—真皇帝的顺序发展,但如果注意到王莽的自称,就会发现尾形认为的皇帝—天子的即位顺序更为合适。自从秦始皇创造了皇帝称号以后,天子称号在什么时候、因什么原因变成了可以和皇帝称号并列的君主称号,这是一个很复杂的问题。在考察这一问题时,应该注意区分皇帝的自称与上奏文中的"天子"的用语。关于皇帝和天子的区别,参见注(10)所提到的拙著《古代中国与皇帝祭祀》第一章"中国古代皇帝制度的诸问题"(首次发表于1997年)。

(29)参见本书第4章第3节1《东汉的郊祀制度》。

(30)前面谈到哀章制作的铜匮有两个,一个被记载为"天帝行玺金匮图",另一个为"赤帝行玺某传予皇帝金策书"。据此,即位时策书的使用应该也是由王莽时开始的。因此,正如刚才在正文中论述的,即使将柩前即位时奉读策书看做是在明帝即位时开始设立的,这也只不过是东汉王朝沿袭了王莽所采用的方式。此外,根据《汉书·王莽传上》的记载,"赤帝行玺某"的"某"指的是高祖刘邦的讳——"邦"。

(31)卒哭,正如《春秋左氏传·僖公三十三年》孔颖达的疏中"卒哭乃为吉祭也。自初死至于卒哭,昼夜哭无时。谓之卒哭者,卒此无时之哭,自此以后,唯朝夕哭耳"的记载,是丧礼服变除过程之一,指停止不定时的哭泣,时间与既葬同时。

(32)"若谓前虔"以下的一句虽然难懂,正文中按照将汉文训读的方式加以解释。提及"开元之始"的"配天之祭",常被理解为告代祭天的仪式,而这里的重点是帝位继承人即位后的仪式,所以"配天之祭"应该说的是即位后首先举行的郊祀。

(33)《梁书》第二十六卷《萧琛传》有"东昏初嗣位,时议以无庙见之典。琛议据周颂烈文、闵予(闵予小子)皆为即位朝庙之典,于是从之"的记载,虽然东昏侯是以皇太子身份即位的,但他举行了谒庙。

(34)文帝谒庙是在即位次日进行,明帝是在16天后进行,顺帝在11天后进行。(《宋书》各本纪)。另外,当时身为武陵王的孝武帝在新亭即位,而身为皇太子的刘劭弑杀文帝,占领都城,这可能就是孝武帝没有进行谒庙的原因。

(35)《隋书》第七卷《礼仪志二》有如下记载:
> 中兴二年(502年)梁武初为梁公。……乃建台,于东城立四亲庙,并妃郗氏而为五庙。告祠之礼,并用太牢。其年四月,即皇帝位。(祠部郎)谢广又议,以为初祭是四时常祭,首月既不可移易,宜依前克日于东庙致斋。帝从之。遂于东城时祭。

因为梁武帝在四月即位,所以即位后直接举行了时祭。这是第一代皇帝(受命之君)的情形,可以说这是一份有力的史料,反映了在当时的南朝,时祭之前的仪式都是以皇帝亲祭的方式进行。虽然没有其后的简文帝及以后皇帝即位时进行谒庙的史料记载,但在被侯景幽禁的武帝衰弱而死之后,其梓宫被移到太极前殿(《梁书·武帝纪下》),由侯景拥立的皇太子简文帝当天即位(该书《简文帝纪》)。因此,可以确定简文帝是柩前即位,而且很有可能没有进行谒庙。后面的元帝在江陵即位,不可能进行正规的谒庙。最后的敬帝与王僧辩进入建康,被立为皇太子,这之后的两个月,杀死王僧辩的陈霸先另立皇帝。结果,简文帝之后梁朝的三位皇帝,都是在侯景之乱引起的混乱中即位,他们即位时应该没有机会举行谒庙。

(36)《陈书》第三十三卷《沈文阿传》的记载不仅提及即位时的谒庙,而且还更加详细地论述了谒庙后在太极殿举行的仪礼,所以这份史料十分珍贵,在此介绍它的大致内容如下:
> 及世祖即皇帝位,克日谒庙。尚书右丞庾持奉诏,遣博士议其礼。文阿议曰:……当隆周之日,公旦叔父,吕(吕尚)召(召公奭)爪牙,成王在丧,祸几覆国,是以既葬便有公冠之仪,始殡受麻冕之策。斯盖示天下以有主,虑社稷之艰难。逮乎末叶纵横,汉承其弊,虽文、景刑厝,而七国连兵,或逾月即尊,或崩日称诏。此皆有为而为之,非无心于礼制也。今国讳之日,虽抑哀于玺绂之重,犹未序于君臣之仪。古礼朝庙,退坐正寝,听群臣之政。今皇帝拜庙还,宜御太极殿,以正南面之尊。此即周康在朝,一二臣卫者也。其壤奠之节,《周

礼》以玉作贽,公侯以珪,子男执璧,此瑞玉也。奠贽既竟,又复致享,天子以璧,王后用琮。秦烧经典,威仪散灭,叔孙通定礼,尤失前宪,奠贽不珪,致享无帛,公王同璧,鸿胪奏贺。若此数事,未闻于古,后相沿袭,至梁行之。夫称觞奉寿,家国大庆,四厢雅乐,歌奏欢欣。今君臣吞哀,万民抑割,岂同于惟新之礼乎。且周康宾称奉珪,无万寿之献,此则前准明矣。三宿三咤,上宗曰飨,斯盖祭侯受福,宁谓贺酒邪。愚以,今坐正殿,上行荐璧之仪,无贺酒之礼。谨撰谒庙,还升正寝,群臣倍荐,仪注如别。诏可施行。

在此不再一一赘述上文,只概括其主要内容为:皇帝在谒庙之后正寝即坐在正殿(即太极殿),群臣荐璧,行臣服之礼时,沈文阿建议,因为先帝的葬仪还没有进行完,所以不应该行贺酒之礼,最后他的意见被采纳。

(37)为了叙述的方便,一直只用皇太子的称谓,其实南齐的郁林王是以皇太孙身份即位的,西晋的怀帝是从皇太弟身份即位的。像这样以皇太孙、皇太弟身份即位的情况,因为他们在先帝在世时就获得了公认的成为下任皇帝的资格,所以从这点上讲,也可以将他们等同于皇太子身份来考虑。这样的例子在唐代特别多。

(38)参见中村圭尔《南朝国家论》(《岩波讲座·世界历史》第9卷所收,岩波书店,1999年)以及本书第一章和第五章。

(39)依据《魏书·道武帝纪》。该书第一百零五卷之三《天象志三》有"正元日遂禋上帝于南郊"的记载,《道武帝纪》接下来的二月是丁亥朔日。《二十史朔闰表》以及《三正综览》中,天兴二年(399年)正月是小月,戊午是元旦,二月丁亥是朔日。这样的话,《天象志三》的"正元日"郊祀就是错误的,而《道武帝纪》的干支如果正确,那么道武帝就是在天兴二年正月七日甲午进行了首次的郊祀。

(40)参见注(10)所提到的拙稿《关于中国古代即位仪礼的地点》。另外,这本书中之所以说北魏宣武帝以后没有皇帝在宫中即位,是因为忘掉了孝明帝即位相关的《魏书·礼四》之四的记载而产生的错误。在此谨作订正。

(41)《通典》第八十五卷《礼四十五·凶礼七》"大殓"所引《大唐元陵仪注》。元陵是代宗陵墓的名称,《通典》中记载凶礼的各处所引的《大唐元陵仪注》是记录唐代皇帝葬仪的珍贵史料。关于此书,参见金子修一、江川式部等《大唐元陵仪注试释》(一)~(五)(《山梨大学教育人间科学部纪要》第3卷第2号,第4卷第2号,第5卷第2号,第6卷第2号,第7卷第1号,2002—2005年,待续)以及来村多加史《唐代皇帝陵的研究》(学生社,2001年)下编《〈大唐元陵仪注〉与唐代送终仪礼》。关于其中大殓的仪式以及大殓之后德宗即位的情况,参见《大唐元陵仪注试释(三)》及前述来村多加史所著《唐代皇帝陵的研究》(334—354页以及369—370页)。

(42)《魏书·王显传》也有"及世宗崩,肃宗夜即位,受玺册,于仪须兼太尉及吏部,仓卒百官不具,以显兼吏部行事矣"的记载。

(43)参见谷川道雄《两魏齐周时期的霸府与王都》(《增补隋唐帝国形成史论》所收,筑摩书房,1998年,首次发表于1988年)。

(44)《资治通鉴》第一百七十五卷《陈纪九》太建十三年(581年)二月条中有如下记载:

> 甲子,命兼太傅杞公椿奉册,大宗伯赵煚奉皇帝玺绂,禅位于隋。隋主冠远游冠,受册、玺,改服纱帽、黄袍,入御临光殿,服衮冕,如元会之仪。大赦,改元开皇。命有司奉册祀于南郊。

这反映了隋文帝穿上衮冕、入御临光殿的情形,在临光殿举行的仪式是元会,这和正月元日的朝贺之礼相同。不过根据《隋书》的记载,奉呈册书和玺绶应该已经在丙辰时进行过了。

(45)这一点在注(3)所提到的尾形勇《中国的即位仪礼》47页注(27)中已经指出。

(46)春名宏昭《太上天皇制的成立》(《史学杂志》第99编第2号,1990年)在考察日本太上天皇制确立的同时,还列举了唐代之前的中国太上皇、太上天皇的实例,具有十分重要的参考价值。

(47)正如后文将要论述的,睿宗在让位给玄宗时成了太上皇帝,称自己发布的文书为诰。因此,这里的"太上皇诏曰"的正确写法应该是"太上皇帝诰曰"。参见中村裕一《唐代制敕研究》第一章第七节《唐代的诰》(汲古书院,1991年,首次发表于1988年)。

(48)参见本章附论《关于唐朝帝室的谒庙——皇帝、皇太子、皇后》。

(49)太宗的例子在正文后面的引文中可详细了解。关于肃宗的即位,《册府元龟》第八十七卷《赦宥六》至德元载(756年)七月肃宗在灵武即位时的诏文(《唐大诏令集》第二卷《肃宗即位赦》也记载了几乎相同的内容)有如下记载:

> 乃以七月癸丑朔,十二日甲子,即皇帝位于灵州。崇徽号,上尊圣皇曰上皇天帝,所司择日,昭告于上帝。朕以薄德,谬当重任,既展承天之礼,宜章率土之泽,可大赦天下,改元曰至德。

从"昭告于上帝……既展承天之礼"的记述中,可以看出肃宗即位时进行了告天。不过,因为"既展承天之礼"说的是决定为玄宗升高尊号并昭告于上帝,所以实际上,昭告上帝应该是在这之后进行的。参见正文后面的论述。

(50)《册府元龟》卷三十九《帝王部·睦亲》有如下记载:

> 建中元年(780年)十一月,自己卯至庚辰,出嫁岳阳、信宁、宜芳、顺朗陵、安阳、襄陵、德清、南华、元城、新乡等县主。初,开元中置礼会院于崇仁里,自兵兴以来,废而不修,公郡县主不时降嫁,殆三十年,至有华发犹非者,虽处内

> 馆而不获觐见。帝初即位,特谒太庙,始与郡县主相见,尊者展其敬,幼者申其爱,歔欷涕泣,感动左右。至是皆以时降嫁,礼物资送。无大小必经圣心,戚族老幼,无不悲感。

这是记载了唐代玄宗以外的皇帝即位时进行谒庙的唯一史料。然而,这段引文的重点在于讲述德宗即位时(大历十四年〔779年〕五月)特地谒拜太庙,会见郡主、县主,在第二年十一月让她们下嫁,对其歌功颂德。《大唐开元礼》第九十二卷《皇帝加元服下》记录了皇帝谒庙的情形,但这里谒庙是和官僚一起进行的仪式,和家人在一起举行的只有这之前在太庙以外的其他地方谒见太后时的仪式。德宗的谒庙是为平时在内馆居住几乎见不到皇帝的公主、郡主、县主特别制造的会见皇帝的机会,不能看作是一般情况下即位后谒庙的例子。退一万步讲,即使将这看做本章中所说的即位后皇帝谒庙的史料,"帝初即位,特谒太庙"已经表明了这是不能一般化的情况。

(51)参见注(47)所提到的中村裕一《唐代制敕研究》175—176页。

(52)诰文在本项开头引用的《册府元龟》第三十卷也有记载,不过开头的"诰"被省略了。除了个别文字不同,大体与《唐大诏令集》相同,但文章末尾有"所思准式"的《册府元龟》更值得参考。

(53)《史记·夏本纪》"夏禹,名曰文命"的索隐中有"又按系本,鲧取有辛氏女,谓之女志,是生高密。宋衷云,高密禹所封国"的记载。

(54)文祖是尧的始祖庙,而神宗有两种说法,一说是舜的始祖庙,一说是尧庙。从睿宗的诰文内容来看,神宗应该说的是舜的始祖庙。

(55)池田温编《唐代诏敕目录》(财团法人东洋文库,1981年)中将此认为是文明元年(684年)中宗废位后的睿宗即位敕。然而,这篇文章中的ⓐⓑⓒ与《册府元龟》第十卷《帝王部·继统二》唐隆元年(景龙四年,710年)六月条如下内容相呼应。

> 丙午,帝(即睿宗)缟服,于太极东廊引群公卿士,谓曰……自大行(大行皇帝即中宗)晏驾,韦氏篡逆,元恶大憝,并从诛翦。嗣皇年幼,未晓政途,推让朕躬,事非获已。

(56)前引睿宗让位时规定三品以上的除授和大刑赦(流罪、死罪)属于睿宗的裁决权限的引文,出自《资治通鉴》第二百一十卷先天元年(712年)七月条。如此看来,发布大赦应该是玄宗的权限。

(57)关于从武后、韦后时期到玄宗恢复皇帝亲政的这段时间的政治史,参见谷川道雄《关于武后朝末年到玄宗朝初年的政争——唐代贵族制研究的一个视角》(《东洋史研究》第十四卷第4号,1956年)。

(58)《唐大诏令集》第七十九卷《睿宗令皇帝巡边诏》(《全唐文》第十九卷"命皇帝巡边诰"的原注认为是先天元年(712年)十月)。

(59)正如注(50)中的引文,也有史料记载德宗即位时进行过谒庙。但《通典》第五十二卷《礼十二·丧废祭仪》"大唐条"有如下记载:

> 大唐元陵之制。未殡,遇夏至祭皇地祇,礼官议停祭。……(礼仪使)报……况皇帝即位,未告太庙,哀戚在疚,未许听政。如何告太祖以配北郊乎。
> 参详古今,实难议祭也。

元陵是唐代宗陵墓的名称,礼仪使是颜真卿,代宗之后是德宗。这是关于代宗驾崩之后、殡仪进行之前是否依惯例开始进行北郊祭祀的争论。因为还在丧中,这个祭祀(有司摄事)被中止。此礼仪使的上报中有"况皇帝即位,未告太庙……如何告太祖以配北郊乎"的记述,这意味着没有在北郊进行配祀太祖(景皇帝李虎)的告庙。而德宗的即位在大历十四年(779年)五月二十三日进行,代宗的行殡礼在二十六日。另外,夏至在五月二十九日,北郊的祭祀中,如果需要进行散斋四日、致斋三日,那么北郊散斋的第一天就是二十二日。虽然引文中发生争论的日期并不明确,但是因为德宗即位后行殡之前的期间既然没有举行为了北郊祀的告庙,那么应该也没有进行即位时的谒庙。此外,关于这一《大唐元陵之制》的解释,参见注(41)所提到的金子修一等《大唐元陵仪注试释(一)》《大唐元陵之制》以及该系列(二)"《丧废祭议》部分补订"(均为江川式部执笔)。

(60)这里所说的宝指的是皇帝御用的玉玺。则天武后在延载元年(694年)将玺改称为宝,中宗复位时又恢复原来的名称玺,玄宗开元六年又再次改称为宝,并沿袭到唐末。参见注(47)所提到的中村裕一《唐代制敕研究》第四章第二节"八玺(八宝)"(首次发表于1981年—1982年)。

(61)关于冢宰,《周礼·天官冢宰第一》有"乃立天官冢宰,使帅其属而掌邦治,以佐王均邦国"的记载,这段话的郑注有"掌,主也。邦治,王所以治邦国也,佐,犹助也"的论述。

(62)《宋书》第九十五卷《索虏传》元嘉七年(430年)三月条有如下记载:

> 后将军长沙王义欣(即刘义欣)出镇彭城,总统群帅,告司、兖二州曰,……昔我高祖武皇帝,诞膺明命,爰造区夏,内夷篡逆,外宁寇乱。……中叶谅暗,委政冢宰,黠虏乘衅,侵侮上国。

其中明确记载了冢宰的职责是代替服丧中的皇帝行使政务。另外,如果认为在唐代先帝的丧葬仪式上,新帝(皇太子)的职责是丧主,那么担任葬仪指挥职责的就是礼仪使。参见注(41)所提到的金子修一等《大唐元陵仪注试释》的各文章。

(63)《新唐书·穆宗纪》有"(长庆四年正月)壬申,皇帝崩于清思殿,年三十"的记载,清思殿位于大明宫。

(64)参见后面的注(89)。

(65)关于《册府元龟》第十一卷后面"分命摄太尉告天地、社稷、太清宫、太庙"这一记载的含义,在本章附论《关于唐朝帝室的谒庙》中,虽然稍有不足之处,但进行了一些考察。

(66)穆宗也在太极殿东序即位(《资治通鉴》第二百四十一卷)。正如前面论述,北魏孝明帝也是在太极殿东序面西恸哭十几声,《大唐元陵仪注》(参见注(41))也记载了德宗在大殓时于太极殿面西朝着代宗的梓宫恸哭。此外,有观点认为德宗在大殓后接着进行了即位仪礼(参见前面提到的《大唐元陵仪注试释(三)》的金子"导言")。因此,太极殿东序应该指的是柩前即位时皇太子面向先帝的梓宫站立的位置。

(67)参见注(3)所提到的尾形勇《中国的即位仪礼》25—29页。另外,关于尾形勇在文中认为记载不详的"索扇开",户崎哲彦《唐代皇帝受册尊号仪的复原——面向唐代皇帝即位仪礼的复原》(上)(下)(《彦根论丛》第272号,第273号、274合并号,1991年)的(下)389页注10中做了补订。另外,关于皇帝就御座时的索扇、扇合、扇开,李斌城《唐代上朝礼仪初探》(郑学檬、冷敏述主编《唐文化研究论文集》所收,上海人民出版社,1994年)详细说明了合扇制度起于玄宗朝。

(68)注(3)所提到的尾形勇《中国的即位仪礼》27—28页中指出,在大明宫宣政殿进行的文宗的第二阶段即位,是皇帝在公共场合"朝"进行的作为嘉礼的即位。

(69)所谓殓指的是将遗体放入棺内,由小殓和大殓两个阶段构成。大殓时灵柩被放在在厅堂西阶所挖的肂中,暂时性埋葬起来,一直到被葬于陵墓之前都安置于此。这一暂时性埋葬的时期被称为殡。因为大殓后接着行殡,所以有时殡也被包含在大殓的含义之中。参见窪添庆文《中国的葬送仪礼——以汉代皇帝的仪礼为中心》(注(3)所提到的《东亚世界中的日本古代史讲座》第九卷所收)。不过唐皇帝行殡时,梓宫被安置在太极殿中以柏材和黄杨拼接而制作的梓宫中。参见注(41)所提到的《大唐元陵仪注试释(三)》。

(70)不过,皇帝的命令被称为制、敕,而皇太子发布的公文书被称为令,亲王、公主的文书被称为教。参见中村裕一《令书与教》(《唐代官文书研究》第一章,中文出版社,1991年,首次发表于1987年)。因此,从这个角度来看,武宗发布的命令没有被称为令而被称为敕就成了一个有待解决的问题。

(71)《资治通鉴》第二百四十八卷会昌六年(846年)三月条也有如下记载:

> 甲子,上崩,以李德裕摄冢宰。丁卯,宣宗即位。宣宗素恶李德裕之专,即位之日,德裕奉册。既罢,谓左右曰,适近我者非太尉邪,每顾我,使我毛发洒淅。

《唐语林》中也有大致相同的记载。

(72)《旧唐书·懿宗纪》记载的是七日,而《资治通鉴》第二百四十九卷所用的表达

第八章　中国古代即位仪礼与郊祀、宗庙祭祀

是壬辰(九日),这与后面的内容连接更自然。

(73)保全《唐重修内侍省碑出土记》(《考古与文物》1983年第4期)指出,僖宗光启元年(885年),由于李克用和田令孜的斗争长安陷于战火之后,找不到有使用大明宫的史料记载,这之后大明宫没有再建。

(74)太极殿被看作长安的正牙即正殿,而洛阳的含元殿被称为洛阳的正牙(徐松《唐两京城坊考》第五卷)。含元殿在高宗麟德二年(665年)建成时称为乾元殿,武后于垂拱四年(688年)拆毁它改建为明堂后,被作为事实上的正殿使用(拙著《古代中国与皇帝祭祀》第八章《则天武后明堂的政治功能》汲古书院,2001年,首次发表于1986年)。之后它在玄宗开元五年(717年)再次被称为乾元殿,经历了一些曲折后,最终于开元二十八年(740年)改修的新殿被称为含元殿。(参见元《河南志》第四卷)。

(75)这位哀帝的即位册在1989年11月于洛阳市内发掘出来。参见中国社会科学院考古研究所洛阳唐城工作队《唐洛阳宫城出土哀帝玉册》(《考古》1990年第12期)。根据这一发现可以确认,唐代皇帝的册书是由玉做成的玉册。其彩色照片收录于奈良县立橿原考古研究所附属博物馆特别展图录第四十五册《遣唐使看中国文化——中国社会科学院考古研究所最新精华》(1995年)66页。

(76)《旧唐书·懿宗纪》末尾记载的懿宗遗诏中有"军国务殷,岂可久旷,况易月之制,行之自古。皇帝宜三日而听政,二十七日释服"的记载。另外,也可参见后面提到的代宗遗诏。

(77)关于翠微宫,《旧唐书·太宗纪下》贞观二十一年(647年)条有"夏四月乙丑,营太和宫于终南之上,改为翠微宫"的记载。

(78)正如注(3)所提到的尾形勇《中国的即位仪礼》中指出的(45页注(4)),《礼记·王制》有"天子七日而殡,七月而葬"的记载,就是说皇帝驾崩后七日行殡(大殓)是以经书为依据的仪式。

(79)《旧唐书》第八十七卷《裴炎传》中有记载如下:

十二月丁巳,高宗崩。太子即位,未听政,宰臣奏议,天后降令于门下下施行。中宗既立,欲以后(韦皇后)父韦玄贞为侍中,又欲与乳母子五品。

"中宗既立"后面的内容是第二阶段的即位以后的情况(《资治通鉴》第二百零三卷),这里也是将十二月丁巳到甲子这一段期间内的中宗,按照皇太子的身份记载为"太子即位,未听政"。

(80)后面提到的《唐大诏令集》的原注日期是四月十八日。

(81)两仪殿通常情况下被用于举行皇后册立以及驾崩后的丧礼。参见佐藤和彦《唐代皇后、皇太后册立的相关问题——〈大唐开元礼〉中的"以皇后正殿"为线索》(《立正大学大学院年报》第17号,2000年)。

(82)以上的一段论述,均出自注(7)所提到的幸保由纪子的毕业论文。

(83)佐竹昭认为,肃宗的大祥在五月十三日举行,代宗释服在两天后的五月十五日,进入五月,代宗仍没表现出对政治的关心。另外他也指出代宗的即位大赦开启了在皇帝释服后举行即位大赦的先例。参见佐竹昭《古代王权与恩赦》第一部第二章"汉、唐期间的帝位继承与恩赦、改元"(雄山阁,1998 年,首次发表于 1996 年)151 页。

(84)《唐大诏令集》第十二卷《明皇遗诰》(明皇即玄宗)中有"皇帝宜三日而听政"的记述,这之前,《睿宗遗诰》中也有"社稷务重,皇帝不可谅暗自居,小敛(殓)之后,宜即别处视事"的记载,反映了太上皇(睿宗就是太上皇帝)驾崩三日后的听政以及小殓之后的视事(即听政)的情况。不过,这是因皇帝让位而即位后的情况。关于先帝驾崩后新帝听政的指示,可以将代宗的遗诏看做首例。

(85)正如在注(69)中所述,大殓和行殡通常在同一天内陆续进行,皇太子在此期间即位。但是从《文苑英华》第八百三十六卷的崔祐甫《代宗睿文皇帝哀册文》中可确认,代宗的行殡在五月二十六日于太极殿的西阶进行。德宗即位在五月二十三日,所以,可以确定唐代皇帝的即位在大殓的时候举行。即位仪礼应该是在大殓时先帝的亡骸纳棺之后举行。参见注(41)所提到的《大唐元陵仪注试释(三)》金子修一"导言"。

(86)《唐大诏令集》第十一卷《德宗遗诏》即是如此,其中有"皇太子诵,元良继明,睿哲齐圣,……即宜于柩前即皇帝位"的记载。只是关于存在疑点的册文所署日期,在原注中只有贞元二十二年正月的记载。

(87)《顺宗实录》第一卷记载的第二阶段即位的日期也是二十六日丙申,当天的册文所署日期是二十三日癸巳。《唐大诏令集》第一卷《顺宗即位册文》的所署日期也是二十三日癸巳。

(88)宪宗虽是暴崩,遗诏仍收录于《唐大诏令集》第十一卷,其中有"皇太子恒,天纵睿哲,日跻诚敬……宜令所司具礼,于柩前即皇帝位,仍以司徒兼中书令弘(韩弘)摄冢宰"的记述。

(89)《册府元龟》第十一卷有"壬寅,移仗西宫"的记载,而《旧唐书·宪宗纪下》有"壬寅,移仗西内"的记载,西宫即西内,也就是与东内大明宫相对的宫城(太极宫)。

(90)《晋书》第三十一卷《武悼杨皇后传》中,当了皇太后的杨皇后被惠帝的贾皇后废为庶人。在当时的舆论中,关于太后的父亲杨骏有这样的记载:

> 有司又奏,骏藉外戚之资,居冢宰之任,陛下既居谅暗,委以重权,至乃阴图凶逆,布树私党。

从这段文字可知,刚成为皇帝的惠帝任命了杨骏为冢宰。

(91)滨口重国《唐王朝的贱人制度》(东洋史研究会,1966 年)主篇第四章《唐法上的没官》282—283 页注。

(92)《唐大诏令集》第二卷《中宗即位赦》记载基本相同。《唐代诏敕目录》记载，该赦文发布于正月二十五日丙午，而《文苑英华》《唐大诏令集》的发布日期都是二月五日。赦文中说国号恢复为唐，官名、服色等恢复为高宗永淳年间以前的规格，但据《旧唐书·中宗纪》和《资治通鉴》记载发出指示是在二月四日甲寅，所以该大赦文明显应该是二月五日发布的。

(93) 参见注(75)。

(94) 参见注(41)所提到的《大唐元陵仪注试释(三)》的"大殓"（河内春人执笔）。顺便提一下，《通典》第八十五卷殡所引的《大唐元陵仪注》有如下记载：

> 既大殓，内所由执龙輴右左绋，引梓宫就西间。将监引所由并柏椁等，升自西阶。所由设熬黍稷，盛以八筐，加鱼腊等，于龙輴侧南北各一筐，东西各三筐。设讫，于西面垒之。先以绣黼覆梓宫，又张帝三重，更以柏木方尺长六尺题凑，为四阿屋，以白泥四面涂之。

可知行殡的时候，要准备一个用长六尺横截面一尺四方的柏木堆垒成的黄肠题凑结构的梓宫，参见同稿"殡"（榊木佳子执笔）。唐代皇帝的葬仪从开始到最后埋葬到山陵要用几个月时间，中宗、代宗都是驾崩五个月后葬入山陵。难道埋葬到山陵之前一直在太极殿持续不停地修造着黄肠题凑结构的殡宫吗？简直不可思议。正文中也已讲过，安置梓宫确定无疑是太极殿的重要功能之一。

(95) 参见注(12)所提到的冈安勇"关于中国古代史料可见的席次和皇帝西面"。

(96) 少帝的让位制文在《册府元龟》第十卷和《旧唐书·睿宗纪》（写的是诏）有记载，但二者记述有出入，应该二者都参考。特别是后者的诏文有如下记载：

> 上申天圣之旨，下遂苍生之心，俯稽图纬之文，仰践祖宗之烈，择今日，请叔父相王即皇帝位，朕退守本藩，归于旧邸。

为了使让位正当化，连图谶纬书都搬出来了，很有意思。

(97) 但是后面引用的让位制文，《册府元龟》第十一卷、《旧唐书·玄宗纪》的记载都有省略，《旧唐书》中省略少一些。另外，玄宗即位两个月后举行了谒庙礼，这是在玄宗与睿宗、太平公主的斗争中产生的特殊的仪礼，关于这一点在本节的1中已有论述。

(98)《旧唐书·睿宗纪》记载为"八月庚子，帝传位于皇太子，自称太上皇帝，五日一度受朝于太极殿……令皇帝每日受朝于武德殿"。《唐大诏令集》第七十五卷《明皇即位谒太庙赦》也记载为"太上皇帝道超寰表，功轶帝先"，可知睿宗的称谓是太上皇帝这一点确定无疑。参见注(47)。另外，正文引用的《册府元龟》第十一卷内容表述不清楚，上面《旧唐书》的引用就很清楚明了，五天一次在太极殿受朝指的是太上皇帝睿宗，皇帝玄宗则在东侧的武德殿每天受朝。

(99) 参见冈野诚《关于唐玄宗的奔蜀蒙尘路》（《明治大学社会科学研究所纪要》

第三十二卷第1号,1993年)。该论文最初题为《论唐玄宗奔蜀之途径》,1992年10月首次发表于台北的国立台湾师范大学(中国唐代学会主编《第二届国际唐代学术会议论文集》下册所收,台北,天津出版社,1993年),上面日语版做了一些修正另外添加了后记。

(100)注(49)引用了《册府元龟》第八十七卷《帝王部·赦宥六》的诏文(引用部分文字表达基本相同,只是后面赦宥的内容更具体详细)。

(101)参见注(47)所提到的中村裕一《唐代制敕研究》第五章第二节"京师中大赦文的公布"(首次发表于1986年)。

(102)《文苑英华》第四百四十二卷《肃宗皇帝即位册文》与《唐文粹》第三十一卷《唐册肃宗宣皇帝文》的文字表述基本相同。二者都是贾至所做,后者为"太上皇若曰",所署日期为"二十一日戊申"。玄宗宣布当太上皇的让位诏可见于《册府元龟》第十一卷。

(103)注(99)所提到的冈野诚"关于唐玄宗的奔蜀蒙尘路"60—63页。

(104)《册府元龟》第十一卷,《旧唐书·顺宗纪》所收的诏书除了一部分字句以外文字表述基本相同。

(105)众所周知,宪宗即位后不久,发生了二王八司马的左迁事件,在顺宗朝活跃的王叔文、王伾、柳宗元等人被贬。顺宗——宪宗的朝代更替中自然会夹杂有永贞革新的种种迹象(参见稻叶一郎"顺宗实录考"《立命馆文学》第280号,1976年),不过笔者在宪宗即位仪礼的过程中没有发现有上述迹象。希望有高见者不吝赐教。

(106)日本进入9世纪后,从嵯峨天皇到清和天皇时期,天皇让位之前先从宫里迁居到其他别宫,皇太子来到这个别宫举行让位仪式。从宇多天皇开始在宫里举行让位仪式,之后不久太上天皇从宫里迁居到其他别宫。春名宏昭认为,嵯峨太上天皇之后,天皇让位前后从宫里搬出,其背后的逻辑原理与正文所指出的唐太上皇迁居别宫是一样的。春名的论文为"平安期太上天皇的公与私"(《史学杂志》第100编第3号,1991年)。

(107)参见注(3)所提到的尾形勇《中国古代的"家"与国家》第六章第二节。

(108)注(9)所提到的拙稿《古代中国的王权》176页。

(109)注(19)所提到的堀敏一《汉刘邦》114页及227—228页。

(110)参见注(23)所提到的两篇拙稿。

(111)在日本,关于大化以前的王位继承,据说新帝即位时本来的流程有群臣推举的环节,参见吉村武彦《日本古代的社会与国家》第一部第二章第二节"古代的王位继承与群臣"(岩波书店,1996年,首次发表于1989年)。

(112)注(3)所提到的尾形勇《中国的即位仪礼》。尾形注意到摄太尉举行的告祭。

该论文 45 页注(11)．

(113)关于唐代太清宫被列入唐朝的祖庙之列,参见第七章第二节。

(114)所谓告祭天地,就是按照开元礼等唐礼,在圜丘(南郊)及方丘(北郊)举行的告祭。不过基本上没有唐代北郊郊祀的记载,而且则天武后之后南郊变成了天地合祭(小嶋毅《郊祀制度的变迁》〔《东洋文化研究所纪要》第一百零八册,1989 年〕134—135 页)。另外如第七章所指出的,现实中唐代祭祀并不是完全按照开元礼等制度来进行,比如德宗以后皇帝即位后首次亲郊是按照天宝十年(751 年)确立的太清宫—太庙—南郊的模式进行的。所以告祭天地也可能实际上是在南郊举行合告就结束了。

(115)参见本书第七章第一节 2 以及拙稿《唐代皇帝祭祀二例》(注(10)所提到的拙著《古代中国与皇帝祭祀》所收,首次发表于 1988 年)。

(116)文宗在开成四年(839 年)十月立敬宗之子陈王成美为皇太子,但不等举行册礼次年正月文宗就去世了,左神策军中尉仇士良等人发动政变,废成美、立文宗之弟颖王瀍为皇太弟并立他为皇帝(武宗)。当时仇士良等发布的矫诏有"陈王成美先立为皇太子……不遑册命,回践朱邸,式协至公,可复封陈王"的记述(《旧唐书·武宗纪》),以没有举行册礼为借口废掉皇太子,这一点很有意思。

(117)所谓行庙,是因为昭宗为了躲避从凤翔逼近长安的李茂贞,前一年七月以来居住在华州,以华州节度使韩建的衙城为行宫,所以也就有了行庙。

(118)唐代后半期很少立皇后。从代宗到僖宗十一代皇帝,没有一位在位期间正式立皇后。参见入谷仙介《王维研究》(创文社,1976 年)154—160 页。

(119)但是,无论是中宗时还是德王裕时,应该说都是为了巩固皇太子的地位而利用了谒庙。

(120)《大唐开元礼》中,第九十二卷《皇帝加元服下》、第一百零六卷《临轩册命皇太子》、第一百零七卷《内册皇太子》,表述都是"谒太庙";而第九十四卷《纳后下》、第一百零五卷《临轩册命皇后》表述都是"皇后庙见"。

顺便提一下,皇太子谒庙和皇后庙见在册礼中的顺序是不同的。临轩册命皇太子时顺序是卜日—告圜丘—告方泽—告太庙—临轩册命—谒中宫—谒太庙—皇帝会群臣—群臣上礼—皇后受群臣贺—皇后会命妇—皇太子会群臣—皇太子会宫臣—宫臣上礼,皇太子的谒庙在册命后很快举行(内册皇太子时,代替临轩册命—谒中宫,而举行临轩命使—皇太子受册—皇太子朝见)。与此相对,临轩册命皇后时顺序是卜日—告圜丘—告方泽—告太庙—临轩命使—皇后受册—皇后受群臣贺—皇后表谢—朝皇太后—皇帝会群臣—群臣上礼—皇后会外命妇—皇后庙见,庙见放在所有仪式即将结束时的最后。这个不同应该是缘于皇太子是皇帝直系血亲的,而皇后是从别家进来的。

(121)虽然松浦千春举出了圣历元年(698 年)中宗立太子时的谒庙作为唐代皇太

子谒庙的例子,参见注(5)所提到的"从汉到唐的帝位继承与皇太子"(72—73页),但从这个例子是否能推断出唐代立太子时一般都举行谒庙,需要谨慎斟酌。

(122)关于废太子瑛元服时的谒庙,其举行的直接原因无法得知,但是唐代不仅皇帝的郊庙亲祭是有违常例的特殊情况(参见第三章及第七章),皇太子的谒庙和皇后的庙见也同样很少见,那么就有必要探讨一下废太子瑛元服时谒庙的意义。不过他举行谒庙是元服的次日,如果元服当天有进行清斋的话,从日程上看就没什么奇怪。

(123)参见注(47)所提到的中村裕一《唐代制敕研究》第四章第一节"册书"(首次发表于1988年)778—783页。

(124)这句话被复旧唐选举令第二条(开元二十五年令)所录。仁井田升《唐令拾遗》(东方文化学院东京研究所,1933年,东京大学出版会复刊,1964年)283—284页,以及仁井田升著、池田温代表编集《唐令拾遗补附唐日两令对照一览》(东京大学出版会,1997年)1057页。

(125)《大唐开元礼》第九十四卷《纳后下》的皇后庙见有"前一日,皇后清斋于别殿,内官应从入庙者,俱斋一日于庙所"的记载,庙见的前一天进行清斋(也或者是致斋)。不过在开元礼中,立太子时谒太庙前并不进行清斋。

(126)关于有观点认为永初七年和熹皇太后的入庙实际上是在永初六年(112年),参见本书第四章第三节。

(补注)隋文帝的遗诏有这样的内容:"勇及秀等,并怀悖恶,既知无臣子之心,所以废黜。……若令勇、秀得志,共治国家,必当戮辱遍于公卿,酷毒流于人庶。"说的是炀帝即将当皇太子时,太子位被废的勇以及被贬为庶人的炀帝之弟蜀王秀,作为最高统治者德行上不合格。唐代遗诏的内容肯定会提到皇太子的资质,但不曾有这样描述废太子恶行的例子,因此,隋文帝的遗诏首次明确保证皇太子的资质,这应该是为了废掉太子勇的太子之位才发布的,完全可以认为这些文字是皇太子炀帝这一方制作的。参见拙稿《从即位仪礼看皇帝权力》(《唐代史研究》第8号,2005年)。

终章

从郊祀、宗庙祭祀及即位仪礼看中国古代皇帝制度的特点

一、前面各章内容的概括

对于本书本章以前的内容,在此先重新简单陈述一下要点。

首先在序章指出了唐代皇帝祭祀由大祀、中祀、小祀构成。其中大祀就是作为本书主体的郊祀以及宗庙祭祀。皇帝在这些祭祀中,对先帝以前的皇帝祖先们,以及历史上、传说中的明君们等那些从人成神的各位神灵自称皇帝,而对天地山川等自然界的各位神灵自称天子。另外,举行祭祀时,大祀自称为"皇帝(天子)臣某",中祀自称为"皇帝(天子)某",小祀自称为"皇帝(天子)"。不过,因祭祀有大中小三个不同等级,皇帝、天子的自称也随机而变。在祭祀时宣读写入祝版的颂词即祝文时,皇帝如果在祝文上亲自签名"某"即讳(例如玄宗李隆基的话就是隆基)的话,那场祭祀就可能是让所司代行的有司摄事。如果是皇帝不需要亲自签名讳的小祀,即使是以皇帝名义举行的也可以自始至终都由有司摄事,或者离京城很远的地方,就让相关主事来举行祭祀。唐代的大祀、中祀原则上是由皇帝亲祭的,但实际上已经确立了上面提到的有司摄事的程序。但是,像这样皇帝亲祭与有司摄事在制度上井然有序、各不相同,反而令人联想到唐代皇帝祭祀实际上大多是有司摄事,只有特定的祭祀才由皇帝亲祭。因此,如果能够考证出各个皇帝亲祭的具体实施原因,对于探析唐代皇帝制度的特点应该能提供各种必要的论点。

以上就是在序章中论证的内容和提出的课题。第一至第八章内容最初发表于1976年,东汉以后与皇帝相关的祭祀大体上都是出自儒家经书,因此截至到当时为止,皇帝祭祀大多被看做儒教史,再开阔一些也就是看

做中国宗教及思想史的一个领域来对待。不过,对一个朝代内皇帝祭祀体系的特点做了上述梳理后,可以从中提炼出这一朝代的政治史以及与皇帝相关的制度史等许多问题。不过当初这部分内容发表时,还没有搞清楚一路演变到唐代大祀的过程中各个朝代的郊祀、宗庙的祭祀制度[1],搞清这一问题自然成为下一个课题。要阐明皇帝制形成过程中的汉代郊祀、宗庙(下文略称为"郊庙")制度,需要先搞清楚形成于东汉发展于魏晋以后的郊庙制度。因此,第一章就魏晋南北朝的郊祀、宗庙制度进行了考察。

魏晋南北朝时,宗庙方面承袭了形成于东汉初的大祭禘祫和小祭四时祭。不过,晋和南朝实行的是每隔三十个月在四月份举行禘祭,十月份举行祫祭的五年再殷制度,而北朝的北魏与此不同,是依据郑玄说举行祫祭。关于郊祀,东晋、南朝是圜丘和南郊一个祭场,方丘和北郊一个祭场,祭祀形式有些近似于王肃说。不过东晋和南朝的郊祀是两年一次只在正月举行,而冬至和夏至的南北郊祀都省略了,这一点与认可冬至、夏至郊祀的王肃说不同。另外,从完善皇帝祭祀的各个侧面上来看,皇帝祭祀史上东晋具有划时代的意义,这是因为相对于五胡各国和北朝,东晋为了主张本朝的合法性把礼制的完善和实践作为当务之急来解决。另一方面,北魏以后的北朝时在圜丘南郊,方丘北郊各有一个祭场来举行祭祀,与南朝不同的是依据郑玄说。隋统一了南北,其郊祀制度全面沿袭了北朝的制度。开皇九年(589年)平陈以后,隋文帝曾一度积极推行重新完善皇帝祭祀,但并没有给上述郊庙制度带来大的变化。第一章论述的主要内容就是上面这些,另外联系到当下的一些观点,我在论证中提到有观点认为日本的前方后圆坟的起源可以追溯到西晋初期的特殊郊祀制度,笔者对其进行了否定,明确指出了西晋没有这样的特殊郊祀制度。

在第二章中探析了唐代郊庙制度。唐代宗庙制度沿袭了晋南朝的制度,其最初形成于东汉。禘祫的运转方式多少有些变化,但最终实行每30个月轮流举行的禘和祫,也即与东晋、南朝相同,采用的是五年再殷的模式。唐代郊祀制度中,很重要的一点就是:随着太宗的贞观礼、高宗的显庆礼、玄宗的开元礼这三礼的编纂完成,祭祀内容也随之发生变化。贞观礼依据郑玄说,正月在南郊和明堂祭祀五方上帝,孟冬在地祭(北郊)祭祀神州(神州地祇)。显庆礼基于王肃说,把上述五方上帝的祭祀改为昊天上帝

终章　从郊祀、宗庙祭祀及即位仪礼看中国古代皇帝制度的特点

的祭祀、神州地祇的祭祀改为皇地祇的祭祀。学界认为开元礼是贞观礼和显庆礼的折中，但在郊祀方面只是把孟冬北郊的祭神恢复为神州地祇，明堂和雩祀的祭神与显庆礼相同仍然是昊天上帝。以上变迁简而言之就是，隋唐朝代更替时期，对于与五行变化相对应的感生帝（五方上帝）也要求其发挥政治及社会方面的积极作用，唐代的统治地位确立以后，开始重视强调上天绝对唯一性的昊天上帝祭祀。另外，显庆礼、开元礼中祭祀昊天上帝的明堂到隋代为止祭祀的是五方上帝，雩祀虽然在东汉是各郡县举行的祭祀，但从南北朝到隋朝之间逐渐升级为定期的五方上帝祭祀。由此可知，宗庙祭祀从东汉以来到唐代为止基本上没有变化，不过截至唐代有关上天的祭祀逐渐得到强化。而且东晋、南朝时南北郊祀两年一次只在正月举行，唐朝时包括明堂、雩祀在内昊天上帝的祭祀每年举行四次。上述制度与序章中指出的唐代皇帝亲祭和有司摄事的迥然不同之间，现实中是怎样的关系？要搞清楚这一点需要在接下来的第三章进行考察。

　　在第三章，首先阐述了冬至郊祀由有司摄事来进行时，当天会朝贺皇帝，以此为主线揭示了唐代冬至郊祀的特点是一般由有司摄事举行。其次，具体探讨皇帝亲祭和有司摄事的不同，指出定期祭祀（正祭）的亲祭会在实际举行的大约两个月前就宣布其将要实行，准备工作细致周到，参列者众多，花费巨大。而且从有司摄事时的摄官表（表6）和其他史料可知，比起亲祭，有司摄事容易被轻视，唐后半期，特别是正祭的皇帝祭祀变得更加形式化。唐前半期有司摄事是否也变得形式化还不清楚，但重视皇帝亲祭这一点与唐后半期相同。正史礼仪志有大量篇幅记载已成惯例的正祭，但对于大多只出现一次的皇帝亲祭的临地告祭，其作用在正史并没有相关记载，也需要注意。另外，通过对比分析《旧唐书》《新唐书》《资治通鉴》《册府元龟》等唐代相关史料和唐代个人的文集，可以确认皇帝亲祭的次数比起制度规定的祭祀次数少得多。其原因在于唐代皇帝亲祭能记载下来的都是特例，没有记载下来的大多数祭祀是有司摄事举行的。

　　那么，下一个问题就是举行唐代皇帝亲祭的目的是什么？唐代历史发展中这些皇帝亲祭具有什么意义？至于唐代以前的皇帝亲祭是否可以同样用上述的方法来分析，那就未必了，东晋、南朝的皇帝亲祭，其出现情形与唐代不同，应该需要用别的分析方法。另外北朝时皇帝亲祭的方式各个

411

王朝都不尽相同,而且整体上显示出与东晋南朝不同的倾向。另外,在皇帝集权统治的形成期汉代,皇帝祭祀也是在西汉到东汉期间发生了很大变化,东汉时形成的郊庙祭祀沿袭到魏晋以后。此外,皇帝祭祀的正祭和告祭两者之中,有制度上的承袭和变迁的是定期的正祭。关于告祭,其制度上的作用在正史上没有相关记载,告祭之中最重要的是即位仪礼,还有与即位仪礼密切相关的宗庙和郊祀告祭。因此在下编首先探析了汉代郊庙祭祀的形成经过及东汉至隋唐期间其运用的实际情况,其次探究了从西汉到唐代期间即位仪礼的变化。

第四章首先揭示了汉代郊庙制度的形成经过。西汉从元帝、成帝时期开始引入基于儒家经书内容的郊祀、宗庙制度,可以说这之前的皇帝祭祀特别是类似于郊祀的祭祀中,祈求长生不老的个人需求的色彩比较明显,而西汉后半期开始,人们认识到皇帝祭祀具有反映公众需求的色彩和作用。宗庙祭祀形式在西汉并未定型,郡国庙在元帝永光四年(前40年)被废弃后再没有恢复起用。这应该是因为西汉时随着中央集权体制的确立,设置郡国庙的意义逐渐消失,而且其维持费用巨大。另外,南北郊祀在成帝时开始出现,实际上在儒家经书中并没有北郊祀的相关记述,说得极端一点,北郊就是这时候生造出来的。在此需要明白,西汉时皇帝祭祀的形成是一个与皇帝权力确立过程并行的、反复摸索的过程。当时涌现出的众多经书中有一部分是关于皇帝仪礼规定的,只依据经书记述无法完善皇帝祭祀,不完备的地方需要重新通过经书来补足。在这样的过程中,平帝元始年间王莽制定了极为井然有序的南北郊祀方案,在此就不赘述其内容了。不过后世沿袭的郊祀基本原则是由王莽创制的,这是一个值得关注的事实。王莽还提出了从旁系进来的皇帝不祭祀自己的父亲而是祭祀上一代皇帝这样重视帝位继承的宗庙制度方案,东汉以后也都沿袭着这一方案进行祭祀。

东汉第一代皇帝光武帝时期,确立了由小祭时祭和大祭禘祫构成的宗庙祭祀,基本上后世都沿袭这一形式,确定禘祫时间的依据之一是经书。东汉时规定,皇帝祭祀祝文中自称为"天子臣某""皇帝臣某",估计确立时期是光武帝去世之后,东汉郊庙特别是宗庙制度开始运行的明帝时期。另外,好几位皇帝的神主(位牌)安置在一座宗庙之中的太庙制度也是章帝时

终章　从郊祀、宗庙祭祀及即位仪礼看中国古代皇帝制度的特点

期以后形成的。就这样,东汉初期时,郊庙制度的整体大纲确立起来了,不过关于东汉的皇帝亲祭,除了第八章考察即位后的谒庙时有一些史料记载以外,没有规律性的记载。但从一些其他零散记载可以推测出,郊祀、宗庙在某种程度上都是皇帝亲祭。同时也可以推知,在这个初始阶段人们还没有怎么认识到皇帝亲祭的政治意义。不过,在东汉末的混乱时期开始明确有意识地举行郊祀、宗庙的皇帝亲祭,特别是董卓拥立献帝的次年即初平元年(190年)举行了献帝的南郊亲祀,其中最令人瞩目的是当时董卓做护从。另外,魏、蜀、吴三国建国时都采取相同的方式举行登坛告天(告代祭天),而且都在郊祀的告代祭天中使用"皇帝臣某"的自称,其他场合使用的"天子臣某"等等,都体现了在这一时期之前天下已广泛共知郊祀的运行方式。就这样,东汉确立起郊庙祭祀。关于郊庙在三国到南北朝时期是如何沿袭或者演变,如何被运用于政治意图中,则是接下来的第五章、第六章的课题。

　　第五章考察了魏晋及南朝的郊庙亲祭。三国的蜀和吴没有值得关注的郊庙皇帝亲祭。前面已经讲过,曹魏采用的是圜丘和天郊(南郊)一个祭场、方丘和地郊(北郊)一个祭场,近似于郑玄说的郊祀制度,魏文帝、明帝举行过郊祀亲祀,而第三代齐王芳以后郊祀不再举行皇帝亲祀。宗庙正祭在齐王芳以后仍是皇帝亲祭,总的来说,曹魏时期还没有有意识地利用皇帝亲祭郊庙。西晋第一代皇帝武帝采用圜丘即南郊、方丘即北郊的基于王肃说的郊祀制度,郊祀、宗庙在某种程度上都是皇帝亲祭,第二代惠帝时基本上不再举行郊祀。但经历了"八王之乱"和"永嘉之乱"后,西晋开始进入崩溃期,怀帝的亲郊、愍帝等立太子时的告天、还有东晋元帝即位时的告天,这些皇帝都举行了郊祀亲祀特别是南郊亲祀。接着到东晋时,确立了隔年正月举行南北郊祀的二年一郊制度,于即位次年开始实行,另外逐渐在南郊时实行大赦。这种以即位次年为起点实行二年一郊制的皇帝亲祀,在南朝的宋、齐、梁、陈得以沿袭,伴随南郊祀的大赦也以各种形式得以实施。另外,估计宗庙祭祀在东晋以后,从禘祫到时祭也都实行了皇帝亲祭,不过从史料的留存记载情况来看,宗庙时祭在南齐和梁后来都有委托有司摄事的倾向。此外,魏晋南朝郊庙祭祀整体上仍然是南郊最受重视。

　　总而言之,东晋、南朝时郊祀宗庙祭祀实行的是皇帝亲祭,从这一点来

看,二年一郊制是为了保证皇帝亲祭的常规化而实行的改革。西晋瓦解东晋兴起时期,五胡势力急速扩张,东晋末期北朝第一个王朝北魏出现了。众所周知,截止到南朝末期的陈为止,南北朝的对抗关系逐渐演变为北朝更占优势,因此,相对于曹魏、西晋,东晋、南朝的郊庙祭祀基本上实行皇帝亲祭,要考察其原因,当然需要考虑到当时北朝的情况。

第六章按照上面观点考察了北朝的郊庙祭祀。首先探讨了以魏为国名称帝的北魏道武帝以后郊庙亲祭的实际情况。道武帝从天兴元年(398年)开始的两年间,称帝且举行告代祭天形式的郊祀,天兴三年正月举行南郊亲祀紧接着又举行了北郊亲祀,创立了实行郊祀的新体制。重要的是,由此开始了魏为北帝、东晋为南帝的局面(《魏书》第一百零五卷之三《天象志三》),明显是道武帝为了对抗东晋表明自己才是皇帝的态度实行了郊祀。另一方面,道武帝保留了北族传统的西郊祭天,中国式的郊祀有时(可能大多时候)由有司摄事举行,而西郊祭天由皇帝亲自举行。在郊庙祭祀基本上实行皇帝亲祭的东晋南朝,有司摄事只是皇帝不能亲祭时的代理。但是,道武帝时期的南郊祀和西郊祭天,形成了根据祭祀种类不同而采取皇帝亲祭或是有司摄事的逻辑体系,这是考察隋唐时期及其之前的郊庙祭祀运行方式的重要视点。

笔者在作为本书第一章原型的论文(发表于1979年)中,论述北魏郊庙制度时,是从北魏孝文帝时期开始考察的,这是因为魏收《魏书》中的文章是出了名的过于主观,笔者对孝文帝汉化政策以前的郊庙制度史料记载无法判断其可信性。但太武帝太平真君四年(443年)的嘎仙洞告天文在1980年被发现、并于次年报道公布了,说明某种程度上可以相信《魏书》孝文帝以前有关皇帝祭祀的记载。有了这个前提,就可以对道武帝建国时告天的特点进行考察。从《魏书·礼志一》记载看,好像是道武帝于天兴元年举行告代祭天建立魏国,但告天文实际上是年底称帝以后于次年正月南郊祀亲祀时发布的,因此,《魏书》关于皇帝祭祀的记载中,孝文帝以前的内容也可以采用,不过需要今后收集尽可能多的史料来判断是否属实。另外,通过分析嘎仙洞的告天文可以确认,《魏书》记载的告天文与此表述一致,采用了"天子臣某"的自称,供品牺牲使用了马(原文为"骏足"),将太武帝表述为"可寒"(意思为可汗),等等,可知五世纪中期郊祀仍然混杂有鲜卑族因素。

因汉化政策而闻名的孝文帝在洛阳迁都时废止了西郊祭天,在洛阳新设置了圜丘、方丘,建造了相当于太庙的太和庙,代替以往在宫中举行的祖先祭祀。这样,孝文帝迁都后确立了郊祀、宗庙祭祀,和其他祭祀一起尽量举行皇帝亲祭,可见孝文帝的郊祀改革是以皇帝亲祭为前提的。之后北魏仍流行皇帝亲祭,但在东西魏分裂时期,孝武帝举行了鲜卑族风格的即位仪礼等活动,郊庙祭祀出现了混乱。北齐、北周的郊祀、宗庙祭祀各有特点,没有东晋、南朝那样在运行上具有跨越朝代的共通性,但是仔细分析后可以发现它们各自内部具有统一性,另一方面鲜卑族传统的西郊祭天没有恢复。不过宗庙的祖先祭祀各个朝代都各自具有很强的独立性。进入隋代,文帝吞并陈统一中国时开始策划完善祭祀制度,这一时期各种皇帝祭祀都是文帝亲祭,但后来变成了只在特定情况下举行郊庙亲祭,特别是炀帝的郊庙亲祭,是由于结束了高句丽远征而举行的。

从上述演变来看,很明显,北魏道武帝称帝时北朝引入并实行郊庙祭祀的很大因素是对抗东晋、南朝。因此,只要不是像北魏孝文帝那样出于自觉去实行亲祭,北朝整体上委托有司摄事的倾向比较明显,可以说由此产生了隋代那样只在特殊情况下才举行皇帝亲祭的趋势。像这样对皇帝亲祭和有司摄事的区别运用,是北魏时南北郊祀由有司摄事、而西郊祭天由皇帝亲祭的形式逐渐演变的结果。唐代,郊庙皇帝亲祭逐渐成为特定情况下才举行的祭祀,其最初的萌芽起源于北朝特别是北魏时期。东晋确立了常规化举行皇帝亲祭的二年一郊制,包括宗庙正祭在内一直到南朝都举行皇帝亲祭,其原因在梳理了上述内容之后清晰起来,那就是,相对于实行郊祀并称帝的北朝,东晋、南朝是为了主张自己才是中国王朝的正统君主,才在郊庙祭祀方面有意识地贯彻实行了皇帝亲祭这种形式。

在接下来的第七章,南北朝时期产生的种种各异的郊庙祭祀是如何被唐朝沿袭的?在唐朝近三百年的统治中是如何演变的?其变化具有怎样的历史意义?阐明这些问题正是本章的课题。唐初举行郊祀、宗庙皇帝亲祭逐渐减少,只在特定情况下才举行郊庙亲祭,不过其举行原因在历史上大多不明。但也有个别很清楚的例子,贞观十七年(643年)四月的太宗谒庙和十一月冬至的南郊亲祀都与高宗被立为太子有关,特别是后者,是为了巩固高宗的皇太子地位而举行的郊祀。则天武后时事实上迁都洛阳建造明堂作为正殿，在此举行祭天礼，南郊亲祀时也实行了大赦和改元。应该注意的是，则天武后是唐代第一位在宗庙亲祭时同时实行大赦改元的皇帝，而且她关注并利用了包括明堂祭祀在内的各种祭祀的政治功能。中宗景龙三年（709年）冬至的南郊亲祀被认为是韦后主导的郊祀，从唐前半期中间开始，祭祀特别是郊祀亲祀的目的明显是为了提高主办人或者近似于主办人身份的参加人的权威。

　　唐中期玄宗朝有一个很大的特点，就是开元、天宝之交增加了老子庙即太清宫的祭祀。这之前的开元十一年（723年）冬至郊祀是玄宗的首次亲郊，也关系到两年后的泰山封禅。改元天宝是为了纪念即位三十年，天宝元年（742年）以太清宫—太庙—南郊的顺序逐日举行祭祀，十年后的天宝十年（751年）以同样顺序连续三天举行亲祭，在最后的郊祀当天实行大赦。太清宫作为祭祀唐朝远祖的老子庙，受到等同于宗庙规格的对待（但是安置的不是位牌的神主而是老子像），太清宫和太庙的祭祀都处于亲郊前告祭的位置。这一年也修订了一部分祝文用语，天宝十年是唐代皇帝祭祀实施的重大转折点。玄宗对郊庙以外的其他祭祀也热情高涨地实行了亲祭；之后的皇帝中德宗对亲祭最热心，两者是各有机缘，玄宗时是因为收拾整顿武韦之祸，德宗时是因为"安史之乱"以后重建唐朝体制。很有意思的是，玄宗朝编纂的《大唐开元礼》《大唐六典》都是在德宗朝得以实行。另外也需要注意，开元礼中的内容，与之后玄宗朝郊庙祭祀的实际实行情况并不一致。

　　唐后半期以太清宫—太庙—南郊为顺序逐日举行的亲祭成为惯例，极端点儿讲，除了唐末僖宗朝、昭宗朝等混乱期以外，基本上只实行了这一形式的亲祭（以下称为"系列亲祭"）。而且许多皇帝在位期间只举行了即位次年的系列亲祭，对新即位的皇帝来说，即位次年的系列亲祭是极为重要的祭祀。最初改元在正月初一实行，后来不仅大赦，连改元也放在最后一天的亲郊当天实行。中国传统上，即位次年的正月开始，新皇帝的统治即逾年称元的观念很强，但此时却连作为其象征的改元也挪到大赦当天实行，可见唐后半期即位次年的系列亲祭对新皇帝来说是何等重要。另外，大赦改元集中到最后一天的亲郊当天，说明系列亲祭的核心祭祀是郊祀

终章 从郊祀、宗庙祭祀及即位仪礼看中国古代皇帝制度的特点

(南郊)。即使从唐代整体来看,也基本上没有宗庙正祭的皇帝亲祭,可以说唐代祭祀是以南郊祭祀上天为中心开展的,也可以说,上述变化说明了皇帝亲祭的意义发生了变化。也就是说,东晋、南朝郊庙的定期亲祭本身就具有很大意义,唐后半期的郊庙亲祭强化了其作为即位次年庆典(包括大赦改元在内)的色彩,从这一点来看,太清宫被设置在皇城外的市区,皇帝亲祭在众人的围观注目之下举行,效果显著。就这样,唐代郊庙亲祭作为庆典的意义更加重大。但另一方面也出现了一种观点,即将其中的太庙亲祭看做是即位后的谒庙。

前七章讲到,皇帝的郊庙祭祀以成为惯例的正祭为中心,另一方面,临时告祭中最重要的是与即位和建国相关的郊祀、宗庙告祭,特别是上面讲到的、作为即位时告祭的谒庙。因此最后在第八章,作为郊庙皇帝亲祭研究的一环,探讨与即位仪礼有关的郊庙祭祀问题。

先行研究中,首先介绍了西嶋定生的观点。他将皇帝和天子的功能进行区别,在此基础上提出了汉代即位仪礼是由天子即位——皇帝即位两个阶段构成的观点。其次梳理了尾形勇的观点。尾形对西嶋的观点做了深入细致的讨论,认为从汉至唐期间的即位仪礼,因先帝去世而常规传位的情况下是以天子即位——皇帝即位的顺序进行的,而朝代更替或同一朝代内先帝在位期间让出帝位的情况下是以皇帝即位——天子即位的顺序进行的。对此,小嶋毅和松浦千春提出了质疑,他们认为唐以前的即位仪礼基本上只有皇帝即位这个部分。笔者看法与此相同,本章内容整体上都证明了这一点。笔者首先探讨了西汉文帝的例子,他的即位仪礼明显是以天子即位——皇帝即位的顺序进行的,不过当时是吕后去世后其发动宫廷政变即位的,在代王府的天子即位是为了以皇帝身份入主未央宫的权宜之计。然后揭示了汉代即位仪礼的实际情况。汉代的即位从宗庙即位演变到宫中的柩前即位,与此相对应的是,随着西汉到东汉的时代变迁,谒庙礼从即位仪礼中分离出来,取而代之的是,东汉以后,册书(策书)逐渐用于即位仪礼。此外还论述了,这些变化与汉代随皇帝权威的确立而发展起来的官僚制相对应。

在魏晋南朝,从《南齐书·礼志上》的记载可知,晋(大概是东晋)、南朝以皇太子身份即位的皇帝不举行谒庙,即位时的谒庙是皇太子以外的其他

人即帝位时才举行的仪礼。另外也有观点认为,以皇太子身份即位的皇帝不需要册书,也就是说,魏晋南朝授受玺绶是即位仪礼的核心,谒庙的功能不断发生变化且逐渐减少。关于向皇太子即新帝授受的册书及玺绶,可以说汉代以来的传统是重视玺绶,不过某种程度上也认可册书的价值。北朝的宗庙制度和魏晋南朝不同,没有即位时的谒庙。但《魏书·礼志四》记载的北魏孝明帝的即位,推测是在太极殿的柩前即位,这篇记载很珍贵,通过它可以推知整个南北朝时期太极殿举行的即位仪礼的具体情况。北朝末期即位仪礼遵循北族传统,但这只是一时的现象。总体而言,北魏无论传位还是让位,或者皇帝与帝位继承人之间的血缘关系如何,即位仪礼的核心都是授受玺绶,也认可册书。北齐和北周的即位仪礼中可以确认到的授受册书或玺绶的例子很少,最为突出显眼的是使皇太子即位合法化的遗诏。遗诏通常大多是关于减轻服丧仪礼等皇帝死后事项的指示,基本上没有保证皇太子德行、能力方面的内容。应该注意到上述北朝遗诏内容的变化,也影响了唐代的即位仪礼。

唐代第一代皇帝高祖在宫中即位,告代祭天是派遣有司摄事举行的。值得注意的是,从隋代文帝建国开始,第一代皇帝的即位仪礼都是在宫中举行。唐后半期皇帝住在大明宫,在大明宫驾崩的皇帝其梓宫被移往太极殿之后才举行新帝的即位仪礼。当时首先在大明宫宣布先帝遗诏,确认先帝让皇太子即位的遗愿,然后在太极殿授与皇太子册书和玺绶。唐代遗诏从大明宫建成以前太宗崩驾时开始就有明确提及皇太子即位情况的内容,这在唐后半期发生皇帝被弑事件时仍然存在。也就是说,唐代遗诏成为保证皇太子等帝位继承人即位正统性的重要文书,唐后半期皇帝的日常居所移往大明宫,因而在大明宫宣遗诏成为太极殿即位仪礼之前的重要仪式。另外,根据史料记载,授受册书取代了南北朝时期及之前的授受玺绶,成为太极殿即位仪礼中优先进行的环节。也就是说,唐代首先通过宣遗诏确认先帝对于皇太子即位之事的意愿,然后,在先帝柩前将任命书即册书交给皇太子。可以说,唐代即位仪礼的特点就是,即位仪礼中任命仪式这一环节被推到了台前。另外,皇帝日常生活移到大明宫之后,即位仪礼仍在太极殿举行。在北朝,北魏孝文帝是唯一一位被推测是在太极殿举行即位仪礼的皇帝,与此相对,魏晋南朝一般都是在太极殿举行即位仪礼。可以说

终章　从郊祀、宗庙祭祀及即位仪礼看中国古代皇帝制度的特点

在郊庙祭祀的运用方面整体上唐代明显受到北朝影响，但即位仪礼中使用太极殿这一点却是受到南朝影响。

二、中国古代皇帝祭祀的意义与作用
——相关研究成果与课题

在上一节中重新梳理了本书前八章已阐明的内容，并穿插进行了其他角度的论述。很明显，汉代皇帝祭祀多出自儒家经书，经书的规定不变的话祭祀的大框架也也不会变，所以，如果东汉末之前形成了宗庙祭祀，那么之后祭祀制度的大框架也没怎么改变。由此曾经普遍有一种模糊的观念，认为历代皇帝祭祀都没怎么变化代代沿袭着。例如陈寅恪著名的《隋唐制度渊源略论考》，考虑到这是在抗日战争时期的 1944 年与《唐代政治史述论稿》一起出版的，其著作中的预见和内容令人惊叹。不过，陈寅恪在该书的开头虽然探讨了"礼仪"，但关于古籍中礼制的内容基本都是纸上空谈，而且说其社会影响只涉及到少数特殊阶层，他自始至终只是对隋唐及之前的礼制沿革进行了学统上的记述。

但是正如上一节所总结的那样，对作为礼制的一个构成部分的皇帝祭祀，不仅从制度框架方面去探讨，而且从实际运用实施方面也加以分析的话就会发现，历史上一些重大变化的痕迹，特别是与皇帝即天子权威由来相关的郊祀（南郊）有很大变化。首先是东汉末及西晋末皇帝亲祀的郊祀件数增加了，"永嘉之乱"时竟然发生了自称皇太子的晋朝宗室之人祀告天下的事情，东汉末以后人们认识到郊祀具有提起皇帝合法性的价值。接下来是南北朝时期，南朝皇帝励行二年一郊制，而北朝引入并实行郊祀，可以说都是上述认识在南北朝对立情形下的体现。东晋、南朝的各位皇帝为了寻求当皇帝的身份依据，连宗庙时祭都进行亲祭，但在北魏以后的北朝，鲜卑族传统的祭祀和新引入的汉魏的郊祀、宗庙祭祀并行，需要相互协调共存，情况更加复杂。不过对于混杂有鲜卑族的北魏民众来说，西郊祭天的意义逐渐变得模糊起来[2]，随着孝文帝推行迁都洛阳，作为国家祭祀的西郊被废止了。但是，西郊祭天和南郊祭祀的并行过程中，出现了有意识的

对皇帝亲祭与有司摄事的区别运用，这给隋唐以后郊庙祭祀的实施方式带来巨大影响。另外，一般印象会觉得北魏和北齐、北周的宗庙祭祀与南朝的宗庙祭祀有很大不同，因而作为今后的课题，将探讨北朝宗庙祭祀的特点与北族的祖先观念之间的关系。

皇帝祭祀在南北朝对立中的相同点与不同点已经很清楚明显，在结束上述南北朝的分裂、完成了统一大业的隋朝，如何统合运用这样的皇帝祭祀，是与中国整个国家的统一统治相关的一个重大政治课题。文帝在平陈后，起用南朝的官僚尝试整顿重组皇帝祭祀，可以说这一举动体现了要努力解决前述政治课题的决心。但是，此后在隋朝以郊祀为中心的皇帝亲祭反而成为特例，主要原因可能是已经不存在南北朝对立了，因为也没有必要为了对抗南朝而实行皇帝祭祀亲祭。没有实质用途的祭祀由有司摄事举行，只有对皇帝来说非常必要的祭祀才举行皇帝亲祭，至少在北朝时就已经出现的这一倾向无疑更加明显了。像这样对皇帝亲祭与有司摄事的区别运用，关系到接下来的唐代皇帝亲祭的显著变化。另外，从隋文帝的即位开始，各个朝代建国时的即位都在宫中举行，以往朝代第一代皇帝在室外举行的告代祭天，而从这时起改为派遣有司摄事举行。这一变化的整体意义需要重新考察，不过派遣有司摄事举行告代祭天，应该是由于北朝时的有司摄事现在已经成为常态。

唐代皇帝亲祭以即位次年的系列祭祀为中心，在此不再赘述其戏剧性的变化，宋代三年一次的冬至皇帝亲祭成为惯例，但需要注意的是其他两年的冬至郊祀由有司摄事举行。从唐代前半期开始定期举行皇帝亲祭，之后以贞观十七年（643年）冬至的太宗亲郊为开端，经过则天武后对皇帝祭祀有意识的利用，到唐后半期形成了以即位次年正月的南郊为中心的系列亲祭。为了主张皇帝的合法性而利用南郊祭祀，是东汉末开始出现的，唐朝对皇帝亲祭与有司摄事进行了制度化的区分，通过这样的区分，唐后半期皇帝亲祭就成为庆贺新帝登基的庆典。于是，大赦改元也纳入了亲郊当天的仪式之中，主要通过大赦文昭告天下[3]。中央集权的皇帝统治就这样渗透到各个地方，这应当看做是中国统治水平的进步。这样的例子在下面即位仪礼的相关史料中也能看到。

在探讨作为皇帝制研究对象之一的即位仪礼时，有学者曾尝试宏观把

终章 从郊祀、宗庙祭祀及即位仪礼看中国古代皇帝制度的特点

握其从汉到唐的特点。笔者接触到这样的考察时有豁然开朗之感,按照时间顺序对即位的过程进行探究时,笔者发现了虽然细微却不可忽视的变化。皇帝即位仪礼在西汉中期由宗庙即位演变成柩前即位,这是西嶋定生首先指出的,从之后即位仪礼的变化这一角度来看,可以说这是把即位仪礼从仅有一部分权臣参加的狭小空间开放扩大到一般官僚也可以参加的广阔空间的一个迹象。另外也可以说,这是即位仪礼从展示与祖灵连结的神秘仪礼,转变为丧葬仪礼过程中的一个更为制度化、世俗化的任命仪式的第一步。关于这一点,需要注意并充分重视昌邑王贺的例子,他并非昭帝之子,但一旦被视为皇太子,首先被要求履行的义务就是以皇太子身份主持葬仪。

在东汉,谒庙从即位仪礼的直接过程中分离出来,成为先帝埋葬后的仪礼,另外,东汉的史料记载中出现了西汉即位仪礼中不曾有过的授受册书(策书)环节。如果这是如实记录的,那么与西汉相比,东汉即位仪礼的任命仪式的色彩更浓了,这一变化是随着汉代官僚制的形成而产生的。西汉出现的宫中柩前即位,其意义正是因为这一变化而更为重要。之后,从南北朝到唐代,谒庙的意义逐渐变得不再重要,到唐代时谒庙基本已经消失了踪迹。另一方面,南北朝时授受玺绶是即位仪礼的中核心,到了唐代依然存在,不过唐代的史料记载中,授受册书成为柩前即位的核心仪礼。唐代的册书作为任命状即告身,只用于三品以上告祭官僚的任命[4],皇帝的即位仪礼也发布册书,可以说这意味着唐代即位仪礼中的官僚制要素更加明显了。另外,唐代发布遗诏(宣遗诏)是即位仪礼的第一阶段,具有很重要的意义。遗诏从西汉文帝时开始受到认可,但文帝的遗诏只是关于轻简服丧仪礼的指示,并没有确定并保证皇太子即位的内容。后来,到南朝末年之前几乎没有遗诏会强调皇太子即位的合法性,从北朝的北齐、北周开始,遗诏中出现了强调皇太子即位合法性的内容;隋炀帝即位时,遗诏中加进了强调皇太子能力的内容[5]。如上所述,虽说都是遗诏,但因时期、朝代的不同所强调的内容也有所不同,唐代每次皇帝驾崩都要发布提及皇太子即位合法性的遗诏,之前的朝代基本没有这样的情况。而且,唐后半期,作为皇帝居住场所的大明宫,和作为仪式场所的太极宫因功能分离开来,最终使得在太极殿发布遗诏作为即位的第一个程序,成为明确显示皇太子

即位合法性的环节而备受重视。被宦官所弑的宪宗也留有遗诏,说明了当时即位仪礼中遗诏的重要性,不可以当做奇闻异事一笑了之。

在唐代,皇太子即位决定权在于先帝,各地也依据遗诏来认可他的即位。《通典》第八十三卷《凶礼五》"丧制之一复"所引《大唐元陵仪注》中有如下记载:

> 其告丧之礼,使至所在,集州县官及僧道、将吏、百姓等于州府门外,并素服,各以其方向京师,重行序立。百姓在左,僧道在右,男子居前,妇人居后。立讫,使者立于官长之右,告云,上天降祸,大行皇帝,今月某日奄弃万国。刺史以下抚膺哭踊,尽哀。止哭。使者又告云,大行皇帝有遗诏。遂宣诏,讫,刺史以下又哭,十五举声。使者又告,皇帝伏准遗诏,以今月某日即位。刺史以下再拜称万岁者三。……

元陵是唐代宗的陵墓名称,《大唐元陵仪注》是颜真卿所著记录代宗葬仪仪礼程序的文章。正如上面引文所述,先帝(大行皇帝即代宗)驾崩与新帝(皇帝即德宗)即位通知到州县,这时首先宣读先帝遗诏,告知众人新帝按照遗诏指示即位,可见在新帝即皇太子即位得以合法化方面,唐代遗诏具有极其重要的作用[6]。唐以前皇太子即位时,应该有过关于轻减服丧仪礼的遗诏,但是在遗诏中确切提及皇太子继承帝位是唐代才有的,所以向地方上传达皇太子即位是基于遗诏指示,也是到唐代才出现的现象。

就这样,汉代以后的即位仪礼,其地点从宗庙移到宫中,在授受玺绶之外加了册书、遗诏里开始有提及皇太子继承帝位的内容等等,向唐代发展的过程中,保证皇太子即位合法性的各种手续都准备齐全了。可以说这也是一个皇帝权威的继承被以确定的具体形式来完成的过程,另一方面也说明帝位继承如果不从制度上进行保障的话,就难以得到臣下的认可。东汉时,多次出现年轻皇帝去世以后,外戚拥立牙齿都没长齐的幼帝登基之事。唐代后半期也多次发生先帝即将驾崩时,由宦官决定帝位继承人(皇太子以外也有皇太弟、皇太叔)的事情,但再没有东汉那样对先帝去世隐瞒不发,秘密决定下一位皇帝之事。第八章中也提到,堀敏一指出刘邦因父老部下的拥戴登上帝位,这是中国皇帝制中潜在的民主要素的起源。以这种视角来看,应该如何评价唐代及之前即位仪礼的这些变化呢?

终章　从郊祀、宗庙祭祀及即位仪礼看中国古代皇帝制度的特点

人们常说中国的皇帝制是专制君主制,但即位仪礼发展到唐代时其内容在制度上得到不断完善,从普遍需要取得臣下认可这一点来看,可以说皇帝的肆意妄为得以防止。皇帝和臣下的关系每一个朝代都有不同,虽说不能简单地就认为,通过上述制度框架上的变化,堀氏所说的皇帝制中的民主要素在以后也保留下来,但最能暴露皇帝权威相关情况的即位仪礼,除了汉初宗庙即位时期以外,基本上已经看不到神秘的色彩,都是在公开场所举行的任命仪式,这一点可以说是考察中国皇帝与臣下关系的关键之处。另外,唐代皇帝在京城以外的地方即位时要宣读遗诏而且即位后宣读大赦,这也是考察皇帝与地方之间关系的关键之处。到唐末为止皇帝的统治绝不是单方面皇帝意志的发号施令。隋文帝在宫中即位并没有影响任命仪式的进一步发展,不过,一直以来在室外举行的告代祭天,虽不知实际上怎样,但舆论上极力宣传有多民族参加,强调新王朝得到普天之下的支持而诞生了。宫中的即位却是拒绝多民族和广大民众参加的,作为第一代皇帝的隋文帝和唐高祖,他们的即位仪礼中,告代祭天的部分由有司摄事举行,可以理解为是北朝有司摄事的一种变化,但对于即位仪礼在宫中举行,就需要与以前朝代更替时的即位仪礼进行比较再作进一步考察。

如上所述,探讨包括即位仪礼在内的皇帝祭祀运行情况等,可以发现皇帝与官僚之间的关系状况以及统治民众的情形等种种情况。笔者开始着手这个问题时,连各朝代皇帝祭祀的实际情况都还没搞清楚,于是需要先从历史实例开始挖掘搜寻,从而最终成就了本书。经过这样的研究总结发现,祭祀仪礼的研究可以贯通到政治史研究。换而言之,就是从祭祀仪礼的研究中可以提取出政治制度及政治过程的相关问题来,也可以提出以往的政治史、社会经济史中难以注意到的问题。

堀氏指出,推戴皇帝涉及到中国皇帝制潜在的民主因素,但也不过是初始集团的内部行为,由此产生了大义名分,即就是如果皇帝失去民间的支持就会成为被讨伐的对象[7]。堀氏的这一看法,在展现皇帝统治与民众之间的关系上很重要,但至少到唐代为止的皇帝统治中,皇帝与民众之间日常生活中基本上没有见面接触的机会,与皇帝相关的仪礼就是连接皇帝与官僚以及民众的一个手段,故研究这些仪礼的现实作用是非常有意义的课题。希望本书能为探讨这一课题在视角和方法上提供一定的参考。

笔者在本书想要揭示的是,从祭祀研究中所得到的上述历史研究方面的意义。不过,不把祭祀、仪礼、礼制的研究局限于经学范畴中,而是与各个朝代、各位皇帝联系起来、从政治史观点来把握的话,考察难度会相应增大。最后,作为本书的结语,提出本书论证过程中注意到的几点问题,另外列举出在这一过程中意识到的今后要论证的课题。

　　本书中,对史料记载上的郊庙皇帝祭祀所具有的意义逐个进行了琢磨,但如果不能像唐太宗贞观十七年(643年)的亲祭那样举出明确的旁证,就容易把亲祭的原因简单地归于当时政治形势这单独一个方面上。本书尽可能网罗史上各种例子,尽力避免过于陷入单个事例之中,因为如果事先没有一个大局的整体把握而论述单个事例的话,就容易陷入随意的主观判断之中。但即使如此尽力避免,仍然有可能对于具体单个例子做出一时的、局部的判断。相反,如果是从政治过程出发涉及到祭祀,不在一定程度上讲清楚为什么会关注祭祀,祭祀的相关论述就没有意义,也不具有普遍性、客观性,就不具有说服力。笔者在此深切感觉到,今后面对这样的课题,有必要扩大祭祀、仪礼、礼制研究的范围,积累通过与历史学其他领域所共有的交叉的视点得出的论理及证明。为此,必须不断努力,以精通历史学整个领域的研究史。

　　本书以郊庙祭祀为研究范围展开论述,此外还包括中祀以下级别的皇帝祭祀,有关这些祭祀的历史记载很少,虽然用本书的研究方法对各个祭祀进行了分析,但实际上很难得到多么大的论题,不过,可以做出例如下面这样的工作:现在《大唐开元礼》影印本比较容易入手,通过钻研此书,很可能概括出开元礼的祭祀体系,然后将《通典》所记载的《开元礼纂类》与《大唐开元礼》进行比较,那么就有必要把握《通典》礼典的编纂特点。另外,也就有必要考察作为皇帝祭祀前提的礼制,特别是这些礼制与舆服等的关系。礼制的存在意义之一就是确立并使社会身份体系直观化,不过,大驾、法驾、小驾的三驾制度及舆服志中所记载的服装等,与祭祀这种视觉化的仪礼也有很大关联。上面这些只不过是陈述一下感想,但正如前面所说,为了避免祭祀仪礼研究和礼制研究不陷入局部任意的史料滥用之中,耐心长期的持续工作依然不可缺少。

　　前面已经提到,笔者开始着手皇帝祭祀研究时,对作为依据的重要文献《隋唐制度渊源略论考》之考察还没有具体的礼制方面的进展。时至今日非常幸运,学界对于祭祀研究、礼仪研究的关注大为提高,但大多数研究仅限于对琐碎且庞大的文献进行解读,而将解读结果进一步与政治史、社会经济史相结合的研究非常少[8]。为了使祭祀、仪礼研究不局限于解释学,进一步打开更为广阔的历史视野,需要多方设法、严谨踏实。

注释:

(1)当然不可以忽视《皇清经解》《续皇清经解》等经学成果,特别是清朝秦蕙田的《五礼通考》,关于郊祀以下的五礼列举了经书以及从汉代到明期间各个朝代的相关文献,对查阅郊祀在各个朝代的举行记录等方面提供了方便。但正如本书序章中所指出的,为了从皇帝亲祭与有司摄事之间的区别的角度把握皇帝祭祀的意义,仅仅确认《五礼通考》所列举的历史事例是不够的。另外,对于经学研究者来说只要重述经书上的记载就可以自明的事情,要从现在的历史学角度重新进行探讨的话,就需要改换成现代口语,而且在这个过程中也多次从史料中发现与经学研究者所关心的地方价值不同的问题。

(2)参见川本芳昭《从祭天仪礼来看北族社会的变质与孝文帝的改革》(同《魏晋南北朝时期的民族问题》第二篇第四章第一节,汲古书院,1988年,首次发表于1981年)。

(3)圆仁《入唐求法巡礼行记》第二卷开成五年(840年)三月五日条有如下记载:

> 又从京都新天子诏书来。于州城内第门前庭中,铺二毯子。大门北砌上置一几。几上敷紫帷。上着诏书。黄纸上书。州判官、录事等,县令、主簿等,兵马使、军将、军中行官,百姓、僧尼、道士各依职类,列在庭东边,向西而立。……令两衙官披诏书。其二人著绿衫。更有衙官两人,互替读。声大似本国申政之声。诏书四五纸许。读申稍久,诸人不坐。读诏书了,使君已下诸人再拜。……军将唱好去。一时唱诺。官人、诸军、僧道、百姓,于此散去。

小野胜年认为上面引文中的新天子诏书就是武宗即位时同年二月八日向天下颁发的大赦诏(《唐大诏令集》第三卷《武宗即位赦》,参见《入唐求法巡礼行记研究》第二卷,铃木学术财团,1964年,法藏馆复刊,1989年,268—269页)。像这样在州城宣读大赦文的活动,在即位次年的亲祭时应该也有举行。

(4)参见内藤乾吉《敦煌出土的唐骑都尉秦元告身》(同《中国法制史考证》所收,有斐阁,1963年,首次发表于1933年)。

(5)参见拙稿《从即位仪礼看皇帝权力》(《唐代史研究》第8号,2005年)。

(6)参见金子修一、河内春人、铃木桂、野田有纪子、稻田奈津子、江川式部《大唐元陵仪注试释(二)》(《山梨大学教育人间科学部纪要》第四卷第 2 号,2003 年)。"丧制之一复"执笔人为铃木桂。

(7) 堀敏一《汉刘邦——故事 汉帝国成立史》(研文出版,2004 年)114 页。

(8) 在这一点上,渡边信一郎的《天空的玉座——中国古代帝国的朝政与仪礼》(柏书房,1996 年)以及《中国古代的王权与天下秩序——以日中比较史的观点》(校仓书房,2003 年)是非常珍贵而有积极意义的研究成果。

图表一览

图 1　北京天坛斋宫展示的清代皇天上帝神位及祝版(8)

图 2　西安市的南郊坛(61)

图 3　相传为献帝祭天之地的毓秀台(161)

图 4　魏文帝告代祭天的汉魏受禅台(184)

图 5　唐长安城平面图(287)

图 6　唐洛阳城平面图(288)

表 1　《大唐开元礼》中大祀、中祀、小祀与皇帝自称的关系(4)

表 2　魏晋及南朝的郊祀制度(33)

表 3　北朝及隋朝的郊祀制度(36)

表 4　唐代郊祀的祭神(53)

表 5　唐代的郊庙亲祭与决定亲祭的间隔时间(76)

表 6　唐代大祀摄官表(80)

表 7　魏晋南北朝时期祝文中皇帝的自称(119)

表 8　皇帝玉玺分类表(146)

表 9　东晋的郊庙亲祭(158)

表 10　刘宋的郊庙亲祭(166)

表 11　南齐的郊庙亲祭(172)

表 12　梁朝的郊庙亲祭(176)

表 13　陈朝的郊庙亲祭(180)

表 14　北周的郊庙等亲祭(201)

表 15　高祖—睿宗朝郊庙亲祭(218)

表 16　玄宗朝郊庙亲祭(244)

表 17　唐代皇帝祭祀祝文自称表(258)

表 18　唐代后半期皇帝郊庙亲祭(266)

表19　唐代皇帝亲祭亚献、终献表(298)
表20　西汉各皇帝即位、谒庙、大葬的顺序及间隔(322)
表21　东汉各皇帝即位、谒庙、大葬的顺序及间隔(322)
表22　唐代皇帝传位表(366)

后　记

"金子先生在论证上很较真",这是在一个会上某位年轻学者说的话,而在我自己写完这本书的时候,才对此深有体会。此外,马一虹女士也在她刊登在《唐研究》第七卷(2001年)、针对我著作《隋唐的国际秩序与东亚》(名著刊行会,2001)的书评中提到,在论证东亚国际关系方面,比起西嶋定生、堀敏一等人偏理论性的论述,金子的论证更具实证性。我虽然在本书中没怎么提到我的这部著作,但我觉得马女士总结得很准确。

那部《古代中国与皇帝祭祀》完成之际,我收到了谷川道雄一封恳切又郑重的信。谷川在信中说:在试图通过皇帝祭祀阐明中国帝制之特质时,如果不能把握其祭祀活动所体现的权威结构(并非权力结构)之实情,就无法明确中国固有的君主形象,也就无法展开与天皇制度的比较。因此我在开始写本书的时候,就着重考虑了,如何从皇帝祭祀研究这一侧面来进一步阐明谷川所说的"权威结构"以及皇帝统治的特质。不过从结果看,依我的资料与方法,也许仅仅就是再次证明了,从祭祀的角度研究皇帝统治以及中国政治史也有它的意义。今日我痛感到,仅仅按照自己设定的路线去进行实证研究,是有局限性的。不过,如我在那本《古代中国与皇帝祭祀》的后记中所写,起初我开始研究这方面内容时,几乎就是以好奇的眼光运用《礼仪志》来写论文的。再者,如果从与天皇制比较的观点来看,日本古代史方面的学者也在积极关注中国皇帝的祭祀或礼仪,但是几乎未得到中国史方面的回应。本书对此情况持批判态度,比如山尾幸久关于西晋武帝郊祀的考证,竟然要从解读白文的正史《礼仪志》开始,这几乎是就是在零起点上去回应日本史研究学者嘛。本书能举出这样的事例,也算是具有一定意义了,这点让我很欣慰。至少我证明了,唐代即位礼仪中的遗诏,在维系皇帝与臣下、皇帝与子民关系方面具有意义。今后我也将立足于此,吸取多方面的研究成果,仍然以实证为核心,继续尝试去探究中国皇帝制度的特质。

虽有自我辩解之嫌，我还是要说。我在写硕士论文《中国古代国家祭祀的开展》（东京大学，1974年）时曾提到郊祀、宗庙祭祀礼仪，那时候除了解读儒家经典的经学史、以及中国宗教史方面的论文，其他领域几乎没有相关论文可以参考。当时我之所以选这样一个课题，是缘于我上研究生那年（1972）在西嶋定生先生的课上读到《后汉书》里的《祭祀志》，当时正好赶上刘昭注所引蔡邕的长文《明堂月令论》由我担当读解任务，从六月的最后一周，直到十一月的第一周，中间隔了一个暑假。后来西嶋定生先生便让我将其写成了《汉代的郊祀、宗庙、明堂及封禅》（1982年初刊，后收于《古代中国与皇帝祭祀》一书），此乃我的研究之初。硕士论文就是由汉代再扩展至唐代。当时手头没有中华书局的标点本二十四史，《礼仪志》那些，除了逐字逐句地摸索着去标点，别无他法。但就是在这个过程中我发现，《宋书·礼仪志》所收的与礼论相关的史料，大多来自八座尚书的上奏文，里面罗列了很多礼官的意见（见《古代中国与皇帝祭祀》所收《基于〈宋书·礼仪志〉的南朝上奏文研究》一文，1980年初刊）。记得当时我把这一发现告诉了户川芳郎先生，先生非常感兴趣，我这才有了一些信心。在互联网万能的今天，年轻学者无奈于想要检索的资料只有白文，我特别想让他们知道的是，便利的同时，我们也会因此失去宝贵的体验机会。

我提交硕士论文后的翌年四月，谋到了高知大学文理学部（后改为人文学部）的职位。在那里我发表的第一篇论文《唐代的大祀、中祀、小祀》（1976年），成为了本书序章的基础。现在回想起来，我在研究之初，便能够把握好皇帝祭祀的等级及其与皇帝、天子等称谓的关系，还有皇帝亲祭与有司摄事之间的关系，是非常幸运的。另外，在写硕士论文时，觉得不可思议的是，无论我怎样查找史料，皇帝亲祭的事例都没有如规定的那样多见。1983年4月，我调到山梨大学教育学部（后改为教育人间科学部）任教，1987年，研究室的大楼因为进行抗震维修而锁闭了一个夏天，我无奈只拿回家了一套《全唐文》，于是一个夏天把它从头至尾翻看了一遍，想不到却从中收集到了大约200页原稿纸（200字一页）的关于有司摄事的史料。我又在那基础上查找原典，根据分析结果完成了收于本书第三章的论文《唐代皇帝祭祀之亲祭与有司摄事》（1988年初刊）。我还因此而确信，缺少皇帝亲祭史料是有原因的，于是也才敢于将继硕士论文之后整理的汉唐间诸王朝郊庙亲祭年表公诸于世。写那篇论文的时候,正赶上史学教研室的同事竹山护夫教授(日本近代史)在与病魔斗争一年半之后去世(1987年12月),我当时还是助教却要兼教研室主任的工作,真是一段艰难的时光。就包括因抗震维修一夏天不得出入自己研究室的事情在内,可以说,我反倒是在最艰难的时期完成了基础性的研究。每当这种时候,我便会想起西嶋定生先生在我去高知大学赴任时的离别赠言:"状态不好的时候就读史料,状态好的时候就做理论。"

接着,我便从唐代开始逐一探究皇帝郊祀亲祭的意义。关于太宗贞观十七年(643年)南郊祭祀,当我在《旧唐书·五行志》中找到与冬至郊祀祝文极为相似的文字时,着实吃了一惊。后来我又发现,其他亲祭的意图有很多都记录在相关的大赦文中,于是根据《唐代诏敕目录》,找到并通读了所有相关的大赦文,并采用了其中最为详细的版本做为我的史料。也正是因为这个,本书所引大赦文分别来自《文苑英华》《旧唐书》《唐大诏令集》《册府元龟》等,出处并不统一。从这件事来看,《唐代诏敕目录》可谓立了大功,但其在日本的唐史研究中几乎就没有被用到,现状有些令人堪忧。

其后,我又运用几近相同的方法,将研究范围扩大至魏晋南朝、北朝。在跨入北朝研究时,自研究生时代就参加的、以西嶋定生先生和窪添庆文、佐藤智水等东京大学研究生为核心成员的《魏书》索引制作研究会,发挥出了它的效果。关于这个《魏书》研究会,详情请参看研究会(代表:西嶋定生)编《魏书语汇索引》(汲古书院,1999年)中佐藤君所作的后记,在此我只讲一下与我创作本书有关的。在我离开东京赴任之后,每逢夏季,都会担当研究会的大量读解任务,为了准备它就要花掉我半个暑假,这对于一个刚刚出道的研究者来讲并不轻松,当时我还有些不满。不过,它确实锻炼了我逐字逐句读解诏敕文等的能力,而且在一定程度上把握了《魏书》的内容。我在魏晋南北朝史方面的理解,至今也不能说很到位,但如果没有解读《魏书》的经历,我恐怕连涉足北朝皇帝祭祀研究的勇气都没有。还有,在东大期间得到过西嶋定生先生关于汉代史方面的教导,研究生期间得到过东洋文化研究所池田温先生关于唐史诸史料的赐教,虽然时间有长有短,但的确是让我有机会辗转接触到了自汉至唐的史料,回想起来,真是一笔丰厚的财产。顺便提一下,《魏书》研究会那需要毅力的索引制作,因为我有了五个孩子而躲过了最后的任务。

以上是本书所收论文的简要创作经纬,在此,我想再次感谢一路走来支持我的诸多亲朋。我的成长环境很优越,我家离我上的初中徒步两分钟,离我上的高中徒步3分钟。初中在目黑区第十中学的合奏班敲了三年大和鼓,那时的顾问(指挥)臼田泰夫先生对我影响很大。臼田先生是英语老师,我虽然没有机会直接上过他的课,但初中毕业上了高中以后的第一年,我一个人就去老师家叨扰了近三十次,向他学习思维方式及对各种事物的看法。在跟老师的交谈中,我对两句话印象深刻。一是:教英语最重要的是思考语言是什么,即便不能马上有答案,也要为此学习语言学、哲学等,还要接触美术和音乐。二是:教育只有一次机会,无法重复。前者是研究者心得的另一种表达方式,后者是教育工作者应当牢记的箴言,这两句话至今对我都非常重要。我在都立大学附属高中直接受教的十几位先生,后来又都一起到了我就读的大学,我就是在这种奢侈的环境中学习的。我从众多老师们身上,知道了拥有渊博知识和广阔视野的重要性,我的藏书范围基本上就是由我高中时代所学、所见、所闻和经历所决定的。

高中的老师里,让我印象最深刻的有两位,他们都很博学多识,一位是教世界史的三木亘(后来任东京外国语大学教授、庆应义塾大学教授),另一位是教古文的野村精一(后来任实践女子大学教授、潮迺舍文库主编),两位先生都还健在。野村先生还曾是我在山梨大学教育学部的同事,共事两年,也算是奇遇了。另外,黑羽清隆先生的日本史课,也因为内容扎实和话术高超而好评如潮。高三那年的一月,我们已经不被硬性要求去上课了,当然也同时意味着可以去其他班自由听课,所以没听过黑羽先生课的同学都跑去听(我也是其中之一),以至于人数太多而换了个大教室。黑羽先生后来调到了静冈大学教育学部,不幸在任中就去世了。先生的讲义最近得以出版了(黑羽清隆著、池谷真仁编《黑羽清隆日本史料讲读 日美开战·破局之路》,明石书店,2002年;同《乐读历史、参与历史〈黑羽清隆日本史入门讲座〉》,同,2005年),今天读来仍然叹服于先生对讲课倾注的热情。

我硕士一毕业就幸运地得到了高知大学的职位,但之前几乎没什么积累的我,本来就已经耗尽了"电量",又还没来得及充电就开始教书,所以还是觉得很辛苦。当时高知大学西洋史的渡边昌美、日本中世史的秋泽繁两位先生,在如何做学者和教育工作者方面,给予了我很大的精神支持。我经常倾听渡边先生的高谈阔论,而秋泽先生说的"我认为教育的要诀就是看你选择为(年轻人的)可能性下赌注还是拘泥于现状"这句话,与之前白田先生的教诲,同为我的座右铭。此外,同年入职的玉井力,还有后来入职的福地惇、山本健儿、吉成直树等几位,也让我在和他们一起游玩及畅饮中学到了很多东西。还有当时在高知大学教育学部的安田二郎、以及安田的后任窪添庆文,也给了我很多关照。以上的经历让我强烈地感受到,孤身一人要想在地方性大学立足,就必须保持旺盛的好奇心,凡事多倾听。

调到山梨大学教育学部之后,史学教研室教西洋史的伊藤幸男先生、教日本古代史的吉田孝先生、以及教日本近代史的竹山护夫先生,给予了我很多的关照。我到任的第二年,文部省有了海外研究员的青年项目,这些先生第一个就把我送去了中国,这次机会成为了我与中国学者交流的良好开端,受益至今。我才到任不满二年,先生们就把这么宝贵的机会给了一个晚辈,这种温暖让我由衷地感谢。伊藤、竹山两位先生已经故去,吉田先生至今还以其广博的学识在不断出版日本史方面的有趣论著,这点我想读我书的读者也都知道。还有在我之后入职的西洋史河原温、日本古代史大津透、日本近代史野岛(加藤)阳子等,也都给了我多方面的激励。大津、野岛两位的招聘,我也参与了,很高兴看到他们两位现在活跃在东京大学文学部的身影。另外,河原后来调去了东京都立大学,我们请到了高桥理教授来接替他的职位,高桥先生对我这个比他年轻的人、以及大津和野岛两位,都非常客气,在此我也对他表示感谢。当然山梨大学还有许多关照过我的老师,恕我就不一一列举他们的名字了。

下面我终于要说到我所从事的中国史专业的先生们了,我得到他们的关照当然更不必说了。上文提到过的《魏书》研究会,其他成员如尾形勇、太田幸男、春日井明、林俊雄、鹤间和幸、关尾史郎、三崎良章等,也给予了我帮助。我考上研究生那年,池田温先生从北海道大学调到了东大的东洋文化研究所,池田先生发起了东文研的研究班"律令比较研究会",我从第一次就一直参加。池田先生的研究会,后来变了形式但延续至今,当初除池田先生外,堀敏一先生、青木和夫先生,以及小口彦太、冈野诚、梅村惠子、窪添庆文等人也都参加过。还有像提供本书唐代圜丘照片的坂上康俊,以及现在任名著刊行会编辑的菊池克美等,也都是在这个研究会上相识的。

池田先生和堀先生,惦记着我学业未成就到了高知大学任教,便邀请我参加唐史研究会的夏日合宿活动,我因此有幸结识了全国各地的很多先生。唐史研究会至今每年尚有百余人参加夏日合宿活动,许多人都在那里受到过教益,在此我只列出一些与我年龄相仿(我个人以为)的学者:谷川道雄先生、古贺登先生、柳田节子先生、菊池英夫先生、土肥义和先生、池田雄一先生、佐竹靖彦先生、砺波护先生,以及爱宕元、清木场东、气贺泽保规、中村圭尔、高桥继男、大泽正昭、石见清裕、川本芳昭、妹尾达彦、古畑彻、李成市等诸位。此外,鹤间和幸邀我加入了中国水利史研究会,在那里我幸会了原宗子、工藤元男、藤田胜久,以及我内人在短期大学时候的恩师西冈弘晃先生等。还有东晋次、渡边信一郎两位,是中国唐史研究会成立之际,我与他二位一起作为日本唐史研究会代表去访问时认识的。与山田胜芳、冨谷至两位,我记得是参加京都大学东洋史研究会时认识的。像历史学研究会古代史部会、东洋史前近代史部会等,我都积极参加,结识了如重近启树、伊藤敏雄、渡边义浩等东洋史学者,以及铃木靖民、酒寄雅志、武田佐知子、服藤早苗等日本史学者。我的研究题目,日本史方面的学者也很感兴趣,所以还得以在编辑会议、中国旅行等活动中结识了石井正敏、小林昌二、佐藤信等诸位。再如中国哲学的户川芳郎先生,从我研究生时代起就一直关照我,在此我特别向他表示谢意。

最后,我还要感谢所有听过我课和我指导过论文的学生们。我最初就职的高知大学史学研究室,保持着良好的传统,审查学生毕业论文时注重论文的内容本身而并非看学生的就业去向。判定毕业论文是否合格、给多少分,也是由全体老师阅读论文后合议决定,因此,学生撰写毕业论文时也是认真对待、全力以赴。这样一来,即便最后论文的学术含量参差不齐,但是常常让我感觉到回复初心的重要。这些论文中后来有很多都作为学术论文发表了,即便是没能发表的,学生们愚直的实证也时常能颠覆学界的一些定论。我之所以坚守实证性,也许就是受高知大学时经历的影响。不过,不能有所突破亦是我的责任,我调到山梨大学之后,依然按照高知大学时的基本方针进行指导,因为我觉得,如果不那样做就对不起高知大学时的那些学生。之后又过了二十多年，日本的社会也发生了巨大的变化，所幸我的学生们对待毕业论文都很认真。除了本书中所引幸保由纪子、小泽勇司两位同学的毕业论文外，其他也不乏有益于我理解中国历史的毕业论文成果。我总是想着能将它们公诸于众，至少我希望高知大学、山梨大学的众多毕业生能关注到本书的存在。

本书的稿子，是我在山梨大学教育人间科学部工作的最后两三年中完成的。我与之前《古代中国王权》(《岩波讲座·天皇与王权的思考》第一卷所收，2002年)时的责编入江仰商议后，最终决定在岩波书店出版。我高知大学时的同事渡边昌美、玉井力两位先生，山梨大学的前任或同事如尾形男、吉田孝、大津透等人，也都在岩波书店出版过大著。能够与这些先学在同一家出版社出版自己的著作，我感到非常高兴。虽然没能赶在我离开山梨大学前出版，但是我却因此得以有时间仔细检查了书稿。考虑到本书的受众面，我对大段的汉文引文都作了日语训读(译者注：中文版删节)。因为不光是一般读者，很多原文就连许多中国史研究者也不熟悉，所以我尽可能地配了朗朗上口的日语训读，但不知道是否合适。我自己不大自信，于是就请专业相近的江川式部(明治大学商学部兼职讲师)帮我检查引文和训读文。江川爽快地答应了，而且完成度超过了我的预期，在此我对她表示衷心的感谢。当然，如果本书中有什么错误，我将负全责。

请原谅我长长的感谢之辞，因为从我写硕士论文时开始研究汉唐之间的郊庙祭祀，到我决意将成果写成书，经过了三十年，其间帮助过我的人太多了。尤其是曾经对我这个不成器弟子的研究时而严厉、时而慈爱地一路守望的已故西嶋定生先生，还有经常不吝赐教、准确评判的池田温先生，在本书杀青之际，请允许我再次向两位先生致以崇高的敬意。

2006年3月
作于山梨大学最后一批毕业生及国学院大学第一批毕业生离校前
金子修一

译后记

2016年9月从高兵兵教授处听闻由李浩与松原朗两位先生共同筹划，准备组织翻译出版一批能够代表日本目前最具代表性的中国文史研究著作，并将此套丛书命名为《海外中国研究书系·日本学人唐代文史研究八人集》，希望由我来翻译其中的一本，即金子修一教授著《中国古代皇帝祭祀研究》。此书是一部专业性极强的研究性论著，由作者不同时期的研究成果汇撰而成。此前也曾翻译过《唐代长安镇墓石研究》《长安——绚丽的唐都》等著作，对中国古代历史也颇感兴趣，但关于皇帝的祭祀，还是首次接触。且该书篇幅较长，内容包括汉、魏晋南北朝、隋、唐各不同时期皇帝的郊祀、宗庙祭祀制度。加之翻译时间紧迫，所以，接收了其中前六章内容的翻译任务，后面七、八章、终章，经主编提议交由张子如老师翻译。

翻译过程也并非顺畅，虽然是有关中国传统的皇帝祭祀文化，但此方面内容平日鲜有涉及，非但内容陌生，甚至连一些词语，例如，"昊天上帝""五方上帝""皇地祇""禘祫祭""岳镇海渎""有司摄事""经书""纬书"等；还有"齍""濆""脩""閒""醯""簠簋""勅"等一些生僻的繁体字；以及一些不知晓、记忆模糊的史实等都是一边查阅、请教、对相关知识进行再学习，一边翻译。内容艰涩难懂，需要在对专业知识完全融会贯通的基础上，理解作者的观点，及得出此观点的论证过程。采用了直译、意译、归化、异化等相结合的翻译方法。考虑到该著作乃面向一般研究者的研究性论著，翻译时字斟句酌，力求用词准确、简洁，表达通顺、易懂。因而进展也极为缓慢。甚至于因久坐赶进度而至右股疼痛，无法行走。深刻体会到严复所言译事三难，信、达、雅。求其信已大难矣！故信矣，不达，虽译犹不译也，则达尚焉。

虽然，该书由二人合作翻译，所幸非文学作品，故无需过多担心因二人对原作风格和原文语言修辞特色，即所谓的"雅"的不同把握而出现明显差异。只需理解准确，遣词用语恰当、简明、略带文言语感即可，无需过多修饰。

  书中所有图、照片均由原著扫描而成,仅对其名称、注解翻译为汉语。表格按照中国人从左向右,自上而下的看图习惯,对图表的格式重新进行了制作,与原图、表稍有不同。在此特加以说明。

  历时一年终于2017年8月下旬提交了译稿。经过几番校对修改,将于2018年9月付梓出版。在此谨对编审淡懿诚先生仔细认真的审阅、校对,高兵兵教授的各方协调、最终审定表示感谢!是大家群策群力、共同努力、辛勤付出才迎来该套丛书的顺利出版。但,由于时间仓促、专业知识欠缺、翻译水平有限,难免有不尽如人意之处,恳请各位专家不吝赐教,批评指正!

徐 璐
张子如
于2018年仲夏